杉山メモ

参謀本部編

上

原書房

この本は、一九六七年、原書房刊の
明治百年史叢書第14巻を新装復刊し、
普及版としたものである。

参謀総長　杉山　元

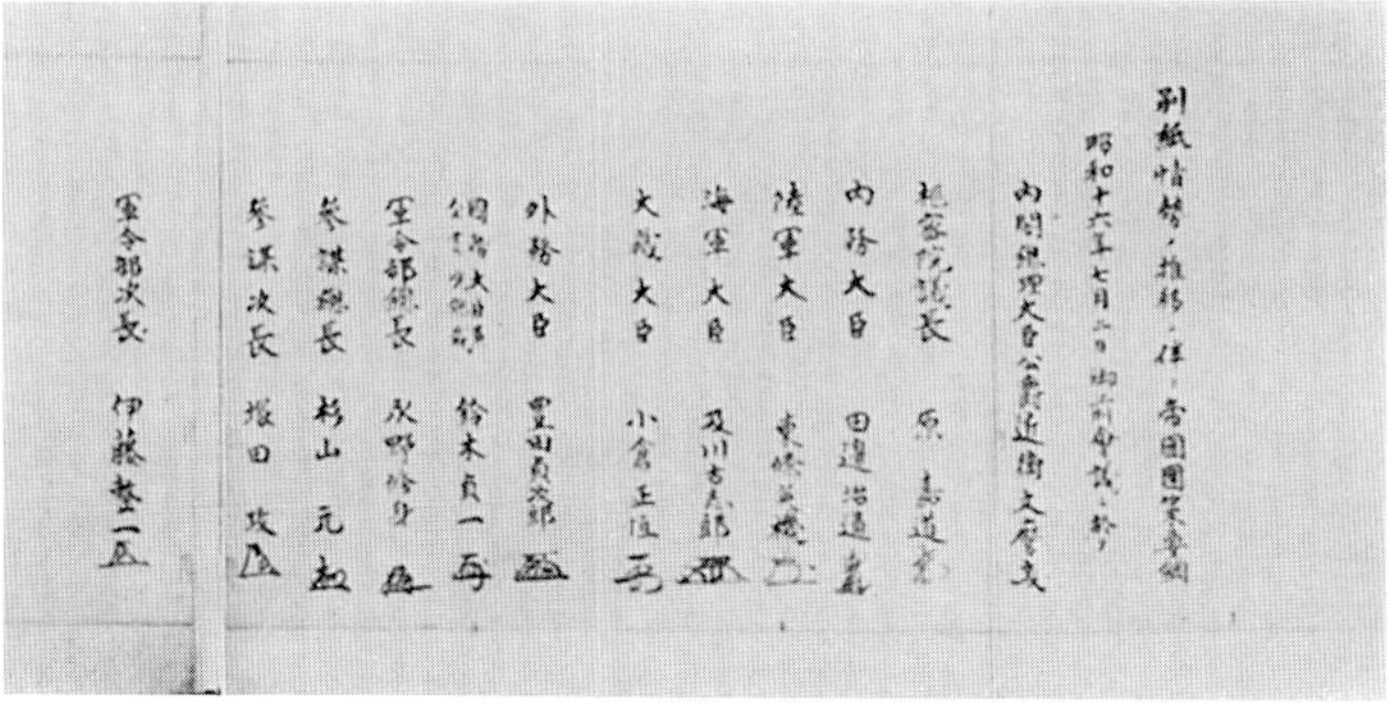

別紙情勢ノ推移ニ伴フ帝国国策要綱
昭和十六年七月二日御前会議ニ於テ
内閣総理大臣公爵近衛文麿
枢密院議長　原　嘉道
内務大臣　田辺治通
陸軍大臣　東條英機
海軍大臣　及川古志郎
大蔵大臣　小倉正恒
外務大臣　豊田貞次郎
国務大臣企画院総裁　鈴木貞一
軍令部総長　永野修身
参謀総長　杉山　元
参謀次長　塚田　攻
軍令部次長　伊藤整一

「対米英蘭戦争を辞せざる決意」決定御前会議における構成員の署名

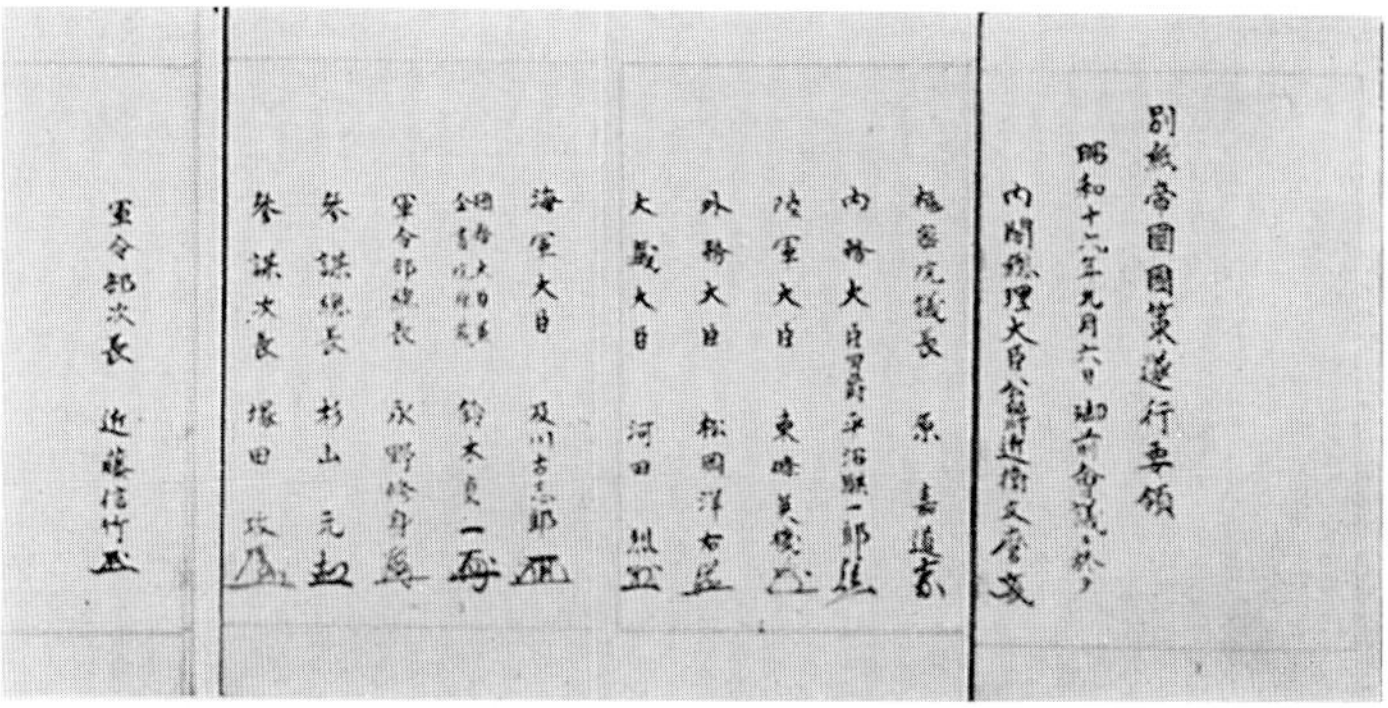

別紙帝國國策遂行要領
昭和十六年九月六日御前会議ニ於テ
内閣総理大臣公爵近衛文麿
枢密院議長　原　嘉道
内務大臣国務大臣　平沼騏一郎
陸軍大臣　東條英機
外務大臣　松岡洋右
大蔵大臣　河田　烈
海軍大臣　及川古志郎
国務大臣企画院総裁　鈴木貞一
軍令部総長　永野修身
参謀総長　杉山　元
参謀次長　塚田　攻
軍令部次長　近藤信竹

「情勢の推移に伴う帝国国策要綱」決定御前会議における構成員の署名

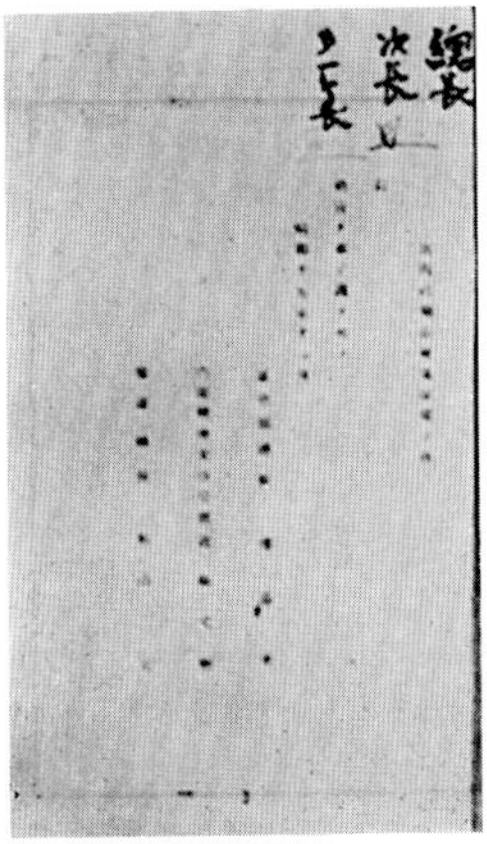

第四回御前会議
（昭和15年11月）

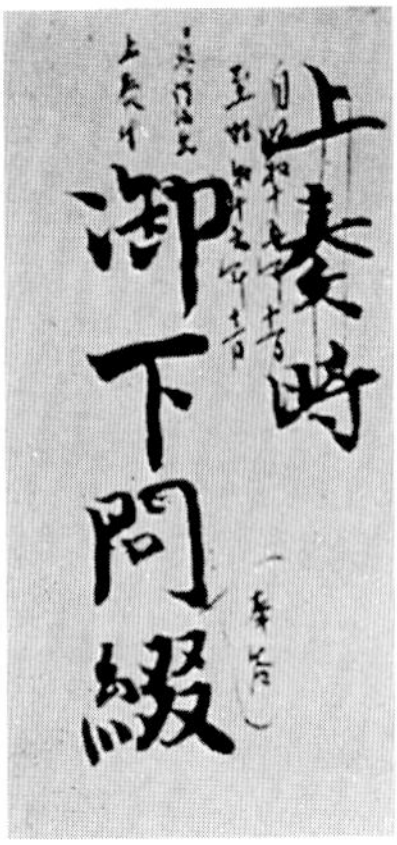

御下問奉答綴

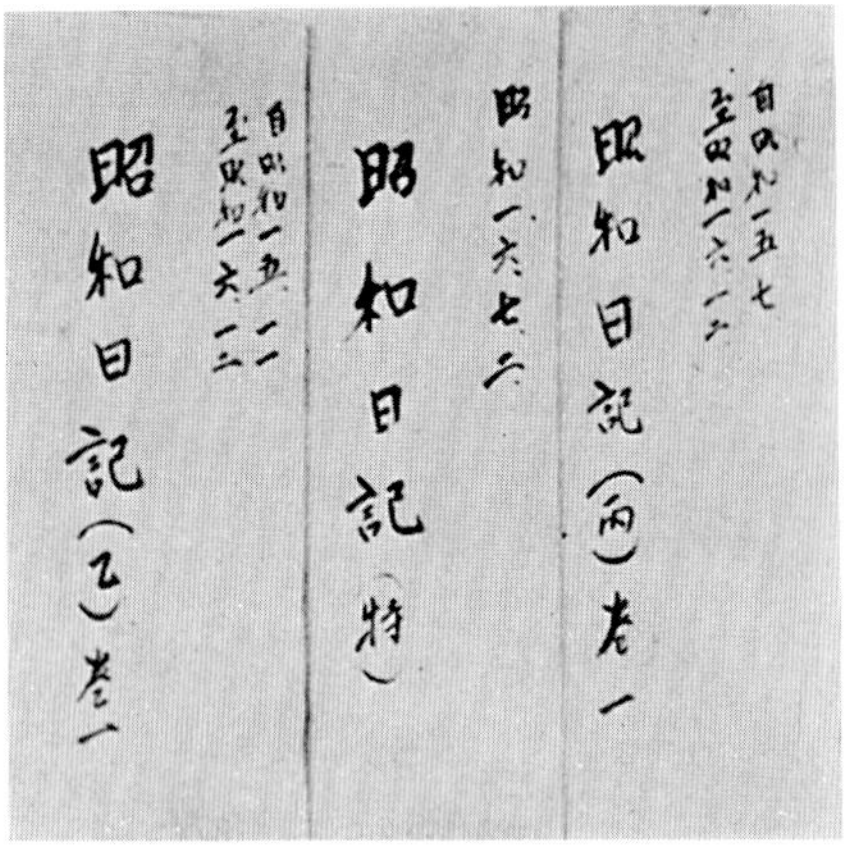

丙＝帝国国策決定綴。特＝御前会議議事録
乙＝大本営政府連絡会議審議録（杉山メモ）

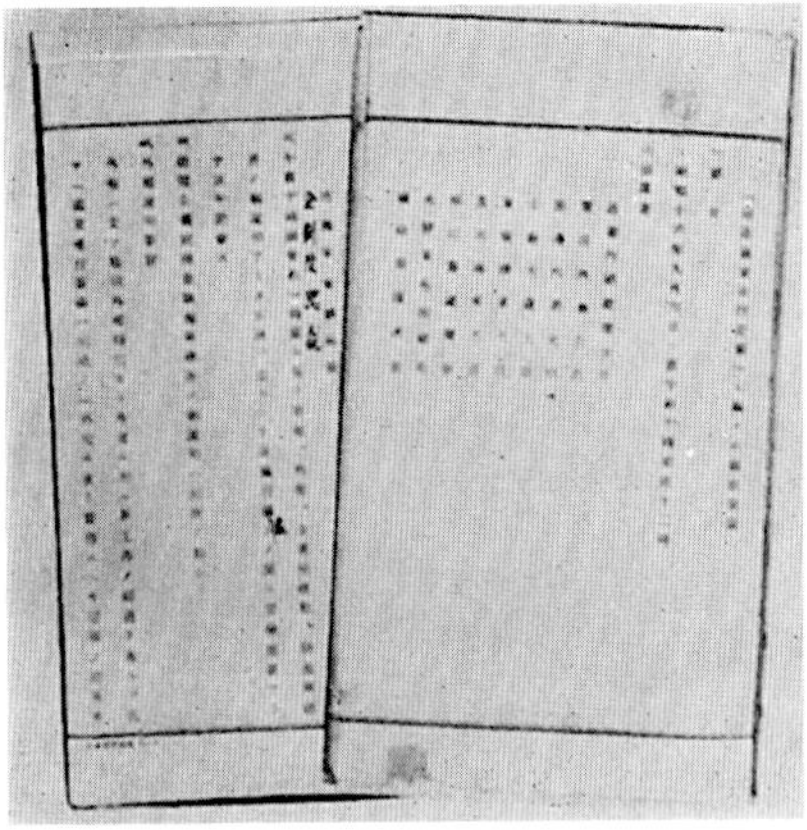

「帝国国策遂行要領」に関する御前会議
（昭和16年9月6日）

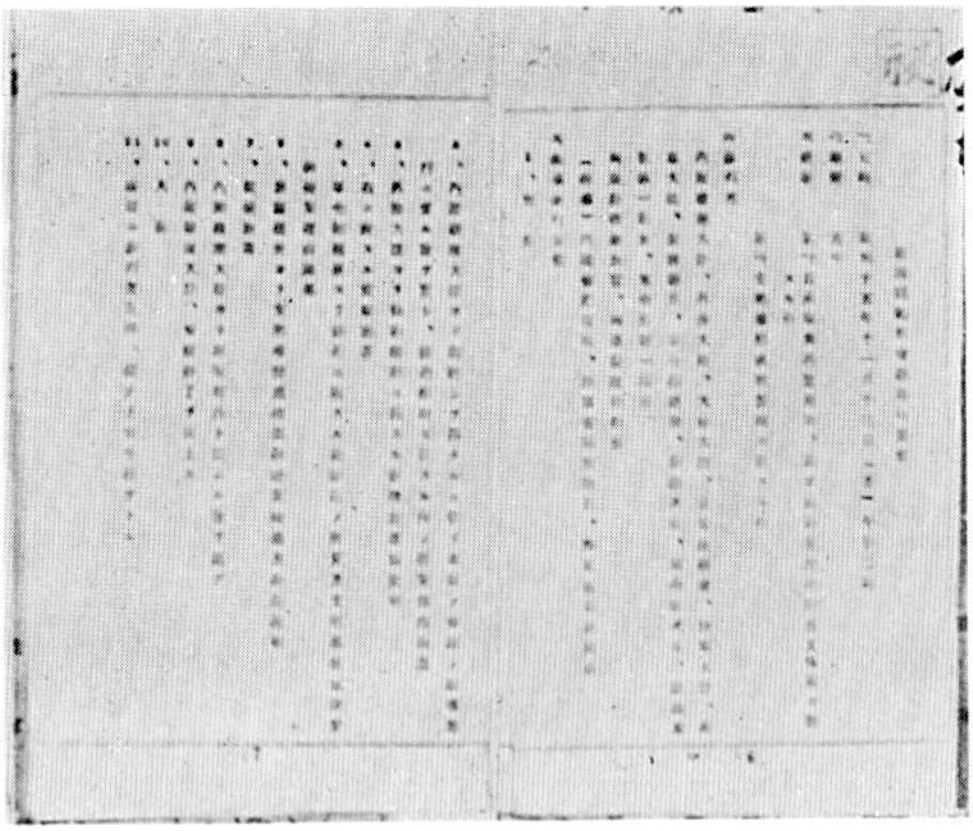

第四回御前会議開催要領（昭和15年11月）

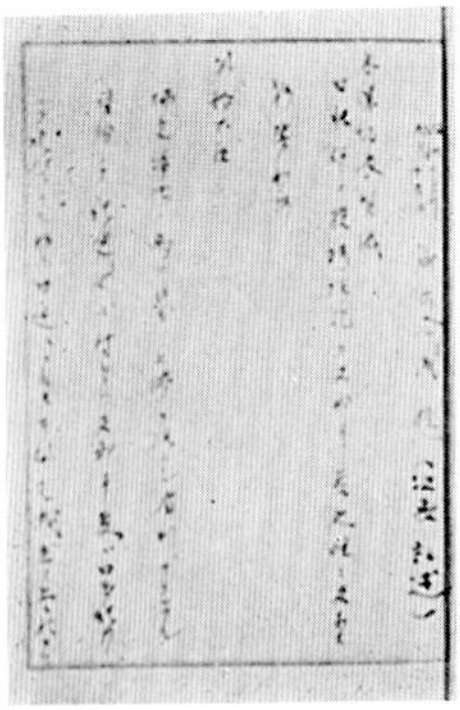

御前会議　控（次長記述）
（昭和15年9月19日）

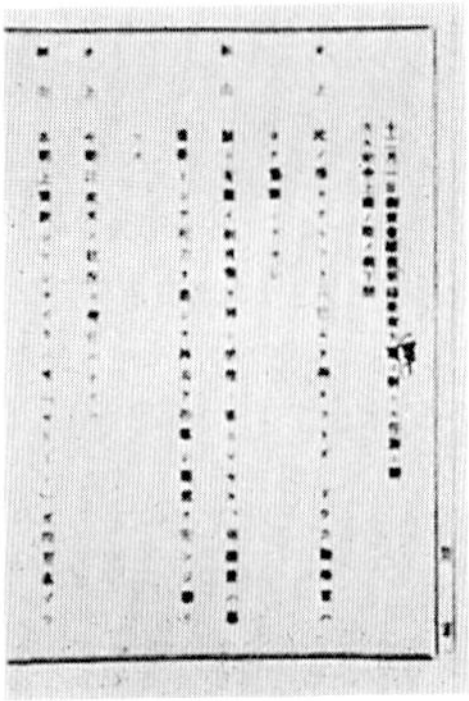

御下問奉答の一部
（昭和15年12月1日）

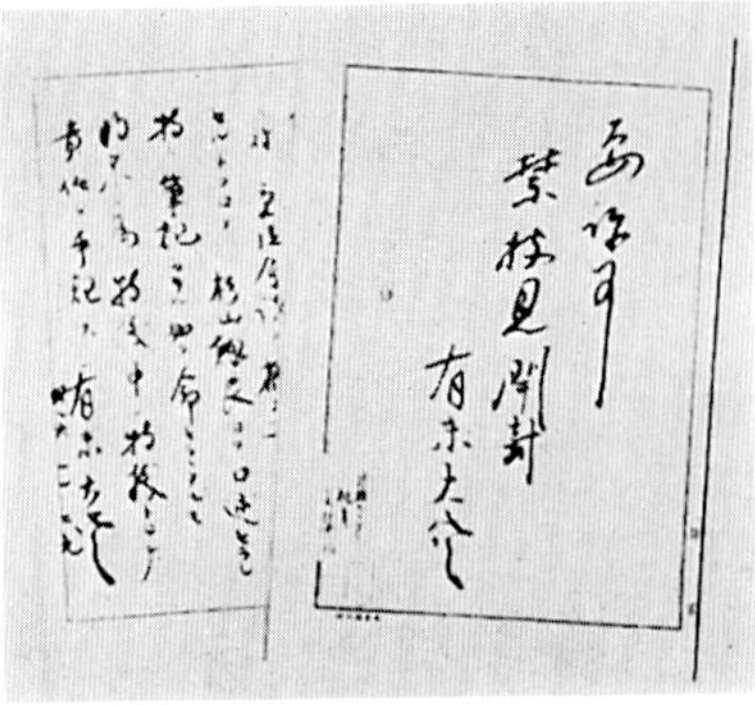

重臣会議に関する総長口述（有末大佐筆記）

目次

資料解説

第一部　開戦までの戦争指導

資料解説

一　資料の経歴と「杉山メモ」

大東亜戦争の根幹となる公的記録は何かと云えば、先ず純統帥作戦関係の基礎資料であるが、それは大体次のように分類整理保管されてきた。

㈠　大陸命（海軍―大海令）……大命
㈡　大陸指（海軍―大海指）……総長の指示
㈢　上奏書類（作戦計画及び大命発動等に関する上奏）
㈣　機密作戦日誌（往復軍機電報が主）

さらにこれと並んで重要資料である全般戦争指導関係では「大本営政府連絡会議」に関するものであり、陸軍に配布されたもの、ならびに陸軍で起案準備されたものは、次のように整理されて、その殆んど全部が保存されていたのである。

㈠　機密戦争日誌　　　　　　　　　　　　　　（秘匿名　昭和日記　甲）
㈡　大本営政府連絡会議審議録　　　　　　　　（同右　　　　　　　乙）
㈢　重要国策決定綴　　　　　　　　　　　　　（同右　　　　　　　丙）
㈣　御前会議（重要連絡会議含む）議事録　　　（同右　　　　　　　特）
㈤　その他の書類（御下問奉答綴その他）

これらの書類は市ケ谷の国際軍事法廷では、終戦の際焼却されたと証言され、事実、終戦直前陸軍の最後を弔う業火のような、あの台上を蔽うた焚書の黒煙を知る世間一般でも、すでに存在しないものと信ぜられていた。

重要書類焼却の命令で、陸軍省部の機密書類はその大部が失われた。だが、あの混乱の中でほんの一部ではあるけれども、最も重要なこれらの書類記録が、実に、それぞれの庶務担当の係将校によって、ひそかにかくされたのである。その後これらは、さらに知人たちにリレーされ、都内数カ所を転々しながら分散保管されてきたのであった。これらの人々は「何か泥棒でもしたように、追われる者の辛さを味ったものだ」と述懐している。つまり、日本政府はもとより、軍の後仕末をしていた復員局でも知らないままに、少数有志の手でまもられてきたというのが真相である。

現在これらの原本は、防衛庁戦史室の所蔵するところで、目下戦史室が編纂中の「大東亜戦争戦史叢書」に利用されているが、本書に直接関係ある戦争指導関係書類についての経歴を正しく詳記すれば次の通りである。

一　戦争指導関係資料は旧参謀本部第二十班又は第十五課乃至軍務課の保管していたものである。
第二十班は昭和十五年十月第二課より独立して参謀次長直属の班として新設せられ、戦争指導に関する事務を担当した。昭和十七年二月第一部内の第十五課に改編、昭和十八年十月再び次長直属の第二十班となる。さらに昭和二十年四月陸軍省および参謀本部主要一部の二位一体制採用に伴い、第二十班は陸軍省軍務課と二位一体となり、参謀本部の立場における名称は第十二課となつた。

二　昭和二十年八月十四日大東亜戦争終戦にあたり、陸軍一般に書類焼却の指令が出されたが、軍務課庶務将校中根吾一少尉は高級課員山田成利大佐の許可を得て、都下青梅線沿線の自宅に搬出し、「ドラム」缶につめて地下に隠匿した。

昭和二十年末山田大佐の申出により、元第二十班々員で第一復員省（局）史実調査部（資料整理部）部員であつた原四郎中佐が保管を継承して都下某所に隠匿し、占領米軍の発見を免かれるため表紙を焼却して前記分類のように改装したのであつた。

三　史実調査部（資料製理部）においては、昭和二十一年十二月服部卓四郎大佐部長となるに及び、占領時代の終了を待つて正統戦争史の本格的編纂を意図し、戦争指導史関係は部員である堀場一雄大佐、原四郎中佐、橋本正勝中佐担任を予定し、これら書類を担当年代に応じそれぞれ分割保管することにした。

四　服部卓四郎大佐主宰の史実研究所創設に伴い、これら資料を一括同研究所に保管、服部大佐の「大東亜戦争全史」（原書房刊行中）の編纂に利用された。くだつて昭和三十五年四月三十日服部大佐急逝に伴い、六月以降その全部が戦史室に移管され、今日にいたつている。これより先、昭和三十一年戦史室創設後取敢えずその全部の写しが作成され、編纂に活用されてきたことはもちろんである。

杉山メモ　本書「参謀本部編　杉山メモ―大本営政府連絡会議等筆記」は、元帥陸軍大将杉山元が参謀総長就任（昭和十五年十月三日）以来、同大将が東条陸相と激論の末参謀総長を東条陸相の兼任に譲つて、その職を辞した昭和十九年二月二十一日に至るまでの所謂「杉山メモ」である。タイトルの示すように、戦争指導の重要国策を決定した大本営政府連絡会議（御前会議含む）の審議状況を刻明に筆記したものが主体であるが、杉山総長には右筆記の外、大臣との会談筆記、軍令部総長との会談筆記、上奏の際の御下問奉答筆記などがある。本書はそれらの筆記（メモ）を全部収録し、さらにそれらの審議を経て決定された重要国策を載録した。すなわち前記戦争指導関係記録中「昭和日記甲機密戦争日誌」（第二十班、第十五課日誌）をのぞいたもの大部である。

今日にいたるまで、この杉山参謀総長の筆記記録が残つていたがために、本書が諸賢の机上に提供されることになつたのであるが、もちろんその「メモ」原本は存在しない。終戦後第一総軍司令官としての終戦業務を略々終了した昭和二十年九月十二日、夫人とともに覚悟の自決をされる直前すべてを処理仕末されたと推定されるからである。しかし総長在職中は、前記会談の後には部長以上（戦争指導班、課長は特別に列席）を集めてその状況を伝達するを例とした。

初代戦争指導班（第二十班）長有末次《やどる》大佐は、総長伝達事項をのこらず筆記した上、これを浄書して総長の点検を受け、所要の訂正加筆したものを整理保管することにした。この際総長は花押あるいは捺印して一閲の証左たらしめたのである。この慣習が有末班長解任以後もながく続けられて前記記録となつたが、杉山総長辞職後いつのまにか慣習は消滅し、その後の審議筆記は系統的に残されることなく、今日真相把握に苦心しなければならない実情となつた。まことに残念なことではある。

したがつて本書「杉山メモ」は、日本の最高戦争指導の全容を知る唯一の記録と信じて疑わない。

二　資料の補足と解説

前述のとおり杉山大将が参謀総長に就任したのは昭和十五年十月三日であつた。すなわち昭和六年十一月、満洲事変のさなか、金谷範三大将に代つて参謀総長となられた陸軍の最長老閑院宮載仁親王が、爾来九年の間その要職を担当されたが、昭和十五年九月の北部仏印進駐、三国同盟締結等をその花道（「木戸日記」によれば、老齢の故に天皇の発意によるという）として引退、杉山大将がその後任に親補されのである。杉山総長もまた開戦前の難局および戦時中の大本営陸軍部幕僚長として長期にわたつて重責を果した。

しかしその就任時期の関係上、開戦前若干期間の重要政戦略については干与するところではなく、「杉山メモ」そのものも、その期間を欠いていることは当然の理である。したがつて読者諸賢の便益を考えるならば、すくなくとも第二次近衛内閣成立頃からの重要国策決定の経緯と文書について若干の補足をすることが必要且つ便利ではあるまいか。

如上の意味で、以下重要と思われる資料を解説を加えながら補足したい。

第二次近衛内閣と劃期的新政策

昭和十四年（一九三九年）九月一日勃発した欧洲戦争は、ポーランド戦の後無気味な沈黙がつづいた。しかし翌十五年四月九日ドイツ軍はノルウェーとデンマークに進駐し、五月十日矛を転じて西方に対して大攻勢を開始した。四十日でフランスは降伏し、英軍はダンケルクから命からがら英本土に撤退したのである。

次ぎに来るものはドイツ軍の英本土上陸であろうと、世界の耳目はドーヴァー海峡にそそがれた。このときわが陸海軍の大勢を支配した情勢判断は、「ドイツ軍の英本土上陸作戦は間もなく行われ、そして成功するであろうし」、「たとえドイツ軍の英本土上陸作戦が行われなくとも、ドイツの欧洲大陸制覇と大英帝国の没落崩壊は今や決定的である」というのであつた。

このとき全国民の輿望を担い、新体制運動を提唱して登場したのが近衛文麿公であつた。昭和十五年七月二十六日組閣早々の第二次近衛内閣によつて「基本国策要綱」が採択された。その前文冒頭には、「世界ハ今ヤ歴史的一大転機ニ際会シ数箇ノ国家群ノ生成発展ヲ基調トスル新ナル政治経済文化ノ創設ヲ見ントシ」とうたわれていた。数個の国家群とは、日本を中心とする東亜圏、ソ連圏、独伊を中心とする欧亜圏、アメリカ圏の四つを指すものであり、企画院革新官僚の起草によるものであるが、近衛資料によれば組閣前の荻外荘四柱会談で松岡洋右より提示されたようである。

そして翌七月二十七日には大本営陸海軍部が提案した「世界情勢ノ推移ニ伴フ時局処理要綱」が、大本営政府連絡会議によつて採択された。その骨子は「世界情勢ノ変局ニ対処シ内外ノ情勢ヲ改善シ速ニ支那事変ノ解決ヲ促進スルトトモニ好機ヲ捕捉シ対南方問題ヲ解決ス」というものであり、ここに、支那事変解決という至上命令のほかに、南方問題解決という劃期的新課題が登場したのである。そしてこれらの課題実現のための対外施策として、「対独伊政治的結束ノ強化」と「対ソ国交ノ飛躍的調整」を推進することが決定されたのであつた。

支那事変解決の方途は、重慶の蔣介石政権に対し直接政戦略の施策を強化することよりも、英米仏ソ等の援蔣国家群と蔣介石政権との物心両面の連鎖を分断することこそが肝要と考えられた。上記外交施策のほかに、北部仏印進駐による仏印ルートの禁絶、ビルマルートの閉鎖要求、香港に対する圧力強化等がその措置であつたのである。

南方問題の解決とは何か。「時局処理要綱」の「提案理由」によれば、「英米依存ノ態勢ヨリ脱却シ日満支ヲ骨幹トシ概ネ印度以東濠洲新西蘭以北ノ南洋方面ヲ一環トスル自給態勢ヲ確立スルニアル」というのであり、差し当りは、仏印、タイの外、蘭印、マレーを円ブロックの勢力圏に引入れようというのである。そしてそのためには武力行使も辞せず、その武力行使にあたつては、「戦争相手ヲ極力英国ノミニ局限スルニ努ム但シ此ノ場合ニ於テモ対米開戦ハ之ヲ避ケ得サルコトアルヘキヲ以テ之カ準備ニ遺憾ナキヲ期ス」という重大決定を行ったのであった。

この重大な「時局処理要綱」は、陸海軍の間では真剣に討議され、決定後もなお掲記資料の示すとおり懇談を重ね、覚書となったりしたに拘わらず、連絡会議においてはまことに軽易に決定され、しかも上奏允裁を仰ぐ処置も執られなかったのである。しかしとにかく、この「時局処理要綱」の採択に基いて、昭和十五年九月二十三日北部仏印進駐が行われ、武力南進の第一歩が踏み出された。そして海軍は対米七割五分を目標とする本格的戦備促進に着手し、陸軍は南方に対する兵要地理の調査、作戦計画の研究策定、熱地作戦に即応する編制装備の改変と教育訓練等に乗り出し、日本は大きく大東亜戦争へと傾斜していくのであった。

基本国策要綱

七月二十六日閣議決定

世界ハ、今ヤ歴史的一大転機ニ際会シ、数個ノ国家群ノ生成発展ヲ基調トスル新ナル政治経済文化ノ創成ヲ見ントシ、皇国亦有史以来ノ大試錬ニ直面ス、コノ秋ニ当リ真ニ肇国ノ大精神ニ基ク皇国ノ国是ヲ完遂セントセハ、速ニ根本的刷新ヲ加ヘ、万難ヲ排シテ国防国家体制ノ完成ニ邁進スルコトヲ以テ、刻下緊喫要務トス、依テ基本国策ノ大綱ヲ策定スルコト左ノ如シ

一　根本方針

皇国ノ国是ハ八紘ヲ一宇トスル肇国ノ大精神ニ基キ、世界平和ノ確立ヲ招来スルコトヲ以テ根本トシ、先ツ皇国ヲ核心トシ日満支ノ強固ナル結合ヲ根幹トスル大東亜ノ新秩序ヲ建設スルニ在リ、之カ為、皇国自ラ速ニ新事態ニ即応スル不抜ノ国家態勢ヲ確立シ、国家ノ総力ヲ挙ケテ右国是ノ具現ニ邁進ス

二　国防及外交

皇国内外ノ新情勢ニ鑑ミ、国家総力発揮ノ国防国家体制ヲ基底トシ、国是遂行ニ遺憾ナキ軍備ヲ充実ス

皇国現下ノ外交ハ、大東亜ノ新秩序建設ヲ根幹トシ、先ツ其重点ヲ支那事変ノ完遂ニ置キ、国際的大変局ヲ達観シ建設的ニシテ且ツ弾力性ニ富ム施策ヲ講シ以テ皇国々運ノ進展ヲ期ス

三　国内態勢ノ刷新

我国内政ノ急務ハ、国体ノ本義ニ基キ諸政ヲ一新シ、国防国家体制ノ基礎ヲ確立スルニ在リ、之カ為左記諸件ノ実現ヲ期ス。

(1) 国体ノ本義ニ透徹スル教学ノ刷新ト相俟チ、自我功利ノ思想ヲ排シ、国家奉仕ノ観念ヲ第一義トスル国民道徳ヲ確立ス

尚科学的精神ノ振興ヲ期ス

(2) 強力ナル新政治体制ヲ確立シ国政ノ綜合的統一ヲ図ル

(一) 官民協力一致各々其職域ニ応シ国家ニ奉公スルコトヲ基調トスル新国民組織ノ確立

(二) 新政治体制ニ即応シ得ヘキ議会制度ノ改革

(三) 行政ノ運用ニ根本的刷新ヲ加ヘ、其統一ト敏活トヲ目標トスル官場新体制

(3) 皇国ヲ中心トスル日満支三国経済ノ自主的建設ヲ基調トシ、国防経済ノ根基ヲ確立ス

(一) 日満支ヲ一環トシ、大東亜ヲ包容スル皇国ノ自給自足経済政策ノ確立

(二) 官民協力ニヨル計画経済ノ遂行、特ニ主要物資ノ生産、配給、消費ヲ貫ク一元的統制機構ノ整備

(三) 綜合経済力ノ発展ヲ目標トスル財政計画ノ確立竝ニ金融統制ノ強化

(四) 世界新情勢ニ対応スル貿易政策ノ刷新

(五) 国民生活必需物資、特ニ主要食糧ノ自給方策ノ確立

(六) 重要産業特ニ重、化学工業及機械工業ノ劃期的発展

(七) 科学ノ劃期的振興竝ニ生産ノ合理化

(八) 内外ノ新情勢ニ対応スル交通運輸施設ノ整備拡充

(九) 日満支ヲ通スル綜合国力ノ発展ヲ目標トスル国土開発計画ノ確立

(4) 国是遂行ノ原動力タル国民ノ資質、体力ノ向上竝人口増加ニ関スル恒久的方策ヲ確立ス

(5) 国策ノ遂行ニ伴フ国民犠牲ノ不均衡ノ是正ヲ断行シ、厚生的諸施策ノ徹底ヲ期スルト共ニ国民生活ヲ刷新シ、真ニ忍苦十年時難克服ニ適応スル質実剛健ナル国民生活水準ヲ確保ス

基本国策要綱ニ基ク具体問題処理要綱

八月一日　閣議決定

要目	分担箇所	
	起案庁	主たる協議官庁
一、国民道徳ノ確立	企、文	内
二、新政治体制ノ確立		
○イ　新国民組織ノ樹立	内閣	企、内
○ロ　議会制度ノ改革	法局、内	企、司
○ハ　官場新体制ノ樹立	法局	企
○ニ　輿論指導方策ノ確立	内閣	企、内、外
○ホ　総力戦研究所ノ設立	企	陸、海、法局
三、新経済体制ノ確立		
イ　日満支ヲ根幹トスル大東亜経済圏建設方針ノ確立	企	陸、海、対満、興亜、商、逓、大、農、外、拓
○ロ　官民協力ニ依ル計画経済機構ノ確立	企	大、内、農、商
○ハ　重要物資ノ一元的統制機構ノ整備	商、農	企、逓
ニ　新財政々策ノ樹立	企、大	

ホ　金融統制強化策ノ確立	企、大	
ヘ　新貿易政策ノ確立	企、商、外	大、農
○ト　国民生活必需物資自給方策ノ確立	企、農	農、商、厚
チ　重化学工業及機械工業確立方策ノ樹立	企、商	陸、海
リ　交通運輸施設ノ整備拡充策ノ確立	企、逓、鉄	陸、海、内
ヌ　新労働体制樹立策ノ確立	企、厚	内、商、農
ル　中小商工業者対策ノ確立	企、商、農	厚、内
四、新科学体制ノ確立		
○イ　総合的科学研究機関整備対策ノ確立	企	陸、海、商、文、農、厚
ロ　技術ノ国家管理政策ノ確立	企	同右
五、人口政策ノ確立		内、陸、海、農、商
六、農業及農家ノ安定		厚、拓、内
七、新国民生活体制ノ確立		内、農、商

備考

一　起案庁ハ八月末日迄ニ概略案ヲ作成シ関係庁ニ協議ス

二　○印ハ特ニ急速ニ立案ヲ要スルモノトス

三　拓務省ハ外地トノ関係ニ於テ必要事項ニ付協議ヲ受クルモノトス

世界情勢ノ推移ニ伴フ時局処理要綱

七月二十二日連絡会議決定

方針

帝国ハ世界情勢ノ変局ニ対処シ内外ノ情勢ヲ改善シ速ニ支那事変ノ解決ヲ促進スルト共ニ好機ヲ捕捉シ対南方問題ヲ解決ス
支那事変ノ処理未ダ終ラザル場合ニ於テ対南方施策ヲ重点トスル態勢転換ニ関シテハ内外諸般ノ情勢ヲ考慮シ之ヲ定ム
右二項ニ対処スル各般ノ準備ハ極力之ヲ促進ス

要領

第一条　支那事変処理ニ関シテハ政戦両略ノ綜合力ヲ之ニ集中シ特ニ第三国ノ援蔣行為ヲ絶滅スル等凡ユル手段ヲ尽シテ速ニ重慶政権ノ屈伏ヲ策ス　対南方施策ニ関シテハ情勢ノ変転ヲ利用シ好機ヲ捕捉シ之カ推進ニ努ム

第二条　対外施策ニ関シテハ支那事変処理ヲ推進スルト共ニ対南方問題ノ解決ヲ目途トシ概ネ左記ニ拠ル

一　先ヅ対独伊蘇施策ヲ重点トシ特ニ速ニ独伊トノ政治的結束ヲ強化シ対蘇国交ノ飛躍的調整ヲ図ル

二　米国ニ対シテハ公正ナル主張ト儼然タル態度ヲ持シ帝国ノ必要トスル施策遂行ニ伴フ已ムヲ得ザル自然的悪化ハ敢テ之ヲ辞セザルモ常ニ其動向ニ留意シ我ヨリ求メテ摩擦ヲ多カラシムルハ之ヲ避クル如ク施策ス

三　仏印及香港等ニ対シテハ左記ニ拠ル

(イ)　仏印（広州湾ヲ含ム）ニ対シテハ援蔣行為遮断ノ徹底ヲ期スルト共ニ速ニ我カ軍ノ補給担任、軍隊通過及飛行場使用等ヲ容認セシメ且帝国ノ必要ナル資源ノ獲得ニ努ム

情況ニヨリ武力ヲ行使スルコトアリ

(ロ)　香港ニ対シテハ「ビルマ」ニ於ケル援蔣「ルート」ノ徹底的遮断ト相俟チ先ヅ速ニ敵性ヲ芟除スル如ク強力ニ諸工作ヲ推進ス

(ハ)　租界ニ対シテハ先ヅ敵性ノ芟除及交戦国軍隊ノ撤退ヲ図ルト共ニ逐次支那側ヲシテ之ヲ回収セシムル如ク誘導ス

(ニ)　前二項ノ施策ニ当リ武力ヲ行使スルハ第三条ニ拠ル

四　蘭印ニ対シテハ暫ク外交的措置ニ依リ其重要資源確保ニ努ム

五　南太平洋上ニ於ケル旧独領及仏領島嶼ハ国防上ノ重大性ニ鑑ミ為シ得レバ外交的措置ニ依リ我カ領有ニ帰スル如ク処理ス
六　南方ニ於ケル其他ノ諸邦ニ対シテハ努メテ友好的措置ニヨリ我カ工作ニ同調セシムル如ク施策ス
第三条　対南方武力行使ニ関シテハ左記ニ準拠ス
一　支那事変処理概ネ終了セル場合ニ於テハ対南方問題解決ノ為内外諸般ノ情勢之ヲ許ス限リ好機ヲ捕捉シ武力ヲ行使ス
二　支那事変ノ処理未ダ終ラザル場合ニ於テハ第三国ト開戦ニ至ラザル限度ニ於テ施策スルモ内外諸般ノ情勢特ニ有利ニ進展スルニ至ラハ対南方問題解決ノ為武力ヲ行使スルコトアリ
三　前二項武力行使ノ時期、範囲、方法等ニ関シテハ情勢ニ応ジ之ヲ決定ス
四　武力行使ニ当リテハ戦争対手ヲ極力英国ノミニ局限スルニ努ム
但シ此場合ニ於テモ対米開戦ハ之ヲ避ケ得ザルコトアルベキヲ以テ之ガ準備ニ遺憾ナキヲ期ス
第四条　国内指導ニ関シテハ以上ノ諸施策ヲ実行スルニ必要ナル如ク諸般ノ態勢ヲ誘導整備シツツ新世界情勢ニ基ク国防国家ノ完成ヲ促進ス
之ガ為特ニ左ノ諸件ノ実現ヲ期ス
一　強力政治ノ実行
二　総動員法ノ広汎ナル発動
三　戦時経済態勢ノ確立
四　戦争資材ノ集積及船腹ノ拡充
（繰上輸入及特別輸入最大限実施竝ニ消費規正）
五　生産拡充及軍備充実ノ調整
六　国民精神ノ昂揚及国内輿論ノ統一

所要事項ノ説明

大本営陸軍部・大本営海軍部

方針ニ就テ

第一項ニ関シ

本件ハ世界変局ニ対処スル支那事変処理ト対南方問題解決トノ関聯ヲ明記セルモノニシテ対南方問題ノ解決ノ為ノ施策中ニハ外交施策ニ依ルモノト武力行使ニ依ルモノヲ含ミアルモノトス

内外情勢ノ改善トハ対外的ニハ主トシテ対独伊政治的結束ノ強化及対「ソ」国交ノ調整ヲ、対内的ニハ国内態勢ノ強化等ヲ其内容トスルモノトス

第二項ニ関シ

本項ハ第一項中ノ内容に包含セラルヘキ事項ナルモ支那事変ノ処理未タ終ラサル場合ニ於ケル南方施策ニ関スル事項特ニ其態勢転換ハ事極メテ重要ナルヲ以テ此点ヲ特ニ明記セルモノナリ而シテ其「対南方施策ヲ重点トスル態勢転換」トハ政戦両略ノ見地ヨリ現ニ遂行シツツアル支那事変ニ重点指向シアル現態勢ヲ南方ニ転換スルヲ意味スルモノトス

第三項ニ関シ

本項ニ謂フ「各般ノ準備」トハ主トシテ戦備ノ整頓強化、対外態勢特ニ対独、伊、「ソ」施策強化及国内態勢ノ強化等ヲ其主ナル内容トスルモノニシテ極力此等諸準備ノ促進ヲ期スルモノナリ而シテ欧洲戦局ノ客観的情勢ヲ予察スル時ハ此等主要準備ノ完成ハ概ネ八月末頃ヲ目標トスルノ必要性ヲ痛感スルする次第ナルモ其準備完成時機ヲ明示セサリシハ準備ニ要スヘキ個々ノ事項カ其性質ニ由リ時機ヲ異ニセサルヲ得サル為ナリ

要領ニ就テ

第一条ニ関シ

本条ハ支那事変ノ処理及対南方施策トノ要綱ヲ方針ニ即応シ掲記セルモノナリ

第二条ニ関シ

一ニ就テ

独伊トノ政治的結束ノ強化ニ関スル内容ニ就テハ目下別ニ研究セラレアルモノニ準拠スヘク又対「ソ」国交ノ飛躍的調整ニ関シテハ従来ノ対「ソ」折衝ノ観念ヲ一掃シ北方安定ノ為放胆ナル施策（例ヘハ不可侵条約等ノ如キ）ヲ必要トスル見解ナリ

三(イ)ニ就テ

仏印ニ対シテハ極力外交的措置ニ依リ我軍ノ補給担任、軍隊通過及飛行場使用等ヲ容認セシムルモ仏印ニシテ之ヲ拒絶シ而モ我対支作戦ノ必要上武力ヲ行使シテ右要求ヲ貫徹スルコトアルヘク又仏印ニシテ誓約ニ違反シ依然援蔣行為ヲ続行スルカ若クハ其他ノ不信行為アル場合ニ於テハ武力行使モ亦之ヲ考慮セサルヲ得ス然レトモ其武力行使ノ実行ハ固ヨリ　大命ニ基クモノナルハ論ヲ俟タス

尚対仏印武力行使ハ香港ニ対スルモノト其本質ヲ異ニスルモノニシテ後者ハ対英一戦ノ決意ヲナスヲ必要トスル見解ナリ従テ対香港武力行使ハ租界ニ対スル武力行使ト共ニ三ノ(ニ)ニ於テ掲記セル如ク第三条「対南方武力行使ノ件」ニ準拠スヘキモノトセリ五ニ就テ

「南太平洋上ニ於ケル旧独領島嶼」トハ現在帝国ノ委任統治下ニアル内南洋及北東部ニューギニヤ、ビスマーク諸島等ヲ総称セルモノニシテ又「仏領島嶼」トハニューカレドニヤ、タヒチ等ヲ指シ共ニ国防上ノ重要価値ヲ認メアリ特ニ旧独領島嶼ニ於テ然リトス

其「外交的措置」トハ主トシテ日独政治協定等ニ関スル措置ヲ謂フ

六ニ就テ

「南方ニ於ケル其他ノ諸邦」トハ泰国及葡国領ニ関スルモノヲ謂ヒ就中泰国ニ対シテハ政略的施策ニ依リ速ニ我南方施策ニ協調

セシムル如ク工作ヲ推進スルノ要ヲ認ム

第三条ニ関シ

対南方問題ノ解決ハ諸般ノ情勢之ヲ許セハ速ニ之カ実現ヲ期シタキ希望ナルモ其武力行使ト現在遂行中ノ支那事変処理トノ関聯ハ特ニ重大ニシテ両者ヲ切リ離シテ考ヘ得サル実情ニ在ルヲ以テ本条ニ於テハ特ニ其関係ヲ明確ニセリ

尚武力行使ニ方リテハ内外諸般ノ情勢就中支那事変処理ノ状況、欧洲情勢特ニ対独伊「ソ」提携ノ状況米国ノ我ニ対スル動向及我戦争準備等ノ諸件ヲ考慶スルヲ必要トス

又対英武力行使ニ於テハ対米開戦ヲ避ケ得サルコトアルヘキヲ以テ此ノ場合対米戦ノ準備ニ遺憾ナキヲ要スル旨記載セリ

第四条ニ関シ

本件ハ前各条ノ施策ヲ遂行スル為ノ基礎的要件ニシテ之カ実行ヲ促進スルノ要極メテ緊要ナルヲ痛感シアリ而シテ本条各要目ニ関スル細部ノ具体策ハ追テ研究スルコトトス

大本営陸軍部・大本営海軍部

提案理由

聖戦茲ニ三年抗日蔣政権ハ窮迫其ノ極ニ達シタリト雖モ未タ抗戦ヲ放棄スルニ至ラス一方欧洲戦争ニ於テハ既成勢力ハ正ニ新興国家群ノ威力ニ屈シ僅ニ英国一国ヲ残スニ止リ情勢推移ノ急激ナルヲ予測セシムルモノアリ

惟フニ支那抗日政権カ未タ抗戦ヲ断念セサル所以ノモノハ帝国国力ノ過低評価ト援蔣第三国依存トニ基ク所大ナルモノアルヲ以テ帝国ハ之ニ対シ愈々政戦両略ノ圧力ヲ綜合集中スルト共ニ国内体制ノ強化ト援蔣国家群ニ対スル毅然タル態度トヲ以テ事変ノ迅速ナル解決ヲ図リ仮令長期戦遂行ノ已ムナキ場合ニ於テモ毫モ遺憾ナキヲ期セサルヘカラス

更ニ帝国カ英米依存ノ態勢ヨリ脱却シ日満支ヲ骨幹トシ概ネ印度以東濠洲、新西蘭以北ノ南洋方面ヲ一環トスル自給態勢ヲ確立スルハ当面帝国ノ速急実現ヲ要スヘキ所ニシテ而モ是カ達成ノ機会ハ今日ヲ措キ他日ニ求ムルコト極メテ困難ナルヘシ軍備充

実完成後ニ於ケル米国ノ極東政策ト国力充実ニ伴フ蘇聯邦将来ノ動向トヲ考察スルニ特ニ然リトス
抑々南方問題解決ノ為外交施策ニ依ルモノハ直ニ之カ実施ニ移リ速ニ所期ノ目的ヲ達スルコト勿論ナリト雖モ之ニ依リ目的ヲ達成シ得サルカ或ハ更ニ徹底的ニ南方問題ノ解決ヲ求ムル為ニハ武力行使ヲ予期セサルヘカラス
固ヨリ武力行使ニ関シテハ之ト現ニ遂行中ナル支那事変トノ調節関聯其ノ他内外諸般ノ情勢ヲ審ニ考慮スルノ要アリ
之ヲ要スルニ帝国ハ世界情勢ノ変局ニ対処シ内外ノ情勢ヲ改善シテ速ニ支那事変ヲ解決スルト共ニ好機ヲ捕捉シ対南方問題ヲ解決スルヲ要シ之カ為先ツ外ニ在リテハ対独伊政治的結束ノ強化、対蘇国交ノ飛躍的調整、内ニ在リテハ国内戦時態勢ノ強化及戦備ノ充実等諸般ノ準備ヲ促進スルコト極メテ肝要ナリト思惟ス
玆ニ於テ速カニ不動ノ国策ヲ確立シ政戦両略渾然一致シテ之カ達成ニ邁進スルノ要大ナルモノアリ是本要綱ヲ提案スル所以ナリ

陸海軍首脳部会談ノ際ニ於ケル「時局処理要綱」ニ関聯スル質疑応答資料

八月二十七日　大本営海軍部

一　南方問題解決ノ主眼点如何

(答)　(イ)自給圏ノ確立
(ロ)戦略態勢ノ強化
(欧米勢力ノ駆逐)
｝大東亜ノ建設——支那事変ノ処理

二　南方問題解決ニ対スル海軍側ノ熱意如何

(答)　元来南方発展ハ海軍ニ於テ主張シ来レル所ニシテ熱意ニ於テ他ニ優ルトモ劣ルコトナシ
然レ共帝国ノ国力並ニ其ノ国力集中ノ程度等ヲ顧ミテ成ルベク平和的手段ニ依リ目的ヲ達成シ得レバ上ノ上ナルモノニシテ之

ガ為ニ武力行使ヲ決意スルハ極メテ慎重ナルヲ要スト認メアリ

三　南方問題解決ノ為武力行使ヲ決意スベキ時機ニ関スル海軍側ノ見解如何

(答)　処理要綱第三条ノ通ナルモ之ヲ詳述スレバ左ノ通ト考ヘアリ

(イ)　本件ハ帝国ノ戦争準備（戦備、国内体制、外交態勢等）支那事変ノ情況ト見合セ時期、範囲、方法等ヲ決スルヲ要ス

(ロ)　武力行使ヲ必要トスル時期ハ大体左ノ如ク考ヘアリ

(一)　帝国ノ存立上好ムト好マザルトニ拘ラズ武力行使ヲ要スル場合

(1)　米ノ全面的禁輸断行及第三国ノ之ニ対スル呼応ノ為必需物資ノ取得上已ムヲ得ザル場合

(2)　米、英協同シテ帝国ニ対スル圧迫ヲ加ヘ又ハ加ヘントスル企図明瞭トナレル場合（太平洋方面英領ノ内要点ヲ米ニテ使用スル事明トナレル如キ）

(3)　米、英ニシテ単独ニ我ノ存立ヲ直接脅威スル措置ヲ執レル場合

比島方面ノ兵力ノ著シキ増勢
英ノ在東洋兵力ノ著シキ増勢　｝等

(二)　好機到来ノ場合

(1)　米ガ欧洲戦争ニ参加シ東洋ノ事態ニ対シ割キ得ベキ余力小トナレル場合

(2)　英ノ敗勢明トナリ東洋ニ対スル交戦余力小トナレル場合

英ノ領土ヲ侵スモ英援助ノ為米ノ乗出ス算少キ場合

帝国ガ直接英ヲ目標トセザル限リ英ガ我ニ対シ立ツ算少ク米亦立ツ算少キ場合

(三)　帝国ノ威信上ヲ武力行使已ムヲ得ザル場合

四　海軍ノ戦備上何時トナラバ武力行使可能トナルヤ

（答）　戦備促進ノ速度ニ依リ左右セラル而シテ其ノ速度ハ必要物資及工作力獲得ノ程度ニ依ル所ナリ
別表第一〔省略〕程度ノ物資獲得可能ナラバ米ヲ直接目標トセザル限リ情勢ニ依リ立上リ可能トナルベク其ノ時期ハ概ネ十二月以降トナル但シ愈立上ル場合ハ続イテ対米戦備ニ関シ更ニ一段ノ準備ヲナスヲ要スルヲ以テ概ネ別表第二〔省略〕ノ物資獲得ノ目算ヲ立ツル要アリ

五　海軍ニテハ戦備不充分ナリト言ハルルモ斯カルコトハ陸軍モ同様ナリ然レ共戦備ノ完璧ヲ待ツニ於テハ永久ニ開戦不可能トナルモノト考ヘラル　貴見如何

（答）　対南方武力行使ハ情況ニ依リテハ帝国ノ存亡ヲ賭スル大戦争ニ発展スル可能性大ナルヲ以テ慎重ナル考慮ヲ要ス
而シテ海軍ノ戦備ニ関シ説明スレバ海軍作戦上相当量ノ部外船舶ノ徴傭艤装、予備艦船ノ就役及出征前必施工事竝ニ出師準備品ノ不足補充ノ実施等ノ必要アリ之ヲ行フ為ニハ物資及労力ヲ大量ニ要求スル所ナリ
又海軍トシテ特ニ重視シテ考ヘアル事ハ従来英米依存ノ態勢ニ在リシ物資方面ニ於テ英米ヲ向フニ廻シテ戦フ場合ノ戦争持久力ノ点ナリ
海軍ハ陸軍ニ比シ極メテ物力ニ待ツ所大ニシテ従来鋭意之ノ点ノ整備ニ力ヲ致セル所ナルモ支那事変開始以来次第ニ物ノ行詰リヲ生ジ取得量ハ常ニ思フニ委セズ又陸軍戦備ノ為ニ或程度ノ譲歩ヲナシ来レル関係上軍需品其ノ他持久力ノ点ニ於テ未整備ノ状況ニ在リシ次第ナリ
勿論海軍トシテ一〇〇％ノ戦備ヲ待ツガ如キコトハ考ヘアラズ従ツテ艦隊編制等ニ於テモ一段二段ト区分考慮シアル所ナリ又軍備方面ニ充当シアリシ物資モ其ノ大部ヲ戦備ニ振リ向クル如クスルノ要アルモ既ニ出来上リノ中途ニアル艦船ヲ潰シテ鋼材トスル訳ニモ行カズ夫レノミニ依リ取得シ得ル量ハ大ナラズ
而シテ海軍トシテハ英ト開戦スル以上米ニ対スル備ト心構ヘハ絶対不可分ナリト考ヘアルヲ以テ戦備ノ慎重ヲ期スルコト緊要ナリト考ヘアリ

六　時局処理要綱ノ方針中「対南方施策ヲ重点トスル態勢転換」トハ政戦略ノ転換ヲ意味スルモノト解シアリ又海軍ニテモ予メ之ニ同意ナリシ次第ナリ然ルニ物動計画等ニ関シテモ之ガ変更ヲ要望セラルル所海軍ノ見解変リタルモノト解シテ可ナリヤ

（答）「態勢転換」ノ解釈ニ関シテハ何時変更ナシ然レ共之ニ伴ッテ必然前述ノ如キ海軍トシテ物ニ対スル要求アリ又「態勢転換」ヲ行フ以上国力指向ノ方向等之ニ伴フベキハ当然ナリト認ム尚北ニ対スル必要ノ備ヲ薄シテ可ナリ等ノ考ハ海軍トシテ毛頭考ヘアラズ但シ民需ノ圧縮、北満支ノ需要抑制等ノミニテハ到底海軍ノ要望ニ応ジ得ザルモノアルベク従ッテ陸海軍需ノ調節亦必要ナリト考フ

七　対南方武力行使ニ当リテハ戦争対手ヲ極力英国ノミニ局限スルニ努ムベキハ処理要綱記載ノ通ナリ然ルニ蘭印等ヲ先ヅ対手トスベシ等ノ議アリト云フガ所見如何

（答）先ヅ戦争対手ヲ蘭印ニ求ムルトイフハ戦争指導ノ見地ヨリ我ノ国力ニ鑑ミ実効果ヲ挙ゲ易キモノヨリ始メヨトイフ次第ナリ戦争対手トシテ「英一国」ト云フハ「米ヲ含マズ」位ニ考ヘ然ルベキモノニシテ蘭印、泰、仏印等ニ関シテハ別ニ処理要綱ト抵触ナキモノト考ヘアリ

八　対南方戦争指導上戦争相手ヲ何レニ求ムベキヤニ関スル所見承リ度

（答）対南方武力行使ノ主眼トスル所ニ鑑ミ英、米トノ開戦ヲ成シ得ル限リ之ヲ避ケ先ヅ蘭印ニ対スル我要求ヲ貫徹スルヲ可ト認ム而シテ開戦ノ順序トシテハ

(イ)　蘭ト開戦――情況ニヨリ次デ英ト開戦

(ロ)　蘭――英――米ト開戦

(ハ)　英――蘭――米ト開戦

等各種ノ場合アルベシ

九　米ト開戦セル場合勝算如何

（答）(イ)米ガ速戦主義ニ出デタル場合　自信アルモ彼ハ此ノ方法ニ出デザルベシ

(ロ)米ガ持久的戦法ニ出デタル場合

持久力ニ於テ自信大ナラズ而モ彼ハ此ノ方法ニ出ヅル算大ナリ

此ノ為ニ外交、国内諸般ノ態勢ヲ速ニ確立スベキヲ要スル次第ナリ

一〇　米ノ軍備拡張ニ対スル海軍ノ腹案如何

（答）　海軍トシテハ将来躍進的ノ軍備拡張ヲ要スルモノト考ヘアリ而シテ帝国ノ現情ハ物資不足ニシテ且当面必要トスル戦備ヲ行フノ要アル為今直ニ所望ノ計画ニ着手シ得ザルベキモ成シ得ル限リ速ニ国家ノ総力ヲ挙ゲテ軍備ノ拡充ニ邁進シ得ル如ク今ヨリ措置スルコト肝要ナリト認メアリ

一一　米ノ軍備拡張ニ伴ヒ将来帝国ハ戦ハズシテ屈セザルヲ得ザルニ至ルベシ然ラバ寧ロ此ノ際米ヲ対手ニ一戦スルヲ可トセズヤ

（答）　我海軍軍備ノ拡充ニ関シテハ国家トシテ其ノ力ヲ集中シ必要ナル軍備ヲ充足スル如ク措置スルノ要アリト認メアリ、而シテ国家ノ決心次第ニテハ必ズシモ悲観スベキニ非ルモノト認ム

要ハ今後如何ニシテ国家ノ力ヲ対米軍備ニ集中スルカニ在リ又軍備ノミノ関係ニテ今ノ内ニ対米一戦ヲ覚悟スベシトナス如ク簡単ニ考フルコトハ適当ナラズ

一二　（海軍ヨリノ質問）

対南方武力行使ニ関シテハ極メテ慎重ナル考慮ヲ要シ又其ノ時期等ニ関シテモ未定ナルモノアリ且作戦的ニ考フレバ此ノ際英米等ヲ刺戟スルコトハ彼ノ戦備ヲ増サシメ防備ナリ心構ヘヲ強クセシムルノ不利アリ然ルニ一般言論界又ハ検察当局等ノヤリ方ヲ見ルニ斯ル考慮ニハ一向無頓著ニ各種ノ施策ヲヤリ言論ヲ指導スルガ如キ風アリ斯ノ如キハ策ノ得タルモノニ非ズト認ム、陸軍側ノ所見如何

一三　大本営政府連絡会議ニ関シ
(イ)　余リ頻繁ニ行フハ不可ナリ
(一)　統帥ト政務トノ混淆
統帥部トシテ政務ニ喰ヒ入ルハ軈テ政務ガ統帥ニ喰ヒ入ル虞アリ
(二)　事務的ニ充分研究シタル後要スレバ連絡会議ニ掛クベキナリ
(ロ)　定例的ニ予定スルノ必要ナシ
問題アル時其ノ都度決メレバ宜シ
(ハ)　但シ「連絡会議」ナル既定制度ニ拘ラズ連絡又ハ懇談ヲ時々開催スルコトハ有意義ナリト認メアリ
一四　日蘇国交調整ノ能否見透如何
(イ)　蘇トシテハ対日国交調整ニハ好機、但シ其ノ欲スル「ライン」時機ハ必ズシモ同一ナラズ
我提案ニ対シ過大ノ代償ヲ予期シアルガ如キハ其ノ証左ト認メラル
(ロ)　代償ニ関シテハ
北樺太利権、漁業利権等利権回収関係ノ外太平洋国トシテノ権利（津軽、対馬海峡等ノ自由航行権ノ如キ）
南洋、満洲資源ノ優先的取得ノ要望モ予想セラル
(ハ)　蘇ノ態度ハ一片ノ条約ノミヲ以テシテハ当ニナラザルヲ以テ国交調整成立ノ為余リ放胆ニ全部ヲ与フルコトハ愈南方ニ大転換ヲ断行スル場合ノ餌ヲ保有セザルコトナルヲ以テ迂濶ニ全部ヲ手離スコトナキヲ要ス
(ニ)　右見解ニ基キ今後ノ態度ハ焦燥ノ気配看破セラレザル様一層先方ノ真意ヲ把握ニ努メ見込ミナキ場合モ為シ得ル限リ引張リ対支米英ニ対スル政治効果ヲ持続スルニ努ムルヲ要ス
(ホ)　米蘇関係ハ本質的ニハ政治的ニアラズ経済的ナリ、唯対日牽制ニ利用シ好都合ナル点我ニ不利ナリ従テ対「ソ」関係ハ日

独関係ガ先行スルコトガ常道ト認メラル

一五　日独伊提携強化ニ関スル見透

(イ)　提携強化促進ニハ主義トシテ賛成ナルガ既ニ夏秋ノ交ニ英屈服（英本土攻略）スルモノトセバ時機ヲ失ス、来年ニ持越トナレバ概シテ我ニ有利ナルガ其ノ場合ハ急速和平招来ノ念慮モ入レ置クノ要アリ

(ロ)　理想トシテハ終局ニ於テ独側勝ツモ持久戦ノ傾向トナリ　米ノ対英援助増強、独ノ対日接近再燃ノ機運ニ投ジ得ルニアリ

(ハ)　右見解ニ於テ此ノ際帝国ハ巍然トシテ独自ノ世界観ニ基キ進退シ苟モ焦燥媚態アルベカラズ

但シ独ノ首脳部ハ依然トシテ帝国ニ期待ヲ蔵スルモノト判断セラルルヲ以テ此等ト「マン、ツウ、マン」ノ交渉ヲ保持促進スルコトトシ事務的折衝又ハ輿論ヲ背景トシテ推進スルハ禁物ナリ

一六　（其ノ他問題トナルベキ事項）

(イ)　支那事変ノ見透シ

(ロ)　国内体制ノ見透シ

「世界情勢ノ推移ニ伴フ時局処理要綱」ニ関スル覚

八月二十八日　大本営陸軍部・大本営海軍部

出席者
- 軍令部　中沢大佐　大野大佐　川井中佐
- 参謀本部　岡田大佐　高月中佐

一
種村少佐

一　昭和十五年七月二十五日決裁「世界情勢ノ推移ニ伴フ時局処理要綱」ニ基キ諸施策竝ニ準備ヲ進メツツアル所現在ノ情勢ハ右決裁当時ノ予察ト大差ナシト雖モ尚細項ニ関シテハ多少ノ相異アリ又諸準備ノ進行情況必ズシモ予期ニ達セザルモノアリ
右ニ鑑ミ此ノ際陸海軍部ノ本要綱ノ細部ニ対スル観念ヲ更ニ帰一セシメ当面ノ情勢ニ応ズル諸施策遂行上ノ基準トスルノ要ヲ認メ本覚ヲ交換ス

二　南方問題解決ノ為武力行使ノ時期
時局処理要綱第三条ニ依ル所ナルモ同条ノ解釈ニ関シ補足スレバ左ノ如シ
(イ)　第一号中「好機ヲ捕捉シ」トアルハ之ヲ例示セバ概ネ左ノ如キ諸情勢ヲ謂フ
(一)　米ガ欧洲戦争ニ参戦其ノ他ノ施策ニ依リ東洋ノ事態ニ対シ割キ得ベキ余力小トナレル場合
(二)　英ノ敗勢明トナリ東洋ニ対スル交戦余力小トナリ従ッテ
(1)　英ノ領土ヲ侵スモ英援助ノ為米ノ乗出ス算少キ場合
(2)　帝国ガ英以外ヲ目標トセル場合ニ於テ
英ガ我ニ対シ立ツ算少ク米亦立ツ算少キ場合
(ロ)　第二号中「内外諸般ノ情勢特ニ有利ニ進展スルニ到ラバ」トアルハ左ノ意味ナリ
前項(イ)記載ノ好機到来シ加フルニ独伊蘇ニ対スル外交施策略其ノ目的ヲ達成シ且米国ノ我ニ対スル動向及米ニ対応スル我戦争準備等概ネ武力行使ニ適スルニ到レルヲ謂フ
(ハ)　支那事変中ト雖モ帝国ノ存立上好ムト好マザルトニ拘ラズ対南方武力行使ノ已ムヲ得ザル場合アルベク即チ米ニシテ全面的禁輸断行ヲ敢テシ第三国亦之ニ呼応シ為ニ帝国ノ必需物資ノ取得上已ムヲ得ザル場合又ハ米英協同シ若クハ単独ニ帝国ニ対スル圧迫ヲ加ヘントスル企図明ニシテ帝国ノ国防ノ安危ニ関ハル如キ太平洋ノ現状変更ノ場合ニ立到ラバ当然対南方武力行使已ム

ヲ得ザルモノアリ

(ニ) 第四号中「戦争対手ヲ極力英国ノミニ局限ス」トアルハ対南方武力行使ニ当リ戦争対手国ノ算アル主要国タル英、米、等ノ内極力米ヲ敵トセザルノ謂ニシテ之ニ依リ、蘭印等ニ対シ武力行使ヲ要スル場合アルヲ否定セルモノニ非ズ

三 支那事変処理ト対南方武力行使トノ関連

時局処理要綱ノ精神ハ支那事変ノ解決促進ト南方問題ノ解決トヲ共ニ重視シ支那事変未ダ終ラザル場合ニ於テハ第三条第一号ニヨリ武力行使ノ決意ヲナス迄ハ固ヨリ政戦略ノ重点ヲ事変処理ニ指向スルモノニシテ往々時局処理要綱即チ支那事変放棄ノ如キ観念ヲ起シ従ツテ諸施策ヲ之ニ則リ実施スルガ如キハ本要綱ノ趣旨ニ反スルモノナリ

四 時局処理要綱第二条第一号中「特ニ速ニ」トアルハ施策実行ニ対スル努力ノ程度及我ノ希望ヲ示セルモノニシテ固ヨリ政治的結束又ハ国交調整ノ内容ニ関シ忍ブベカラザル不利ヲ忍ビ或ハ施策実施ニ当リ焦燥媚態等ノ為却ツテ本末ヲ誤ルガ如キ事ナキ様特ニ留意ノ要アリ

五 時局処理要綱ニ基ク諸施策中特ニ左記ニ関シテハ慎重ナル考慮ヲ加フルノ要アリ

(イ) 言論指導

言論界ノ情況ハ時局処理要綱ノ精神ヲ曲解シ徒ニ先走リノ傾向アリ特ニ知名ノ士又ハ右傾分子ニシテ支那事変ノ実情、帝国ノ国力等ヲ知ラズ無責任ナル言論ヲナスモノアリ斯ノ如キハ徒ニ第三国ヲ刺戟シ彼ノ戦備ヲ増強セシメ又ハ心構ヘヲ強クスルヲ以テ戦争指導上特ニ不利ナリ之ガ是正ヲ要ス

(ロ) 対南方施策

蘭印、泰等ニ対シテハ差当リ極力平和的友好的ニ諸施策ヲ進ムベキハ当然ナルモ之ガ実行ニ当リテハ之ニ伴ヒ生ズルコトアルベキ逆効果ニ関シ慎重ナル考慮ヲ加ヘ且実施ニ当リテハ就中陸海軍克ク緊密ナル統制連絡ヲ保持スルノ要アリ

日独伊三国同盟締結

昭和十一年十一月日本は、日独防共協定を締結した。この協定には、日独両国の一方がソ連から攻撃を受けた場合に限り、他方がソ連の負担を軽減するような行動を取らない、という秘密の政治的取極めが附属していた。これが軍事同盟の端緒をなすものであつた。

大島浩駐独陸軍武官は以前から、右秘密附属協定を対ソ軍事同盟に強化しなければならないとの考えを持ち、参謀本部に進言し、またリッペントロップ独外相とも話合いを進めるところがあつた。昭和十三年春ごろ支那事変の全面戦争化に伴つて、参謀本部は日独軍事同盟案を推進することに決めた。その狙いは、有事の対ソ戦争遂行に資するというよりは、それによつて日本の国際的地位を高め、そして支那事変の解決に寄与させようとすることにあつた。昭和十三年七月以来第一次近衛内閣も、これを五相会議の議題として取り上げ、大島駐独武官から、駐独大使を通じて対独打診が進められた。

わが方が同盟の対象をソ連一国と考えるのに対し、ドイツは英仏を加えることを主張し、日本海軍も結局これに同調した。しかしドイツが英仏に対する自動的参戦の約定を明確化することを要求するのに対し、日本海軍は自主参戦の立場を堅持しようとした。同盟の成立を希望するの余りドイツ案を支持する陸軍と、これに反対する海軍および外務省との対立が深刻化した。そのため昭和十四年一月第一次近衛内閣は退陣し、後をついだ平沼内閣も徒らに七十数回の五相会議を繰り返すばかりで決論を得ず、昭和十四年八月独ソ不可侵条約の成立を見るに及んで「複雑怪奇」の言葉を残して総辞職した。

前記「時局処理要綱」の決定では、「対独伊政治的結束ノ強化」という表現が用いられていた。陸軍から提案されたこの国策案では、上記のいきさつにてらして、軍事同盟という言葉は禁句となつていたのである。陸軍の真意は、英仏を対象とする軍事同盟が出来れば結構であるが、それにはこだわらないということであり、文字通り政治的結束強化という弾力性のあるものであつた。

しかるに近衛公の第二次内閣組閣時の決心は、軍事同盟案の推進にあつた。さきにこの問題の処理に苦しんで退陣した近衛首相は、今や軍事同盟案を呑む以外に、時局収拾の道なしと判断したのである。このころ松岡外相は近衛首相と一体同心の緊密さにあつたが、同外相の構想はもちろん軍事同盟案であり、しかも、同盟の主なる対象を米国とするものであつた。

海軍は依然として軍事同盟案に反対であり、特にそれが対米軍事同盟に拡大されることに対してはなおさらのことであつた。しかし内外の情勢上、平沼内閣時代のように反対意見を強硬に表明することができなかつた。結局海軍の態度は、自主的参戦の一線を固守することで満足するということであつた。

昭和十五年八月二十三日リッペントロップ独外相の特使スターマー公使の来日が明かになると、松岡外相は七月中旬以来の陸海軍事務当局案―対英仏政治同盟案―を破棄して、自ら対米軍事同盟案を起草しこれを勢力的に推進した。そして九月九日、十日わずかにスターマー公使との二回の会談によつて、早くも日独伊三国条約に関する原則的合意に達し、早くも九月十九日には御前会議開催となり、ここに嵐を呼んだ三国同盟が決せられたのであつた。

以上の経緯は次に掲記する諸資料によつて、さらに明白となるであろう。殊に近衛首相のメモ、松岡・スターマー会談記録および御前会議における沢田参謀次長の控へなど示唆に富んでいると思う。

日独伊三国同盟の狙いは、洋の東西における世界新秩序建設のための相互協力にあつた。しかし同時に松岡外相には雄大な外交戦略が秘められていた。それはソ連を三国同盟に同調させた上で、これを武器として米国を米大陸に封じ込めようとする対米国交調整を推し進め、そして支那事変を解決するというのである。強く出ることにより、米国の後退を求めようというわけであった。翌十六年三、四月における同外相の独伊ソ訪問と日ソ中立条約の締結も、この外交戦略に基いたものであったと解される。しかしそれは、間もなく独ソ開戦という予期しない事態の発展となって挫折したばかりでなく、米国をあまりにも甘くみた構想であった。米国は日本の三国同盟締結で、日本との決定的対立を決心したのであり、日本は大東亜戦争開戦への傾斜を一層急角度にしたわけであった。

日独伊提携強化ニ関スル件

昭和十五年七月三〇日外務起案
八月六日陸海軍事務当局修正

軍事同盟交渉ニ関スル方針案

昭和十五年九月六日四相会議決定

〔ここでは比較のため七月三〇日案、八月六日修正案、九月六日決定の三つを併記した。波線の箇所は七月案にたいし八月修正に当って削った部分で〃〃内の文字は変更・加筆したものを示す。さらに九月の修正に当って、削った箇所は傍線で示し《 》内の文字はその際、変更・加筆したものを示す。〕

一 ㈠ 方針

帝《一 皇》国ト独伊トハ世界新秩序建設ニ対シ共通的立場ニ在ルコトヲ確認シ相互ニ其《各自》ノ生存圏ノ確立及経綸ニ対

スル支持及《対英》対蘇対米政策ニ関スル協力"方ニ"就キ《相互ニ》了解ヲ遂ク《別紙第一》

二　要領

(一)　帝国ト独伊間ニ於テ右方針ニ基ク基本的了解ヲ遂ク（別紙第一）

註　右基本的了解ニ基キ更ニ日独伊間又ハ日独、日伊間ニ所要ノ協定ヲ行フモノトス

(二)　現在日独伊各国カ夫々直面シ居ル支那事変及欧洲戦争ニ関スル相互支持協力ニ関シ右基本的了解ト共ニ速カニ了解ヲ遂ク

（別紙第二）

(三)　右実施ハ左ノ各項ニ依ル

イ　前記(一)及(二)ノ交渉ハ別紙第三日独伊提携強化ニ対処スル基礎要件ヲ体シ且別紙第四交渉方針要領ニ基キ行フ

ロ　前記(一)ハ伯林及羅馬ニ於テ実施ス

ハ　前記(二)ハ(一)ト共ニ一併伯林及羅馬ニテ提案シ其ノ具体的交渉ヲ東京ニ於テ行フ

(四)　以上ノ了解ハ必シモ協定ノ形式ヲ執ルヲ要セザルモ独伊ノ希望アルニ於テハ協定トスルヲ妨ゲズ

別紙第一

日独伊提携強化ノ為ノ基本トナルベキ政治的了解事項

一　日本及独伊両国ハ現在其ノ実施ニ努力シツツアル世界ノ新秩序建設ニ関シ共通ノ立場ニ在ルコトヲ確認シ公正ナル世界平和ヲ助増成進スル為相互協力ス

二　日本及独伊両国ハ夫々新秩序建設ノ為日本ノ企図スル南洋ヲ含ム東亜ニ於ケル"日本ノ"生存圏並ニ独伊ノ企図スル欧洲及阿弗利加ニ於ケル"独伊"ノ生存圏ヲ相互ニ尊重シ右地域ニ於ケル新秩序建設ニ対シ相互ニ支持ヲ与フ《付キ凡有ル方法ヲ以テ協力ス》

三　《(一)》日本及独伊両国ハ相互ニ密接ナル経済的協力ヲ行フ

之ガ為其《各自》ノ生存圏内ノ所産《在物資》ノ優先的相互交易並ニ技術ノ交換ヲ行フト共ニ夫々《各》自己ノ生存圏内ニ於ケル対手国ノ経済的活動ニ付好意的考量ヲ加フ

四　日本及独伊両国ハ「ソ」聯トノ平和ヲ維持且「ソ」聯ノ政策ヲ両者共通ノ立場ニ副〃関〃ハシムル如ク利導スルコトニ協力スルト共ニ其ノ《尚独伊ト交渉ノ際先方ニ希望アルコト判明シタルトキ右ノ外更ニ日本又ハ独伊ノ》一方ガ蘇聯ト戦争状態ニ入ル危険アル場合ニハ執ルベキ措置ニ関シ協議スルコトトス《ニ付テモ了解ヲ遂クルコトトス》

五　日本及独伊両国ハ米国ヲシテ米大陸《西半球及米国ノ領地》以外ノ方面ニ容喙セシメザルト共ニ之ニ対シ両者ノ政治的《及経済的利益ヲ擁護スル為相互協力ス又其ノ一方カ米国ト戦争状態ニ入ル危険アル場合ニハ両者ハ執ルヘキ措置ニ関シ協議スルコトトス《他ノ一方ハ凡ユル方法ヲ以テ之ヲ援助ス》

日本及独伊両国ハ中南米ニ対スル施策ニ関シ緊密ニ協力ス

備考　第四項〃本了解〃ハ秘密了解トスヘキモノトス

別紙第二

日本及独伊両国ノ欧洲戦争及支那事変ニ対スル相互支持協力ニ関スル了解事項

一　日本及独伊両国ハ現在両者ガ夫々直面シ居〃ア〃ル支那事変及欧洲戦争ノ解決ニ方リ何レモ英国カ其主要ナル敵性国ナルニ鑑ミ此見地ニ於テ左ノ如ク相互ニ支持協力ス

日本ハ

(イ)　独候ノ希望スル東亜南洋方面〃ヲ含ム東亜〃所在《資源及》物資ノ取得ニ関シ《ツキ独伊ノ希望ニ対シ》為シ得ル限リ便宜ヲ供与ス

(ロ)　南洋ヲ含ム東亜ニ於テ〃ケル〃英国ノ勢力ニ対スル圧迫ヲ強化スルト共ニ独伊ノ対英戦争遂行ヲ容易ニスル為為シ得ル限リ協力ス

独伊ハ

(イ)　日本ノ希望スル機械類等ノ供給並ニ技術ノ援助ニ関シ為シ得ル限リ協力ス

(ロ)　支那事変解決ノ為《為シ得ル限リノ政治的及経済的》協力《ヲ為》ス

備考　本了解ハ秘密トス

別紙第三

日独伊提携強化ニ対処スル基礎要件

一　帝《皇》国ノ《大》東亜新秩序建設ノ為ノ生存圏ニ就テ

(イ)　独伊トノ交渉ニ於テ帝《皇》国ノ《大》東亜新秩序建設ノ為ノ生存圏トシテ考慮スベキ範囲ハ日満支ヲ根幹トシ、旧独領委任統治諸島、仏領印度及同太平洋島嶼、泰国、英領馬来、英領「ボルネオ」蘭領東印度「ビルマ」濠洲、新西蘭並ニ印度等トス　但シ交渉上我方ガ提示スル南洋地域ハ「ビルマ」以東蘭印「ニューカレドニア」以北トシ濠洲西蘭及印度ニ付テハ後記(ホ)、(ヘ)我方ノ意向ヲ反映セシムルコトトス《ス尚印度ハ之ヲ一応「ソ」聯ノ生存圏内ニ置クヲ認新ムルコトアルベシ》

(ロ)　太平洋ニ於ケル英仏ノ〝帝国ノ委任統治スル旧独領諸島ハ我領土ニ併合スル措置ヲ講ズルト共ニ太平洋ニ於ケル英、〟旧独領委任統治諸島ハ対米戦略上ノ必要ヨリ努メテ帝国ノ支配下ニ帰スル如ク処理ス

(ハ)　《ロ》蘭領東印度ハ独立態勢ニアラシムルヲ目途トシ《スルモ》差当リ尠クモ我政治勢力下ニ置ク《我方ノ政治上及経済上ノ優越的地位ヲ認メシムルモノトス》

右ニ関シ万一独逸ノ提案ト相触ルルコトアル場合ニ於テモ蘭印所産《在物資及》資源ノ優先的供給、：印ニ於ケル独逸人ノ既存〝得〟経済経営継続ニ関スル保障其他全般ニ於ケル政治的折衝ニ依リ蘭印ニ於ケル帝《皇》国ノ政治的指導権《優越的地位》ヲ認メシムルコトトス

(ニ)《(ハ)》仏領印度支那ニ関シテモ(ハ)《(ロ)》ニ同ジ

(ホ)濠洲及新西蘭ハ其他ノ地域トハ其間幾分ノ…庭ヲ存スルモ帝国ノ関心ヲ有スル所ナルコトニ差異ナク、従テ之ガ更ニ東亜以外ノ国ノ領土或ハ管理ニ変更セラルルヲ欲セズ

(ヘ)印度ニ関シテモ帝国カ関心ヲ有スルコト固ヨリナルカ、対「ソ」協力関係ト関連シ印度西部ニ於テハ考慮ノ余地ヲ存ス〃概ネホ、ニ準ズ〃

二　日独伊三国ノ経済協力ニ就テ

(イ)交易ニ関シ帝《(皇)》国ハ日満支三国ノ農林水産物等ヲ供給スルノ外支那、仏印、蘭印等ノ特殊鉱産物及「ゴム」等ノ供給ニ付協力ヲ与フベク独伊ハ帝《(皇)》国ノ必要トスル技術ノ援助及航空機、機械類化学製品類等ノ供給ヲ為ス

(ロ)右目的ノ為夫々経済協定、貿易協定及支払協定ヲ締結ス

三　日独伊三国ノ対「ソ」及対米協力ニ関スル帝《(皇)》国ノ態度ニ就テ世界ガ東亜「ソ」聯、欧洲及米洲ノ四大分野ニ分ルルヲ予見セラルル戦後ノ新態勢ニ於テ東亜ノ指導者ヲ以テ任スル帝《(皇)》国ハ欧洲ノ指導勢力タル独伊ト密接ニ提携シ

(イ)「ソ」聯ヲ東西両方面ヨリ牽制シ、且之ヲ日独伊共通ノ立場ニ副フ如ク利導シテ其勢力圏ノ進出方向〃面〃ヲ日独伊三国ノ利害関係ニ直接影響少キ方面例エバ波斯湾ニ向フ《(場合ニ依リテハ印度方面ニ対スル「ソ」聯ノ進出ヲ認ムルコトアルヘシ)》方面ニ指向セ《(ハ)》シムル如ク努ムルト共ニ

(ロ)又米国ニ付〃対〃シテハ〃米洲圏ニ対シ力メテ平和ヲ維持〃〃努メテ平和的手段ヲ以テ〃スベキモ東亜及欧洲分野ノ政治的、経済的提携ニ依リ所要ニ応ジ米国ニ対シ圧迫ヲ指向シ《(加エ)》得ルノ態度ヲ構成シ以テ帝《(皇)》国ノ主張ヲ貫徹スルニ寄与セシムル如ク策ス

〃右施策ニ際シ努メテ「ソ」聯ヲ利導スルコトヲ考慮ス〃

且又独伊ハ現在南米ニ相当ノ移民ト経済的地歩トヲ有スルヲ以テ将来帝《(皇)》国ノ米国ニ対スル諸般ノ施策ニ之ヲ利用ス

四　日独伊三国ノ対《排》英協力ニ関スル帝《皇国》ノ態度ニ就テ

（イ）　帝《皇》国ハ東亜新秩序建設ノ為《上》南洋ヲ含ム東亜ニ於テ英国ノ政治的《及経済的》権益ヲ排除スルノ企図ヲ有ス〃為状勢ニ応ジ諸施策ヲ講ズ〃

而シテ右帝国ノ企図ハ〃（右施策ハ〃　英国ノ地位ヲ薄弱化スルモノニシテ現ニ支那ニ於ケル帝《皇》国ノ対英政策ガ自ラ欧洲戦場ニ有効ニ影響シ居ルコト事実ノ示ス所ナリ）

（ロ）　帝《皇》国ハ更ニ独伊ノ対英戦争ニ一層協力スル為独逸〃伊〃ノ希望スル南洋ヲ含ム東亜所在資源《及物資》ノ取得ニ付独伊両国ノ希望ニ》対シテ協力ヲ惜シマズ、又東亜ニ於ケル英国権益ノ排除、《対英》示威及宣伝ニ依ル協力《英国ノ》属領及殖民地ノ独立運動支援等独伊ノ対英戦争ニ関シ一層ノ協力ヲ為ス

（ハ）　帝国ハ（イ）項ノ企図達成ノ為対英武力行使ノ場合之カ発動ノ時機ハ㈠支那事変処理ノ進捗程度㈡戦争準備進捗ノ程度㈢対米対「ソ」外交体制整備ニ依リ制約セラル

独伊側ヨリ対英軍事的協力ヲ求メ来ル場合帝国ハ原則トシテ之ニ応スルモ其発動ノ時機ニ関シテハ前記制約ヲ考慮シ自主的ニ之ヲ決定スルモノトス

〃（ハ）《五》対英《米》武力行使ニ関シテハ《皇国ハ》左ノ諸項ニ依リ自主的ニ決定ス〃

〃㈠　支那事変処理概ネ終了セル場合ニ於テハ内外諸般ノ情勢之ヲ許ス限リ好機ヲ捕捉シ武力ヲ行使ス〃

〃㈡　支那事変ノ処理未ダ終ラザル場合ニ於テ《原則トシテ》ニ開戦ニ至ラザル限度ニ於テ施策スルモ内外諸般ノ情勢特ニ有利ニ進展スルニ至ラバ《カ若クハ我準備ノ成否ニ拘ラス国際情勢ノ推移最早猶予ヲ許サスト認メラルル場合》武力ヲ行使スルコトアリ〃

〃㈢　内容諸般ノ情勢トハ支那事変処理ノ状況ノ外欧洲情勢特ニ対「ソ」国交調整ノ状況米国ノ我ニ対スル動向及我戦争準備等ノ諸件ヲ指スモノトス〃

別紙第四
交渉方針要項

一　本提携強化具現ノ為ニハ独伊ガ全力ヲ挙ゲテ英国打倒ニ邁進シオル今ノ機会ヲ逸スベカラズ独伊ノ戦勝確定後右折衝ヲ開始スルコトトナラバ其ノ効果ハ極メテ減少セラルルニ至ルベキノミナラズ南洋ニ関シテ相当ノ関心ヲ有スル独逸ノ態度ニモ亦何等カノ変化ヲ来ス虞ナシトセザレバナリ

本件交渉ニ付テハ独伊各別ニ行フモノトス但独伊側ヨリ三国間ノ交渉ヲ希望シ来ル場合ニハ之ヲ考慮ス〃ニ応ズルモ可ナリ〃

二　欧洲戦争及支那事変ニ対スル相互支持協力関係ノ了解ハ独伊ニ対スル提携強化ノ提議ノ際基本的了解ト同時ニ提案シ其ノ内容ニ付テノ討議ハ東京ニ於テ之ヲ行フコトトスルモ前記二了解ハ一体不可分トス

三（一）独伊ヲシテ帝《皇》国ノ南洋ヲ含ム東亜ニ於ケル生存圏ヲ〃承認〃尊重セシムヘキ別紙第一㈡ノ交渉ニ於テハ南洋ヲ含ム東亜全般ニ付包括的ニ帝《皇》国ノ政治的指導権《優越的地位》ヲ認メシムルコトヲ主眼トス但独伊側ヨリ特定地区ニ何等留保的態度ニ出ヅル場合ニハ別紙第三日独伊提携強化ニ対処スル基礎要件ノ㈠ノ㈺項以下ヲ体シ右地区ニ付具体的折衝ヲ行ヒ之ヲ容認セシム

四　別紙第三日独伊提携強化ニ対処スル基礎要件第四項㈧ニ関シ

（二）独伊側ヨリ対英対英《米》軍事的協力ニ質問〃関シ希望〃シ来タル場合ニ於テハ帝《皇》国トシテハ原則トシテ之ニ応ズルノ用意アルモ武力発動ニ関シテハ諸種ノ制約アルヲ以テ其ノ発動時期（即参戦時期）ハ帝国カ自主的ニ決定スヘキ旨ヲ以テシ独伊側ヨリ右軍事的協力ヲ求メ来ル場合ニハ前記趣旨ヲ諒解セシムルト共ニ独伊側ヲシテ帝国ノ対英武力発動ノ諸制約ヲ解除スルコトニ同調セシムル如クナスモノトス　我現状ニ鑑ミ武力行使即チ参戦ニ関シテハ別紙第三日独伊提携強化ニ対処スル基礎要件第四項㈧ノ㈠㈡㈢ノ如ク考慮シオル点ヲ説明諒解セシムルト共ニ独伊側ヲシテ帝《皇》国ノ対英《米》開戦ニ関スル内外諸般ノ情勢改善ニ関シ我ニ協力セシムル如クスルモノトス

三国同盟交渉審議近衛首相覚書

夫から松岡外相はオツトーと（昭一五・八・一）

「独乙は一体日本に何を求むるか」

と抽象的な質問をしてこちらから進んで何か求めるような顔をすると足下を見られる

本国政府に云つてやつた　ウントモスントモ返事が無かつた

八月二十三日に独乙から電報ありリツペンの第一の子分で極東の係り　スターマー公使を日本に派遣すると云つて来た二十三日伯林出発此七日に着いた

連日（九・九〜）松岡、オツトーと三人で折衝の結果

スターマーの

○　会談中スの云つたこと

其結果松岡が提案をした　それは

○　甲号（九・一〇）

之に対しスより

○　乙号といふ修正案を出した（九・一一）

ここで陸海外私四相（木？）会議（九・一二）席上松岡より経過を示し　外相は寧ろ乙号を其儘呑んだらいゝとの意見、陸相も之に賛成、海軍は考へさしてくれ

其日はそれで終り

一日置いて土曜（九・一四）朝　八時連絡会議下打合　外相　外務次官　陸相　同次官　事務局長　参謀次長　海相　次官

軍務局長軍令部次長出席

席上軍令次長が主として意見を述ぶ

「海軍は対米の開戦準備完成して居らず来年四月になれば完成する　夫々予定の既セツ艦艇を：艤装　商船二百五十万トンを武装するに付それが出来れば米国との間には即戦即決ならば勝利を得る見込がある

併し即戦即決で無くアメリカ遠養長期にやられると非常に困難である　併し乍ら一方に於てアメリカはドンドン建艦をやり比率の差が今後益々大きくなり日本到底追付かず其意味からいへば今日戦争としては一番有利だといふ説明」

外相は「今最早日独伊と結ぶか、日独伊を蹴つて英米の側に立つか日本としてハッキリした態度をきめなければならぬ時期に来てる

日独伊を前々内閣のやうに日独伊をアイマイにして独乙の提案を蹴つた場合独乙は英を降し最悪の場合欧連邦を作り米と妥協し英蘭等欧連邦の植民地として日本に一指も染めさせぬ最悪の場合

併し物資との関係から云へば今日独伊同盟締結の結果アメリカとの間に最悪の場合

戦争の遂行国民生活上非常の困難　それを回避するには独伊とも英米に結ぶも手で全然不可能とは考へぬ　併し其為には支那事変は米の云ふ通り処理し東亜新秩序等の望はやめ少くとも半世紀の間は英米に頭を下げるならい〻

それで国民は承知するか　十万の英霊満足出来るか

且又仮りに米の禁輸一時は物資に苦しむが前大戦の後でアンナ目に会つたのだから今度はドンナ目に会ふか解らぬ　況や蔣は抗日で無く侮日排日一層強くなる　中ブラリンではいかぬ　即ち米と提携は考へられぬ

残された道は独伊との提携以外に無し」

陸軍黙し

海軍は海相代表し「夫以外道なし

就ては海軍充実」
「政府殊に陸軍当局も考慮してくれ」
会議了る
今日（九・一六）八時より夕四時半
外相報告、意見、閣僚の意見を徴す
誰も無し
如何に苦しくとも歯をくひしばつても行く外無し
蔵相企画院総裁より
「非常に困難だがやる
ヂリヒンで此儘で行けば結局改善される余地無し
或は支那事変も之によつて解決せぬとも限らず
或は米の最近の軽侮は或は改善されるかも知れぬがそれは尤も当にされず併し途は一つ」
外相「独領委任統治をタダで
旧独領南洋諸島を無償とは行かぬが日本に貰ふ
油を（スターマーの話の中に独は石油豊富だ英の宣伝ソ聯もルーマニアもよこす 又仏の占領によつて 消費した以上の油を取つたた）日本は困つてるから半分位よこせ
北カラフトに於て（スの話ソと日の国交調整強化出来る）石油利権をよこす様に斡旋してくれ場合によっては全部買収してもよし」
閣議大体決定したので午後四時半参内上奏した　沈痛の御顔で「此処迄来たら已むを得ず総理大臣は此重大なる時期に何処迄

も自分と苦楽を共にするか」
「申す迄もなく閣僚……
伊藤公が御答へした様に記憶して居ります今日私も無論伊藤公と同じ決心を致して居ります」
更に物資の関係、財政の関係を聞き度いとの御話だつたので　二人（蔵相および企画院総裁）を呼んだ
再び内大臣に会つて聞いた　昨日申上げた近衛は面倒になれば　必要となれば今度は政治上のことは内閣の代つた方がいゝ場合もありますから如何に御奉公……
スターマーに対して松岡は
「スも平沼当時海軍の反対で　今度は　七十四回の七十だけは取る」と松岡云ふ「今度はいけないものならいけないとハッキリ答へる」と先方に云つてある
海軍は存外早く
吉田の辞任事情
四相会議連絡会議迄行つてゐたのを如之退却、アメリカとは戦争は出来ぬ　物資は足りぬ　大変なことになります」
更迭（九・五）次官も代る（九・六）

*

甲号　外務大臣ノ私試案訳文

一　日本ハ欧洲ニ於ケル新秩序建設ニ関シ独逸及伊太利ノ指導的地位ヲ認メ且之ヲ尊重ス
二　独逸及伊太利ハ大東亜ニ於ケル新秩序建設ニ関シ日本ノ指導的地位ヲ認メ且之ヲ尊重ス
三　日本、独逸及伊太利ハ前述ノ趣旨ニ基ケル努力ニ付相互ニ協力シ且各自ノ目的達成ニ対スル総ベテノ障礙ヲ除去克服センガ為適切有効ナル方法ニ付相互ニ協議ス可キコトヲ約ス

四　日本、「独逸及伊太利ハ相互相倚リ現ニ変化シ又ハ変化シツツアル世界情勢ニ適応スベキ世界新秩序建設ニ依リテノミ平和ノ公正ニシテ恒久的ナル基礎ヲ造リ得ルモノナルコトヲ信ジ其ノ実現ニ関スル各自ノ努力ヲ整合センコトヲ約ス

*

乙号　独逸側私試対案訳文

九月十一日

一　日本ハ欧洲ニ於ケル新秩序建設ニ関シ独逸及伊太利ノ指導的地位ヲ認メ且之ヲ尊重ス

二　独逸及伊太利ハ大東亜ニ於ケル新秩序建設ニ関シ日本ノ指導的地位ヲ認メ且之ヲ尊重ス

三　日本、独逸及伊太利ハ前述ノ趣旨ニ基ケル努力ニ付相互ニ協力シ且協議スルコト並右三国ノ中一国ガ現在ノ欧洲戦争又ハ日支紛争ニ参入シ居ラザル一国ニヨリテ攻撃セラレタル場合ニハ有ユル政治的、経済的及軍事的方法ニヨリ相互ニ援助ス可キコトヲ約ス

四　日本、独逸及伊太利ハ相互相倚リ現ニ変化シ又変化シツツアル世界情勢ニ適応スベキ世界新秩序建設ニ依リテノミ平和ノ公正ニシテ恒久的ナル基礎ヲ造リ得ルモノナルコトヲ信ジ其ノ実現ニ関スル各自ノ努力ヲ整合センコトヲ約ス

*

松岡外務大臣「スターマー」非公式会談要旨

駐日独逸大使陪席

九月九日（午後五　時—七　時）
十日（午後五時半—六時半）

一　独逸ハ今次戦争ガ世界戦争ニ発展スルヲ欲セズ一日モ速ニ之ヲ終結セシムル事ヲ望ミ而シテ特ニ米国ノ参加セサラン事ヲ希望ス

二　独逸ハ此際対英本国戦争ニ関シ日本ノ軍事的援助ヲ求メズ

三　独逸ノ日本ニ求ムル所ハ日本ガ有ユル方法ニ依リテ米国ヲ牽制シ其ノ参戦ヲ防止スルノ役割ヲ演スルコトニ在リ独逸ハ現在ノ処米国ハ参戦セズト思惟スルモ而モ万コレ無キヲ期セントスルモノナリ

四　独逸ハ近キ将来ニ於テ独米間ニ衝突起ルベシト考フル能ハザルモ然レドモ日米ノ衝突乃至戦争ハ何時カハ不可避ナル可シ

五　独逸ハ日独間（勿論伊モ含ミテ）ニ了解或ハ協力ヲ成立セシメ何時ニテモ危機ノ襲来ニ対シテ完全ニ且効果的ニ備フルコト両国ニトリ有利ナリト信ズ、斯クシテノミ＝若シ防止シ得トスレバ＝米国ガ現在ノ戦争ニ参加スルコト又ハ将来日本ト事ヲ構フルコトヲ防止シ得ベシ

六　日独伊三国側ノ決意セル毅然タル態度―明快ニシテ誤認セラレザル底ノ態度ノ堅持ト其ノ事実ヲ米国ヲ始メ世界ニ知悉セシムル事ニヨリテノミ強力且有効ニ米国ヲ抑制シ得、反之軟弱ニシテ微温的ナル態度ヲ取リ若クハ声明ヲナス如キハ却ツテ侮蔑ト危険ヲ招クニ止マル可シ

七　独逸ハ日本ガ能ク現下ノ情勢ヲ把握シ以テ西半球ヨリ来ルコトアル可キ危険（或ハ現ニ迫リツツアルヤモ知ルベカラズ）ノ重大性ト現実性トヲ自覚シ以テ米国始メ他ノ列国ヲシテ揣摩臆測ノ余地ナカラシムル如キ日独伊三国間ノ協定ヲ締結スルコトニ依リテ之ヲ予防スル為迅速ニ且決定的ニ行動センコトヲ望ム

八　申ス迄モナク独（及伊）ハ米ヲ大西洋ニ於テ牽制センガ為全力ヲ尽ス可ク又日本ニ対シ直ニ軍事的装備例之飛行機戦車及其ノ他ノ兵器並若シ日本ニ於テ希望セラルルナラバ之等ニ人員ヲモ附シテ合理的ニ融通シ得ル限リ供給スルハ勿論其ノ他ノ方法ニ依リテモ極力対日援助ヲ惜マザル可シ

（松岡大臣ハ日本ニシテ独ノ希望スル意味及方法ニヨリテ枢軸ニ参加スルニ於テハ此等ノ事項ハ枢軸陸海混合委員会ノ如キモノニ委ネラル可キモノナリト申述ベタリ）

九　独逸ハ日本ノ大東亜ニ於ケル政治的指導者タル事ヲ認メ之ヲ尊重スルハ勿論ニシテ此等ノ地域ニ於テ独逸ノ欲スルトコロハ

経済的性質ノモノナリ日本ノ目的達成ノ為独ハ日本ト協力スル準備アリ、而シテ独逸ハ当然日本ガ独人ノ企業ヲ容認庇護シ又独ノ現在及将来必要トスル資材ヲ此等ノ地方ヨリ独ヲシテ取得セシムル為日本ノ最善ヲ尽サレンコトヲ期待ス

十　先ツ日独伊三国間ノ約定ヲ成立セシメ然ル後直チニ蘇聯ニ接近スルニ如カズ。日蘇親善ニ付独ハ「正直ナル仲買人」タルノ用意アリ而シテ両国接近ノ途上ニ越ユベカラサル障害アリトハ覚エズ従テ差シタル困難ナク解決シ得ベキカト思料ス英国側ノ宣伝ニ反シ独蘇関係ハ良好ニシテ蘇聯ハ独トノ約束ヲ満足ニ履行シツツアリ

十一　枢軸国（日本ヲ含ム）ハ最悪ノ危険ニ備フル為徹底的用意アルベキハ勿論ナルモ併シ一面独逸ハ日米間ノ衝突回避ニ有ユル努力ヲ吝マザルノミナラス若シ人力ノ能クナシ得ル所ナラバ進ンデ両国関係ノ改善ニスラモ尽力スベシ

十二　独逸ハ対英戦争終結前ニ速カニ且名実共ニ真ニ枢軸ニ参加センコトヲ日本ニ求メントスルニ当リ米ヲモ含ム「アングローサクソン」王国トマデハ言ハザルモ（註畢竟スルニ「アングローサクソン」王国ニ対スル闘争ニ発展セザルヲ得ザルベシトノ意ヲ仄カシタル反語ナリ）実ハ全大英帝国ニ対シ一大闘争ヲ行ヒツツアリト云フ遠大ナル観点ニ立ツモノナリ現在ノ戦争或ハ終結スルナランモ右ニ云フ一大闘争ハ何等カノ形ニ於テ今後幾十年尚継続スベシ（松岡大臣モ此ノ事ヲ強調セリ）而シテ右遠大ナル目的ノ達成セラルル迄三国ハ最緊密ニ結盟シ倶ニ共ニ相〻リ相助クベキナリ

十三　今回ノ商議ニ伊太利ノ参加ス可キ時期ハ独逸外務大臣ニ於テ考慮シ日本外務大臣ニ通報ス可シ独政府ハ未ダ伊太利ト話合ヒタル事ナシ、又スターマー若クハ独側ノ何人モ蘇聯官憲ト本問題ニ付会談セル事ナシ

十四　スターマーノ言ハ直チニ「リッペントロップ」外務大臣ヨリノ言葉ト取ラレ差支ナシ

十五　日本外務大臣モ以上数点ニ付テソノ所見ヲ開陳スルトコロアリタルモ本覚書ニハ記録セス

九月十九日
日独伊三国同盟御前会議

詔書

大義ヲ八紘ニ宣揚シ坤輿ヲ一宇タラシムルハ実ニ皇祖皇宗ノ大訓ニシテ朕カ夙夜眷々措カザル所ナリ而シテ今ヤ世局ハ其ノ騒乱ヲ底止スル所ヲ知ラズ人類ノ蒙ルベキ禍患亦将ニ測ルベカラザルモノアラントス朕ハ禍乱ノ戡定平和ノ克復ノ一日モ速カナランコトニ軫念極メテ切ナリ乃チ政府ニ命ジテ帝国ト其ノ意図ヲ同ジクスル独伊両国トノ提携協力ヲ議セシメ玆ニ三国間ニ於ケル条約ノ成立ヲ見タルハ朕ノ深ク懌ブ所ナリ

惟フニ万邦ヲシテ各々其ノ所ヲ得シメ兆民ヲシテ悉ク其ノ堵ニ安ンゼシムルハ曠古ノ大業ニシテ前途甚ダ遼遠ナリ爾臣民益々国体ノ観念ヲ明徴ニシ深ク謀リ遠ク慮リ協心戮力非常ノ時局ヲ克服シ以テ天壌無窮ノ皇運ヲ扶翼セヨ

御名御璽

各大臣副署

昭和十五年九月二十七日

日本国、独逸国及伊太利国間三国条約

昭和十五年（千九百四十年）九月二十七日「ベルリン」ニ於テ署名

同　年（同　年）同月同日　ヨリ　実施

同　年（同　年）十月十九日（十月二十一日附官報）公布

朕枢密顧問ノ諮詢ヲ経テ裁可シ昭和十五年九月二十七日「ベルリン」ニ於テ帝国特命全権大使カ関係各国代表者ト共ニ署名シタル日本国、独逸国及伊太利国間三国条約ヲ玆ニ公布セシム

御名御璽

昭和十五年十月十九日

内閣総理大臣公爵　近衛文麿
陸軍大臣　東条英機
外務大臣　松岡洋右
海軍大臣　及川古志郎

条約第九号

日本国、独逸国及伊太利国間三国条約

大日本帝国政府、独逸国政府及伊太利国政府ハ万邦ヲシテ各其ノ所ヲ得シムルヲ以テ恒久平和ノ先決要件ナリト認メタルニ依リ大東亜及欧洲ノ地域ニ於テ各其ノ地域ニ於ケル当該民族ノ共存共栄ノ実ヲ挙クルニ足ルヘキ新秩序ヲ建設シ且之ヲ維持センコトヲ根本義ト為シ右地域ニ於テ此ノ趣旨ニ拠レル努力ニ付相互ニ提携シ且協力スルコトニ決意セリ而シテ三国政府ハ更ニ世界到ル所ニ於テ同様ノ努力ヲ為サントスル諸国ニ対シ協力ヲ吝マサルモノニシテ斯クシテ世界平和ニ対スル三国終局ノ抱負ヲ実現センコトヲ欲ス依テ日本国政府、独逸国政府及伊太利国政府ハ左ノ通協定セリ

第一条

日本国ハ独逸国及伊太利国ノ欧洲ニ於ケル新秩序建設ニ関シ指導的地位ヲ認メ且之ヲ尊重ス

第二条

独逸国及伊太利国ハ日本国ノ大東亜ニ於ケル新秩序建設ニ関シ指導的地位ヲ認メ且之ヲ尊重ス

第三条

日本国、独逸国及伊太利国ハ前記ノ方針ニ基ク努力ニ付相互ニ協力スヘキコトヲ約ス更ニ三締約国中何レカノ一国カ現ニ欧洲戦争又ハ日支紛争ニ参入シ居ラサル一国ニ依テ攻撃セラレタルトキハ三国ハ有ラユル政治的、経済的及軍事的方法ニ依リ相互ニ援

助スヘキコトヲ約ス

第四条

本条約実施ノ為各日本国政府、独逸国政府及伊太利国政府ニ依リ任命セラルヘキ委員ヨリ成ル混合専門委員会ハ遅滞ナク開催セラルヘキモノトス

第五条

日本国、独逸国及伊太利国ハ前記諸条項カ三締約国ノ各ト「ソヴィエト」聯邦トノ間ニ現存スル政治的状態ニ何等ノ影響ヲモ及ホササルモノナルコトヲ確認ス

第六条

本条約ハ署名ト同時ニ実施セラルヘク、実施ノ日ヨリ十年間有効トス右期間満了前適当ナル時期ニ於テ締約国中ノ一国ノ要求ニ基キ締約国ハ本条約ノ更新ニ関シ協議スヘシ

右証拠トシテ下名ハ各本国政府ヨリ正当ノ委任ヲ受ケ本条約ニ署名調印セリ

昭和十五年九月二十七日即チ千九百四十年、「ファシスト」暦十八年九月二十七日「ベルリン」ニ於テ本書三通ヲ作成ス

来栖三郎

ヨアヒム、フオン、リツペントロップ

チアーノ

(絶対極秘)

外務大臣ヨリ在京独逸国大使宛往翰案

以書翰啓上致候陳者本大臣ハ閣下カ独逸国政府ノ為ニ為サレタル左記口頭宣言ヲ確認セラレンコトヲ希望致候

「独逸国政府ハ南洋ニ於テ現ニ日本国ノ委任統治下ニ在ル旧独逸国殖民地カ引続キ日本国ノ属地タルコトニ同意スヘク之カ為独逸国ハ何等カノ代償ヲ受クルモノトス南洋ニ於ケル其ノ他ノ旧殖民地ニ関シテハ右殖民地ハ現欧洲戦争ヲ終結スル平和ノ成立ト共ニ自働的ニ独逸国ニ復帰スヘシ然ル後独逸国政府ハ出来得ル限リ日本国ニ有利ニ右殖民地ヲ有償ニテ処分スル目的ヲ以テ友好的精神ニ基キ日本国政府ト協議スルノ用意アリ」

本大臣ハ茲ニ閣下ニ向テ重テ敬意ヲ表シ候　敬具

昭和　年　月　日

(絶対極秘)

在京独逸国大使ヨリ外務大臣宛来翰案

以書翰啓上致候陳者本使ハ本日附貴翰第　号ヲ閲悉シ且右貴翰中ニ掲ケラレタル南洋ニ於ケル旧独逸国殖民地ニ関シ本使ノ為シタル口頭宣言ヲ確認スルノ光栄ヲ有シ候

本使ハ茲ニ閣下ニ向テ重テ敬意ヲ表シ候　敬具

昭和　年　月　日

昭和十五年九月十九日

御前会議控へ　次長記述

参謀総長質議

日独伊ノ提携強化カ支那事変処理ニ及ホス影響如何

外務大臣

協定締結ノ為メ日本ノ立場ヲ強クシ有利ナラシムル目的ニテ独逸側ニ対シテハ支那事変ハ日本独力ニテ片付クル如ク申述ヘアルモ協定成立ノ上ニ於テハ軍ニ於テ実施セラレツツアル日支ノ直接交渉ニ応スル如ク有利ニ独逸ヲ利用シ度キ考ナリ又相当ノ効果ヲ期待シ得ルモトノ信シマス

軍令部総長

本同盟ノ成立ニヨリ日蘇国交調整ニ寄与スル程度如何

外務大臣

日ソ国交ノ調整ニハ独逸ヲ仲介ト致シ度ク日ソ国交ノ調整ハ又独逸ノ利益トナルヲ以テ彼ハ此ノ仲介ヲナスヲ希望シテ居リマススターマー公使ハ本件ニ関シテハ未タ「ソ」側ト一切話シ合ヒヲシタ事ハナイト申シテ居リマス且昨年独「ソ」不可侵条約締結ノ際「リ」外相カ「スターリン」ニ対シ日「ソ」国交ヲ将来如何ニスヘキヤヲ尋ネマシタ時スターリンハ日本ニシテ和ヲ欲スレハ我モ和ヲ欲シ日本戦ヲ欲セハ我モ亦戦フヘシト答ヘタコトニヨリマシテモ「ソ」側ハ日「ソ」国交ノ調整ニ十分意志アリト判断セラレ独逸側ハ何等ノ障碍ナク極メテ手軽ニ此ノ調整カ出来ル様ニ考ヘテ居リマス又スターマー公使カソ聯ヲ通過スルコトハ「ソ」側ニ秘スルコトハ不可能テアリ何等カモスコーニ於テ「ソ」側ト話シ合ヲ致シタノテハナイカト疑ッテ居リマス何レニシマシテモ日「ソ」国交調整ニハ独逸ニ斡旋セシムルコトニ相当ノ希望ヲ繋キテ可ナリト考ヘマス

軍令部総長

本同盟ノ結成ニヨリ英米トノ貿易関係ハ一層変化シ最悪ノ場合ハ依存物資ノ取得愈々至難ト認メラレ又日米戦争ハ持久戦トナル公算ノ大ナルカ支那事変ニヨル国力消耗ノ現状ニ鑑ミ国力持続ノ見通並ニ之カ対策如何

総理大臣

新事態ノ発生ニ伴ヒ英米トノ貿易関係カ一層悪化スルコトハ予想シ得ヘク最悪ノ場合ニハ輸入物資ノ入手全面的ニ不可能ナル事モアルヘシ我国ノ現状ニ於テハ主要ナル軍需資材ヲ英米ニ待ツコト多ク従ツテ相当ノ困難ハ免レサルヘシ従来如此際ヲ顧慮

シ国内ノ生産ヲ拡充シ又貯蔵ニ勉メタルニヨリ軍官民ノ消費統制ヲ一層強化シ最モ緊要ナル方面ニ集中使用セハ相当長キニ亘リ軍需ニ支障ナク又日米戦争ニ当リテモ比較的長ク軍需ニ応シ得ヘク相当長期ノ戦争ニ堪ヘ得ルモノト考ヘマス

企画院総裁

鋼材ニツキテ屑鉄ヲ主要原料トナシアル関係上米国カ屑鉄ヲ禁輸セハ我国ノ製鋼能力ハ減少ス然レトモ総理ノ説明ノ如ク従来ヨリ行ヒタル生産拡充ノ施設ヨリ又屑鉄ニヨラサル製鋼法ニヨリ相当多量ノ鋼材ヲ生産シ得ヘシ本年度物動計画ニハ五四〇万屯ヲ見込アルモ米国ノ禁輸トナラハ第一年度ハ四〇〇万屯トナルヘク第二年度ハ生産力拡充セラレテモ在庫品ノ減少等ニヨリ約四〇〇万屯トナリ之レニ非常手段ヲモ加フレハ概ネ現在ノ儘トナシ得ヘシ現在軍需トシテハ陸海軍ノ直接及間接高ヲモ加ヘ一四〇万屯其他ノ民需四〇〇万屯ナリ仮令製造高四〇〇万屯ニ減少スルモ民間需ヲ圧迫スルニ於テハ日支事変ノ継続ハ困難ナラス他方物動ノ改訂、製鉄能力ノ向上ヲ図レハ現在及近キ将来完成スルモノヲ合スレハ日満ヲ通シ銑八〇〇万屯鋼五四（五）〇万屯トナルヘシ目下他ノ生産拡充ヲ急キアル関係並ニ炭質ノ低下ニヨリ現在製鋼能力四〇〇万屯ナルモ今後主力ヲ玆ニ集中シ現在ノ設備ヲ十分ニ働カス時ハ今日ノ完成シアル設備ノミニテモ尚一二（三）〇万屯ヲ増加シ得ヘク従ッテ日支事変ニ用フル鋼材ハ固ヨリ現在程度ノ軍需ハ永久ニ継続シ得ヘシ

非鉄金属（銅、鉛）ニ於テハ銅ハ本年度計画ハ約二〇万屯ナルモ禁輸ノ際ニハ第一年度ハ十八万屯、第二年度ハ十三―十四万屯トナリ其後ハ漸次増加ス本年度国内需用ハ二〇万屯ニシテ陸海軍需ハ直接間接ヲ合シ十一万屯ナルヲ以テ困難乍ラ今日ノ軍需量ヲ供給シ得ヘシ然レトモ銅ハ鋼材ニ比シ困窮ノ程度大ナリ他ノ代用品ヲ研究シ又ハ凡有取得ノ方法ヲ攻究スヘシ今日至急取得ヲ計リ先般相当多額量ヲ米国ニテ買付既ニ出荷又ハ現在船積中又ハ船積セントシツツアリ

石油ハ国内生産僅少ナルヲ以テ鉄非鉄金属ニ比シ更ニ困ル陸海軍所要ノ分ハ夫々貯蔵シアルモノヲ使用スルノ外ナク非常ナル長期戦トナレハ固ヨリ困ルモ貯蔵ハ相当量アルヲ以テ差支ナカルヘク特ニ最近迄最大ノ弱点タリシ航空ガソリンハ第一、第二次繰上輸入並ニ最近ノ特別輸入ニヨリ相当量ヲ入手シ得タルヲ以テ他ニ比シ寧ロ有利ノ状況トナレリ固ヨリ円ブロック内ノ生

産及貯蔵ヲ以テ陸海軍需官民需ヲ支フル事ハ不可能ナルヲ以テ結局ハ北樺太蘭印等ヨリ確実ナル取得ノ方法ヲ講スルコト必要ナリ

軍令部総長
対米戦争トモナレハ海軍カ第一線ニ立チテ働クコトトナル其際軍需品ハ貯蔵、北樺太、蘭印等ヲ見込ミアルモ海軍ノ貯蔵ニテ長期戦ハ不可能ナリ此ノ長期戦ニ要スル石油ノ補充ヲ如何トスルヤ承リ度シ

企画院総裁
油ノ問題ニツキテハ前述ノ通リナリ、相当長期戦トモナレバ北樺太蘭印石油ノ取得絶対ニ必要ナリ又独ノ斡旋ニヨリ「ソ」又ハ欧洲方面ヨリ補充スル事必要ニシテ要スルニ凡有方法手段ヲ尽シ多量ノ石油ノ取得ヲ計ル外ナシ蘭印、北樺太ハ第一ニ考ヘラルル処ニシテ最後ノ決心付キタル時ハココヨリ取ル外ナカルヘク又実際ニ於テハ現在南洋、支那方面等ニ於テ相当多量ノ油ヲ購入シアリ国内製油モ大ニ努力スヘク天然出油ハ年四〇万屯ナルモ人造石油ハ近時作業モ進捗シ明年ハ三〇万屯ヲ期待シ得ヘク現在ノ計画又ハ着手中ノモノヲ合スレハ相当量ニ至ルヘク一面海外ヨリノ取得ヲ計リ国内ノ生産ヲ高ムルト共ニ他面国内ノ消費節約ヲ計ルノ外ナシ

軍令部総長
石油問題ニツキテハ大体確カナル取得ノ見込ナシト解シテ可ナリヤ尚一言スヘキハ「ソ」聯ノ供給ヲ待ツコトハ大ナル期待ヲ持チ得ス結局蘭印ヨリ取ルコトトナリコレニハ平和的ト武力的トノ二方法アルモ海軍ハ極力平和的方法ヲ望ム

外務大臣
本協約ノ交渉ニ当リテモ油ノ獲得ハ最モ留意シタル所ニシテ英米ノ資本ナルモ和蘭ノ所有ニ属スル蘭印ノ石油ノ獲得並ニ将来日本ニ対スル企業ノ許可等ニツキ和蘭本国ヲ押ヘアル独乙トシテ何ヲナシ得ルヤヲオツトー、スターマーニ質シタル所相当ノ骨折ヲナスヘシトノコトナリ又スターマーノ言ニヨレハ独乙カ今回仏国ニ於テ獲得セシ油ノ量ハ独乙カ昨年九月ヨリ現在迄消

費セシ油ノ量ニ勝ルトノコトナリ又「ソ」聯ハ忠実ニ対独経済契約ヲ履行シアリテ英国ノ喧伝ニ拘ラス「ソ」聯ヨリハ相当ノ油カ独乙ニ送ラレツツアリ又ルーマニアヨリモ多量ノ油ヲ得ツツアリテ独乙ハ油ノ心配ナシトノコト故実ハ本協約ノ結果米国ノ禁輸ヲ受クルハ日本ノ最モ苦痛トスル所ナルニヨリ独乙ノ油ノ半分位ヲ日本ニ割譲スル様申込ミ置キタル所、彼等ハ極力努力スヘシト云ヘリ又北樺太ノ石油モ大部又ハ一部ヲ日本ニ分譲シ又日本ノ同地ノ企業ヲ妨害セサル如ク「ソ」聯ヘ斡旋方依頼シ置キタル処日「ソ」国交調整後ハ其問題ハ容易ナルヘシト述ヘ居タリ

軍令部総長

蘭印ノ油ノ資本ハ米英ノモノナリ本国政府ハ英国ニ逃レアリ故ニ和蘭本国ヲ押ヘタリトテ独乙カ蘭印ノ石油ヲ自由ニシ得ルヤ外相ノ所見如何

外務大臣

困難ナルヘシ「ダッチセール」ノ株ヲ英国ノモノト考フルモ会社ハ和蘭ノモノナル故株ノ故ヲ以テ英米カ文句ヲ云ヒ得ルモノニアラス在蘭印スタンダード会社ノ利権ノ如キハ「ス」会社ニテ戦禍ヲ恐レ日本ニ売却セントセル事サヘアリ成シ得レハ買収スヘキナリ

軍令部総長

若シ米国ノ欧戦参加ニヨリ帝国ノ参戦ヲ余儀ナクセラルル場合ニ於テモ其開戦時機ハ自主的ニ之ヲ決定スルノ要アル所之ニ対スル措置如何

外務大臣

日本カ自動的ニ参戦ノ義務ヲ有スルニ至ルコトハ明白ナルモ一体米国カ参戦セリヤ否ヤヲ決定スルハ三国ノ協議ニヨルコトトナリアリ又陸海軍事委員会モアリ其時ノ事態ニ応スル研究ヲナシ其結果ヲ各国政府ニ上申シ政府カ之ヲ決定スルモノニシテ自主的決定ナリ

枢密院議長

軍令部総長殿下ノ御質問ニヨリ私ノ質問セントセシ所ハ明瞭トナリタルモ本条約ハ米国ヲ目標トスル同盟条約ニシテ之ヲ公表スルコトニヨリ米ノ参戦ヲ阻止セントスル独伊ノ考ナリ米国ハ最近英国ニ代リ東亜ノ番人ヲ以テ任シ日本ニ対シ圧迫ヲ加ヘアルモ尚日本ヲ独伊側ニ加入セシメサランカ為メ可ナリノ手控ヘアルヘシ然ルニ此条約ノ発表ニヨリ日本ノ態度明白トナラハ極力日本ニ対スル圧迫ヲ強化シ極力蔣ヲ援助シ日本ノ戦争遂行ヲ妨クヘク又独伊ニ対シ宣戦シアラサル米国ハ日本ニ対シテモ宣戦スル事ナク経済圧迫ヲ加フヘク日本ニ対シ石油、鉄ヲ禁輸シ又日本ヨリ物資ヲ購入セス長期ニ亘リ日本ノ疲弊戦争ニ堪ヘサルニ至ラシムル如ク計フヘシト考フ企画院総裁ノ説明ニヨレハ凡有手段ヲ尽シテ鉄石油ノ取得ヲ計ルトノ事ナルモ不確実ナリ又外相ノ説明モ急ノ間ニ合ハス量モ小量ナリ石油ナクシテ戦争遂行不可能ナリ蘭印ノ石油資本ハ英米ニシテ和蘭政府ハ英国ニ逃レ居ル関係上平和的手段ニテ蘭印ヨリ石油ヲ獲得スル事ハ不可能ト考フルカ政府ノ所見承リ度

外務大臣

枢府議長ノ御意見ハ尤モナルモ和蘭本国ヲ押ヘアル独乙トシテハ蘭印ニ関シテモ亦相当重要ナルモノヲ押ヘアルコトモアルヘク又国際関係ノ裏面ハ相当融通ノキクモノニシテ之等ノ為メ独伊人ヲ利用スルヲ有利トス伊太利ニ対スル禁輸ノ際又先年日本ノ聯盟脱退ノ際ノ如キ日本ニ武器売込ミヲ引受ケントスルモノ断リキレヌ程アリ多分日本カ支那ノ全部少クモ半分ヲ放棄スレハ或ハ一時米国ト握手シ得ヘケンモ将来決シテ対日圧迫ハ已ムモノニアラス特ニ最近ニ迫リアル大統領選挙ハ最モ危険ナリ野心家ノルーズウエルト大統領ハ自己危フシト見レハ其野心遂行ノ為メニハ如何ナル事テモ辞セサルヘク対日戦争、欧戦参加等ヲ決行スルヤモ知レス両大統領候補者共日本ヲ責ムレハ人気アリ支那ニ於ケル僅小ノ日米ノ衝突（武力的）ハ直チニ戦争ニ転化スヘシ今ヤ米国ノ対日感情ハ極端ニ悪化シアリテ僅カノ気嫌取リシテ恢復スルモノニアラス只々我レノ毅然タル態度ノミカ戦争ヲ避クルヲ得ヘシ勿論反英米ノ空騒キハ厳重ニ取締ルヘシヒトラーノ考ヘモ極力米国トノ戦争ヲ避ケ加之対英戦争終了セハ極力米国ト親善ヲ図リ度キ意考ナリ米国ニハ二千三百万ノ独系市民アリテ重大ナル役割ヲ演ス日本ノ米国ニ求ムル処モ之レ

ト同様ニシテ日独ハ対米態度ニ於テ同様ナリ我国モ機会ヲ捉ヘテ日米関係ノ改善ヲ試ムヘク独伊系市民ヲ利用スル事モ考ヘラル

企画院総裁

先般ノ説明ハ最悪中最悪ノ場合ヲ述ヘタルモノナリ日米戦争起ラヌ限リ米国ノ経済圧迫ノミニテ我国ノ対支戦争継続不可能トナルカ如キコトナシ米国以外ヨリ相当取得シ得ヘシ只航空ガソリンハ米国ノモノ最良ニシテ我国ニテハ未タ高級航空ガソリンヲ製造シ得ス但シ過般航空ガソリンヲ多量入手シタルヲ以テ先ツ可ナリ其以外ノ石油ハ品質価格等ニ於テ甲乙アルモ他方面ヨリ求メ得ヘシ米国ト同時ニ他ノ諸国カ対日禁輸ヲ行フトモ考ヘラレス元来米国ノ対日経済圧迫ハ自己ノ腹ヲ痛メスシテ日本ヲ苦メントスル急所ヲ衝キアリ今後全面的ノ経済圧迫アリトスルモ我ニトリ最モ痛キ所ハ既ニ実施セラレアリ今更改メテ困ルニ及ハサルヘシ米国ヨリ只今モ尚相当量ノ買込ヲナシアルコトハ前述ノ通リナリ又北樺太ノ石油ハ決シテ小量ニアラス現在十万屯未満ナルモコレハ彼ノ妨害ニヨルモノニテ現在ノ設備ヲ以テシテモ尚数十万屯ヲ得ヘク「ソ」側カ取得シアル四十万屯ヲ合シテ七、八十万屯トナリ馬鹿ニナラヌ数量ナリ

陸軍大臣

石油ニ関シテハ陸軍ニ於テモ海軍同様之ヲ重要視シアリ此ノ問題ヲ推シ進メレハ結局蘭印ノ問題トナルヘシ本件ニ関シテハ組閣早々大本営政府連絡会議ニ於テ時局処理要綱ヲ定メ支那事変ヲ速ニ解決スルト共ニ好機ヲ捕捉シテ南方問題ヲ解決スヘク蘭印ニ関シテハ暫ク外交的措置ニヨリ其重要資源ノ確保ニ務メ又場合ニヨリテハ武力ヲ行使スル事アルヘキ旨略々決定シアリ決シテ無方針ニ進行シアル次第ニアラス固ヨリ蘭印資源ノ獲得ハ平和的手段ニヨルヲ望ムモ又状況ニヨリ武力行使ヲモ定メ政府ノ方針ハ決定シアリ

枢府議長

外相ノ方針ヲ聴キ又陸相ヨリ対南方ノ方針既ニ決定シタル旨ヲ承知シ結構ト存ス蘭印ハ目下石油資源ヲ獲得スル唯一ノ所ナリ

平和的手段ニヨレハ可ナルモ万一武力行使ノ際独伊ニ対シ如何ナル手ヲ打チアリヤ

外務大臣

相談ヲ開始シアルモ本件ハ対英開戦トナリ一方的ノ要求トナリ又双方ノ面目モアリ秘密ノ漏洩スルコトモアリ独逸側ノ報酬ヲ求ムルコトモアルヘク本件ハ今後尚談合ヲ進メ度キ考ナリ

枢府議長

蘭印ニ対シ日本ノ自由手腕ヲ揮フコトヲ此際独伊側ニ認メシムルコト必要ナリ又外相ノ説明ニヨル陰微ノ攻撃ノ解釈ニツキ米国カ新西蘭土又ハ濠洲等ニ根拠地ヲ借用シ日本包囲ノ状態ヲ成形シタル際コレヲ米国ノ対日攻撃ト見做スコトニ決定シオクハ今日ハ未定ナリヤ此点承リ度

外務大臣

米国ノ如此対日包囲陣成形ヲ防止スルコトカ本条約ノ目的ナリ此際毅然タル我国ノ態度ノミカヨク米国ノ包囲策ヲ封シ得ルモノナリ又万一此ノ包囲陣成形セラレタル際之ヲ攻撃ト見做スヘキカ否カハ統帥府、陸海軍大臣ノ御意見モアルヘクコレハ其時ノ状勢ニヨリ決定スヘキモノニアラサルカ

陸軍大臣

此ノ問題ハ矢張リ当時ノ形勢ニヨリ決定スル外ナシ

枢府議長

米国ハ自負心強キ国ナリ従ツテ我国ノ毅然タル態度ノ表示カ却ツテ反対ノ結果ヲ促進スルコトナキヤトモ考フ

外務大臣

尤モナルモ日本ハ西班牙ニアラス極東ニ強大ナル海軍力ヲ擁スル強国ナリ成ル程米国ハ一時ハ硬化センモ冷静ニ利害ヲ算討シ冷静ナル態度ニ立チ帰ルヘシト考フ固ヨリ彼レカ益々硬化シテ一層険悪ナル状態トナルカ彼レカ冷静反省スルカノ公算ハ半々

ナルヘシ

総理大臣

大凡意見モ尽キタ様ニ思ヒマス夫々御意見ノ開陳ヲ願ヒマス

参謀総長

只今迄ノ研究ニヨリ大本営陸軍部トシマシテハ日独伊枢軸強化ニ関スル政府ノ提案ニハ同意テアリマス

尚支那事変処理並今後国防施策上対「ソ」国交ノ調整ハ極メテ緊要テアリマスカラ政府ニ於テハ此ノ点ニ関シ更ニ一層ノ努力ヲ傾注セラレンコトヲ切望スル次第テアリマス

軍令部総長

政府提案ノ日独伊軍事同盟締結ノ件大本営海軍部トシテハ同意致シマス

但シ此ノ際左記ノ希望事項ヲ述ヘマス

一　本同盟締結セラルルモ為シ得ル限リ日米開戦ハ之ヲ回避スル様施策ノ万全ヲ期スルコト

二　南方発展ハ極力平和裡ニ之ヲ行ヒ第三国トノ無用ノ摩擦ヲ起ササルコト

三　言論ノ指導統制ヲ強化シ本同盟締結ニ関シ恣ナル論議ヲ抑制シ且有害ナル排英米言動ヲ厳シク取締ルコト

四　海軍戦備及軍備ノ強化促進ニ関シテハ曩ニ政府ノ所信カ海軍統帥部ノ意見ト一致シアルヲ認メタルカ本件ハ特ニ重大ナルヲ以テ更ニ本機会ニ於テ之レカ完遂ニ対シ真剣ナル協力ヲ望ミ置クコト

枢府議長

現時ノ支那事変ノ遂行並ニ国際状勢ノ推移ニ鑑ミ不得已処置トシテ賛成ス将来幾多ノ困難ニ処スヘク米国ノ禁輸ノ如キモ楽観スルヲ許サス日米衝突ハ結局不可避ノモノトシテモ近キ将来ニ於テ之レヲ招来スル如キコトナキ様十分ノ戒心ヲ加ヘラレ万違算ナキコトヲ希望シテ本件ニ同意ス

三国同盟御前会議ニ於ケル企画院総裁ノ発言要旨

一、鋼材ニ就テ

屑鉄ヲ主要原料トナシアル関係上米国カ屑鉄ヲ禁輸セハ我国ノ製鋼能力ハ減少ス然レトモ総理ノ説明ノ如ク従来ヨリ行ヒタル生産拡充ノ施設アリ又屑鉄ニヨラサル製鋼法モアリ相当多量ノ鋼材ヲ生産シ得ヘシ本年度物動計画ニハ五四〇万噸ヲ見込アルモ米国ノ禁輸トナラハ第一年度ハ四〇〇万噸トナルヘク第二年度ハ生産力拡充セラレテモ在庫品ノ減少等ニヨリ約四〇〇万噸トナリ之レニ非常手段ヲモ加フレハ概ネ現在ノ儘トナシ得ヘシ現在軍需トシテハ陸海軍ノ直接及間接ノ分ヲモ加ヘ一四〇万噸其ノ他ノ民需四〇〇万噸ナリ仮令製造高四〇〇万ニ減少スルモ民官需ヲ圧迫スルニ於テハ日支事変ノ継続ハ困難ナラス他方物動ノ改訂、製鉄能力ノ向上ヲ図レハ現在及近キ将来完成スルモノヲ合スレハ日満ヲ通シ銑八〇〇万噸、鋼五四（五）〇万噸トナルヘシ目下他ノ生産拡充ヲ急キアル関係竝ニ炭質ノ低下ニヨリ現在製鋼能力四〇〇万噸ナルモ今後主力ヲ玆ニ集中シ現在ノ設備ヲ十分ニ働カス時ハ今日ノ完成シアル設備ノミニテモ尚一二（三）〇万噸ヲ増加シ得ヘク従ッテ日支事変ニ用フル鋼材ハ固ヨリ現在程度ノ軍需ハ永久ニ継続シ得ヘシ

二、非鉄金属（銅、鉛）ニ就テ

銅ハ本年度計画ハ約二〇万噸ナルモ禁輸ノ際ニハ第一年度ハ十八万噸、第二年度ハ十三―十四万噸トナリ其後ハ漸次増加ス本年度国内需要ハ二〇万屯ニシテ陸海軍需ハ直接間接ヲ合シ十一万屯ナルヲ以テ困難乍ラ今日ノ軍需量ヲ供給シ得ヘシ然レトモ銅ハ鋼材ニ比シ困窮ノ程度大ナリ他ノ代用品ヲ研究シ又ハ凡有取得ノ方法ヲ攻究スヘシ今日至急取得ヲ計リ先般相当多額量ヲ米国ニテ買付既ニ出荷又ハ現在船積中又ハ船積セントシツツアリ

三、石油ニ就テ

国内生産僅少ナルヲ以テ鉄及非鉄金属ニ比シ更ニ困ル陸海軍所要ノ分ハ夫々貯蔵シアルモノヲ使用スルノ外ナク非常ナル長期戦トナレハ固ヨリ困ルモ貯蔵ハ相当量アルヲ以テ差支ナカルヘク特ニ最近迄最大ノ弱点タリシ航空「ガソリン」ハ第一、第二

次線上輸入竝ニ最近ノ特別輸入ニヨリ相当量ヲ入手シ得タルヲ以テ他ニ比シ寧ロ有利ノ状況トナレリ固ヨリ円「ブロック」内ノ生産及貯蔵ヲ以テ陸海軍需官民需ヲ支フル事ハ不可能ナルヲ以テ結局ハ北樺太、蘭印等ヨリ確実ナル取得ノ方法ヲ講スルコト必要ナリ

四、軍令部総長質問

対米戦争トモナレハ海軍カ第一線ニ立チテ働クコトトナル其ノ際軍需品ハ貯蔵、北樺太、蘭印等ヲ見込ミアルモ海軍ノ貯蔵ニテ長期戦ハ不可能ナリ此ノ長期戦ニ要スル石油ノ補充ヲ如何ニスルヤ承リ度

企画院総裁応答

油ノ問題ニ就キテハ前述ノ通リナリ相当長期戦トモナレハ北樺太蘭印ノ石油ノ取得絶対ニ必要ナリ又独ノ斡旋ニヨリ「ソ」又ハ欧洲方面ヨリ補充スルコト必要ニシテ要スルニ凡有方法手段ヲ尽シ多量ノ石油ノ取得ヲ計ルノ他ナシ

蘭印、北樺太ハ第一ニ考ヘラルル処ニシテ最後ノ決心付キタル時ハココヨリ取ルノ他ナカルヘク又実際ニ於テハ現在南洋、支那方面等ニ於テ相当多量ノ油ヲ購入シアリ国内製油モ大ニ努力スヘク天然出油ハ年四〇万屯ナルモ人造石油ハ近時作業モ進捗シ明年ハ三〇万屯ヲ期待シ得ヘク現在ノ計画又ハ着手中ノモノヲ合スレハ相当量ニ至ルヘク一面海外ヨリノ取得ヲ図リ国内ノ生産ヲ高ムルト共ニ他面国内ノ消費節約ヲ計ルノ外ナシ

五、企画院総裁附言

先般ノ説明ハ最悪中ノ最悪ノ場合ヲ述ヘタルモノナリ日米戦争起ラヌ限リ米国ノ経済圧迫ノミニテ我国ノ対支戦争継続不可能トナルカ如キコトナシ米国以外ヨリ相当取得シ得ヘシ只航空「ガソリン」ハ米国ノモノ最良ニシテ我国ニテハ未タ高級航空「ガソリン」ヲ製造シ得ス但シ過般航空「ガソリン」ヲ多量入手シタルヲ以テ先ツ可ナリ其以外ノ石油ハ品質、価格等ニ於テ甲乙アルモ他方面ヨリ求メ得ヘシ米国ト同時ニ他ノ諸国カ対日禁輸ヲ行フモノト考ヘラレス之等米国ノ対日経済圧迫ハ自己ノ腹ヲ痛メスシテ日本ヲ苦シメントスル急所ヲ衝キアリ今後全面的ノ経済圧迫アリトスルモ我ニトリ最モ痛キ所ハ既ニ実施セラ

レアリ今更改メテ困ルニ及ハサルヘシ米国ヨリ只今モ尚相当量ノ買込ヲナシアルコトハ前述ノ通リナリ又北樺太ノ石油ハ決シテ小量ニアラス現在十万屯未満ナルモコレハ彼ノ妨害ニヨルモノニシテ現在ノ設備ヲ以テシテモ尚数十万屯ヲ得ヘク「ソ」側カ取得シアル四十万屯ヲ合シテ七、八十万屯トナリ馬鹿ニナラヌ数量ナリ

以上が杉山大将の参謀総長補職前における情勢一般であり、時局推移の大観である。この後の推移は「杉山メモ」本文の示すところであるが、以下続いて若干の解説と資料を補足する。

日米交渉の開始

松岡外相は対米外交が最大の課題であると考え、就任後間もなくルーズベルト大統領と熟知の野村吉三郎海軍大将に対し、駐米大使就任を懇請した。野村大将はドイツと接近しようとする政府の行き方では、対米外交の打開は到底困難であるとして、当初は固辞したが、再三の出馬要請にやむなく就任を受諾した。昭和十六年二月十一日ワシントンに到着し、十四日信任状を捧呈した。

松岡外相は出発する野村大使に対し、一つの訓令を与えたが、極めて抽象的に対米所信を述べたもので、それを米国朝野の有力者に了解させよというにあつた。松岡外相はさきにふれたような外交戦略に基いて、対米本格外交を自らの手でやる考えであり、そのために自身米国に乗り込むつもりであつた。野村大使にはいわばその露払いの役割を期待していたのであろう。

しかるに次のようないきさつで、野村大使の手によつて意外な対米国交調整が開始されるに至つた。

昭和十五年十一月米国から二人のカトリックの神父が来日した。ゼームス・エドワード・ウォルシュとゼームス・エム・ドラウトである。大蔵省出身で駐米財務官を勤めたことのある産業組合中央金庫理事井川忠雄の斡旋によつて、日米国交調整に関し、日本の朝野を打診した。井川は近衛首相に連絡をとり、両神父は松岡外相、武藤陸軍省軍務局長らとも会談した。松岡外相はあまり熱意を示さなかつたが、両神父は国交調整の可能性ありとし、十二月末日日本を出発帰米し、昭和十六年一月二十三日ルーズベルト大統領とハル国務長官に対し報告を行つた。両神父背後の推進者は、これもカトリック教徒で、大統領の選挙事務長であるウォーカー郵務長官であつた。

両神父から「有望進捗中」の略語電報を受取つた井川忠雄は、二月十三日米国に向かつた。一方野村大使は赴任にあたつて、支那事変の事情に通じている陸軍軍人の同行を求めた。二月五日選ばれたのが陸軍省軍事課長岩畔豪雄大佐である。岩畔大佐は両神父来日のことを知つており、対米国交調整のためこの路線を活用しようとひそかに決心して渡米した。

以後日米交渉蔭の立役者は岩畔大佐であつた。四月二日からワシントンにおいて、岩畔、井川と両神父との間で、日米協定草案の起草が行われた。米国側はウォーカー郵務長官を経てハル国務長官に通じ、日本側は野村大使以下大使館首脳に通じていた。こうして出来上つたのが、いわゆる日米私人間作製の「日米了解案」であり、四月十六日の野村、ハル会談において、以後の非公式会談の基礎案とすることに合意し、そのため日本政府に請訓することとしたのであつた。

「日米了解案」の内容は太平洋における日米友好関係の完全な復活を方向づけるものであつたが、その起草時における最大の問題点は日独伊三国同盟問題であつた。当初においてはそれが問題の全部といつても過言ではなかつた。つまり米側の端的な狙いは、三国同盟の骨抜きであり、米国が対独参戦しても、日本が三国同盟の義務を発動しないようにしたいのであつた。これに対し岩畔大佐の狙いは、ルーズベルト大統領の橋渡しによる日支全面和平の招来にあつた。そのため三国同盟に若干のひびが入つてもやむを得ないが、正面切つて骨抜きにするわけには行かないのである。

しかしここに問題を打開する余地があつた。それは、三国同盟の援助義務が、締約国の一国が「攻撃セラレタルトキ」に発動すると約定されていることであつた。そこで岩畔大佐は「積極的ニ攻撃セラレタル場合ニ攻於テノミ」発動するという表現を使用し、ドラウト神父の満足を得た。「積極的に」とか、「於てのみ」という字句を挿入することによつて、三国同盟の実質的骨抜きを暗示したのであつた。

四月十八日政府、陸海軍は野村大使からの請訓電に接し、この案に飛びついた。しかしそれは、四月二十二日欧洲から帰国して訪欧の成果を背景とし、これから本格的に対米国交調整に取組もうとした松岡外相にとつては、極めて不満なものであつた。

交渉上の問題点は三国同盟問題の外にもいろいろあつた。ハル国務長官提唱の平和四原則、日本軍の中国における駐兵撤兵問題、中国における通商無差別問題等である。期待した「日米了解案」の電撃的成立は到底不可能であつた。

日米諒解案

四月十八日

日本国政府及米国政府両国間の伝統的友好関係の回復を目的とする全般的協定を交渉し且之を締結せんが為玆に共同の責任を受諾す。

両国政府は両国国交の最近の疎隔の原因に付ては特に之を論議することなく両国民間の友好的感情を悪化するに至りたる事件の

再発を防止し其の不測の発展を制止することを衷心より希望す。
両国共同の努力に依り太平洋に道義に基く平和を樹立し両国間の懇切なる友好的諒解を速かに完成することに依り文明を覆滅せんとする悲しむべき混乱の脅威を一掃せんこと若し其の不可能なるに於ては速かに之を拡大せしめざらんことは両国政府の切実に希望するところなりとす
前記の決定的行動の為には長期の交渉は不適当にして又優柔不断なるに鑑み玆に全般的協力を成立せしむる為両国政府を道義的に拘束し其の行為を規律すべき適当なる手段として文書を作成することを提議するものなり
右の如き諒解は之を緊急なる重要問題に限局し会議の審議に譲り後に適宜両国政府間に於て確認し得べき附随的事項は之を含ましめざるを適当す
両国政府間の関係は左記の諸点に付事態を明瞭にし又は之を改善し得るに於ては著しく調整し得べしと認めらる
一、日米両国の抱懐する国際観念並に国家観念
二、欧洲戦争に対する両国政府の態度
三、支那事変に対する両国政府の関係
四、太平洋に於ける海軍兵力及航空兵力並に海運関係
五、両国間の通商及金融提携
六、南西太平洋方面に於ける両国の経済的活動
七、太平洋の政治安定に関する両国政府の方針
前述の事情より玆に左記の諒解に到達したり右諒解は米国政府の修正を経たる後日本国政府の最後的且公式の決定に俟つべきものとす
一、日米両国の抱懐する国際観念及国家観念

日管両国政府は相互に其の対等の独立国にして相隣接する太平洋強国たることを承認す
両国政府は恒久の平和を確立し両国間に相互の尊敬に基く信頼と協力の新時代を画さんことを希望する事実に於て両国の国策の一致することを闡明せんとす
両国政府は各国並に各人種は相拠りて八紘一宇を為し等しく権利を享有し相互に利益は之を平和的方法に依り調節し精神的並に物質的の福祉を追求し之を自ら擁護すると共に之を破壊せざるべき責任を容認するとは両国政府の伝統的確信なることを声明す両国政府は相互に両国固有の伝統に基く国家観念及社会的秩序並に国家生活の基礎たる道義的原則を保持すべく之に反する外来思想の跳梁を許容せざるの鞏固たる決意を有す

二、欧洲戦争に対する両国政府の態度

日本国政府は枢軸同盟の目的は防禦的にして現に欧洲戦争に参入し居らざる国家に軍事的連衡関係の拡大することを防止するに在るものなることを闡明す日本国政府其の現在の条約上の義務を免れんとするが如き意思を有せず尤も枢軸同盟に基く軍事上の義務は該同盟締約国独逸が現に欧洲戦争に参入し居らざる国に依り積極的に攻撃せられたる場合に於てのみ発動するものなることを声明す
米国政府は其の欧洲戦争に対する態度は現在及将来に於て一方の国を援助して地方を攻撃せんとするが如き攻撃的同盟に依り支配せられざるべきことを闡明す
米国政府は戦争を嫌悪することに於て牢固たるものあり従つて其の欧洲戦争に対する態度は現在及将来に亘り専ら自国の福祉と安全とを防衛するの考慮に依りてのみ決せらるべきものなることを声明す

三、支那事変に対する両国政府の関係

米国大統領が左記条件を容認し且日本国政府が之を保障したるときは米国大統領は之に依り蔣政権に対し和平の勧告を為すべし

A　支那の独立
B　日支間に成立すべき協定に基く日本国軍隊の支那領土撤退
C　支那領土の非併合
D　非賠償
E　門戸開放方針の復活但し之が解釈及適用に関しては将来適当の時期に日米両国に於て協議せらるべきものとす
F　蔣政権と汪政府との合流
G　支那領土への日本の大量的又は集団的移民の自制
H　満洲国の承認

蔣政権に於て米国大統領の勧告に応じたるときは日本国政府は新たに統一樹立せらるべき支那政府又は該政府を構成すべき分子と直ちに直接に和平交渉を開始するものとす

日本国政府は前道条件の範囲に於て且善隣友好防共共同防衛及経済提携の原則に基き具体的和平条件を直接支那側に提示すべし

四、太平洋に於ける海軍兵力及航空兵力並に海運関係

A　日米両国は太平洋の平和を維持せんことを欲するを以て相互に他力を脅威するが如き海軍兵力及航空兵力の配備は之を採らざるものとす右に関する具体的細目は之を日米間の協議に譲るものとす

B　日米会談妥結に当りては両国は相互に艦隊を派遣し、儀礼的に他方を訪問せしめ以て太平洋に平和の到来したることを寿ぐものとす

C　支那事変解決の緒につきたるときは日本国政府は米国政府の希望に応じ現に就役中の自国船舶にして解役し得るものを速かに米国との契約に依り主として太平洋に於て就役せしむるやう斡旋することを承認す但し其の噸数等は日米会談に於て之

を決定するものとす

五、両国間の通商及金融提携

今次の諒解成立し両国政府之を承認したるときは日米両国は各其の必要とする物資を相手国が有する場合相手国より之が確保を保証せらるるものとす又両国政府は嘗て日米通商条約有効期間中存在したるが如き正常の通商関係への復帰の為適当なる方法を講ずるものとす尚両国政府は新通商条約の締結を欲するときは日米会談に於て之を考究し通常の慣例に従ひ之を締結するものとす

両国間の経済提携促進の為米国は日本に対し東亜に於ける経済状態の改善を目的とする商工業の発達及日米経済提携を実現するに足る全「クレヂット」を供給するものとす

六、南西太平洋方面に於ける両国の経済活動

日本の南西太平洋方面に於ける発展は武力に訴うることなく平和的手段に依るものなることの保障せられたるに鑑み日本の欲する同方面に於ける資源例へば石油、護謨、錫「ニッケル」等の物資の生産及獲得に関し米国側の協力及支持を得るすのとす

七、太平洋の政治的安定に関する両国の方針

A 日米両国政府は欧洲諸国が将来東亜及南西太平洋に於て領土の割譲を受け又は現存国家の併合等を為すことを容認せざるべし

B 日米両国政府は比島の独立を共同に保障し之が挑戦なくして第三国の攻撃を受くる場合の求援方法に付考慮するものとす

C 米国及南西太平洋に対する日本移民は友好的に考慮せられ他国民と同等無差別の待遇を与へられるべし

日米会談

(A) 日米両国の代表者間の会談は「ホノルル」に於て開催せらるべく合衆国を代表してルーズベルト大統領日本国を代表して近衛首相に依り開会せらるべし代表者数は各国五人以内とす尤も専門家書記は之に含まず

（B）本会談には第三国のオブザーバーを入れざるものとす
（C）本会談は両国間に今次諒解成立後成るべく速かに開催せらるべきものとす（本年五月）
（D）本会談に於ては今次諒解の各項を再議せず両国政府に於て予め取極めたる議題は両国政府間に協定せらるるものとす

附　則

本諒解事項は両国政府間の秘密覚書とす本諒解事項発表の範囲性質及時期は両国政府間に於て協定するものとす

独ソ開戦―関特演と南部仏印進駐

昭和十六年春ドイツ訪問の松岡外相に対し、ヒトラー総統とリッペントロップ外相は、ともどもかなり大胆率直に近くソ連を攻撃するかも知れぬと語つた。しかし松岡外相はそれを単なるブラフであろうと思い、四月十三日帰途モスクワで日ソ中立条約に調印した同外相は、ソ連を三国同盟に同調させ、日独伊ソ四国協定にするという当初の構想が、まず結実したものと考えたのであつた。あに図らんや、ヒトラー総統は早くも前年七月末頃対ソ一戦を決意し、前年十二年十八日には対ソ戦争準備命令を正式に下令していたのであつた。

四月十八日大島駐独大使から独ソ開戦情報電が到着したが、政府、陸海軍は、独ソはすぐには開戦しないという判断に傾いていた。しかし六月六日再び大島大使からヒトラー総統とリッペントロップ外相が、対ソ開戦を言明した旨報告して来たので、真剣に独ソ開戦に伴う国策案の研究に取組んだ。

ところで、前年夏採択された既述「時局処理要綱」の趣旨は、南方問題解決のため、好機、南方に武力を行使する、つまり対英蘭戦争を辞せずということであり、その好機とは、ドイツ軍の英本土上陸作戦が行われるような場合を指すものであつた。しかしそのような情勢はなかなかこないのみか、米国の援英はいよいよ積極的となり、英米の一体不可分関係が決定的と見られるにいたつた。そこで対英蘭戦は即対米戦であり、対英蘭武力行使よりも、対米武力行使つまりハワイやフィリピン攻撃が先行しなければならないということになつた。

対米戦争に確かな自信のない海軍は、武力南進に極めて慎重とならざるを得なかつた。そこで五月五日大本営海軍部は、「対南方施策要綱」海軍案を陸軍側に提示し、若干の接衝の後同月十七日大本営陸海軍部間に概定採択、好機南方武力行使企図を放棄した。そして米英蘭の対日全面禁輸―すなわち石油の輸入杜絶、または対日軍事的包囲の加重によつて、日本の自存自衛が脅威された場合にのみ、南方に武力を行使するということにしたのであつた。それは、正しく日米交渉開始の前夜であつた。

この要綱は、これを大本営政府連絡会議又は御前会議に提案して、国策として決定する予定であつたが、大本営、政府ともに、にわかに対米交渉に取組むこととなつたため、そのまま据置きとなつていた。その後六月六日、陸海軍はこれを大本営陸海軍部決定ということに措置した。

ところが、その前日の六月五日には海軍省部に於て左記「現情勢下ニ於テ帝国海軍ノ執ルベキ態度」という広汎な情勢判断と毅然断乎たる海軍の執るべき方策がそれぞれ大臣総長の決裁を了つていたのである。これまた正に独ソ開戦情報接到の前夜でもあつた。

現情勢下ニ於テ帝国海軍ノ執ルベキ態度

昭和十六年六月五日

首題ノ件　第一　第二委員会ハ約一ヶ月余ニ亘リ慎重研究ノ結果　別紙ノ通結論ヲ得タルニ付仰高裁
本研究ハ現下内外ノ情勢ニ鑑ミ今後ニ於ケル帝国ノ態度ヲ決スルニ当リ其ノ憑拠タルベキ情況判断ニシテ　依テ以テ関係職員ノ思想統一ニ資スルト共ニ時局処理上ノ準縄タラシメントスルモノトシテ　今後ノ具体的実行対策ハ其都度更ニ検討スベキモノトス

第一　情勢判断

一　情勢判断ノ基礎条件

㈠　現下ノ世界的大変動ノ情勢下ニ於テ帝国百般ノ施策ハ　究極ニ於テ帝国ノ自ラ保有スル国力ヲ基礎トシ　其ノ自存自衛上絶対必須タルベキ地歩ヲ確立スルヲ以テ　其ノ目標トナサザルベカラズ　即チ帝国ガ自存自衛ノ方途ヲ画スル所以ハ之ニ依テ帝国ノ自力ヲ強化シ　以テ情勢ノ変転ニ即応シ和戦ノ決ヲ誤ラザラントスルニ在リ

㈡　帝国ノ当面セル諸情勢ハ所謂鍔競合ノ境地ニ在リ　速ニ和戦孰レカノ決意ヲ明定スベキ時機ニ達セリ
而シテ和戦ノ決ノ最後的鍵鑰ヲ握ルモノ帝国海軍ヲ措イテ他ニ之ヲ求メズ
故ニ帝国海軍先ヅ自ラノ情勢判断ニ基キ其ノ根本方策ヲ策定セザルベカラズ

㈢　情勢判断ハ内外各般ノ部門ニ亘リ之ヲ審計セザルベカラズト雖モ海軍ノ立場ニ於テ採リ上グベキ必須ノ条件ハ左ノ如シ

(イ)　物資ニ関スル情況ノ検討

(ロ)　極東方面ニ於ケル戦略的諸情勢ノ検討

(ハ)　国際情勢ノ検討

二　物資ニ関スル情況判断

㈠　帝国ガ硬軟和戦ノ大計ヲ策定スルニ当リ常ニ問題トナルハ其ノ国力ノ判定如何ニ在リ　然レドモ国力ノ実相判定ハ

(イ)　完全ナル資料ノ蒐集獲得至難ナルコト　特ニ陸海軍需ノ実相ハ機密保持ノ見地ニ於テ之ガ全貌ヲ統合把握スルコト困難ナルコト（企劃院ノ判定ハ此ノ類ニ属ス）

(ロ)　物資ノ動的状態ノ真相ハ予測シ難キ夥多ノ要素複合シ来レルヲ以テ之ガ把握至難ナルコト

等ノ理由ニ依リ実行極メテ困難ニシテ之ガ数的結論ヲ以テ国力ノ実相トナシ和戦決定ノ唯一ノ資料トナスハ危検ナリ

㈡　物資ニ関シ和戦ノ決定ニ資スベキ情況判断ノ基礎ハ帝国自存自衛上所謂ボツトルネツクタルベキ物資ニ付検討シ　之ガ確保ノ方策ヲ探究シ之ニ対処スベキ対策ヲ策定スル点ニ置カザルベカラズ

而シテ帝国ノ自存自衛上ボツトルネツクタル物資ハ左ノ如シ

(イ)　米

(ロ)　燃料

(ハ)　重要戦用資材

(ニ)　輸送力

㈢　米

米ノ供給源タル仏印及泰ヲ経済的ニ確保スベキコト論ナキ所　而シテ其ノ供給ニ支障ヲ来ス場合　帝国ハ実力ヲ以テスルモ両地域ヲ確保セザルベカラザルハ亦必然ノ勢ナリ

㈣　燃料

(イ)　燃料ノ需給状況ニ関シテハ現在貯蔵量　今後ノ供給量及供給地　消費量等ノ相互関係ヲ明ニスルコト緊要ナリ

詳細研究資料第一ノ通リ　之ヲ要約スレバ左ノ如シ

〇現有液体燃料額

昭和十六年九月戦争開始ト想定ス

一六—九迄ニ於ケル国内貯蔵総額

九七〇万竏

一六—九以降ハ船腹ノ関係上大体ニ於テ右貯蔵総額ハ増減少キ見込ナリ

〇供給量（戦争第一年ヲ昭和十六年九月ト想定ス）

	国内	人造油	オハ及蘇聯	蘭印	合計
第一年間	四五（万竏）	三〇	五	〇	八〇
第二年間	四五	五〇	一〇	一〇〇	二〇五
第三年間	四五	七〇	一〇	二五〇	三七五

備考　(1)外国買油ハ一六—九以降全部停止スルモノト仮定ス

(2)蘭印ハ開戦後之ヲ実力下ニ収ムルモノトス

〇消費量

戦争第一年間

海軍　三〇〇（万竏）
陸軍　六〇（〃）
官民需　二四〇（〃）
計六〇〇

戦争第二年間及第三年間

海　軍　二五〇
陸　軍　六〇　計毎年　五五〇
官民需　二四〇

右ノ外主力決戦アル場合ハ一回毎ニ五〇万瓩ヲ別ニ必要トス

(ロ)　結　論

(1)　戦争三年間ニ於ケル消費総額

①　600
②　550
③　550
　　1700

但シ主力決戦用（五〇）ヲ除ク

戦争三年間ニ於ケル供給総額（貯蔵額ヲ含ム）

④　970
①　80
②　205
③　375
　　1630

但シ増産其ノ他ノ対策ヲ含マス

差引

○主力決戦ナキ場合　（一）　七〇（万瓩）

○主力決戦アル場合　（一）　一二〇

(2)　戦争二年間ニ於ケル消費額

600
550
―――
1150

但シ主力決戦用ヲ含マズ

戦争二年間ニ於ケル供給量

④ 970
① 80
② 205
―――
1255

差引

○主力決戦ナキ場合　（十）　一〇五（万瓩）

○主力決戦アル場合　（十）　五五

(3)　戦争第三年ニ於ケル不足量ヲ補フベキ対策

○人造石油の増産

可能性アリ（約二〇乃至三〇万瓩）

○鑿井機械ノ急速整備

○蘭印産油獲得量ノ増加

産地占拠区域ノ増加

産出設備ノ増加

破壊程度ノ減少（本研究ハ蘭印占拠ニ際シ全部破壊セラレタルモノトノ想定ニ基ク）

○蘇聯等ヨリノ買油増加

以上ニ依リ年一二〇万瓩程度ノ増産ハ相当ノ見込アリ

(4) 戦争中ノ油槽船腹ノ減耗ニ関シテハ　第一年及第二年ニ於テハ外地ヨリノ輸送量少キ為死活ノ問題トハナラザルモ第三年ニ於テハ外地ヨリ多量ノ輸送ヲ必要トスルヲ以テ相当ノ問題ナリ

「註」現在ニ於テハ油槽船腹ノ不足ハ一万屯級四隻ナリ（外国船ノ傭買甚シク不利ナル場合ニ於テハ七隻ヲ必要トス）

尚目下油槽船増加対策トシテハ昭和十六年度末一千屯級七隻一万屯級一隻竣工ノ外　具体策ニ付研究中ナリ

(5) 之ヲ要スルニ燃料ニ関シテハ作戦上相当ノ自信ヲ以テ対処シ得ベキ結論ニ達セリ

(五) 重要戦用資材

(イ) 戦用資材中重要ナルモノ多々アリト雖モ戦時ニ於テ取得上ボツトルネツクトナル物資ハ左ノ如シ

ニッケル　生ゴム　錫　モリブデン　コバルト　銅　バナヂウム

右ノ外　鉛　水銀　石綿　雲母　アンチモン　亜鉛　タングステン　マンガン　クロム　工業塩等アリ（研究資料参照）

(ロ) ニッケル

不足量大ニシテ生産拡充　使用制限回収強化　混合比減少ノ方法ヲ執ルモ現勢力圏内ニ於テハ対策ナク　セレベス島ニッケル鉱（住友ニテ操業中）及ニューカレドニヤヨリ取得セバ所要量生産可能ナリ

戦時資材取得ノ見地ノミナラズ平時軍備完成上ノ見地ヨリスルモ本資源ノ供給確保ハ絶対必要ナル処　日米国交調整セラルルモ米ヨリノ輸入ハ期待シ得ズ

結論トシテ　セレベス島ノニッケル鉱三〇万瓩ノ完全掌握ハ帝国平戦時ヲ通ジ絶対必須要件ナリ　故ニ若シ本鉱石ノ禁輸ハ重油ト同様帝国ノ武力発動ノ一要因タリ

(ハ) 生ゴム

泰及仏印ヨリ経済協定ニ基ク取得量ハ予定量四万五千瓩ナル処　国内需要額ハ六万五千瓩ニシテ現在量ハ五百瓲ニ足ラズ

故ニ対策トシテ仏印（産額七万瓲）泰（産額四万八千瓲）ヨリノ取得量ヲ増加スルカ蘭印ヨリ二万瓲以上ヲ確保セザレバ

国内産業特ニ軍備進捗ハ重大影響ヲ蒙ルニ至ルベシ

結論トシテ

(イ) 泰仏印ノ取得増加（現経済協定ニ基ク取得量ニテハ不足ナリ）ガ拒否セラルル場合

(ロ) 蘭印ノ供給拒絶セラルル場合

ニハ帝国ハ武力発動ヲ断行セザルベカラズ

(二) 錫

泰及仏印ヨリ年額一万瓲ヲ取得セザレバ我国需要量ヲ充シ得ザルノミナラズ戦争第二年後在庫量モ皆無トナリ平時軍備モ行詰リヲ生ズルニ至ルベシ　而シテ錫ハ米国ヨリ輸入ヲ期待シ得ズ

結論トシテ

(イ) 泰仏印方面特ニ泰ニ於ケル取得拒否セラルル場合ニハ武力発動必須ナリ

(ロ) 当面ノ対策トシテ泰及蘭印ヨリノ経済的手段ニ依ル取得ニ努ムルヲ要ス

(ホ) モリブデン鉱

内地　朝鮮　満洲等ノ鉱山増掘　使用制限　代用品使用ヲ強行スレバ戦争二ケ年間一、五〇〇瓲ノ不足ハ何トカ処理可能ニシテ又所要生産ノ持続可能ナリ

(ヘ) 銅

日本及満洲ノ鉱山増掘　使用制限　回収ヲ強化スレバ所要生産ノ持続可能ナルガ如キモ生産設備ハ此ノ二ケ年間一八万瓲ヲ超過シ得ズシテ此ノ点ボツトルネツクナリ

万一日米開戦ストセバ比島銅鉱ノ取得ニ努ムルヲ要ス

(ト) コバルト

内地砂鉄　朝鮮鉱山　南支金門島鉱石等増掘及製錬増強　消費節約ヲ強行スレバ所要生産ノ維持辛ウジテ可能ナルモセレベス鉱石ノ取得確保ハ極メテ緊要ナリ然ラザレバ将来ヂリ貧状態トナリ平時軍備ニモ大影響ヲ来ス

(チ)　バナヂウム鉱

内地及満洲（熱河）資源ノ増掘　製錬ノ拡充　使用制限ヲ強行スレバ相当ノ困難ハアルモ生産持続可能ナリ

(リ)　前項以外鉛　水銀　石綿　雲母　アンチモン　亜鉛　タングステン　マンガン　クロム　工業塩等ハ夫々戦時取得上相当ノ困難ヲ来ス物資ナルモ日満支各地ニ於ケル増産　回収　代用品使用等ヲ強行セバ戦争二年間程度ノ所要額ノ生産持続ハ可能ナル見込ナリ

(ヌ)　綜合的観察

重要戦用資材ニ付左記ハ帝国及帝国海軍トシテ対策確立ヲ要スル重点ナリ

(1)　戦時必需特殊資材ニ関シ泰仏印及蘭印ヨリノ供給ヲ確保セバ概ネ帝国ハ軍備上及生産力拡充上自存ノ方途確立ス　故ニ泰仏印及蘭印ハ帝国自存上已ムヲ得ザレバ武力ヲ以テスルモ之ヲ確保スルヲ要ス

又現状ニ於テモ現行経済協定程度ノ取得ニテハ不充分ニシテ、武力的背景ノ下ニ速ニ取得額増加ノ手段ヲ講ズルヲ要ス

(2)　仮ニ英米トノ間ニ政治的ニ通商関係恢復セラルルモ英米ガ現状ノ如ク自国国防ニ専念スル場合　若クハ英米独間戦時状態継続スル場合ニ於テハ　特殊戦用資材ヲ英米領域ヨリ取得スルコト至難ナリ

(3)　帝国ガ現状ノ如ク中立国状態ヲ持続スル場合ニ在リテモ特殊戦用資材ノ国内産出及貯蔵額ハ到底予定ノ生産拡充及国防計画ヲ充足シ得ズ

故ニ生産拡充及国防計画ヲ既定通リ断行セントセバ帝国トシテ好ムト好マザルトニ拘ラズ　泰仏印及蘭印ノ三地域ヨリノ物資供給ヲ確保セザルベカラズ

即チ外交交渉ニ於テ難行ストセバ帝国自存ノ見地ニ於テ武力的把握ヲモ断行セザルベカラズ

(4) 泰仏印及蘭印ヨリ取得スベキ特殊物資中　ゴム　錫　ニツケル等ハ英米ニ執リテモ必需資材ニシテ帝国仮ニ之ヲ押フルトキハ米英ハ反対ニ其ノ国防充実計画ニ一大支障ヲ惹起スルニ至ルベシ

故ニ日米　日英戦必至ナリトセバ帝国ノ自衛上其ノ抗戦力破砕ノ見地ニ於テ積極的ニ三地域ヲ我掌中ニ収ムルノ要アリ

（英米持久戦企図ヲ破砕スル一要因ナリ）

(六) 輸送力及船腹問題

(イ) 輸送力及船腹ハ物資ノ獲得　生産力拡充ニ根本的影響アリ　而モ其ノ船腹量ハ海陸軍ノ徴傭量ト不可分ノ関係アリ

又輸送力ハ船舶航海域ノ広狭　寄港港湾ノ集荷積出条件等ニ依リ其ノ輸送可能量ニ変化アリ　精確ナル算定ハ至難ナリ

(ロ) 大略ノ目当トナルベキ事項ハ左ノ通

(1) 逓信省研究ニ依レバ民需用ニ絶対必要ナル船腹　三五〇万屯

(2) 日本ノ船舶保有量　六一〇万屯

(3) 戦時海陸軍徴用予定

海軍　一七〇万屯（我慢シ得ル程度）

陸軍　一時機二〇〇万屯、爾後一〇〇万

右ニ依リ民需絶対必要量及海陸軍徴傭量ヲ合計シ　約一〇万屯ノ不足ヲ生ズルコトトナル

而シテ造船能力ハ年五〇万屯乃至七〇万屯ニシテ過去ノ戦例ニ徴シ戦時喪失率ハ約一〇％ナルヲ以テ総屯数六百万屯ノ一〇％即チ六〇万屯ノ補充ハ可能ナリ

三　極東方面ニ於ケル戦略的諸情勢ノ検討

(一) 帝国ガ和戦ノ決ヲ定ムベキ最重要ナル要因ハ極東ニ於ケル英米ノ軍事的攻勢ガ帝国ノ国防ヲ脅威スルヤ否ヤニ存ス

即チ国防上ノ脅威ハ帝国ノ自衛上断乎之ヲ芟除セザルベカラズ

之ガ為ニハ凡有犠牲ヲ忍ブベキコト当然ナリ

(二) 帝国国防上ノ脅威タルベキ要因ハ

(1) 米ノ極東兵力ノ増駐

(2) 英ノ本国兵力ノ大部極東ニ増駐（英政府ノ移転及持久戦ノ場合ヲ含ム）

(3) 英蘭濠ノ海空軍基地ヲ米ニ提供スル場合

(4) 泰仏印及支那（南支）ニ英米ノ軍事的基礎確立スル場合

等ナリ、而シテ兵力増駐ノ問題ハ作戦上ノ見地ニ於テ其ノ限度ヲ判定シ得ベシ

米ニ依ル新軍事基地ノ獲得及泰仏印及支那ニ対スル英米勢力ノ軍事的進出ハ　其ノ危険限界ノ判定至難ナルヲ以テ特ニ慎重ナル検討ヲ要スベシ

(三) 支那ニ於ケル英米軍事基地ノ出現ハ帝国ニ執リ重大問題ニシテ一歩タリトモ之ヲ看過スベキニ非ズ　速ニ之ヲ破砕スルノ策ニ出デザルベカラズ

而シテ諸情報（米空軍士官ノ重慶訪問及視察、米陸軍義勇兵ノ渡支　ビルマ北辺ニ於ケル英支合作　英陸軍武官ノゲリラ戦計画等）ハ漸次此ノ計画実現ノ方向ニ在リ

(四) 泰仏印ニ対スル英米ノ軍事的進出ハ未ダ其ノ兆候現レザルモ、仏印ハ帝国ト英米トノ勢力比ヲ測リツツ其ノ去就ヲ決セントシアリ　故ニ帝国ニシテ早キニ及ンデ其ノ実力的把握ノ策ニ出デザレバ帝国ガ国際的危局ニ臨ム場合足下ヨリ意外ノ反撃ヲ喫スル虞ナシトセズ

即チ不敗ノ地位ヲ築カントセバ先ヅ仏印ノ首鼠両端ヲ封ゼザルベカラズ

泰ノ現状ハ現政権ノミハ親日ナリト雖モ同国全般ノ趨勢ハ尚英ノ掌握下ニ在ル部門多シ　故ニ先ンジテ英米ヲ制セザレバ何時豹変スルヤモ測ラレズ

之ヲ要スルニ泰仏印ノ両域ニ於テハ帝国進出セザレバ英米我ニ先ンズルノ状勢馴致スルニ至ルベシ

㈤ 最モ警戒ヲ要スルハ米ガ英濠蘭ノ地域ニ軍事的基地ヲ増加把握スル場合ニシテ最近ノ諸情勢ハ漸次其ノ傾向顕著ニシテ少クトモ有事之等〔ママ〕基地ノ使用権ハ既ニ確保シアルモノノ如シ　米ノ極東軍事態勢ガ右ノ如クシテ完成セラレタル暁ニ於テハ帝国海陸軍軍備ハ左ノ如キ一大脅威ニ直面スベシ

⑴ 米ノ大建艦計画ニ拮抗スベキ軍備ノ充実

⑵ 極東根拠地ヲ破砕シ且之ヲ根拠トスル敵ノ活動力ヲ封ズル為ノ新ナル軍備ノ整備即チ二重軍備ノ整備ヲ新ニ計画完成セザルベカラザルノ窮境ニ立ツベシ

現在帝国海軍ノ局ニ当ル者当面ノ易キヲ求メ将来ノ危局ハ之ヲ将来ノ担当者ニ托セントスルナラバ別問題ナリ　苟モ将来ノ大計ニ思ヲ致スニ於テハ米ノ斯ル動向ハ帝国海軍トシテ晏如タリ得ザル一大問題ナリ

四　国際情勢ノ検討

㈠ 欧洲戦局特ニ独英決戦ノ大勢ハ今ヤ懸リテ戦略的ニハ対英上陸作戦及スエズ閉塞（攻略）作戦ニ政略的ニハ米独開戦及独蘇和戦ニ在セリ

而シテ右四大要素ハ相互ニ聯関関係アルト共ニ帝国ニ執リ其ノ進退決定上最モ戒慎ヲ要スルハ対英上陸作戦及米独開戦ノ趨勢ナリ　即チ対英上陸作戦ハ媾和乎持久戦争乎ノ大勢ヲ決シ米独開戦ハ日本ノ参戦乎否乎ノ鍵鑰タルベシ

㈡ 対英上陸作戦ハスエズ閉塞作戦　米独開戦及上陸作戦準備並ニ天候ノ四大要因ニ依リ其ノ決行時機ヲ左右セラルベシ

現状ニ於テ天候及作戦準備ハ略々決行ニ適スルニ至レリト判断セラルルヲ以テ問題ハスエズ作戦ノ終期トナルベキ乎　或ハ之ト並行スベキ乎　若クハ米独開戦或ハ米ノ援英行動ノ強化（徹底護送ノ実施　米船舶ノ英海港出入）ノ大勢ニ先チ上陸決行乎　若クハ米独戦争状態展開後決行乎ノ四点ニ懸ルベシ

スエズ作戦ハ独蘇妥協ノ後ニ生起スベク帝国トシテ直ニ之ガ対策ヲ必要トセザルベシ

従テ帝国ニ執リ最モ戒慎ヲ要スル点ハ上陸決行ガ米国ノ援英強化実施前若クハ米独戦争状態展開前ニ決行セラルル場合ニ在リ即チ此ノ場合ニ於テハ英ノ降服惹イテハ急速媾和乎若クハ英政府ノ他地域移転乎ノ状況ヲ現出スベシ

帝国ニ執リテハ英政府他地域移転後ノ持久戦ハ最モ痛手ニシテ英米共同攻撃ガ極東ニ指向セラルル公算多ク之ニ対抗スルノ地歩ヲ予メ確立セザルベカラザル情勢ニ追込マルベシ

㈢　米独戦争状態展開セバ帝国ハ参戦乎否乎ニ関シテ態度ヲ確定セザルベカラズ

独ニ執リスエズ作戦成功シ対英上陸又成功スル算立ツ場合ニ於テハ米ノ参戦必ズシモ致命的ナラズ従テ又帝国ノ対米参戦ヲ絶対ノ要望視セザルベシ

即チ英政府逃亡セザル場合ノ対英屈服ニ関シテハ独ハ相当ノ成算アリト判断シ得

然レドモ英政府他地域ニ移転シ長期持久戦生起セル場合ニ於テハ帝国ノ対英米参戦ハ独ニ執リテモ絶対ノ希望トナルベシ

即チ米独開戦ト帝国参戦トノ関係ハ米独間長期持久戦ノ態勢惹起ノ場合焦眉ノ問題トシテ登場シ来ルベシ

㈣　急速媾和ノ情勢展開シ来ル場合ハ帝国トシテ最モ慎重ヲ要スルト共ニ且其ノ対策ニ於テ急ヲ要スル問題ナリ

即チ日独ノ関係ニ於テ三国条約前文ノ趣旨実現ガ両国ノ歩調合一ノ下ニ媾和ニ於テ実現出来得ルヤ否ヤ　及日米ノ関係ニ於テ南西太平洋ニ於ケル両国ノ勢力分野ガ円満裡ニ解決点ニ達スルヤ否ヤニ付冷静ナル検討ヲ要スベシ

右ノ場合ニ於テ恃ムハ帝国ノ自力即チ帝国自体ノ戦争力及帝国ノ整備セル戦略態勢ニ懸ルベシ

㈤　英政府他地域移転ノ情勢展開シ来ル場合ニ在リテハ　帝国ニ執リテ最モ急速ニ対策ヲ必要トスルモノニシテ　斯ル情勢ノ出現必然ナリトセバ　帝国ハ自衛上早キニ及ンデ長期持久戦ニ対スル態勢ヲ完成シ置カザルベカラズ

㈥　支那事変ノ解決ハ一ハ武力的ニ他ハ政略的特ニ外交的ニ夫々方策ヲ講ゼラレタリト雖其ノ前途ノ見透シ甚ダ悲観的ナリ

事変当初ニ比シ世界情勢甚シク変転シタル今日ニ於テ徒ニ従来ノ方策ノ線ニ沿フノミヲ以テシテハ　到底徹底的解決ハ望ムベクモアラズ

即チ従来ノ方式ニ於テハ敵国戦意破砕ノ点ニ於テ幾多ノ抜道アリ　又彼ヲシテ対抗方策ヲ講ゼシメタルモノアリ

故ニ今日ノ急務ハ従来ノ方式ニ一転機ヲ劃シ彼ノ意表ニ出デ其ノ対抗方策ヲ破砕シ又援蔣各国ノ援蔣方策ヲ封ズルノ策ニ出デザルベカラズ

之ガ為従来ノ方式中取ツテ以テ之ヲ持続セシムルノ価値アル方策モ一時之ヲ放棄スルノ決断ヲ必要トスベシ

右ノ見地ニ於テ検討ノ対象トナルベキ事項ハ

(1)　交戦権ノ発動ヲ基礎トスル全面封鎖及無差別爆撃（重慶政府ト各国大公使ノ絶縁）

(2)　泰仏印ノ支那事変協力

(3)　援蔣物資ノ武力的遮断

(4)　主トシテ英ニ対シ援蔣報復措置ノ断行

(七)　泰仏印ニ対スル諸施策ハ　此ノ両地域ノ特性ガ常ニ帝国及英米ノ両勢力間ヲ游泳シ首鼠両端ヲ持スルニ在ルヲ以テ　帝国ノ意図スルガ如キ平和的経済進出モ予期通遂行セラルルヤ否ヤ前途多大ノ危惧アリ

即チ泰仏印ニシテ帝国ヨリ離反セントスル兆候ヲ示ス迄放任シ置クコトハ却テ我トシテ好マザル武力行使ニ追込マルルノ算多シ

(八)　蘭印ノ動向ハ今日殆ンド英米ト行動ヲ一ニシアルコト明瞭ニシテ尋常一様ノ手段ニ依リ我経済的要望ヲ達成シ得ベクモアラズ

況ンヤ蘭印ノ現状ハ英米ト軍事的連合ニ走ラントスル動向ヲ示セルニ於テオヤ

而シテ蘭印ノ最モ恐ルル所ハ帝国ノ武力行使ニ在リ

故ニ帝国ニシテ其ノ姿勢ヲ示スコトハ対蘭印施策上極メテ有効ナリトス

右ノ見地ニ於テ仏印及泰ニ対シ帝国ノ軍事的地歩ヲ進ムルコト緊要ナリ

(九) 米ノ動向

米ノ対独態度ハ援英方向ニ強化スルコト必然ナリ　此ノ場合問題トナル点ハ独ノ対英上陸作戦決行後（必ズ成功スルコトヲ前提トス）ニ於テモ尚且全力ヲ大西洋方面ニ注グベキヤ　或ハ反転シテ太平洋極東方面ニ主力ヲ注グニ至ルベキヤニ在リ　英国屈服セザル間及英政府ノ逃避地ガ西半球方面ニ在ル間ハ米ノ動向ハ大西洋ニ主力ヲ注グノ算大ナルベキモ　然ラザル場合ハ太平洋ニ主力ヲ注グノ算大ナリト判断セラル

右ノ見地ニ於テ対英上陸作戦ノ前後ニ於テ帝国ハ自衛上米英ノ極東　太平洋進出ニ備フルノ戦略態勢ヲ整備セザルベカラズ

米ノ対極東態度ハ援英動向ト不可分ノ関係ニ在ルコト論ヲ要セズ

N工作〔野村大使による日米了解案交渉〕ノ推移ニ鑑ミルモ米ノ企図スル日米妥協ハ

(1) 日本ノ南方進出（政治的軍事的）ノ阻止

(2) 逆ニ米ノ蘭印、濠洲方面ニ対スル政治的軍事的地歩ノ確立

(3) 支那ニ於ケル米国ノ機会均等保有

(4) 極東ニ於ケル米領土及権益ノ確保ヲ条件トシ　当面ノ目的タル対英援助ノ強化ニ利用シ三国枢軸分裂ヲ策シ併セテ日本国内ノ分裂ヲ謀ラントスルニ在リ少クトモ米ガ右ヲ意図シアルト否トニ拘ラズ日本トシテハ右諸点ヲ警戒スルノ要アリ

故ニ帝国トシテ対米諸方策ノ根本ハ之ヲ不敗ノ地位確立ニ置クノ外方途ナキヲ銘記セザルベカラズ

第二　帝国海軍ノ執ルベキ方策

一　原則的事項

帝国海軍トシテ現情勢下ニ於テ執ルベキ諸方策勘案ニ当リ原則トスベキ事項左ノ如シ

(1) 政治的考慮ニ基ク態度ト海軍本来ノ任務遂行ニ立ツ態度トヲ混淆セザルコト

(2) 帝国ノ自存自衛上我慢シ得ル限界ヲ明ニスルト共ニ右限界ヲ超ユル場合ノ武力行使ニ関シテハ明確ナル決意ヲ顕示シ且

之ニ伴フ準備ヲ完整シ置クコト

「註」遅疑シテ其ノ機ヲ逸スルトキハ国力漸減シ愈々死中活ヲ求メント決意セシ時ニハ既ニ反撥力ヲ失ヒ起タントシテ起チ得ザルニ至ルベシ今ヨリ決意ヲ明定シ置クノ必要此所ニ存ス

〔この「註」は本文書印刷後ペン書で追記されたもの、柴勝男氏はその筆跡からして石川軍務局第二課長の記したものと推定している〕

(3) 帝国ノ所謂自力強化ノ方策ハ遅滞ナク之ヲ断行スルコト

(4) 帝国ノ施策策定ハ自力解決ノ範囲外ニ逸脱セザルコト

(5) 国際情勢ノ変転ニ対スル諸施策策定ニ際シテハ常ニ帝国ノ自存自衛上ノ限界ヲ尺度トスルコト

二 欧洲情勢変化ニ対スル態度

(イ) 帝国ハ独ノ対英屈服工作長引キ米ノ欧洲問題介入深入ヲ希望ス

之ガ為

(1) 三国枢軸ノ強化ハ絶対緊要ナリ

(2) 対米調整ハ之ヲ焦慮スルコトナク継続シ米ヲシテ欧洲介入態勢ヲ促進スルヲ可トス

但シ国内分裂抗争ヲ抑圧スルコト前提条件ナリ　故ニ国内的対策ニ自信ナシトセバ対米調整ハ打切ラルベキモノトス

(ロ) 独ノ対英上陸作戦決行セラレタル場合帝国ハ急速爾後ノ対策ニ着手スルノ要アリ

上陸後急速媾和出現ヲ予想セラルル場合

(1) 日米共同ノ態勢ニテ媾和斡旋ニ乗出スコトハ害アリ

飽迄三国枢軸ノ共同態勢ヲ以テ臨マザルベカラズ

(2) 媾和時ノ発言力ヲ確実ナラシムル為少クトモ泰仏印ニ帝国ノ政治的及軍事的地歩ヲ確立シ置クヲ要ス

(3)　泰仏印以外ノ地域ニ対シ政略的武力行動ヲ随時発動シ得ル如ク研究準備ノ要アリ
(4)　媾和条件研究ノ要アリ
(5)　支那事変ニ関シ速ニ援蔣第三国ノ事変介入（援蔣行為）ヲ完封スルノ措置ヲ講ズルノ要アリ（方策ハ支那事変ノ項参照）
上陸後英政府他地域ニ逃避スルヲ予想セラルル場合
(1)　英米ノ極東進攻即チ対日重圧加重ハ必至ナルヲ以テ速ニ自衛上所要ノ戦略態勢ヲ確保スルヲ要ス
此ノ場合ニ於テハ泰仏印両域ノ確保ハ勿論更ニ進ンデ蘭印方面ニ於テモ必要ノ場合其ノ一部要域ヲ確保スルノ準備ヲ必要トス
(2)支那事変ニ関シ第三国ノ援蔣行為完封ヲ策スベキコト前述ノ通
(3)　大持久戦及英米依存態勢ノ完全離脱ノ為政治外交的ニハ勿論軍事的ニモ必須資源ノ供給ヲ確保スルノ措置ヲ講ズルヲ要ス
右ニ必要ナル最少限ノ地域左ノ通
泰全域
仏印全域
蘭印（ボルネオ　セレベス　ニューギニヤ）

三　支那事変ニ関スル方策
欧洲情勢及米国ノ動向如何ニ拘ラズ支那事変終結ノ為其ノ抗戦力ノ根源ニ痛打ヲ与フルコト必要ナリ之ガ為
(1)　諸作戦ヲ積極化スルコト
(2)　援蔣第三国ノ援蔣行為完封ノ為英断的ニ左ノ対策ヲ断行スルコト

交戦権発動及之ニ伴フ外交施策
国民政府トノ協同作戦
「註」交戦権ノ発動（戦争状態宣言）ハ其ノ為従来ノ施策ニ多少ノ喰違ヒヲ生ズベキモ大局的ニ之ヲ忍ブヲ可トス
米ノ中立法　全面禁輸ノ発動ハ現情勢ニ於テハ別個ノ問題ト化セル公算大ナリ
(3)　泰仏印ノ両域ヲ対支作戦ノ為活用スルコト
右両地域ニ対シ軍隊通過　軍事基地使用ヲ容認セシムルコト

四　N工作ニ関スル態度
(イ)　帝国ハ南方武力行使ノ制扼ヲ受クルコトナク且支那事変終熄ニ関シ米ノ和平交渉介入ヲ許サザル条件ニ於テN工作ノ成立ヲ希望ス　但シ帝国ハ日支和平成立問題ヲ除外セバ米ト殊更ニ調整スルノ絶対的必要ヲ認メアラズ
(ロ)　日支和平条件ニ関シ蔣ハ米ノ徹底的保障ヲ要求スベシト予察セラルル処斯ル情勢ハ必然的ニ日支和平問題ヲ日米間ニ議スルノ結果トナリ惹テハ米蔣合作ノ結果近キ将来ニ日本対米支戦争ノ再現必至トナルベキヲ以テ帝国トシテ厳ニ之ヲ戒ムルノ要アリ
帝国ノ米ニ求ムル一点ハ米ノ保障ニ依リ日支速ニ停戦スルコトノミ
(ハ)　N工作成立セバ国内情勢ハ急激ニ英米依存ニ復帰スベク惹テハ国防国家体制ノ建設　統制経済施策等ニ一大動揺ヲ来ス処極メテ大ナルヲ以テ事前非常立法ヲ立案準備スルヲ要ス
特ニ海陸軍ニ対スル反動政治力ノ抬頭ニ対シ深刻ナル対策ヲ緊要トス
(ニ)　N工作成立スルモ米独戦争状態ニ立入ル場合ニハ帝国ハ本工作ノ履行義務ヲ免ルルモノトス

五　米独戦争状態展開シタル場合ノ方策
帝国ハ必ズシモ直ニ対米参戦スルヲ要セズト雖モ其ノ儘放任シ置クヲ得ズ

之ガ為左ノ諸策ヲ考慮若クハ研究シ置クヲ要ス

(1) 三国同盟軍事的援助ノ条項ニ基キ米国ガ対英援助ニ於テ実行シタルト同様ノ手段ヲ以テ　スエズ若ハイラク迄独伊必需物資ノ海上輸送ヲ断行ス

其ノ場合英国攻撃シ来レバ反撃スルコト米独ノ関係ノ如シ

(2) 援独伊物資ノ獲得及海上輸送達成ノ為、米国ト同様蘭印ニ所要基地ヲ獲得ス

(ロ) 帝国ハ速ニ支那事変ヲ解決シ遠大ナル援独工作ヲ策スル為左ノ方策ヲ執ルヲ要ス

(1) 英国ヲシテ　ビルマ援蔣路ノ即時封鎖及香港外周支那地域トノ交通一切停止　竝ニ要スレバ之ガ監視権ヲ帝国ニ付与セシムルコト。

(2) 右ニ対スル実力行使ノ準備

六　武力行使ニ関スル決意

帝国海軍ハ左記ノ場合ハ猶予ナク武力行使ヲ決意スルヲ要ス

(イ) 米（英）蘭ガ石油供給ヲ禁ジタル場合

(ロ) 蘭印　泰　仏印ガ生ゴム　米　錫　ニツケルノ全面禁輸ヲナシタル場合

(ハ) 帝国ガ自衛上必要トスル軍事的協力ヲ仏印泰ガ拒否シタル場合

(ニ) 米英蘭ノ極東増派兵力ガ作戦上許容シ難キ程度ニ達シタル場合

(ホ) 対支交戦権発動後英米ガ帝国ノ軍事行動ヲ妨害シタル場合

(ヘ) 英米ガ泰ニ軍事行動ヲ起シタル場合

七　結論

(イ) 帝国海軍ハ皇国安危ノ重大時局ニ際シ帝国ノ諸施策ニ動揺ヲ来サシメザル為直ニ戦争（対米ヲ含ム）決意ヲ明定シ強気ヲ

以テ諸般ノ対策ニ臨ムヲ要ス
「註」従来ノ如ク戦争ハ絶対避クル方針ナルモ万一其ノ事態起ルコトアルベキヲ予想シ諸準備ヲナスベシトノ態度ハ　国内全般施策ニ堅確性ヲ欠キ右顧左眄ノ結果却テ窮境ヲ招来シ逆ニ戦争ニ近ツク危険大ナリ
(ロ)　泰仏印ニ対スル軍事的進出ハ一日モ速ニ之ヲ断行スル如ク努ムルヲ要ス
(ハ)　帝国海軍ノ情勢判断（物資　戦略　国際情勢判断）ヲ国内各部ニ徹底セシムルヲ要ス
「註」独ソ関係ニ関スル情勢判断及対策ハ別紙〔省略〕

右中間案ト認メラレル文書

第一　概　説

世界ニ於ケル帝国ノ地位ハ正ニ世界的大変革ノ将来ヲ左右スベキ鍵鑰ヲ其ノ掌裡ニ収メアルモノニシテ帝国海軍ノ威力ハ実ニ其ノ中核ヲナセリ　即チ帝国海軍ノ動向ハ内皇国百年ノ運命ヲ決シ外世界ノ新情勢ヲ制セントス宜シク心ヲ砕イテ世界ノ大勢推移ニ透徹シ力ヲ竭シテ内外生起スルコトアルベキ現象ヲ審計シ善断以テ天下ヲシテ嚮フ所ヲ誤ラシメザルノ策ヲ講ゼザルベカラズ

第二　国際情勢

一　陸軍ノ動向

関係各部ニ於テ獲得セル諸情報ヲ綜合シ左ノ諸点ハ海軍トシテ戒慎ヲ要ス
(イ)撃蘇ヲ根底トスル大陸政策竝ニ之ガ基礎タルベキ陸軍軍備ノ飛躍的拡張方針ハ今尚陸軍省部全般ニ亘リ根強ク底流シ着々計画ニ移サレツツアリ
日蘇条約成立ヲ以テ陸軍軍備ノ足踏ミト観ルハ皮相ニシテ陸軍ハ此ノ中立条約状態ヲ僥倖トシ之ヲ活用シテ対蘇軍備ノ欠陥ヲ補ハント期シ表面極メテ冷静ヲ装ヒツツアリ

(ロ)　対満兵力ノ充実ハ右ニ関聯シ陸軍ノ夢寐ダニ忘却シ得ザル点ニシテ対支作戦ニ於テ重点優勢集中ヲ断行シ得ザル心理的矛盾ハ実ニ此ノ点ニ淵源ス

(ハ)　国防省ヲ新設シ空軍ヲ独立シ三軍ヲ統一セントスル制度変革ヘノ憧憬ハ益々熾烈ニシテ其ノ研究ハ逐次具体化ノ方向ニ在リ今次独ノ赫々タル戦捷ノ原因ヲ此ノ点ニ在リトナシ又ゲーリングガ経済ヲ掌握シ大空軍建設ニ之ヲ利用シタルヲ好箇ノ戦訓トナシアリテ陸軍軍事視察団帰国後本問題ガ極メテ強ク表面化スルコト予察ニ難カラズ

特ニ戒慎ヲ要スルハ国内政治力ノ強化トハ強力ナル権力政治ヲ断行スルニ在リトシ其ノ責務ハ陸軍ニ在リトノ考察ノ下ニ三軍統一制度ヲ取扱ヒ本制度完成後迄暫ク干戈ヲ戢メントスル動向ナリ

(ニ)　対南方施策ニ関シテハ

日米工作ニ関聯シ結論的ニ言ハバ積極的南進行動ハ今日絶対ニ封止セントスル底意ヲ有ス

而シテ之ガ表現セラルル様式ニ左ノ二種アリ

(1)　海軍大臣　軍務局長及軍令部総長次長等海軍上層部ノ決意ハ凡有ル場合（油等ノ全面禁輸若クハ米ノ挑戦）ニ在リテモ南方進出絶対反対ニシテ右ノ如キ決意ノ存在ハ南方施策要綱策定当時及爾後今日ニ至ル迄ノ懇談会等ノ言動ニ依リ確認セラレタリ　従テ海軍省部事務当局ノ準備必要論ハ無駄ナル労作ニ過ギズ　故ニ陸軍トシテハ従来万一ノ場合ヲ考慮シ対南方兵力ヲ準備シアリタルモ今日全ク無駄ト思料スルヲ以テ目下此ノ種兵力ノ解消ニ着手セントス

(2)　企劃院　陸軍自体等ノ研究ニ依レバ日本ノ国力ハ到底今日以上戦争面ヲ拡大スルコト至難ナリ故ニ南方進出ハ一切之ヲ中止スルヲ可トス

南方対策ニ対スル態度右ノ如シト雖モ陸軍モ亦物資供給源ニ関シテハ日満支ノミニテ到底将来ノ需給関係ヲ円満調節シ得ズ其ノ結果トシテハ陸軍自体ノ将来軍備ニモ一大支障ヲ来スベク此ノ際必需物資タルゴム　錫　米等ノ産地ハ実力ヲ以テ完全掌握下ニ置カントスル欲求ハ相当強ク両者ノ矛盾ニ自ラ困惑シアルハ否ミ難シ

(ホ) N工作及対米問題ニ関シ

初メ陸軍省部ノ見解ハ英米分離可能ニシテ又極東ニ於テハ英米必ズシモ一体化セズト言フニ在リ　従テ新嘉坡攻略論モ比較的熱心ナリシモ（主トシテ対独戦略協力ヲ目標トス）最近海軍ノ情勢判断ヲ取入レ英米合体ヲ認ムルト共ニ新嘉坡攻略ノ至難性ヲ感知シ南方進出放棄ニ拍車ヲ掛ケアル状況ナリ　而シテ日米戦ニ関スル見解トシテハ全面禁輸ノ場合ハ之ガ決行已ムヲ得ズトスルニ在リシモ最近特ニN工作開始後米ノ動向ハ我ニ有利ニシテ特ニ油禁輸ノ如キハ米トシテ到底之ヲ断行シ得ズ又断行ノ腹モナシト判決シ日米戦フノ危険ナシト結論シアルガ如シ

南方準備兵力ノ解消論玆ニ一因ス

(ヘ) 陸軍ノ各部ガ国際情勢ノ大局判断ニ関スル知識意外ニ貧弱ナルコトハ予想外ニシテ将来ノ日米軍備ノ懸隔及其ノ結果ノ危険性ノ如キ海軍ノ痛感スル程熱心ナラズ

二　国内一般ノ動向

現下国内ニ於テ政治、経済等各部門ニ亘ル一般動向中我海軍ニ執リ影響アル点ハ左ノ通ナリ

(イ) N工作ノ影響

N工作ハ既ニ民間ニ迄漏洩シ之ガ一石ハ国内ニ万波ヲ捲キ起シツツアリテ米ノ謀略ニ引懸リタル結果トナレル処最近ニ於テ海軍ニ執リ留意スベキ現象ノ起リツツアル点ハ帝国海軍ガ其ノ軍備ニ自信ナク自ラ率先シテ対米調整ニ狂奔シツツアリトノ観察ナリトス

右ノ観察ニ基因シ帝国海軍ハ膨大ナル軍事予算ヲ獲得シ対米不動ノ戦備ヲ整ヘアリト宣言シツツ其ノ実行ニ於テハ畑違ヒノ政治外交工作ニ専念シ其ノ任務タル軍備ノ効用発揮ヲ忘ルルハ了解シ得ズトノ偏見論ノ抬頭ハ今後ノ軍備拡充上極メテ戒慎ヲ要スル点ナリトス

(ロ) 内閣改造策動ハ我国政界ノ年中行事ニシテ敢テ介意スルノ要ナキモN工作ノ重大外交施策ヲ国内的策動ニ悪用セラルルハ

現下ノ国際変局ニ処シ軽視シ能ハザル点ナリ
昨今N工作ヲ繞リテ右ノ動向ノ現レントセルハ留意ヲ要スベク殊ニ陸軍ノ一部ハ常ニ之等策動上工作者ノ蝟集スル所ニシテ海軍ガ其ノ片棒ヲ担クガ如キハ最モ戒慎ヲ要スル点ナリ
(ハ)　帝国ハ今ヤ国防国家建設ヲ目指シテ国内経済産業金融組織ニ一大変革ヲ実行シツツアリ之レ英米依存ヨリ脱却シテ自給自足ニ立タントスル所以ニシテ帝国海陸軍備ガ資材的ニ英米ノ手中ニ掌握セラレアリタル悲境モ斯クシテ漸ク改善セラレントシツツアリ
然ルニ昨今経済界特ニ金融界方面ニ於テハ英米トノ調整ヲ以テ日本ノ国力恢復ノ唯一手段ナリトシ再ビ英米依存ノ方向従テ国防国家建設ノ大勢ヲ反転セシメント希念スル者多ク相当根強キ策動ヲナシアルモノノ如シ
今日難キヲ避ケテ易キニ付カントスルノ心情無理カラズト雖モ問題ハ英米依存ニ復帰シタル場合果シテ従前通軍備ニ緊要ナル物資ガ我希望通獲得出来得ルヤ否ヤニ在リ

第三　国際情勢判断

一　今ヤ帝国ハ和戦孰レカノ決意ヲ明定スベキ立場ニ在リ　即チ徹底中立ノ地位ヲ確保セントスルナラバ凡テノ施策其ノ方向ヲ之ニ集中セザルベカラズ　又若シ大勢一戦避ケ難シト断ズルナラバ諸般ノ施策此ノ決意ノ下ニ統一セラレザルベカラズ
今日ノ如ク和スルモ可ナリ戦フモ亦可ナリ所謂和戦両様ノ構ヲ原則トシテ之ヲ施策ニ移スガ如キハ徒ラニ施策ノ混迷ヲ招来シ各部ニ糊塗弥縫ノ弊ヲ惹起シ最後ノ関頭ニ於テ和戦ノ二者孰レニ対シテモ其ノ好機ヲ失シ其ノ効果ヲ減殺喪失スルニ至ルベシ
二　独英決戦ノ大勢ハ今ヤ懸リテ戦略的ニハ対英上陸作戦及スエズ閉塞（攻略）作戦ニ政略的ニハ米独開戦及独蘇和戦ニ存セリ大西洋通商破壊戦及仏蘭西及近東諸邦ノ動向ハ重大ナル影響ヲ齎スベキモ大局決定ノ根本要素ニ非ズ　クレタ島攻略完遂後ニ於テ　スエズ閉塞作戦（占領又ハ爆撃機雷ニ依ル閉塞）ハ可能ニシテ且必至ノ算大ナリ　寧ロ大勢決定ノ重点ハ　スエズ閉塞作戦ト対英上陸作戦トノ時機的関連性ニ在リ　英ニ於テ米国ノ参戦導入ニ必死ノ努力ヲナシアル点独ニ於テ大西洋通商破壊戦ノ困

難度増加シ来レル点諸情報ノ示スガ如ク上陸作戦準備ノ完了ト其ノ行動ノ活発化シ来レル点及天候ノ恢復シ来レル点日ニ於テ日米調整ヲ積極化セル点蘇ニ於テ独ノ要求ヲ容認シ来レル点等ヲ綜合シ独ノ対英上陸作戦ハ其ノ予定時機ヲ早ムルノ算大ナリ

特ニ独上陸軍ニシテ英本土ノ一部ニ某程度航空基地ヲ確保シ得レバ　ドーバー海峡ノ補給路ハ確保セラルベク英海軍力ニ依ル遮断ハ至難トナリ逆ニ英海軍ノ自滅ヲ招来スルノ算多キニ於テオヤ

米国ノ動向ハ　スエズ閉塞作戦ノ進捗ニ伴ヒ進退ノ決定ヲ漸次明白ナラシムルベク米ノ進退ハ上陸作戦決行ノ時機決定ニ至大ナル影響アリ　米国ノ動向ニシテ積極的参戦ノ方向ヲ辿ルニ伴ヒ上陸作戦ノ時機ハ早マルノ算多カルベク米ノ護送制度ガ直接英国海岸ニ及ブ場合ニ於テ特ニ然リ　独蘇ノ関係ハ諸情報ノ示スガ如ク蘇ノ一時的屈服妥協ニ依リ開戦ノ算少シト判断セラル

三　米国ノ動向ハ今日ノ情勢下ニ於テハ参戦決意ノ下ニ対英援助強化ニ出ヅルカ或ハ和平提案ヲ行フカ対日徹底妥協ニ出ヅルカノ三方向ニ存スベシ

和平提案ハ今日実現ノ算少カルベク重点ハ懸リテ対日態度ニ存スベシ　而シテ米国トシテ援英積極化（護送実施若クハ参戦）ノ条件ト日本ノ南方武力進出阻止ノ条件トヲ放棄シテ迄対日妥協ヲ図ルベキ算ハ極少ニシテ特情ニ現ハレタル太平洋各海域ニ於ケル哨戒開始ノ情報ノ示スガ如ク対日強硬態度（日本立タズトノ判断ノ下）ニ出テ来ル算多シト判断ス

従テ対独態度亦積極的ニシテ護送実施ハ必然ト認メザルヲ得ズ

四　極東ニ於ケル英米ノ施策ハ英米蘭濠ノ軍事合作及経済圧迫強化　ビルマニ於ケル英支軍事合作並ニ米ノ武器供給　南支西南地区ニ於ケル英ヲ指導者トスル軍事的新勢力団体ノ設立工作　米空軍将校団ノ対日空襲工作計画等ニ於テ認メ得ルガ如ク其ノ対日包囲計画ハ深刻ニシテ之等ノ計画進行ガ日米調整交渉ノ成功ニ依リテ一瞬ニシテ変更セラルルコトハ想像シ得ザル所ナリ

第四　物資ニ関スル情況判断〔省略〕

第五　海軍トシテ執ルベキ態度及対策

一　和戦ニ対スル決意

帝国海軍ハ現情勢下ニ於テ戦争（対米ヲ含ム）決意ヲ明定シ其ノ方針ノ下ニ諸般ノ準備及態度ヲ定ムル要アリ
従来ノ如ク戦争ハ飽ク迄避クルモ其ノ事態起ラバ起ツ準備ヲナスベシトノ方針ハ動モスレバ的確性ヲ欠クヤニ認メラルルヲ以テ堅確ナル戦争決意ノ下ニ平和的国策遂行ニ邁進スルヲ明ニスルヲ可トス

二 武力行使（武力圧迫ヲ含ム）ノ範域ハ泰蘭印ニ局限スルヲ方針トスルヲ要ス
已ムヲ得ザル場合英領ニ迄拡大スルコトヲ予期ス

三 外交方策ノ大本ニ関シテハ
(イ) N工作ハ之ヲ続行スルモ之ニ関係ナク泰仏印及蘭印竝ニ英国ニ対シテハ武力的背景ヲ以テスル強硬外交ヲ推進スルヲ要ス
(ロ) N工作ハ右ノ強硬外交ノ推移ニ依リ随時之ヲ打切ルヲ腹案トス
(ハ) 米ノ禁輸、蘭印ノ禁輸　泰仏印ノ反抗ニ際会セバ直ニ武力発動ノ決意ノ下ニ諸般ノ外交ヲ処理スルモノトス
(ニ) 三国同盟ノ実質的放棄ヲ招来スルガ如キ外交施策ハ回避スルヲ要ス。

四 部内ニ対スル指導
戦争必至ノ理念ヲ徹底セシムルヲ要ス

五 部外ニ対スル態度
(イ) 国民一般ニ対スル態度
戦備未完成ナリシ本年三月頃迄ノ態度トシテハ従来ノ如ク強硬懸声ヲ戒ムルノ要アリシ処戦備略完了後ノ今日ニ於テモ内剛外柔ノ方式ハ益々其ノ必要ヲ認ムルヲ以テ根本方針トシテ従来ノ態度ヲ変更スルヲ要セズ
(ロ) 政府及陸軍ニ対スル態度
戦争決意ノ方向ニ誘導スルヲ要ス
而シテ外交ニ関シテハ海軍本来ノ立場ト政府ノ一員タルノ立場トヲ明白ニ区別スルコトニ留意シ誤解ヲ避クルニ努ムルノ要ア

リ

〔欄外に「英米分離可能なりとの指導を行ふを可とす　やらなければ生きて行けないやれば物資が増えてインフレもなくなる日本がやれば米は動けなくなる　英米依存の要がなくなる　支那事変も片付き始める　今引込むと支那事変長引く　第三国反日となる　やれば支那が参り始める　第三国も日本云々」との朱書あり〕

(ハ)　国内政治動向ニ関スル態度

海軍本来ノ立場ヲ堅持スル立前ニ於テ極力之ニ超然タルノ態度ヲ執ルノ要アリ

六　戦略的諸方策ニ関シ

(イ)　対支戦略措置ニ関シテハ極力陸軍省部ヲ督促シテ武力戦ノ積極化ニ誘導スルヲ要ス

(ロ)　援蔣ルート（ビルマ方面）遮断方策ハ極力之ヲ推進スル如ク誘導スルヲ要ス

参考情報資料

一　陸軍ノ動向

作戦部ハ兵力的見地ニ於テ南方作戦不可能論ヲ強調シ始メタリ

(イ)　全兵力五〇師団内満洲二十二師団ニシテ蘇聯極東兵力三〇師団ニ対シテ甚シク不足セリ

若シ日米戦トナラバ　更ニ満洲ヨリ七師団ヲ引抜カザルベカラズ　故ニ南方作戦ヲ実施センニハ前提条件トシテ日蘇関係ガ現状以上ニ改善セラルルヲ緊要トス

(ロ)　予算不足シアル為支那ニ於ケル積極作戦モ至難ナル状況ニ在リ

(ハ)　海軍首脳部ハ絶対不戦ヲ決意シアリト判断ス

少クトモ大臣　総長　局長ハ然リ

故ニ陸軍トシテモ単ニ対南方兵力ヲ徒ニ控置シ置ク訳ニ行カズ速ニ之等準備兵力ヲ解消シタシ

二　其ノ他ノ空気左ノ通リ

(イ)海軍ハ作戦上自信ナキヤニ見受ケラル然リトセバ此ノ際米ノ靴底ヲ嘗メテモ日米調整ヲ断行シ先ヅ独ト協同シテ蘇ヲ打ツベキナリ

(ロ)支那ニ対シテハ自信ナキヲ以テ日米調整ノ御陰ニ依リ速ニ終結ニ導クヲ可トス

(ハ)海陸軍ガ軍事的ニ対米戦ノ能力アリトスルモ国力判断ニ於テ到底日本ハ戦フノ余力ナク戦ヘバ国家亡滅ナリ故ニ南方作戦ハ中止ノ要アリ

(ニ)海軍ガ作戦上自信ナキニ拘ラズ陸軍ガ国家ノ将来ノ発展ヲ考ヘテノ南方進出論ハ海軍ヲ窮地ニ追込ムノミナラズ国ヲ亡ス所以トナルヲ以テ陸軍トシテハ此ノ際南方策ヲ打切リタキ希望切ナリ

(ホ)右海軍ノ自信ナシトノ件ハ陸軍ヨリ相当広ク民間ニ流布セラレアリ

三　之ヲ要スルニ陸軍側ノ真意不明ナルモ

(1)南方戦ヲヤルトキハ国力之ニ耐エズ但シ北方戦ハ差支ナシトスル点ニ矛盾アルコト

(2)海軍ニ作戦上自信ナキヲ以テ万難ヲ排シテ日米調整ヲナサントスト言ヒツツモ三国同盟ハ弱化セシムベカラズト言フ論理ノ矛盾

(3)独ノ力ヲ恃ンデ火事泥式ニ撃蘇方策ヲ執ラントスルコトノ危険性

(4)支那ニ対スル積極策ヲ考フルコトナクシテ米ノ力ヲ頼ツテ日支戦局ヲ片付ケントスル他力本願ノ考ヘ方ノ危険

(5)作戦部ガ予算（金）ガ足リヌ為積極作戦不可能ナリトスル点等ハ真面目ニ考慮シ腑ニ落チザル諸点ナリ
即チ帝国全体トシテノ国策如何ヲ考フルニ非ズシテ現実ノ一現象ヲ陸軍ノ立場ニ於テ考ヘ国家ノ大計ヲ定メントスル危険性ヲ看取ス　或ハ物動時機ナル為其ノ為ノ作為行動トモ見ラレザルニ非ズ
帝国海軍ガ其ノ本来ノ立場ヲ離レテ国務ノ見地ヨリ慎重論ヲ唱ヘ過ギル場合　部外ニ於テ之ヲ履キ違ヘ海軍ガ絶対不戦ヲ決

意シ海軍ガ其ノ作戦上ノ自信ナキヲ蔽ヒ隠サントシアルガ如ク誤ラルルコトアルハ特ニ留意ヲ要スル点ナリ
即チ今日帝国海軍ガ慎重ナル余リ毅然タル態度ニ欠クルコトアリトセバ内外ノ情勢ハ却テ悪化シ我海軍ノ期待スル方向トハ
反対ニ戦争生起状態ニ近付キツツアリト認メラル

独ソ開戦情報に接し、陸軍の一部には再び武力南進論が台頭したが、陸軍の大勢は共産ソ連を打倒する千載の好機であるとした。陸軍の伝統的使命は、北辺の憂患を除くことにあつた。しかし陸軍は中国戦線に陸軍の主力約八五万をむけており、極東ソ軍を今すぐ打つ能力はなかつた。そこで差し当り所要の準備のみを進め、独ソ戦の進展に伴つて、極東ソ軍の西送が大巾となり、ちようど熟柿が落ちるようになつたときにたたく、ということにしないわけにはいかなかつた。そこに渋柿主義か熟柿主義かの論争があつたのである。

海軍の意見は南進論であつた。ソ連を打つことなど海軍にとつては論外であつた。もつとも南進論といつても、差し当りタイ、仏印を限度とする南進であり、進んで蘭印、マレーにまで進出しようとするものではなかつた。それはさきにふれたような自存自衛上の対南方武力行使に備えるためのものであり、防衛上の措置というべきものであつた。

ところでマレーと蘭印に武力進出するためには、南部仏印に航空と艦隊の基地が必要であり、また日タイ軍事協定を結び、タイをわが方の陣営に引き入れておく必要があつた。陸海軍は前年十一月始まつたタイ、仏印の国境紛争を、両国とも満足するような形で調停することにより、両国の好意的協力によつてこの軍事上の要求を充たそうとしたが、松岡外相の気乗り薄で実現しなかつた。海軍は今こそそれを実現すべきであるとした。

松岡外相は即時対ソ開戦論者であり、少くもドイツに対し、日本の対ソ一戦の決意だけでも通告すべきであると強く主張した。海軍はそれには絶対反対であり、陸軍もすぐには同意しなかった。

七日二日御前会議で決定された「情勢ノ推移ニ伴フ帝国国策要綱」の趣旨は、北方と南方に対する準備案であった。それは北方に対して熟柿主義による対ソ一戦の準備を進め、南方に対しては南部仏印進駐を行い、受けて立つ対米英戦の準備を行うというのであった。御前会議に出席した原嘉道枢密院議長が、熱烈な対ソ主戦論を吐いて注目をひいた。

こうして満洲に対し、日露戦争のときにまさる大規模な動員集中が極秘裡に行われ、関東軍の兵員は約二倍の八〇万に達した。これを秘匿するため「関東軍特別演習」つまり「関特演」と呼んだのである。そして七月二十八日には日本軍の南部仏印進駐が行われた。しかしそれは仏国政府との完全な諒解になる「仏印ノ共同防衛ニ関スル日仏議定書」に基く平和進駐であった。

対米英蘭戦争を辞せざる決意

南部仏印進駐に対する返礼は、対日資産の凍結であり、対日全面禁輸であった。それは政府、陸海軍の予期しないところであった。いや一部の人には敢えて予期しつつも断行したと思われる節もある。とにかく全面禁輸を行えば、日本は蘭印に進出し、勢い日米戦争になるということは、米国大統領が熟知していることであり、米国が進んで戦争をしかけてくるとは思いいたらなかったのが大部であった。近衛首相によって、対米交渉促進のガンとなっていた松岡外相を交迭するための政変さえ行われたばかりであった。

昭和十六年八月一日、もはや一滴の油も米国から入って来ない。もちろん英国とオランダもこれにならった。二年後には軍、官、民の貯油が皆無となり、無敵海軍も動けなくなることが決定的となつた。それは武力による直接打撃にまさる痛切な衝撃でもあつた。海軍は現に毎日一万二千屯の油を消費しているといつて、焦慮苦悩を訴えた。

さきに陸海軍は、米英蘭の対日全面禁輸によつて日本の自存自衛が脅威された場合には、戦争に訴えると決定していたが、今やそのときがきたのである。ためらわずに対米英蘭開戦の決意をすべきであつたが、事実はなお迂余曲折を極めたのである。

近衛首相は自らルーズベルト大統領と会議して、一挙に局面を打開しようとして近衛メッセージを出したりしたが、米国は原則的問題についてあらかじめ合意に達しない限り、巨頭会談には応じられないと回答してきた。

八月一杯、陸海軍首脳と事務当局をあげての煩悶苦悩の結果、海軍起草に基く「帝国国策遂行要領」が合意に達した。それは「自存自衛を完うするため、対米（英蘭）戦争を辞せざる決意の下に、概ね十月下旬を目途に戦争準備を完整する。右に併行して外交の手段を尽す」という趣旨である。そして第三項に「外交交渉により十月上旬に至るも、尚我要求を貫徹し得ざる場合には、直ちに対米（英蘭）開戦を決意する」というのであつた。

第二項の外交は、従来の「日米了解案」を基礎とする交渉の続行をいうのである。

九月三日の連絡会議では、重大な一部修正を加えてこれを採択した。すなわち第三項の「貫徹し得ざる場合」を、「貫徹し得る目途なき場合」と修正したのである。それは及川海相の提議に基いたもので、十月上旬頃の和戦の決定が、自動的に行われることを回避しようとする配慮であり、海軍側の戦争決意の動揺を暗示するものであつた。

しかし当時の海軍は、九月一日聯合艦隊の戦時編制が下令されており、左記諸資料の示すとおり有事即応の態勢に移行し、このままで推移することは海軍自体破滅するとの海軍部内の声も高かつた。また物動上からの企画院の要望および「物動計画」もこのころの情勢を知る好資料である。

海軍出師準備発動経緯

〔昭和十五年八月以来段階を経て発動されて来た海軍の「出師準備」（陸軍の「動員」と酷似）に関し、軍令部総長の度々の上奏文中から重要と思われるもの三通を選びこれに軍事参議官会議説明資料一通を付した。いずれもこの発動の経緯に関する最も公式な資料である〕

昭和十五年八月二十四日

現在実施中ノ戦時編制改定準備ニ関シ　奏上

謹ミテ現在実施中ノ戦時編制改定準備ニ関シ　奏上致シマス

帝国海軍ハ時局ノ重大性ニ鑑ミマシテ現ニ実施中ノ戦時編制ヲ増強スル必要ヲ認メ今回其ノ準備ヲ開始スルコトト致シマシタ

右準備ハ概ネ十一月下旬迄ニ完了スル見込デ御座イマスノデ十一月中旬ニ於テ現ニ実施中ノ戦時編制ヲ別表〔省略〕ノ如ク改定スルコトニ関シ改メテ　允裁ヲ仰グコトニ計画致シテ居リマス

新編制ニ於キマシテハ海軍固有艦船ノ殆ンド全部ヲ編入セントスルモノデ御座イマシテ現編制ニ比シ聯合艦隊ニ於キマシテハ新ニ潜水戦隊三隊ヲ以テ第六艦隊ヲ新設致シマスル外航空戦隊（鳳翔、竜驤、水上機母艦四隻、艦上機約百二十機、水上機約四十機増）、水雷戦隊一隊（他ノ水雷戦隊ニ編入スルモノヲ合シ駆逐隊八隊増）、一等巡洋艦三隻、二等巡洋艦九隻、潜水母艦三隻、聯合航空隊二隊（陸上攻撃機約九十機、飛行艇十四機増）等ガ増強セラレマス外ニ艦隊随伴部隊タル第一根拠地隊「パラオ」防備ニ任ズル第三根拠地隊及「サイパン」「トラック」「マーシャル」等ノ防備ニ任ズル第五根拠地隊ヲ新設致シマス

支那方面艦隊ニ於キマシテハ艦艇ノ兵力ニハ殆ンド増減ナク陸上兵力ニ於テ約五千名減少シ、航空兵力ニ於テ航空隊二隊（各種機合計約百十機減）水上機母艦二隻（水上偵察機約二十機減）ヲ減少致シマスガ支那ニ対シテハ充分作戦シ得ル程度デ御座イマシテ尚必要ノ場合ハ聯合艦隊ヨリ所要ノ航空兵力ヲ派遣セシメラルルコトニ考慮シテ居リマス

内戦部隊ニ於キマシテハ防備関係要員教育ノ為ノ必要最小限度ノ兵力トシテ小型船舶約四十隻ヲ徴備整備スル計画デ御座イマス

尚此ノ際軍需品及諸施設ノ整備、艦船ノ改装等特ニ必要ナル戦備ノ一部ヲ実施スルコトニ致シ度イト存ジマス勿論右実施ニ当リマシテハ既定軍備計画ノ遂行ニ及ボス影響ヲ成ルベク少カラシムル様努メ度存ジマスガ若干ノ遅延ハ已ムヲ得ナイ次第デ御座イマス

今回ノ編制強化並ニ戦備ノ促進ハ最近ノ時局ニ鑑ミマシテ緊急ノ事態ニ応ズル準備ヲ為シ以テ第三国ニ対スル警戒ヲ一層厳ニシツツ我国策ノ遂行ヲ容易ナラシメントスルモノデ御座イマシテ右完成ノ暁ニ於キマシテモ本格的作戦ニハ尚兵力不充分デ御座イマシテ猥リニ之ガ行使ヲ企図致ス次第デハ御座イマセヌ従テ今次海軍ノ準備ガ内外ニ流布セラレマスコトハ大ナル不利ヲ招来致シマスノデ機密保持其ノ他ニ充分留意シ為シ得ル限リ大演習作業トシテ取扱ヒ度イ所存デ御座イマス

右ヲ以テ　奏上ヲ終リマス

昭和十五日八月二十四日

軍令部総長　博恭王

*

編制関係説明資料

昭和十五年十一月十六日於軍事参議官会議

去ル十一月十五日附ヲ以テ改定セラレマシタ昭和十六年度ノ戦時編制（現在戦時編制実施中）ハ帝国海軍創設以来ノ大編制デアリマシテ現在艦籍ニ在ル海軍固有艦艇ノ殆ンド全部ガ外戦部隊又ハ内戦部隊ニ編入サレタノデアリマス

聯合艦隊モ帝国海軍トシテ最初ノ大兵力デアリマシテ海軍固有艦艇中聯合艦隊ヨリ除カレタモノハ扶桑、山城、金剛、榛名、衣笠、妙高、赤城、多摩、木曾、鬼怒、球磨、大井、駆逐隊三隊、潜水隊三隊、其ノ他小艦艇、特務艦数隻ノミデアリマス

右艦艇ノ大部ハ目下改造工事、特定修理又ハ出征前ノ必施工事等ヲ実施中デアリマシテ已ムナク外戦部隊ヨリ除キ内戦部隊ニ編入サレタ次第デアリマス　右艦艇ノ各種工事モ来年五月末迄ニハ概ネ完了ノ見込デ御座イマスノデ工事完成次第之等ノ全部ヲ聯合艦隊ニ編入シテ戴ク計画デアリマス　尚編制内容中初メテ潜水戦隊三隊ヨリ成ル第六艦隊ヲ編成セラレマシタ

支那方面艦隊ニ関シマシテハ水上艦艇ニ於テ数隻ヲ増強セラレマシタガ陸上警備兵力ハ約二千八百名減少シ航空兵力モ航空隊二隊（約百十機）水上機母艦一隻（水偵九機）減少致シマシタ

新編制ニハ部外船舶約三十三万噸ヲ徴傭シテ補給部隊又ハ各種特設艦船トシテ使用シテ居リマス又新編制ニ於キマシテハ外戦部隊ノ中ニ第一、第三、第五根拠地隊（別表第三参照）ヲ設定致シマシタ

第一根拠地隊ハ差当リ第二艦隊ノ指揮下ニ入レ（年度戦時編制実施後ニ於テハ第三艦隊ノ指揮下ニ入ル）外征部隊トシテ使用スル計画デアリマシテ第三、五艦隊ハ南洋群島ノ防備ニ当テマス

尚来年一月十五日ニハ今次ノ編制ヲ更ニ強化スル目的ヲ以テ第二、第六根拠地隊ヲ新設シ第三、第五根拠地隊ノ内容ヲ増強スルコトニ内定セラレマシテ既ニ人員、艦船等ヲ準備中デアリマス

一月十五日附編制強化ノ為ニハ部外船舶ヲ更ニ約十八万噸徴傭スル必要ガアリマス

最後ニ一言附言シテ置キ度ヒ問題ハ昭和十六年度戦時編制（現ニ実施中ノ戦時編制ニ非ズシテ所謂年度計画トシテノ戦時編制ナリ）ノ実施ニ関スル問題デアリマス此ノ年度戦時編制ヲ計画通実施致シマスルニハ部外船舶ヲ約二百四十万噸丈ケ徴傭スル必要ガアリマス

然ルニ我国現有船舶ハ総計僅カニ約五百四十万噸（本年五月調査）ニ過ギマセヌノニ既ニ陸軍ハ在支軍ニ対スル補給ノ為約七十万噸徴傭中デアリマス　此ノ中カラ海軍ノミニテ二百四十万噸ノ船舶ヲ徴傭致シマスレバ民間ニハ僅カニ二百三十万噸ノ船舶シカ残ラヌコトトナリ一時ニ民間ノ輸送力ヲ激減セシメ特ニ石炭、鉄鉱等ノ輸送力ノ減少ハ製鉄能力、発電動力等ヲ減少セシメ惹ヒテ我工業力ヲ減退セシメ生産拡充計画ノ如キハ非常ナル影響ヲ蒙リマスノデ目下部外船舶ヲ成ルベク縮少セル戦時編制ヲ改

メテ研究中デアリマス
右ノ如キ情況ニ鑑ミマシテ部外船舶大量ノ徴傭ヲ必要トスル年度戦時編制実施ノ時機ニ関シマシテハ国力其ノ他諸般ノ情勢ヲ考慮ノ上最後ノ決断ヲ下スベキデアリマシテ目下海軍省ト共ニ慎重研究中デアリマス

＊

用兵事項ニ関シ　奏上

昭和十六年三月三十一日上奏（四月十日附編制強化ニ対スルモノ）

謹ミテ用兵事項ニ関シ　奏上致シマス

一　戦時編制ノ改定強化ニ関シ

現下ノ国際情勢ニ鑑ミマシテ実施中ノ戦時編制ヲ四月上旬頃若干強化致シマスコトニ関シマシテハ一月上旬奏上致シマシタ所デ御座イマスガ其ノ準備概ネ整ヒマシタノデ四月十日附ヲ以テ帝国海軍戦時編制改定ノ件別表〔省略〕ノ通改定実施方発令ヲ仰ギ度

今回改定ノ主ナル点ハ

㈠　第三艦隊及第一航空艦隊ヲ新ニ編成致シマス右艦隊編成ノ為新ニ編成致シマス戦隊ハ第十六戦隊、第四航空戦隊及五月一日編成予定ノ第六潜水戦隊ノ三隊デ御座イマスガ其ノ外ニ現在聯合艦隊又ハ第二遣支艦隊ニ編入中ノ部隊ヲ編成換シテ両艦隊ニ編入致スモノモ御座イマス

㈡　第十一航空艦隊ニ特設航空隊二隊ヲ増隊致シマシテ航空戦隊一隊ヲ増設致シマス

㈢　整備工事中デ御座イマシタ主力艦、巡洋艦、航空母艦各二隻及新ニ徴傭致シマシタ特設潜水母艦二隻、特設工作艦、特設航空機運搬艦各一隻合計約四万噸ノ特定艦船ヲ聯合艦隊ニ編入致シマス

㈣　海南警備府制度ノ新設ニ伴ヒ之ヲ支那方面艦隊ニ編入致シマス

右改定ニ依リマシテ外戦部隊ハ第五艦隊及其ノ他若干ノ艦艇竝ニ航空兵力ヲ除キマス外ハ年度戦時編制ニ略近ク強化サレマシテ緊急ノ事態ニ即応シ得ル状態トナリマス

内戦部隊及補給部隊ニ於キマシテハ年度戦時編制完成ノ為ニハ更ニ特定艦船約百十万噸ノ徴傭ヲ必要ト致シマスガ是ハ国内重要物資ノ獲得及輸送ニ大ナル影響ヲ及ボスモノデアリ又徴傭後二、三ヶ月ヲ以テ其ノ大部ノ整備可能デ御座イマスノデ目下ノ情勢ニ於キマシテハ徴傭ヲ差控ヘルコトニ致シマス

従テ戦時編制ハ今後事態特ニ逼迫セザル限リ既定軍備計画ニ依リ竣工就役致シマスモノノ外ハ増強セズ当分ノ間今回改定ノ兵力ヲ維持致シマシテ専ラ戦力ノ練成向上ニ邁進致シ度所存デ御座イマス

二　対支作戦ニ関シ

(一)　封鎖作戦ニ関シマシテハ其ノ後益強化致シマシテ昨年十二月二十五日支那方面艦隊司令長官ガ広東省沿岸要地ニ対スル第三国船ノ出入禁止宣言ヲ行ヒマシタルニ引続キ去ル三月十七日ニハ福洲南方ノ要港タル海口城一帯ニ対シ又三月二十五日ニハ広東省沿岸ノ紅海湾、碣石湾ニ対シ船舶出入禁止ノ宣言ヲ発シマシタ

右封鎖強化宣言ト関聯致シマシテ敵ガ物資ノ輸出入ニ利用致シテ居リマス南支沿岸一帯ニ対シ輸送路ノ遮断、軍事諸施設ノ破壊ヲ目的トスル陸海軍協同ノ急襲作戦ヲ積極的ニ実施致シテ居リマス。即チ去ル二月四日香詔「ルート」遮断ノ為淡水、沙漁涌方面ニ対シ作戦致シマシテ莫大ナル援蔣物資ヲ押収致シマシタノヲ始メトシ三月三日ニハ雷州「ルート」遮断ノ為広東省沿岸要港タル広海、陽江、電白、水東、雷州、北海ニ対シ、三月二十四日ニハ海豊、汕尾ニ対シ奇襲上陸致シマシテ所期ノ目的ヲ達シマシタル後淡水、沙漁涌以外ハ概ネ一週間内外ニテ撤収致シマシタ　之ガ為敵ノ物心両面ニ与ヘマシタ打撃ハ相当大ナルモノガ御座イマシタガ更ニ来ル四月中旬陸軍ト協同致シマシテ浙江省、福建省沿岸ノ要衝タル寧波、石浦、海門鎮、温州、福州等ニ対シ相当広範囲ニ亘リ上陸作戦ヲ実施致ス予定デ御座イマス

右作戦実施竝ニ国際情勢上必要ト致シマスノデ聯合艦隊ノ第十二航空戦隊及四月十日第三艦隊ニ編入替トナリマスル第五水雷

戦隊ヲ支那方面ニ増派ノ大命ヲ発セラレ度

(二) 航空作戦ニ関シマシテハ昨年十月二十六日 上聞ニ達シマシタル以後本年一月迄ノ期間ニ中南支ニ於キマシテ敵機合計五十五機ヲ地上ニ撃破シ敵空軍ヲ殆ンド殲滅致シタノデ御座イマスガ其ノ後敵ハ米国、蘇国ヨリ相当多数ノ飛行機ヲ購入シ其ノ再建ニ着手致シマシタ

偶中支航空部隊ハ去ル三月十四日敵空軍ノ有力ナル部隊ガ成都方面ニ集結致シテ居リマス状況ヲ偵知致シマシテ戦闘機十二機ヲ以テ之ヲ急襲地上撃破七機、空中戦闘ニ依ル撃墜二十七機(内不確実三機)ノ大戦果ヲ収メ全機無事帰還シ再建途上ノ敵空軍ニ致命的打撃ヲ与ヘマシタ

然シ乍ラ今日迄ノ各種情報ニ依リマスレバ敵勢ハ将来再ビ増強セラレ又或程度蠢動スルコトモ予想セラレマスノデ此ノ際有力ナル航空部隊ヲ以テ機先ヲ制シ一挙ニ之ヲ撃滅スル必要ガ御座イマス 仍テ玆ニ第二十二航空戦隊ヲ支那方面艦隊司令長官ノ作戦指揮ヲ受ケシメラルル如ク発令ヲ仰ギ度

次ニ滇緬公路ノ攻撃ニ関シマシテハ南支航空部隊ガ中型攻撃機九機ノ寡兵ヲ以チマシテ不撓不屈凡ユル困難ヲ排除致シ攻撃ヲ反覆致シマシテ昨年十二月十四日功果新橋ヲ、本年一月二十三日ニハ功果旧橋ヲ切断シ二月六日ニハ仏印泰紛争調停ニ関聯シテ北部仏印ニ進出セシメマシタ他ノ航空部隊ト共ニ引続キ恵通橋ヲ爆撃シ甚大ナル損害ヲ与ヘマシタ

敵ハ同公路ノ輸送力維持ニハ全幅ノ努力ヲ傾注致シテ居リマシテ天候不良ノ為攻撃ヲ中絶致シテ居リマシタ期間ヲ利用シ今日デハ既ニ或程度ノ修理モ成リ渡船ノ利用等ト相俟テ目下相当ノ輸送ヲ継続致シテ居ル模様デ御座イマス

之ニ対シマシテハ当分ノ間主トシテ陸軍航空部隊ガ攻撃ニ任ズル予定デ御座イマス

(三) 海南島ニ於キマシテハ昨年三、四月ノ大掃蕩作戦以来連続実施致シマシタ討伐及封鎖ノ結果敵勢漸次衰ヘ加フルニ共産軍対保安隊遊撃隊ノ衝突等御座イマシテ敵軍ニ動揺ノ模様ガ見エマシタルニ投ジ去ル二月一日呉及佐世保鎮守府特別陸戦隊各一一七〇名ヲ支那方面艦隊司令長官ノ作戦指揮下ニ入レ現地ニ進出セシメ二月初旬ヨリ一斉ニ積極的ナ掃蕩戦ヲ開始致シマシテ

目下概ネ所期ノ地点迄進出シ要地ヲ確保シ漸次治安ハ良好トナリツツアリマス
右ヲ以テ　奏上ヲ終リマス

昭和十六年三月三十一日
軍令部総長　博恭王

＊

用兵事項ニ関シ　奏上

謹ミテ用兵事項ニ関シマシテ　奏上致シマス
九月一日頃ヲ以テ現在実施中ノ戦時編制ヲ廃シ昭和十六年度帝国海軍戦時編制ヲ実施致シマスコトニ準備中デ御座イマスコトハ八月十二日　奏上致シマシタ所デ御座イマスガ予定通整備致シマスノデ九月一日附ヲ以チマシテ別冊〔省略〕ノ通発令方　允裁ヲ仰ギ度

昭和十六年八月二十六日

別冊ノ編制ハ現在実施中ノ編制ニ対シマシテ航空戦隊一隊及特設警備隊三隊ノ新設並ニ第十一航空艦隊司令部ノ独立ニ伴ヒマス改定ヲ行ヒマシタモノデ御座イマス
次ニ帝国海軍ノ戦時編制ハ昨年八月以来時局ニ対応シ逐次増勢セラレテ参リマシテ九月一日現在ニ於テ海軍艦船部隊ハ年度戦時編制ノ全計画ニ対シ九割以上ヲ聯合艦隊ニ編入セラレ有事即応ノ態勢ヲ保持致シテ居リマス
然ルニ特設艦船部隊ハ戦時計画ニ対シマシテ僅カニ二割九分ヲ保有致ス程度デ御座イマシテ其ノ主要任務ト致シマス防備並ニ補給方面ニ於キマシテ有時ニ即応シ得ル態勢　御座イマセヌノデ今日ノ時局ニ鑑ミマシテ速ニ相当ノ増勢ヲ行フ必要ガ御座イマス
特設艦船ノ整備ニ付キマシテハ一般海運ニ及ボス影響ト一方海外通商ノ大部ガ停止致シマシタ為ニ船腹ニ相当ノ余剰ヲ生ジテ

参リマシタノヲ考ヘ合セマシテ差当リ防備竝ニ補給ノ基幹兵力トシテ必要ナル特設艦船約四十九万噸ノ整備ニ着手スルコトト致シマシタ　右船舶ガ整備致シマスルト特設艦船ハ年度戦時計画ノ約五割七分ヲ充実スルコトトナリマス

右ニ伴ヒマシテ内戦部隊ニ属スル根拠地隊、警備戦隊、聯合特別陸戦隊及外戦部隊ニ属スル特設巡洋艦戦隊等未済ノモノヲ編成シ防備部隊ヲ強化致シマスコトニ準備中デ御座イマス

以上ノ諸準備ハ概ネ十月上旬乃至中旬ニ整備スル予定デ御座イマスノデ更メテ　允裁ヲ仰グコトニ計画致シテ居リマス

右ヲ以テ　奏上ヲ終リマス

昭和十六年八月二十六日

軍令部総長　永野修身

戦争遂行ニ関スル物資動員上ヨリノ要望

七月二十九日　企画院

帝国ハ支那事変発生以来自給生産態勢ノ整備ニ努メ来リシト雖モ過去ニ於ケル帝国経済ノ国際経済特ニ英米経済ヘノ依存度ノ強烈ナリシ結果近々両、三年ノ日子ヲ以テシテハ其整備充分ナラサルヘキハ固ヨリ其ノ処タリ

而カモ東亜新秩序建設ニ関スル帝国々策ノ進展ヲ中心トスル国際関係ハ帝国ノ自給態勢整備ノ進度如何ニ拘ハラス悪化ノ一路ヲ辿リ該悪化ハ延ヒテ自給態勢整備ノ進行ヲ阻害スルノ結果ヲ招来シ　殊ニ欧洲戦乱ノ勃発ニ基ク国際政局ノ動揺不安ハ益々我国ノ自給生産態勢確立ヲ妨クルノ結果トナレリ　之ヲ以テ昨年下半期以来帝国ハ一方ニ於テハ東亜共栄圏内ニ於ケル自給態勢ノ確立ヲ急クト共ニ不可避的海外依存物資ノ内独伊蘇方面ニ転換シ得ルモノハ挙ケテ之ニ転換シ他方英米トノ国交危機ノ到来以前ニ於テ英米乃至其勢力範囲ヨリノ取得物資ノ可及的特別輸入ヲ実行シ以テ「ストツク」ノ増強ニ努ムル処アリタリ

然ルニ此種特別輸入ハ当時ニ於ケル帝国ノ金資金状況ト海上輸送力並ニ格納設備ノ状態等ヨリシテ未タ予期セラルル戦争遂行

上帝国ノ所要ヲ満足スルノ域ニ達スル能ハス他方最近ニ於ケル独蘇武力戦ノ発展ハ独、伊方面ヨリ物資及技術ノ輸入ヲ不可能ナラシメ今ヤ帝国ノ経済事情ハ極メテ不利ナル状態ニアリ

帝国カ現生産力ヲ保持シ物資ノ需用ヲ概ネ昭和十五年度ノ物資動員実績ノ数ニ近カラシメントセハ帝国重要戦略物資ノ要確保状況ハ概ネ別表ノ如クニシテ今尚ホ自給圏及第一補給圏外ヨリノ輸入頗ル大ナルモノアルヲ諒知シ得ヘシ而カモ該輸入カ悉ク英米勢力圏内ニ存スルノ事実ハ帝国ノ戦争遂行上特ニ注意ヲ要スル点ナリトス　之ヲ以テカ英米トノ間ニ本質的且全面的ナル経済断交招来スルニ於テハ其結果ハ極メテ重大ナルヲ覚悟セサルヘカラス即チ如斯場合ニ於テハ帝国ノ物的戦争遂行力ハ主トシテ自給圏及第一補給圏内ノ生産力ト既存「ストツク」トニ存シ爾後ハ専ラ作戦成果ノ活用ニヨル新ナル生産力ノ増加ニ待タサルヘカラサルナリ之レ誠ニ帝国戦争遂行上ノ性格ヲ規制スル根本ナリトス　故ニ帝国ノ戦争遂行ハ該戦争遂行力ノ上ニ極メテ短期間ニ作戦成果ヲ収メ「ストツク」資材ヲ使用シ尽ス以前ニ於テ右作戦成果ノ活用ニヨル新ナル物資供給源ヲ確保セサルヘカラサルナリ一部作戦ノ成功ニヨリ戦争当事国間ニ媾和ノ可能性アリシ過去ノ戦争ニ於テハ「ストツク」ノミニ依存スル戦争モ時ニ其成功ヲ収メ得タリシナランモ今日ノ如キ総力戦々争ニ在リテハ飽ク迄自給生産力ノ上ニ長期戦ヲ覚悟シテ立ツニアラサレハ最後ノ勝利ハ殆ント望ミナシト謂ハサルヘカラス

帝国ノ最重要物資ニ就テ現「ストツク」量トノ関連ニ於テ作戦成果ト新生産確保時期トノ関係ヲ考察スルニ（軍ノ直接「ストツク」ヲ除ク）該重要物資ノ輸入停止後

㈠　「ニツケル」及同礦ハ約二月
㈡　「マンガン」礦ハ約四月
㈢　「ピツチコークス」ハ約四月
㈣　マニラ麻ハ約一月
㈤　第一種原油ハ約四月

(六) 第二種原油ハ約六月
(七) 航空揮発油ハ約一五月
(八) 普通揮発油ハ約二月半
(九) 重油ハ約一月半
(十) 普通機械油ハ約二月半
(二) 軽油ハ約三分ノ一月
(三) 灯油ハ約一月
(三) 半固体機械油ハ約三月
(四) ヒマシ油ハ約六月

ニシテ夫レ夫レ此期間ニ於テ新生産取得状態ニ入ルコト必要ナリトス　換言セハ英米ニシテ蘭印其他南洋、南米方面ヲ合セ本格的経済断交ヲ加ヘ来ルニ於テハ前記物資ノ輸入杜絶ノ時ヨリ前記期間内ニ此種物資ノ新取得状態ヲ確立スルコト必要ナリトス従テ武力ヲ以テ之カ取得ヲ企図スル場合ニ於テハ其作戦成果ハ此種生産上ノ要請ニ向ツテ活用セラルベキコト勿論ナリト雖モ作戦亦此点ヲ深ク考慮セラルルコト必要ナリトス　加之ナラス英米トノ間ニ交戦状態ニ入ルヤ玆ニ「コバルト」「コバルト」鉱、白金鉱、鉛及鉛鉱、水銀、高級石綿、高級雲母「タンニン」等ノ如ク南米、印度等ヨリ輸入シアル物資ニシテ自給圏又ハ第一補給圏ヘノ生産転化不可能又ハ至難ナルモノハ全然「ストック」ニヨリ之カ終始ヲ図ルノ外ナキ処之等物資ハ其「ストック」量頗ル僅少ニシテ此種物資ノ関連ニ立ツ生産ハ間モナク殆ンド其運転ヲ中止スルニ至ルヘシ　依テ之等物資ニ対シテハ極力代用品ノ生産ニ努メアルモ我国産業ノ現状ニ於テハ急速ナル生産増加ヲ望ムコト至難ニシテ結局此種物資ノ使用ハ固ヨリ之ヲ原料トスル生産品ノ消費ヲ徹底的ニ規制節約スルノ外ナキモノトス

若シ夫レ我国生産力ノ隘路ヲ形成シアル海上輸送力方面ヨリ観察センカ現状ノ下ニ万一南方武力戦ヲ実行スルカ如キ場合ニ於

テハ一挙ニシテ該方面敵海軍根拠地特ニ潜水艦及空軍基地ヲ占領又ハ覆滅スル等少ナクモ西南太平洋上ノ制海、制空両権ヲ完全ニ確保スルニアラサレハ我船舶ノ損耗量ハ或ハ我国造船能力ヲ超過スルノ結果トナリ然ル場合ニ於テハ此点ヨリシテ我国ノ全般的生産力ハ逐次低下減退スヘク之ニ関スル万般ノ手段予メ確立スルニアラサレハ其影響頗ル重大ナリ

実情叙上ノ如キヲ以テ物資動員関係ニ立脚スル限リ帝国ハ帝国軍ノ作戦成果ト新生産態勢整備トノ調和ニ関シ確乎タル目算立ツ迄ハ努メテ長ク英米トノ本格的経済断交ノ到来ヲ回避シ此間

㈠　自給生産力ノ急速増強

㈡　重要物資ノ貯蔵量ノ増加

ヲ図リ以テ万一ノ場合ニ於ケル新生産力確保ノ正確ヲ期セサルヘカラス　尤モ英米両国ニシテ進テ我ニ武力ヲ強ユルカ如キ場合ニ於テハ之レ誠ニ理外ノ問題ニシテ帝国ハ敢然之ヲ迎ヒ打タサルヘカラサルヤ勿論ナリトス

然リ而シテ現在ノ国際情勢ニ於テハ帝国ノ武力戦カ南北何レノ方面ヨリ生起スルニ拘ハラス結局南北併行武力戦ニ発展スルノ危険頗ル大ナルモノアルヲ以テ帝国ノ戦争遂行及之ニ関連スル国際問題ノ処理ハ常ニ専ラ帝国ノ現有国力ヲ以テ如何ニ南北併行武力戦ヲ戦ヒ抜クヤノ大方針確立ノ上ニ其歩ヲ進ムルコト絶対ニ必要ナルヘシ　万一ニモ南北併行武力戦遂行ニ関スル大方針ト之ニ伴フ諸計画ノ確立ナク国際現象ノ波動ヲ追ツテ局部的武力戦ヲ行ヒ国力ノ逐次消耗ニ陥ルカ如キコトアランカ帝国経済力ノ性格ニ鑑ミ其結果ハ真ニ重大ナルモノアルヘキヲ内省スルヲ要ス

帝国物資力ノ実情前述ノ如キヲ以テ徒ニ国際政局ノ局部的波動ヲ逐ヒテ武力戦ヲ展開スルハ戒ムヘキモノナリトス

然ルニ反面現状ヲ以テ英米等ニ依存シ資源ヲ獲得シテ国力ヲ培養セントスルモ今ヤ極メテ困難トスル所ニシテ現状ヲ以テ推移センカ帝国ハ遠カラス痩衰起ツ能ハサルヘシ　即チ帝国ハ方ニ遅疑スルコトナク最後ノ決心ヲ為スヘキ竿頭ニ立テリ

尚ホ武力戦ノ指導ニ当リテハ国際政局カ南北両面関聯不可分ナルニヨリ至短期間内ニ作戦成果ヲ生産的活用ニ転換シ得ル如ク統帥上万全ノ計画ヲ進メラレ度

昭和十六年度物資動員計画概要

企画院

一　策定経緯概要

昭和十六年度物資動員計画ノ策定ハ国際情勢ノ複雑ナル変転ニ伴フ供給力ノ漸減竝ニ国内戦時態勢ノ整備特ニ軍需ノ増加計画ノ策定上極メテ困難ナル事項ガ頻発シタ為ニ著シク策定ノ遅延ヲ余儀ナクセラレタガ幸ニシテ各関係官庁ノ協力ノ結果成案ヲ得去ル八月二十二日ノ閣議ニ於テ之ガ決定ヲ見ルニ至ツタ

以下之ガ決定ニ致ル迄ノ経緯ニ付概略ヲ述ベルト本年度物資動員計画ハ

㈠　客年十一月作製セル昭和十六年度物資動員計画概略案ニ基キ作業ヲ進メタノデアルガ四月迄ニ其ノ策定ヲ見ルコトガ出来ナカツタノデ取リ敢ヘズ第一、四半期物資動員暫定実施計画ヲ作製シ去ル四月四日ノ閣議ニ於テ之ヲ決定シ物資動員運営上ノ混乱ヲ防止セリ

㈡　右ニ引続キ内外情勢ノ変化ヲ考慮シ概略案ヲ修正ノ上去ル四月下旬第一次基礎案ヲ作製シタガ船腹ノ問題及鉄鋼生産ノ問題ヲ先決スルノ必要ガ起ツタノデ前者ニ対シテハ海上輸送計画ノ基礎案ヲ決定、後者ニ対シテハ四七六五千瓲ノ生産目標ヲ去ル五月九日閣議決定シタ

右ノ決定ニ依リ更ニ第一次基礎案ヲ修正シ去ル五月下旬第二次基礎案ノ作案ヲ了シタノデアルガ当時ノ状況ニ於テハ七月迄ニ其ノ策定ヲ見ル事ガ困難デアツタノデ取リ敢ヘズ第二、四半期物資動員実施計画トシテ供給力計画ヲ作製シ、生産、輸入、貿易等ヲ混乱セシメナイ方途ヲ講ズルト同時ニ全計画ノ確定ヲ急ギタル結果六月二十日頃ニハ殆ンド之ガ完了ヲ見ントシツツアツタノデアル　然ルニ六月二十二日独蘇開戦ガ勃発シ供給力計画其ノ他物資動員計画ノ策定方針ニ付今後ノ国際政局ノ動向ヲ推断シテ根本的改変ヲ加ヘル必要ヲ生ジタノデ去ル七月九日ノ閣議ニ於テ後述ノ方針ヲ決定シタノデアル

㈢　右策定方針ニ則リ第二次基礎案及第二、四半期供給力計画ヲ修正シ第二、四半期以降ノ供給力計画及配当計画ヲ立案シタノデアル

右立案中起ッタ七月二十六日以来ノ英米等ノ資産凍結ニ付テハ予テ此ノ事アルヲ察知シテ策定方針ヲ定メテ居タノデ計画立案ニ付テハ何等ノ支障モ無カッタノデアル

二　策定方針

由来我国ノ物資動員計画ハ変転極マリナキ国際政局ニ処スル軍備ノ充実及之ニ伴フ必要ナル物資ノ自給ヲ目標トスル生産力拡充ニ重点ヲ置キ外国依存態勢ヨリノ逐次離脱ヲ企図シテ来タノデアルガ独蘇ノ開戦ヲ契機トスル国際情勢ノ急変ノ結果生産力ノ拡充未ダ充分ナラザルモ外国依存物資ノ取得ヲ断念シ主トシテ自給圏内ノ物資ヲ以テ現下ノ複雑ナル国際情勢ニ対処シ国難ノ克服ニ邁進シ国運隆盛ノ基礎ヲ確立スルコトガ必要トナッテ来タノデアル

茲ニ於テ七月九日閣議ニ於テ右情勢ニ即応スル如ク画期的ナ物資動員計画ノ策定方針ヲ決定シタノデアル

其ノ方針ノ概要ハ次ノ通デアル

計画ノ樹立ニ関スル方針ハ

既ニ経過セル第一、四半期（四月―六月）ヲ除キ第二、四半期以降ニ付テ計画スルコト

供給力ニ関スル方針ハ

㈠　自給圏（内外地、円ブロック）ト自給圏外トニ区分シ自給圏外ハ次ノ如ク之ヲ三分スルコト

第一補給圏　仏印、泰

第二補給圏　比島、馬来、蘭印、其ノ附近島嶼

第三補給圏　濠洲、ビルマ、印度、北米東岸、北米西岸、南米西岸、南米東岸、阿弗利加

㈡　配当計画上ノ配当総額トナスベキ供給力ニハ第二及第三補給圏ヨリノ下半期輸入計画ノモノヲ見込マザルコト

従ッテ配当総額ハ自給圏及第一補給圏ニ於ケル第二、四半期以降ノ供給力ト第二及第三補給圏ニ於ケル第二、四半期供給力ニ在庫ノ一部ヲ加味シタルモノトスルコト

配当ニ関スル方針ハ

㈠ 軍需其ノ他国家焦眉ノ緊急重要部門ニ限リ之ヲ配当スルコト

㈡ 生産力ノ拡充部門ニ対スル資材ハ直接軍需ニ関係アル物資ノ生産確保及増強ニ必要ナルモノニ限リ配当スルコト

㈢ 官需ハ軍需及生産力拡充ニ直接関係アルモノニ止メ其ノ他ハ継続事業ト雖モ資材ノ配当ヲ行ハザルコト

㈣ 円ブロック需要ハ生産力拡充部門ニ対スル資材配当方針ニ其キ増産ヲ速ニ期待シ得ベキ鉱産物採掘用資材、自給圏内原料ニ依ルベキ工場、事業場ノ補修用資材、対日供給物資ノ輸送ニ必要ナル資材、治安維持上不可決物資ノ最低必要量ニ止メ其ノ他ハ特殊事情アルモノノ外之ヲ削除スルコト

㈤ 輸出用物資中国内不足資源ハ極度ニ之ガ輸出ヲ抑制シ且国別輸出計画ハ原則トシテ物資動員計画ト合致セシムルコト

㈥ 一般民需ニ付テハ戦時国民生活最低限ノ確保特ニ食糧、医薬品ノ確保ヲ期スルト共ニ軍需、生産力拡充ニ密接不可分ノ需要ハ之ガ実行上支障ナキ最低限ヲ配当スルコトトシタノデアル

三　計画ノ概要

先ヅ供給ノ側ニ於テハ国内ノ生産ガ主タル供給力トナリ之ニ満洲支那ヨリ輸入スルモノト極メテ僅少ナル第三国輸入トニ依ツタモノデアルカラ昨年度ニ比シ重要物資ハ相当ノ供給減ト成ルノデアルガ今輸入力及重要物資ニ付第一、四半期ノモノヲ加算シ昨年度ノ実施計画ト比較シテ見ルト

㈠ 輸入力ニ付テハ

本年度ハ予備資金（L資金四億九千三百万円）ト外米資金（Y資金一億八千百万円）ト一般輸入資金（X資金七億八千七百万円）トニ三分シテ計画シタガ

輸入力合計（X＋Y＋L）ハ　六割九分
（特別措置ヲ加ヘタル実施計画ニ対シテハ五割二分）
鉄鋼類（Xノミ以下同ジ）ハ　一割五分
非鉄類ハ　四割
繊維、皮革、ゴム、木材類ハ　五割一分
石炭、石油類ハ　四割
化学薬品、肥料、医薬品ハ　四割
機械類ハ　三割四分
食糧類ハ　二割六分
雑品類ハ　七割六分

㈡　重要物資ノ供給力ニ付テハ

普通鋼々材　増減ナシ

普通鋼々材ニ付テハ客年十一月ノ概略案デハ十六年度生産目標ヲ四、一〇〇千瓲トシタノデアルガ其ノ後凡ユル努力ヲ鉄鋼生産ニ集中シテ前述ノ如ク四、七六五千瓲ヲ生産スル事トシ之ニ特殊保税工場ニ保有セル鋼材ヲ輸出抑制ノ関係ヨリ使用スルコトトシ計四、八〇三千瓲ヲ供給力トシテ計上シタ

石炭　十割七分
電気銅　六割八分
鉛　七割六分
水銀　増減ナシ

アルミニウム	五割四分
高級石綿	五割九分
高級雲母	三割三分
紡績用綿花	五割九分
羊毛	五割八分
牛皮	増減ナシ
生ゴム	十一割六分
普通揮発油	六割四分
尚石油ニ付テハ後述ノ通デアル	
工業塩	六割五分
硝酸ソーダ	二割六分五厘
硫安	十割七分
加里	四割四分
燐鉱石	七割五分

配当ニ付テハ前述ノ策定方針ニ基キ之ガ配当ヲ行ツタノデアルガ普通鋼々材、電気銅、セメントノ三品目ニ付テ第一、四半期ノモノヲ加算シテ其ノ配当率ヲ見ルコト

	普通鋼々材	電気銅	セメント
軍需	三九%	六四%	一九%
充足軍需	四%	二%	五%

生産力拡充計画	二九%	二一%	二八%
官需	八%	四%	一〇%
円ブロック供給	六%	三%	五%
輸出原材料	一・三%	〇・七%	—
一般民需	一二%	五%	三一%
防空	〇・七%	〇・三%	二%
計	一〇〇%	一〇〇%	一〇〇%

トナルノデアル

又輸送力ノ減退、輸入ノ減少等ニ因ル供給力ノ減少ノタメ特ニ配当上著シク圧縮スルノ余儀ナキニ至ツタモノハ次ノ通デアル

(一) 石炭

(イ) 昨年度下半期消費額ニ対シ四割程度ノ減トナルモノハ電力、セメント、耐火煉瓦、ガラス、製糸、醸造、飲料デアル

(ロ) 同ジク六割程度ノ減トナルモノハ工業薬品、肥料、紡績、織布、染色、人造繊維、製紙、製糖、製粉、製塩、煉炭デアル

(二) 硝酸ソーダ

主トシテ鉱山爆薬製造用ニ充当スルコトトナルカラ窒素肥料トシテ之ヲ藍、ビート、甘蔗等ニ供給スルコトハ不可能デアル

(三) 加里

肥料用トシテノ加里ハ二十五万瓲ノ需要ニ対シ僅カ国産ノ一、八〇〇瓲ノ供給ヲナシ得ルニ過ギナイノデ国内資源開発ヲ促進シ明年度約三万瓲ノ加里ヲ供給スベク考慮中デアル他方軍需及工業用加里塩ハ肥料用ヲ停止シ其ノストツクヲ右ニ振リ向ケルコトトスルコトニ依リ本年度ハ充足シ得ル見込デアル

(四) 燐鉱石

自給圏及第一補給圏ノ開発ヲ促進スルコトニシテモ、米、麦、甘蔗及馬鈴薯ノミニ対スル需要ノ六五％程度ヲ供給シ得ルニ過ギナイ

(五) 工業塩

電解苛性ソーダ製造用ノモノハ塩素ノ需要等ニ鑑ミ昨年度実績ニ比シ一割七分減ニ止メタガアンモニア法ソーダ灰製造用ノモノハ四割五分減トナツタ従ツテソーダ灰ヲ原料トスルガラス工業ハ昨年度実績ニ比シ五割減、苛性ソーダヲ消費スル人絹スフ工業ハ四割六分減ト予想サレル

(六) 紡績用棉花

自給圏ノミニ期待スルコトトスレバ内需用ノ五割程度ヲ賄フコトガ出来ルシ現在保有ノ原棉及輸出向製品ヲ内需向ケトスルナラバ二ケ年位ハ差支ナイガ原棉ノ供給ガ激減スルノデ紡績業トシテハ極度ノ操短ヲ余儀ナクサレルモノト思ハレル

(七) 洋　紙

製紙用パルプノ輸送減及石炭ノ供給減ニ依リ特ニ一般民需用ハ約五割減、新聞用紙ハ四割減トナル見込デアル

(八) 国産原油ヨリノ生産、輸入済原油ヨリノ生産、人造石油ヨリノ生産、無水酒精、輸入済製品及義務貯油全量ヨリノ生産ヲ加算シタ供給力ニ対シ次ノ如キ消費規正ヲ行ヒ

民需ハ八月各種ノ油共一五％　九月以降航空揮発油四五％　普通揮発油五〇％　燈油四〇％　軽油四五％　機械油三〇％　重油四八％ヲ規正シ重油ハ下半期ニ於テ軍需ニ対スル配当ヲ零トシテ計画シタノデアルガ其ノ結果ハ

	供給力	需　要	残　額（月）
航空揮発油	八三、一六〇竏	七九、二一五	三、九四六（〇・七）
普通揮発油	三九〇、五五三	三七六、三四八	一四、二〇五（〇・四）
燈　　油	一五七、二七二	一二一、四四七	三五、八二七（三・三）

軽　　油　一〇〇、八四〇　九二、四七二　八、三六八（〇・八）
機　械　油　三九三、二五四　二六五、九七六　一二七、二七八（四・五）
半固体機械油　一八、一〇〇　一二、七五五　五、三四五（三・七）
重　　油　八六一、五三〇　八五四、六三五　六、八九五（〇・〇八）

トナリ残額ハ緊急調整用及次年度に繰越サルルモノデアルガ特ニ重油、普通揮発油、軽油ハ一層重点的配給ノ下ニ消費規正ヲ強化スル必要ガアル

尚以上ノ消費規正ニ依ル輸送力減退、動力減退等生産部面ニ及ボス影響ハ之ヲ充分ニ考慮シ物資動員計画ノ供給力ヲ算定シテキル

四　実施要綱

昭和十六年度物資動員計画ノ実施ニ当ツテハ現下内外ノ諸情勢ニ鑑ミ実施要綱ヲ決定シ夫々必要ナル措置ヲ講ジ実施ニ万遺漏ナキヲ期シテキルノデアル

要綱ノ概要ハ左ノ通デアル

㈠　計画供給力ハ万全ノ措置ヲ講ジ之ガ確保ニ努ムルコトトシ若シ不可抗力ノ原因ニ依リ之ガ減少ヲ招来シタ場合ハ特別ノ事情ナキ限リ配当実行ニ際シ各需要部門ニ按分調整ヲ加フルコト

㈡　配当実行官庁ハ配当上必要ト認ムル場合ハ民需ニ於テ之ガ配当額ヨリ僅少ナル一部ヲ留保シテ相互ノ不可欠調整ヲ行ヒ得ルコト

㈢　本計画ニ於ケル配当ハ物資ノ需給上昭和十六年度予算ニ対スルモノ及陸海軍需ニアツテハ右ノ外現下ノ情勢上追加ヲ緊要トセラレルモノヲモ包含シ配当シタモノデアルカラ各官庁ハ予算ノ運用ニ当テハ慎重ナル考慮ヲ払フコト

㈣　物資ヲ最大限ニ国家的ニ利用スル為消費規正ヲ徹底セシメ且敏速適正ナル配給ヲ行ヒ得ル如ク配給統制機構ヲ速ニ整理竝ニ

拡充スルコト

㈤ 第三国物資ノ輸入ニ当ツテハ各国別ニ為替資金ノ利用程度ト許可ノ取得可能量ト配船ノ能否ノ三者ヲ充分勘案シ計画輸入ノ徹底ヲ期スルコト

㈥ 第三国輸入ノ現状及将来ニ鑑ミル時ハ第一補給圏ヨリスル物資ノ輸入ハ物資動員上至大ノ関係アルガ故ニ仏印、泰ヨリノ輸入物資ハ努メテ之ヲ一元的ニ統制輸入スル措置ヲ講ズルコト

第二、第三補給圏ヨリ輸入スル物資ニ付テモ同様ノ措置ヲ採ルコト

㈦ 円ブロック対日供給物資ハ極力増大セシムル要アリ之ガ決済方法ニ関シテハ慎重ナル考慮ヲ要スル現状ナルヲ以テ速ニ円系通貨ノ価値維持ト併セテ之ガ解決ヲ期スルコト

㈧ 不足物資ノ補塡対策及輸送力増強ニ対スル交通動員ノ徹底化竝ニ金属類ノ特別回収ハ刻下極メテ緊要ナル事項ナルガ故ニ之ガ強行ニ遺憾ナキヲ期スルコト

㈨ 物資需給ト現下ノ時局トニ鑑ミ其ノ量的優先ヲ期待スベキモノニ対シテハ之ガ規格及検査ノ方法ニ戦時的変改ヲ加ヘ生産又ハ蒐荷ノ増加ニ重点ヲ置クコト

㈩ 一般民需ハ配当実行ニ当リ其ノ影響及世相ヲ絶エズ仔細ニ注視シツツ遅滞ナク之ガ所要ノ対策竝ニ調整ヲ行フコトトシ銃後国民生活ノ最低限確保ニ特段ノ努力ヲ払フコト

㈡ 以上各項ノ実施ヲ円滑ナラシムルタメニハ資金、労務、動力、技術ノ方面ニ於テ緊密ナル連繋保持ヲ必要トスルヲ以テ之等ノ調整運用ニハ特ニ徹底ヲ期スルコト

五　総　括

前述ノ如ク昭和十六年度物資動員計画ハ供給力ニ甚シキ減少ヲ見タルモ其ノ範囲内ニ於テ配当スルニ当ツテハ時ニ現下ノ危機ニ対処スル為ノ陸海軍臨戦準備資材ヲモ計上シタノデ此ノ方面ニ対シテハ配当資材充分ト迄ハ云ヘナイガ相当ノ自信ヲ以テ準備

スル事ガ可能ト考ヘテ居ル

他面民需ニ対シテハ極度ニ之ガ整理、圧縮ヲスルノ已ムナキ状況デアルカラ此ノ際生産ノ能率化、消費ノ合理化、配給機構ノ整備等各般ノ施策ヲ行ヒ之ニ依リ強靭ナル綜合国力ノ発揮ニ遺憾ナキヲ期スベキデアルガ之ガ為ニハ益々国民精神ノ作興ニ努メ国内戦時態勢ヘノ転換ヲ促進スルコトガ緊要デアル

六　昭和十七年度物資動員ノ見透

昭和十七年度物資動員ノ見透ニ付テハ速ニ之ガ概略案ヲ設定スルコトトシ目下準備中デアルガ生産力ノ見透ハ目下ノ状況ヨリ推定スレバ船腹、石油、原料等ノ影響ニ依リ相当減少スルコトガ予想サレ又特別在庫ノ現況ハ次ニ示ス通デアルカラ之ニ満支ヨリノ期待額及仏印、泰ヨリノ輸入額等ヲ推算シテモ供給力ニ減少ヲ来ス物資ガ相当多クナル見込デアル　特ニ重油、揮発油等ノ民需用石油類竝ニボーキサイドノ如キ重要物資ニ付テハ供給力ガ年度初頭ヨリ殆ンド皆無ニ近イ状況デアル　以上ノ状況ヲ綜合シテ物資動員ノ見地ヨリ観ルト今日ハ速ニ自存上必要ナル処置ヲ断行スル必要ガアルト認メラレルノデアル

	特別在庫数量	本年度供給力ニ対スル比率
電気銅	二七、〇〇〇瓲	（二一%）
鉛	五〇、〇〇〇瓲	（六八%）
亜鉛	一〇、〇〇〇瓲	（一二%）
水銀	一八〇瓲	（三二%）
高級石綿	三六〇瓲	（一七%）
普通石綿	五、五〇〇瓲	（三九%）
高級雲母	九〇瓲	（八二%）
羊毛	二三六、〇〇〇俵	（一一五%）

マ ニ ラ 麻　一、七〇〇瓩（　七％）
カーボンブラック　四〇〇瓩（　六％）
ヒ マ シ　九、八〇〇瓩（　三〇％）

この「帝国国策遂行要領」を正式に採択した九月六日の御前会議は、天皇異例の御発言があり、極めて緊張したものであつた。その模様およびその前後における天皇の御苦悩の様は「杉山メモ」本文に明かであるが、当日天皇は、明治天皇御製を読みあげられ、杉山、永野両総長に対し、第一項の戦争準備よりも、第二項の外交交渉の方を優先すべきである旨、強く説示されたのである。

こうした戦争を辞せざる決意の下に、戦争準備と期限付外交とが真剣に進められた。陸軍の本格的南方作戦準備が開始され、約四〇万の南方作戦部隊が華南、北部仏印、台湾、パラオ島等にわたつて戦略展開を始めた。

しかし十月下旬までに戦争準備を完整するためには、この十月上旬ごろの和戦の決定を待つて、さらに開戦に応ずる本格的戦争準備を促進する必要があるのであつて、陸海軍統帥部としては、その和戦の決定に重大関心を寄せていたのであつた。しかるにその時機は刻々迫つていたにかかわらず、対米交渉は荏苒渋滞していた。

これに焦慮した陸海軍統帥部長は、九月二十五日連絡会議席上、政府に対し重大申入れを行つた。すなわち「和戦の決定は、おそくも十月十五日までになされねばならぬ」という申入れであつた。この申入れは近衛首相に相当の衝撃を与えた。九月二十七日に東条陸相が特に及川海相と会談して、その捕捉しがたい真意を質した。

そして十月二日、米国は覚書をもつて、日本の提案に対する見解を回答してきた。(1)平和四原則の確認、(2)中国と仏印よりの日本軍全面撤兵、(3)日華特殊緊密関係の放棄、(4)三国同盟の実質的骨抜きを要求あるいは示唆するものであつた。

果然外交によりわが要求を貫徹し得るか否かの「目途」――それはつまり和戦決定に通ずる――をめぐって意見の対立が表面化した。十月四日から総辞職までの「杉山メモ」はこれを活写しているが、十月七日両総長会談の際、永野総長が発言した要旨として海軍省記録にの残つている左記資料と、十月九日の連絡会議でもめた同総長のメモと関連、あるいは海軍省部主脳間の考え方など、さらに検討の要があるかも知れない。しかし陸軍側見解では、両総長の会談では完全に意見一致したが、及川海相の言動にはその真意が捕捉し難いものがあるとした。

十月十二日近衛首相の私邸における五相会議において、東条陸相が外交目途なしとするに対し、豊田外相は外交目途ありとし、及川海相は和戦の決定を総理に一任し、近衛首相は外交の方が戦争よりもリスクが少いとして避戦を主張したのであつた。

豊田外相の外交になお目途ありというのは、中国における日本軍駐兵に若干の手心を加えるという条件の緩和を伴うものであつた。近衛首相も撤兵という名を与えて駐兵の実を収める、つまり撤兵を約しながら居坐つてしまう方式を主張したが、東条陸相は支那事変の成果が失われるとしてこれを強く拒否した。

十月十二日荻窪五相会議の模様は「杉山メモ」にもあるが、別掲資料は富田書記官長筆記のものである。ニュアンスの相違等メモ類に免かれない特徴の比較検討の資に供する。

（一六、一〇、七）

軍令部総長、参謀総長会談ノ際
軍令部総長開陳要旨

一、交渉ノ為過度ニ期日ヲ遷延スルコトハ我　期ヲ失シ作戦ノ実施ヲ困難ナラシム。故ニ

二、期日ヲ遷延シテ交渉ヲ為シタル後、交渉ドウモ甘ク行カヌ　今カラ戦争ヲシテ呉レト言ハレテハ甚ダ困ル。サレバ

三、期日ヲ遷延シテ交渉ヲ為スニハ交渉調整ノ必成ヲ条件トス当テモ無キ交渉ノ漫続ニハ同意シ難シ
四、交捗調製ノ必成ハ米国ノ態度ニモ依ルコトナガラ寧ロ先ゾ日本ノ態度ヲ定メ是ナラバ必成確実ナリトノ信念ノ下ニ行ハザルベカラズ　此ノ信念無クシテ試射ヲ行フ如キコトハ今ノ場合適当ナラズ。
五、言フベキコトハ既ニ言ヒ尽シタリ的ノ態度ヲ維持シ理論的討議ヤ又ハ小修正等ニ頭ヲ使ヒ居リテハ到底調整ハ不可能ナリ問題ハモット根本的ナ転針ガ出来得ルヤ否ヤヲ検討シ此ノ転針ナラバ調整必成ナリトノ自信ヲ得ルコトガ第一ニテ、且一度期日ヲ遷延シテ交渉ニ取リカ、リタル以上是非トモ之ヲ成功セシムト云フ方針ヲ立テルコトガ肝要ナリ

十月十二日（日）自一四〇〇 至一八〇〇　於荻窪近衛邸
総理、外、陸、海各大臣、企画院総裁会見記録
（首相口述　書記官長記）

陸相　全然見込無キモノト考フ
　殊ニ駐兵問題ニ関スル難関大ナリ
　尤モ屈伏スルト云フナラバ問題ハ別ナリ
海相　今ヤ戦争ヲ決意スルカ、交渉ヲ何処迄モ進メルカ、重大ナル岐路ニ立テルモノト考フ。飽迄モ交渉ヲ続クルトスレバ此際戦争準備ヲ撤廃シテ外交一本槍ニテ進ム、但シ之ハ交渉成立ノ見込ガアル場合ニ限ル。途中ニテノ方針変更ハ許サレズ即チ戦争ハ多分何年間ハヤラヌトイフ肚ヲ決メル必要アリ　何レノ途ヲ選ブヤハ総理ノ裁決ニ俟ツコトトセン
総理　外相トシテ交渉ノ見込ヲ如何ニ考ヘラル、ヤ
外相　絶対確信アリトハ言ハレズ。相手ノアル話ナレバナリ
陸、海相　相当引ツパラレテ、愈々戦争ダト云フ事ニナルノデハ困ル
総理　何レノ途ヲ選ブニシテモ「リスク」アリ、要ハ何レニ多クノ「リスク」アリヤ、何レニ大ナル確信アリヤノ問題ナリ

陸相　自分トシテハ交渉ノ方ニ、ヨリ大ナル確信アリ、故ニ此ノ途ヲ選ビ度
外相ハ確信ナシト言フニアラズヤ、夫ンナアヤフヤナ事デハ困ル。自分トシテハ統帥部ヲ説伏スル能ハズ、余程ノ確信ノ根拠無カルベカラズ
総理　比較シテ見タル上ノ事ニシテ、自分トシテハ外交々渉ノ方ヲ採ル
陸相　夫レハ総理ノ主観ナリ、夫ンナ事デハ統帥部ヲ説得スル事ハ出来ヌ
海相　同感
陸相　夫ンナニ早ク総理ニ判決ヲ下シテ貰ツテハ困ル
外相ヨリ十分ナル確信アリヤ否ヤ伺フコトトシ度
（玆ニ於テ別紙ノ如キ申合事項ヲ陸相ヨリ提議アリ　一同諒承ス）
総理　二途ノ何レヲ選ブヤト言ヘバ自分トシテハ外交ニヨリ大ナル確信アル故、之ヲ選ビ度　夫レニモ拘ラズ戦争ヲヤルト言フナラバ自分トシテハ責任ハ執レヌ
陸相　御前会議ニ於テ外交ガイカタトイフ場合ハ開戦ノ決意ヲスルト決定サレ総理モ出席シテ同意サレタルニアラズヤ　夫レニモ拘ラズ戦争ニ対シ責任ヲ執レヌト言ハルルハ解シ難シ
総理　一方ノ方ニヨリ確信アルニモ拘ラズ確信ナキ途ヲ行クト言フナラバ責任ハ執レヌト申スナリ、御前会議ハ一方ガ全然見込無クナリシ場合ノコトニ関スル決定ナリ　今ハ未ダ決定サレザル場合ナリ、シカモ一方ノ途ニ　ヨリ大ナル確信アリト見ル場合ナリ

以上

別紙

日米交渉ニ於テハ

(イ) 駐兵問題及之ヲ中心トスル諸政策ヲ変更セザルコト
(ロ) 支那事変ノ成果ニ動揺ヲ与ヘザルコト
ヲ以テ外交成功ヲ収メ得ル事ニ関シ略〻統帥部ノ所望時期迄ニ確信ヲ得ルコト。
右確信ノ上ニ外交妥結方針ニ進ム
右決心ヲ以テ進ムヲ以テ作戦上ノ諸準備ハ之ヲ打切ルコト
右ニ関シ外相トシテノ能否ヲ研究ス
（企画院総裁ヨリ陸軍部内収マルヤト質セルニ陸相受合フ）

対米英蘭戦争決意

十月十六日第三次近衛内閣は退陣し、意外にも東条内閣が出現した。東条中将は十七日組閣の大命を拝し、天皇の御前で一時ぼう然自失したといわれる。東条中将が選ばれたのは木戸内大臣の発意によることであり、それは決して戦争内閣を意味するものではなかつた。従来の国策のいきさつに精通し、和戦いずれに決しても、陸軍部内を確実に統制し得るものは、東条首相―陸相を兼ねる―以外にはいないとの理由であつた。

東条内閣は天皇の御意図にもとずいて、前記「帝国国策遂行要領」を白紙にかえし、十月下旬一杯、ほとんど連日連絡会議をひらいて国策の再検討を行つた。

十一月一日、結論をだす連絡会議が午前九時から二日午前一時半にわたつて行われた。結論は（一）戦争を回避し臥薪嘗胆する、（二）ただちに開戦を決意し、政戦略の施策をこれに集中する、（三）戦争決意の下に作戦準備を完整するとともに、外交交渉を続行してその妥結に努めるという三つのうちいずれかである。明かに杉山参謀総長は第二案、東条首相と島田海相とは第三案をもつて会議に臨んだ。島田海相には、十月二十九日「決心」と題する別掲自筆メモがある。沢本次官メモによれば翌三十日海軍省部主脳を集め、この決心を披瀝したという。

会議は激論が重ねられ、内閣瓦解の危機をはらみ、ために水入りが二度も行われた。大勢は第三案であつたが、東郷外相と賀屋蔵相が、作戦に確たる自信のない戦争には決しかねるとして、永野軍令部総長にしつように食いさがつた。しかし軍令部総長は、戦争第一、第二年確算あり、第三年以降確算なしとつつぱねた。「確算なし」ということは、「有形無形の各種要素を含む国家総力の如何及び世界情勢の如何に因り決せらるる処大である」という意味であつた。

結局第三案を趣旨とする「帝国国策遂行要領」が採択された。なお連絡会議席上東条首相と島田海相の発言要旨が、島田海相筆記に別掲のように残つている。これも「杉山メモ」と彼此検討してもらいたい。

十一月二日東条首相は、杉山参謀総長と永野軍令部総長と列立し、連絡会議の討議経過と結論を委曲上奏し、天皇の御納得を仰いだ。そして十一月五日の御前会議において正式決定を見た。今度こそは外交不調の場合の対米英蘭開戦決意が確定したようである。

陸海軍は再び作戦準備の完整を急いだ。陸海軍の一切の作戦計画書類は十月二十九日まで作製調整を終り、十一月五日御前会議終了直後上奏裁可を仰いだ。十一月六日陸軍の南方作戦部隊の戦闘序列が下令され、寺内大将麾下の南方軍が誕生したのである。海軍は既述のように九月一日、山本五十六大将の聯合艦隊に対米英戦時編制の実施を下令していた。

十月二十九日

決　心

一、極力外交交渉ヲ促進スルト同時ニ作戦準備ヲ進ム
一、外交々渉ノ妥結確実トナラハ作戦準備ヲ止ム
一、大義名分ヲ明確ニ国民ニ知ラシメ全国民ノ敵愾心ヲ高メ挙国一致難局打開ニ進マシムル如ク外交及内政ヲ指導ス

陸　相

本戦争ニ於ル物（特ニ重油、γ〔飛行機〕）ノ重要性ニ鑑ミ、戦争遂行上大局ノ見地ヨリ物ノ公平配分ニ遺憾ナカラシメ此点特ニ陸海軍ノ真ノ協力ヲ行フ

海軍大臣口述覚

十一月一日（最終ノ連絡会議）

開戦ノ場合海軍トシテハ統帥部ノ意見ノ如ク初期作戦及現兵力関係ヲ以テスル邀撃作戦ニハ勝算ガアリマスガ戦争第三年トモナリ長期戦ノ場合ニハ今回各部ノ研究ノ結果ヲ綜合シテ見マシテモ軍需資材工業力等ニ於テ毫末ノ余裕ナク凡テガ不足勝ナル状況デアリマスルノデ戦力維持上相当大ナル不安ガアリ且ツ長期戦終局ノ確算ガナイノデアリマシテ此処ニ大ナル「リスク」ガアルノデアリマス

他方臥薪嘗胆ニ就テハ当然外交々渉ヲ伴ヒ臥薪嘗胆シツツ、外交々渉ニヨリ少シニテモ事態ヲ有利ニ持チ来サントスル努力ガ払ハルル次第デアリマスガ此見透如何ガ物ヲ云フコトトナルノデアリマス

此ノ場合作戦開始ヲ延期スルコトハ作戦上非常ナル不利ヲ招来スルノデ最後ノ外交見透ヲ今日直ニ着ケルコトガ必要デアッテ之

レヲ正確ニ着ケルコトハ不可能デアリマスカラ其処ニ大ナル「リスク」ガアルト思フノデアリマス
臥薪嘗胆カ開戦カ両者何レニ於テモ大ナル困難ト大ナル「リスク」ガアルノデアリマス
此ノ両者ノ「リスク」ノ比較考量ガ問題トナルノデアリマスガ之レヲ数字的ニ出スコトハ不可能で大局的ニ政治的ニ判断ニヨリ決セラレネバナラヌモノデアリマスガ開戦ノ場合ニ於ケル「リスク」ハ極メテ大ナルモノがアリ一旦決シタル以上後ニ退ケナイモノデアリ開戦自体ガ極メテ重大ナルモノデアリマスカラ出来得ル限リ之レヲ避ケ臥薪嘗胆トカ外交々渉等ノ手段ニヨリ此ノ難局ヲ打開スルコトガ真ニ望マシキコトデアルノハ申ス迄モアリマセン
然シ臥薪嘗胆ニモ名案ナク外交手段ニモ見込ミ立タズトナラバ残サレタル途ハ開戦ト云フコトニナルノハ止ムヲ得ナイト思ヒマス
「偖テ開戦トナルト前ニ申シタ通リ不安ト大ナルリスクガアルノデ之レヲ極力軽減スルコトガ必要デアリマス
之レガ為慎重審議シタ結果海軍トシマシテハ別ニ御相談申シ上ケルガ如キ御配慮ヲ御願ヒスルコトガ必要デアリマシテ之レデ不安ヤ「リスク」ガ皆無トナルト云フノデハアリマセンガ此ノ程度マデハ予メ考慮シテ置キマセント海軍トシテ戦力ノ維持ニ対シ非常ナル困難ヲ生ジ統帥部ノ要求ニ応シ得ル目途モ着キ得ナイ状況デアリマス此ノ点御協力ヲ御願シマス」
尚　開戦ノ決意ヲナシ其ノ準備ヲ進ムルコトトナリマシテモ最後的ニ外交々渉ヲ行ヒ我立場ヲ確保シ得ル見込立ツニ於テハ開戦決意ヲ中止スルノ心構ヘアルコトハ必要デアリマス
　而シテ此大敵ニ対シテ開戦ノ発起ニ当リマシテハ大義名分ヲ真ニ明瞭ニシ国民ニ対シテハ勿論世界ニ対シテモ充分理解セシメ得ル様スルコトガ絶対ニ必要デアルト思ヒマスノデ之レト国民ノ指導方法ニ就テハ慎重ニ考究セネバナラヌコトト思マス
「軍事上機微ナル問題特ニ持久力関係ニ就キ不用意ノ漏言ヲ固ク戒慎ノ事」

東条首相口述ノ要旨

第二案（速ニ開戦）ハ統帥上ヨリハ望マシキモ国家トシテ考レハ今尚外交々渉ノ算残リヲル現在ニ於テ採ル可ラズ
第一案（臥薪嘗胆）ト第三案（開戦ヲ決意シ作戦準備ト外交々渉ト竝行）ヲ比較スルニ第一案（北樺太買収案等ヲ含ム）ハ物ノ上ヨリハ利モ害モアリ一方敵ノ海軍モ航空兵力モ急速ニ増勢シ其ノ防備ハ益〻強化シ日ト共ニ攻撃至難トナリ之ト同時ニ我ハ作戦資源漸減ノモノアリ油ニ於テ特ニ甚シク士気ハ低下シ支那占領地住民ニ侮ラレ治安ニ悪影響ヲ及ホシ満、鮮、台ニモ及ブ惧アリ、第一案ハ不利ナリ

十一月五日　御前会議説明事項ノ担任区分案

総理大臣

総括的事項ヲ略述スルコト

外務大臣

一、対米交渉ニ於テ帝国ノ堅持スヘキ最後ノ要求限度ハ従来ノ交渉上帝国ガ最後案トシテ提示シタルモノヲ本質上低下セシムルコト能ハサルコト
二、右限度ヲ堅持シツツ対米交渉成立ニ導クコトハ必成ノ算ナキコト
三、従ツテ経済上並統帥上ノ緊急要請アル限リ今ヤ開戦決意ヲ取ルノ外ナキコト
四、今後ニ於ケル対米交渉並独伊トノ提携措置ニ関スル方策ノ説明

企画院総裁

一、開戦ヲ決意スルコトナク人造石油ノ増産等ニ依リ現状ヲ維持セントスルモ殆ト不可能ニシテ今秋冬ノ交以後ハ国防弾撥力ヲ

喪失シ米側ノ強要ニ屈スルノ外ナキニ至ルコト（所要ノ数的根拠ヲ加フルコト）
二、開戦ニ処スル将来ノ帝国物的国力ハ貯蔵物資ノ使用、南方資源ノ活用、船舶ノ関係等ヲ勘案スルニ戦争ノ持久ニ応スルノ算アリ運営宜シキヲ得ハ寧ロ将来ノ光明ヲ認メ得ルコト（所要ノ数的根拠ヲ加フルコト）

大蔵大臣

帝国ノ財政金融ハ戦争持久ニ対応シ得ルコト

両総長

統帥上ノ見地ヨリスル説明

島田海相メモ

十一月五日御前会議

参謀総長述

敵方ニ於テハ ㈠、軍備日ニ増シ増強シ ㈡、防備愈々強化シ難攻トナル ㈢、英米蘭支共同防衛強化ス 尚明春以降ハ北方ニ於ル作戦可能トナリテ南北両面ニ敵ヲ受ル事トナル

目今ノ蘇国ハ

極東ヨリ戦車1300、飛行機1300及十三師団ニ相当ノ兵力ヲ西送セリ関東軍厳存スル限ハ積極戦ニ出テサルヘシ

唯タ米ハ蘇ノ領土ヲ利用シ蘇ノ潜水艦ヲ策動セシムル事アルヘシ

明春ニ至ラハ兵力、気候共作戦可能トナル

企画院総裁述

民需用300万噸ノ商船アレハ十六年度物資計画ノ実施可能

低下率15―20％ト見積ル

商船ノ減耗80—100万トント見積リ
建造ヲ年平均60万トンナレハ可能
之ニハ建造ヲ海軍ニ管理……
使用鋼材30万トンヲ得ルニ260万トンノ民需ナレハ可能ニシテ総額450万トンアレハ可
海軍110万トン、陸79万トン　但シ450万トン以上トナレハ90万トン迄陸軍トス
(現下民間造船能力70万屯　造機鍛造能力60万屯)
米ハ17年度仏印泰ヨリノ期待量ヲ減スレハ雑穀ノ利用必要
石油　南方ヲ領有スレハ獲得量
第一年85万竏、260万竏(第二年)第三年530万竏
貯油840万竏ヲ合スレハ自給可能
(十六年十二月一日航空油貯蔵　陸海軍合計111万竏)
航空用油ハ第二、第三年ニ若干不足
臥薪嘗胆ノ場合人造石油、増産等ニ依ルモ第四年以後ハ至難
二〇余万噸ノ人造石油生産ニハ七年以上ヲ要シ　鋼225万トン、コバルト千トン、石炭三千万トン、人三十余万人
ゴム其ノ他南洋物資ハ米国ト奪ヒ合トナル

枢府議長

一、日米交渉ノ経過要領ヲ外相ヨリ説明アリタシ
外相ヨリ説明

首相ヨリ補説　十月二日ノ回答ニ観ルモ九ケ国条約ト同シ四原則ヲ示シアリ日支事変ノ清算ナリ
一、此度ノ甲案(一)ノ(ロ)、九月二十五日案ノ内容、(四)ノ自衛権ノ解釈拡大
乙案三ノ『資金凍結前ノ……』トアルモ資金凍結前ニモ種々ノ制限ヲ行ヒアリ此ニテ可ナルヤ
一、本交渉ニ就テノ見透如何
交渉ノ内容ニテ米国ノ申入ト差アルト共ニ時日少ク、為ニ見込薄ナリ
一、南方作戦ノ区域及所要時日
先ツ英米同時作戦、次テ蘭印
比島50日、馬来100日、蘭印150日
本作戦中途ニ米艦隊来ルカ、蘇参戦スレハ之ヨリ延ル事トナルヘシ
一、海軍ニテモ右期間ニ南方ノ敵ヲ撃滅シ得ルヤ
米ノ10（大西洋4、太平洋6）ニ対シ、日7.5　東洋ニ在ル水上艦艇ハ容易ニ撃滅シ得　水中艦艇ハ逸スレハ制圧ス
一、周到ナル計画ナレハ萬遺算ナシト信スルモ南方作戦カ予期ニ反シ遅レタル場合ニ蘇ニ対スル見込如何
内地ニ尚存スル兵力、支那ヨリ兵力ヲ廻シ善処シ得ト考フ
一、蘇ノ潜水艦カ初期ヨリ活動シ、南方ノ残存兵力活動スル事ニヨリ我ノ物資如何
初期ハ蘇ニ対シ攻勢ハ採リ得ズ、南方ニテノ損害ハ覚悟シアリ
商船ノ被害ハ陸、海、企ノ間ニ充分研究シ見込アリ
一、泰ハ容易ニ我軍隊ノ通過ヲ認メサル様思ハル、泰ニ交渉スレハ直ニ英ニ通報シ作戦上支障ヲ生スヘシ
ビブン首相ニハ通ジアルモ上陸直前ニ交渉シ聴カサレハ強行スルノ外ナシ
意見

日米交渉ノ成立ヲ望ムハ論ナシ、国民ハ毫モ不平ナキモ日支事変ヲ速ニ終局ニシタシ　政府ノ方針亦然リ、今日米国ノ云フ通リニ交渉ヲ纒メ難シ米国ハ蔣ノ代弁ナルカ如ク成立ハ絶望ナルヘク真ニ止ム事ヲ得ス　政府統帥部ニテ戦争決意ハ止ム事ヲ得サラン

切ニ申度ハ日本カ英米ト戦フハ主トシテ独英戦争ノ為也米ハ英ヲ援ケアルモ白人ハ他人種ニ対シテ考ハ別也日本人ニ対シテハヒツトラーハ侮リモシ同情モナシ、独ハ米ニ宣戦ヲナシアラズ米国ニ於ル独伊人ノ勢力ハ相当ニアリ、日本カ米ニ挑戦スレハ米国ノ日本人ニ対スル敵愾心急昂スヘク、米ハ独ノ事ハ忘レテ手ヲ握ル事警戒ヲ要ス、日本独リ孤立シアリアン民族ニ包囲サルル事ニ特ニ留意ノ要切ナリ　紙ノ上ノ協定ニ安心スル勿レ

首相

最後ノ唯一ノ方法ニテ極力外交々渉ニ努力ス

長期戦ノ不安ハ大ナルモ、現状ヲ続クルトモ米ニ屈従ノ外ナシ　故ニ決意

民族戦トナル事ハ特ニ警戒ス

開戦

ハワイを空襲する南雲忠一中将旗下の機動部隊は、ひそかに南千島の単冠湾《ひとかつぷ》に集合した後、十一月二十六日ハワイ西北方海面に向い出撃した。日米外交交渉妥結の場合反転帰投することは勿論であつた。

十一月十六日〜二十日第七十七臨時議会が開かれ、十一月十八日衆議院は「国策完遂に関する決議案」を全会一致で可決した。政界の宿将島田俊雄は、提案趣旨の説明において、激越な文句で主戦論を叫んだ。衆議院議事速記録に残つているそれを、歴史は抹殺し得ないであろう。

外交交渉は、十一月五日東京出発、米国機で香港、マニラ、ミッドウェーを経て急派された来栖三郎大使も加わって、甲案次いで乙案につき精力的に行われた。しかしわが方の交渉条件と要領の一切は、暗号電報が解読されて、米国政府首脳につつぬけであった。十一月七日米国は閣議を開いて、早くも対日開戦を予期申合せた。それからの米国政府の行動は、すべて陸海軍の戦争準備実施の時間をかせぎ、かつ歴史を飾るためのゼスチュアーであった。

十一月二十七日米国の最後回答、ハル・ノート（左記）が到着した。それは過酷で全く絶望的なものであった。(1)日本陸海空軍警察の「支那」及び仏印よりの撤退、(2)「支那」における重慶政権以外の一切の政権の否認、(3)三国同盟の死文化を要求していた。この「支那」という呼称は満州国を含むものであり—ハル・ノートの草案には満州国を含むと明示してある—したがって関東軍の満州からの撤兵、満州国政府の否認解体が要求されているのである。それは満州事変前への復帰を迫るものであり、実質的には日露戦争前の小日本にかえれということであった。

ハル・ノート

十一月二十七日

「極秘」「試案であり決定案ではない」

合衆国及日本国間協定の基礎概略

第一項　政策に関する相互宣言案

合衆国政府及日本国政府は共に太平洋の平和を欲し其の国策は太平洋地域全般に亘る永続的且広汎なる平和を目的とし、両国は右地域に於て何等領土的企図を有せず、他国を脅威し又は隣接国に対し侵略的に武力を行使するの意図なく又其の国策に於ては相互間及一切の他国政府との間の関係の基礎たる左記根本諸原則を積極的に支持し且之を実際的に適用すべき旨闡明す

(一)　一切の国家の領土保全及主権の不可侵原則

(二) 他の諸国の国内問題に対する不干与の原則
(三) 通商上の機会及待遇の平等を含む平等原則
(四) 紛争の防止及平和的解決並に平和的方法手続に依る国際情勢改善の為め国際協力及国際調停遵拠の原則

日本国政府及合衆国政府は慢性的政治不安定の根絶、頻繁なる経済的崩壊の防止及平和の基礎設定の為相互間並に他国家及他国民との間の経済関係に於て左記諸原則を積極的に支持し且実際的に適用すべきことに合意せり

(一) 国際通商関係に於ける無差別待遇の原則
(二) 国際的経済協力及過度の通商制限に現はれたる極端なる国家主義撤廃の原則
(三) 一切の国家に依る無差別的なる原料物資獲得の原則
(四) 国際的商品協定の運用に関し消費国家及民衆の利益の充分なる保護の原則
(五) 一切の国家の主要企業及連続的発展に資し且一切の国家の福祉に合致する貿易手続に依る支払を許容せしむるが如き国際金融機構及取極樹立の原則

第二項　合衆国政府及日本国政府の採るべき措置

合衆国政府及日本国政府は左の如き措置を採ることを提案す

一、合衆国政府及日本国政府は英帝国支那日本国和蘭蘇連邦泰国及合衆国間多辺的不可侵条約の締結に努むべし

二、両国政府は米、英、支、日、蘭及泰政府間に各国政府が仏領印度支那の領土主権を尊重し且印度支那の領土保全に対する脅威発生するが如き場合斯る脅威に対処するに必要且適当なりと看做さるべき措置を講ずるの目的を以て即時協議する旨誓約すべき協定の締結に努むべし

斯る協定は又協定締約国たる各国政府が印度支那との貿易若は経済関係に於て特恵的待遇を求め又は之を受けざるべく且各締約国の為仏領印度支那との貿易及通商に於ける平等待遇を確保するが為尽力すべき旨規定すべきものとす

三、日本国政府は支那及印度支那より一切の陸、海、空軍兵力及警察力を撤収すべし
四、合衆国政府及日本国政府は臨時に首都を重慶に置ける中華民国国民政府以外の支那に於ける如何なる政府若くは政権をも軍事的、政治的、経済的に支持せざるべし
五、両国政府は外国租界及居留地内及之に関連せる諸権益並に一九〇一年の団匪事件議定書に依る諸権利をも含む支那に在る一切の治外法権を抛棄すべし両国政府は外国租界及居留地に於ける諸権利並に一九〇一年の団匪事件議定書による諸権利を含む支那に於ける治外法権抛棄方に付英国政府及其の他の諸政府の同意を取付くべく努力すべし
六、合衆国政府及日本国政府は互恵的最恵国待遇及通商障壁の低減並に生糸を自由品目として据置かんとする米側企図に基き合衆国及日本国間に通商協定締結の為協議を開始すべし
七、合衆国政府及日本国政府は夫々合衆国に在る日本資金及日本国にある米国資金に対する凍結措置を撤廃すべし
八、両国政府は円弗為替の安定に関する案に付協定し右目的の為適当なる資金の割当は半額を日本国より半額を合衆国より供与せらるべきことに同意すべし
九、両国政府は其の何れかの一方が第三国と締結しをる如何なる協定も同国に依り本協定の根本目的即ち太平洋地域全般の平和確立及保持に矛盾するが如く解釈せられざるべきことを同意すべし
十、両国政府は他国政府をして本協定に規定せる基本的なる政治的経済的原則を遵守し且之を実際的に適用せしむる為其の勢力を行使すべし

米国政府の対日強硬派のモーゲンソー財務長官の補佐官ハリ・デキスター・ホワイトが、半年も前に起草したものを、金庫から取り出して来て筆を入れたのが、このハル・ノートである。それは日本に開戦を迫るものであり、また記録に止めるため以外の何物でもないのであった。東京裁判の印度代表判事R・パールは、法廷に提示した独自の意見書において、「真珠湾攻撃の直前に米国国務省が日本に送ったものと同じような通牒を受取った場合、モナコ王国

やルクセンブルグ大公国でさえも、米国に対して、ほこをとつて起ち上つたであろう」と述べているのである。

十一月二十九日連絡会議は、全員異議なく開戦の決意を採択した。そしてドイツに対し、ドイツの対米宣戦と日独単独不講和協定をとりつけるための交渉を開始することとした。

こうして十二月一日御前会議において、ついに開戦の聖断が下り、翌二日陸海軍作戦部隊に対し、進攻作戦開始の大命が発令された。開戦日は十二月八日と確定されたのであつた。

十二月四日の連絡会議は、東郷外相の発意によつて、武力発動に先だち、野村大使からハル国務長官に対し、交渉打切通告を手交することを採択した。その手交時刻は十二月八日午前三時―ワシントン時間十二月七日午後一時―と決定された。ハワイ空襲に先だつこと三十分である。この通告は実質的には国際法上の開戦通告を意味するものであつた。

右通告文と手交に関する訓令の電報は、ワシントン時間十二月七日午前七時半頃までに日本大使館に到着していた。しかし遺憾ながら大使館事務当局の事務怠慢により、電報の解説と浄書が遅延し、野村、来栖両大使がハル国務長官に通告文を手交したのは、予定より一時間二十分（内二十分は米側の都合による）遅れた。それは丁度ハル長官が大統領からの電報で、ハワイが空襲されていることを知つた直後であつた。

三　元帥陸軍大将　杉山　元　略歴

旧陸軍に人多しとはいいながら、杉山大将のように陸軍省、参謀本部、教育総監部、航空本部などの要職全部にわたつた人はいないであろう。特に初代の陸軍省航空課長から航空本部長までの経歴は、陸軍航空育ての親と云つて過言ではない。また大将の本道と思われる陸軍省では、軍事課長、軍務局長、陸軍次官、陸軍大臣（二回）とその要職全部に歴任した。参謀本部では次長、総長、教育総監は二度という閲歴は、どこを探しても見出し得ないのである。その間師団長、軍司令官および方面軍司令官としての武勲も輝かしいものがあつた。

杉山　元（陸士12期）

明治拾参年壱月弐日生（福岡）

年月日	記事
明治三四年　六月廿五日	歩兵少尉　歩兵第十四聯隊附
〃　三六年十一月十八日	歩兵中尉
〃　三七年　二月　五日	動員下令
〃　三八年　四月十七日	歩兵第十四聯隊中隊長
〃　〃　五月十九日	歩兵第十四聯隊補充大隊中隊長
〃　〃　六月廿七日	歩兵大尉
〃　〃　十二月　八日	復員下令
〃　三九年　二月　一日	歩兵第十四聯隊附
〃　〃　四月　一日	旭六等功五級
〃　〃　八月廿八日	歩兵第十四聯隊大隊副官

明治四十年 七月廿五日 十月十六日	韓国臨時派遣
〃 四一年 一月廿五日	歩兵第二十四聯隊中隊長
〃 四三年十一月廿九日	陸軍大学校卒業
〃 〃 十二月 九日	参謀本部部員
〃 四五年 六月 一日	三月間交通術修業の為気球隊へ分遣
大正 二年 八月廿二日	歩兵少佐　歩兵第十四聯隊附
〃 三年 八月 十日	歩兵第十四聯隊大隊長
〃 四年 二月十五日	印度駐剳武官
〃 六年 八月 六日	歩兵中佐
〃 七年 十月 三日	陸軍技術審査部臨時軍事調査委員
〃 〃 十二月 一日	航空第二大隊長
〃 八年 二月廿五日	臨時航空術練習委員
〃 九年 七月十六日	参謀本部隊附
〃 十年 六月廿八日	歩兵大佐
〃 十一年 四月 一日	陸軍省軍務局航空課長
〃 十二年 八月 六日	〃 〃 軍事課長
〃 〃 九月 八日	臨時震災救護事務局事務官

大正十二年　九月　卅日	戒厳地域内に於て陸軍省に在りて戒厳に関係する勤務に従事す
〃　十四年　五月　一日	陸軍少将　陸軍航空本部補給部附
〃　十五年十二月　一日	陸軍航空本部附
昭和　三年　四月　廿日	陸軍兵器本廠附
〃　〃　八月　十日	陸軍省軍務局長兼軍事参議院幹事長
〃　五年　六月十六日	陸軍次官心得
〃　〃　八月　一日	陸軍中将
〃　〃　〃　〃	陸軍次官
〃　七年　二月廿九日	第十二師団長
〃　八年　三月十八日	陸軍航空本部長
〃　九年　四月廿九日	旭一等
〃　〃　八月　一日	参謀次長兼陸軍大学校長
〃　十一年　三月廿三日	参謀本部附
〃　〃　八月　一日	教育総監兼軍事参議官
〃　〃　十一月　二日	陸軍大将
〃　十一年十二月　一日	議定官

昭和十二年	二月 九日	陸軍大臣兼対満事務局総裁
〃 十三年	六月 三日	軍事参議官
〃 〃	十一月廿五日	北支那方面軍司令官
〃 十四年	八月卅一日	兼駐蒙軍司令官
〃 〃	九月十二日	軍事参議官
〃 十五年	四月廿九日	功一級
〃 〃	十月 三日	参謀総長
〃 十七年	三月廿二日 四月 八日	南支那仏領印度支那泰国馬来東印度へ出張
〃 十八年	六月廿一日	元帥府に列せられ特に元帥の称号を賜ふ
〃 〃	七月十五日	従二位
〃 十九年	二月廿一日	免本職
〃 〃	七月十八日	教育総監
〃 〃	七月廿二日	陸軍大臣
〃 二十年	四月 七日	第一総軍司令官

最後に本書のため校正補註などをお願いした電気通信大学助教授臼井勝美氏に厚く御礼申し上げます。

昭和四十二年一月

稲葉正夫

凡例

一　本文、引用文書とも原文のままに収録しました。

二　〔　〕内は補註をしめします。

第一部　開戦までの戦争指導

外務大臣　松岡洋右
大蔵大臣　河田烈
海軍大臣　及川古志郎
企画院総裁　星野直樹
参謀総長　杉山元
右ノ外当日　勅旨ヲ以テ召サル者
枢密院議長　原嘉道
興亜院総務長官　柳川平助
軍令部次長　近藤信竹
参謀次長　沢田茂
内閣書記官長　富田健治
興亜院政務部長　鈴木貞一
軍令部第一部長　宇垣纒
陸軍省軍務局長　武藤章
参謀本部第一部長　田中新一
海軍省軍務局長　岡敬純

第四回御前会議開催要領

一、日時　昭和十五年十一月十三日（水）午後二時
二、場所　宮中
三、議題　第一、日満華共同宣言案、基本条約案竝

第四回　御前会議

第四回御前会議開催ノ件

右
勅旨ヲ奉ジ謹テ奏ス
昭和十五年十一月
軍令部総長　博恭王
内閣総理大臣公爵　近衛文麿
参謀総長　杉山元

御前会議

日時　昭和十五年十一月十三日（水曜日）午後二時
出席者　軍令部総長　博恭王
内閣総理大臣公爵　近衛文麿
陸軍大臣　東条英機

同附属文書案ニ関スル件

第二、支那事変処理要綱ニ関スル件

四、参列者

内閣総理大臣、外務大臣、大蔵大臣、枢相、企画院総裁、陸軍大臣、海軍大臣、参謀総長、軍令部総長、参謀次長、軍令部次長、参謀本部第一部長、軍令部第一部長、興亜院総務長官、興亜院政務部長

（幹事）内閣書記官長、陸軍省軍務局長、海軍省軍務局長

五、議事進行要領

1、出　御

2、内閣総理大臣ヨリ御許シヲ得タルニ依リ本日ノ会議ノ議事進行ニ当ル旨ヲ宣シ、条約締結ニ関スル件ノ提案理由陳述

3、外務大臣ヨリ条約締結ニ関スル経緯竝逐条説明

4、右ニ対スル質疑応答

5、軍令部総長ヨリ条約ニ対スル統帥部ノ所見及支邦事変処理要綱提案理由陳述

6、参謀総長ヨリ支那事変処理要綱提案陳述及細部説明

7、質疑応答

8、内閣総理大臣ヨリ原案可決ト認ムル旨ヲ述ブ

9、内閣総理大臣、会議終了ヲ言上ス

10、入　御

11、議題ニ参列者花押、続テ上奏手続ヲトル

御前会議ノ経過

有末大佐

一　九月下旬以来帝国ノ対支謀略ヲ帝国政府ノ行フ対重慶謀略ノ一筋ニ統合スルノ議起リ四相会議ニ於テ決定大本営陸軍部ハ総軍ニ対シ其ノ対重慶謀略ヲ中止方大陸令並ニ指〔大陸指〕発令ス

其ノ際帝国ノ支那事変処理要綱ヲ決定シ之ヲ連絡会議ニ附議スルノ議起リシモ参謀次長ノ反対ニテ取止メトナリ省部間ノ一案ヲ作成スルトコロトナレリ（十月四日）

二　十月八日陸軍大臣ヨリ支那事変処理要綱案トシテ次長ニ対シ前項研究案ニ準シタル案ノ提議アリ次長ハ本案ヲ田中第一部長ニ示シ研究セシム、当時此間ノ事情

ヲ知ルモノナク参謀本部ニ於テハ第二十班ノ編成ヲ急キ十一日附関東軍第一課長有末大佐ヲ第二十班々長トシテ発令同大佐ハ十八日赴任ス

三　次長ヨリ十九日有末大佐ニ対シ支那事変処理要綱ヲ速ニ取纒メ方要望アリ次テ田中第一部長案ノ同要綱ヲ示ス

四　十月二十三日参謀総長次長第一部長、陸軍大臣次官軍務局長ノ六名ニテ田中案ヲ基礎トシ省部案ヲ決定シ二十四日、田中第一部長ヨリ第二課ニ指示ス

当時第二課ニ於テモ一案ノ作成ヲ急キアリシモ部長ヨリノ指示ニヨリ二課長以下稍一驚ヲ喫セル状況ニアリキ

五　参謀総長ハ二十五日発、第二、第七課長ヲ伴ヒ二十三日決定ノ省部ノ案ヲ携行シ支那方面ノ視察ニ赴ク

六　沢田次長ハ再三有末大佐ニ対シ海軍側トノ交渉ヲ促シ加フルニ対南方処理要綱ノ作成ヲスヘク督促スルトコロアリ後者ニ関シテハ九月四日省部主任課長決定ノ一案ニ基キ二十一日以来検討ヲ重ネ十月二十九日一案ヲ作成シ次長及第一部長ニ提示シ事務的検討ハ一応了スル処アリ然レトモ本件ハ事極メテ重大ナルヲ以テ次長交替ノ機ニ研究未了ノ儘急ニ決定スルハ適当ナラス真ニ次長ヲシテ決定セシムヘキモノナリトシテ研究ヲ中止セリ

現次長ハ支那事変処理要綱ヲ其ノ交替前ニ連絡会議ニ附シ決定スルコトトス

七　日支新条約ノ連絡会議ハ十一月七日行ナハルル予定ナリシモ松岡ノ行フ対支謀略ノ進行ノ都合上十一月十日以後ニ延期ノ予定ナリシカ十一月十五日海軍異動ヲ控ヘアルヲ以テ極力十一月十日前ニ連絡会議ヲ開催方海軍ノ希望アリ宮中ニ伺フ所アリシモ二千六百年式典ヲ前ニシアルヲ以テ是非共式典以後ニセラレ度宮中ノ御都合ニテ十一月十三日午後御前会議ニヨリ日支条約（政府提出）支那事変処理要綱（大本営側提出）ヲ附議スルコトニ十一月七日決定ス

八　此レヨリ先十月二十九日午後六時ヨリ愛宕山料亭嵯峨野ニ於テ左記ノ者会シ十月二十三日省部決定ノ支那事変処理要綱陸軍案ヲ沢田次長ヨリ提示シ陸海統帥部ノ研究ヲ行フ

出席者　参謀本部側　沢田次長、田中第一部長、有末大佐

軍令部側　近藤次長、富岡第一課長、大野大佐

会議ノ結果最モ論議セラレタルハ「好機ヲ捕捉シ武力ヲ行使シ南方問題ヲ解決ス」ノ件ニ存シ今後幾多ノ波乱ヲ予想セラル（細部ニ関シテハ別冊戦争指導綴其一参照〔省略〕）

九　此ノ間日支新条約成立ニ伴ヒ大本営側ヨリ要望スヘキ左記三件ニ関シ研究アリ十一月二日海軍側トノ意見一応一致スルトコロアリ左記

イ　支那事変目的不変ノ件

ロ　新中央政府指導ニ関スル件（特ニ重視ス）

ハ　共同防共ノ取扱ニ関スル件

然ルニ支那事変処理要綱ノ研究進ムニ従イ陸軍省側ヨリ前項ヲモ又本要綱中ニ入レ一本立トスルヲ可トスノ意見アリ海軍側ノ同意ヲ求メテ修正ス

十　十月五日迄主トシテ支那事変処理要綱中末項ノ南方武力行使ニ関シ陸海ノ折衝ヲ重ヌ

イ　海軍側ハ武力ヲ行使スルノ件ヲ本文中ニ入ルルヲ拒否シ

ロ　陸軍側ヨリ有末大佐私案トシテ田中第一部長ト協議シ「南方ノ武力行使ノ為全面的諸準備ヲ完整ス」ノ案ヲ出シ武力行使ノ決定ヲ譲歩ス本案ハムシロ陸軍省側ヨリ「単ニ海軍々備充実ニ終ラシムル案ナリ」トテ反対アリ

ハ　更ニ有末大佐ヨリ「北方ニ対スル必勝ノ準備ヲ整ヘツツ南方武力行使ノ諸準備ヲ完整ス」ノ一案ヲ提示スル処アリシモ海軍側ノ全面的反対ニテ遂ニ本要綱中ヨリ南方問題ニ関スル事ハ一切削除スル事ニ十一月五日決定陸海軍案成立ス

十一　右ヲ基礎トシ会議ニ対スル諸準備ヲ進ム尚連絡会議ノ予定ヲ御前会議ニ変更セラレタルハ七月連絡会議決定ノ時局処理要綱ニ対スル海軍側ノ態度曖昧ナルモノアルヲ以テ特ニ陸軍大臣ノ意見ニテ是非共御前会議ヲ奏請スヘシトシテ七日決定セラレタルモノナリ

十二　会議当日ノ模様（十三日午後二時ヨリ午後四時十五分ニ至ル）

イ　近衛首相ヨリ長期戦態勢トハ更ニ占領地域カ縮少セラルモノナルヘシト考ヘアリシカ予想外ニ概ネ現態勢ヲ維持シアルハ意外ナリトノ発言アリ

ロ　松岡外相ヨリ本文要領第一項ノ四新中央政府承

認ハ十五年末迄トアリシヲ十五年十一月末迄ニ変更セラレ度強キ希望アリ枢密院側ノ審議ヲ促進スルノ意ニ於テ不同意ナク修正セラル

ハ　支那事変処理要綱ノ取扱ニ関シ機密保持ニ関シ参謀総長ヨリ附加説明ノ予定ナリシモ政府側トノ他人行儀的感情ノ発生ヲ懼レ閣議ニ於テ陸海軍大臣ヨリ説明スルコトトシ宮中御前会議ノ直前ニ於テ主トシテ陸軍大臣ノ意見ニヨリ中止スルコトトナレリ

日支基本条約

内閣総理大臣挨拶

政府ヨリ提出致シマシタル案件ニ就キマシテ御説明申上ゲマス、帝国ハ昭和十三年一月十一日御前会議決定ノ支那事変処理根本方針竝昭和十三年十一月三十日御前会議決定ノ日支新関係調整方針ニ基キ、従来重慶政権ニ対シ其ノ反省ヲ促シ、急速ニ支那ノ全面的屈伏ヲ強要スルト共ニ、新ナル政治勢力ノ育成ヲ企図シ、之ヲ実行シ来ツタノデアリマス

然ルニ現下ノ情勢ニ於テハ、短期間ニ之ガ屈伏至難ナルヤニ察セラルル一方、南京ニ樹立セラレタル新政府ハ逐次其ノ政治力ヲ増大シ来リツツアルノミナラズ、該政府ト帝国使臣トノ間ニ行ハレタル条約交渉ハ今ヤ政府ニ於テ之ガ採否ヲ決スベキ時機ニ到達シタノデアリマス

帝国ハ此際、新政府ヲ承認シ、其ノ政治力ヲ強化培養シテ之ヲ我ガ方ノ事変遂行ニ協力セシメ以テ飽クマデ事変ノ完遂ヲ期スルノ方途ニ出ヅルコトガ必要ト認メラレルノデアリマス

依テ政府ハ別紙条約案ニ対シ調印締結ノ手続ヲ執ラントスルモノデアリマス、尤モ条約調印後、重慶政権ノ屈伏ヲ見ル場合ニ於テハ更ニ新ナル処断ニ出ヅベキコト勿論デアリマス

軍令部総長陳述

大本営陸海軍部ヲ代表シ申述ベマス

本会議ニ附議サレマシタ日支新条約案及之ニ関聯スル諸取極案ノ内容並ニ形式ニ就キ異議アリマセン

次ニ支那事変処理要綱ヲ提案致シマスルニ当リ之ガ提案理由ヲ申述ベマス

支那事変処理要綱

昭和十五年十一月　大本営陸軍部
大本営海軍部

方　針

支那事変ノ処理ハ昭和十五年七月決定「世界情勢ノ推移ニ伴フ時局処理要綱」ニ準拠シ

一、武力戦ヲ続行スル外英米援蔣行為ノ禁絶ヲ強化シ且日蘇国交ヲ調整スル等政戦両略ノ凡有手段ヲ尽シテ極力重慶政権ノ抗戦意志ヲ衰滅セシメ速ニ之カ屈伏ヲ図ル

二、適時内外ノ態勢ヲ積極的ニ改善シテ長期大持久戦ノ遂行ニ

適応セシメ且大東亜新秩序建設ノ為必要トスル帝国国防力ノ弾撥性ヲ恢復増強ス

三、以上ノ為特ニ日独伊三国同盟ヲ活用ス

要　領

一、重慶政権ノ屈伏ヲ促進シ之ヲ対手トスル熄戦和平ヲ図ル為ノ諸工作次ノ如シ

本工作ハ新中央政府承認迄ニ其実効ヲ収ムルコトヲ目途トシテ之ヲ行フ

(一)　和平工作ハ帝国政府ニ於テ之ヲ行ヒ関係各機関之ニ協力スルモノトス

註　従来軍民ニ依リテ行ハレタル和平ノ為ノ諸工作ハ一切之ヲ中止ス

右工作ノ実施ニ方リテハ両国交渉従来ノ経緯ニ鑑ミ特ニ帝国ノ真意ヲ明カニシ信義ヲ恪持スル如ク善処スルモノトス

(二)　和平条件ハ新中央政府トノ間ニ成立ヲ見ントスル基本条約（之ト一体ヲナスヘキ艦船部隊ノ駐留及海南島ノ経済開発ニ関スル秘密協約ヲ含ム）ニ準拠スルモノトシ日本側要求基礎条件別紙ノ如シ

(三)　右和平交渉ハ汪蔣合作ヲ立前トシ日支間ノ直接交渉ニ依リ之ヲ行フヲ以テ本則トスルモ之ヲ容易ナラシムル為独逸ヲシテ仲介セシムルト共ニ対蘇国交調整ヲ利用ス

支那側ノ実施スル南京及重慶ノ合作工作ハ之ヲ促進セシムルモノトシ帝国政府ハ之ニ対シ側面的援助ヲ為ス

(四)　新中央政府ニ対スル条約締結ハ遅クモ昭和十五年末〔松岡外相ノ意見ニ依リ席上ニ於テ十一月末ニ訂正〕迄ニ完了スルモノトス

二、昭和十五年末ニ至ルモ重慶政権トノ間ニ和平成立セサルニ於テハ情勢ノ如何ニ拘ラス概ネ左記要領ニ依リ長期戦方略ヘノ転移ヲ敢行シ飽ク迄モ重慶政権ノ屈伏ヲ期ス

長期戦態勢移転後重慶政権屈伏スル場合ニ於ケル条件ハ当時ノ情勢ニ依リ定ム

(一)　一般情勢ヲ指導シツツ適時長期武力戦態勢ニ転移ス

長期武力戦態勢ハ一般情勢大ナル変化ナキ限リ蒙彊、北支ノ要域及漢口附近ヨリ下流揚子江流域ノ要域竝広東ノ一角及南支沿岸要点ヲ確保シ常ニ用兵的弾撥力ヲ保持シツツ占領地域内ノ治安ヲ徹底的ニ粛正スルト共ニ封鎖竝航空作戦ヲ続行ス

(二)　新中央政府ニ対シテハ一意帝国綜合戦力ノ強化ニ必要ナル諸施策ニ協力セシムルコトヲ主眼トシ主トシテ我占拠地域内ヘノ政治力ノ滲透ニ努力セシムル如ク指導ス

重慶側ハ究極ニ於テ新中央政府ニ合流セシムルモ新中央政府ヲシテ之カ急速ナル成功ニ焦慮スルカ如キ措置ハ採ラシメサルモノトス

(三)　支那ニ於ケル経済建設ハ日満両国ノ事情ト関連シ国防資源ノ開発取得ニ徹底スルト共ニ占領地域ノ民心ノ安定ニ資スルヲ以テ根本方針トス

㈣　長期大持久ノ新事態ニ即応スル為速ニ国内体制ヲ積極的ニ改善ス

在支帝国諸機関ノ改善改廃ヲ断行シ施策ノ統制ヲ強化ス

別紙

日本側要求基礎条件

一、支那ハ満洲国ヲ承認スルコト（本項具現ノ方式並時期ニ付テハ別途考慮スルコトヲ得）

二、支那ハ抗日政策ヲ放棄シ日支善隣友好関係ヲ樹立シ世界ノ新情勢ニ対応スル為日本ト共同シテ東亜ノ防衛ニ当ルコト

三、東亜共同防衛ノ見地ヨリ必要ト認ムル期間支那ハ日本カ左記駐兵ヲ行フコトヲ認ムルコト

㈠　蒙彊及北支三省ニ軍隊ヲ駐屯ス

㈡　海南島及南支沿岸特定地点ニ艦船部隊ヲ留駐ス

四、支那ハ日本カ前項地域ニ於テ国防上必要ナル資源ヲ開発利用スルコトヲ認ムルコト

五、支那ハ日本カ揚子江下流三角地帯ニ一定期間保障駐兵ヲナスコトヲ認ムルコト　（情況ニ依リ機宜取捨ス）

註　右条件ノ外左記我方要求ハ実質的ニ之ヲ貫徹スルニ努ムルヲ要ス

左　記

一　汪蔣両政権ノ合作ハ日本ノ立場ヲ尊重シツツ国内問題トシテ処理スルコト

二　日支ノ緊密ナル経済提携ヲ具現スルコト経済合作ノ方法ニ関シテハ従来ノ方法ヲ固執セス平等主義ニヨリ形式的ニハ努メテ支那側ノ面子ヲ尊重スルモノトス

三　経済ニ関スル現状ノ調整ハ日支双方ニ混乱ヲ生セシメサル様充分ナル考慮ヲ以テ処理スルコト

「支那事変処理要綱」提案理由

先程内閣総理大臣ノ説明ノ如ク帝国ハ従来重慶政権ニ対シ政戦両略ノ綜合戦力ヲ統合強化シ以テ之カ全面的屈伏ヲ強要スルト共ニ新ナル政治勢力ノ育成ヲ企図シ之ヲ実行シ来レリ

然ルニ近時ニ於ケル国際情勢ノ趨向ハ動モスレハ重慶側ヲシテ情勢ハ寧ロ日本ニ不利ナルカノ如キ感ヲ抱カシメ為ニ未タ抗戦ヲ断念セシムルニ至ラス一方新中央政府ニ対シテハ本日提案セラレタル日支新条約ノ調印ニ依リテ近ク之ヲ承認スルノ運ヒトナルヘク他方未曾有ノ世界情勢ノ変化ハ日独伊同盟成立ト共ニ大東亜ノ盟主タルヘキ帝国ノ綜合国力特ニ弾撥性アル国防力ノ確保増強ヲ要請スルコト益々急ナラントシツツアリ

叙上ノ如キ情勢下ニ於テ短期間ニ重慶政権ノ屈伏ヲ期待スルハ望薄シト思量セラレ必然的ニ事変ノ長期持久化ハ避クヘカラサルニ至ルヘシ

之カ為支那ニ在リテハ帝国ノ政戦両略ヲシテ真ニ長期態勢ニ転移セシムルト共ニ新中央政府ヲシテ一意帝国綜合戦力ノ緊急強化ニ必要アル諸施策ニ協力セシメ兵ヲ用ヒテ兵ヲ養フノ策ヲ講シ内ニ在リテハ国内戦時体制ヲ刷新強化スルト共ニ帝国国防力ノ弾撥性ヲ益々拡充強化スルニ努メ以テ将来ニ於ケル世界ノ

変局ニ対処スルノ準備ニ遺憾ナキヲ期シツツ遂ニハ重慶政権ヲシテ其抗戦意志ヲ衰滅スルニ至ラシムルヲ要ス

　然レトモ新中央政府承認迄ニ重慶側ヲ新中央政府ニ屈伏合流セシメ以テ新中央政府ヲシテ真ニ新支那ニ於ケル新中央政府タルノ実ヲ備フルニ至ラシムヘキハ帝国トシテ最モ希求スル所ニシテ殊ニ新中央政府承認後ニ於ケル対重慶諸工作ノ困難性ヲ予想セラルルニ於テ特ニ然リトス帝国ハ曩ニ連絡会議ニ於テ決定セル「世界情勢ノ推移ニ伴フ時局処理要綱」ニ準拠シ諸施策ヲ実行シツツアルモ今ヤ内外諸情勢ノ変化ニ伴ヒ大本営トシテ茲ニ更ニ本要綱ヲ提案シ今後ニ於ケル対支処理ノ根本方針ヲ闡明ナラシメントスル所以ナリ

　尚南方問題ニ関シテハ成ルヘク速カナル時機ニ於テ之カ解決策ヲ検討ノ上連絡会議ニ附議致度所存ナリ

「支那事変処理要綱」ニ関スル所要事項ノ説明

　方針ニ就テ

第一項ニ関シ

支那事変ノ目的ニ鑑ミ飽ク迄重慶政権ノ抗戦意志ヲ衰滅セシメ之カ屈伏ヲ策スルハ事極メテ重要ナルヲ以テ特ニ明記セルモノナリ而シテ抗日勢力ノ反省ヲ促シ東亜ノ新秩序ヲ建設シテ速ニ東亜永遠ノ平和ヲ確保シ以テ世界平和ノ確立ニ寄与スルハ即チ帝国不動ノ方針ニシテ帝国ハ新中央政府承認後ニ於テモ依然重慶側ニ対スル矛ヲ収メス其屈伏ヲ期スヘキコトハ依然何等ノ変化ナキモノナリ

第二項ニ関シ

大東亜新秩序建設ノ為ニハ支那事変ノ急速解決ト否トニ関ラス帝国ハ自主的ニ長期大持久戦ノ態勢ヲ整ヘ世界情勢ノ変転ニ応スルト共ニ進ンテ帝国ノ必要トスル国防力ヲ恢復増強セサルヘカラサルハ勿論ニシテ事変長期化ノ傾向濃厚ナル現時ノ情勢ニ於テ特ニ其緊急ナルヲ認メラル

　本項ハ右ノ趣旨ヲ明示スルモノニシテ「内外ノ態勢ヲ積極的ニ改善シ」トハ内ニ在リテハ長期武力戦態勢ヲ整頓スルハ勿論国内戦時体制ノ強化並綜合戦力ノ拡充、外ニ在リテハ日独伊三国同盟ノ活用ニ依ル戦時外交態勢ノ確立、日蘇国交ノ調整等ヲ意味スルモノトス

第三項ニ関シ

本件ハ第二項中「内外ノ態勢ヲ積極的ニ改善シ」ニ包含セラルヘキ事項ナルモ帝国施策ノ枢軸ヲ為スヘキ重要因子タルノ外方針第一項ニモ関連スヘキ事項ナルヲ以テ特ニ之ヲ明記セルモノナリ

　要領ニ就テ

第一項ニ関シ本項ハ

新中央政府承認ニ至ル迄ノ重慶屈伏工作ヲ掲記セルモノナリ昭和十三年一月十六日ニ於テ「国民政府ヲ対手トセス」トノ帝国政府ノ声明アリ次テ昭和十三年十一月三日ニ於テ国民政府ト雖モ従来ノ指導政策ヲ一擲シ其人的構成ヲ改替シテ更生ノ実ヲ挙ケ新秩序ノ建設ニ来リ参スルニ於テハ敢テ之ヲ拒否スルモノニ

アラサル旨ヲ声明シ今日ト雖モ重慶政権ニシテ自ラ屈伏シ汪政権トノ合作ヲ企図スルニ於テハ帝国ハ寛容以テ之ト戦ヲ熄メ和平ヲ講スルノ用意アルコトヲ示セルモノナリ然レトモ徒ニ時日ヲ遷延スルハ内外ノ情勢之ヲ許ササルヲ以テ右屈伏熄戦工作ハ新中央政府承認ノ時期ヲ以テ限度トシ急速ナル事変終結ヲ希求セルモノトス

(一)ニ就テ

従来行ハレタル重慶トノ和平工作ノ中ニハ動モスレハ統制ヲ紊リ而モ帝国ノ真意ヲ伝ヘサルノミナラス誤伝ヲナスモノサヘアリテ重慶側ヲシテ帝国ノ国力ヲ軽視シテ抗戦意識ヲ昂揚セシメ一方南京政府サヘモ帝国ノ信ヲ疑ハシムル等ノ事モアリシニ鑑ミ比際之ヲ統制シテ帝国政府ニ於テ直接重慶側ニ施策シテ其熄戦和平ヲ促ス為ノ万般ノ手段ヲ竭スコト緊要ナルヲ以テ帝国政府一筋ニ於テ実施シ関係各機関之ニ協力スルコトトセリ之カ為従来軍民ニ依リ行ハレタル和平工作ハ直ニ清算セラルヘキモノトス

尚本和平工作ノ実施ニ方リテハ特ニ帝国ノ真意ヲ明カニシ帝国ノ信義ヲ恪持スヘキ著意ノ必要ナルコトハ勿論ナリ

(二)ニ就テ

対重慶和平工作ニ於ケル和平条件ハ本日提案セラレタル日支新条約ニ準拠スヘキハ当然ナルモ独逸仲介等ノ事実ニモ鑑ミ曩ニ政府工作上ノ基準トシテ決定セラレタル基礎条件ヲ採用シ現段階ニ於ケル工作実施上ノ標準タラシムルヲ適当ト認メ之ヲ別紙トセリ

(三)ニ就テ

帝国政府ノ行フ和平交渉ハ日支間ノ直接交渉ニ依ルヲ本則トスルハ当然ナルモ重慶ニ対スル効果ヲ大ナラシムル為ニハ一般ノ情勢上独逸ノ仲介ヲ利用シ且対蘇国交調整ニ依ル間接的対支圧力ヲ利用スルヲ有利トスルヲ以テ之ヲ特ニ記述セリ

支那ノ実施スル汪蔣合作ハ新中央政府樹立ノ方針ニモ鑑ミ之ヲ促進セシメ帝国政府ハ其事変処理方針ニ背馳セサル如ク側面的ニ指導援助スルモノトス

(四)ニ就テ

新中央政府トノ条約締結及承認ノ時期ニ関シテハ動モスレハ過度ニ重慶和平工作ノ成功ニ期待シテ却テ重慶政権ノ遷延策ニ引摺ラレテ遅延スルニ至ルコトナキヤヲ顧慮シ自主的ニ之ニ基準ヲ与ヘタルモノナリ即チ事務的処理ヲ自然ノ経過ニ委シタル場合ヲ基準トシ遅クモ昭和十五年末迄ト限定シ茲ニ新中央政府承認ノ決意ヲ明確ニセリ

第二項ニ関シ

本項ハ昭和十五年末ニ至ルモ重慶政権ノ屈伏和平ヲ見サル場合ニ於ケル施策ヲ掲記セルモノナリ

本項中「情勢ノ如何ニ拘ラス」ト記述セルハ将来ノ情勢必至ノ見透ニ基キ確乎不抜ノ意志発動ヲ明確ニセルモノニシテ併セテ過度ニ対重慶和平工作ニ執着シ却テ事変処理ニ有害ナル結果ヲ来サンコトヲ戒メ長期戦転移ノ時機ヲ自主的ニ決定スヘキヲ

原則トスルコトヲ示セルモノナリ

而シテ縦ヒ長期戦態勢ニ転移スルモ帝国ノ支那事変目的ハ変更スヘキニアラスシテ政戦両略ノ統合ニ依リ飽ク迄重慶側ノ屈伏ヲ期スヘキナリ

尚長期戦転移後重慶側カ遂ニ屈伏スル場合ニ於テハ之ヲ新中央政府ニ合流セシムルヲ本則トスルモ之カ取扱及条件、新中央政府ノ指導等ニ関シテハ帝国内外ノ情勢、支那ノ情況等ヲ考慮シ決スヘキモノナリ

(一)ニ就テ

(イ)長期戦態勢ニ於ケル武力戦指導ノ要領ハ支那事変ノ目的ニ鑑ミ成ルヘク現在ノ対支武力圧力ヲ保持スルニ努メ特ニ政略トノ統合調整ト相俟チテ長期消耗ニ依ル重慶側ノ屈伏ヲ図リ他面帝国国防力ノ弾撥性ヲ恢復増強シテ将来ノ変局ニ備フルニ在リ之カ為占拠地域ニ所要ノ取捨ヲ加ヘ又派遣部隊ノ兵力編成ニ所要ノ改変ヲ加フルノ要アルモノトス

(ロ)長期戦ニ於テ確保スヘキ地域

前項趣旨ニ依リ北支方面ニ於テハ概ネ蒙彊、山西、河北竝ニ山東省ノ要域、中支方面ニ於テハ武漢附近ノ要域竝ニ同地ヨリ下流楊子江流域ノ要点竝ニ南京、上海、杭州ノ三角地帯附近、南支方面ニ於テハ広東附近、海南島及其他沿岸ノ要点ヲ確保セントスルモノニシテ其概略ノ範囲ハ現占拠地域ト著シキ変化ハナキモノトス

(ハ)本項中「一般情勢大ナル変化ナキ限リ」ト示シ情勢ニ大ナル変化アリタル場合ノ支那ニ於ケル武力戦態勢ニ関シテハ更ニ検討決定スヘキコトヲ明カニセリ

(二)ニ就テ

新中央政府ニ対シテハ之ヲ以テ支那事変ノ解決政府タラシムル如ク重慶トノ対立関係ニ於テ帝国ノ施策ニ協力シ日支一体トナリ重慶屈伏ノ実ヲ挙クヘク指導スヘキモノトス而シテ帝国トシテハ新中央政府ノ育成強化ニ努メ其実力具備ヲ図ラシムル為無用ノ干渉ヲ避クヘキモ該政府ヲシテ徒ニ其職分ヲ逸セシメ或ハ過度ニ重慶トノ合作ニ焦慮セシムルカ如キハ共ニ指導上最モ戒ムヘキ所ニシテ其施策ニ方リテハ飽ク迄モ帝国ノ綜合戦力強化ニ資セシムヘキモノトス

(三)ニ就テ

支那ニ於ケル経済建設ニ関シテハ日満支相互聯関ノ計画ニ於テ国防資源ノ開発ヲ主トシ帝国綜合国力ヲ強化スルノ趣旨ニ基キ実施セラルヘキモノトス

(四)ニ就テ

長期戦態勢ヲ確立スル為ニ国内体制ノ改善ハ積極的ニ実施セサルヘカラス又本項末文ハ帝国ノ支那ニ於ケル政治、外交経済指導機構若クハ機能ノ統制強化ヲ期スル為外務省興亜院其他各官庁ノ現地派遣機関ノ組織、権限機能及其相互関係竝ニ陸海軍及各機関間ノ関係調整等ニ関シ検討ヲ加ヘ長期戦態勢ニ応セシムルヲ意味スルモノトス

尚大本営側トシテ一言希望ヲ申述フ

本要綱中特ニ支那ニ於ケル長期武力戦態勢ノ転移ニ関シテハ其ノ内容一旦外部ニ漏ルヽニ於テハ動々モスレハ流言ト誤解トヲ招キ現地ハ勿論内外ニ及ス反響極メテ重大ナルモノアリテ恰モ我カ敗戦感ナルカ如キ好餌ヲ重慶側ニハ勿論支那民衆及第三国ニ与フルノ危懼ナキニシモアラス統帥部ニ於テハ此点ニ特ニ留意シアルヲ以テ政府ニ於テモ機密保持ニ関シ遺憾ナキヲ期セラレ度

「支那事変処理要綱」ニ関スル質疑応答資料

問　敵軍一般ノ情勢如何

答　総兵力二百万、二百六十数箇師ヲ擁シアルモ其ノ装備ハ逐次低下シアリ即小銃、軽重機関銃等ハ概ネ其ノ定数（小銃一箇師二千乃至三千）ヲ充足シアルモ火砲其ノ他ノ重兵器ノ装備ハ極メテ劣悪ニシテ火砲ハ重要正面ニ於テ若干門ヲ有スル状態ナリ、弾薬モ漸次欠乏シアルモノノ如ク蔣ハ数次ニ亘リ之カ節用ヲ訓示シアリ又航空兵力ハ第一線機各種合計約四十練習機等若干四川、雲南方面ニ残存スルノミ

教育訓練ニ関シテハ大イニ努力シ其ノ成果亦見ルヘキモノアルモ打続ク敗戦ニ伴ヒ素質漸次低下シ某師ノ如キハ一日二十五粁ノ行軍ヲ数日実施シタルノミニテ半数ノ落伍者ヲ出シタル状態ナリ

給養方面ニ於テハ糧食ノ不足欠乏ヲ訴ヘアリテ糧秣ノ強制徴発等行ハレントシ重慶側トシテ軍隊ノ匪化、軍民ノ離反ヲ憂ヒ苦慮シアルモノノ如シ

然レトモ敵軍ハ今尚蔣ノ強靱ナル統制力ニ依リ掌握セラレアリテ近ク之カ崩壊ヲ予期スルハ過望ナリト謂フヘク蔣ニシテ一度反攻ヲ指令センカ其ノ督戦ト相俟チ相当見ルヘキ威力ヲ発揮シ得ヘシト判断セラル、特ニ最近主要抗戦方式トシテ採用シアル謀略部隊ノ活動ニ重キヲ置ク所謂特務戦ハ局部ニ於テ相当ノ成果ヲ発揮スルコトアルヘシト予想セラル

問　海上封鎖及輸送路遮断航空作戦ノ成果如何

答　全支沿岸ハ今春ニ於ケル封鎖強化以来概ネ封鎖セラレ支那側船舶ハ香港、上海租界等ヲ中継港トスル小型船ニ依ル密輸ヲ我監視ノ眼ヲ免レテ行ヒアルニ過キス密輸等ニ依リ搬入セラレタル軍需品ハ蓄積竝ニ運輸中ノモノヲ我航空部隊ノ為発見爆撃セラレツツアリ

仏領印度支那ヨリノ輸送路ハ我監視団ノ入国及我軍隊ノ進駐ニ依リ殆ト完全ニ遮断セラレ「ビルマルート」ハ再開直後其主要鉄橋ヲ我航空部隊ニ依リ爆破セラレ之カ修理ニハ相当ノ日子ヲ要スル状況ナリ

右ノ如ク敵ノ対外交通路ハ概ネ遮断セラレアリテ之カ深刻ナル影響ハ今後漸次表面化スルモノト考ヘアリ

問　重慶側ノ抗戦体制特ニ抗戦意識如何

答　蔣ノ独裁力ニ依リ表面上ハ国共合作体制ヲ採リ挙国一致抗戦ニ邁進シ奥地ノ開発、第三国特ニ英米ノ援蔣強化、真面目ナル戦闘ノ回避等ニ依リ国力ノ温存培養ニ努メ長期戦体制ノ整備ニ努力シ最後ノ勝利ヲ夢ミアルモ主トシテ財政経済上ノ破綻、

国共相剋等ニ依リ漸次困窮ニ陥リアリ

重慶側要人中ニハ「ビルマルート」ノ遮断、仏印進駐等ニ依リ一時和平気運ノ抬頭ヲ見、相当ノ動揺ヲ認メラレタルモ「ビルマルート」ノ再開対米借款ノ成立等ニ依リ再ヒ抗戦ノ前途ニ光明ヲ見出シ和平気運下火トナレル感アリ

蔣カ若対日和平等ヲ決意セントスル場合ニ於テハ其ノ統制紊レ重慶側ハ相当大ナル混乱状態ニ陥ルヘシト判断セラル

問　国共関係如何

答　国共関係ハ抗戦建国ノ目標ニ向ヒ不即不離ノ態勢ヲ以テ推移シ最近ニ於テハ両者特ニ其ノ首脳部ハ極力協調セント努メアルモ其ノ裏面ノ暗闘、末梢部ノ相尅ハ依然深刻化シツツアルモノノ如シ然レトモ共産党ノ実力ハ未タ不充分ニシテ重慶政権ニテ抗戦ヲ継続スル限リ共産党ハ露骨ニ反重慶態度ニ出ツルコト無カルヘシ蔣ハ極力共産党ノ制圧ニ努メ甚シキニ至リテハ一時日本軍ニ対スル作戦ヲ休止スルモ対共部署ヲ強化セントシテ一部ノ兵力ヲ移動セルコトアリ

問　蔣政権ノ財政経済情勢ト其ノ見透シ如何

答　重慶側ハ目下抗戦資金ノ枯渇ト奥地悪性「インフレ」ノ顕著ナル徴候トニ依リテ漸ク深刻ナル経済的破綻ヲ暴露シアリ、従来弱音ヲ吐キシコトナカリシ蔣自身モ之カ窮乏ノ現実ヲ米英ニ泣訴シ三国同盟成立ヲ契機トシテ第三国ノ援助ニ依ル抗戦力ノ再建復活ニ努メツツアルモ単ナル一時的刺戟ニ止マルヘシ元来低級ニシテ脆弱ナル支那特有ナル半封建的奥地経済ノ基礎ニ於テ而カモ対外補給路線ニ加ヘラルル厳重ナル封鎖ト間断ナキ我果敢ナル爆撃トハ到底奥地経済建設ヲ意ノ如クナラシメサルヘク、敢テ軍事的抗戦ヲ継続セントセハ第三国ノ実質的援助ノ強化ヲ見サル限リ結局経済的破局ヲ来スヘク漸次遊撃的抗戦ヲ持続シ得ルニ過キサル状態ニ陥ルモノト判断セラル

問　新中央政府ノ承認カ重慶竝ニ一般支那民衆ニ及ホス影響ニ関スル見透シ如何

答　新中央政府ノ承認ハ日本ノ断乎タル態度ヲ明示スルモノナルヲ以テ重慶側ノ動揺分子ニ多少ノ影響ヲ与フルコトアルヘシト雖既ニ予期セラレシ所ナルヲ以テ寧ロ承認ヨリモ其後ニ於ケル独伊ノ承認等ノ影響カ更ニ大ナルモノアルヘシト考察セラル

一般ノ民衆ニ対スル影響ハ単ナル承認ノミニテハ大ナル影響ナカルヘシ、新政府ノ直接民衆ニ関係アル政策ノ実行ニ依リ民心ノ把握ニ努ムルコト肝要ナルヘシ

問　新中央政府ハ如何ナル程度ニ事変処理ニ協力シ得ルヤ

答　我新中央政府指導ノ要領ニ基キ之ヲ育成スルコトニ依リ占拠地域ノ民心ヲ収攬シ該地域ニ政治力ヲ滲透セシメ其保有スル治安機関ト相俟テ治安ノ確保安定ニ協力シ、物資獲得ヲ担任セシムルコト等ニ依リテ我戦力培養ニ資シ又対重慶工作ヲ行フ等我施策宜シキヲ得ハ我事変処理ノ一翼トシテ某程度ノ効果ヲ発揮シ得ルモノト認ム

問　新中央政府育成強化ニ関スル見透シ如何

答　新中央政府ハ創建日尚浅ク政府自体ノ機構ノ整備、並帝国トノ新関係調整ニ関スル協議等ニ忙殺セラレアリシヲ以テ其政治力ハ未タ新中央政府ノ母胎トモ云フヘキ我軍ノ占拠要域ニ滲透スルニ至ラス従ツテ其実力ハ殆ント新中央政府タルノ実力ヲ具有シアラサルモ新中央政府ヲシテ帝国現在ノ対蔣圧力ノ背景下ニ在リテ帝国ニ信頼シ本要綱ノ示ス指導理念ニ基キ其指導者ヲシテ帝国ト一体タルノ自覚ヲ以テ一意占拠要域ニ対スル政治力ノ滲透ニ邁進セシムルニ於テハ逐次実力ヲ培養強化シ遂ニハ帝国ノ大東亜新秩序建設ノ一翼ヲモ分担シ得ルニ至ルヘシト思考セラルルモ其前途ハ尚遼遠ナルヲ覚悟セサルヘカラス

問　省以下地方行政ニ対スル日本側指導ノ実相如何

答　現在地方行政ヲ指導シアルハ殆ント特務機関等ノ軍側機関ノモノナリト言フモ過言ニアラス

是治安其他ノ現地ノ実相上已ムヲ得サル過渡的便法ナリ

新中央政府ノ承認等ヲ機トシ日支ノ地方行政指導機構ヲ調整整備スルノ要アルヲ認ムルモ現実ノ事態ハ速急急激ナル変化ヲ来タシ得サルヲ遺憾トス

問　租界ノ敵性如何

答　租界（香港ヲ含ム）ハ重慶政権ノ留守司令部的役割ヲナスト共ニ我占領地域ニ対スル治安攪乱ノ策動上一拠点ヲナシ且列強援蔣ノ触角ヲナシアリ而シテ我占領地域ニ対スル治安攪乱ノ策動拠点トシテノ敵性ハ意識的直接的而モ最モ悪質ナルコトハ周知ノ如クナルモ更ニ大ナル敵性ハ租界カ我方ノ対支諸施策特ニ占領地域ニ対スル金融通貨工作物資ノ流出入ノ規正等ノ経済対策ヲ阻害シ並ニ重慶ニ対スル我カ経済戦的各種ノ施策ニ同調セサル点ニ在リ本敵性ハ租界本来ノ特権ノ恩恵下ニ於ケル行動ニシテ時トシテ意識的対日悪意ニ基カサル場合モアリ得ヘシト雖帝国ノ事変遂行ニ及ス支障ハ甚大ナルモノアリ特ニ政治、経済的部面カ事変処理上ノ重要性ヲ加ヘツツアル現在及将来ニ於テハ益々然ルモノアルハ勿論ナリ

以上ノ如キ形而下ノ敵性ニ比シ更ニ根本的ナル敵性ハ形而上ノ敵性ナリ即チ帝国カ百万ノ大軍ヲ擁シ圧倒的大勝ヲ博シアル現在ニ於テモ租界ニ対シ一指ヲモ染メ得サル事実ハ重慶側ヲシテ侮日観ヲ抱カシメ国際情勢ノ好転特ニ英米ノ世界再制覇ノ暁ニハ必然的ニ列強ノ対日重圧強化シ有利ナル事変ノ終末ヲ招徠シ得ルモノト確信シ長期抗戦ヲ継続スルニ至ラシムル主因ヲナシアリ

従ツテ帝国ニシテ日独伊枢軸ノ線ニ沿ヒ日支事変ヲ処理セントスル方針ヲ堅持スル限リ抜本塞源的ニ租界ノ敵性ヲ処理セサルニ於テハ事変解決ハ甚シク困難ナルモノト思考セラル

左ニ主トシテ経済的見地ヨリ観タル天津、上海両租界並ニ香港ノ敵性ニ関シ概述ス

(イ)天津　英米ハ北支ニ於ケル金融機関ノ本拠ヲ天津租界ニ置キ輸出入為替ノ操作ヲ行ヒ牢固タル勢力ヲ有シ飽迄法幣ヲ支持シアリシカ聯銀券ノ強化ト我方ノ適切ナル施策トニ伴ヒ逐次英米系勢力ノ後退ヲ見ツツアリ

(ロ)上海　重慶政権系諸銀行ト密接ナル連繋下ニ米国花旗、英国香上等ノ欧米銀行ハ帝国ノ対支経済工作ヲ妨害シ法弊ヲ通シテ軍票、興券ヲ攻撃シアリ又援蔣物資特ニ上海附近ニ生産セラルル支那国内物資ヲ奥地ニ移入シ重慶政権ノ抗戦力ヲ培養シアリ上海ハ昨年度敵地所要綿糸、綿布ノ七割ヲ供給セリト称セラル将来軍票工作乃至新政府ノ通貨工作等ニ対シ上海ノ敵性ハ益々妨害ヲ加フルニ至ルヘシ

(ハ)香港　香港ノ援蔣的地位ハ軍需品ノ対支輸出ト土産品ノ輸入トニ依ル蔣政権ノ外貨獲得ニ貢献シアル点ニ在リ　軍需品ノ対支輸出ハ目下直接未占領海関ヨリモ仏印、広州湾、澳門等ノ中立国ヲ手先中継港トシテ搬出セラルルモノ多ク香港ハ依然トシテ之カ重要中継基地タルノ地位ヲ有ス　支那土産品ハ香港ヲ経テ輸出セラレ巨額ノ蔣側外貨獲得ニ貢献シアリ昨年度ハ其ノ額一億二千万香港弗（約四億二千万元）ニ達セリ　尚香港ハ法弊安定資金ノ運用ト華僑送金竝支那金銀ノ移動ヲ其ノ手ニ収メ蔣政権ノ金融経済的施策ニ貢献シアリ

問　長期持久戦ニ方リ作戦上現在ノ事変処理ノ方法ト本要綱ニ依ルモノト具体的ニ如何ナル差異アリヤ

答　本要綱ノ方策ニ於テモ勉メテ従来ノ対支圧迫ヲ続行シ為シ得レハ一日モ速ニ事変ノ解決ヲ希望スルハ論スル迄モナシ故ニ用兵上ヨリ見ルトキハ現在ノ処理ノ要領ト著シキ変化ナキカ如シト雖長期持久戦ニ方リテハ我ハ支那国内ノ要域ヲ確保スルト共ニ対支補給線ヲ断チ且勉メテ消耗ヲ少カラシム反面敵ノ長期衰耗ヲ促進セシメ以テ我ハ戦ニ依リテ戦力ヲ養ヒ敵ハ戦ニ依リテ漸衰スルコトヲ基礎トスルモノニシテ作戦指導ノ内容上相当ノ差異ヲ生スルニ至ルヘシ

此間国際変局ニ処スヘキ国防力ノ援撥性ヲ確保スルコトニ着意スヘキハ勿論ナリ

問　長期大持久戦ニ関スル見透シ如何

答　長期大持久戦ノ方策ニ就テハ目下研究中ニ属シ竝ニ具体策ヲ説明スルコト能ハサルモ現態勢ヨリ長期大持久戦ヘノ転移ハ依然敵ニ対スル圧迫、封鎖ノ効果ヲ収メツツ漸ヲ追テ敵ヲ屈服セシメントスルモノナルヲ以テ我作戦兵力ト占領地域トヲ過度急激ニ変更シテ作戦及政策ノ継続一貫性ヲ破リ占領地域ノ民心ヲ動揺セシムルカ如キコトハ之ヲ避クルヲ必要トスルモノト考ヘアリ

問　占拠地区内ノ治安ノ実相如何

答　重要都市及主要交通線ノ沿線地区ノ治安ハ概ネ良好ニシテ新政府側ノ威令行ハレアルモ我軍ノ威力カ常時及ハサル地区即チ主要交通路ヨリ遠隔シアル方面ニ於テハ共産匪、土匪等ノ活動未タ絶エス

一般民衆モ我軍ノ撤退ヲ顧慮シ不即不離ノ状態ニ在リテ未タ完全ニ民心ヲ把握シアラサル為時々交通線等ニ対シ共産匪等ノ出撃ヲ見タリ

本要綱ニ示ス地域ニ於テ日本軍カ厳存シテ治安ノ骨幹トナリ加フルニ新中央政府ノ政治力カ民衆内ニ滲透セハ逐次治安状態

ハ良好ニ向フモノト思考ス

問　本要綱ノ長期持久戦ニ於テハ対支消耗ヲ如何ナル程度ニ減少シ得ルヤ

答　数字ヲ以テ適確ニ答フルコト能ハスト雖一般情勢就中作戦治安ノ実情ニ即応シツツ漸ヲ逐ヒ努メテ兵力ヲ節約シ人的物的消耗ヲ減少スル如ク努ムルト共ニ為シ得ル限リ現地自活ノ方策ヲ講シ且支那側ヲシテ我戦力培養ニ協力セシムル等苟モ対支消耗ノ減少ニ関シテハ万般ノ努力ヲ傾注セシメントスルモノナリ而シテ此等ノ節約ニ依リテ得ヘキモノヲ転用シテ武力ノ建設的方面ヲ飛躍向上セシメテ国防力ノ弾撥性ヲ確保スルコトカ長期持久戦ノ要諦ナリ

問　新中央政府ノ保持スル武力如何又此ノ武力ハ日本軍ノ一翼トナリ得ルヤ

答　主トシテ三角地帯、中支及北支ノ北部ニ各数万、蒙疆ニ八千、其他武漢方面及南支那方面ニ若干ノ武装団体アルモ未タ素質訓練等十分ナラス之カ整備改善ノ為ニハ今後尚相当ノ努力ト時日トヲ要ス

　現在ニ於テハ我カ指導ト監視トノ下ニ治安ノ維持ニ某程度貢献シ得ル状態ニ在ルモ真ニ日本軍ノ一翼トシテ一定地域ヲ担任シテ治安ノ確保ニ任シ又ハ占拠地域外ノ作戦ニ協力スルニ到ル迄ニハ尚相当ノ指導ヲ要スヘシ将来支那側財政力ノ強化ニ伴ヒ努メテ支那側ノ武力ヲ育成強化スルト共ニ敵軍武力ヲ切崩改廃シテ可及的速ニ自力ヲ以テ警備ヲ担当シ得ルニ至ラシムルノ要アリ

問　英米援蔣実情（租界ヲ除ク）如何

答　一、米国　数次ニ亘ル「クレヂット」ノ設定、多数軍需資材ノ供給等ノ外南京政府否認ノ声明、日米通商条約ノ廃棄、対日禁輸ノ強化、「メキシコ」、蘭印ニ於ケル我行動ニ対スル妨害態度等枚挙ニ遑ナシ最近重慶ニ於ケル蔣、「ジョンソン」大使トノ会見ニ於テ米国ノ積極的対支援助ヲ画策シアルモノノ如ク其具体的内容ハ不明ナルモ宋子文ノ活動中ナル五千万又ハ七千五百万弗ノ借款交渉（二千五百万弗ハ既ニ成立）成立促進カ或ハ英、米、支三国ヲ以テスル大平洋防備計画ノ実現ニ関スル意見具申ナラスヤト見ラレアリ然レトモ米当局ノ心境ハ未タ積極対支援助ニハ傾キアラサルカ如ク借款ニ関スル件ハ兎モ角共同防備問題ニ関シテハ気乗リ薄ナルモノノ如シ但米国カ逐次其対支援助ヲ強化拡大スルコト疑フ余地ナキモノト判断ス

二、英国　数次ニ亘ル借款ノ供与奥地開発ノ共同援助団匪賠償金ノ戦用資材買入ヘノ流用ヲ許可セルノ外緬甸公路ノ再開ニヨリテ援蔣物資ノ輸送ニ努力シアリシカ最近ハ英国ノ援蔣熱逐次冷化シ特ニ軍事資材ノ対支供給減少スルニ至リシヲ以テ重慶ハ印度ヨリ之レカ補給ヲ得ントシ戴天仇ヲ現地ニ派遣シ活躍セシメアリ

　之ヲ要スルニ英政府ノ援蔣態度ハ曩日ノ如ク積極的ナラス極東事態ニハ須ラク米ニ追随スルノミノ態度ヲ持シアルカ如シ

問　対支交戦権発動ニ関スル見解如何

答　対支交戦権発動ニ関シテ研究中ナルモ利害相伴ヒ之ヲ軽々ニ決定シ得サルモノト考ヘアリ尚新中央政府承認後ニ於テ交戦権ヲ発動スルハ法的ニハ不可能ナリ

問　対蘇国交カ調整出来レハ満洲ヨリ兵力ノ転用可能ナリヤ

答　現在満兵備ハ現情勢ニ応スル対蘇警戒ノミノ見地ヨリスルモ十分ト言ヒ難シ仮令日蘇某程度ノ国交調整実現スルモ其ノ内容如何ニ関係スル点モアリ就中彼ノ極東兵力ノ激減等著シキ態勢ノ変化ナキ限リ在満兵力ノ転用ハ不可能ナリ但極メテ短期間一部ノ少兵力ヲ他方面ニ使用シ直チニ原態勢ニ復帰セシムルカ如キコトハ必スシモ不可能ナラサルヘシ

連絡懇談会設置ノ趣意

連絡懇談会ハ塚田次長ノ進言ニヨリ十一月二十三日新嘗祭当日参謀総長ヨリ大臣ニ発言スルトコロアリ十一月二十六日ノ四相会議ニ於テ陸軍大臣ヨリ提案実現ヲ見ルニ至レルモノナリ（昭和十五年）

本懇談会ハ従来ノ連絡会議ト若干趣ヲ異ニシ恒例的ニ毎週木曜日首相官邸ニ於テ軽易ニ政府ト統帥部トノ連絡懇談ヲ行ハントスルモノニシテ統帥部カ四相会議ニ列席セントスルモノニアラサルハ勿論ナリ

本会議ニ於テ決定セル事項ハ閣議決定以上ノ効力ヲ有シ戦争指導上帝国ノ国策トシテ強力ニ施策セラルヘキモノトス本会議ノ設置ニ依リ従来ノ　臨御ヲ仰クコトナク宮中ニ於テ行ハレタル連絡会議ハ自ラ行ハルルコト少ナカルヘク政府統帥部ノ協議ニ依リ決定セラルヘキ帝国ノ重要国策ハ　御前ニ於ケル連絡会議即御前会議ト本連絡懇談会ニ於テ決定セラルルニ至ルヘシ

本懇談会設置ノ件ハ次長ノ進言ニ依リ第一回懇談会開催ニ先ンシ事前ニ侍従武官府ヲ通シ宮中ニ申上ケタリ

尚本連絡懇談会ニ於テ決定セル事項ヲ直チニ政府及統帥部ヨリ上奏スヘキヤ否ヤニ関シテハ其ノ都度同席上ニ於テ決定スルコトトス

昭和十五年十一月二十八日第一回連絡懇談会

国民政府承認ノ件

一　出席者　四相、両次長、鈴木政務部長

二　先ツ陸相ヨリ本連絡懇談会設置ノ趣旨ニ就キ発言スル所アリ

三　国民政府承認十一月三十日ヲ議決ス

四　十一月三十日迄ニ停戦申込アリタル場合ニ於テモ承認期日ヲ変更スルコトナシ

五　承認ニ伴フ処置

1　世界ヘ声明ヲ発ス（興亜院、外務省）

2　調印後ハ対重慶工作ヲ暫ク中止ス
但対蔣和平ヲ中止スルコトナシ

3　調印後ハ和知少将ノ松岡工作援助ヲ取止ム

4　独乙ニ対シテハ懇ロニ応対ス

十一月三十日

総長編制事項ニ関シ
上奏シタル際御下問

一、対支長期武力戦ニ関シ
イ、重慶迄行ケヌカ
ロ、行ケヌトセハドウスルカ
ハ、占拠地域ハ先日ノ御前会議ノ通リテ動カヌカ
二、南方問題ニ関シ
イ、南方問題ハ慎重ニ考ヘヨ
ロ、南方作戦計画ハ出来タカ

十二月十二日第二回連絡懇談会

一般情勢ニ就キ連絡懇談

一、松岡外相発言
1 泰、仏印失地恢復調停ノ件
失地恢復調停ニ関スル「アンリー」ノ返、本国ハ研究中ナリ、泰ヨリモ亦返ナシ
2 松宮大使ノ意見具申
先ツ仏印ヲ片付クヘシ
米ハ仏印ノミニテ充分ナリ
速ニ南仏ニ兵力ヲ派遣スヘシ
3 自今対重慶松岡工作ヲ打切ル
4 日「ソ」国交調整ハ進展シアラス
二 陸相発言
支那事変処理要綱ノ具体化ヲ促進スルノ要アリ
三、参謀次長発言
三国同盟ヲ利用スル外交施策ヲ強化スルノ要アリ

十二月二十七日第三回連絡懇談会

泰及仏印ニ対シ採ルヘキ帝国ノ措置ノ件

一、出席者　総理、平沼、陸、海、外相、総長、軍令部次長
二、外相発言
1 松宮大使ノ意見ニ依レハ対仏印施策ニハ武力的威圧ヲ必要トス強硬態度ヲ採ルヘシ
2 泰勢力英米七割、日本三割、強力施策ノ要アリ
3 仏印ハ松岡「アンリー」協定ニテ我ヲ馬鹿ニシテ居ル爾後若干強硬態度ヲ採ルヘシ
経済交渉ハ案外マトマルカモ知ラス

三、海相発言
1　「ラヴアール」失脚ニテ仏印ノ態度変化ナキヤ
2　強硬態度ニテ物資取得可能ナリヤ
3　英米刺戟ヲ避ケ更ニ慎重ナルヲ可トセスヤ
4　文書諜報ニ依レハ英国ハ日本カ仏印ニ止マル限リ戦ヲ慾セス蘭印ニ延ヒルトキハ戦争必至ナリト判断セラル
四、総長発言
対仏印、泰強硬態度ヲ採ルニ於テハ南方施策全般ニ就キ確乎タル腹ヲ前提トス腹決定セサル場合ハ慎重ナルヲ要ス
軍令部次長同意ヲ表ス
五、松岡発言
1　米ノ問題ハ成ルヘク早ク一月中ニ解決ヲ企図シアリ
2　「シンガポール」攻略時期ハ英国敗レタル時、米国参戦ノ時、独逸敗レントスル時ノ三案アルヘシ
3　蘭印ハ芳沢ノ「スローモーション」ニテ何ントカナルヘシ
六、以上ヲ以テ別紙「泰及仏印ニ対シ採ルヘキ帝国ノ措置」ヲ議決ス

泰及仏印ニ対シ採ルベキ帝国ノ措置

昭和一五、一二、二七
連絡会議決定

一　方針
速ニ日泰間ニ密接不離ノ関係ヲ設定スルト共ニ仏印ニ対シテハ強硬ナル態度ヲ以テ機宜所要ノ威圧ヲ加ヘ我方要求ヲ容認セシメ且泰、仏印間ノ国交調整ヲ促進ス
二　要綱
(イ)　速ニ日泰間ニ政治、軍事協定及経済協力協定交渉ヲ開始ス
(ロ)　速ニ仏印ニ関スル日仏交渉ヲ開始シ帝国ノ経済的、軍事的、政治的要求ヲ提示シ就中経済的要求ノ即時容認並泰、仏印国境紛争ノ解決ヲ要求ス
仏ニシテ応セサル場合ハ我主張貫徹ノ為松岡、「アンリー」協定ノ破棄ヲ予定シ之ニ伴フ所要ノ措置ヲ講スルモノトス
「註」
(イ)(ロ)ニ関スル具体的措置ニ付テハ別途決定ス

昭和十六年一月十六日
北仏兵力重複駐屯ノ件上奏ノ際
総長　重複駐屯ニハ歩兵第百七十聯隊ヲ充当致シ度

上

該部隊ノ兵ハ強イ兵隊デス

強イ兵ヲ派遣シ乱暴スルコトナキヤ武力衝突ヲ惹起スルコトナキ様留意セヨ

一月十七日第四回臨時連絡懇談会

泰、仏印紛争調停ノ件

一、泰、仏印紛争ニ対スル帝国ノ強力施策急務ニ直面シ臨時連絡懇談会ヲ開催シ左記申合ヲ議決ス

左　記

㈠ 泰ノ失地回復ヲ目標トシ居中調停ニ就キ速ニ仏国トノ間ニ交渉ヲ進ム而シテ其ノ拒絶ニ会フモ貫徹ヲ期ス

㈡ 此ノ反響ヲ若干日観察シタル後泰ニ対スル条約交渉開始ノ時期ヲ決ス

二、外相発言

泰ニ対スル切出ノ時機ハ凡ソ十日間持越トナルヘシ

一月十九日第五回連絡懇談会

泰、仏印紛争調停に関スル緊急処理要綱ノ件

其一

一、泰国二見公使ヨリノ電報ニ基キ早朝海軍側ヨリ陸軍省ニ対仏印及泰処理要綱ニ関シ提示アリ陸海軍務局長ニ於テ一案ヲマトム

二、日曜朝食ハ連絡懇談会出席者ノ恒例会食アリ

三、右会食ニ引続キ連絡懇談会ヲ開催シ陸海軍ヨリ第一項ノ処理要綱ヲ提案ス

四、松岡　(イ)本案ハ考慮研究スヘシ

(ロ)英米ニ対シ大ナル刺戟ヲ与フルコトナキヤ果シテ可ナルヤ

(ハ)本案ノ成否ノ見透ハ疑問ナリ或程度ノ得スルコトアルヘシ

(ニ)泰ニ対スル効果ハ同国カ英国ト深イ関係アル故期待シ難イ

(ホ)経済交渉ハ進ンテイルカ本案ニヨレハ米ハ採レナクナルカヨキヤ

某　米ハカリ心配スルナ

目下ノ問題ハ泰仏印ニ英米ヲ入レナイト云フコトニアル

参謀総長　直チニ南仏ニ兵力ヲ出ス訳テハナイ　軍艦ノ派遣、北部仏印ニ兵力増加等ニヨリ大体ノ目

的ニ達シ得ルモノト思フ

五、以上問答ニテ会議ヲ打切リ外相研究ノ結果意見アレハ更メテ連絡懇談会ヲ開クコトニ決ス

其二

一、午後三時外相ノ提議ニヨリ午後四時ヨリ引続キ首相官邸ニテ懇談会ヲ再開、総長及第一部長出席ス経過左ノ如シ

二、松岡発言

本日昼「ロバン」ト面談ス

ロバン　予ハ日仏親善ニ努力シアリ

松岡　日本ハ調停ニ乗リ出ス積リナリ

ロバン　本夜調停ニ関シ「アンリー」ト打合スヘシ

ロバン　武器ヲ泰ニヤルハ困ル

松岡　前カラノ約束ニテ止ムヲ得ス

ロバン　戦争ヲ始メタ以上武器供給手控ヘラレ度

松岡　東洋人ハ約束ヲ確守スルヲ以テ其ノ点諒承セラレ度

松岡　調停ニ乗出ス以上手控ヘル如ク努力ス此ノ前ニ調停ヲ申入レタル際拒絶シタルニカカハラス今回英米ノ申入ニ応スルカ如キハ帝国ノ面目及国論指導上之ヲ許容シ難シ日本ハ英米ト事ヲ構ヘルコトヲ希望セス他方泰ハ「アジヤ」ノ一国ナリ仏印トモ親密ニヤリ度ト思フカ故ニ再ヒ調停ニ出テント思フ決シテ不公平ニセス故ニ「アンリー」ニロ添ヘセラレ度

三、「ロバン」トノ右会見状況ヲ説明シタル後松岡更ニ発言シ提案ノ要綱案ニ就テハ本件ハ武力背景ニヨラサルヘカラスト思考シ調停ト武力行使トノ関係ニ就キ先ツ兵力使用次テ調停ト一応考ヘタルモ状況切迫シアル現在調停出来ル様ニスルヲ先決ナリト考ヘ調停ノ妨害トナルコトヤ交渉シ難イコトハ手控ヘ度即チ秘密当然洩レ英米ヲ刺戟シ又「ピブン」ニ対シ義務付ケトナル様ナ軍事協定ハ従来ノ如キ援助ノ程度ヲ以テシテハ成立不成功ト思フ次第ナリ　再言スレハ松岡ノ考ヘテハ居中調停ヲ両国間ニ成立セシムルコトヲ眼目トスル以上協定迄持出スノハ不同意ナリ

右ノ如ク考ヘルニ依リ一ノ㈢ハ好機ヲ捕ヘテト修文シ先ツ停戦シ先方ヨリ協定ヲ申出テタル場合協定ヲ提案スルコトト致シ度

元来ノ希望ハ一ノ㈢ハ削除シ度キナルモ然シ乍ラ本修文ノ程度ニテ行キ度

四、松岡発言ヲ続ケ三ノ㈡ハ午前ニハ取消ス様提案シタルカ曩ニ経済的、政治的、優先的利益ヲ認メルト云フコトアルヲ以テ復活致シ度其ノ代リ「自存上」ヲ「断シテ」ト修文致シ度

五、三ノ㈢ニ就キ海軍大臣提案シ「直ニ」ヲ削除ス其ノ理由トシテ曰ク、足柄、那珂其他駆逐艦等海南島ニ大型飛行機、航空母艦等高雄ニ在リ又威圧ノ一部ハ既ニ実行シアリ

六、次テ松岡ハ「ルーマニヤ」同様泰カ三国同盟ニ入ル様ニナルカモ知レスト発言シタルニ対シ近藤軍令部次長ハ本問題テ東洋ニ独逸カ手ヲ出スコトニナルハ不同意ナリト述フ、松岡ハソウ窮屈カランテモ宜カルヘシト述ヘタルニ対シ軍令部次長ハ本件ハ連絡ノ上述ヘ度ト結ヘリ

以上ヲ以テ意見一致別冊ノ如ク泰仏印紛争調停ニ関スル緊急処理要綱決定ス

七、更ニ松岡曰ク、本夜「ロバン」ハ「アンリー」ニ会フヘキヲ以テコチラノ意見ハ「アンリー」ニ通スヘシ又「ヴシー」政府、「トクー」及「泰」ニハ「否」ト云フコトハ云ハサナイ様ニ通告ス

尚独逸大使ニモ本件ヲ通告シオイテ呉レト述フヘシト附言セリ

総長ハ北仏ニ対スル交代兵ノ重複ニ関シテハ直ニ処置ス又将来南仏ニ対シ出兵スルヤ否ヤハ考ヘツツアリト述ヘタリ

八、尚本処理要綱ハ政府、統帥部共ニ上奏セス本方針ニ基ク処置ニ関シテ上奏スルコトニ打合ス

泰、仏印紛争調停ニ関スル緊急処理要綱

昭和十六年一月十九日
大本営政府連絡懇談会決定

本処理方針ニ関シテハ政府竝統帥部ヨリ上奏スルコトナシ
本処理方針ニ基キ政府竝統帥部ニ於テ取ルヘキ処置ニ関シテ上奏スルモノトス

一　方　針

泰ヲシテ英国ノ居中調停ヲ拒絶セシムルト共ニ帝国ハ両国ニ対シ所要ノ威圧ヲ加ヘ紛争ノ即時解決ヲ図ル

二　泰ニ対スル措置

㈠　失地問題ニ関聯シ日本カ従来採リ来リタル居中調停ノ立場ニ鑑ミ英国側ノ申出ヲ拒絶セシム

(二) 日本ハ仏印ヲ圧迫シ即時停戦セシムル事ヲ保障ス
(三) 好機ヲ捕ヘテ日、泰間新協定特ニ軍事協定取極メニ関シ原則的諒解ヲ取付ク

三、仏印ニ対スル措置
(一) 直チニ仏本国及仏印当局ニ対シ即時停戦方申入ル
(二) 前項居中調停ニ対スル帝国ノ態度トシテハ英国等ヘノ調停依頼ハ松岡「アンリー」協定ノ趣旨ニ違反スルノミナラス極東ノ安定大東亜新秩序ノ建設竝支那事変処理ニ重大ナル関係モアリ帝国ノ断シテ黙視シ得サル趣旨ニ拠ルコト
(三) 右ニ伴ヒ仏印ニ対シ所要ノ威圧行動ヲ開始ス
威圧行動及武力行使ニ関シテハ別ニ定ム

一月二十三日第六回連絡懇談会

仏印、泰処理ニ関スル件

一、出席者　総理、平沼、陸海外三相、総長、軍令部次長
二、外相先ツ仏印ノ米交渉問題ヲ説明ス
米問題ハ順調ニ解決ス
価格一号カ一屯一一二円、二号ハ一屯一一七円、取得量要求通リニシテ仏印ニシテ一五〇万屯以上ノ収獲アレハ更ニ日本ニ廻スコトニ交渉成立ス
三、外相次テ仏印泰紛争調停ニ関シ発言ス
昨二十二日夕大橋外務次官ヨリ返事ヲ早クスヘシト「アンリー」ニ申込ミタルニ対シ「アンリー」ハ両国直接交渉ヲ強調ス大橋ハ日本ヨリ正式ニ調停ヲ申出タル関係モアリ又英米ノ画策カ相当強ク感セラルル今日日本ヲ避ケルタメ英米ノ隠謀ノ下ニ右両国直接交渉ヲ強調スルニアラスヤト強ク「アンリー」ヲナジリ別レリ
尚原田大使ヨリ電報アリシモ「アジア」局長カ原田ニ話シタモノテ外務大臣トシテハ之ヲ以テ仏ノ最後回答トハ思ハヌ其ノウチニ正式回答来ルヘシ
四、右ニ次テ陸海軍ヨリ兵力使用ノ大体ニ就キ発言セリ
総長ハ特ニ左ノ件ヲ述フ
(イ) 仏政府ノ速カナル回答ヲ促進セラレ度　軍トシテハ重大ナル変転ニ対スル準備トシテ内地カラモ所要ノ部隊ヲ派遣セサルヘカラス之ニハ三週間モ必要トスルヲ以テ成ルヘク早ク返事ヲ求メル様セラレ度
(ロ) 今後ノ情況変化ハ不明ナルモ各種ノ状況ヲ想定シ例ヘハ仏カ日本ノ要求ヲ容レタトキ帝国カ仏ノ直接交渉ヲ認メタ場合ノ処置竝此ノ直接交渉ヲ認メル為

ノ帝国ノ条件ヲ仏国カ容レタ場合、容レナイ場合等外交上軍事上打ツヘキ手ヲ夫々研究シ直ニ発動シ得ル如ク話合ヲ遂ケ遺憾ナキヲ期シ度外相モ本件ニ関シ充分留意セラレ度

(ハ) 交代兵力ノ進駐ニ方リテハ武力行使ハ絶無トハ云ヒ難シ万一ノ場合ニハ武力ヲ行使スルカモ知レス其他交代部隊ノ行動ニ就キ説明シ尚本日特ニ本席上テ話シタ大様ハ上奏スルカラト附加ス

軍令部次長ハ戦況ニ関シ次ノ如ク説明セリ

(イ) 足柄、長良、五水戦（駆逐艦五）昨朝海南島出発仏印沿岸ヲ南下シ二十五日朝泰仏印国境海上ニ現ハレ威重ヲ示ス

(ロ) 在高雄飛行隊ヲ海南島ニ前進セシム

(ハ) 在呉巡洋艦五、水雷戦隊、航空戦隊各々二隊ヲ海南島ニ出発シ得ル如ク準備ス

(ニ) 在海防陸軍運送船掩護用占守一隻ニ掃海艇一ヲ増勢ス

(ホ) 右ノ如キ態勢ハ取ルモ敵カ挑戦セサル以上戦闘行動ハ取ラサルモノト予期ス

一月二十三日

日泰軍事協定ニ関シ陸海両総長ヨリ上奏ノ際　御下問

上　秘密ガ保テルカ

海総長　秘密ハ保チ難イト思ヒマスガ失張リ実際問題トシテハ秘ノ扱スルヲ可ト考ヘマス

上　外務大臣ハ日泰軍事協定ハ反対ダト云フガ話ハツイテ居ルカ

陸総長　此ノ前ノ連絡会議デ話ハツイテ居ルノテ松岡カ左様ナ事ヲ云フ筈ハ御座キマセン其時ニ松岡カ軍事協定ノ内容ヲ聞キマシタガ事ハ純軍事ニ属スル事デスガ話シマシタ所松岡ハ英勢力八割モアル泰ニ対シ此程度ノ事デハ「ビブン」ハツイテ来ソト思フ旨述ヘタノデ今度ノ軍事協定ハ南ノ方ノ大キナ協定ヲ指スモノデハナク（「シンガポール」共同攻略等ノ事ヲ指ス）近イ事ヲ考ヘテ居ル大キナ事ハ先ノ模様ヲ見テカラノ事デハナイカト申シタノデス松岡ハソンナ事デハ協定ハ成立セン

ト云フコトハ云ヒマシタガ軍事協定其ノモノ
ニハ不同意トハ申シマセンデシタ

上　一応考ヘルカラオイテ置ケ

陸総長　外務大臣ト更ニ話ヲシマス

一月二十四日

一月二十三日御下問ニ引続キ特ニ両総長ヲ召サレ御下問アリ

上　考ヘテ見タ泰国ニハ親英派多イ故此協定ヲ出スコトハ慎重ヲ要スル
又仏印トハ米ノ問題等重要事項アルヲ以テ政府ト充分連絡シテヌカリナイ様ニセヨ

陸総長　充分政府ト連繋シテヤリマス

「註」
一月二十三、四日両日ニ亘ル御下問アリタル事情ヲ恐懼拝察スルニ松岡カ事前ニ協定ニ反対ナルカ如キ気持ヲ申上ゲタルニ原因アリト認メラル　而モ政府ノ一般協定上奏ト本軍事協定上奏トノ連繋不充分ナリシコト竝上奏当日侍従武官府ニ対スル上奏案件ノ連絡不充分ナリシコト等落度アリ

一月二十五日

南仏ニ対スル作戦準備ニ関シ
上奏ノ際御下問

上　オ前ノ云フ対仏印作戦ハ最悪ノ場合行ハル、ト思フガ若シ協定カ順調ニ進ンダラヤラズニスムト思フ如何

総長　御モツトモデス協定順調ニ進メバ兵力不充分ノ帝国ハ作戦ヲスル必要アリマセン

上　作戦ヲヤレバ戦面拡大シ国力ニ影響ス
支那事変処理ニ就テハ嘗テ総長カ述ベタ対支作戦計画アルモ何カ別ニウマイ方法ナイカ

総長　本件ニ関シテハ種々研究ノ末先般申シ上ゲマシタル如ク定メラレタノデアリマス
戦線整理ハ敵ニ戦勝感ヲ与ヘ我カ自主的ニ実施スルトシマシテモ敗戦感ヲ生シ影響スル所大ナリト考ヘマス
一方本年春ヨリ夏ニカケ情勢ノ転換機アリト考ヘマスルニ依リ之ニ即応シ蔣ヲ不利ニ導ク為ニハ現戦線ヲ縮少スルハ不利ナリト考ヘマ

ス

蔣ノ長期抗戦ハ英米「ソ」ノ援助ニ依ツテ居リマス故作戦上彼ヲ圧迫スルト共ニ他方大島大使トモ話シ独ノ協力ニ依リ「ソ」又ハ米ヲシテ援蔣ヨリ手ヲ引カセル様施策シ度イト思ツテ居リマス

唯今ノ思召モアリマスノデ充分研究致シマス

（総長ハ此際　上ニ戦線整理ノ思召アルモノト拝察セリ）

上　近歩二聯隊ハ交渉ガ進メバ返スダラウ

総長　順調ニ行ケバ交代サセマス而シ昨年ノ八月ヨリ十一月ニ亘ル交渉経過ニ鑑ミマス時仏印ハ遷延策ヲ取ルカモ知レマセン従ツテ彼カ確実ニ実行スル迄重複駐屯スル必要ガアルト思ヒマス

上　本作戦ハ対支作戦ニ影響ナイカ

総長　使用制限中ノ直轄部隊デスカラ影響ハナイモノト思ヒマス

本上奏ノ為総長御前ニ入ルヤ天機特ニ麗シカラス総長ノ敬礼ニ対シテモ天顔ヲ向ケラレズ最初ヨリ異状ノ空気ヲ呈シアリシヲ総長直感ス

上奏終了後総長武官長ト会談セルニ武官長ハ前日作戦課長土居大佐来リ仏印ヲ一挙ニ席捲占領スルカ如キ説明ヲ武官長ニ対シナシタル旨ヲ述ブ乃チ総長ハ武官長カ右土居大佐ノ説明ヲ　上ニ申シ上ゲタルニアラザルヤヲ推察ス尚当日朝澄田機関ヨリ戦闘中止受諾ノ入電アリ　上ハ武力行使ノ必要ナカルヘク御安心遊バサレアリタル所ヘ本件ノ如キ上奏ヲナシタルコトモ原因ナラント総長ハ判断ス

「第二十班註」

今回ノ御下問及上奏時ノ　上ノ御動静ヨリ拝察スルニ上ハ陸軍ガ総ベテヲ強行シアリト深ク思召メサレアルモノ、如ク又総長ハ本回ノ御下問ニ依リ大ナル心境ノ衝撃ヲ受ケタルコト確実ニシテ統帥部トシテ将来ニ於ケル国策推進ノ態度要領ニ就テ慎重ナル考慮ヲ要スモノアルヲ痛感ス

又上奏ニ方リテハ総長補佐ノ目的ヲ以テ下僚トシテ事前準備ニ遺憾ナキヲ要ス

一月三十日第七回連絡懇談会

対仏印泰施策要綱ノ件

一　出席者
　内閣総理大臣
　平沼内務大臣
　陸軍大臣
　海軍大臣
　外務大臣
　参謀総長
　軍令部次長
　富田書記官長
　岡海軍軍務局長
　武藤陸軍軍務局長
　斎藤南洋局長

二　岡軍務局長　所要事項ノ説明ヲナス

三　外相発言
　本施策ノ概成ハ三月末テハ出来ント云フモ宜シイ、責任ヲ以テシテハ出来ヌト云フ外ナイ

総長　何時頃出来ルカ

外相　六月末頃ナラ出来ルカモ知レヌ、六月末ハ長イト云フカモ知レヌカ其間統帥部ハ準備シテ居レハ宜シイテハナイカ

総長　国際情勢上春夏ノ候ニ情勢ノ大転換ヲ予想セラルルカラ之ニ応シ得ル為三月末ヲ目標トセサルヘカラス特ニ目下ノ如ク国際情勢カ急速ニ転換スル状況ニ於テ本問題ヲ長ク解決セスニ置クノハ不適当ナリ又軍自体トシテモ本問題ノ解決ハ他ノ問題ニ関係スルコトカ大テアル

軍令部次長　仏印ニ飛行場、港湾等ノ施設ヲスルノニ遅クナツテハ全般ノ情勢上困ル

右論議ヲ数回反復スルモ決セス

外相　英米ヲ刺戟シテ陸海軍ハ差支ナキヤ、刺戟セストモ荒ポイ行方ヲセスニ目的ヲ達成シ南方ニ奇襲的ニ戦争ヲシタ方カ得テハナイカ

海相　三月末ヲ目標トシ国際的大転換ニ対スル準備ヲスル「心組」テ三月末ヲ削除シテハ如何

総長　夫レテハ困ル

外相　出来ヌモノハ仕方ナイテハナイカ

総長　情勢真ニ已ムヲ得ナイ時南方作戦カ惹起セラルルノテアツテ其南方作戦ノタメニ此際是非拠点ヲ確立スルノカ必要ナノテアル

陸相　右ヲ強調ス

以上ノ問ニ総長ハ外相ノ英米ヲ刺戟セサル様施策スルノ件ニ関シ陸軍同意ナル旨ヲ述フ

平沼　武力行使ハ英米ヲ刺戟スルト云ハルルカ仏印カ調停ニ応セサルトキ武力ヲ行使スルノテハナイカ、夫レハ宜シイ之ハ悪イテハ矛盾スルテハナイカ、長引ケハ益々不可三月末ヲ入レタ方カ宜シイ

外相　同意セス

「三月末ヲ目標トシ」ヲ除キ勉メルト云フ覚書テハ如何ト云フ提案ニ対シ外相ハ「勉メルモ困難ナリ」ト附加セサレハ同意セスト述フ

話ハ一向ニ進展セス

外相　三月三日ト云フカ戦争スル様ナ行方カ宜シイノカ

総長　戦争ヲ強制スルノテハナイ

外相　ソレナラ俺ニハ出来ヌ

以上ノ如クニシテ次ノ覚書ヲ交換シ列席者捺印シテ「三月末ヲ目標トシ」ヲ除クコトニ決定ス

覚書「第二方針ノ二ニ関シ本施策ノ目的達成ハ三、四月頃ヲ目標トシ外交上最善ヲ尽スヘシ」

四、目的ニ関シ「大東亜共栄圏樹立竝帝国ノ自存自衛ノ為」云々ト大東亜共栄圏樹立ヲ入レルコトヲ外相提案ス

総長ハ「当面スル」ト冒頭ニアルヲ以テ必要ナラスト述フ、結局「大東亜共栄圏建設ノ途上ニ於テ」ヲ入レルコトニ決定ス

五、次テ海相、方針一ノ「已ムヲ得サレハ仏印ニ対シ武力ヲ行使ス」ヲ削除シテハ如何ノ提案ニ対シ総長不可ナリト主張シ原案通リ決定

六、更ニ外相発言シ外相提案ノ備考ハ削除スルモ記録ニ止メ置イテ呉レト述フ

七、本要綱ノ取扱ニ就テ

総長、次長、御前会議ニ於テ正式決定スヘク提議セルモ大部ノ者ハ毎回々々御前会議ヲ御願ヒスルハ一考ヲ要ス此ノ前ノ連絡懇談会ノ結果ハ既ニ上奏シテアル本要綱ハ其ノ細項トモ云フヘキモノ故必要トセスト述

へ特ニ御前会議ヲ開カスニ両総長及総理ヨリ合同上奏スルコトニ意見一致ス
総長ハ提案理由ハ軍令部総長外交ハ総理、軍事ハ参謀総長ヨリ上奏スルヲ適当ナリト述フ
八、以上ノ経緯ニ依リ別冊対仏印、泰施策要綱ヲ決定ス
備考
上奏シテ御裁可ヲ仰クヘキヤ否ヤハ未決ノ儘会議ハ終了セリ

対仏印、泰施策要綱

昭和十六年一月三十日
大本営政府連絡会議決定

第一目的
大東亜共栄圏建設ノ途上ニ於テ帝国ノ当面スル仏印、泰ニ対スル施策ノ目的ハ帝国ノ自存自衛ノ為仏印、泰ニ対シ軍事、政治、経済ニ亘リ緊密不離ノ結合ヲ設定スルニ在リ

第二方針
一、帝国ハ玆ニ仏印及泰ニ対スル施策ヲ強化シ目的ノ貫徹ヲ期ス
之カ為所要ノ威圧ヲ加ヘ已ムヲ得サレハ仏印ニ対シ武力ヲ行使ス
二、本施策ハ英、米ノ策謀ヲ排シ敏速ニ之ヲ強行シテ成ルヘク速ニ目的ヲ概成ス

第三要領
一、帝国ハ失地問題処理ヲ目標トスル仏印、泰間紛争ノ居中調停ヲ強行シ之ヲ契機トシテ帝国ノ仏印、泰両地域ニ於ケル指導的地位ヲ確立スル如ク施策ス
二、泰ニ対シテハ成ルヘク速ニ日、泰協定ヲ締結シ仏国ニ対シテハ経済交渉ノ速決ヲ図ルト共ニ機ヲ見テ日、仏印間結合関係ヲ増進スヘキ一般的協力竝仏印、泰間紛争防止ヲ保障及日、仏印間通商交通擁護ヲ目的トスル軍事的協力ニ関スル協定ヲ締結ス
右協定ニ於テ充足セラルヘキ帝国ノ政治的及軍事的要求左ノ如シ
(イ) 仏国ヲシテ仏印ニ対シ第三国ト一切ノ形ニ於ケル政治的軍事的協力ヲ為ササルコトヲ約セシム
(ロ) 仏印特定地域ニ於ケル航空基地及港湾施設ノ設定又ハ使用竝之カ維持ノ為所要機関ノ設置
(ハ) 帝国軍隊ノ居住、行動ニ関スル特別ナル便宜供与
三、政戦両略ノ妙用ヲ期スル為速ニ所要ノ作戦準備ヲ整フルト共ニ武力行使ノ時機ハ予メ機ヲ失セス之ヲ定ム
四、交渉ノ経過ニ応シ適時威圧ヲ増大シ目的ノ達成ニ勉ム
右威圧行動ニ対シ仏印カ武力ヲ以テ抵抗セハ当該部隊ハ武力ヲ行使スルモ之ヲ強行ス

五、仏国カ紛争解決ニ応セサル場合ニハ仏印ニ対シ武力行使ヲ予定シ其ノ発動ハ別ニ設定セラルルモノトス

協定締結ヲ拒否スル場合ニ於ケル武力行使ハ予メ之カ準備ヲ為スモ其ノ発動ハ当時ノ情勢ニ依リ決定ス

右武力行使ハ仏国ヲシテ我要求ニ聴従セシムルヲ限度トシ武力行使後ニ於テモ極力仏印ノ治安維持、政治経済等ハ仏印当局ヲシテ当ラシムルニ勉ム

六、泰ニシテ我要求ヲ拒否スル場合ニ於テハ日、泰協定ノ内容ヲ変更シ又ハ威圧ヲ加フル等極力我要求ヲ容認セシムルニ勉メ如何ナル場合ニ於テモ泰ヲシテ英、米側ニ赴カシメサル如ク施策ス

七、本施策ニ応スル如ク帝国ノ輿論ヲ統一スルト共ニ、徒ニ英、米ヲ対象トスル南方問題ヲ激化セシメ無用ナ摩擦ヲ生セサルニ留意ス

記　録

政治的軍事的事項ニ関スル外交上ノ措置ニ付テハ四囲ノ情勢ニ鑑ミ其時期及方法ヲ決定シ、次第ニヨリテハ仏印ニ対スル前記要求ノ内容ニ付テモ変更スルコトアルヘシ

以上松岡外相ノ懇談会席上ノ希望トス

対仏印泰施策要綱ニ関スル覚

第二ノ方針ノ二ニ関シ本施策ノ目的達成ハ三、四月頃ヲ目標トシ外交上最善ヲ尽スヘシ

対仏印、泰施策要綱ニ関シ奏上

二月一日　允裁

軍令部総長共同上奏ノ趣旨御説明

謹ミテ大本営及政府ヲ代表シテ　上奏致シマス

帝国ハ曩ニ昭和十五年七月大本営政府連絡会議ニ於テ「世界情勢ノ推移ニ伴フ時局処理要綱」ヲ決定致シマシテ帝国ヲ中核トスル大東亜共栄圏ノ建設ニ向ヒ着々之ガ具現ニ努力致シテ参リマシタ

惟フニ仏印及泰ハ大東亜共栄圏ノ有力ナル一翼デ御座イマシテ此ノ両地域ニ対スル帝国ノ施策ハ現下ノ国際情勢ニ於テ帝国ニ取リ極メテ重要ナル事項デ御座イマス

今日迄此ノ両地域ニ対スル施策ニ関シマシテハ個々ノ問題ニ就キ大本営政府間ニ其ノ都度一致シマシタ意見ニ基キ施策ヲ進メラレマシタガ仏印及泰内外ノ情勢ヨリ見マスルモ将又帝国四囲ノ情勢ヨリ致シマシテモ帝国ノ本施策実行ハ政戦両略ノ不二一体的敏速ナル行動ヲ要スルモノアルヲ痛感スル次第デ御座イマス

故ニ帝国ハ速ニ明確不動ノ国策ヲ決定致シマシテ施策ノ統合推進ヲ図ルノ必要ガアリマスルノデ一月三十日大本営政府連絡会議ニ於テ慎重審議ノ結果完全ナル意見一致ノ下ニ本要綱ヲ決定シ玆ニ大本営政府共同シテ上奏致シマスル次第デ御座イマス

内閣総理大臣所要事項説明

謹ミテ上奏イタシマス。

只今軍令部総長殿下ノ上奏セラレマシタル如ク、本要綱ハ大本営政府間ニ十分ナル連絡ヲ遂ゲ、完全ナル意見ノ一致ヲ見タモノデ御座イマス。

以下本要綱中所要事項ノ御説明ヲ申シ上ゲマス。

一、本施策ノ目的及方針ニ就キマシテ

大東亜共栄圏建設ノ途上ニアル現段階ニ於キマシテ、支那事変処理ヲ中心トスル外廓的施策、竝帝国ノ必需資源確保ノ見地ヨリ、仏印及泰ト帝国トノ間ニ軍事、政治、経済ニ亘ル緊密ナル結合関係ヲ設定致シマスコトハ、帝国ノ自存自衛上ノ緊急、且重要ナル措置デ御座イマス。

此際、仏印泰ノ如キ強国依存、従テ変節常ナキ国ニ対シマシテハ、帝国ハ毅然タル決意ヲ以テ望ミ、要スレバ所要ノ威圧ヲ加ヘ、特ニ仏印ニ対シマシテハ、已ムヲ得ザルニ於テハ武力ヲ行使スルモ、目的ノ貫徹ヲ図ルノ決意ヲ必要ト存ジマス。従テ、本施策ノ準備及実行ニ当リマシテハ、各般ニ亘リテ政戦両略ノ一体的活動ノ緊要ナルヲ痛感スル次第デゴザイマス。

現在仏印、泰両地域ニ不安定状態ガ存在致シマスルコトハ、既ニ列国ノ策謀ヲ誘致シアル処、逐日此傾向ヲ激化シアルニ鑑ミマシテ、帝国ハ機先ヲ制シテ速ニ両地域ニ対シ、指導的地位ヲ確立シ、目的ノ達成ヲ期スルコトガ必要デアルト存ジマス。

特ニ欧洲方面戦局ノ発展ニ伴ヒ、国際情勢ノ激変ヲ予測シ難キモノガアリマスノデ、此際政戦両略ノ完全ナル一致ノ下ニ、成シ得ル限リ速ニ、本施策ノ目的達成ニ努メナケレバナラヌト存ジマス。

二、外交施策ニ就キマシテ

仏印及泰ノ紛争ハ、帝国ノ希求スル極東ノ安定ニ重大ナル関係ガアリマスノデ、帝国ハ断ジテ黙視シ得ザルノ態度ヲ以テ、居中調停ヲ強行中デ御座イマス。

右居中調停ノミヲ以テシマシテハ、帝国ノ仏印泰ニ対スル指導的地位ヲ確立スルコトハ困難ノコトデ御座イマスノデ、之ヲ契機トシマシテ、帝国トノ結合関係ヲ更ニ確定化スルノ措置ヲ執ルコトガ必要ト存ジマス。

右ノ措置ト関連致シマシテ、泰ニ対シ予テ外務大臣ヨリ上奏致シマシタル所ニ依リ、新協定ヲ締結シ、又仏印ニ対シマシテモ、概ネ同一趣旨ノ協定ヲ締結致シ度イト存ジマス。

但シ仏印ニ対スル新協定締結ノ時機ハ、目下仏国ガ我ガ居中調停ヲ原則的ニ容認シ、現地ノ交渉ガ進メラレツツアリマスノト爾後ニ於キマスル対仏印施策ノ推移等ヲ勘案致シマシテ、充分慎重ナルヲ必要トシマスノデ、特ニ好機ヲ見テ行フコトト致シマス。

仏印ト新ニ締結致シマスル新協定ノ内容ハ

(イ)彼我友好関係ノ持続並ビ我経済提携ノ実行保障ニ関スル相互協力

(ロ)仏印、泰間紛争防止ノ保障及日仏印間通商交通擁護ヲ目的トスル軍事上ノ相互協力

等デ御座イマシテ、就中仏国ヲシテ仏印ニ対シ、第三国ト一切ノ形ニ於ケル政治及軍事協定ヲ約サシメザルコトハ、帝国ト致シマシテハ、諸般ノ情勢上是非充足スルヲ要シマスル事項デ御座イマス。

尚軍事的事項ニ就キマシテハ、参謀総長ヨリ申シ上ゲルコトト存ジマス。

又帝国ト致シマシテハ、日、泰協定ハ為シ得リ限リ之ガ締結ヲ希望致シマスルノデ、泰ガ応ジマセヌ場合ニハ、協定ノ内容ヲ緩和シ、或ハ情勢ニ依リ一般的防守同盟ノ形式ヲ採ル等、其ノ内容ヲ変更シ、又仏印施策ノ進展、泰国沿岸ニ対スル帝国艦艇ノ巡航等ニ依ル直接、間接ノ威圧ヲ加ヘマシテ、如何ナル場合ニ於キマシテモ、泰ヲシテ英、米側ニ赴カシメザル様、周到ナル施策ヲ期シテ居ルノデ御座イマス。

尚従来帝国ノ与論ハ、動々モスレバ徒ニ蘭印、「シンガポール」等ノ問題ニ言及シ、無用ニ英米ヲ刺戟スル嫌ガナイデモアリマセヌノデ、本施策特ニ其ノ目的ニ即応致シマスル様、与論ヲ統一指導致シ度イト存ジマス。

参謀総長所要事項御説明

謹ミテ只今総理大臣ノ御説明ニ引キ続キマシテ軍事ニ関スル所要事項ノ御説明ヲ申シ上ケマス

一、日仏印協定中軍事的事項ニ就キマシテ日仏印協定ニ含マシメマスル軍事的事項ト致シマシテハ仏印、泰間紛争防止ノ保障竝日、仏印間通商、交通ノ擁護ヲ目的トシ併セテ将来ノ情勢ニヨリ或ハ惹起スルヤモ計ラレマセヌ南方問題ヲモ顧慮シ之ニ必要トスル軍事基地即チ航空基地及港湾施設ノ設定竝之カ使用ヲ充足セントスルノテ御座イマス従ツテ南部仏印ニ兵力ヲ駐屯セシムルコトカ目的テハ御座イマセス仏国カ我要求ヲ容認シマシタル場合ニ於キマシテハ平和的ニ右軍事基地維持ノタメ必要トスル最少限ノ機関ヲ常駐セシムルニ過キナイノテ御座イマス

右ノ外現地ノ実情ニ鑑ミマシテ西原、「マルタン」現地協定ノ実質的修正ノ要求即チ主トシテ帝国軍隊ノ居住行動ニ関スル特別ナル便宜供与ヲモ此ノ事項ノ中ニ含マシメ度イト存シマス

二、本施策遂行ノ為必要トスル作戦準備ト武力行使トニ就キマシテ

仏印、泰施策ノ目的ニ鑑ミマスルトキ其ノ実施ニ於テ政戦両略一体トナリ変通応機ノ妙用ヲ発揮スルコトカ特ニ必要テ御座イマス特ニ更ニ威圧ヲ強化シ或ハ新ニ派兵シ若クハ武力ヲ行使スル等ノ為ニハ部隊ノ整備、船舶ノ準備等各種ノ素因ニヨリ相当ノ時日ヲ要シマスルノテ此ノ際速カニ必要最少限度ノ作戦準備ヲ整ヘル必要カ御座イマス

又某程度ノ準備ヲ整ヘマシテモ部隊カ目的地ニ行動シ得ル迄ニモ相当時日ヲ要シマスルノテ已ムヲ得サル場合ニ於ケル武力行使ノ時機ニ就キマシテハ政戦両方面カラスル予見洞察ニヨリ適時廟議ヲ以テ之ヲ決シ以テ外交行為ト武力行動トノ間ニ間隙ナカラシメ政戦両略ノ下ニ一体的関係ヲ全カラシムルコトノ切要ヲ痛感スルモノテ御座イマス

本施策ノ遂行ニ方リマシテハ為シ得ル限リ武力行使ヲ避ケ威圧行動ノ範囲ニ於テ目的ノ貫徹ヲ期シ度イコトハ申ス迄モ御座イマセン従ツテ我威圧行動ハ極力仏印側トノ衝突ヲ回避スルニ勉メマス若シ仏印軍カ我ニ挑戦スル場合ニ自衛ノ為武力ヲ行使致シマシテモ勿論仏印ニ対シ全面的ニ戦闘ヲ実行スルコトナク努メテ局地的ニ解決スルヲ本旨ト致シマス仏印ニ対シ已ムヲ得ス武力ヲ行使致シマスル時ノ其ノ武力行使ノ本義ヲ闡明ニスル為特ニ武力ヲ行使スル場合竝其ノ限界ヲ明ニスル必要カアルト存シマス仏印ニ対シ武力ヲ行使致シマスノハ仏国カ紛争解決ニ応セサル場合テ御座イマシテ例ヘハ停戦実行ヲ確守セサルカ又ハ泰側失地ヲ返還シナイ場合等ヲ指スノテ御座イマス

又協定ノ締結ニ応セサル場合武力ヲ行使致シマスルヤ否ヤハ情勢ニ依リ決定セラルヘキテ御座イマスルカ之カ準備ハ予メ

整ヘマシテ臨機応変ノ妙用ヲ発揮スルニ支障ナキヤウ致シ度イト存シマス
次ニ武力行使ノ限界ハ仏国ヲシテ我要求ニ聴従セシムルヲ以テ限度ト致シマス従ツテ全仏印ヲ席捲占領シヤウトスルノテハ御座イマセスシテ其ノ範囲ハ中南部仏印ニ於ケル要地ニ限定セラレ且之カ発動ハ別ニ定メラルヘキモノト存シマス
又武力行使後ニ於キマシテモ仏印ノ現軍事、政治、経済組織ハ為シ得ル限リ之ヲ利用スルモノテ御座イマシテ若シ現仏印政権カ潰滅シ治安ノ攪乱ヲ見ルニ至リマシタル場合ハ已ムヲ得ス仏印ノ要域ニ対シ占領地統治ヲ行ハネハナラヌヤウニ相成リマスルカ此ノ様ナ事態ハ極力回避スルニ勉ムヘキモノト存シマス

軍令部総長御説明

最後ニ一言申シ上ゲマス
現下ノ国際情勢ヲ通観致シマスルニ帝国ガ毅然トシテ本施策ヲ急速ニ実行致シマスコトガ英米ヲシテ乗ゼシメズ且我目的ヲ達成シ得ル最良ノ方途デアリマスト確ク信ジマシテ大本営政府間ニ意見ノ完全ナル一致ヲ見タ次第デ御座イマス
以上ヲ以テ御説明全部ヲ終リマス
謹ミテ本要綱ノ　御允裁ヲ仰ギ度イト存ジマス

昭和十六年二月一日

軍令部総長博恭王

内閣総理大臣公爵近衛文麿
参謀総長杉山元

二月一日

対仏印、泰施策要綱上奏ノ際御下問

上　与論指導ニ於テ英米ヲ刺戟セズト云フガ如何ナル方法アリヤ
総理　現在迄モ充分注意シアリ今ノ所一般ニ荒々シイ気分ハアリマセン今後一層注意指導シマス
上　海軍ハ威圧行動ノ為幾何ノ兵力ヲ使用スルカ
海総長　現在ノ艦隊ノ配置ヲ説明ス
高雄ニ在ル兵力要スレハ聯合艦隊ノ一部若ハ主力ヲ派遣ス成ルヘク武力行使セズニ目的達成ヲ期シテ居リマス
上　陸軍ハ如何
陸総長　海軍ト同様ノ意見デス
上　航空基地港湾施設ノ具体的案如何
海総長　港湾施設ハ「カムラン」湾ヲ指シマス
航空基地ニ関シテハ未タ確定シテアリマセン
上　陸軍ノ航空基地ハ如何

陸総長　「サイゴン」「プノムペン」附近ヲ予定シテ居リマス之等ハ将来ノ作戦ヲ考慮セハ当然準備スヘキ航空基地デス

尚「ツーラン」「ナツラン」ニモ必要デス之等ハ馬来ニ対スル上陸作戦ノ為必要テス

上　「シヤム」ニ対シ飛行場ヲ要求シアリヤ

海総長　南部泰ニハサイゴン附近ト同様必要デス

陸総長　「サイゴン」附近ニハ特ニ必要テスガ南部泰ニハアマリ考ヘテ居リマセン

全般ヲ通シ可及的外交ニ依リ兵力使用ハ成ルヘク避ケ度キ方針デス

（註）　右ノ陸総長ノ南部泰ニ飛行場不要ノ件ハ事実相違シアリ研究処理ヲ要ス

二月三日第八回連絡懇談会

松岡提案ノ対独伊蘇交渉案要綱ノ件

一　出席者　総理、平沼、陸海外三相、陸海軍務局長、富田書記官長　杉山総長、近藤軍令部次長

二　松岡提案ノ対独伊「ソ」交渉案要綱ニ就キ審議シ若干ノ修文ト之ニ対スル観念ノ統一ヲ図リタル上要綱ヲ決定ス

渡欧ノ時機ハ三月上旬出発四月中旬帰朝ト概定ス

三　冒頭松岡発言

「リツペン」及「チアノ」ヨリ夙ニ渡欧ノ勧告アリ昨年暮ニハ是非来ル様要望シ来レリ

本案件ハ政戦両略一致ノ下ニ進ム必要アルヲ以テ提案シタル次第ナリ渡欧行動予定ハ「ベルリン」「ローマ」ニ各二、三日「ロス」〔ロシア〕ニ一週間位ト考ヘアリ

陸軍ヨリ本案ニ対スル意見アリタルモ海軍ヨリハ返事ナキヲ以テ同意ト認メテ差支ナキヤ

陸海軍　行クコトニ異存ナシ　其時機ハ対仏印、泰基礎交渉成リタリ後ヲ可トス

総長　大島ニ瀬踏ミセシメタル後ヲ可トス

外相　独伊カ来イト云フ真意ハ相当疑問ナリ即チ

(イ)　独伊自分本位ノモノナリヤ

(ロ)　宣伝ノ為ナリヤ

(ハ)　日本ノ真意ヲ直接聞カントスルニアルヤ

等其真意ハ疑問ナリ

議会開会中ナルモ外務ハ総理ニ御願ヒシテ行

キ度　大島テハ瀬踏ミハ出来ヌ　俺カ行ツタラ相当ノ事ヲ言フト思フ　尚議会ニ於テ英米ヲ攻撃シタコトハ一見行過キノ様ニ思フカ自分ノ欧洲行キノ予備行為ナリ民間ニ於テハ英米ヲ刺戟スルトテ非難シテ居ルカ強イ意志ヲ以テ進ム必要アリト思フ

行ク時機ハ独ノ対英攻撃ノ前ヲ可トス

仏印、泰ノ見透シツキ次第即チ二月二十日頃調印ヲ終リ三月初メ出発、四月中旬ニ帰朝スル予定ナリ

以上ヲ以テ渡欧ニ異存ナク其時機モ亦差支ナキコトニ決定ス

海相　随員ハ如何ニスルヤ

外相　沢山連レテ行キ度　貴衆両院二名、財界言論界数名、大政翼賛会若干名ト予定シアリ「オツトー」モ多キヲ希望ス

海相　海軍トシテハ一名、「クリーエル」程度ヲ可トスヘシ

陸軍　先方ニ人モアリ研究スヘシ　ソンナニ多クスル必要ナカルヘシ

四　次テ各項ノ研究ニ入ル

二ノ(一)ニ就テ

外相　一年ニ石油百万屯取レルニ拘ラス現況ハ十万屯モ難シイ状態ナリ

海相　左ノ二案ヲ提案ス

第一案

最初五年間一五〇万屯取得次テ次ノ五年間一五〇万屯買収ス

第二案

日「ソ」国交順調ナラハ独ノ保障ニ依リ十年間ニ三〇〇万屯買収ス

外相　将来研究スヘシ

(二)(三)(四)ニ就テハ意見ナシ

(五)ニ就テ（漁業問題）

外相　本件ハ(一)ニアル如ク北樺太ヲ買フ案ナルヲ以テ自然解決スヘシ　別ニ研究ノ要ナシ

(六)ニ就テ（輸送力増強ノ件）

陸海軍　「シベリヤ」鉄道ノ輸送力ヲ過度ニ大ナラシムルハ国防上関係大ナルヲ以テ注意ヲ要ス

外相　現在ノ輸送力一年ニ六〇乃至七〇万屯ニ過キ

ス之テハ困ル本案ハ此ノ数量ヲ若干増大シ様トスルモノニシテ大ナル数量ニアラス

三ニ就テ

陸軍　民族独立ノ件ハ朝鮮ノコトモアルカラ慎重ナルヲ要ス

外相　百年ノ大計ヲ考ヘタルモノナリ朝鮮ノ件ハ分ツテ居ル

四ニ就テ

外相　本件モ百年ノ大計ヲ考ヘタモノテアルカ「リツペン」モ之ヲ考ヘテ居ルノテ之ニ調子ヲ合セハ様ト云フ気持ナリ

五ニ就テ

陸海軍　米ノ参戦ヲ不可能ナラシムル行動ニ付独ト諒解ヲ遂ケルト云フコトハ極メテ慎重ナルヲ要ス本件ニ関シ軽々ニ言質ヲトラレテハ困ル

外相　兵力行使ノコトニ就テハ一人テ決メル様ナコトハ絶対ニシナイ

六ニ就テ

外相　独ノ「ソ」牽制ニ就テハ将来ノコトヲ考ヘ永久的ニ牽制ヲ実行スルコトニ就キ独ト話合スル必要アリ

海相　外相単独テ協定ヲ造ラヌ様充分慎重ニセラレ度

外相　先般「スターマー」来朝ノ際「ソ」ヲ日本ト挟撃スルヤ同盟ニ引入ルルヤニ関シ「リツペン」ニ研究ヲ要望シタトコロ「リツペン」「オツトー」共ニ即座ニ同盟ハ不可挟撃ヲ要スト答ヘタ次第ナリ

付テハ本件ニ関シ独ト慎重ニ話合フ必要アリト思フ

八ニ就テ

本件ハ論議ニ最モ多ク時間ヲ要シ結局之ヲ削除シ「支那全面和平ノ促進ニ就テハ尚独ト懇談ヲ遂ク」ト修文ス

議論ノ要点左ノ如シ

外相　支那戦線ヲ縮少シ南方ニ根ヲ下ス必要アリ換言スレハ南方ニ根ヲ下サナケレハ支那事変ハ解決セス根ヲ下ス為ニハ国力ヲ要ス之カ為支那戦線ハ縮少スルヲ可トス

総長　右外相ノ意見ニ対シ総長ハ長時間外相ト論議シ戦線ヲ過度ニ縮少セハ事変解決不可能ナル

旨強調ス

岡局長　外相ノ戦線縮少南方進出案ニハ絶対反対ナリ

海相　外相案ハ支那事変ニ深入リセヌ前ノ考ヘテ今トナツテハ南方ニハ進ムカ兵ヲ用ヒスシテヤル必要アリ

換言スレハ南方ニ出ルトスルナラハ支那事変ヲヤリ直シタル後テナケレハナラヌト云フコトニナル

武藤局長　松岡案ニヨレハ事変ハ却ツテ長期トナル

外相　然ラハ支那事変ニ対シテハ経費ヲ成ルヘク少クスル手ハナイカ

海軍　海軍ノ第一線消耗ハ一年ニ六千万円程度他ハ全部貯蔵ナリ

陸軍　陸軍ノ消耗ハ十七、八億見当他ハ貯蔵ナリ

右ニ依リ外相ハ戦線ノ縮少ハ必スシモ経費ノ縮少トナラサル旨諒解ス

以上ヲ以テ戦線縮少案ハ否決セラレ修文スルコトトナル

本件議論中従来懇談会席上殆ト発言スルコトナキ総理モ発言シ戦線縮少反対ナル旨述ヘタリ

九ニ就テ

外相　自分ハ勝手ニ条約ヲ造ル様ナコトハセヌ

対独、伊、蘇交渉案要綱

昭和一六、二、三
連絡会議決定

一、蘇聯ヲシテ所謂「リツペントロツプ」腹案ヲ受諾セシメ右ニ依リ同国ヲシテ英国打倒ニツキ日、独、伊ノ政策ニ同調セシムルト共ニ日、蘇国交ノ調整ヲ期ス

二、日、蘇国交調整条件ハ大体左記ニ拠ル

(一)独逸ノ仲介ニ依リ北樺太ヲ売却セシム

若シ蘇聯カ右ニ不同意ノ際ハ北樺太利権ヲ有償放棄スル代リニ向フ五ケ年間二百五十万頓ノ石油供給ヲ約サシム尤モ之カ為要スレハ我方ニ於テ北樺太ニ於ケル原油増産ヲ援助スルモノトス

右両者ノ何レニ依ルヘキカハ事態如何ニ依リ決定ス

(二)帝国ハ蘇聯ノ新疆外蒙ニ於ケル地位ヲ了承シ蘇聯ハ帝国ノ北支蒙疆ニ於ケル地位ヲ了承ス新疆外蒙ト蘇聯トノ関係ハ蘇、支間ニ於テ取極メシムルモノトス

(三)蘇聯ヲシテ援蔣行為ヲ放棄セシム

(四)満、蘇、外蒙間ニ速カニ国境劃定及紛争処理委員会ヲ設置ス

(五)漁業交渉ハ建川提案（委員会案）ニ依リ妥結ニ導ク尤モ漁

業権ハ日、蘇国交調整上必要ナレハ抛棄シテ差支ナシ
㈥日、独通商ノ為相当数量ノ貨物輸送ニ必要ナル配車ヲ為シ且運賃ノ割引ヲ約セシム
三、帝国ハ大東亜共栄圏地帯ニ対シ政治的指導者ノ地位ヲ占メ秩序維持ノ責任ヲ負フ
右地帯居住民族ハ独立ヲ維持セシメ又ハ独立セシムルヲ原則トスルモ現ニ英、仏、蘭、葡等ノ属領タル地方ニシテ独立ノ能力ナキ民族ニ付テハ各其能力ニ応シ出来得ル限リノ自治ヲ許与シ我ニ於テ其統治指導ノ責ニ任ス
経済的ニハ帝国ハ右地帯内ニ於ケル国防資源ニ付優先的地位ヲ留保スルモ其他ノ一般的通商企業ニ付テハ他ノ経済圏ト相互的ニ門戸開放機会均等主義ヲ適用ス
四、世界ヲ大東亜圏、欧洲圏（「アフリカ」ヲ含ム）米洲圏、蘇聯圏（印度、「イラン」ヲ含ム）ノ四大圏トシ（英国ニハ濠洲及「ニュージーランド」ヲ残シ概ネ和蘭待遇トス）帝国ハ戦後ノ媾和会議ニ於テ之カ実現ヲ主張ス
五、日本ハ極力米国ノ参戦ヲ不可能ナラシムル趣旨ヲ以テスル行動施策ニ付独逸当局トノ諒解ヲ遂ケ置クコトトス
六、独、伊特ニ独ハ蘇聯ヲ牽制シ万一日満両国ヲ攻撃スルカ如キ場合ニハ独、伊直チニ蘇聯ヲ攻撃ス
七、日本カ欧洲戦争ニ参加スル場合ニハ独、伊等味方諸国間ニ単独不媾和協定ヲ締結ス
八、支那全面和平ノ促進ニ就キテハ尚独ト懇談ヲ遂ク
九、松岡外相ハ渡欧ノ上独、伊、蘇各国政府ト交渉シ前記要領ノ貫徹ニ努力シ要スレハ条約ヲ締結ス

「リッペントロップ」腹案内容

日、独、伊ヲ一方トシ「ソ」聯邦ヲ他方トスル取極ヲ作成シ
一、「ソ」聯ハ戦争防止、平和ノ迅速回復ノ意味ニ於テ三国条約ノ趣旨ニ同調スルコトヲ表明シ
二、「ソ」聯ハ欧亜ノ新秩序ニ付夫々独、伊及日ノ指導的地位ヲ承認シ三国側ハ「ソ」聯ノ領土尊重ヲ約シ
三、三国及「ソ」聯ハ各々他方ヲ敵トスル国家ヲ援助シ又ハ斯ノ如キ国家群ニ加ハラサルコトヲ約ス
右ノ外日、独、伊、「ソ」何レモ将来ノ勢力範囲トシテ日本ニハ南洋、「ソ」聯ニハ「イラン」印度方面、独ニハ中央「アフリカ」、伊ニハ北「アフリカ」ヲ容認スル旨ノ秘密了解ヲ遂ク

二月五日第九回連絡懇談会

「タイ」仏印国境紛争調停要領ノ件

一　出席者　総理、平沼、陸海外三相、参謀総長、軍令

部次長、富田書記官長、陸海軍務局長、南洋局長

二　南洋局長所要ノ説明ヲナシ次テ審議ス

三　左記審議ノ結果別冊泰、仏印国境紛争調停要領ヲ決定ス

1　一、ノ「仏印ヨリ」ヲ「仏国ヨリ」ニ改ム

2　三、ノ(ハ)ノ次ニ(ニ)トシテ「泰、仏印両国ニ対シ第三国トノ間ニ軍事的政治的協力ニ関スル協定ヲナササルコトヲ約セシム」ヲ入ル本項ニ於テ経済的協力ヲ入レサリシハ現ニ進行中ナルカ故ナリト外相説明ス

3　参謀総長発言シ

泰仏印ニ対スル協定ハ好機ヲ捉ヘテヤルコトニナリアルモ時機ヲ失セサル様特ニ含ミ置カレ度旨ヲ述ヘ特ニ澄田機関ヨリモ要求ヲ小出シニセサル様具申アリシ旨ヲ附加ス

尚沙魚涌ノ上陸作戦ハ経済封鎖ヲ目的トセルモノニシテ対支経済持久戦ノ今日陸海外協力一致シテ右経済戦ヲ実行シ度キ希望ヲ開陳ス

「タイ」仏印国境紛争調停要領

一　調停ノ形式

仏国ヨリ一方的ニ失地ヲ返還スルノ形式トセス「タイ」ヨリモ若干ノ譲歩ヲナサシメ以テ互譲ノ形式トス

二　調停基礎案

別紙ノ通リ

三　帝国ノ保障

(イ)「タイ」仏印間新条約ノ規定ノ遵守及「タイ」仏印間国境ノ静謐ノ保障

帝国ハ東亜共栄圏ニ於ケル指導的地位ニ鑑ミ「タイ」仏印間新条約ノ規定ノ遵守及「タイ」仏印間国境ノ静謐ニ付保障ヲ与フヘク右保障者タルノ地位ヲ仏「タイ」両国ヲシテ容認セシム

(ロ)帝国委員ノ署名調印

其為帝国ハ其調停委員ヲシテ今次締結セラルヘキ「タイ」仏印間国境調整条約ニ関スル保障宣言ニ署名調印セシム

(ハ)保障義務ノ履行ニ必要ナル諸般ノ便宜ヲ供与セシム（秘密交換公文）

(ニ)泰仏印両国ニ対シ第三国トノ間ニ軍事的政治的協力ニ関スル協定ヲナササルコトヲ約セシム

四　国境ノ静謐及調整ニ伴フ諸問題

国境劃定ニ関スル混合委員会ニ対スル帝国ノ参加

調停基礎案（国境調整ニ関スル件）

一　仏側ニ対スル接衝案、（仏印ヨリ「タイ」ニ帰属セシムヘキ地域）

（第一案）　一九〇四年二月十三日暹羅国「フランス」国間条約第一条及第二条ノ規定ニ依リ仏領印度支那ノ領域ニ編入セラレタル「メコン」河右岸ニ位スル「ルアン・プラパン」地方全部及「パクセ」地方ノ全部

但シ「パクセ」地方ノ「トンレ・サップ」湖ニ接属スル三角地域ノ一部ヲ除外ス

（第二案）　前記「ルアン・プラバン」地方全部及「パクセ」地方ノ中「スツン・メマイ」河ノ右岸ニ位スル部分ヲ除ケルモノ

（第三案）　前記「ルアン・プラバン」地方全部及「パクセ」地方ノ中「メコン」河ト「ラオス」「カムボジヤ」国境線トニ囲マレタル部分（別図）

（別図）

二　泰側ニ対スル接衝案（泰ヨリ仏印ニ帰属セシムヘキ地域）

（第一案）　従来「タイ」仏印間ニ係争中ノ「メコン」河内ノ島嶼全部及河成層全部及「アラシヤ」附近突出部（別図）

（第二案）　前記「メコン」河内ノ島嶼及河成層全部

（第三案）　前記「メコン」河内ノ島嶼及河成層ノ若干部分

（第四案）　前記ノ分割案ノ外「ルアン・プラバン」ニ於ケル「チーク」伐採権ヲ仏ニ与フルコトヲ考慮ス

前記一及二ニヨリ双方ノ腹ヲサグリ調停案ヲ作製シナルヘク妥協ニ導ク

二月十三日第十回連絡懇談会

一　出席者総理ヲ除ク外前回ト同シ

二　外相国際情勢ニ就キ説明特ニ「イーデン」ト重光大使トノ話合内容之ニ対スル外相ノ意見ヲ述フ

三　次テ外相泰仏印交渉ノ概況ニ就テ述ヘ懇談ニ移ル

四　総長　東京会談ノ目途如何

外相　泰ハ大キナ事ヲ云ウテ居ルカ結局ハ「ルアンプラバン」「パクセ」ト一九〇七年失地ノ若干ヲ泰側ニヤルコトニナルタロウ

総長　泰ヲ無理押シシテ調停ヲキカシテモ「ピブン」ノ国内ニ於ケル不信ヨリ「ピブン」カ失脚スル様ニナルコトヲ虞ル飽迄英米側ニ赴カナイ様ヤル必要アリ

外相　其根本ニ就テハ充分承知シアリ英米ハ相当策謀シ交渉ノ決裂若ハ遷延ヲ策シアルカ如シ

総長　失地回復ハカリテナク経済方面ニ於テモ英米ハ相当力ヲ入レテ居ル様タカラ日本モ経済上相当ノ援助ヲ泰ニ与ヘル必要アリ

五　総長ハ更ニ雷州「ルート」輸入ノ状態ヲ詳説シ香留「ルート」遮断ノ結果ニ鑑ミ本「ルート」モ遮断スルノ必要アルヘク何レ仏国ニ租借地内軍隊通過ニ関シ申入ヲ行フコトトナルヘキニ付外務側ニ於テモ最少期間内ニ交渉ヲ妥結セシメラルル様予メ含ミ置カレ度

二月二十日第十一回連絡懇談会

仏印、泰紛争帝国調停案ニ対スル回答督促ノ件

一　出席者　平沼、陸海外相、参謀総長、軍令部次長、書記官長、陸海軍務局長、南洋局長

二　外相先ツ発言シ十七日午後五時半ヨリ第三回非公式調停会談ヲナシタル事ニ就キ説明（第三回非公式会談要旨参照）シ懇談ニ移ル

三　外相　特ニ「イエス」カ「ノー」カ、ハッキリ返事ヲスル様要求シテアル尚日限ヲ附スルコトハ最後通牒トナルカラ成ルヘク速ニト申渡シアリ泰カラハ恐ラク本日中ニ回答カアルコトト思ッテ居ル

南洋局長　泰側ニ於テハ自分ノ土地ヲ取ルノニ一千万「バーツ」ノ金ヲ出ス様ナ馬鹿気タコトハナイト随員カ言ウテ居リマス

外相　昨日別ナコトテ仏「アンリー」カ話シニ来タ際、返事ヲ急ケト述ヘタ所「アンリー」ハ「仏印トシテハ「ルアンプラパン」「バクセ」ノ外ニ更ニ大キナ土地ヲ譲渡スル事ニナッテハ安南人カ仏印ヲ軽蔑シ国内カガタツク調停ハ、ウマク行ッテモ国内カガタツイテハ困ル」ト言ウタノテ「泰ハ英ノタキツケモアルノテ戦勝者ノ気持テ居ル従ッテ相当ノ要求カ充足セラレナケレハ国内カグラツクダラウ之等ノ事モ克ク併セ考ヘテ返事ヲスル様」申渡シテ置イタ

陸相ハ別紙発言要旨ニ基キ次ノ如ク発言ス

二週間二週間ト延シ今度延ハセハ三度目トナルノテ益々解決カ困難トナルバカリテナク仏ノ遷延策ニ乗セラレル事ニナル二十五日迄ニ一切解決カツク様セネハナラント思フ

外相　ソウスレハ事ハ泰仏印ノミテナク大キクナルカソレテモヨイカ（総長ハ松岡カ陸海軍ノ気

持ヲソレトナク打診シテ居ル如ク感想ヲ抱ケリ）

海相　本問題テ大戦争トナルコトハ避ケネハナラヌカ成ルヘク早クヤツテモライタイ

外相　二十五日迄ニ出来ナケレハドウスル

総長　二十五日迄ニ目途ヲツケナケレバナラヌ、二十五日迄ニ目途カツケハ後ハ技術上若干延ヒテモ已ムヲ得ナイ兎ニ角二十五日迄ニヤツテ呉レ

南洋局長　二十五日迄ニ目途ヲツケルトスレハ東京テハ二十三日位迄ニキメテハ如何テス

総長　二十三日迄ヲ可トス

外相　二十三日迄テハ難シイ

以上ヲ以テ期日ヲ延ハスハ不可成ルヘク早クスル事ニ大勢ノ意見一致シ外相ハ「本日「アンリー」ヲ招致シ早ク返事ヲスル様督促ス返事アレハ臨時ニ懇談会ヲ開ク事ト致シ度」旨述ヘタルモ明確ニ期限ヲ附スルコトニ決定スルニ至ラス

総長　仏、泰両国カ、キイタ場合キカナカツタ場合等ノ措置ニ就キ外務側モ予メ研究シ置カレ度統帥部トシテモ研究シアリ

外相　泰カ承知シ仏印カ承知シナイ場合ニハ仏印ニ対シ独逸ヨリ威圧ヲ加ヘル、泰カ承知セス仏印カ承知シタ場合ハ外交ヲ以テ泰ヲ説得スル、ドチラモ承知セヌ場合兵力ヲ使フ様ニナルト思フ

総長　第一ノ泰カ承知シ仏印カ承知セヌ場合独逸カラノ威圧バカリテナク兵力ヲ行使スル必要カアルト思フ

外相　兵力使用、兵力使用ト云フカ物カ取レナクナルカヨイカ

以上ノ如クニシテ大角大将葬儀ノ時間トナリ懇談ヲ中止ス

別　紙

(一)本二十日連絡懇談会席上紛争調停ニ関シ参謀総長ノ発言要旨

紛争調停会議ヲ二十五日以降ニ延期スルハ彼ノ遷延策ニ乗セラルルノミニシテ結局会議目的ノ達成ヲ期シ得サルヘク帝国政府ノ断乎タル態度ヲ示サレ度

仏印、泰側ニ最後的期限ヲ附シテ返答ヲ求ムルモノトセ遅クモ二十三日中トシ二十五日迄ニ若干ノ余裕ヲ存スルヲ可トスヘシ

(三) 二十日迄ニ仏印、泰側ノ返答ナキ場合爾後ノ調停要領腹案（外相トノ応答資料トス）

一　泰カ容認シ仏印カ容認セサル場合

イ　更ニ最短期限（二日間）ヲ附シ仏国ニ反省ヲ求ムルト共ニ聴カサル場合ニハ武力ヲ行使スル如ク諸準備ヲ整ヘ且威圧ヲ重加シ容認セシム而シテ尚応セサルニ於テハ武力ヲ行使ス

二　仏印カ容認シ泰カ聴カサル場合

若干泰側ニ有利ナル如クシ仏印側ニ納得セシム泰ニシテ尚聴カサル時ハ外交的ニ威嚇ス

三　仏印及泰共ニ応セサル場合

前二項ニ準シテ措置ス

二月二十三日第十二回連絡懇談会

爾後ノ泰、仏印紛争調停措置要領ノ件

一　出席者　総理欠席、南洋局長出席

二　先ツ外相其後ノ交渉経過ニ就キ説明シ且泰側ノ保留条件ニ就キ左ノ如キ見解ヲ述フ

1　「メコン」河ノ最深部ヲ以テ境界トナス件ハ国際慣習上一応首肯セラルヘキモ島ノ帰属カ問題トナルヘシ

2　一千万「バーツ」ノ補償金ハ仏側ニ是非渡シ度寧ロ一千五百万「バーツ」ニ増額方ヲモ考慮シアリ

3　「アンコールワット」「コー」「コン」島ノ譲渡ヲ泰側ニ忍ンテ貰ハネハナラヌ

4　「ラオス」地方ノ将来ニ於ケル保障ハ秘密諒解ト致シ度

三　外相　仏側ニハ速カニ回答スル様促シ置ケリ仏外相「パリー」ニ行キ二十一日夕ニ「ヴシー」ニ帰還シタ筈、従ツテ或ハ返事カ遅レルカモ知レヌ「ルアンプラパン」「パクセ」ハ譲渡スルト思フカ一九〇七年ノ地域ハ恐ラク不同意ヲ主張スルモノト思フ

尚大島カ本日「リツペン」ト会フ、此ノ結果ヲ聞キ之ヲ仏側ニ移シ利用スルヲ可ト思フカ時間的ニ間ニ合ハヌト思フ

陸相　独逸ニ依存スルハ考ヘ物ナリ

外相　利用出来ルダケ手段ヲ尽シタ方カヨイト思フ

而シ時間的ニ間ニ合ハンカモ知レヌ

右問答ノ後外務省提案ノ「爾後ノ泰、仏印紛争調停措置要領」ノ審議ニ入ル

四　総長　泰ヨリ補償金ヲ出スノハ一考ヲ要ス原案ハ泰ニ力ヲ入レテヤルト云フノカドウカ

外相　調停ハ公正ノ態度ヲ取ラナケレハナラヌ

陸相　公正ト云フモ重点ハ泰テナケレバナラヌ

外相　泰人ハ支那人式ノ考ヲスルカラ大キナ事ヲ云ウモ之ヲ逐次ネギリ又ハ掛引ヲセネバナラント思フ

右問答中「アンリー」来リ回答ヲ提示ス

外相　「アンリー」トノ会談要旨ヲ説明ス

「アンリー」　政府ハ「メコン」河右岸ノ二地区即チ「パクライ」「パクセ」ヲ泰側ニ返還スルコトニ異存ナシトシテ回答シ更ニ「アンリー」個人案トシテ「パクセ」ノ境界線ハ南ノ山麓迄ヲ泰側ニ入レルコトヲ変更シテモ宜シイ又個人ノ心持トシテハ一千万「バーツ」ノ補償金ハ御断リシ度ト思フ

「カンボチヤ」ヲ泰ニ返スコトハ同地方ノ住民カ泰人デナク「カンボチヤ」人テアル関係上オサマリガツカヌ、余リ大ナル地域ヲ要求スルトハ日本トシテモ仏ニ対シ余リヒドスキルデハナイカ

外相　英カ泰ヲオダテルノテ泰ノ戦闘意識ハ強化シツツアル仏印トシテモ注意スル要アルヘシ

「アンリー」　泰ヲオダテテルノハ日本デハナイカ日本ガ大変オダテテ居ル

外相　日本ノ調停案ハ両国ノ意見ヲ聞キ立案シタモノテアツテ仏国案ハ仲々泰側カ応セサルヘシ斯クシテ両国共ニ之ニ応セサル場合ニハ大変ナ事ニナル

「アンリー」　「カンボチヤ」ヲ泰ニ譲ルコトハ其住民ノ関係上容易ナコトテハナイ

外相　二十五日ニ停戦期間カキレルカラグズグズスルト大変ナ事ニナル、泰ノ希望ヲ容レナケレバ調停ハ纒マラヌト思フ、ヨク考ヘラレ度已ムヲ得ナケレハ日本ハ手ヲ切ル

「アンリー」　私モ心配シテ居マス

以上ハ之ヲ要スルニ補償金ハ不要ナルモ一九〇七年ノ失地ニ関シテハ同地方ニハ「カンボチヤ」人居ル故統治上之ヲ譲渡スルコトハ困難ナル旨ヲ主張シタルニアリ

右回答聴取ノ上懇談ヲ続行ス

海相　成ルヘク兵力ヲ行使セスニ外交テヤツテ貰イ度イ

「アンリー」ノ返事モアツタ故原案ヲ修正シテ一案ヲ造リ仏側ノ反省ヲ促スコトニシテハ如何

又一九〇七年ノ地域ハ原案ノ儘之ヲ泰ニ譲リ非武装地帯トナシ同地域ノ「カンボチヤ」人ハ泰国人ト同等ノ取扱ヲナスコトニ決定ス

外相　二十五日停戦期間カキレルガ更二十日間位延ハシ度イ

総長　既ニ二回延長セリ外交技術上ハ長キヲ可トスヘキモ為之仏国ノ遷延策ニ引摺ラレ彼ノ作戦準備ヲ与フル危険モアリ予ハ最少限一週間ヲ可ト思フ

又第五項最後案ニ対シテ両国カ応セサル場合ノ処置ニ関シテハ別ニ定ムルトアルカ此ノ場合ハ武力ヲ行使スル如ク既ニ定メラレアルモノト解スルカ如何

海相　対仏印、泰施策要綱決定ノ当時トハ英米ノ情況モ泰、仏印ノ情況モ異ナツテ居ルカラ兵力ヲ行使スルカシナイカハ更ニ研究ヲ要スル

総長　之ハ既ニ対仏印、泰施策要綱ニ於テ既ニ決定セラレテアル

次長　「軍令部総長宮殿下ノ御考ヘヲ申上ケマス」ト冒頭シ発言ス

兵力行使ハ万已ムヲ得サルトキノ処置ニシテ此際英米ト事ヲ構フルハ避ケラレ度

兵力ヲ用フル場合ト手ヲアゲル場合(対仏印、泰施策ノ後退ヲ意味スルナラン)トヲ比較研究スレハ手ヲアゲル方カ害カ少イト思フ従ツテ手ヲアゲル方カ武力行使ヨリモ宜シイ

海相　手ノアゲ様ニモ英米ノ出方ニ依リ色々アリ

右ノ如ク海軍側ハ兵力行使ヲ極力避ケ度意志表示ヲナセリ

総長　武力行使ヲスルナラハアマリ期日ヲ延ハスコトハ彼ニ準備ノ余裕ヲ与ヘ我作戦ハ困難トナリ此間英米モ更ニ一層策動スルコトニナリ不利ナリ

武藤局長　仏側ハ現ニ遷延策ヲ取リツツアリ

「我外務省モ然ラスヤ」ト皮肉ヲ発セリ

更ニ最後ノ提示案ヲ協定シ別紙「爾後ノ泰、仏印紛争調停措置要領」ヲ決定シ左ノ如キ措置ヲ採ルニ決ス

一　二十四日午後三時外相本件上奏（二十三日中ニ総理ノ諒解ヲ求ム）午後五時両国ニ最後案ヲ提示ス

二　二十三日　十日間停戦延期ノ件ヲ両国ニ通告ス

爾後ノ泰、仏印紛争調停措置要領

昭一六、二、二三
連絡懇談会決定

仏泰両国カ帝国ノ調停案ヲ受諾セサルニ付テハ

一　仏泰ノ言分ヲ考慮シ原案ヲ基礎トシ帝国ノ最後案ヲ作成ス

二　右我方最後案ヲ両者ニ提示シ期限ヲ（外務省ニ於テ研究ス）附シテ応諾ヲ求ム

停戦期間ハ余裕ヲ見積リ今回ヲ最後トシ更ニ十日間延期ス

三　仏ニ対シテハ右最後案提示ト共ニ外交的、軍事的威圧ヲ強化ス

（註）強化スヘキ威圧行動ノ概要左ノ通

飛行機ノ増遣

居留民ノ引揚準備

仏印入泊艦艇ノ増加

四　最後案不成立ノ場合ヲモ予想シ速カニ其対策ヲ定ム

対策トハ軍事上、外交上ノ対策ニシテ軍事上ノ準備ヲモ含ミアリ

備考

一　最後案ノ腹案

㈠譲渡地域ハ原案ノ通トス但シ其ノ内一九〇七年ノ条約ニ係ル地域ハ非武装地帯トナシ「カンボチヤ」人ヲ泰人ト同等ノ取扱ヲナサシム

㈡一千万「バーツ」ノ補償金ハ廃シ外交交渉上ノ資トナス

二　右総理ノ同意ヲ得テ二十四日午後三時上奏、同五時両国ニ提示ス

三月二日第十三回連絡懇談会

仏側カ最後調停案ヲ受諾セサル場合ノ措置ノ件

一　総理私邸　出席者全員　午後五時開始同七時三十分終了

二　先ツ外相ヨリ其後ニ於ケル泰、仏印ト松岡、松宮ト

ノ会談内容ニ関シ説明ス
外相ハ会談ノ結果ニ鑑ミ「アンリー」ニハ外交上相当ノ権限ヲ附与セラレアリ又本二日ノ外相提案ニ対スル回答ハ三日遅クモ四日ニハアルヘシト判断セリ

三　参謀総長仏側応諾セサル万一ノ場合ニ処スル準備ヲナス要アリトテ別紙「仏側カ帝国ノ最後調停案ヲ応諾セサル場合ノ措置」案ヲ提議ス
本提案ハ左ノ三点ニ就キ話合ヲ経タル上之ヲ原案通リ決定セリ
(一)第一項ノ「三月五日正午ヲ限リ」ノ件
外交的ニハ一日一日ト期限ヲ附シ回答ヲ求メアルヲ以テ三月五日正午ヲ先方ニ示ス必要ナク当方ノ覚トナスヲ可トスル外相ノ意見ヲ承認ス
(二)第六項最後調停案ノ件
最後調停案ヲ変更セサルコトニ就キテハ外相、二月二十四日決定其ノママテハ外交ノ余地ナシ、アレデヤレト云フノデハ我輩ノ手練手管ノ余地ナシト主張セルニ対シ軍部側全員ハ非常ニ変ラヌ範囲ナラハ差支ナキモ手練手管ハ不可
又第五項ニ於テ泰側ニ最後調停案所定国境線ヲ越エサル範囲内ノ行動ノ自由ヲ認メアル以上二月二十四日ノ最後調停案ヲ過度ニ変更スルハ不合理ナル旨主張ス
尚今後ニ於ケル調停ト云フコトハ七日迄ノコトニシテ八日以降ニ於テハ二十四日決定ノ調停案ニテハ不適当ナリ等ノ意見モアリシカ是勿論ノコトナルヲ以テ外相本件ヲ承認ス
(三)外相提案ノ七日ニ至リ外交交渉不成立ノ場合ハ次ノ二条件ヲ両国ニ示シ居中調停ヨリ手ヲ引クノ件
(1)両国直接交渉ナスヘカラス
(2)第三国ノ介入ハ排ス
右提案ニ対シテハ此ノ如キ場合ニハ武力調停ヲナスコトニ既ニ決定シアリ今迄ハ武力カ背後テ外交カ第一線外交不成立トナラハ武力カ第一線ニ出テ武力調停トナル武力成功セハ再ヒ外交カ第一線ニ出ル本件ハ御裁可アリシ「対仏印、泰施策要綱」ニ明示セラレアル所ナリトテ軍部側同意セス

四　上奏ノ時機ニ関シテハ明三日若クハ明後四日迄ニハ回答アルヘシトノ外相ノ判断ニ基キ交渉不成立ノ措置ヲ過早ニ申シ上ケテ宸襟ヲ悩マシ奉ルハ恐レ多キ故更

ニ若干模様ヲ見テ上奏スルコトハ全員意見一致決定ス

五、本懇談会ニ於ケル総長所見

本会議ニ於テハ事前ニ陸海省部ノ間ニ於テ充分ナル時間ヲ使ヒ事前研究ニ遺憾ナキヲ期シタル為前回ノ如ク総長ノ発言ニ対シ軍令部次長、海相等カ兵力行使ノ根本ニ就キ不統一ナル発言ヲナシタルニ比ヘ陸海意見ノ一致ニ関シ格段ノ差アリ結果ハ極メテ良好ナリ例ヘハ前回ニハ御裁可アリシ「対仏印、泰施策要綱」策定当時ノ情勢ト現下ノ情勢トハ異ナリアルヲ以テ武力行使ハ研究ヲ要スル旨述ヘタル海相スラ同要綱ノ兵力行使ノ条項ヲ取リ出シ松岡ニ直接談シ込ミタルカ如キ或ハ参謀総長カ提案理由ヲ説明シタルニ対シ陸相海相カ機ヲ失セス之ヲ支援スルカ如ク発言シタル等之ニシテ一ニ事前準備カ完全ナリシニ因ル

仏側カ我最後調停案ヲ応諾セサル場合ノ措置

昭和一六、二、二
連絡会議決定

一　帝国ハ仏側ニ対シ三月五日正午ヲ限リ其ノ再考ヲ求ム

二　仏印ニ対スル武力示威ヲ強化スルト共ニ西貢方面居留民及監視員ノ引揚ヲ開始シ停戦期間内ニ於テ之ヲ完了スル如ク措置ス

武力示威ハ航空兵力ヲ以テ之ヲ行フ

三　三月五日ノ回答期限ニ至ルモ仏側ニシテ帝国ノ最後調停案ヲ応諾セサル場合ハ帝国ハ仏印ニ対シ武力ヲ行使ス

右武力行使ニ方リテハ昭和十六年二月一日　御裁可ノ対仏印、泰施策要綱第三要領第五号第三項ニ準拠スルモノトス

四　武力ノ発動時機ハ三月八日以降トシ対仏印作戦準備ノ進捗ニ応シ之ヲ定ム

但シ三月八日以降ト雖モ仏側ニシテ我調停案ヲ応諾スルニ於テハ武力行使ヲ中止ス

五　仏側カ三月五日ニ至ルモ我調停案ヲ受諾セサル時ハ帝国ハ泰ニ対シ三月八日以降泰カ最後調停案所定国境線ヲ越エサル範囲ニ於テ領土ノ接収其ノ他行動ノ自由ヲ是認ス

泰ニ対シ兵器、軍需品又技術指導ノ軍事援助ヲ与フ

六　今後ニ於ケル調停ニ方リ停戦期間竝ニ調停最後案ヲ変更スルコトナシ

註(イ)第四項ニ関シ部隊進発後ニ於ケル措置ニ付テハ当時ノ情勢ニ応シ之ヲ定ム

(ロ)最後調停案トハ二月二十四日提示セルモノトス

陸、海了解事項

泰側ニシテ欣然二十八日ノ調停試案ヲ受諾セル場合ハ該試案ヲ以テ調停最後案トス

三月五日第十四回連絡懇談会
仏印、泰紛争調停終結ノ件

一　於総理官邸、出席者前回ト同シ
二　外相其後ニ於ケル交渉経過ヲ説明ス
会議中仏大使会見ヲ求メ来リ十一時ヨリ十二時迄外相「アンリー」ト会談「別紙会談要旨参照」
右会談ノ結果ニ基キ会議ヲ続行シ左記三件ヲ決定ス
1　原則的ニ妥結セル旨左記三国共同「コンミユニケ」ヲ発表ス　日本政府ヨリ提示セラレタル調停案ハ三月六日午後二時其主要ナル件ニ就キ仏、泰両国政府ノ合意成立シ而シテ細目ニ関スル残余ノ諸点モ数日中ニ決定セラル、筈ナリ
2　仏ヲ説得シ日本ノ強制ニ依リ受諾スル旨ノ主張ヲ撤回セシム
3　停戦期間ハ此ノ上延長セサルモ其満了後ニ於テ両国軍ノ戦闘再興ヲ見サル様指導ス
三　尚調停原案ニ対スル仏側ノ保留条件中将来ノ保障竝「スツントレン」前面ノ返還ハ従来之ヲ認メアリシモ全割譲地域ヲ非武装地帯トスル件ヲモ承認スルニ決ス

松岡「アンリー」会談要旨

「アンリー」　日本カ強制ヲ加ヘルナラ受諾ス
松岡　日本カ主張スレハ受ケル意味カ
「アンリー」　違フ
松岡　武力行使スレハ受ケル意味カ
「アンリー」　黙ス
条約文ニ日本カラ強制サレタカラ受諾シタト記述セラレ度細部ハ「ロバン」ト松宮間ニ相談シテハ如何
松岡　如何ナル訓令来タリ有ルヤ
「アンリー」「強制サレタラ受諾セヨ」ト来タリアリ
松岡　貴官ヘハ相当広キ権限与ヘアリト解釈シアリ本日中ニ仮調印出来スヤ
「アンリー」　不可能ナリ、皆重要ナル事項ナリ
松岡　原則的ニ相互了解シ細目ハ引続キ交渉中ト発表致シ度
「アンリー」　シブシブ承諾

三月七日第十五回連絡懇談会
仏印、泰紛争調停ノ件

一　於総理官邸自午後五時半至同八時半出席者前回ニ同シ

二　要　旨

1　松岡外相ヨリ明八日正午迄考ヘタ末B案ヲ是ト考ヘタナラB案ヲ以テ調停案トスル如ク外相ニ一任セラレタキ旨強キ要望アリタル（ママ）陸海軍大臣並ニ両統帥部ノ一致セル強キ支持ニヨリ依然最後調停案一本鎗ニテ調停ヲ進ムル如ク決定ス。

2　昨日来ノ会談ノ結果ニヨリ仏本国ニ対シテハA案、泰国ニハB案、ニツキソレソレ本国ニ請訓中ナルヲ以テ両者ノ返答アリタル後更ニ連絡懇談会ヲ開キ帝国ノ最後態度ヲ決定スル事トス。

三　外相ヨリ昨日来調停交渉ノ経過説明

外相発言要旨

昨日来ノ交渉ノ結果予想セサル事カ出来タノテ、オ集リヲ願ツタノテアル「アンリー」ト会ツタ所何ウシテモ押付ケラレタト云フ事ヲ固持シテ居ル

何ウモ昨日来仏側ノ態度ヲミルニ仏ハ英ノ勝敗カ明白テナイノデ英カ勝ツタ時仏ノ英ニ対スル立場ヲ良クスル為押付ケラレテ厭々ナカラ同意シタノテアルト云フ考ヘカラ来テ居ル様タ　日本トシテ為シ得ル限リ非調停的態度ヲ止メテ平和的ニ交渉ヲ進メ度イ。

1　六日午後四時松岡「アンリー」会談

外相　調停原則ニ対スル仏側ノ条件中「ルアンブラバン」ノ突出部ヲ割譲スル事ハ認メル「コン」「コーン」島ハ泰ニヤレ勿論其ノ軍事施設ハ撤去セシメル　島ノ対岸ノ武装モヤラセナイ　非武装地域ハ全部ニ拡ケテモ宜シイ

「アンリー」　此ノ条件ハ一ツテモ聴イテクレナケレハ請訓ヲ要ス

外相　何処ヲ何ウシタラ宜イカ午後八時迄良ク考ヘヨ

2　午後八時松岡「アンリー」会談

外相　B案ナラハ直ニ調印スルカ

「アンリー」　調印スル

3　松宮　「ロバン」会談（六日夜）

「ロバン」　A案ニ対スル四ツノ条件ヲ認メテクレナケレハ私ハ止メテ帰ル　B案ナレハ絶対引受

ケル

4 松宮「ワンワイ」会談（七日午前四時）

「ワンワイ」B案ハ絶対不承知私ハ帰ル

5 松宮「ワンワイ」会談（七日午前十時）

外相 日本ノ名誉ニ協力スル為B案ニ同意シテハ如何

「ワンワイ」承知スル事ハ出来ナイ

外相 「ロバン」ト会ツテ話シ合ツテ見ヨ

右ニヨリ「ロバン」「ワンワイ」会談セルモ両者互ニ自己ノ所説ヲ固持シテ纏ラス

四 右交渉ノ経過説明ニ基ク懇談会ノ討議経過

以上ノ結果ニヨリ泰側ニ対シテハB案仏側ニ対シテハA案ニツキテ更ニ請訓セシム

外相 泰側カB案ヲ断ハル理由ハB案ニテ話カ纏マレハ必ス日本側カB案ノ海岸地帯ヲ軍事的ニ利用スル事ニナリ英ヨリイチメラレルノカ恐イタラウ

「ワンワイ」ハ支那人同様実ニ困ツタ人間タ本朝四時ニ松宮カ会ツタ時及午後「ロバン」ト会ツタ時ノ「ワンワイ」ノ態度ハ極メテ傲慢テアリ「ロバン」モ其ノ旨ヲ私ニ漏ラシテ居ル「ロバン」ハ将来アル人物テアル目下経済交渉中ナルニツキ相当買ツテヤラネハナラヌ

B案ハ「ロバン」ノ案テアル 将来ヲ考ヘテモB案カヨイト思フ明日昼頃迄考ヘタ結果B案カヨイト思ツタラB案ヲ任セヨ

陸海軍側不同意

外相 明日昼迄兎ニ角考ヘテ其レカラノ事ハ任セテクレ

陸相 其レテハA案ヲ出シテシマツタナト思ツテ居ルカB案ヲ考ヘツカナカツタノタ

陸海軍側 其レテハ困ル A案一本鎗テ行カネハナラヌ 既ニ新聞ニ出テキルシA案ノ内容ハ皆カ知ツテ居ル 今更B案ヲ出セルカ 国内外ニ対スル威信カ保テルカ 若シB案テ話カ纏レハ仏側ハ俺ノ案ニテ話カ纏ツタノタト出テ来ルニ違ヒナイ

外相 気狂ヒカ或ヒハ天才カモ知レヌカ明日昼迄待ツテ其レ以後俺ニマカセテクレ

内相 B案ノ返事カ来ル迄待テツハ何ウカ

陸海軍側　今ニナツテハ武力行使ハ急カナイノタ
　Ａ案ノ返事カ来ル迄待タネハナラヌ
外相　統師部ハ其レテヨキヤ
参謀総長　二三日位待ツテモ宜シイ
陸相　外相ハ「ロバン」ニ惚レテ居ルノテハナイカ
　外相ノ言分ニヨレハ八分通リＢ案テハナイカ
外相　イヤ四分六分トイフトコロタ
以上ノ如ク陸海軍部一致ノ反対ニヨリ仏及泰側ノ返事アリタル後帝国ノ最後態度ヲ決定スル事ニ決メラル
外相　又皆ヲ集メテ話ヲ決メルノハ面倒タカラ何トカ俺ニ任シテクレナイカ
総理大臣　決シテ面倒テナイ何時テモ集マル
外相　十日出発シテ欧洲ニ行ク予定タ
内相　ハツキリ決メテカラ出発セヨ
参謀総長所見
　1陸海軍大臣　両統師部カ全ク意見一致シテ居タ事前ニ於テ確カリ手ヲ握ツテ置ク事ノ必要ナ事ヲ痛感スル
　2松岡外相渡欧ニ就テハ何ヲ云ヒ出スカ分ラナイカラ統師部ノ考ヘカラ逸脱シナイ様ニ連絡会議テハツキリ統師部ノ意見ヲ云ヒ渡ス様ニシタイ　早ク陸海軍ノ意見ヲ取纒メヨ
　3外相ハ調停最後案ヲ堅持スルノ熱意カナイモノト思フ
　本日ハ陸海軍ノ一致セル強硬ナル意見ニ押サレテ渋々同意シタト云フ可キテアラウ　泰及仏側ノ返事カ来タ場合（遅クモ明後日中）ノ処置及態度ヲ予メ研究シテ置ク必要カアル
　万一ノ場合武力行使ニ関シテハ速カニ両統帥部間ニ意見ヲ纒メヨ

三月十一日第十六回連絡懇談会

仏印、泰紛争調停調印ノ件

一　於総理官邸自午前九時三十分至同十時三十分
二　外相発言
　紛争調停別冊（略ス）ノ通リ昨日決定ス但シ左ノ二点未決ナリ
　㈠本協定全部ノ公開ヲ希望セルニ仏国ハ希望セス
　㈡調印ハ三国代表集リ行フ如ク主張セルニ仏国ハ日仏、日泰代表間別個ニ行フコトヲ主張ス

右二件ハ大ナル問題ニアラス当方希望ノ如ク指導スヘシ

三　外相交渉妥結直前ノ会談要旨若干ヲ説明ス
「アンリ」ハ日本ノ強制ノ件及「コン」「コー」島ニ関シ主張ヲ反覆強調セリ
泰ハ非武装地帯ノ「カンボチヤ」限定及B案ノ海岸地域拡張ヲ主張セルモ之ハ既ニ話済ナル旨応酬セリ
泰モ「コン」「コー」島強調セルモ受ケツケス
又泰ハ軍事同盟ヲ提議セルモ此際本件ハ切離スヲ可トス若シ軍事同盟ヲ結ヘハ仏側ニハ保障ヲ与フルコトニナリアルヲ以テ差支アリ現在ノ協定（友好条約）ヲ敷衍スルノナラハ支障ナシ何レニシテモ今次協定ト軍事協定トハ切リ離スヲ可トスル旨述ヘオケリ
又「アンリー」ハ「ハノイ」ノ兵力二倍ニナツテ居ル速ニ返ス様セラレ度ト述ヘタルヲ以テ二倍ニナツテ居ルカハ知ラス交代兵力ハ行ツテ居ル軍ニ取次クヘシト応酬セリ（海軍ノコトニハ「アンリー」触レス）

四　別冊書類ハ交換公文トシテ調印シ之ニ基キ条約ヲ造ルモノトス

調停条項

一　解決案

一　仏国ハ左ノ地域ヲ「タイ」国ニ割譲ス
イ　千九百四年二月十三日ノ仏蘭西国暹羅国間協約第二条ニ定メラレタル地域
ロ　「バッタンバン」「プルサット」両州ノ州境以北及「シエムレアプ」「バッタンバン」両州境ノ南端「グラン、ラツク」湖ニ接スル拠点ヨリ経度線ニ沿ヒ北上シ十五Gノ緯度線トノ交会点ニ至リ右交会点ヨリ緯度線ニ沿ヒ東向シ「メコン」河ニ達スル線以北ノ「メコン」河右岸ノ飛地
（昭和十六年二月十七日交付セル附属地図参照）
尤モ「スツン、トレン」対岸小地域ハ之ヲ仏印側ニ留保ス
但シ其ノ境界線ハ別ニ之ヲ定ム

二　前記割譲地域ニ関シテハ
イ　全地域ヲ非武装地帯トス
ロ　全地域ニ於テ仏蘭西国民（市民、臣民及保護民）ハ入国、居住、営業ニ付「タイ」国国民ト絶対平等待遇ヲ享有ス
ハ　「ルアン、プラパン」対岸三角地帯ニ付テハ王室御陵ニ対シテハ充分尊敬ノ意ヲ表シ其ノ保存及参拝等ニ関シテハ出来得ル限リ王室ニ便宜ヲ供与ス
ニ　「メコン」河境界ニ付テハ最深部河底ノ原則ヲ厳守ス但シ「コン」及「コーン」二島嶼ハ両国ノ共同管理トシ同両島嶼ニ於ケル従来ノ仏国側施設ハ仏国側ニ属ス

二　附帯的了解事項

一　国境劃定ノ為メノ混合委員会設置
二　財産処分ノ問題
三　住民ノ国籍ノ問題
四　将来ノ紛争防止ニ関スル問題（非武装地帯ノ設定、帝国ノ実行監督等）
五　前記諸事項ノ実行ニ関スル帝国ノ協力及援助（仏「タイ」ノ便宜供与ヲ含ム）

昭和十六年三月　日

松岡大臣発「アンリー」大使宛書翰案

以書翰啓上致候陳者大東亜ニ於ケル平和ノ維持ハ帝国政府ノ最重視スルトコロニ有之従テ帝国政府ハ帝国トノ間ニ千九百四十年八月三十日ノ協定ニ依リ更ニ緊密ト為リタル特殊関係ヲ有スル仏領印度支那カ当事者ト為レル紛争ノ発展ヲ憂慮ヲ以テ注視シ来リ候

帝国政府ハ大東亜ニ於ケル平和ノ維持ノ見地ニ立チ且又前記協定ヲ成立セシムルニ至リタル平和的且友好的精神ヲ想起シ、仏領印度支那「タイ」国間紛争ヲ終止セシムルノ目的ヲ以テ仏「タイ」両国政府ニ対シ居中調停ヲ申入レ候依テ帝国政府ハ仏国政府カ無条件ニ受諾スヘキモノトシテ別紙調停案ヲ提案致候仏国政府ニシテ之ヲ受諾セラルルニ於テハ帝国政府ハ右調停案ニ依ル本件紛争ノ解決カ決定的ニシテ且変更シ得サルモノナルコトヲ仏国政府ニ対シ保障スルノ用意有之候

他方帝国政府ハ仏国政府カ大東亜ニ於ケル平和ノ維持特ニ帝国及仏領印度支那間ニ於ケル善隣友好関係ノ樹立竝ニ経済的緊密関係ノ増進ニ努力セラレ且日本国ニ対シ直接又ハ間接ニ対抗スルカ如キ性質ノ政治上、経済上又軍事上ノ協力ヲ予見スル何等ノ協定又ハ了解ヲモ仏領印度支那ニ関シ第三国ト締結スルノ意思ナキコトヲ宣言スヘキコトヲ疑ハサルモノニ有之候

前記ノ帝国政府ノ保障竝ニ仏国政府ノ宣言ハ後日仏国「タイ」国間紛争解決ノ為ノ条約成立ト同時ニ正式文書ニ依リ確認セラルヘキモノト了解致候

本大臣ハ玆ニ重ネテ閣下ニ向テ敬意ヲ表シ候　敬具

「アンリー」大使発松岡大臣宛書翰案

以書翰啓上致候陳者本日附貴翰ヲ以テ貴大臣ハ左記ヲ御通報相成候

（往翰文挿入）

本使ハ右御通報ヲ敬承致スト共ニ仏国政府カ局地的情勢ヨリスルモ将又武運ヨリスルモ未タ「タイ」国政府ト自由ニ交渉シ且締結セラレタル条約ノ利益ヲ放棄セサルヲ得サル立場ニ在ラサルニモ拘ラス現下ノ事態ニ於テ日本国政府ノ懇請ニ従フノ用意アル旨閣下ニ対シ通報スルノ光栄ヲ有シ候仏国政府ハ大東亜ニ於ケル平和ノ維持ヲ常ニ顧念シ且未タ曽テ右平和ヲ攪乱スルカ如キコトヲ企図シタルコトナキ処別紙調停案ヲ受諾スルコトニ

依リ千九百四十年八月三十日ノ協定ノ基本精神ニ対スル其ノ忠誠ヲ再ヒ立証致スモノニ有之候右ノ精神ニ基キ且又其ノ極東ニ於ケル属地ヲ第三国間ノ紛争ニ捲込ムカ如キ一切ノ約束ヲ回避センコトヲ希望シ仏国政府ハ日本国ニ対シ直接又ハ間接ニ対抗スルカ如キ性質ノ政治上、経済上又ハ軍事上ノ協力ヲ予見スル何等ノ協定又ハ了解ヲモ仏領印度支那ニ関シ第三国ト締結スルノ意思ナキコトヲ宣言致候尚仏国政府ハ日本国政府カ千九百四十年八月三十日ノ協定及爾後ノ軍事取極ノ厳格ナル遵守ヲ確保セラレンコトヲ期待致スモノニ有之候

本使ハ玆ニ重テ貴大臣ニ向テ敬意ヲ表シ候　敬具

松岡大臣発「ワンワイ」殿下宛書翰案

以書翰啓上致候陳者大東亜ニ於ケル平和ノ維持ハ帝国政府ノ最重視スルトコロニ有之従テ帝国政府ハ帝国トノ間ニ千九百四十年六月十二日ノ条約ニ依リ更ニ緊密ト為リタル特殊関係ヲ有スル「タイ」国カ当事者ト為レル紛争ノ発展ヲ憂慮ヲ以テ注視シ来リ候

帝国政府ハ大東亜ニ於ケル平和ノ維持ノ見地ニ立チ且又前記条約ヲ成立セシムルニ至リタル平和的且友好的精神ヲ想起シ、「タイ」国仏領印度支那間紛争ヲ終止セシムルノ目的ヲ以テ「タイ」仏両国政府ニ対シ居中調停ヲ申入レ候依テ帝国政府ハ「タイ」国政府カ無条件ニ受諾スヘキモノトシテ別紙調停案ヲ提案致候「タイ」国政府ニシテ之ヲ受諾セラルルニ於テハ帝国政府ハ右調停案ニ依ル本件紛争ノ解決カ決定的ニシテ且変更シ得サルモノナルコトヲ「タイ」国政府ニ対シ保障スルノ用意有之候

他方帝国政府ハ「タイ」国政府カ大東亜ニ於ケル平和ノ維持特ニ帝国及「タイ」国間ニ於ケル善隣友好関係ノ樹立竝ニ経済的緊密関係ノ増進ニ努力セラレ且日本国ニ対シ直接又ハ間接ニ対抗スルカ如キ性質ノ政治上、経済上又ハ軍事上ノ協力ヲ予見スル何等ノ協定又ハ了解ヲモ第三国ト締結スルノ意思ナキコトヲ宣言スヘキコトヲ疑ハサルモノニ有之候

前記ノ帝国政府ノ保障竝ニ「タイ」国政府ノ宣言ハ後日「タイ」国仏国間紛争解決ノ為ノ条約成立ト同時ニ正式文書ニ依リ確認セラルヘキモノト了解致候

本大臣ハ玆ニ重テ殿下ニ向テ敬意ヲ表シ候　敬具

「ワンワイ」殿下発松岡大臣宛書翰案

以書翰啓上致候陳者本日附貴翰ヲ以テ貴大臣ハ左記ヲ御通報相成候

（往翰文挿入）

本使ハ右御通報ヲ敬承致スト共ニ「タイ」国政府カ局地的情勢ヨリスルモ将又武運ヨリスルモ未タ仏国政府ト自由ニ交渉シ且締結セラレタル条約ノ利益ヲ抛棄セサルヲ得サル立場ニ在ラサルニモ拘ラス現下ノ事態ニ於テ日本国政府ノ懇請ニ従フノ用意アル旨閣下ニ対シ通報スルノ光栄ヲ有シ候「タイ」国政府ハ大東亜ニ於ケル平和ノ維持ヲ常ニ顧念シ且未タ曽テ右平和ヲ攪乱

スルカ如キコトヲ企図シタルコトナキ処別紙調停案ヲ受諾スルコトニ依リ千九百四十年六月十二日ノ条約ノ基本精神ニ対スル其ノ忠誠ヲ再ヒ立証致スモノニ有之候右ノ精神ニ基キ且又第三国間ノ紛争ニ捲込マルルカ如キ一切ノ約束ヲ回避センコトヲ希望シ「タイ」国政府ハ日本国ニ対シ直接又ハ間接ニ対抗スルカ如キ性質ノ政治上、経済上又ハ軍事上ノ協力ヲ予見スル何等ノ協定又ハ了解ヲモ第三国ト締結スルノ意思ナキコトヲ宣言致候尚「タイ」国政府ハ日本国政府カ千九百四十年六月十二日ノ条約ノ厳格ナル遵守ヲ確保セラレンコトヲ期待致スモノニ有之候

本使ハ玆ニ重テ貴大臣ニ向テ敬意ヲ表シ候　敬具

四月十日第十七回連絡懇談会

「ユーゴー」ヲ中心トスル「バルカン」情勢ニ関スル情報交換竝在「ソ」松岡外相ヨリノ来電ニ基ク日「ソ」中立条約締結ニ関スル件

一　出席者　総理、内務陸海相、大橋外務次官、杉山永野両総長、富田書記官長、両軍務局長

二　冒頭杉山参謀総長「ユーゴー」ノ戦況ニ就キ永野軍令部総長地中海ニ於ケル英伊海戦ノ戦況ニ就キ説明ス

三　次テ大橋外務次官ヨリ「モスコー」ニ於ケル松岡外相ト駐「ソ」米大使「スタインハート」トノ左記会談要旨ニ就キ説明ス

松岡　日米ハオ互ニ戦フヲ欲セス

大使　全然同感ナリ

然シ乍ラ独ハ米ニ宣戦シ日本ヲ戦争ニ引込ム様ニスルニ非スヤ

松岡　独逸ハ米ト事ヲ構ヘルコトヲ欲セス

米ヲ刺戟スルカ如キコトヲセス

大使　外相ノ訪独ハ三国同盟ヲ強化セントスルモノニアラスヤ

松岡　現在以上強化ノ必要ナシ

米大統領ハ大バクチ打ナルコト一般カ充分認メアリ付テハ大バクチ打ノ大統領ハ世界平和ノ為蔣介石ニ戦争ヲヤメル様慫慂セサルヤ

大使　其ノ件ニ関シテハ一度意見ヲ具申セルコトアリモウ一度電報スヘシ

松岡　若シ大統領ニ其ノ考アラハ小官帰国後一週後ニ話ヲ進メルコトトスヘシ

松岡外相ハ本件ニ関シ「モスコー」滞在中大統領ヨリ好イ返事アルカモ知レスト考ヘアリ

（大橋次官ハ外相ハ楽観シアリト附加セリ）

四　次テ大橋次官日「ソ」中立条約締結ニ関スル松岡「モロトフ」会談ニ就キ説明ス「別紙電文参照」外相ヨリ場合ニヨリテハ「モスコー」ニ於テ調印スルヤモ知レサルニ付手配アリ度旨別電アリ

右ニ関シ審議セル所

1　独トノ関係如何即三国同盟ト如何ナル関係ニナルヤ独トノ諒解ツケアリヤ三国同盟条約ヲ弱メルコトニナツテハ不可

2　支那事変解決ニ効果ナクハ不要ナリ

等ノ意見アリ左記要旨ヲ以テ外相ニ帝国ノ意志ヲ伝フルコトニ決ス

1　附属議定書ヲ除クコト異存ナシ

2　三国同盟条約ヲ弱メルカ如キ結果ヲ来ササルコト独ト充分諒解ヲ遂クヘキコト

3　本条約ニ依リ支那事変解決ニ利用シ得ヘキ素地ヲ造ルモノタルコト

別紙「松岡外相ヨリノ電文」

四月九日午後四時ヨリ七時半迄「モトロフ」総理ト懇談続行建川大使列席前回会談ノ際本大臣ヨリ強硬ニ北樺太ノ譲渡ヲ主張シタルモ此ノ際之ヲ応諾スル見込ナキモノト観取シタルニ付本日ハ本大臣ヨリ簡単直截ニ不侵略条約案ヲ撤回シ先方提出ニ係ル中立条約案（北樺太利権ニ関スル附属議定書ヲ除ク）ニ本大臣滞在中建川大使ト共ニ連署スル様致度キ旨申入レタル処「モトロフ」氏ハ極力北樺太利権ノ処理ニ関スル附属議定書ヲモ此ノ際成立セシムルコトノ必要ヲ縷説ス結局十一日「レニングラード」ヨリ帰リ午後四時再会スル迄ニ本大臣ノ申入レニ付審議再考センコトヲ求メ別レタリ

尚北支及内蒙古ノ日本勢力範囲タルコトヲ認ムルニ対シ外蒙古及新彊ノ「ソ」聯勢力範囲タルコトヲ認ムル秘密議定書ヲ作リテモ好シト述ヘタルニ対シ「モ」ハ斯ル問題ヲ議スルトキハ暇取ルコトニモナリ右ハ後日ニ譲リテ可ナリト思フ旨ヲ答ヘタリ但シ右返答ハ極メテ軽キ意味ニテ何レノ途一応「スターリン」ニ伺ハサレハ全部ニ付確答出来サルコト明瞭ナリ

以上御含ミ迄不取敢電報ス（了）

四月十七日第十八回連絡懇談会

情報交換

一　出席者　前回ニ同シ

二　参謀総長「バルカン」及北阿ノ戦況竝田村泰国駐在武官報告ノ概要ヲ述ヘタル後左記要旨ノ要望ヲ開陳ス

最近新聞雑誌等ニ於テ帝国ノ南進ニ関スル論議盛ニ行ハレアル所日「ソ」中立条約ノ成立ニ依リ其論調ハ益々劇化スヘシ是レ徒ニ軍ノ行動ヲ妨害スル結果トナリ益ナキコト昨今ニ於ケル南方諸邦ニ於ケル兵力増加ノ情況ニ徴スルモ明カナリ輿論指導上注意ヲ要ス

右海軍側モ同意ス

本件ニ関シテハ情報局ニ於テ研究中近ク閣議ニ附スル運ヒトナルヘシ

三　参謀総長更ニ発言シ華僑工作ニ関シ要望スル所アリ

総長　華僑工作ニ就テハ現下ノ情勢上之ヲ推進強化スヘキ最モ適当ナル好機ナリ外務省ハ折角本工作ノ推進ニ勉メラレ度

外務次官　日本自ラヤルコトナク国民政府ヲシテ実施セシムルヲ可トス

総長　田村武官ノ話ニ依ルモ国民政府ノ工作ハ着手セラレアラストノコトナリ出先軍ニハ外務機関ト協力シ工作ヲ進ムル様示シアルニ付外務省モ努力セラレ度

陸相　華僑工作ハ既ニ進メツツアリ

陸軍軍務局長　既ニ進メツツアルモ更ニ研究努力スヘシ

四　次テ大橋次官泰仏印交渉並対仏印及蘭印経済交渉ノ現況ニ就テ左ノ如ク説明ス

(一)　泰仏印交渉ハ目下左記三件ニ付意見合致セス交渉頓挫シアリ

(1)　泰ハ仏側国境附近二五粁ノ非武装地帯設定ヲ既定ノ事実ナリト主張スルニ反シ仏側ハ然ラサルヲ主張ス

本件松岡外相ハ推薦セルモノニシテ必スシモ既定ノ事実ニアラス（大橋次官）

(2)　泰ハ鉄道撤収ヲ要求シ仏側ハ「バッタンバン」附近鉄道ヲ仏印ニ於テ委任経営スヘキヲ要求シ然ラサレハ日本ヘノ米輸出ニモ影響スヘシト主張ス

(3)　泰ニ譲渡スヘキ仏印政府施設ノ買収費トシテ仏側ハ二千万「ピアストル」ヲ要求シ泰ハ六〇〇万「ピアストル」ヲ主張ス

右三件ニ関シ「ワンワイ」全権ヲ呼ヒ寄セ速カナル解決方ヲ要望シ日本ハ将来共泰ヲ援助スルニ付成ルヘク速ナル之カ解決ニ関シ本国政府ニ請訓スル様近

衛総理ノ名ヲ以テ要求セル所「ワンワイ」ハ近衛総理ノ名テハ困ル泰ハ貧乏テモアリ又戦勝国カ金ヲ払フノハ国民ニ対シテ困ル旨述ヘアリ

(二) 対仏印経済交渉ニ就テ

東京ニ於ケル「ロバン」トノ交渉概ネ妥結セルヲ以テ「ヴシー」ニ請訓セシメタル所回訓ハ否定的ナリ依テ「アンリー」ヲ呼ヒ当方ハ「ロバン」ヲ全権トシテ話ヲ進メアリ本国ニ請訓シ其条件ヲ変更セラル様テハ全権ノ資格ナシ仏側ハ折角纏マリタルモノヲ破棄スル積リナリヤ日本ハ南進ヲ相当抑制シアルモ変ナコトヲ云フト面倒ナルヘシト強ク意見ヲ述ヘ置ケリ

(三) 対蘭印交渉ニ就テ

目下ノ所全ク進捗シアラス而モ之ニ対スル処置ナシ芳沢ハ帰国ヲ希望シアルモ松岡外相帰朝スル迄折角努力スル様慰留シアリ

五 更ニ大橋次官別紙英総理ヨリ松岡外相ニ対スル「メッセージ」ニ就キ其ノ経緯ヲ左ノ如ク説明ス

本「メッセージ」ハ本来重光大使ニ携行セシメ「リスボン」又ハ「ジュネーブ」ニ於テ松岡外相ニ手交セシメントシタル所重光大使之ヲ取リアワス已ムナク駐「ソ」英大使ヲシテ「モスコー」観劇場ニ於テ松岡外相ニ手交セシム

外相之ヲ読ムコトナク「ポケット」ニ入レタリ

別紙内客ハ次官「クレギー」ヨリ受領セルモノナリ

四月十八日第十九回連絡懇談会

対米国交調整ノ件

一 自午後八時　於総理官邸

二 参謀総長ハ陸相ト話合ノ上本懇談会ハ単ニ説明ヲ聞クノミニ止メ議論ハ自由討論トシ議決セサル条件ノ下ニ出席ス

三 近衛総理野村大使電ヲ説明ス

問　突如本電ニ接シタルハ如何ナル経緯ニ基クヤ

近衛総理　本件ハ昨年暮米宣教師二名来朝シ自分モ会ヒ其他ノ要人モ会ヒ日本国内ノ空気ヲ知リ帰国ス

本宣教師ハ「ルーズベルト」モ能ク之ヲ知ツテ居ル

大蔵省出身ノ井川カ米国ニテ右宣教師ト触接

シ岩畔大佐桑港到着ノ際同地ニ来リ一案ヲ竜田丸ニテ自分ニ送付シ来リ二、三日前之ヲ受領セリ其直後本電報ニ接シタル次第ナリ
右手紙ト電報トハ若干相違アルモ大体ノ筋合ハ同様ナリ

四　本件ニ関シ松岡外相カ如何ナル程度ニ触レアルカハ不明ナリ外相ノ帰朝迄研究シ帰朝後態度ヲ決定スルコトニ決ス従ツテ外相ニ成ルヘク早ク帰朝スル様電報スルコトトセリ

五　総長所感
本電報ヲ素読シタル所感左ノ如シ
1　米ハ独ヲ目標トシ本案ヲ考ヘアリ援英ヲ強化セントスルニアラスヤ
2　三国同盟条約ニ牴触スル所ナキヤ
　実質上ノ牴触ノ程度如何
　独ニ与フル不利英ニ与フル利如何
3　支那ニ対スル和平工作ハ従来ノ態度ト相違スルニアラスヤ
　近衛声明トノ矛盾如何
4　大東亜共栄圏建設ニ如何ナル影響アリヤ
5　充分研究ノ後修正案ニテ発足スルヤ
　或ハ拒絶スルヤ
6　拒絶セル場合又ハ修正セル場合ノ英米ニ与フル影響ヲ研究スル要アリ
7　外部ニ洩レヌ様充分注意ヲ要ス
8　「ルーズベルト」及「ハル」等ト既ニ話カ進ミアルコト竝国際信義ノコトモ考ヘサルヘカラス

四月二十二日第二十回連絡懇談会

松岡外相帰朝報告竝対米国交調整ノ件

一　自午後九時二十分至十二時二十分
二　出席者　大橋外務次官特ニ出席ス
三　要旨
最初外相ノ独伊「ソ」ニ関スル説明アリ。

次ニ野村大使提案ノ対米国交調整ニ関シテハ、松岡外相ハ自分ノ考ヘトハ大分異フ故慎重ニ考フル必要アリ、二、三日仕事ノ整理ヲナシタル後ユツクリ考ヘ度シト申入レタルヲ以テ、陸海軍研究ノ意見及修文ヲ渡シ研究ヲ要望セリ。外相ハ一昨日来睡眠不足ニテ疲労シアリトテ中途ニテ退出帰宅ス。

其後陸海軍意見ニ就キ両大臣ヨリ説明シ種々懇談ヲナシタル後十二時半解散ス。

此間松岡ノ対米態度ノ決定ニ二週間乃至二ヶ月位カカルカモ知レントノ意見ニ対シテハ、大部ノ者ハアマリ遅クテハ対米対独共ニ適当ナラスト述ヘ、平沼内相モ国内的ニモ相当疑問ヲオコス故成ルヘク早ク進メル要アリト述フ。

松岡外相ハ最初疲労シタル様ナリシモ逐次疲労ハフツトンテ極メテ元気トナレリ

四　松岡外相説明概要

(一)　対米問題

三ヶ月前ヨリ考ヘテ居ツタ事タカ「モスコー」テ米大使ニ、米大統領ハ大バクチ打タ、欧洲戦争モ支那事変モ皆米国カ援助シテヤラセテ居ル、平和ヲ好ム大統領ハ日本ノ平和ヲ好ムコトニ同調シ蔣ニ和平勧告ヲ提議スル様建議シテハトウカト述ヘ、大使ハ大統領ニ電報シ、自分ハ「モスコー」テ返事カ来ルカモ知レント思ウテ居タ所返事来ラス、帰京シテ野村カラノ提案ニ接シタワケテアル。

此ノ問題ハ支那事変処理以外ニ相当重大ナ事カ含マレテ居ルカラ二週間カ一ヶ月二ヶ月位慎重ニ考ヘナケレハナラヌ。

(二)　対独伊首脳部会談

責任ヲ負ハサレル様ナ事ハ一切話シテ来ナイ。

南方問題ハ日本自身テ処理スヘキモノト述ヘタ。

独ハ南方問題ヲシキリト話シタカ、伊ハ南方ノ話ニハ一切フレスシテ我等ノ敵ハ「ソ」ナリト云ウテ居ル。

又三国同盟ハ米ノ参戦ヲ阻止スルニ在リト云フコトニ対シテハ「リツペン」モ「ムツソリニー」モ同意ヲ表シテ居ル。

(三)　日「ソ」中立条約締結経緯

独逸出発ノ時「スターマ」ニ、「レニングラード」ヘ行クカラ「モスコー」滞在ハ長クナルカモ知レント述ヘ、帰路更ニ日「ソ」中立条約ニフレルコトヲ仄カシテオイタ。

「モロトフ」トハ三度会見シタカ「モロトフ」自説ヲ固持シテ譲ラス、条約ハ到底モノニナラヌト考ヘ、イロケ抜キテ自分ノ考ヘヲアツサリ述ヘ、又英文ノ手紙ヲ将来ノ参考ノ為ニト「モロトフ」ニ渡シタ。

其夜明日「スターリン」ハ何時テモ会フカラト電話カアリ午後五時カラ会フコトニ約束シタ。

翌日午後五時「スターリン」ノ部屋テ挨拶ヲ述ヘ、此際トバカリ八紘一宇ニ就テ話シ出シタ、「スターリン」ハ机ノ上ニ中立条約ノ議定書ト「モロトフ」ニ渡シタ自分ノ手紙トヲ置キ、八紘一宇ノ話ヲ聞キ乍ラムズムズシテ居ツタカ、ソノウチ「スターリン」ハ「俺ハオ前ヲ信スル、又近衛ヲモ信スル」ト述ヘ条約ノ修文ニ就テ話シ出シタ。

条約文中ニ満洲国ノ事カアツタノテ、独立国ヲコンナ風ニ取扱フノハ具合悪イト述ヘタル所「スターリン」モ同意シタ、「スターリン」ハ地図ヲ取リ寄セ南樺太ヲ「ソ」ニ売レトシキリニ主張シタノテ、自分ハ樺太ハ十六世紀以来日本ノモノテアッタノヲ「ソ」ニ取ラレ、国民ハ其後長イ間北半部ヲ取リ返ソウト念ニ燃エテ居ルト述ヘタ、之ニ対シ「スターリン」ハ東ハ「カムチヤツカ」西ハ沿海州ニ「ノド首」ヲシメツケラレテ居ルドウニモナランテハナイカト述フ、自分ハ地図ヲ示シ乍ラ、地図ヲモット大キク見ナケレハイカン、印度「イラン」方面ニ「ソ」聯トシテハ出ル方カ宜イテハナイカ、日本ハソレニ対シテハ目ヲツブルト応酬シ、逐次話カ面白クナリ遂ニ条約成立ノ運ヒトナツタ。

「ソ」聯カ何故条約ヲ結ンタカ其真意ハ分ラヌカソウ云フ気運ニアツタコトハ確カテアル。

(四)　独「ソ」関係ニ就テ

「リッペン」ニ「フインランド」「ブルガリヤ」「トルコ」等ニ関シテハ独「ソ」間ニ予メ諒解カアツタノテハナイカト尋ネタ所何モナイト云ウタ。

「リッペン」ハ「独カ独「ソ」不可侵条約ヲ結ンタノハ已ムニ已マレヌ事情ニ依ルモノテアツテ、独トシテハ何トカシテ「ソ」ヲヤツツケ度イト思フ、今ナラ三、四ケ月間テヤツツケラレルヤツツケタ結果ハ「ソ」ハ四分五裂スルト思フ。又日本カ「シンガポール」攻略ヲヤルトシテモ北方ハ後顧ノ憂ハナイ。「ギリシヤ」ノ降伏ハ既ニキマツテ居ルカ「バルカン」ニハ英ノ手カ相当伸ヒテ居ル。「スターリン」ハ用心深イ男タカラムヤミニ動ク様ナ事ハセント思フ」等述ヘタ。

尚英本土攻撃ハ「バルカン」攻撃ノ前ニヤルカ後ニヤルカト質問セル所、「リッペン」ハハッキリ答ヘラレヌト述ヘ回答セス。自分ハ日「ソ」条約ハ昨年七月カラ「ソ」ニ提案シテ居ツタカ其後情勢ハ変ツタノテ今度ハアッサリシタ形式テヤリ度イ、若シ「ソ」カ食ヒツイテ来タラ条約ヲ結フ考ヘタト述ヘタ所、「リッペン」ハ「ソウダ」ト云ウタ。而シ「リッペン」ハ条約ハ出来ント思ツテ居タラシイ、今度ノ成立ヲ見テキット彼ハ驚イテ居ルタラウ。

(五) 伊太利ノ状況

伊ハ独ニオサヘラレテ居ル、而シ今ハ独ニタヨル事ニ依ツテヤツテ行ケルタララウ。

此ノ様ナ国内状態テアツタノテ同盟国ノ外相ノ来訪ヲ非常ニ感銘シテ居ツタラシイ。英ハ伊ヲ英側ニ引レル様盛ニ工作シテ居ルカ伊ハ動カナイ。

伊国民ハタヨリニナラヌカ、「ムツソリニー」ハナカナカ立派ナ人物テ「ムツソリニー」ト「ヒツトラー」トハ本当ニ水モ洩ラサヌ仲ラシイ。

「チアノ」ハ「ムツソリニー」ハヤルト云ヘハ必スヤル人タカラ伊ハ大丈夫タト述ヘテ居ル。

(六) 「モスコー」ニ於ケル米大使トノ会談（略ス）

英大使ト劇場ニ於ケル会見

五 松岡外相退出後ニ於ケル懇談要旨

松岡外相ハ事重大故ユックリ慎重ニト云フカ、米ノ心理ヲ逆用スル着意ヲ必要トスルカラ成ルヘク早ク話ヲ進ムルヲ可トスル意見大部ヲ占ム、平沼内相モ国内対策上之ヲ主張ス。

大橋次官ハ立川カラノ自動車内テ、外相カ独ノ充分ナル諒解ヲ取付ケネハナラント云ウタコトヲ述ヘ、諒解ハ無用通告程度ニテ可ナリトノ意見ニ対シテハ、外相ノ意見ハ相当強硬ナル旨ヲ述フ。之ニ対シ及川海相ハ諒解ヲ取付ケルト云フカ之カ成立シナカツタラトウスル、本提案ノ目的ハ支那事変中止ニアルノテハナイカ、此ノ点充分事ノ軽重ヲ分ケテ考ヘナケレハナラント思フト特ニ主張セリ。

席上陸相ハ陸海軍ノ総括的意見海相ハ修正意見ヲ述ヘタリ。

五月三日第二十一回連絡懇談会

対米国交調整ノ件

一　於総理官邸自午後一時至同四時三十分
二　先ツ松岡外相、懸案ノ対米国交調整ニ対スル所見ヲ述フ左ノ如シ
1　「ソ」聯ト中立条約ヲ結ンダ筋デ先ツ米トノ間ニ中立条約（不可侵条項ハ除ク）ノ締結ヲ打診シ其反響ヲ見タイト思フカ如何米ハ伝統上ソウ云フ事ハヤラヌ国ダカラ多分嫌ト云フダラウガ世界非常ノ折柄此ノ様ナ事モヤツテ見テハドウカト思フ
2　右申入ト同時ニ
比島ノ独立維持ト日本人ノ比島ニ於ケル無差別待遇ヲ認メシムルコトヲ提議シ
且独伊ノ真ノ心持即チ
独伊ハ必勝ノ確信ヲ有スルコト
英トハ和平セヌコト無条件ナラハ和平スルコトトアルモ然ラサレハセヌコト
米ノ参戦ハ戦ヲ長引カセルコトアルモ終ラシメナイモノナルコト
米ノ参戦ハ世界文明ヲ没落ニ導クモノナルヲ以テ充分気ヲ付ケラレ度キコト等ヲ米ニ伝ヘ
又三国条約ニ就テハ日本ハ些カタリトモ之ニ悪影響ヲ及ボスカ如キコトハ出来ヌ事等ヲ附加シ度
三　右外相ノ意見ニ就キ審議ス
殆ト全員不同意ヲ唱フ
松岡外相　試ミニヤルノダカラ乗ツテ来レハヨシ乗ツテ来ナケレハソレデヨシ応シテ来レハ結構デハナイカ
昨夜「ラジオ」デ連絡会議開催ノコトヲ放送シタ後デモアリ米カ右提議ニ対シ強イ印象ヲ受ケルコトヲ考フル要アリ又「スターリン」ト中立条約ヲ纒メタ時ハ松岡外相ノ頭ト辯トデヤツタノダガ野村ヲ通シテハソウウマクハユカンダラウ（外相以外ノ者ノ発言）
松岡外相　松岡自ラクワシク書イテ野村ニ読マセレバヨイ
大部ノ反対強ク一時沈黙カ続ク
近衛総理　中立条約ハ皆不賛成ダカラ取止メテハドウカ
松岡外相　考ヘサセテ呉レ
野村ノ思付キトシテ先方ニ申入レサセル如クシテ軽ク取扱ツテ見ルノモ一法デハナイカ

尚考ヘサセテ呉レ

以上ヲ以テ中立条約ノ件ハ一応打切ル

四　次テ野村大使提案ノ諒解案ニ対スル陸海軍修正意見ヲ加味シ外務側ノ修正案ヲ審議シ別紙修正案ヲ決定ス右修正案ニ基キ概要ヲ米独伊ニ通シ独伊ヨリ意見アラハ之ヲ聴ク程度ノ腹組ニテ話ヲ進メ度外相ノ提議ニ対シ全員同意ス

「註」　中立条約打診後右ノ処置ヲ取ルモノナルヤ否ヤ其辺ノ外交折衝ニ関シテハ議題ニアガラズ外相ニ一任シタルカ如ク思ハルルモ明カナラス

五　次テ以上対米国交調整トハ別個ニシンガポール攻略問題ニ関シテ論議ス

松岡外相　「シンガポール」攻略問題ニ関シ日本カ責任ヲ取ル様ナ言質ハ独ニ与ヘテナイ

独モ之ヲ要求シテ居ラナイ

独ハ大東亜ハ日本ニマカセルト云ウテ居ル

独ハ日本ノ為ニ大東亜問題ヲ真剣ニ考ヘルト今ヤツタ方カ宜シイト云フノテアツテ独自身ノ利害ハ考ヘテ居ラナイヤル、ヤラヌハ日本ガキメルコトデアツテ言質ハ与ヘテナイ自分ノ考ヘテハ今ヤツタ方カ好イト思フ

若シ「ソ」カ起ツナラハ独ハ之ヲ打ツト「リツペン」モ云ウテ居ル

而シ独ニ協力ノ為日本ニヤツテ呉レトハ「リツペン」ハ云ウテ居ラヌ

陸相右ニ対シ「マレー」作戦ノ為ニハ根拠地トシテ泰、仏印ニ基地ヲ必要トスル旨ヲ述ヘ参謀総長其詳細ヲ説明ス

外相作戦基地ハ「サイゴン」ニテ可ナラズヤト述ヘタルニ対シ其不可ナルヲ説キ第三国ヲ刺戟セサル為ニハ監視人ヲ入レル程度ニ止メルトカ民間人ヲ利用スルトカ其ノ方法ハアルヘキヲ以テ先ツナントカシテ飛行場ヲ造リ物ヲ集積スル必要アル旨ヲ縷述シ尚対仏印泰施策要綱決定当時軍事協定締結ヲ早クスル様極力主張セル主旨是ニ在リシト述フ

松岡外相　日仏印経済協定モ終了セルヲ以テ本件ハ成ルヘク早クヤル様考フヘシ

参謀総長　独伊カ英本土上陸ノ為北仏ニアレ程ニ基地ヲ造ツテモ尚ヤラヌ馬来作戦ハナカナカノ事デハナイ

松岡外相　独ハ「ロス」ヲ二ケ月デヤッツケルト云ウテ居ル「シンガポール」ナド大シタコトデハアルマイ

六　本席上松岡外相ハ特ニ左記ヲ述フ（特ニ記録ス）
之ハ極秘ナルモ「ヒットラー」ハ仏ヲ強国ニシテ独ト共ニ英ヲ打タセル考ヲ持ツテ居ル此ノ様ナ関係カラ独ハ仏印ニ関シアマリハツキリシタ態度ヲ取ラヌノダラウ

七　外相ノ蔣介石ニ対スル観察
席上外相ニ蔣介石ニ対スル和平観察ヲ質シタルニ左記ヲ述フ
和平ハ欲スルモ米ノ承認ヲ経ザレハ手ガ出センノダラウ

八　本懇談会席上松岡外相ハ対米国交調整ニ就テハ
支那事変処理ニ貢献スルコト
三国条約ニ抵触セサルコト
国際信義ヲ破ラサルコト
ヲ絶対条件トシテ考フル要アル旨ヲ強調セリ本件ハ特ニ着目スル要アリ

五月八日第二十二回連絡懇談会

対米国交調整其後ノ状況ト之ニ対スル意見交換ノ件

一　松岡外相説明
野村大使ヨリ返事カ来ヌノデ催促ノ電報ヲ打チ、且昨七日夜国際電話デ話ソウトシタガ今朝九時ニナツテ漸ク話ス事カ出来タ。

通話カ不明瞭テ且時間ニ制限カアルノテ充分話ス事カ出来ナカツタガ、野村ハ「ハル」国務長官ニ対シ松岡ノ「オラルステートメント」ヲ其儘読ミアゲタトノ事、野村ノ意見トシテハ中立条約締結ハ野村ニ其権限モナク成立ハ難シイト述ヘテ居ツタ。

独伊ニ対シテハ日曜日在東京両国大使ニ坂本局長ヲシテ伝ヘシメタ所、六日朝「オツトー」独大使直接松岡ニ面会ヲ求メ、非常ニ重大ナ事ヲ洩ラシテ呉レテ「リツペン」モサゾカシ感謝シ居ル事ト思フト述ヘタ。

松岡ハ「オツトー」ニ、「本件ニ関シテハ昨年十一月十二月頃ヨリ手ヲ打ツタ事テ、米ヲ参戦セシメナイコト、米ヲシテ支那ヨリ手ヲ引カセルコト等ヲ考ヘテ居ルノデアツテ、過般欧洲訪問ノ往路ニ於テモ帰路ニ於テモ米大使へ本件ニ関シ話シタ次第デアル。「ハワード」ガ「リスボン」カラ上船シテ米ニ行カナイカト云ウタガ今度ハ断リ米参戦スレハ日本カ起タナケレバナラヌト云フコトヲハツキリ伝ヘ置キタリ
思フニ「ルーズベルト」ノ考ヘハ太平洋ヲ閉ジテ援英ヲヤラントスルモノナルカ、三国同盟ニ少シデモヒビノ入ル様ナ事ハ日本ハ決シテセヌ、之ニ付独側ノ意見アレハ成ルヘク早ク意見ヲ呉レ」ト云フテオイタ。
依ツテ独カラ意見カ来ルダラウ、又米カラ何等カ来電ガアル事ト思フ、其等ノ結果ニ基キ連絡会議ヲ開キ、曩ニ一応決定ヲ見タ修正案其儘デヤルカ、更ニ修正スルカヲ審議シタイト思フ。

二 陸相　大島大使ニ知ラセテアルカ。

又野村大使ニ修正案ヲ知ラセタカ。

仕事ノ上カラハ知ラセテオク方ガ便利デハナイカ。


松岡　示シテモ「リツペン」カラ意見カ来レバ又修正シナケレバナラヌ、却ツテ後デ困ル様ナ事ガ出来ルカモ知レン、尚秘密保持上カラモ適当デナイト思フ外相自身ノ考ヘトシテ示サナイデオイタ。

此際知ラセタ方ガ好イト云フ意見ハ外務次官モ提議シタガ外交ノ立打チハオ前等ハダマレト云ウテオイタ。

尚民間ニ洩レテ居ル様ダガ、外務省デハ此ノ様ナ大事ナ事ハ自分ダケ知ツテ居ルニ過ギナイ。（トテ外務省以外ノ方面カラ洩レル事ヲ注意シタルカ如シ）

米ノ今日迄ノヤリ方ハ正ニ参戦デアル、日本ハ大国トシテ当然抗議シテ然ルヘキト思フカ見テ見ヌ振リヲシテ居ルノデアル。

「ヒットラー」トシテモ今迄ハ我慢シテ居ルカ存外米ニ対シ起ツカモ知レン、独カ起ツタ場合ニハ同盟条約ニヨレバ日本モ当然起ツノヲ正論ナリト思フ、而シ外交カラ云ヘバソウモ行カヌ。米ヲ参戦セシメズ又之ヲシテ支那カラ手ヲ引カセルト云フノガ、今度ノ自分カ之ヲヤルト云フ考ヘデアル。従ツテ急ガセズニオイテ呉レ。

了解事項ヲ取付ケタカラト云フテモ是レデ戦争ハ防ギ得ナイカモ知レヌ、哨戒ガ激化スレバコンナ諒解事項ナンカフツトンデ了フ、其時ハ日本ハヤラナケレバナランダラウ。

海相　外相ハ参戦々々ト云フガ米ハ参戦シテ得ガアルカ、損ガアルト思フ。今日迄米ハ英カラ吸ヘルダケ吸ウテ之以上吸フ事ハナイデハナイカ、之以上米カ援英ヲヤツテモ損ニナルバカリダ、「ルーズベルト」ハ今迄ノ行キガカリ上戦争ノ中ニ飛ビ込ムコトニナルカモ知レン様ナ行動ヲ取ツテ居ルガ、米トシテノ国策ノ大転換ハ今ガ一番好イ時ダト思フ。

松岡　「ルーズベルト」ハ戦争ヲヤル気ニナツテ居ル、何シロ彼ハ大バクチ打チダカラ。予ハソノウチニ「プライベートメツセージ」ヲ出ソウカトモ思ウテ居ル。

米カ参戦ノ一時間前ニ英カ降伏スルナラハ参戦セヌト思フ又参戦一時間ニシテ英カ降伏シタ場合ハ続イテ戦争ヲ続行スルト思フ、而シテ後者ノ公算カ大ダト思フ。

最近ハ米ハ哨戒迄決心シテ居ルノデ、過般「リツペン」ガ米ハ七〇％迄参戦セヌト云ウタ時トハ情勢ガ変ツテ居ル。

昨今ハ六〇％迄参戦スルト思ハレル。

米参戦スレバ戦争ハ長期トナリ、世界文明ハ破壊セラレ、若シ戦争ガ十年続クニ於テハ独ハ軍需品、食糧取得ノ為「ソ」ト戦ヒ、而シテ独ハ「アジヤ」ニ出テ来ルダラウ。此ノ時日本ハ如何ナル態度ヲ取ルガ宜シイト考ヘルカ。

右ニ対シテハ他ノ諸員ハ返事スル者ナシ、但シ外相ハフツトブフツトブト云フガ眼前ノ支那事変解決ガ大事ナノデ、本案ハ急グ必要アルト思フ旨述ブル者アリ。

右ノ如クシテ野村大使ノ返事及独ノ意見ノ来ルノヲ待ツテ処理スル事トセリ。

五月十二日第二十三回連絡懇談会

対米国交調整其後ノ状況ノ件

一　自午後五時至同七時

二　松岡外相対米国交調整其後ノ状況ニ就キ説明ス要旨

左ノ如シ

㈠　本件ハ野村大使ニ連絡会議修正案ヲ打電スルニ先チ独伊側ノ返電ヲ待ツ必要アリタル為米国ニ正式交渉開始スヘキ旨打電スルコトハ、日曜（十一日）一杯待ツタガ独伊ノ返電来ラズ、更ニ十二日昼迄待ツタガ尚独ヨリ返事来ズ、ヨッテ正午過野村大使ニ「ハル」ト交渉開始スル様打電シタ。尤モ修正案ニ就テハ予メ打電シ、交渉開始ノ時機ヲ別ニ指示スルコトトシテアッタノデ、右正午過ノ電報ハ僅ニ二行ニ過ギナイ、従ツテ十四日ノ大統領ノ演説前迄ニハ間ニ合フト思フ。尚午後四時過本懇談会出席直前ニ国際電話デ、帝国修正案ニ就テハ再修正ノ余地ナキ旨通スル様命シテ来タ。

㈡　「オツトー」ハ、本国ヨリ入電アッタガ受信途中中断シタノテ待タレ度、ト云ウテ来タガ、今朝迄待ツテモ来ズ、昼迄待ツテモ来ズ、ヨッテ右ノ処置ヲ取ッタ次第ナリ。

㈢　我外交ノ集中ハ米ヲ参戦セシメズ、「コンボイ」ヲヤメサセル事、ニ指向スルニ在リ。而シ「コンボイ」ニ依ツテ参戦ノ段トモナレバ何ニモナラヌ事ニナル。尤モ「オーラルステートメント」ニ示シタ如ク、米ニ対シテハ本交渉ハ三国枢軸ニ影響スル様ナ事ハセヌト申送ッタ次第デアル。

㈣　「ヒットラ」ヨリハ、未ダ返事ガ来ヌガ、「コンボイ」ハ重大ナル結果ヲ招来スルカラ、米ノ「コンボイ」ニ対スル独ノ行動ハ特ニ慎重善処スヘキ旨ヲ申送リ、其際米ノ不参戦、独米戦争セサルコトヲ外相親シク伊勢神宮ニ祈願シタ事ヲモ附加シタ。

㈤　以上ノ如キ次第ダガ、米ガ「コンボイ」ヲ行ヒ之ニ依リ独米間ニ戦争起レバ、戦争ハ長期トナリ、世界的大動乱トナルモノト考フ

㈥　元来同盟ハ友好関係国ト事前ニ意見ヲ交換スヘキモノデアッテ相手国ニ予メ意見ヲ聞クコトナク外交処置ヲナスコトハ友好関係ヨリ離ルル時ニナスヘキ事ナルカ今回ハ独ノ返事ヲ待ッテ慎重ニヤル必要アリト考ヘテ独側ノ返事ヲ待ツテ居ツタノダガ来ナカッタノデ、已ムヲ得ズ返事未着ノ儘打電シタワケデアル。日曜朝「オツトー」ガ来テ、「ベルリン」ヤ米ノ情報ニ依レバ先般松岡大臣ノ自分ニ告ゲタ内客トハ「ポイント」ガ大分違フ、米ヨリノ来電ヲ示サ

レ度、ト述べタガ之ニ対シテハ、日本ノ方針即米ノ不参戦、米ヲ支那ヨリ手ヲ引カセルコト、三国条約不変、三原則ヲ堅持シアルコトヲ繰返シ米カラノ来電ハ外交道徳上ヨリモ御示シ出来ナイノミナラズ外交上混雑ヲ起ス虞アルヲ以テ披見ヲ拒否シタ。

伊ハ「オットー」ニ代表シテモラフト云ウテ居ルカラ、結局独ニ対シ処置スルコトニ依リ伊ニ対スル処置ハ終ッタ事ニナル。

(七)　独ノ返事ノ判断トシテハ、全然同意ハセヌダラウガ、自分トシテハ独側ノ一部不同意ノ意見ガアッテモ之ニ対シテハ、之ヲ説得スル自信ガアル。

(八)　米ニ対シテハ本日ノ野村ノ申込ニ依リ、(米トハ十四時間ノ時差アルニ依リ本日ノ電報ハ十二日朝早ク到着スヘシ)十四日ノ演説ハ相当ニ我方提案ヲ織リ込ンダモノガ出テ来ルダラウ、之ニ依リ米ノ気持ハ大体判断シ得ヘシ、若シ右演説ニ織込マレテ居ラナイ場合ニハ一週間位タテバ分ルヘシ。其際更メテ考フル事ト致シ度。

五月十五日第二十四回連絡懇談会

対米国交調整其後ノ状況ノ件

一　松岡外相其後ノ状況ヲ説明ス

(一)　「リッペン」カラノ返電途中デ切レ全文未着デアッタガ、十二日夜独伊大使一緒ニ右全文ヲ携行来訪シタ。

伊大使ハ独大使ノ云フコトハ其儘伊ノ意見ナル旨ヲ述ブ。

「リッペン」返事ノ要点ハ左ノ如シ。(外相ハ全文ヲ発表セズ)

『米ノ提案ハ大東亜共栄圏建設行動ヲ拘束スルモノナルコトハ日本ニ於テ充分承知シアル所ナルヘシ。米国ハ本案ニ依リ太平洋ヲ安全ニシ国内ノ反戦気運ヲ和ラゲ、自己ノ希望スル方向ニ向クヘシ。米参戦セバ日本参戦スベク米ハ此ノ如キ事ニナラザル様形勢ヲ調節シテ大西洋方面ニ活躍セントスルモノナルヘシ。而シテ米ハ形勢ヲ硬化セシムルコトニ依リ独ヲシテ米ニ反撃ヲ加ヘシメ、其機会ヲ捉ヘテ開戦ノ責任ヲ枢軸側ニ嫁シ以テ参戦スルモノト思考セラル。従ツテ米カ此等ノ行動ヲ差控フル場合ニ於テハ日本ニ於テモ米国提案ヲ研究スルノ用意アルコトヲ明カニセシムヘク又本案ハ三国同盟ニ及ホス影響極メテ大ナルガ故ニ、日本ニ於テ米ニ最後的返事ヲナス前ニ独伊ニモ知ラセラレ度。』

外相ハ右電報ニ依レハ日本ノ本件ニ関スル三原則ト独伊ノ意見ト食ヒ違ナシト見解シ、独大使ニ対シ「リッペン」ニ次ノ事ヲ伝ヘラレ度ト述べ、別ニ修文案ヲ両大使ニ手交セリ。

(イ) 日本ハ独ヲ無視シ居ルモノニアラス

(ロ) 日本ハ三国条約ヲ無視シ居ルモノニアラス

(ハ) 独伊ヨリ返事ヲ待ツコトナク野村大使宛訓令スルノ已ムヲ得サリシコトヲ諒承セラレ度事

(ニ) 野村大使ニ対シテハ今ノ自分ノ心持ヲハツキリト「ハル」ニ伝ヘテモライ度イ見地カラ、次ノ意味ノ事ヲ「ハル」ニ伝ヘル様英文テ電報シタ。

『松岡自身トシテハ其必要ナシト思考スルモ、イササカデモ諒《〔ママ〕》解ノ余地ヲ存セシメヌト云フ趣旨ヲ以テ、次ノ事ヲ記録ニトドメタイト思フ。

余ガ公式又ハ非公式ニ反復述ヘ「ハル」ハ能ク承知シ居ルナランモ、野村ヲシテ「ハル」ト懇談セシメ又交渉ヲ開始セシメントスル余ノ決心ハ次ノ前提ニ基礎ツケラレテ居ル。即チ

A 米カ欧洲戦争ニ参加セサルコト。

B 最モ早キ時機ニ日支間ニ和平ヲ招来セシメル目的ヲ以テ日本ト直接交渉スル様蔣ニ勧告スルコト。

従ツテ此ノ如キ前提ヲ無視シテ交渉スルコトハ、如何ナル諒解ニモ達シ得サルヘキコトヲ諒承アリ度。』

右ニ対シ野村ハ、右ハ従来屢々云ウテ居ルコト極メテ明瞭ナルヲ以テ今更云フ必要ナシ、申入ヲ見合シ度、ト云ウテ来タガ自分ニハ信スル所アリ遅滞ナク「ハル」ニ通スヘシト野村ニ云ウテオイタ。右野村ヲシテ「ハル」ニ対シ申入セシメタコトハ独伊ニモ通シオケリ。

(三) 独伊ノ返事ヲ待タスニ日本独断テ米ニ話合シタカラ、独カ対英単独媾和又ハ対「ソ」戦争ニ入ルト云フコトモ考ヘラルルガ、独ノ申入ト日本ノ修正案トニハ食ヒ違イナイト云フコトヲ、両国ニ通シテオイ

タカラ独ハ此ノ様ナ事ハセヌト思フ。外務省トシテ出先大使ニハ何モ云ウテ居ラヌカラ武官ニハ云ハスニオイテ呉レ。

五月二十二日第二十五回連絡懇談会

蘭印交渉、国民政府承認、対米国交調整
其後ノ状況等ノ件

一　自午前十一時半至午後一時半

二　蘭印交渉ニ就テ

松岡外相説明

日「ソ」中立条約締結当時ハ、蘭印側カ一応折レタ様デアツタガ最近ハ別紙ノ如キ状況トナリ此ノ分デハ英米ト経済戦ニ入ラサルヲ得サルモノト思フ。有田外相ノ時ニ、十四品目ノ輸出禁止ハスルモ錫二万屯「ゴム」三千屯ハ対日輸出スヘキ協定ヲ締結シタルニモ拘ラス、現在テハ右全額ヲ輸出セス、而モ馬来、仏印等ヨリ所得スルニ於テハ其ノ分ダケ差引クト云ヒ、目下ノ状況ヨリ見レバ錫、「ゴム」モ禁輸ノ決心ヲスルニ非ズヤト思考セラル。結局日本ノ足下ヲ見テ日本ヲ見縊リ居ルヤニ観察セラル。「ゴム」錫ノ半分ヲ呉レルナラ之ヲ忍ブガ、現在ノ状況デハ到底我慢出来ヌ。芳沢ハ小官ノ渡欧中帰朝ヲ希望シタガ慰留セシメタ。然シ乍ラ此ノ様子デハ寧ロ芳沢ヲ帰朝セシメ他ノ処置ヲ取ル必要アリト思フ。本日「オランダ」公使ヲ呼ビ反省ヲ促シ、又午後二時ニハ英大使ヲ呼ビ、此ノ様ナ状態デハ帝国ハ南方ニ兵力ヲ行使セザルヲ得ヌト云フコトヲ英ニ伝ヘル様話ス積リデアル。之ニモ反省ナケレバ芳沢ヲ帰朝セシメ帝国ノ態度ヲ世界ニ示シ、其後適当ナル処置ヲ取ラネバナラヌト思フ。

右処置ニ就テハ夫々ノ方面ニ於テ御研究ニナツテ載キ度。本日ハ英大使ニオトナシクマトメル様話ヲシ、英ノヤリ方ニヨツテハ重大ナル結果ヲ伴フテアラウト述ヘル積リナリ。

之迄ハ忍耐ヲシタガモウ時期ガ来タモノト思フ。蘭印ガ此ノ態度ヲ取ル以上国民ノ間ニハ義憤ヲ感スル者ガ多数アルヘク、外務大臣トシテモ此ノ義憤ニハ共鳴スル。

以上外相ノ説明ヲ中心トシテ相当ノ議論アリ。概要左ノ如シ。

外相　蘭印トノ交渉ヲ打切リ芳沢ヲ引揚ケ度、其時

某　　機ハ外相ニ一任セラレ度。
芳沢ヲ引揚ケルト云フ程迄ニナッテ居ル目下ノ蘭印ノ態度ニ就テハヨク分ルガ、目下蘭印カ此ノ如キ態度ヲ取ッテ居ルノハ英米ノ支援アルが故ナリ。蘭印ニ対シ此ノ最後ノ決意ヲスルコトハヤガテ比島、馬来ニモ作戦ヲ進メル事ニナリ、国家ノ浮沈ニ関スル重大問題ナルガ故ニ、時機方法等ニ関シテハ充分考ヘナケレバナラヌ。

外相　決心シナケレバ結局独英米「ソ」ガ合一シテ日本ヲ圧迫スルコトニナラズヤ、独「ソ」合体シテ日本ニ向フ場合モアルヘク、米参戦ト云フ場モアルヘシ。之等ノ場合ニ於ケル統帥部ノ意見ヲ承リ度。

参謀総長　之ハ重大問題ナリ、此ノ決心ノウチノ馬来ダケニ対シテモ、泰仏印ニ所要ノ作戦準備ヲ進メナケレバナラヌコトニ就テハ、前回ノ連絡懇談会ニ於テ詳述セル通リナリ。猶モ之ヲ外相トシテヤラヌノハドウ云フワケカ。

外相　泰仏印ニ対シテヤルニハ英米ニ対スル決心ヲ必要トス、此ノ決心ナシニ交渉ハ出来ヌ、決心ガ出来タラヤル。

海軍側殆ト黙シテ語ラズ。

海相　松岡ハ頭ガ変デハナイカ。

以上ノ如クシテ結論ヲ得ルニ至ラズ。

三　国民政府ノ承認ニ就テ

外相説明

独伊ヲシテ国民政府ヲ承認セシメル事ニ就テハ、先般渡欧ノ際独伊ニ対シ、承認ノ時機ハ日本ノ意見通リニシテモライ度イト云ウテアリ、其ノ時機ハ本多大使ノ意見ヲ聞イテカラ決メル考ヘデ事実独伊ヲオサヘテ来タノデアッテ、此ノ間ノ消息ハ本多ニモ説明シテオイタ。

今日トナッテハ独伊ヲシテ国民政府ヲ承認セシメ、同政府ニ対スル態度ヲ明確ニシ之ヲ育生シ、更ニ他ノ枢軸諸国ヲシテ承認セシムル様工作スルノヲ可トス。重慶工作ニモ此ノ態度ヲ判然トスルコトガ宜シイト思フ。而シテ重慶工作ハ目下ノ状態デハ九十七%迄ハ見込ガナイト思フ。

陸相　独伊等ヲシテ国民政府ヲ承認セシムルコト

ハ、日米会談ノ支那ニ対スル戦争中止ノ勧告ヲセシムル件ト二又ヲカケル様ニナル故、承認ハ見合セタ方ガ宜シイト思フ。

某　独ハ経済的ノ事ニ迄極東ヲ日本ニマカセルカドウカト云フコトハ考ヘナケレバナラヌ、今直グ承認セシムルコトハ充分考ヘル必要アリ。

外相　政治ト経済トハ不可分ナリ。

海相　近ク汪ガ来朝シタ時ノ土産トシテハドウカ。

岡軍務局長　目下日米交渉中ナルヲ以テ、之ヲ有効ニ成立セシムルタメニハ国民政府ヲアマリ早ク承認セシムルコトハ考ヘ物デハナイカ。

四　日米会談其後ノ状況ニ就テ

外相先ツ大島ヨリ外相宛電報ノ要旨ヲ説明ス。外相ハ右電報ヲ陸軍ニ移スコトニ賛成セサリシモ、軍務局長ハ之ヲ披見シ来レリ。

大島大使電要旨

五月三日「リッペン」ト第一回会談ヲナセリ。

「リッペン」ハ、松岡カラ大島ニ話スナト云ウテ来テ居ルガ特別ニ話スト云ウテ其ノ大要ヲ語レリ。恐ラク「リッペン」ハ、独ト特別ノ立場ニアル本使ト云フ意味ニ於テ内容ヲ開示シタルモノナルヘク、当時本使ハ全然右内容ヲ承知シアラズ、「オットー」ヨリ「リッペン」ニ「リッペン」ヨリ本使ヘト伝ハリタルモノト思考ス。

本使ハ事重大ナルモノト認メ一切意見ノ発表ヲ避ケタリ。

五月九日第二回会談ヲナセリ。

「リッペン」ハ、「オットー」ヨリノ詳細ナル電報ノ内容ヲ本使ニ告ゲテ曰ク、『本提案ハ日本側ヨリ提案セラレタモノナリトノ情報多シ、松岡外相ハ不本意乍ラ他ノ人ノ奨メニ依リ本案ヲヤル様ニナレリトノ事デアリ、又「シンガポール」攻略ヲセザル様ニナレリトノ話ナルガ、夫ハ日本ガ米国ト結ビ、米参戦ノ場合ニ日本ガ参戦ヲ回避スルモノトモ考ヘラル、独トシテ日本ヨリノ本相談ニ対シテハ次ノ二案ノ回答アリ、第一案ハ拒否、第二案ハ条件附ニテ交渉ヲ進ム、本官ハ第一案ヲ取リ度シ』ト。本使ハ右ニ対シ『未ダ本国ヨリ何等ノ指示ナキヲ以テ内容不明ナルモ、日本案ナルモノガ成立シタル場合ニハ独ノ対英攻撃ニハ不利ナラス、又不成立ノ場合ニ於テモ「『ルーズベルト』ノ心ノ打診ガ出来、且又日本国内ニアル親米派ノ人々ニ日米妥協ハ不可能ナリト云フ感想ヲ与フル結果トナルヘキガ故ニ、本使ハ前記第二案ヲ取ルヲ宜シト思考ス』ト述ヘタリ。「リッペン」ハ第二案ニハ同意セズ、第一案ヲ自己ノ意見トシテ「ヒットラー」ニ告ゲ、「ヒットラー」ハ第二案ヲ採決セリ。

本使「ローマ」ニ旅行中「リッペン」ト第三回会談ヲナセリ。

「リッペン」ハ『「オットー」ヨリノ報告ニ依レハ、日本ハ独ノ回答ヲ待タズニ対米交渉ヲ開始セル由、此ノ点大イニ不満ナリ、数時間ヲ待テバ独ノ回答ガ到着スベキニ拘ラズ、之ヲ待タザリシハ頗ル不満ニ感ズル所ナリ、』ト冒頭シ、『松岡トハ伯林テ何度モ会談セルニ、此ノ如キ話ハ一切ナク、今トナツテハ裏切ラレタル感アリ、松岡ト「オットー」トノ会談ニ依レバ、松岡ハ独「ソ」開戦セル場合日本ハ「ソ」ヲ攻撃スト云ヘル由ナルガ、伯林ニ於ケル松岡ノ話トハコノ点違フ、松岡ハ伯林ニ於ケル独「ソ」関係ナルモノヲ把握シ居ラサルモノト思フ』ト述ヘタリ。本使ハ『日本ニ於テ、独逸ノ返事ヲ待ツコトナク対米交渉ヲ進メタルハ事務上已ムヲ得サリシ事ト思フ、又松岡外相ガ独「ソ」開戦ノ時ニ日本ノ取ルヘキ態度ヲ「オットー」ニ話シタル由ナルモ、帝国ノ態度ハ簡単ニハ定メラレズ、天皇ガ決定セラルルモノナリ、従ツテ若シ松岡外相カ日本ノ態度ヲ述ヘタリトスルモ、之単ナル松岡ノ私見ニ過ギス』ト述ヘタリ。

本提案ニ関スル本使ノ所見左ノ如シ。

独ハ、日本カ本案ニ依リ米国参戦ノ場合其ノ参戦ヲ回避セントスルモノナルガ如ク解釈シ、日本ニ裏切ラレタル感ヲ持チアリ。大使トシテ日本ノ「狙ヒ」ハ承知シアルモ、玆数ケ月デ独カ大勝スルコトハ判然タルモノアルガ故ニ、独ニ対シ日本ノ不信ヲ招ク様ナ事ヲナスハ考ヘ物ナリ。又本案ハ「ルーズベルト」ノ策謀ナラスヤトモ考ヘラル。本案ヲ実行セハ日本ハ大戦後国際的ニ孤立トナルヘシ。本案ニ依リ南方ニ武力進出セサルコトガ判然トセハ独伊ヨリ侮リヲ受クルコトアルヘシ。南洋ニ米国関与セバヤガテ独伊モ関与スヘシ。一般情勢上本交渉ヲ実行セサルヘカラサルモノナラバ次ノ二点ニ留意スルノ要アリ。

1　本交渉ニテ米ニ中立態度ヲ儼正ニ守ラシムルコト米参戦セハ日本ハ同盟ノ義務履行ヲナスコトヲ明ニスルコト。

2　独伊ト隔意ナキ意見ヲ交換シテヤルコト、特ニ参戦ヲ回避スルニ非スヤトノ誤解ヲ解ク様ニ勉ムルコト。（了）

次テ外相米ニ於ケル交渉其後ノ状況ニ就キ説明ス。概要左ノ如シ。五月十一日夜、野村ト「ハル」ト会談約四十分ノ後日本側ノ修正案ヲ「ハル」ニ手交セリ。「ハル」ハ出来ル丈骨ヲ折ルモ本案ノ審議ニハ相当日数ヲ要スト述ヘタリ。

五月十三日夜、野村「ハル」更ニ会見、外相ノ所謂帝国ノ目的ハ米ノ不参戦並支那ニ対シ米カ和平勧告ヲナスコトヲ骨子トスルモノナルコトヲ述ヘタリ。

五月十四日更ニ会談ス。「ハル」ハ支那ニ対スル和平交渉ハ支那及英ニ一応話ササルヘカラス、又独カ欧洲ヲ制覇セハ必スヤ南米ニ進出シ来ルヘク、米トシテハ民主主義擁護ノ為戦ハサルヘカラスト述ヘタリ。

十九日野村ヨリ電報アリ、日米交渉ハ友好裡ニ話ガ進ミツツアリト。（外務大臣ハ成立ノ見込三分ナリト判断ス）

以上ノ大島及野村両大使ヨリノ電報ヲ基礎トシテ内奏スルコトト致度。

五月二十九日第二十六回連絡懇談会

蘭印交渉、炉辺談話、対米国交調整等ニ関スル件

一　外相首題ノ件ニ関シ説明ス。要旨左ノ如シ

(一)　蘭印交渉ニ就テ

先般英大使及和蘭公使ヲ呼ヒ話ヲセルモ、其後返事ナシ。目下両国ニ於テハ東京ノ商務官ヲ集メ日本ノ実際ノ所要量ヲ検討シツツアリ。外務省ニモ此ノ研究ニ出テ呉レト云ウタガ、出席ヲ断リ、南洋局長ヲシテ単ニ顔ヲ出サシテオイタ。

英ノ差金ニ依リ、日本ニ輸出スル物ノウチ特ニ「ゴム」ノ対独再輸出ヲ防止セントスルニアルラシク、錫ニハ重キヲ置キアラズ。

英大使ハ日本ノ所要量ヲ盛ニ質問スルカ、此ノ如キハ回答スヘキニアラスト応酬シ、又日本カ仏印、泰カラ取ル量ニ依リ蘭印ヨリ輸出スル量ヲ加減スルノ

ハ怪シカラン、和蘭ノ如キ小国カ日本ニ対シ、独逸ニ送ラヌコトヲ条件トスル書付ヲ取ルヘク申入レヲナスカ如キハ怪シカラン、ト述ヘタ所、英大使ハ「ビズネス」上ハ已ムヲ得ナイダラウ云ウタノデ、「ビズネス」上デモ不可ナリト強調セリ。

英大使ハ仏印カラ四万屯モ取得スルト云フガ本当カト質問シタノデ、否一万五千屯シカ取ラヌ、独逸トノ問題ハ独逸ガ「ヴシー」政府トノ話済ミデヤルコトデ日本ニ関係ナシ、ト云フタ所、英大使ハ之ハ初耳ナリト述ヘタリ。

蘭印交渉ハ右ノ如キ次第ナルヲ以テ芳沢ノ引揚ケハ近イウチニ実行セネバナラヌコトト思フ。

(二) 炉辺談話及対米国交調整ニ就テ

野村ノ公報ハ未タ到着セス。

民主主義ヲ堅ク守ル為ニ戦フトカ英支ヲ援助スルトカ強調シアルハ気ニ食ハヌガ、今ハカレコレ云ハヌ積リナリ。

強イ事ハ云ウテ居ラヌ。

米ガ困ツテ居ル模様モ見エル。

米国民ハ失望シテ居ルナラン。

従ツテ大統領ハ国民ノ模様ヲ見テカラハネカヘスカモ知レヌ、故ニ本談話ヲ以テ米ノ態度緩和セリト見ルハ適当ナラス。

帝国ノ修正案ニ就テハ米国ハ英支ニ渡リヲツケルト云フテ居ルカラ多分英ニハ話シタ事ト思フ。「クレギー」ガ、日本ハ支那ト和平セバ其ノ力ヲ以テ南ニ出ルナラント英本国デハ考ヘテ居ル旨述ベタ所カラ判断スルト、英国ハ日本ノ修正案ヲ見タラ之ハ日本ノ「トリツク」ダト思フダラウ。

二 以上ヲ以テ外相ノ説明ヲ終リ、懇談ニ入ル。

陸相 政府ノ措置ヲ云々シ、或ハ国民ヲシテ去就ニ迷ハシムルカ如キ言論ヲ取締ル要アリ。又機密保持ニ関シテハ各官庁ニ於テ厳重取締ル要アリ。本件内務大臣ニ於テ特ニ御尽力アリ度シ。

外相 全ク同感ナリ。昨日ノ報知新聞ノ如キハ、米ハ須ク日本ト手ヲ握リ参戦スヘシナドト、武藤貞一ノ言トシテ云ウテ居ル。適当ナラズト思フ。

此ノ際政府ノ態度ヲ明ニシタラ如何ト意見アリタル

海相　米国ノ坊主ニヤラセタノデハナイノカ
外相　然ラズ
某　井川ニ誰カ金ヲヤツタノカ
外相　俺デハナイ。誰カハ知ツテ居ルガ今ハ聞カンデ呉レ。

対南方施策要綱

昭和十六年六月六日
大本営陸海軍部決定

一　大東亜共栄圏建設ノ途上ニ於テ帝国ノ当面スル対南方施策ノ目的ハ帝国ノ自存自衛ノ為茲ニ総合国防力ヲ拡充スルニ在リ
之カ為
㈠　帝国ト仏印、泰間ニ軍事、政治、経済ニ亘リ緊密不離ノ結合関係ヲ設定ス
㈡　帝国蘭印間ニ緊密ナル経済関係ヲ確立ス
㈢　帝国ト其ノ他ノ南方諸邦間ニ於テハ正常ノ通商関係ヲ維持スルニ努ム
二　帝国ハ外交的施策ニ依リ右目的ノ貫徹ヲ期スルヲ本則トス特ニ速ニ仏印、泰トノ間ニ軍事的結合関係ヲ設定ス
三　前号施策遂行ニ方リ下記事態発生シ之カ打開ノ方策ナキニ於テハ帝国ハ自存自衛ノ為武力ヲ行使ス
右ノ場合ニ於ケル武力行使ノ目的、目標、時機、方法等ニ関

モ、米ノ意見モ近ク来ルコトデアリ暫ク見合ハスヲ可トスルコトニ意見一致ス。
内相　言論取締ニ就テハ、相当ノ要人ガ自分ノ家ヲ訪レ「汪精衛ガ六月ニ来ルノハ怪シカラヌ」等政府ノ考ヘト反対ノ事ヲ云ウテ居ル。元来政府ノ措置ニ反対ヲ表明スル等ハ適当ナラズ。
某　然ラハ今度ノ日米会談ハ誰カ種子ヲ播イタノカ。
外相　野村ノ処置トシテ「ハル」トアノ程度ニ話合ヲ進メタノデアルガ、其ノ程度ニ関シテハ自分ハ知ラヌ。
「モスコー」デ自分ガ米国ニ呼ビカケタノテ野村ガヤツタノデハナク、野村ハ其ノ以前カラヤツテ居ル。
野村ノ出発前自分ハ一筆書イテ渡シタガ、野村ノ今度ノ措置トハ反対ノコトヲ書イテアル。無統制ノ外交ハ相済マヌト思フ。今直グ責任ハ取ラヌガ他日自分ハ　陛下ニ対シ責任ヲ取ル考ヘデアル。

シテハ当時ノ欧洲戦局ノ展開竝対「ソ」情勢ヲ勘按シ機ヲ失セス別ニ定ム

(一) 英、米、蘭等ノ対日禁輸ニヨリ帝国ノ自存ヲ脅威セラレタル場合

(二) 米国カ単独若クハ英、蘭、支等ト協同シ帝国ニ対スル包囲態勢ヲ逐次加重シ帝国国防上忍ヒサルニ至リタル場合

四 欧洲戦争ニ於テ英本国ノ崩壊確実ト予察セラルルニ至ラハ本施策特ニ対蘭印外交措置ヲ更ニ強化シ目的達成ニ努ム

五 帝国国内戦時体制ノ刷新ハ昭和十五年七月決定「基本国策要綱」ニ遵ヒ速ニ実施スルモノトス

附一 仏印、泰ニ対スル施策ハ昭和十六年二月一日御裁可ノ対仏印、泰施策要綱」ニ拠ルモノトス

二 昭和十五年七月決定ノ「世界情勢ノ推移ニ伴フ時局処理要綱」中支那事変ノ処理未タ終ラサル場合ニ於ケル南方施策ニ関スル事項ハ本施策要綱ニ拠ルモノトス

三 支那事変処理完了セル場合、或ハ世界情勢著シク急変シタル場合ニ於ケル対南方施策ハ其ノ際更ニ別途決定セラルルモノトス

六月七《六の誤りか》日第二十八回連絡懇談会

(註　第二十七回ノ分ハ省略ス)

「クロアチア」国承認及三国同盟加入竝独「ソ」開戦ニ関スル件

一 参謀総長欠席次長代理ス

二 外相「クロアチア」国承認及三国同盟加入ノ件提議シ、統帥部之ニ同意ス

三 次テ外相独「ソ」開戦ニ関シ、外務電第六三六、六三八、六三九号（六月三、四日大島大使ト「ヒットラー」「リッペン」ト会談セル状況報告）ニ就キ説明ス

（上記電報参照）

右説明後外相左記要旨ノ所見ヲ述フ

大島ニ対シ反対スルノデハナイガ、「ヒットラー」ハ共産主義ヲタタキツブスノガ信念デアルト云ウテ居ルガ、ソレデ戦争スルダラウカ、戦争ガ二、三十年続クカラヤルノデハナカラウカ、又英独妥協ト云フコトモ相当警戒ヲ要スル事ト思フ。独「ソ」開戦スル場合ニモ独ニハ大義明分ヲ必要トスルカラ先ツ条件ヲ出シ其後開戦スルト思フ

外相右所見ニ開聯シ独「ソ」開戦ニ対スル統帥部ノ態度ヲ質シタルモ陸海軍共本件ハ慎重ナルヲ要ス急ク必要ナシト応酬シ態度ノ表明ハ後日ニ委ス

六月十一日第二十九回連絡懇談会

日蘭交渉ニ関スル件

一　外務省通商局長特ニ出席ス

二　先ツ通商局長ヨリ日蘭交渉ノ経過ニ就テ説明アリ

三　外相本朝芳沢ヨリ多少話ノ余地アル電報到着シタルモ其内容大シタルコトナシト述ヘ審議ノ結果左ノ如ク措置スルコトニ決ス

(イ)　芳沢代表ノ引揚ヲ命ス

(ロ)　調印スルモ大ナル効果ナキヲ以テ調印ヲセス

(ハ)　交渉決裂ノ形ヲ取ラス穏ヤカニ不調ニ終リタルコトトシ話ヲ後ニツケル余地ヲ残スモノトス

(ニ)　蘭印ヨリ希望スルナラハ総領事ヲシテ之ニ当ラシム

(ホ)　蘭印ヨリ多少ユトリアルト云フ事ニ対シテハ芳沢ヲシテ若干ノ交渉ヲナサシムルモ之ニハ大ナル効果ヲ期待セス

(ヘ)　芳沢帰朝ノ時ハ随員等モ一応全部ヲ帰朝セシム要スレハ更メテ所要ノモノヲ派遣ス

南洋局長ヨリ「ゴム」ヲ呉レナケレバドウスルカノ提議アリタルモ情勢ノ推移ニ委スル他ナシト云フコトニ結着ス調印スルヤ否ヤニ関シテハ種々論議アリ

外相ハ最初調印スルヲ可トストモ考ヘアリシカ如キモ軍部側ハ今日迄ノ蘭印ノヤリ方ハ不都合ニシテ又応諾量モ不足故調印スレハ国民ハ不承知ナルヘク仏印ヤ泰等ニモ帝国ノ弱クナツタ感想ヲ与ヘ好結果トナラス調印セサルヲ可トスト主張シ調印セサルコトト決ス

而シ一方国論ヲアマリ沸騰セシムルハ不適当ナルヲ以テ此点ハ研究スルコトトス

四　尚対仏印施策等ニ関聯シ若干ノ論議アリ要旨左ノ如シ

外相　今日迄ノ経過ニ依レバ蘭印ハ帝国ヲ侮辱シテ居ル従ツテ此ノ交渉ヲ打切ルニ方ツテモ少シ強イ態度ヲ必要ト思フ之ニ関シテハ国力ト云フコトモアリ特ニ統帥部ノ態度ヲ承リ度

参謀総長　南方政策ニ対シ陸海軍統帥部ノ考ヘテ居ルコトハ既ニ前ニ示シタ通リテアツテ蘭印一国デアレバ問題ニナラサルモ背後ニ英米(ママ)アルカ故ニ蘭印ニ強硬ナル態度ヲ取レハ事態ヲ惹起スヘシ

最近独「ソ」並米国ノ問題モアリ直ニ武力行

使スル等ノコトハ考ヘナケレバナラヌ
当分ハ現在取得シ得ル量ニテ一応打切リ而モ全然打切ルコトトハセズ後ニ話ヲ続ケル様ニスルガ宜シイ
統帥部トシテハ蘭印ノミナラス従来屢〻云フガ如ク対仏印施策等ヲ促進シ又仏印ニ兵力ヲ進駐セシムル如ク外務大臣ニ於テ手ヲ打ツコトヲ希望ス

外相　ソウスレバ英米ヲ刺戟シ英軍カ泰国ニ入ッテ来ルコトハ眼ノ前ニ見エテ居ル

参謀総長　状況判断ハソウハ思ハヌ

外相　仏印ニ交渉セヨト云フガ独ヲシテ「ヴシー」ニ交渉セシムルヲ可ト考フ

参謀総長　ソウ云フヤリ方ハ外相ノ御考ヘ通リテ宜シカルヘシ

外相　兵力ヲ入レルニハ仏印バカリデナク泰ニモ入レル必要アリ而シテ仏印泰ニ兵力ヲ入レル事ハ「ビルマ」馬来ニ影響ヲ及ホシ英国ハ必ス手ヲ出スト思フ

参謀総長　コチラガ強ケレバ先方ハ手ヲツケヌト思フ

外相　外交上カラ行ケバ尻ヲマクリ度イ所ダガ統帥部ガ不適当ト云フカラヤラヌ

軍令部総長　仏印、泰ニ兵力行使ノ為ニ基地ヲ造ルコトハ必要ナリ之ヲ妨害スルモノハ断乎トシテ打ツテ宜シイタタク必要アル場合ニハタタク

以上ノ如ク外相ハ仏印、泰ニ対シ施策ヲ進メルト云フコトニハ言及セズ兵力ヲ用フルコトハ外相自身モ適当ナラスト云フ様ナ話モ出テ本日ハ蘭印ノミノ話トナリ明十二日十一時ヨリ対仏印施策ニ就テ更ニ論議スルコトトナレリ

六月十二日第三十回連絡懇談会

南方施策促進ニ関スル件

一　軍令部総長「南方施策促進ニ関スル件」ヲ説明ス
此ノ際軍令部総長ハ仏印カ応セサル場合竝英米蘭カ妨害シタル場合武力ヲ行使スルコトニ関シ強ク強調セリ

二　右ニ就キ論議ス、概要左ノ如シ

外相　進駐ノ言葉ハ新シク出テ来タカラ今返事ハ出

来ヌ。而シ永野総長ノ説明ヲ聞イタ所ノ思付ノコトヲ云ヘハ、此ノ進駐ハ軍事占領トナル此ノ占領カ仏印ニ如何ナル影響ヲ与ヘルカ、既ニ仏印ノ保全ニ就テハ此ノ前ノ紛争調停ノ時日本側ニ於テ表明シアル所ナリ。仏印側トシテ果シテ承知ト云フカドウカ、特ニ兵力ヲ進駐セシムルコトニ就テハ承知スルカドウカ疑問ト思フ。コチラガ軍事占領ト考ヘナクテモ敵性ヲ持ツ英米トシテハ軍事占領ト考フヘク、特ニ英国トノ衝突ヲ促進スルコトトナルニアラスヤ。此ノ様ナ点ヲ考ヘレバ進駐ト云フコトヲ加ヘテ交渉スレバ交渉ハ成立セント思フ。従テ先ツ空軍及海軍ノ基地ヲ造ルコトヲ第一段ニ交渉シ、進駐ハ第二段ニ話出シテハドウカ。最初カラ進駐ヲ出スコトハ成立カ難シイト思フ

参謀総長　既ニ軍令部総長ヨリ説明アリタル如ク最初カラ軍事占領ヲスルノデハナイ、イカヌ場合ニヤルノダ、英米側カ軍事占領ト思ウテモ何等遠慮スル必要ナカルヘシ。空軍海軍ノ基地ヲ交渉スルコトハ既ニ今カラ半年前決定シタコトヲヤルノニ過ギナイ。今日ノ状況ハ変ツテ居ル、最早手ヌルクヤル必要ナシ。

外相　進駐ノ目的如何

参謀総長　仏印ノ保全ト他方支那及南方ニ対スル威圧効果ヲ収メントスルニ在リ

外相　最初カラソンナ事ヲ云ウテハ相手ハキカヌダラウ

武藤局長　航空基地ハ兵力ナクテハ出来ヌ、兵力ノ進駐ニ依リ飛行場ハ早ク出来ルノテアル

外相　ソレダケノ兵力ニ止メ、其他ノ兵力ハ後ニシテハドウカ

参謀総長　ソウハ出来ヌ、北仏ノ時モ後カラ駐兵セシムルコトハ難シカツタ。此度ノ駐兵ハ飛行場ノ為デハナイ

等ノ意見交換アリ、外相ハ今日ハ考ヘサセテ呉レト述フ

某　武力行使ヲヤルト云フコトニ就テ不同意ナノカ、同意ナノカ

外相　不同意ニアラス、但此ノ交渉ヲ進メル上ニ於

テ進駐ヲ真向ニ出スコトハ話ヲ進メ難イ。趣旨ハ可ナルモ第一項ノ（進駐セシムルコトヲ含ム）ハ之ヲ削除シ度イ、又第二第三項モ削除シ度イ、右削除事項ハ諒解事項ニ止メ度。尚進駐ナドト云フコトハ秘密カ洩レテハ大変テアル

某　同意ナラバ別デアルガ然ラサレハ諒解事項ナドニシテオクノハ不可、一切秘密ヲ守ルコトニシ本案ノ如ク決定シ、諒解事項トシテ次ノ三項ヲ加ヘルコトニシテハ如何

(一)　最後的ニハ本案ノ通リ実行スルコトトス

(二)　進駐ハ其準備相当ノ日時ヲ要スルヲ以テ二段ニ区分シ交渉スルモ支障ナシ

(三)　第一段ノ交渉終ラハ機ヲ失セス第二段ノ交渉ヲ進ム

右ニ依リ全員ノ同意ヲ得、諒解事項ヲ附記シ本文ニ「サイン」ヲナシ、内閣ニ一部ノミ残シ他ハ機密保持上全部之ヲ回収セリ。

外相　交渉ハ何時項迄ニ成立セシメ度イノカ

参謀総長　成ルヘク早ク成立セシメ度、期限ハ定メナイ

外相　実際上ニアラワス成文ハ更ニ考ヘ様

本日ハ陸海軍大臣ハ一言モ発言セス海軍側ハ軍令部総長相当強ク説明シタルモ、海相ハ平素比較的多ク発言スルニ反シ本日ハ一言モ発言セス

六月十六日第三十一回連絡懇談会

南方施策促進ニ関スル件

一　要　旨

外相ヨリ

仏印ニ進駐シタル場合ニ起リ得ヘキ帝国ノ不利最悪ノ場合ニ就キ再考セラレ度。大島ニ独側カラ「ヴシー」ヲ指導スル様要望シタル所、大島ヨリ「ヴシー」ガ進駐不同意ト云ウタ場合ニ帝国ノ態度承リ度ト反撃シ来レリ。連絡会議ニ於テ種々話アリシモ、昨日一日朝三時迄考ヘタルモ、進駐ハ国際上不信ヲ免レヌト思フ、従来国際信義ナシト云ハルル帝国トシテハ此ノ点考ヘナケレバナラヌト思フ。独「ソ」情勢ノ緊迫セル今日、此ノ如キ進駐ハ如何カト再考スル必要アリ。此ノ進駐ガ不信ニアラズト外相トシテ説明出来ル迄再考致シ度

ク、又各位ニオカレテモ考ヘ置カレ度
ト発言アリ。何等決定ニ至ラズ散会ス、細部ニ関シテ
ハ次ノ如キ問答アリ

二　細部ノ問答要旨

外相　進駐トナレバ昨年八月三十一日ノ松岡「アンリー」協定ハ破棄トナリ、従ツテ北仏ノ駐兵モ無効トナル。軍事上ノ基地ヲ造ルコトハトモカク、進駐ト云フコトニナレバ独ガ手ヲ入レテ呉レナイ限リ仏モ自己ノ領土ニ兵ヲ入レルコトニ応諾セサルベシ。仏側カラ云ヘバ軍事占領トナルヲ以テ、九五％迄ハ承知セントト思フ。又之ニ依リ先日調印セル調停条約及経済協定等ノ取極モ廃棄トナリ、其影響ハ蘭印泰ニモ及ビ、蘭印ハ勿論泰カラモ予期シアル「ゴム」二万屯錫三千屯米等モ来ナクナルダラウ。以上ハ最悪ノ場合ニシテ、常ニ之カ全部トハ思ハヌガ、此ノ如キ場合モ考慮セネバナラヌ。大島ノ電報ニ依レバ独「ソ」ハ来週開戦スルト云フテ居リ此ノ如キ場合ハ世界大戦争トナリ、「ソ」英ハ同盟シ、米ハ英側ニ立チテ参戦スヘシ、此ノ様ナ情勢モ充分考慮セネハナラヌト思フ。特ニ進駐ハ帝国トシテ一大不信行為ヲヤルコトニナル、国家ノ生存上已ムヲ得ヌト云ヘバ云ヘルカモ知レヌガ、何レニシテモ一大不信行為ト云ハナケレバナラヌ。

海相　今迄ノ仏印、泰ニ対スル帝国ノ考ヘハ

参謀総長　変ラヌ、進駐スルコトニ依リ英米ノ圧迫カラ仏印ヲ防グノダト云フコトヲ諒解セシメレバ応諾スルニアラズヤ

外相　然リ、然レドモ「ヴシー」ガ進駐ニ応ゼザル場合、之ヲ押切ツテ進駐スルコトハ不信ナリ。此ノ前ノ条約批准モスマヌ、武力ヲ行使スルモ進駐スルコトハ不信ナリ。日本ハ国際的ニ不信義ト云ハレテ居ル、外務大臣一人ニテモ此ノ信義ヲ通シ度。無理ニ進駐スルコトガ進駐ト云ハズシテスムヤ。外務大臣トシテ卒直ニ云ヘバ、陛下ニ之レハ不信ナリト申シ上ゲザルヲ得ズ。進駐ノ準備ハ幾何カカルヤ、軍事基地ハ幾何

ノ日数ヲ要スルヤ、軍事基地ハ何時迄ニ出来レバヨイカ。

参謀総長　準備ハ約二十日間、飛行場ハ二乃至三月現在飛行場アルモ商業用ニシテ重爆撃機ノ為ニハ舗装スルヲ要ス、又大編隊ノ為ニハ拡張スルヲ要ス。進駐ヲ七月中ニ終リ八、九、十月ヲ飛行場ノ整備ニ充当スルヲ要ス。進駐ノ為ニハ支那ヨリ兵力ヲ転用シ、又船舶ヲ集メル必要アリ。彼ノ地ハヤガテ雨期ニ入ル故成ルヘク早クスルヲ要ス。

外相　独「ソ」開戦モアリ、之ヲ検討スル要ナキヤ

参謀総長　独「ソ」開戦ニ方リテモ此ノ程度ノ施策ハ必要ナリ

海相　英「ソ」ノ同盟ハ初耳ナリ、此ノ事ガアルト云フナラバ考ヘテモ好イ。而シ先日決ツタモノヲ変更スルノハ悪イデハナイカ

外相　俺ハ頭ガ悪ク其後考ヘテ見タラ……

某　腹ガ変ラヌカ

外相　腹ハ変ラヌ

陸相　本年中ニキマリヲツケネバ大東亜共栄圏ノ看板ヲハズサネバナラヌ、準備ガ出来タラ決意ヲ要スル

外相　準備ハ上奏ノ必要アリヤ

参謀総長　目標ナクシテ準備スルコトハ出来ヌ尤モ教育訓練等ハ出来ルガ、兵力ノ移駐動員編制等ハ御允裁ヲ仰ガナケレバ或程度シカ出来ヌ

陸相　右ノ趣旨ヲ更ニ強調ス

軍令部総長　準備ヲヤッテオイテ、武力ヲ行使スルトキニ御許シヲ得テハドウカ

外相　陸軍ハソウハ行カヌ、第一次上海事変ノ時モ植田師団長ハ上海到着後四、五日待ッタ、陸軍ガ相当ノ時日ヲ要スルコトハ分ル

陸相　右ニ関シ更ニ附加ス

参謀総長　海南島ニ陸兵ノ集合ガ完了スルト共ニ電撃外交ヲヤル様ニシタイガ、此ノ点カラモ軍令部総長ノ云ハレタ様ニヤルワケニハイカヌ

外相　何レニシテモ二、三日考ヘサシテ呉レ、不信ニアラズト云ウテモ自分ハ不信ト思フ。此点陛下ニ上奏セザルヲ得ズ。此ノ点判然セザレ

バ上奏出来ヌ。
昨年「シンガポール」ヲヤレト云フタノニヤラナカツタカラコンナ事ニナツタ
上奏ハ何時スルヤ、上奏ノヤリ方ニモ考ヘラレ度

以上ノ如クシテ結局二、三日再考スルコトトシ解散セリ

六月二十五日第三十二回連絡懇談会
「南方施策促進ニ関スル件」竝「情勢ノ推移ニ伴フ国策要綱」ニ関スル件

一　出席者　両統帥部次長特ニ出席ス

二　先ツ南方施策促進ニ関スル件ニ就キ参謀総長説明ヲナシ之ヲ可決ス依ツテ午後三時臨時閣議ヲ開キ、別ニ準備セルモノ（武力関係ヲ除ク）ヲ総理ヨリ朗読シ閣僚ノ質問ヲ受ケテ閣議決定トナシ、午後四時ヨリ総理両総長列立上奏スルコトニ決ス

三　前項審議ノ概要

外相　御説明案ハ結構ダガ之レニヨルト今迄何モヤツテ居ラヌ様ニ思ハレル書方ダガ今迄モヤツテ居ル様ニ申シ上ゲテ呉レ。軍事基地港湾等ノ事ハ既ニ交渉ヲヤツテ居ル。独ニ「ヴシー」ヲ圧迫シ軍事基地設定ヲ容認スル様云ウタ所「リ」ヨリ強圧ヲ加フルコトハ出来ヌ旨返アリ、従ツテ日本独力デヤルト大島ニ伝ヘ置ケリ

「本件ハ急イダ方カ宜シ、決定シタ以上今直グガ宜シイ、臨時閣議開催ハ刺戟スルカモ知レヌガ時局柄已ムヲ得ズ」トノ外相ノ意見ニ依リ午後三時臨時閣議ヲ開催スルコトニ決ス

外相　実行ニ方リテハ統帥部ト充分連絡シ、外交ト軍事トノ緊密ナル連繋ヲ保持致シ度、軍隊集合セハ外交ハ電撃的ニヤル如ク統帥部ト連絡致シ度

参謀総長　大命拝受ヨリ軍隊集合迄ニハ二十日ヲ要ス

外相　承知シアリ

（参謀次長本件ニ関スル限リ外相ハ大イニ気合ヲ入レテヤルモノト感取ス）

四　次テ外相三国同盟ト中立条約トノ関係ニ就キ独伊「ソ」大使ニ対シ話シタル内容ヲ披露ス。

要旨左ノ如シ

三国同盟ハ中立条約カ出来テモ之ニ依リ左右セラレ或ハ影響ヲ受クルモノニアラス。此ノ見解ニ就テハ外相帰朝後発表セリ、而モ「ソ」ヨリ何等返電来アラス。実ハ独「ソ」戦ハヌト思ツタカラ中立条約ヲ結　ダノデアツテ、独「ソ」戦フ様ナ状況ナラバ中立条約ナド結バズニモツト独ト仲好イ行動ヲ取リタカツタ

「オツトー」ニハ条約ノ文句ニ拘ラス同盟ヲ堅持ス、何カヤル等ノコトハ必要ニ応シオ話シスルト云フテオイタ

某　「ソ」聯大使ハ右外相ノ言ニ対シ如何ナル感想ヲ受ケタト判断スルヤ

外相　「ソ」大使ニハ右ニ述ベタ趣旨ニ沿ヒ話シテオイタ

某　日本ハ冷静ダガドウモハツキリセヌト言ウタカラソウ思ツタノダラウ

外相　日本ハ三国同盟ニ忠実デ中立条約ニハ不忠実ダト思ハナカツタラウカ

外相　夫レ程ニハヒビカント思フ、尤モ中立ヲ破ル等ノ話ハシテ居ラヌ

（外相ノ説明ヲ聞キ次長ハ「ソ」聯大使カ中立条約ハ駄目ダト受ケ取ツタモノト判断ス）

外相　「オツトー」ニハ何モ正式ニハ云フテ居ラヌ。早ク国策ヲ決メタイ、「オツトー」ハ盛ニ極東兵力ノ西送ヲ云フテ居ル

陸相　極東兵力ノ西送ノ件ハ、独ニ取リ強クヒビクダラウガ日本ニ取ツテハ寧ロ小サク感ゼラレルノハ当然ナリ

独ノ事バカリ信用スルノハ不可ナリ

海相　将来ノ外交上ノ参考ノ為海軍トシテ一言ス

過去ハ問ハズ、国際情勢微妙ナル関係ニアル現在統帥部ニ無断デ遠イ先ノ事迄シヤベルナ。海軍ハ対英米戦ニハ自信アレドモ、対英米「ソ」戦ニハ自信ナシ

米「ソ」結ンデ、米ガ極東「ソ」領ニ海軍基地航空基地無線測定所等ヲ造リ、或ハ「ウラジオ」ノ潜水艦ガ米ニ移譲セラルル様ナ事ニデモナレバ、海軍作戦トシテハ極メテ困ル

此ノ如キ状態ニセヌ為ニハ「ソ」モ攻撃シロ南方モヤレト云フ様ナ事ハ言フナ

海軍ハ「ソ」ヲ刺戟スルコトハ困ル

外相　英米トヤルノハ辞セズト云フノニ「ソ」ガ入ツタトテドウシテ困ルノカ
海相　「ソ」ガ入レバ一国フエルデハナイカ
何レニシテモアマリ先走ツタ事ヲ云フナ
外相　今迄俺ガソンナ事ヲ云フタ事ガアルカ、ソレダカラ国策ノ大綱ヲ早ク決メヨト云フノダ

五　右ノ会談動機トナリ国策要綱ニ就キ話ヲ進ム
参謀総長陸海軍決定案ノ要旨ニ就キ口頭ヲ以テ説明シ
「外相ハ積極論ヲ唱フルモ、陸軍ノ軍備充実未タ完全ニ出来居ラズ、支、北、南三方面ノ条件ニヨッテ始メテヤレルノデアル、例ヘハ極東ニ動乱勃発、極東兵力ノ西送、「ソ」聯政権ノ崩壊等ノ情勢ニナツタラヤリ得ルノデル。「ソ」ト過早ニ戦ヘバ米ガ之ニ加ハルコトアルヲ以テ気ヲツケネバナラヌ」
外相　独ガ勝チ、「ソ」ヲ処分スルトキ、何モセズニ取ルト云フ事ハ不可。血ヲ流スカ、外交ヲヤラネバナラヌ。而シテ血ヲ流スノガ一番宜シイ。「ソ」ヲ処分スルトキ日本ガ何ヲ望ムカカ問題ナリ。
独モ日本ハ何ヲスルカドウカト考ヘテ居ルダラウ
「シベリヤ」ノ敵ガ西ヘ行ツテモヤラヌノカ
牽制位ヤラネバナラヌデハナイカ
陸、海相　牽制ニモ種々アリ、帝国ガ儼トシテ居ルコトガ既ニ牽制デハナイカ、コウ云フ風ニ応酬シナイノカ
外相　兎ニ角ドウスルカ早クキメテ呉レ
某　何ハトモアレ先走ルナ
外相ハ総長ノ説明セルモノニハ大体同意ナルガ「ソ」トヤレバ米ガ入ルト云フ点ガ分ラヌト述ブ。
以上ニテ閣議開催ノ時間トナリ明日十時ヨリ会議ヲ続行スルコトトシ散会ス

南方施策促進ニ関スル件

昭和十六年六月二十五日
大本営政府連絡会議決定
同　日　上　奏　御　裁　可

一　帝国ハ現下諸般ノ情勢ニ鑑ミ既定方針ニ準拠シテ対仏印泰施策ヲ促進ス特ニ蘭印派遣代表ノ帰朝ニ関聯シ速ニ仏印ニ対シ東亜安定防衛ヲ目的トスル日仏印軍事的結合関係ヲ設定ス
仏印トノ軍事的結合関係設定ニ依リ帝国ノ把握スヘキ要件左ノ如シ
(イ)　仏印特定地域ニ於ケル航空基地及港湾施設ノ設定又ハ使

用並南部仏印ニ於ケル所要軍隊ノ駐屯
(ロ) 帝国軍隊ノ駐屯ニ関スル便宜供与
二 前号ノ為外交交渉ヲ開始ス
三 仏国政府又ハ仏印当局者ニシテ我要求ニ応セサル場合ニハ武力ヲ以テ我カ目的ヲ貫徹ス
四 前号ノ場合ニ処スル為予メ軍隊派遣準備ニ着手ス

上奏

御説明

謹ミテ大本営陸海軍部及政府ヲ代表シテ申上ケマス
日支事変満四年ニ垂ントシ此ノ間帝国ハ政戦両略ノ凡有施策ヲ統合シテ重慶政権ノ屈伏ニ邁進シテ参リマシタルカ結局重慶政権ヲ今日ノ窮境ニ追ヒ詰メマシタルモノハ主トシテ作戦的効果ニヨルモノテ御座イマス従ヒマシテ今後ト雖モ対重慶圧力ヲ継続強化シテ其ノ戦力ヲ破摧致シマスルニ非スンハ事変ノ解決ハ益々遷延セラレマスヘキハ火ヲ睹ルヨリモ瞭カテ御座イマス然ルニ最近英米ハ南西支那方面ヲ通シマシテ重慶ト緊密ニ連絡シ陰ニ陽ニ帝国ヲ対象トスル政治的経済的軍事的提携ヲ益々強化致シテ参リマシタ　以上ノ情勢ニ鑑ミマスルニ帝国ト致シマシテハ重慶政権ニ対スル直接圧迫ヲ増強致シマスル反面重慶政権ヲ背後ヨリ支援シ其ノ抗戦意志ヲ弥カ上ニモ増長セシメツツアル英米ノ勢力ト重慶政権トノ連鎖ヲ分断致シマスルコトハ事変解決ヲ促進スル為極メテ必要ナル措置ト考ヘラルルノテアリマス

又一方英米ハ南方地域ニ於テハ蘭印ト密ニ提携シ帝国ニ対シテ政治的経済的軍事的ニ凡有圧迫妨害態勢ヲ執リツツアリマスコトハ今般ノ日蘭経済交渉ノ推移結末ニ徴スルモ極メテ明瞭テ御座イマス、殊ニ泰及仏印ニ対スル対日離反ニ関スル策謀ハ最近愈々激シクナリマシテ若シ現状ノ儘放置致シマスレハ帝国カ本年三月仏印泰間紛争調停ノ成功ニヨリ獲得シマシタル有利ナル地位ハ遂ニ或ハ顚倒スルヤモ計ラレサル情勢ニ立チ到リマシタ
以上ノ如キ英米蘭支ノ対日共同包囲態勢ニ対抗スルノ措置ヲ速ニ講シマスルコトハ当面ノ支那事変処理ノ為将又東亜安定防衛及自存自衛態勢確立ノ必要上ヨリ致シマスルモ緊急欠クヘカラサル施策ト存セラレマス
即チ帝国四囲ノ情勢ハ今ヤ南方少クトモ仏印、泰ニ対スル施策ハ此ノ際之以上荏苒遷延致シ得サルモノアルニ至リマシタ
統帥部及政府ト致シマシテハ夙ニ此ノ情勢ハ之ヲ予察致シマシタル所テ御座イマシテ曩ニ北部仏印ヲ武力ヲ以テ遮断致シマシタルノモ、或ハ又対仏印泰施策要綱ノ御決定ヲ御願ヒ致シマシタルノモ何レモ上述目的ニ基クモノテ御度イマス
茲ニ於テ帝国ハ速ニ対仏印泰施策ヲ完遂シ特ニ仏印トノ間ニ軍事的結合関係ヲ急速ニ設定シ仏印特定地域ニ於ケル航空海運等ノ軍事基地ヲ獲得シ且南部仏印ニモ所要兵力ヲ配置致シマシテ以テ前述シマシタル帝国国策ノ要請ヲ充足スルニ努メマスルニ

非サレハ悔ユルトモ迨ハサルニ至ルナキヲ保シ難イノテ御座イマス

因テ先ツ外交交渉ニ依リ穏便ニ我カ目的ノ達成ニ勉メマスケレトモ若シ仏印ニシテ我カ要求ニ応セサル場合ハ武力ヲ行使スルモ目的ヲ達スルノ方針ヲ確定致サレマシテ今ヨリ直チニ軍隊派遣ノ準備ニ着手セシムルヲ必須ト考ヘラルルノテアリマス

斯クシテ外交折衝ト威圧トノ緊密ナル連繫ニヨリマシテ其ノ目的達成ニ勉ムヘキテアルト存シマス然シナカラ外交交渉ノ延引ハ夫レ自体トシテ極力避クヘキハ勿論テアリマスカ特ニ現在ノ一般情勢ニ於キマシテハ第三国ノ策動ヲ誘致致シマスル不利モ御座イマスノテ外交措置ヲ所謂電撃的ニ実施致スノ要切ナルモノカアルト考ヘラレマス即軍隊派遣ノ準備完了ノ時機ニ至リマシテモ尚仏印カ我要求ニ応シマセヌ場合ニハ帝国ハ施策ヲ強化シ実力ヲ以テ速ニ目的ヲ達成スヘキテ御座イマス尚外交交渉ハ軍隊ノ派遣準備完了ノ時機ヲ目標トシテ強力ニ進メラルヘキテアルト存シマス

謹ミテ本件ノ御允裁ヲ仰キ度イト存シマス

昭和十六年六月二十五日

内閣総理大臣　公爵　近衛文麿
軍令部総長　永野修身
参謀総長　杉山元

南方施策促進ニ関スル件

昭和十六年六月二十四日
閣議決定

一　帝国ハ現下諸般ノ情勢ニ鑑ミ既定方針ニ準拠シテ対仏印泰施策ヲ促進ス特ニ蘭印派遣代表ノ帰朝ニ関聯シ速ニ仏印ニ対シ東亜安定防衛ヲ目的トスル日仏印軍事的結合関係ヲ設定ス

仏印トノ軍事的結合関係設定ニ依リ帝国ノ把握スヘキ要件左ノ如シ

(イ)　仏印特定地域ニ於ケル航空基地及港湾施設ノ設定又ハ使用並南部仏印ニ於ケル所要軍隊ノ駐屯

(ロ)　帝国軍隊ノ駐屯ニ関スル便宜供与

二　前号ノ為外交交渉ヲ開始ス

三　仏国政府又ハ仏印当局者ニシテ我カ要求ニ応セサル場合ニハ武力ヲ以テ我カ目的ヲ貫徹ス

六月二十五日

南方施策促進ニ関スル件

上奏ノ際ニ於ケル御下問並奉答

両総長及総理拝謁上奏シ総理代表シテ奏上ス

御上　経費ハ何テ支払フカ、又幾何カ

総理　金テ支払ヒマス、幾何カハ存シマセン陸軍大臣ト話合ツテ居リマス

御上　最近ノ交渉ニ於テ仏国側ハ我ニ対シ好意ヲ寄セテ居ルト思フカ此ノ様ナ事ヲオシツケテド

ウカ

総理右ニ対シ簡単ニ御説明シ参謀総長更ニ左ノ如ク附加ス

総長　帝国ノ方針トシテ大東亜共栄圏ハ飽迄建設シナケレバナリマセン今迄ニ既ニヤラナケレハナラナカツタ事テアリマシテ最近ニ於テ英米蘭支等カ南方ニ於テ相提携シ日ヲ追ウテ我ヲ圧迫シテ参テ居リマスノテ一日テモ早クヤル必要がアマリス

万已ムヲ得サル場合例ヘハ対日全面禁輸或ハ米英カ戦略態勢ヲ強化シテ参リマシタル場合之ヲオサヘル為ニ早クヤル必要ガアリマス

御上　仏ダケデ宜シイカ

総長　泰ニ対シテハ後ニ続イテヤルノガ宜シイト存シマス

泰ハ馬来ト接続シテ居リマスル関係上大キイノヲ引キオコスカモ知レマセヌカラ先ツ最初ハ仏印ニヤルノガ宜シイト存シマス

御上　独ソ戦ト之トノ関係如何

総理　簡単ニ奉答ス

総長　独ソ開戦ノミナラス日米国交調整ノ進ミ方如何ニ拘ラス何レニ致シテモ必要ナル旨奉答ス

御上　軍隊ハドノ位カ

総長　一師団基幹テアリマス

御上　ドノ師団カ

総長　近衛師団デス

御上　近衛？

総長　現在広東ニ居リマスル近衛デアリマス

其他軍直部隊ハ内地カラ持ツテ行キマス

御上　ア、アノ近衛カ

（内地ノ近衛師団ト御考ヘニナツタモノト拝察ス）

御上　軍隊ヲ如何ニ配置スルカ

総長　軍隊進駐ノ目的ハ航空及海軍基地ヲ造リ且之ヲ維持スル為ト泰及仏印ヲシテ日本ニ依存セシムルト共ニ南方ト支那ニ威圧ヲ加フルニ在ルノテアリマシテ「サイゴン」附近ヲ中心トシテ配置致シマス

御上　飛行場ハドノ辺カ

総長　大体海岸ノ近クテアリマス

御上　国際信義上ドウカト思フガマア宜イ（特ニ語尾ハ強ク調子ヲ高メラレタリ）

御上　北仏ニゴタゴタ起キタ時ハドウスルカ

総長　海南島附近ニ軍隊カ居リマスノテ之ヲ派遣スレハ直ニ間ニ合フト思ヒマス北仏ハ現在兵力デ大丈夫デス

御心配ハ入リマセン

上奏退出後ニ於ケル参謀総長所感

先般軍令部総長ト共ニ奏上セシ時トハ異ナリ御上ノ御機嫌ハ御宜シカリシモノト拝察ス

尤モ御下問ノ数ハ多カリシガ御知リニナリ度シト思召メサルルコトヲ御下問ニナリタルニ過ギス

軍事上経済上政治上ノ見地ヨリ北部仏印ト共ニ南部仏印ニ速ニ所要兵力ヲ進駐セシムルノ絶対必要ナル理由ニ就テ

昭和十六年六月二十三日
大本営陸軍部
大本営海軍部

第一　軍事上ノ見地ヨリ絶対必要ナル理由ニ就テ（別紙第一、二、三参照）

帝国ノ生命圏タル南方諸地域ニ於テ最近米国ヲ中心トスル英米蘭支ノ戦略態勢強化及対日共同戦線結成ノ傾向増進シツツアル実情ハ別紙第一第二ノ如キ情況ニシテ且南方諸邦及重慶政権ノ英米依存態度ハ益強化シツツアル現況ニ鑑ミ若シ帝国トシテ速ニ之ニ対抗スル措置ヲ執ルコトナク荏苒日ヲ閲スルニ於テハ重慶政権ハ引続キ英米依存ニ希望ヲ繋グベク支那事変ノ解決ハ更ニ遷延スベク又帝国ノ対南方戦略態勢ハ日ニ日ニ不利ニ陥リ夫ガ為南方諸邦ニ於ケル帝国ノ政治威力ハ相対的ニ弱化スルコトトナリ延イテハ帝国国力維持上必須ノ物資スラ其ノ取得困難トナリ（最近ノ日蘭交渉ノ実例モアリ）従テ支那事変ノ遂行乃至ハ既定軍備計画ノ遂行モ不可能トナルベシ

斯クテ此ノ情勢ヲ以テ推移セバ恐ラク半ケ年ヲ経ズシテ帝国ノ軍備及戦略態勢ハ英米ノ圧迫ヲ反撥シ得ザル所迄相対的後退ヲ余儀ナクセラルルニ立到ルベク支那事変遂行ニ対スル影響亦閑却ヲ許サザルモノアルベシ

（別紙第三参照）

此ノ情勢ハ統帥部トシテハ夙ニ予察シタル所ニシテ曩ニ北部仏印ヲ武力ヲ以テ遮断シ、又仏印泰紛争調停ニ於テ帝国ノ施策シ又施策スベク決定セラレタル所モ総テ上述ノ不利ナル態勢ニ陥ラザル自衛的措置ノ一部トシテ実施セラレタルモノニ過ギザルナリ

世界情勢ノ変転真ニ明日ヲモ逆睹シ難キモノアリ、一方蘭印スラモ露骨ニ帝国ノ要望ニ協力スルコトヲ拒絶スル今日ノ情勢ニ於テ帝国トシテハ此ノ際仏印泰全域ニ渉リ帝国ノ軍事的地歩ヲ先制確保スル要極メテ緊切ナリ

然レ共一気ニ泰施策迄モ強行セントスルハ英米ノ反撥対抗ヲ激成シ大事ニ至ル万一ノ場合ナキヲ保セザルヲ以テ実行ハ慎重且漸進的ナルヲ要ス、之ガ為先ヅ仏印全域ニ軍事的地歩ヲ固メ次デ之ガ余威ヲ巧ミニ利用シ機ヲ失セズ泰ニ施策シテ之ト軍事提携ヲ鞏クシ軍事基地ヲ推進シ依テ以テ南西支那ヨリ泰、緬甸及馬来半島方面ニ亘ル大戦略上ノ要点ニ対シ遮断或ハ確保ノ素地ヲ獲得スルコトハ最小限度ノ要求ナリ、之ニ依リ重慶側ノ受クル衝撃モ大ナルベク又必要ニ依リ英米支ノ遮断モ可能ナリ斯クテ帝国トシテハ英米蘭支共同ノ戦略包囲態勢ニ対抗シ得ル態勢強化セラレ遂ニハ英米蘭支等ヲシテ其ノ企図ヲ放棄若ハ緩和セシムルノ因トナルベク又万一ノ場合帝国ハ自存自衛ノ為断乎一戦ヲ交ヘ得ルノ自信ヲ得ベク併セテ重慶政権ノ英米依存対日抗戦ノ意図ヲモ破摧シ得以テ支那事変処理上ニモ寄与スルノ結果ヲ招徠スベシ

而シテ以上ノ措置ハ其ノ時機早キニ従ヒ一層有利容易ニ遂行シ得ベク其ノ効果モ亦大ナルモノアリトス

若シ今ノ儘ニシテ荏苒遷延センガ其ノ遅ルルニ従ヒ益困難且対英米戦争惹起ノ危険ニ逢着スベシ

一　帝国ガ南部仏印ニ兵力進駐セバ英、米、蘭ヲ刺戟シ其ノ戦略態勢強化ニ拍車ヲ懸クルノ結果トナルヲ以テ敵ノ備ヘザルヲ撃ツノ見地ヲ以テセバ此ノ際南部仏印ニ兵力進駐スルヨリハ寧ロ有事必要ニ際シテ電撃的ニ進駐スルヲ有利トセズヤノ観方モアルベキモ帝国ガ此ノ際断乎戦略先制ノ措置ニ出デ先ヅ戦略上ノ天目山南部仏印ニ地歩ヲ確保シ泰ヲ傘下ニ包容セバ彼等ヲシテ瞭カニ勝算ナキ対日対抗策（戦略上ノ）ヲ断念セシメ得ベク之即戦ハズシテ勝ツノ上策ナリ

又仮令彼等ガ更ニ此ノ上戦略上ノ対抗策ニ狂奔スト雖モ帝国トシテハ大ナル顧慮ノ要ナク寧ロ有事匆忙裡ニ南部仏印要地ノ獲得ニ勉メツツ作戦スルニ比シ有利ナリ

二　四ケ国共同対日包囲圧迫態勢ノ真意ガ第一号叙述ノ如ク対日武力圧迫ノ前提ニアラズシテ

(イ)　帝国ノ積極的決意ヲ牽制妨害セントスル謀略意図ノ下ニ帝国ノ南方進出ニ多大ノ障害困難アルベキヲ印象付ケントスルモノナリ

(ロ)　帝国ノ南方武力進出ヲ警戒シ之ニ対スル危惧ノ念ヨリスル単純ナル防衛目的ノモノナリ

トノ観察行ハルベキモ右ヲ放置スル時ハ今後更ニ米ノ軍備戦備ノ増強スルト共ニ漸次対日態度ヲ硬化スルノ風ヲ馴致スルノ惧アルベシ、之ヲ防遏スルノ見地ニ於テモ帝国トシテ此ノ際適当ノ措置ヲ講ズルヲ要スベシ

三　英米及蘭印ノ対日経済的圧迫ハ其ノ対日戦略圧迫態勢ノ強化ト併行シ極メテ巧妙ニ加重セラレ一歩一歩我ガ経済力ヲ弱化セント策シツツアル所此ノ状況ニテ進マバ帝国ハ支那事変ノ遂行ハ勿論予定ノ軍備計画遂行ニ著シキ支障ヲ来スノミナラズ彼ノ軍備拡張ト対照スルトキ近キ将来帝国国防上極メテ不利ナル状態ニ陥ルベシ

而シテ帝国トシテ此ノ窮地ヲ打開スル為結局自衛上南方諸地域ヲ実力ヲ以テ把握スルノ已ムナキニ立到ルベク又日蘭経済交渉ノ結末今日ノ如キ情況トナリタルモ蘭ガ英米ノ支援ヲ恃ミアルノ証左ニシテ此ノ明確ナル事実ニ対シテモ帝国ハ速ニ南部仏印ニ所要兵力ヲ進駐セシムルト共ニ我ガ軍事拠点ヲ獲得シアルコト絶対ニ必要ナリ

況ンヤ帝国ノ南部仏印進出ニヨリ日蘭間今後ノ交渉打開ニ寄与スル見込アルニ於テオヤ

四　帝国ニ対スル戦略包囲態勢ガ対日攻撃意図ニ基クモノナリヤ将又対日防衛ノ意図ニ基クモノナリヤヲ問ハズ如上判断ノ如ク帝国トシテハ之ニ対応スル戦略態勢ヲ急速確立スルヲ要シ一日遅ルレバ一日ノ不利アルヲ以テ即刻外交交渉ヲ開始シ其ノ目的ヲ達成スルヲ要ス

（註）目的達成ノ時機ハ派兵準備期間ノ関係上七月下旬ヲ目途トス　（終）

第二、経済上ノ見地ヨリ絶対必要ナル理由ニ就テ

（別紙第三参照）

従来数十年ノ久シキニ亘リ英米依存経済ヲ主流トセル帝国カ昨秋三国同盟ノ成立ヲ契機トシ一大決意ヲ以テ英米依存脱却自存自主態勢ヘノ大転換ヲ期シテ以来既ニ一年此間物的経済上幾多ノ困難未タ解決ノ方途ヲ見ス加フルニ唯一ノ活路タルヘキ蘭印交渉モ亦不調ニ陥リタル今日、日満支結合ノ経済開発ヲ促進スルハ勿論ナルモ帝国ハ自存自衛ノ為帝国ト少クモ仏印及泰トノ間ニ密接不離ノ経済的結合関係ヲ設定スルヲ要スルハ既ニ対仏印泰施策要綱ニ於テ明カナル所ナリ

就中帝国食糧問題ノ中心タル米ハ其不足分九〇〇万石ハ凡ヘテ之ヲ仏印泰ニ依存セサルヘカラス若シ之ヲスラ確保シ得サルニ於テハ帝国ハ戦ハスシテ食糧問題ニ関シ一大国内危機ヲ招来スルニ至ルヘシ然ルニ日仏印経済協定成立シテ未タ一月ヲ出テスシテ仏印ハ協定ニ基ク米ノ対日供給ニ関シ集荷不良ヲ理由ニ協定ヲ無視シテ六月分（十万噸）ノ減額ヲ申入レ遂ニ帝国ハ已ムヲ得ス五万噸ニ半減ヲ承認スルヤ更ニ七、八月分モ亦契約量ノ半減方申出ツル等其ノ非協調的態度ニ至リテハ明ラカニ仏印内ニ於ケル英米ノ強力ナル策動ニ因スルハ疑ヒノ余地ナキ所ナリ

加フルニ英側ハ昨年末ヨリ已ニ泰「ライス」会社ニ対シ新嘉坡向泰米六十万噸ヲ発注シテ泰米ノ日本向輸出ヲ封鎖スルノ挙ニ出ツルノ反面手段ヲ尽シテ英米合作ニヨル対泰経済圧迫ヲ策シ来リシカ帝国カ本年三月仏印泰間紛争調停ニ成功スルヤ従来ノ対泰経済圧迫ノ態度ヲ豹変シテ泰ニ対シ石油其ノ他不足物資ノ供給ヲ提示シテ好餌ヲ与ヘ泰ノ対日依存ノ離間ニ努ムル等其ノ抗日的態度ハ逐次露骨化シツツアリ

又「ゴム」カ帝国国防上不可欠ノ必需物資ニシテ之ヲ凡テ南方ニ依存シアル所日仏印経済協定ニ依レハ仏印年産六万噸中独仏間協定ニ基キ二万五千噸ヲ独ニ一万八千噸ヲ仏本国ニ一万噸ヲ米国ニ供給シ帝国ハ残額一万五千噸ヲ然モ米弗払ヒニテ入手シ得ルニ過キス

而シテ此一万五千噸ノ「ゴム」ノ入手スラ英米側ノ策謀ニヨリ困難ヲ予想セラレアリ即チ米国務省ハ六月十三日河内米領事ニ対シ仏印生産「ゴム」ノ最大量買付ノ為之カ調査ヲ命シアリ（但シ六月十七日「ヴィシイ政府」ハ如何ナル仏印「ゴム」ノ対米売渡交渉ニモ応シ得サル旨通告セリ）一方英国政府ハ五月十六日馬来ヨリ日本及円「ブロック」向全面的「ゴム」ノ輸出禁止ヲ決定シ之ヲ馬来及濠洲政府ニ通達シ又今次日蘭経済交渉ニ方リテハ蘭印ヲ使嗾シ其ノ対日「ゴム」ノ輸出ヲ予約量以下ニ減額セシメ遂ニ交渉不調代表ノ引揚ケヲ見ルニ至レリ

右ノ事実ヨリ推察スルトキハ先ニ「ワニツト」水野間ニ成立セル泰国産「ゴム」錫ノ対日供給ノ諒解事項ノ如キモ遂ニ英米ノ策謀ニ乗セラレテ之カ実現覚束ナキニ至ルヘシ

以上単ニ米及「ゴム」ノ問題ヨリ観察スルモ今ニシテ帝国カ対仏印泰施策ヲ強力ニ発動スルニアラスンハ帝国ハ経済的ニ自存ノ道ヲ喪失スルニ至ルヘシ

況ンヤ英米ト一体化セル蘭印ニ対シテハ帝国ハ実力ヲ背景トスル鞏固ナル決意ニ基キ施策スルニアラスンハ既得契約量ノ取得スラ困難ナルニ至ルヘシ

第三、政治上ノ見地ヨリ絶対必要ナル理由ニ就テ

（別紙第五参照）

帝国ハ国策趨向カ南進カ北進カ現状維持カ其何レタルヲ問ハス大東亜新秩序建設ノ途上ニ於テ仏印及泰ヲ帝国ノ傘下ニ確実ニ掌握シ以テ国是遂行ノ基礎的態勢ヲ確立セサルヘカラサルハ明カナリ特ニ世界情勢ノ逼迫セル今日其ノ処理完遂ヲ一日モ早カラシメ帝国行動ノ自由ヲ確立スルノ要アルハ何人ト雖モ異論ヲ挿ム余地ナカルヘシ

然ルニ本年三月、帝国ノ仏印泰間紛争調停成功ノ前後ヨリ英米蘭支等ノ一体的結合ニヨリ帝国ノ対仏印泰施策ヲ妨害スルノ政治的謀略的活動ハ益々激化シ特ニ紛争調停時ニ於ケル極東危機説流布ニヨリ帝国朝野ノ攪乱ノ如キ或ハ「ワシントン」ニ於テ英蘭濠ノ駐米使節カ二月下旬「ル」大統領ト会シ帝国ノ南進阻止ニ就キ協議スル等彼等ノ対日政治的経済的協同戦線ハ愈々激化セラルルニ至レリ

一方英米ノ仏印及泰ニ対スル離日工作ハ逐次露骨化シ仏印泰モ亦陽ニ帝国ト握手シツツ陰ニ英米トノ合作ヲ企図シアルコト明カナリ即チ旧臘来仏印官房長「ジュアン」大佐ハ新嘉坡ニ到リ同地英当局ト船舶輸送問題ニ関シ折衝中ナリシカ本年一月中旬遂ニ英仏印間航海通商条約ノ締結ニ成功シ希臘船ニヨル英側物資ノ供給ヲ受クルニ至リ次テ五月日仏印経済協定成立スルヤ之ト前後シテ逃亡仏印軍人ノ逮捕問題ヲ口実ニ更ニ新嘉坡ニ到リ日仏印経済協定ノ秘密取極事項全部ヲ英側ニ暴露シテ英側ノ対日経済圧迫特ニ日蘭交渉ニ英側ノ策動激化ノ因子ヲ為サシメタル等仏印ノ態度モサルコト乍ラ英米ノ対仏印牽制工作ノ根強サヲ察知スルニ足ルヘシ

尚泰国ニ対シテハ特ニ泰国内ノ抗日華僑親英要人ヲ使嗾シテ泰国内部ヲ攪乱シ以テ「ビブン」政権ノ転覆ヲ図ル等泰国ニ対ス

ル離日反日工作相当悪辣ナルモノアリ最近ノ現地武官電ニヨレハ当然泰国自体ノ為必要トスル一南泰飛行場ノ新設修理ヲ「ビブン」首相スラ遅疑逡巡シアル情況ニシテ此儘ニ放置セハ泰国ニ於ケル「ビブン」ノ地位動揺モ亦招来セサルコトナキヲ保シ難キ情勢ニ在リ

重慶側ノ南部仏印及泰ニ対スル華僑工作ハ今尚執拗ニシテ其勢力未タ根強キモノアリ之カ重慶側抗戦力維持ニ少カラサル貢献ヲナシアルハ軽視ヲ許ササル所ニシテ武力ノ背景ナキ帝国ノ華僑工作カ遅々トシテ進マサル現状ヲ篤ト考慮ノ要アリ

他方英米支ノ政治的合作モ亦逐次具体化シ最近英大使ヨリ重慶新外交部長トシテ帰国ノ途ニアル郭泰祺ハ華府ニ於テ次テ六月十日ヨリ新嘉坡ニ於テ夫々英米首脳ト会見シ英米支合作問題ニ関シ協議中ニシテ又先ニ本年三月下旬英支間ニ成立セル滇緬鉄道敷設ニ関スル協定ハ目下着々其細部事項ノ具体化ヲ進メラレツツアリ

米国ノ対日政治的圧迫ハN工作トノ関係等モアリ五月初旬英側提案ニヨル対日英米蘭共同声明ノ発表ヲ逡巡セル等ノ事象アリテ表面対日政治的圧迫ハ具体化セラレアラサルカ如キモN工作ノ不調又ハ米ノ対独参戦ノ決意如何ニヨリテハ米ノ急激ナル対日圧迫ノ表現ナシトセス特ニ英米蘭支等ノ合作ニヨル帝国ノ南進阻止策就中泰仏印ニ対スル反日離間工作ハ経済的軍事的工作ト相俟チテ愈々激化セラルヘシ是レ浮動離反ノ虞レ大ナル仏印泰ニ速カニ一石ヲ投スルヲ要スル所以ニシテ特ニ最近仏印カ南京政府代表ノ海防弁事所ノ即刻閉鎖ヲ要求スルカ如キハ明カニ仏印内ニ底流スル反日敵性ノ表現ト見ルヲ得ヘク看過ヲ許ササル所ナリトス

別紙第一　昭和十六年六月迄ニ判明セル米英支ノ対日軍事的提携概況

日次	事例
一月	一、十六年始メ迄ニ極東ニ潜水艦二十隻増勢
一月	一、太平洋艦隊布哇ニ集中
二月	一、亜細亜艦隊ヲ作戦部直属トシ戦時編制体制ヲトル
二月	一、香港ニ米国戦車二十六台到着セリト
二、三	一、英米濠間ニ太平洋協同防衛ニ関スル諒解成立
二、六	一、昨年十月馬来、濠洲、新西蘭、印度、緬甸ノ各代表及極東防備司令官新嘉坡ニ会同防備計画ヲ策定ス
二、六	一、昨年十一月新嘉坡ニ於テ蘭印軍将校ト共ニ参謀会議開催且新嘉坡及「バタビヤ」ハ連絡将校ヲ交換セリ
二、六	一、馬来ノ防備強化ハ特ニ本年初頭ヨリ活潑トナリ印度、濠洲ヨリ既ニ三個師団内外ノ陸軍及相当数ノ米国機ヲ増強シ有力ナル一部ヲ泰国国境方面ニ集結シアリ

二、七	一、駐泰英公使ハ泰首相ニ対シ「英国ハ日泰軍事同盟、経済協定ニハ絶対反対」ナル旨申入ル
二、一七	一、太平洋協同防衛ニ関シ華府ニ於テ英、米、濠、蘭会談
二、一八	一、濠洲ハ陸、海、空三軍司令官竝ニ「ポッパム」英極東司令官ヲ招致シ濠洲防備計画ヲ審議ス
二、二三	一、昨年十一月米国ヨリ蘭印ヘ陸軍飛行教官トシテ十五名派遣中ノ処海軍飛行教官トシテ更ニ十二名派遣セラル
二、二三	一、濠洲、新西蘭、蘭印各代表者ノ新嘉坡ニ会シ協同行動計画協議（駐泰米武官モ出席）
三、三	一、英支合弁航空会社ハ緬甸ニ航空機組立用格納庫ヲ設立ニ決ス
三、一二 四、一〇 五、二三	一、英ハ支那側ノ「ゲリラ」一部隊ヲ指導スルノミナラズ蘭貢ニソノ指導者養成学校ヲ建設シ且英自ラモ日英戦ノ場合支那側ト提携スベキ英遊撃隊ヲ編成セントス
三、一七	一、米艦隊濠洲、新西蘭ヲ訪問ス（C×2 C×4）
三、一九	一、英支軍事協定調印英ノ対支援助及緬甸ノ協同防衛議定
三月	一、英ハ濠洲ニ対シ飛行艇一八台ノ買却契約ヲナス
三月	一、米ハ海軍顧問ヲ「オークランド」「カンベラ」「シンガポール」「バタビヤ」ニ配ス

三月	一、米ハ重慶ニ駆逐機約百機ヲ譲渡ス
三月	一、比島ニ駆逐機二ケ中隊（五四機）増勢ノ件ヲ陸軍省発表ス（陸軍機計一八五）
四、一〇	一、馬尼刺ニ於テ「セーヤー」高等弁務官、陸海軍長官、英極東総司令官「ポパム」及和蘭外植民相会談
四、一九	一、馬尼刺会談ニ於テ英、米、蘭印三国ノ軍事協定締結及新嘉坡ノ共同使用竝ニ英支協同作戦等ニ関シ米ノ協力ヲ促ス
五、二一	一、米ハ「ヌメア」ニ航空基地建設ヲ計画目下準備ヲ進メツツアリ
五、二四	一、英ハ新嘉坡ニ於テ商震（支那側）ト協同作戦ヲ議ス
五月	一、従来中佐指揮官タリシ所ニ代将ニ昇格セル米陸軍「グラザット」空軍司令官ヲ「マニラ」ニ派遣ス
五月	一、五月中旬「グラゲット」代将重慶ニ至リ対日航空作戦ニ関スル打合調査ヲナス
五月	一、五月上旬迄比島ニ陸兵二、〇〇〇名増勢下旬飛行艇計三〇機比島着
六、七	一、米ハ身分ヲ秘匿セル海軍士官ヲ蘭印各領事館ニ船舶顧問トシテ配置ス
六、一七	一、米空軍「コンロー」少佐以下十名重慶空軍援助ノ為先発隊トシテ「マニラ」ヨリ香港ニ向フ
十六年本春以降	一、支那ノ飛行機工場ヲ印度内ニ移転ス
屢次	一、緬甸ノ半島部ニハ従来兵力駐屯セザリシガ本年初頭以来逐次移駐ヲ開始シ現在其ノ兵力一万二、三千ニ達ス

別紙第二

南方諸国陸海空軍兵力表

陸海空軍／時期／国別	陸軍兵力			海軍兵力			空軍兵力			備考
	昨年七月頃	現在	増加量	昨年七月頃	現在	増加量	昨年七月頃	現在	増加量	
仏領印度支那	30,000	45,000	15,000	巡洋艦以下 21	巡以下 23	2	150機	150機		一、合計欄中括弧内ハ仏印及泰ヲ除キタル数ヲ示ス 二、現在トハ六月初旬ヲイフ
泰国	30,000	5/60,000	30,000	砲艦以下 49	砲艦以下 43		150〃	200〃	50機	
英領馬来	25,000	43/48,000	23,000	駆逐3 嚮駆 2 航母1 掃海12 其ノ他3 計 21	駆 2/3 巡 1/2 砲 2 掃海 7 其ノ他 3 計14/15		100/150〃	250〃	100〃	
英領緬甸	20,000	35,000	15,000	無シ	無シ		10〃	50〃	40〃	
蘭領東印度	60,000	70,000	10,000	巡 2 駆逐 8 潜 16 砲 2 其ノ他3 計 74	巡 3 砲 2 駆 8 潜 15 其ノ他 26 計 55	8	260〃	500〃	240〃	
英領印度	270,000	390,000 (内90,000 海外)	120,000	スループ 6	巡 17 駆 4 航母3 スループ6 計 23	17	200〃	200〃		
濠洲	78,000	350,000 (内100,000 海外)	272,000	巡 6 駆 4 其ノ他 5 計 15	巡 6 駆 6 水母 1 其ノ他10 計 23	8	200〃	400〃 (内 150 海外)	200〃	
新西蘭	15,000	32,000 (内 21,000 海外)	17,000	巡 2 其ノ他 6 計 8	巡 2 其ノ他 6 計 8		90〃	100〃	10〃	
比島	11,000	17,000	6,000	巡 2 駆 13 潜 12 航母 2 掃海 2 駆母 1 計 33	巡 3 駆13 潜12 航母3 掃2 駆母1 潜母 1 計 37	4	120〃	166〃 (優秀機 約100)	46〃	
合計	537,000 (479,000)	1,047,000 (937,000)	508,000	203隻 (134)	234隻 (168)	39	1,280/1,330 (1,030)	2,016 (1,666)	686〃	

別紙第三

一　比島

(イ)　米ハ目下比島ニ在ル航空基地ノ拡張工事中ニシテ三、四月後ニハ其ノ収容能力ハ現在ノ一倍半乃至二倍ニ達スベシ

米国ノ比島ニ派遣シアル第一線航空兵力左ノ通

戦闘機	八〇機
攻撃兼偵察機	一三機
飛行艇	二六機
偵察機	一三機
計	一三二機

(ロ)　米ハ亜細亜艦隊ヲ逐次増勢シ来リシ処今後モ潜水艦及駆逐艦ハ馬尼剌ノ艦艇ニ対スル補給修理施設ノ増設ニ伴ヒ増加スル傾向ニ在リ

而シテ極東ニ在ル米小型艦艇ノ増加ハ対米作戦実施ヲ著シク困難ナラシムルハ勿論ナリ

二　英領馬来

(イ)　新嘉坡ヲ中心トスル英領馬来ニ在ル空軍勢力ハ時日ノ経過ニ伴ヒ増加シ既ニ本年初頭ニ比シ二倍ニ増勢セラレタリ

右増勢ノ傾向ハ目下継続中ニシテ三ケ月後ニハ更ニ現在ノ一倍半トナル見込ナリ現有空軍勢力左ノ通

爆撃機	六八機
雷爆機	二八機
戦闘機	五六機
飛行艇	一〇機
陸上偵察機	八六機
計	二四八機

(ロ)　英国ハ欧洲戦争開始以来英領馬来ノ航空基地、海岸防禦ヲ強化シ橋梁破壊準備ヲ完備シツツアリテ時日ノ経過ニ伴ヒ新嘉坡ヲシテ難攻不落ノ堅城タラシムベク努力中ナリ

(ハ)　在新嘉坡艦艇竝ニ陸上守備兵ノ増加ハ比較的少シ

三　蘭領印度

(イ)　蘭印ハ米国機ヲ購入シテ其ノ空軍勢力（陸、海軍別）ヲ増勢中ニシテ今後三ケ月間ニ約百機輸入セラルベシ

右機材ノ増加ニ応ズル如ク航空基地ノ拡張、搭乗員ノ養成実施中ナリ

現有飛行機左ノ通

爆撃機	八一機
雷爆機	一二機
戦闘機	六六機
飛行艇	三〇機
偵察機	六〇機
計	二四九機

(ロ)　蘭印ニ於ケル陸上守備兵力竝ニ艦艇ノ増加ハ比較的緩慢ナリ

四　判決

対英米戦争ニ於テハ作戦初期、比島、英領馬来、蘭印等ヲ攻

略シ帝国ノ戦略態勢ヲ強化スルト共ニ軍需資源獲得ノ素地ヲ完成シ以テ持久戦態勢ヲ整ヘザルベカラズ

而シテ右攻略作戦ト並行シテ太平洋作戦生起セバ現状ヲ以テシテモ帝国現有航空機ヲ以テシテハ相当ノ苦戦ヲ予想セラル

然ルニ攻略予定地ノ防備力ハ前述ノ如ク日々進ミツツアルヲ以テ約半ケ年後ニ在リテハ攻略作戦極メテ困難トナリ従テ英米戦争ニ対スル確実ナル勝算立チ難シ仍テ右情勢トナリテハ米国ノ対日全面禁輸、英ノ泰国圧迫等ノ事態生ズルモ帝国トシテハ反撥スルコト能ハズシテ遂ニ英米ノ前ニ屈伏スルノ外ナキニ立到ルベシ

右ニ反シ若シ今日ニシテ南部仏印ニ軍事基地ヲ獲得シ且所要兵力ヲ此処ニ進駐セシメ置カバ作戦最困難ナル新嘉坡作戦ノ実施比較的容易トナリ従テ第一段作戦ハ順調ニ進捗スル見込アリ

即チ帝国ノ南部仏印進駐ハ英米等ノ南方地域ニ於ケル戦略態勢強化ニ対応スル唯一ノ平和的対抗策ニシテ此処ニ始メテ帝国ハ情勢ノ変化ニ応ジ得ルノ姿勢ヲ整ヘタルコトトナルベシ

別紙第四

経済上ヨリ見タル英米ノ対日策動

類別	事例
米	一、英国ハ泰米ノ対日輸出ヲ封鎖センカ為昨年末泰「ライス」会社ニ対シ泰米六十万噸ノ対馬来移入ヲ発注セリ 一、仏印ハ米ノ対日輸出ニ関シ集荷不良ヲ理由トシテ協定量ノ減額ヲ企図シ既ニ六月分十万噸ヲ半減スルニ至リタルカ更ニ最近七、八月分ニ対シテモ契約量ノ半減方申入レタリ
鉄其ノ他一般	一、英国ノ策動ニ依リ「ニューカレドニア」ハ昨年末「ニッケル」鉱、「クローム」鉱ノ対日輸出ヲ禁止セリ 濠洲モ亦其ノ直後日本向ケ屑鉄輸出ヲ禁止セリ 一、一月上旬香港ハ「ブリキ」屑、屑鉄、麻袋等ノ対日輸出ヲ制限シ更ニ六月三日「ウオルフラム」、没食子ヲ制限品目ニ加ヘタリ 一、五月三十日比島ニ於テモ米国輸出統制法ヲ適用スル旨発表シ禁輸品目ハ最近銅鉱石ニマテ拡大セリ
石油	一、英国ハ二月上旬米国ヲシテ泰国向ケ石油ノ輸出ヲ制限セシメ以テ泰国ノ対英協力ヲ強要シアリ
護謨	一、仏印当局ハ日本向ケ「ゴム」ノ輸出量ヲ日本国内消費ノ最少限ニ制限スヘク三月上旬頃蘭印及馬来間ニ於テ協定ノ締結ヲ策セルカ其ノ裏面ニハ英側ノ策動アルコト当然ナリ 一、英国ハ仏印ノ対日「ゴム」輸出ニ伴ヒ馬来ヨリノ輸出量ヲ減少セシメントシ遂ニ五月十六日日本及円「ブロック」向ケ輸出ヲ全面的ニ禁止セリ 一、米国モ亦仏印産生「ゴム」ノ最大量ヲ買占メ以

テ対日圧迫ヲ強化センカ為六月上旬之カ調査ニ着手セリ

別紙第五

政治上ヨリ見タル英米ノ対日策動

類別	事例
英米蘭印ノ協同対日策謀	一、英蘭濠ノ駐米使節ハ二月下旬「ル」大統領ト会シ帝国ノ南進阻止策ニ就キ協議セリ 一、駐日英大使ハ帝国ノ南進ニ対スル対抗手段ニ関シ二月下旬意見具申シ特ニ英領馬来及緬甸ニ於ケル兵力ノ増強、対日貿易制限強化ノ如キ経済制裁ノ手段ヲ力説シ之カ為ニハ米国政府ノ政策ニ協調スルコトノ必要ヲ進言セリ
英米ノ対仏印策謀	一、旧臘来仏印官房長「ジュアス」大佐ハ密カニ新嘉坡ニ到リ同地英当局ト船舶輸送問題ニ関シ折衝中ナリシカ本年一月中旬両国間ハ航海通商条約ノ成立ヲ見タリ之レカ為仏印ハ英側ヨリ毎月一隻希臘船ヲ以テ物資ノ供給ヲ受クルコトトナリ 一、英側ハ予テヨリ仏印ニ於ケル「ドゴール」派ニ対シ策動ヲ行ヒツツアリシカ駐日英大使ハ在日「ドゴール」派ノ指導援助ニ関シテモ四月下旬本国政府ニ対シ意見具申セリ
英米ノ対泰策謀	一、英米ノ日泰離間ニ関スル策謀ハ帝国ノ泰、仏印国境調停乗出以来活潑ニ行ハレツツアル処ナルカ特ニ抗日及共産華僑、親英要人等ヲ買収シ泰内部ニ擾乱ヲ企図シ或ハ馬来ヲ根拠トシ「ピブン」政権ノ覆滅ヲ図ル等相当悪辣ナル手段ヲ弄シアリ 一、英ハ近時泰国ニ対スル極端ナル経済圧迫ハ却ツテ同国ヲ離反セシムルモノトナシ懐柔ノ一手段トシテ馬来ヨリ若干ノ石油ヲ供給スヘク六月上旬英泰間ニ諒解成立セリ 但一方ニ於テハ依然国境方面ニ於テ兵力ヲ以テスル威嚇ヲ継続シアリ
英支合作	一、重慶新外交部長郭泰祺ハ英国ヨリノ帰途華府ニ於テ又六月中旬新嘉坡ニ於テ夫々米英首脳部ト会見シ合作問題ニ関スル協議ヲ為セリ 一、滇緬鉄道敷設ニ関シテハ本年三月下旬英支間ニ協定成立シ目下之レカ促進ノ為細部的事項ニ関シ折衝中ナリ

六月二十六日第三十三回連絡懇談会

情勢ノ推移ニ伴フ帝国国策要綱ノ件

一 出席者前回ノ通リ

二 陸海軍部決定ノ国策要綱ヲ検討ス

先ツ本文ヲ参謀次長読ミ、参謀総長之ヲ説明ス（御説明案ニ拠リ）

外相　方針ノ一、三ニ就テハ異存ナシ

二二就テハ支那事変邁進ハ可、又自存自衛ノ基礎ヲ確立迄ハ可ナルモ、「南方進出ノ歩ヲ進ム」ト云フコトト「尚北方問題ヲ解決ス」ノ尚ハドウモ分ラヌ
又要領三ノ各般ノ施策ヲ促進ズト云フコトモ分ラヌ

参謀総長　何ヲ闘カントスルヤ、南ト北トノ軽重如何ト云フコトデハナイカ

外相　然リ

総長　何レニモ軽重ナシ、情勢ノ推移ヲ睨ムノデアル

外相　「南方進出ノ歩ヲ進ム」トハ南方ニハ早クヤラヌト云フ意味ナノカ

軍令部総長　一寸ツマリ近藤次長呼ブ
近藤次長ハ南カ先キト小声デ云ヘリ
（後刻本件ハ南部仏印進駐ノ事ヲ云フタノデアルト述ヘタリ）

外相　然ラバ陸海軍ノ見解異ナル

参謀次長　然ラハ我輩ハツキリ申スヘシ
南北軽重ナシ、順序方法ハ状況ニ依ル、同時ニヤルコトハ出来ヌ
南ト北何レナリヤハ今ハ決メラレヌトテハツキリ述ブ

外相　要領一ノ交戦権行使トハ何カ

軍令部次長　外国使臣ヲ立退カシメ爆撃ヲスルトカ、臨検ヲ公海ニ迄モ及ホス等ノコトナリ

陸相　更ニ外人全部ヲ立退カシメ爆撃ヲスル等考ヘレバヤル事沢山アリ

外相　本件異存ナシ

外相　敵性租界接収ハ決意ヲ要スルゾ
「情勢ノ推移ニ応ズ」トハ如何

岡軍務局長　対英米戦開始等ヲ云フ

陸相　未タ其ノ他ニモアル

外相　租界接収ハ南京政府ニハ出来ヌ
接収ハ日本ガヤラネバナラヌ

外相　自主的トハ何カ、武力行使ヲ相談スルノカ否ヤ

以下主トシテ外相ト参謀次長ト問答トナル

参謀次長　事政略ニ関シテハ別トシ、純統帥ニ関スル事項ハ相談スル必要ナク、又此ノ如キ状況

ハオキテ来ナイ
相談スレバ引キヅラレルカラ、引キヅラレヌ様ニスル為自主的ニト決メタノデアル
外相　同盟ニ入ツテ居ルノニ相談セヌト云フガ、参戦ト武力行使トハ不可分ナリ。
相談セヌト云フナラ混合委員会ハ不要ナラスヤ
参謀次長　政略上ノ事ハ知ラヌガ、統帥ニ関シテハ独ハ何等相談スルコトナク勝手ニヤツテ居ルデハナイカ
相談ノ必要ナド更ニナシ
統帥ノ機密迅速ト云フ点カラ相談ハ出来ヌ
陸相　独逸ノ現在迄ノヤリ方ハ相談シテ居ラヌ
参謀総長　独ハ事実適時適切ニ相談シテ居ラヌ
外相　独ガ相談シテモシナクテモ、当方ハ誠心デヤラネバナラヌ。
誠心デ彼ヲツカム必要アリ
参謀次長　政略上ノ事ハ相談可ナルモ、武力ハ敗ルルカ勝ツカノ問題ナリ、高等政策ハ相談ハ可ナルモ統帥ハ不可ナリ

外相　情勢極メテ有利ニ進展セサルトキハ如何
参謀次長　極メテ有利ナリト観察セバヤリ、有利ナラズト観察セバヤラヌ、ダカラ極メテ有利ト書イテアル
而モ此ノ観察ハ種々アリ
独ガ極メテ有利ナリト観察シテモ当方ガ有利ナラズト観察スレバヤラヌ。独側ガ有利ナラズト観察スルモ当方ガ有利ナリト観察スレバヤル
外相　南方ニ対スル基本態勢ノ維持ニ大ナル支障ナカラシムノ「大」トハ何カ
参謀次長　大ハ大ト云フコトデ小ナル支障ハ当然アリ。統帥部ハ希望通リノ兵力ヲ持ツテ居ラヌ之レカ大ナル支障ナリヤ否ヤハ其ノ時ニナラネハ分ラヌ
内相　武力ヲ使ハヌデモ参戦ト云フコトカアル。使ハヌデモ参戦ハ参戦ナリ。交戦状態即参戦ト武力行使トハ不可分ナリト外相述ヘタルモ、武力ヲ行使セヌテモ参戦ニアラスヤ
外相　同感ナリ、参戦ト武力行使トハ時間的ニ差ガ

アツテモ宜シイ

参謀次長　ソレダカラ武力行使ハ分ケテ自主的ニヤツテモヨイデハナイカ

以上ヲ以テ問答ヲ終ル。然ルニ永野軍令部総長所見ヲ述フトテ発言ス

軍令部総長　自主的ニ行動スト云ウテモ、愈々ヤル場合ニハ同盟ノ誼ニ依リ相談ノ必要アリト思フ。宣戦ハ即時武力発動シ得ナケレバヤラヌト思フ

（次長ハ、右ハ次長カ極端ニ言フタノヲ幾何緩和シタモノト感取ス）

外相　陸海軍案ニ対シテハ根本的ニ意見アルカ而シ大体ニ於テ同意テアル

武藤軍務局長　ソレナラソレヲ書イテ出シテ呉レ

外相　書イテハ出サヌ

六月二十七日第三十四回連絡懇談会

情勢ノ推移ニ伴フ帝国国策要綱ノ件

一　出席者　前回ニ同シ

二　陸海軍案ニ対スル政府側ノ質問ヲ以テ終始ス

三　外相自己ノ考ヘアル外交計画ヲ説明シ、大本営側ノ再考ヲ求ム　外相ノ外交ノ見地ヨリスル判決ハ、独「ソ」戦ニ直ニ参戦ノ決意ヲナシ、先ツ北ヲヤリ、次テ南ヲヤリ、此ノ間支那事変ヲ処理セントスルニ在リ

外相大本営案ニハ概ネ同意ナルモ、直ニ参戦ノ決意ヲナス点ニ於テ相違アリ

四　論議ノ概要左ノ如シ

外相　大島ヨリ意見具申数回アリ。其ノ要旨ハ、帝国ノ方策ハ相当難シイト思フカ独「ソ」戦ハ短期ニ終ル、秋又ハ本年中ニハ独英戦ハ終ル過度ニ形勢ヲ観望スルハ不可ナリト云フニ在リ

我輩ハ夙ニ外交作戦計画ヲ立案シ、其後モ之ニ就キ想ヲ練ツテ居ツタノテアル。独「ソ」戦発生ノ公算ハ二分ノ一ト考ヘテ居ツタ所今日既ニ発生セリ。

昨日ノ大本営案ニハ概ネ同意ナルモ、外交ノ見地ヨリ若干意見アリ。左ニ従来ヨリ考ヘアル所ヲ述フヘシ。

全面和平ノ為重慶トノ直接交渉ハ見込ナシ、

従ツテ大キク包囲シテヤル要アリト判断シ、「ソ」トモ中立条約ヲ造リ、独ニ対シテハ頼ミハシナカツタカ之レト手ヲ握リ唯残ルハ米国ノミトナツタ。ヨツテ米国ニ対シ滞欧中参戦阻止援蔣中止ヲ趣旨トスル個人「メッセージ」ヲ出シタ。帰京後米国ノ返事ヲ見タ所、本職ノ考ヘト違ツテ居ツタ。変ナモノニナツタノハ中間ニ人ガ入ツタカラダ。数日前米国カラ返事ガ来タガ実ニ妙ナモノダ。勿論支那事変ヲヤメレバウマク行クカモ知レヌガ夫レハ適当デハナイ。結局最後ニ米国ヲツカム事ニ狂ヲ生シタ。

今ヤ独「ソ」戦ガ惹起シタ。帝国ハ暫ク形勢ヲ観望スルトスルモ、何時カハ一大決意ヲ以テ難局ヲ打開セネハナラヌ

独「ソ」戦ガ短期ニ終ルモノト判断スルナラハ、日本ハ南北何レニモ出ナイト云フ事ハ出来ナイ。

短期間ニ終ルト判断セハ北ヲ先キニヤルヘシ。独カ「ソ」ヲ料理シタル後ニ対「ソ」問題解決ト云フテモ外交上ハ問題ニナラヌ

「ソ」ヲ迅速ニヤレバ米ハ参加セサルヘシ米ハ「ソ」ヲ助ケルコトハ事実上出来ヌ、元来米ハ「ソ」ガ嫌ダ、米ハ大体ニ於テ参戦ハセヌ、一部判断違ガアルカモ知レヌガ

故ニ先ツ北ヲヤリ南ニ出ヨ

南ニ出ルト英米ト戦フ、仏印ニ進出スル事ニ就テハ、トモスレバ英米ト戦フコトニナルカモ知レヌガ、二週間ニ亘ル軍側ノ説明ニ依リ仏印進出ノ必要性ハ能ク分ツタ。

「ヤケクソ」ニヤルワケデハナイ

「ソ」ト戦フ場合、三、四月位ナラ米ヲ外交的ニオサヘル自信ヲ持ツテ居ル

統帥部案ノ如ク形勢ヲ観望スルト英米「ソ」ニ包囲セラルヘシ

宜シク先ツ北ヲヤリ次テ南ヲヤルヘシ。虎穴ニ入ラズンバ虎子ヲ得ズ。宜シク断行スヘシ

(右外相ノ発言間、軍令部総長ガ『昨日独「ソ」ニ米ガ入ルト云ヒシモ米国カ入ラヌ様外交ヲヤツテ呉レ、三国同時作戦ニナラヌ様外

交ヲヤツテ呉レト云ウタノテアル』ト釈明シタルニ対シ、外相ハソレナラヨシト述フ）

陸相　支那事変トノ関係如何

外相　昨年暮迄ハ南ヲ先キニ次テ北ト思ッテ居ッタ。南ヲヤレバ支那ハ片付クト思ツタガ駄目ニナツタ。北ニ進ミ「イルクーツク」迄行ケバ宜シカルヘク、其ノ半分位テモ行ケバ蔣ニモ影響ヲ及ボシ全面和平ニナルカモ知レヌト思フ

陸相　事変ヲ止メテモ北ヲヤルノヲ可ト思フカ

外相　或ル程度迄止メテモ北ヲヤルヲ可トセン（軽イ意味ニテ云フ）

陸相　支那事変ハ続イテ解決セサルヘカラス

海相　世界戦争ハ十年ノ問題タ

此ノ間ニ支那事変ハフツトブ

此ノ間ニ北ヲヤルガ宜シイ

外相　我輩ハ道義外交ヲ主張スル

三国同盟ハ止メラレヌ、中立条約ハ始メカラ止メテモ宜カッタ。三国同盟ヲ止メテ云々ナラ取ラヌ。利害打算ハイカン。独ノ戦況未タ不明ノ時ヤラナケレバナラヌ

内相　松岡サン、当面ノ問題ヲ能クオ考ヘナサイ。

アナタノ御話ハ直ニ「ソ」ヲ打テト云フノカ国策トシテ直ニ「ソ」ト開戦セヨト云フノカ

外相　然リ

内相　今日ハ事ヲ急イテヤラネハナラヌ、而シ備ヲ充分ヤラネハナラヌ

兵力使用ト云フモ準備ヲ要ス、国策実行ニモ準備ヲヤラネハナラヌ、即チ先ツ準備ヲヤル必要カアルノテハナイカ

外相　我輩ハ北ヲ先キニヤルコトヲ決メ之ヲ独ニ通告シタイト思フ

参謀総長　道義信義外交ハ尤モナルモ現在支那ニ大兵ヲ用ヒツツアリ、正義一本モ宜シイガ実際ハ出来ヌ

統帥部トシテハ準備ヲ整ヘル、ヤル　ヤラヌハ今決メラレヌ

関東軍ダケデモ準備ニ四、五十日ヲ要スル、今ノ兵力ヲ戦時編制トシ更ニ攻勢ヲ取ルタメニハ又時日ヲ要スル。独「ソ」ノ状況ハソノ

頃判明スヘシ。ソレテヨケレバ起ツノダ
外相　極メテ有利ノ「極メテ」ハ嫌ダ、「ソ」ヲ打ツト定メラレ度
参謀総長　イカン
軍令部総長　相当大キナ問題故統帥部モ考ヘ様
外相　大体此ノ統帥部案ニ異存ナシ。但シ我輩ノ意見ヲ入レルカ入レヌカ
参謀総長　外交ヲ之ニ加ヘ様
外相　ソレテハ最後ニ、「之ニ即応スル様外交交渉ヲ行フト」入レレバ宜シイ
外交ヲヤレト云ウテモ米トノ工作ハ之以上続カヌト思フ
内相　独ニ対シテハ三国条約ヲ基調トシテト入レラレ度

六月二十八日第三十五回連絡懇談会

国策要綱、対独通告文等ニ関スル件

一　出席者前回通リ
二　陸海軍案ニ対スル主トシテ外務大臣ノ修文意見ヲ討議シ、概ネ大本営案通リ意見一致ス
之ヨリ先本日午前、両軍務局長、外相及外務次官等ト折衝シ、大本営案ニ外交ニ関スル事項ヲ特ニ含メタル一案ヲ作成シアリ
決定案ハ右成案ノ要領二ニ「対仏印、泰施策要綱及」ヲ挿入シタルニ過キサルモノトス
三　外相先ツ方針第三ノ如何ナル障害ヲモ排除ストアル中ニハ、外交手段ニ依リ排除スルノ意ヲモ含ムモノト解ス、又要領三ノ三国枢軸ヲ基調トスハ同感ナリト冒頭シ、左記希望ヲ述フ
(一)　国内ヲ充分取締ラレ度
(二)　南ヲヤルノハ火ヲモテ遊ブ様ナモノテ、南ヲヤレハ英米「ソ」ヲ相手トシ、戦争スルコトニナルデアラウ。此ノ点依然修正セラレテナイガ、重要問題故重ネテ所見ヲ述フ
(三)　仏印ニ対スル工作ニ関シテハ、大島大使ヨリ意見カ来テ居ルガ依然止メズニヤルノカ、「リツペン」カラ武力行使ヲ止メテ呉レト云ウテ来ルカモ知レヌカラ本件ハ予メ含ミオカレ度
海相　何カ「リツペン」ノ申入ニ関シ右ノ様ナ徴候カアルノカ

外相　ナシ

陸相　仏印ヲヤルコトニ就テハ情勢判断カ合致シタ上ノ事テハアルカ、ヤルニ方ツテハ慎重ニ慎重ヲ重ヌル必要アリ

（次長仏印ニ対スル軍隊ノ行動ハ極メテ慎重ニヤラネハナラヌモノト印象ヲ受ク）

四　次テ対独通告ニ関シ論議ス

外相　参戦ノ決意ヲ何時カハ独ニ通告セネハナルマイ。自分モ全般ノ情勢上今日ハ未タ参戦ノ時機テハナイト思フ、従ツテ其ノ時機カ来タラ其ノ時ニ通告スレバヨイノデアル。然シ乍ラ独側ヨリ問合セガアツテ之ニ返事ヲスルノテハ適当デナイ。今云ハザルモ将来云ハナケレバナラヌ様ニナルト思フ。ソコテ帝国トシテ今日参戦ノ決意ヲ定メル必要アリ

参謀総長　独ニ云フコトハ出来ヌ、情勢有利ニ進展セバデアツテ、過早ニ参戦スルト云ウモ有利カ来ナカツタラ変ナ事ニナル

軍令部総長　参謀総長ニ同意見ナリ

（之レヨリ先、軍令部総長ヨリ参謀総長ニ対シ、独ニ参戦ト云フコトハ絶対ニ反対ナリト海軍側ノ強イ意志表示カアツタノテ　外相ノ右発言ニ対シテハ参謀総長及次長共黙シテ語ラサリシ所海軍側ハ総長始メ三人トモ同様全然発言セス、暫ク沈黙ヲ保チタル後、外相ヨリ参謀総長如何デスカト質問セラレタルニ依リ総長ハ右ノ如ク答ヘタル所、海軍総長同意見ナリト述ヘタル次第ニシテ、此ノ辺海軍側ガ絶対不同意ナリト意志表示シツツ、表面ニ立チテハ其旨発言セス、其真意那辺ニアルヤ諒解ニ苦シム所ナリ）

外相　六月二十二日ニ「オットー」ヲ通シ、帝国ハ三国枢軸ヲ基調トスヘキコトヲ独側ニ電報シタル所、「リッペン」ヨリ感謝シ来レリ
尚大島ヨリ依然仏印ヲヤルカト質問シテ来タノテ変化ナシト答ヘオケリ
大島カ「リッペン」ニ対英攻撃ヲヤルカト質問セルニ対シ、現在ハ潜水艦ノ効果ヲ待ツテ居ル、又無条件降伏テナケレバ対英媾和ハセヌト述ヘタルカ如シ

外相　仏印ニ対スル施策ヲ止メテモラヘレバ結構ダガ、状況ニ変化アレハ止メラレ度

五　以上ヲ以テ国策要綱ノ決定ヲ見ルニ至ル
三十日午後五時ヨリ連絡懇談会ヲ開キ対独通告文及帝国政府ノ声明ニ関シ審議シ、又七月一日午前閣議ニ国策要綱（統帥事項ヲ除ク）ヲ附議シ、午後御前会議ニ於テ御聖断ヲ仰クコトニ決ス
右御前会議ニハ枢密院議長、大蔵大臣、企画院総裁ヲ加フコトニ定ム
尚御前会議ニ於テ決定ヲ見ルニ至ル迄一切本件在外使臣ニ通達セサルコトトス

六月三十日第三十六回連絡懇談会

国策要綱閣議提出案、対独通告文、政府声明案、御前会議ニ於ケル外相御説明案等ニ関スル件

一　自午後五時至同九時
今回ハ特ニ企画院総裁、大蔵大臣、商工大臣ヲ加ヘタリ

二　要　旨
首題ノ件ニ関シ懇談スル予定ナリシ所、過般連絡会議ニ於テ決定シ上奏御裁可ヲ得タル南方施策促進ニ関スル件ニ拠ル南部仏印進駐ニ関シ、外相ヨリ繰延（約六月）ノ意見出テ、之カ論議ニ時間ヲ費シ、結局仏印進駐ハ予定通リ実施スルコトニ決シ、又閣議提出案及政府声明案ハ決定ヲ見タルモ、対独通告文及外相御説明案ハ明日午後更ニ研究スルコトトシ、御前会議ハ二日午前ニ奏請スル如ク変更シ散会セリ
茲ニ於テ最モ急速ヲ要スル国策ノ決定ハ、既ニ上奏御裁可ヲ得タル仏印進駐ニ関スル外相ノ蒸シ返シニ依リ意味ナク一日遅延セラルルニ至レリ
塚田参謀次長ハ本夜徹宵審議決定スヘキ旨発言セルモ、外相ハ疲労シアリトテ明日再開ヲ主張セリ

三　南部仏印進駐中止ニ関スル論議ノ要旨
外相南ニ火ヲツケズ北ヲヤレト強調シ、左ノ如キ要旨ヲ述フ
『今日迄独ハ独「ソ」戦争ニハ協力シテ呉レノ程度ナリシモ、本日「オットー」ハ本国ヨリノ訓令ヲ見セ参戦ヲ申込ミタリ。尤モ此ノ参戦ハ訓令ニ附加シ「オットー」ノ意見希望トシテ述ヘタルモノナリ
何レニシテモ帝国ハ参戦ノ決意ヲセサルヘカラス、南ニ火ヲツケルノヲ止メテハ如何。

北ニ出ル為ニハ南仏進駐ヲ中止シテハ如何
約六月延期シテハ如何
然シナカラ統帥部総理ニ於テ飽迄実行スル決心ナラハ、既ニ一度賛成セル自分故不同意ハナシ』
右ニ対シ、海相ハ杉山総長ニ約六月位延期シテハドウカト述ヘ、又近藤次長ハ延期スル様ニ考ヘ様ト塚田次長ニ私語セルモ、塚田次長ハ参謀総長ニ断乎進駐ヲ敢行スヘキヲ具申シ、杉山総長、永野総長ト協議ノ上、統帥部ヲ代表シ断乎進駐スヘキ旨ヲ表明セリ近衛総理ハ統帥部ガヤラレルナラバヤルト述べ、外相ハ然ラバヤルガ、其他ノ大臣ハ異存ナキヤト問ヒ、各大臣モ異存ナシト発言シ、結局原案通リ実行スルコトトナレリ
四　前項ニ関聯シ尚左ノ如キ発言アリ
外相　我輩ハ数年先ノ予言ヲシテ適中セヌコトハナイ。南ニ手ヲツケレハ大事ニナルト我輩ハ予言スル。ソレヲ総長ハナイト保障出来ルカ
尚南仏ニ進駐セハ、石油、「ゴム」、錫、米等皆入手困難トナル
英雄ハ頭ヲ転向スル、我輩ハ先般南進論ヲ述ヘタルモ今度ハ北方ニ転向スル次第ナリ
武藤局長　南仏ニ進駐シテコソ「ゴム」錫等カ取レルノデアル
内相　北ヲヤラネハナラヌト思フ。而シ出来ルカ出来ナイカガ問題デ、之ハ軍部ノ御考ニヨル外ナシ
軍令部総長　北ニ手ヲ出スニハ、海軍トシテハ一切ヲ南ニ準備シテ居ルノヲ北ニ変更スル必要ヲ生シ、之カ為約五十日カカル
五　帝国政府声明案ニ就キテハ、情報局提出ノ一案ニ対シ近衛総理不同意ナリ
総理　此ノ様ナ抽象的ノ事ヲ出シテモ国民ハ承知スマイ、重ミノアルナントカウマイ方法ハナイカ
参謀総長　三国枢軸ヲ基調トスルコト、支那事変処理ヲヤルコトヲ附加シテハドウカ
総理　統帥部カラ国策決定セリト発言シテハ如何
書記官長ヨリ種々提案アリ。結局近衛総理ノ発案ニ依リ『本日御前会議開催セラレ当面セル帝国ノ重要国策ノ決定ヲ見タリ』ト声明スルニ決ス
六　対独通告文竝外相説明案ニ関シテ外相疲労シテ居ル

カラ帰ツテ更ニ研究シ度シト述ヘ、塚田次長徹宵審議ヲ提議シタルモ遂ニ審議スルニ至ラス

七　以上ノ懇談ノウチ外相ハ外交ノ原則論ヲ述ヘ、参謀総長及同次長ハ今ヤ原則論ノ時機ニアラス、高等政略ト高等戦略トノ調和ニ依ル国策ノ決定ヲナスニ在リト熱心ニ論議セリ。而シテ海軍側ノ大臣、総長、次長ハ殆ト発言スルコトナク、従ツテ参謀本部ト外相トノ討論ニ終始セルカ如キ次第ナリ

依是観之仏印進駐ニ関シテハ、之ニ対スル外相ノ逡巡、海相、近藤次長ノ延期説等ヲ繞リ、進駐実施ニ方リテハ相当ノ波瀾ヲ生スヘク又本日ノ会議ノ空気竝海軍側対独通告ノ趣旨（南北何レニモ出ル案）等ニ鑑ミ北方ノ好機ヲ捉ヘ愈々実行スル場合ニ於テモ大ナル紛糾ヲ生スヘキヲ予想セラレ憂慮ニ堪ヘス

昭和十六年六月三十日

情勢ノ推移ニ伴フ帝国国策要綱ニ関スル

軍事参議官会議ノ概要

一　参謀総長「世界情勢ノ推移ニ伴フ帝国国策要綱」決定ノ経緯ヲ述ヘ要綱ノ趣旨ヲ説明ス

二　右説明後ニ於ケル軍事参議官トノ質疑応答ノ要旨左ノ如シ

東久邇宮殿下　北方解決ノ目標如何

大臣
総長　具体的ニハ政戦略上ノ見地ヨリ更ニ検討ヲ加ヘ決定スル必要アリ

戦略的ニハ一応検討シアルモ政略上ノ要求ヲ加味シ又準備ト情勢ノ推移ノ見透ヲ定メ決定スル要アリ

朝香宮殿下　ホラガ峠ノ様ダガ南北何レガ先キカ北カ先キノ方カ好イ様ニ思フガ

参謀総長　書物ノ通リ答解ス

陸相　抽象論ナラハ誰デモ簡単ニ決メラレル支那事変ヲヤリツツヤル所ニ難シイ所ガアルノデアツテ支那事変カナケレハ事ハ簡単デス

東久邇宮殿下　南方進出ノ目標如何　英米「ソ」来タラドウスル

総長　南方進出ノ順序方法ハ種々アルガ自存自衛ノ為ニハ蘭印位迄考ヘテ居ル而シ土地ハ目標デハナイ

英米「ソ」ガ同時ニ来ル様ナ最悪ノ事態ガ来ヌ様手ヲ打ツテヤルノテアル
大臣　而シ英米カ来タラ止メラレヌ
海軍ノ意嚮ヲ聞クト一気ニ何処迄モヤルワケデハナイ今ハ取リ敢ヘス仏印迄進出シ其後ハ逐次ニ進メテ行クノデアル
爾後雑談ニ入ル
朝香宮殿下　独ノヤリ方ニ較ヘルト慎重ニ過ギハシナイカ
大臣　ソウ申サルルモ国運ニ関スル重大事テアリ原則論トハ異ナリ軽々ニハヤレヌ
寺内大将　交戦権行使ニ就テハ海軍ニ奨メテ外国船ヲドシドシヤルヘシ

七月一日第三十七回連絡懇談会

対独通告文及外相御説明案ニ関スル件

一　出席者　前回ノ通リ
二　対独通告文ニ就キ外相起案ノ別紙ニ依リ研究シ原案通リ決定ス
右ニ関聯シ塚田参謀次長ト外相ノ間ニ左記論議アリ

次長　外務大臣ノ通告文ハ統帥行動ニフレルヘカラス
外相　我輩ハ混合委員会ノ長ナルヲ以テ統帥行動ニモフレル
次長　統帥行動ニハ混合委員会ノ長ト雖モフルヘカラス之レハ軍ノモノガ折衝スルコトニナツテ居ル
三　尚左記ノ論議アリ
蔵相　陸軍ハ武力的準備ヲヤルノカ
参謀総長　準備ヲヤル先ツ在満部隊ヲ戦時編制トナシ次テ攻勢ヲ取リ得ル様ニスル衝動ヲ与ヘヌ様スルニハナカナカ苦心ヲ要スル
参謀次長　準備ハヤル而シ乍ラヤリ得ル最小限ノ兵力ヲ整ヘテヤル積リナリムチヤクチヤニ沢山ノ準備ヲヤル考ヘハナイ
蔵相　海軍モヤルカ
軍令部次長　潜水艦百隻ノ撃滅ヲ準備スル必要アリ
陸相　在満部隊ヲ動員スル必要アリ而シ密カニヤルト云フコトハ充分研究ノ要アリ
商相　物ノ見地ヨリ申上ケル陸海軍カ戦争ヲヤルコ

トニナレバ物ノ見地カラ国力ハナイモノト思フ

陸海軍共ニ武力行使ヲヤラレルガ両面戦争ヲヤルタメノ物ハ持タヌ　陸軍ハ早速動員ヲヤラレルダラウシ又海軍モ準備ヲスルダラウ船ヲ徴発セラルルカラ物カ取レナクナリ生産力拡充軍備充実等ニモ大ナル影響ヲ及ボス英米「ソ」ニ対シ不敗ノ態度ヲ取ルト云フコトヲ研究スル必要アリト思フ

南進カ北進カ慎重ニ研究セラレ度

帝国トシテハ物ハナイ

不敗ノ態勢ト支那事変解決カ此ノ際必要ナノテハナイカ

鈴木企画院総裁　自給圏以外ニ期待シアル不可欠重要物資ニ就キ説明シ統帥部モ研究セラレ度ト述フ

参謀次長　外相起案ノ対独通告文及外相御説明案ナカナカウマク出来テ居ルテハナイカ

始メカラ出セハコンナニ延ビナカツタラウ

外相　皆ノ意見ヲ聞イタカラウマク出来タノダ

在京独逸大使ニ対スル外務大臣通告覚

昭和一六、七、一
連絡会議決定

左記ヲ「リッペントロップ」外務大臣ニ御伝達アリタシ

本大臣ハ在京「オット」大使及在独大島大使ヲ通シ為サレタル閣下ノ要請ヲ敬承シ且ツ右要請ヲ日本政府ニ為サルルニ当リ述ヘラレタル閣下ノ見解ヲ慎重ニ検討セリ

本大臣ハ日本ハ独逸ト共ニ赤化ノ脅威ト積極的ニ戦フ為ニ「ソ」聯邦ニ関シ有ユル起リ得ル事態ニ対シ準備ヲ進メ居ル旨ヲ述フルコトヲ欣幸トス日本ハ予テヨリ東部「シベリヤ」ニ於ケル共産主義組織ヲ破壊スルノ決意ヲ有シ特ニ同方面ノ状況発展ヲ注視シ居レリ右ノ目的達成ト共ニ極東方面ニ於テ「ソ」聯ヲ其ノ対独戦争ニ関シ牽制センカ為軍備ノ増強其他ノ手段ヲ講スルコトハ日本政府ノ絶エス留意シ居ル所ナルコトハ敢テ附言ヲ要セサルモノト信ス右ト同時ニ予ハ日本政府ニ於テハ仏領印度支那ニ於ケル軍事基地獲得方決定セル旨ヲ通報セントス其ノ結果日本ハ右両国ニ対スル圧力ヲ強化スル次第ナリ右ト関聯シ本大臣ハ日本カ南西海面ヲ含ム太平洋ニ於テ常ニ監視ヲ行ヒ英米ヲ牽制シ得ル事実ニ付閣下ノ注意ヲ喚起セント欲ス日本ハ右努力ヲ続行シ必要ノ場合ニハ更ニ之ヲ強化スヘシ本大臣ハ右カ実ニ吾等ノ共同目標ニ対シ重要ナル貢献ヲ為スモノニシテ此ノ際日本ノ独「ソ」戦争介入ニ劣ラサル重要性ヲ有スルコトニ付テハ閣下ニ於テモ全然同意見ナルヘシト信ス

日本ハ南方ニ対スル努力ヲ軽減スル能ハス又軽減セサルヘシ右ハ結局戦局全体ニ対シ極メテ重大ナル影響ヲ有スル次第ナリ本大臣ハ独伊両国カ近ク戦勝ヲ博サレンコトヲ確信ス本大臣ハ茲ニ再ヒ日本政府カ三国条約ノ目的及精神ニ基キ行動スヘキ旨ヲ閣下ニ対シ確言ス

在京「ソ」聯大使ニ対スル外務大臣回答

昭和一六、七、一
連絡会議了解

本大臣ハ茲ニ閣下ニ対シ日本カ今回不幸ニシテ勃発セル独「ソ」戦争ニ対シ当然深甚ナル関心ヲ抱クモノナリ

率直ニ述フレハ日本ハ一方同盟国タル独伊他方即漸ク近来善隣友好ノ関係ヲ維持セントスル真摯ナル国交ヲ進メタル「ソ」聯邦トノ間ニ戦争勃発ニ直面シ日本ハ甚シク当惑シ居レリ

斯クノ如キ次第ニテ日本ハ敵対行為ノ終結ニ付関心ヲ有スル所右カ少クトモ日本ノ重要利害ヲ有スル極東近接地帯以外ノ地域ニ限局セラレンコトヲ切ニ希望スルモノナリ日本政府ハ此ノ機会ニ於テ其ノ対「ソ」政策ハ日本同盟国ニ対シ何等誤解ヲ生セシメサラントスル自然ナル顧慮ヲ除キテハ之ヲ修正スルノ必要ニ迫ラレ居ラスト認メ居ルコトヲ茲ニ述ヘントス

日本政府ハ其ノ利害ヲ擁護スルト共ニ同盟国トノ間ニ相互信頼ノ精神ヲ維持シ且ツ同時ニ「ソ」聯邦トモ良好ナル関係ヲ継続スルカ如キ政策ヲ執リ得ヘキコトヲ衷心ヨリ希望スルモノナリ

申ス迄モナキコトナカラ「スターリン」及「モロトフ」両閣下

カ本大臣ニ於テ右ノ方針ニヨリ最善ヲ尽スヘキコト信頼セラレテ可ナリ然レトモ日本政府カ叙上ノ政策ヲ矛盾ナシニ遵守シ得ルヤ否ヤハ主トシテ将来ニ於ケル事態ノ発展ニ係ルモノナルコトヲ敢テ附言スルノ必要ナカルヘシ

第五回御前会議

議　題　「情勢ノ推移ニ伴フ帝国国策要綱」
日　時　七月二日午前十時ヨリ十二時迄二時間
場　所　宮　中
出席者　杉山参謀総長　塚田次長
永野軍令部総長　近藤次長
近衛総理大臣　原枢密院議長
平沼内務大臣　東条陸軍大臣
及川海軍大臣　河田大蔵大臣
鈴木国務大臣兼企画院総裁
富田内閣書記官長
岡海軍軍務局長（註松岡外相原文ニ脱落）
（武藤陸軍軍務局長ハ病気ノ為欠席）

議事進行ノ経過

総理　オ許シヲ得テ議事ヲ進行スル旨申上ク
（塚田註　提案ハ朗読スルコトナク、スグ様説明ニ移ル、之ハ毎回同シタトノコトナリ）
総理　両総長　外務大臣　予定ノ如ク別紙説明ヲ了ル

原枢府議長　本日ノ議題ノ方針ハ総理ノ説明ニヨリ疑問モナケレハ異議モナイ、要領ニ就テ若干ノ質問ヲスル
第一項敵性租界ノ接収トハ実力ヲ行使シテモヤル意志ナノカ英米トノ間ニ問題ヲ惹起スル虞レハナキヤ対仏印強硬施策ヲ実行スル以上併セテ此ノ点懸念アルヘシ接収ノ時機方法ハ如何ニ考ヘアルヤ英米ト開戦ノ後ナレハ別ナレトモ然ラサルトキハ平和的外交手段ニヨルノカ適当テハナイノカ「適時」トハ如何、租界接収ト対英米戦トノ関係ヲ伺ヒ度

松岡外務大臣　「情勢ノ推移ニ応シ」ハソレカラ下全部ニカカツテキル此ノ問題ハ極メテ重要ニシテ軽々ニハ出来ヌ事変処理上願フトコロテ何トカシテ租界ヲ抑ヘタイ、已ムヲ得サレハ武力ヲ使ハネバナラヌ元ヨリ外交ニヨルコトハ勿論テアル
日本軍カ接収スルノハ成ルヘク避ケタイ国民政府ヲシテ接収セシムルカヨロシイ、已ムヲ得ナイトキ一時日本軍カ抑ヘルヤウニシタ

イ、租界接収ハ仏印ヲヤルノヨリモ英米ヲ刺戟スルコトカ大テアルト思フ

東条陸軍大臣　慎重ニヤルコトハ外相ノ言ハレタ通リテアル、租界カ事変処理ノ邪魔ニナッテキルコトハ御承知ノ通リテ天津、上海其ノ他ニ租界ハアルカ何レモ邪魔ニナル之ニ触レナイ為ニ皇軍ハ非常ニ損害ヲ蒙ッテキル、事変四年ヲ経過シテ情勢ハ動イテ来タカ租界処理ニハ外交実力行使何レモ必要テアルト思フ然シ慎重ニヤル必要カアル、特ニ牢記サレ度キハ租界カ事変処理ニ非常ナル妨害ニナッテキルコトテアル

杉山参謀総長　特ニ作戦上支那ニ於ケル租界カ妨害ニナリ四ケ年間ニ於ケル之カ犠牲ハ極メテ大テアル、事変ヲ急速ニ解決スル為ニハ先刻説明セル場合ニハ接収ヲ断行セナケレハナラヌ、米カ参戦シタ場合、英米蘭カ禁輸シタ場合又ハ近ク行フヘキ南仏出兵カ英米ヲ大シテ刺戟セスニ落着イタ時期等ニ処理スルノモヨロシカルヘシト考ヘアリ

原枢府議長　第二項ニ「対英米戦カ起ルモ辞セス」トアルカ第一項ノ租界ヲヤルトキニモ辞セスト云フ考ヘナルヤ否ヤ疑問ナリシヲ以テオ伺ヒシタ訳テアル、参謀総長説明ノ如ク英米戦ト云フコト迄モ考ヘテカラヤルベキテアルト思フノテアリマス

次ニ要領二ノ「必要ナル外交交渉」トハ蘭印対手ノモノナリヤ

松岡外務大臣　主トシテ仏印ニシテ又泰及蘭印モ考ヘテキル

原枢府議長　仏印ヲ含ムト云フカラ「南方施策促進ニ関スル件」ニ就テオ伺ヒ度イ第三項ニ武力行使ヲヤルトアルカ事変処理ニモ関係カアルヘキモ本施策ハ外交テヤルノカ主カ武力テヤルノカ主カ

松岡外務大臣　外交テ成功ノ見込ミナシ

独逸ニ斡旋ヲ頼ミタルモ未タニ返事ナシ明日位オソラク返事アルヘシ

独逸ハ「ヴイシイ」ニ手ヲ打ッテモ成功ノ見込ミナシト考ヘアルカ如シ「ヴイシイ」ニ対

シ確信ナケレハ独逸ニ頼マヌト言ヒヤリシカ

先方ヨリノ返ナシ

独カ斡旋スルヲ可ト存スルモ然ラサレハ外交上成功ハ六ツカ敷イ

依ツテ武力行使ヲ決意シテ懸ラネバナラヌ但シ本問題ハ最後ノ瞬間迄外交テ成功セシムル様考ヘテキル、中ルカ中ラヌカハ不明テアル

昨年北部仏印ノトキモ外交上ノ成功ノ公算ハ十分ノ一ナリシモ始メタラ上手ク行ツタ今度ハ昨年ヨリ好イトハ思ハナイカラ出来ルカ出来ヌカ分ラヌ統帥部モ武力行使ヲヤリタクナイ考ヘダカラ外交上最善ヲ尽シテ見タイ

原枢府議長　外交交渉テハ六ツカ敷イト思フ　シカシ武力行使ハ事重大ナリ要領二ニアル対英米戦ハ大問題ナリト考ヘル

外相ハ八紘一宇ト言ヒ皇道外交ヲヤルコトヲ屢々声明シテキルカ仏印ニ対シ昨年領土保全ヲ約シ今又明日ニモ日仏間条約ノ批准ヲシヤウト言フノニ仏印ニ対シ武力進駐スルハ主旨カ合致セヌト思フカ如何英米カ仏印ニ対シ武力ヲ行使セリト云フナラバ別ナルモ武力進駐ハ皇道外交上不都合ナラスヤ　外相ハ武力行使ヲ避ケタシト云フ武力ヲ背景トシテ仏印ヲ聴従セシメルハ可ナルモ直接武力行使ヲ有無ヲ言ハセスヤツテ侵略呼バハリヲサレル事ハヨクナイト思フ之ヲ皆様ニ申シテ此ノ質問ヲ終ルコトニシタイ

次ニ独「ソ」開戦ハ日本ノ為真ニ千載一遇ノ好機ナルヘキハ皆様モ異論ナカルヘシ「ソ」ハ共産主義ヲ世界ニ振リ蒔キツツアル故何時カハ打タネハナラヌ

現在支那事変遂行中ナル故「ソ」ヲ打ツノモ思フ様ニ行カヌト思フケレトモ機ヲ見テ「ソ」ハ打ツヘキモノナリト思フ帝国トシテハ対「ソ」戦争間英米トノ開戦ハ望マナイ　国民ハ「ソ」ヲ打ツコトヲ熱望シテキル此ノ際「ソ」ヲ打ツテモライ度イ三国条約ノ精神ニヨリ少シデモ独逸ニ利益ヲ与ヘルヤウ努メテモライタイ「ソ」ヲ打タレ度ト独カラ何カ云フテ来テキルカ

松岡外務大臣　御注意御意見拝聴セリ此ノ度ノ日仏印協定ノ御批准ハ重要ナルコト故不信行為ニナラサル様ヤラネバナラヌ世界ニ対シ背信行為ニアラスト云フ様ナ注意ヲ喚起方処置スヘシ尚独「ソ」戦争ニ伴フ対独協力ニ関シテハ廿六日「リッペン」カラ協力方申シ来リ廿八日ニモ来電アリタリ「南方施策促進ニ関スル件」ヲ検討シタルトキハ独「ソ」戦ハアルモノト思ヒタリ従ツテ独ニ対シテハ此ノ際日本トシテ逃ケヲ打ツタ様ニシタクハナイ

原枢府議長　「ソ」ヨリ希望アリシヤ

松岡外務大臣　独「ソ」開戦四日後日「ソ」中立条約ニ対シ如何ニ考ヘラルルヤト問ヒタルヲ以テ三国同盟ニ影響ナシト答ヘタルニ其後抗議ナシ又此度ノ戦争ニ対スル態度如何ト問ヒタルヲ以テマダキマツテ居ラヌト返答シ置ケリ

松岡外務大臣　序ニ一言附加致シマスカ独「ソ」戦争ニ対シ帝国ハ参戦セサルモ文面上ヨリスレハ不信行為ニアラス之ヲ同盟成立ノ精神ヨリスルトキハ参戦スルヲ至当トスヘシトスル意見ナリ

原枢府議長　日「ソ」中立条約ノ為ニ日本カ「ソ」ヲ打タハ背信ナリト云フモノアルヘキモ「ソ」ハ背信行為ノ常習者ナリ日本カ「ソ」ヲ打チテ不信呼バリスルモノハナシ私ハ「ソ」ヲ打ツノ好機到来ヲ念願シテ已マサルモノナリ米国トノ戦争ハ避ケタイ「ソ」ヲ打ツモ米国ハ出ナイト思フ

モウ一ツ伺ヒマス

仏印施策実行ニ当リ英米戦ヲ辞セスト云ヒツツ仏印ニ於テ対英米戦ヲ準備スル為ニ近クヤル基地設定ハ之レカ為ノ準備タト云フテキルカ今迄ニ英米戦ノ準備ハ出来ナカツタノカ仏印ヲヤレバ英米戦ハ起ルト思フカ如何

松岡外務大臣　此ノ答ヘハ六ツカ敷イ第一線ノ将校カ武力ヲ使フモノト思ヒ込ミ猛リ立ツテヤルモノダカラ困ル、周到ナル準備ヲ以テヤレバ英米戦ニナラヌ公算カ多イ尤モ将校ノ猛リ立ツノハ統帥部ニ信頼シテ同意シタ

独「ソ」戦中ナルカ故ニ独ノ対英攻撃カ延ヒ

ルソコデ英米側ハ独ハ対英上陸ヲヤラヌト思フカモ知レヌシカシ私ハ独ハ独「ソ」戦中ニ対英上陸ヲヤルコトアリト思フ、独「ソ」戦ハ「リツペン」サヘモ知ラナカツタ独「ソ」戦中対英上陸ヲヤルカラヤラヌカハ「ヒツトラー」ノ胸三寸ニアル独カ対英上陸ヲヤレハ「アメリカ」ハビツクリシテ参戦シナイカ又反対ニ積極的ニ北方ヨリ日本ニ対シ手ヲ出スカモシレヌ之レ米国ノ気性ノ特質カラソーモ考ヘラレルノテ此ノ判断ハ六ツカ敷イ

原枢府議長　ハツキリ　伺ヒタイノハ日本カ仏印ニ手ヲ出セハ米カ参戦スルヤ否ヤノ見透シノ問題テアル

松岡外務大臣　絶対ニナイトハ云ヘヌ

杉山参謀総長　仏印進駐ニヨリ英米ヲ刺戟スルハ明ラカナルモ本年始メ対仏印紛争調停成功以来日本ノ威力ハ相当泰、仏印ニ及ンテキタ然ルニ現在ニ於テハ泰仏印ニ英米ノ策動カ多クナル一方テ将来ドウナルカワカラヌ此ノ際日本ハ今考ヘテキル施策ヲ断行セネバナラヌ英米ノ策謀ヲ封殺スルニハ是非必要テアル

尚米国ニ対シテハ独「ソ」戦争ノ推移カ相当影響スル「ソ」カ速カニヤラレタラ「スターリン」政権ハ崩壊スルテアロウシ又米国モ参戦スルマイ

独ノ計画カ一頓挫セハ長期戦トナリ米参戦ノ公算ハ増ステアロウ現在ハ独ノ戦況有利ナル故日本カ仏印ニ出テモ米ハ参戦セヌト思フ勿論平和的ニヤリタイ、泰ニモ施策シタイカ馬来ニ近イノテ大事ニナルカモ知レヌ今回ハ仏印迄テアル尚将来ノ南方施策ニ及ホス影響相当ニアルコト故仏印ニ兵ヲ出スニ当リテハ慎重ニヤリタイト思フ

原枢府議長　分ツタ自分ノ考ヘト全然同シテアル即チ英米トノ衝突ハ出来ル丈ケ避ケル此ノ点ニ就テハ政府ト統帥部トハ意見一致シテ居ルト思フ、予ハ今度ノ場合ハ少クトモ日本ヨリ進ンテ対米戦争行為ヲ避クヘキタト信スル、第二ニ「ソ」ニ対シテハ出来得ヘクンハ早ク討ツト云フコトニ軍部政府ニ希望ヲ致シマ

ス、夫レ「ソ」ハ之ヲ壊滅セシムヘキモノナリ故ニドウカ開戦期ヲ速カニスル様ニ準備シテ貫ヒタシ方針ヲ立テルト同時ニ実行スル様ニ期待シテ已ミマセン

以上ノ主旨ニヨリ本日提案ニ全然賛成テアル

東条陸軍大臣　原枢府議長ト同シ考ヘナルモ目下帝国ハ支那事変遂行中テアル此ノ点御承知アリ度

若イ将校ニ付松岡外務大臣ヨリ先程ノ発言アリタルモ私ハ軍人軍属ヲ統督スル責任者トシテ松岡外務大臣カ　陛下ノ御前ニ於テ此クノ如キコトヲ云ハレタルニ対シ一言申述ヘタイ

松岡外務大臣ハ第一線ノ一部ニイキリ立ツモノガアル様ナロ吻ヲ漏ラサレタルモ軍隊ハ大命ニヨリ動クノテアル絶対ニソンナコトハナイ此ノ前ノ仏印進駐ノトキモ断乎トシテ処分シタ然シ武力ト外交トノ切換ハ非常ニ六ツカ敷イ此ノ点統帥部ト協力シ遺憾ナキヲ期シタイ

杉山参謀総長　陸軍大臣ニ全然同意テアル

監督ヲ適切ニシ間違ヒノナキ様致スヘキヲ以テ御安心ヲ願フ尚此ノ際関東軍ノ状況ヲ説明ス

「ソ」ノ三十師団中四ヶ師団ハ已ニ西送「ソ」ハ尚絶対優勢ノ兵力ヲ擁シ戦略展開ノ態勢ニ在リ然ルニ関東軍ハ今述ヘシ次第ナル故ニ守ル為ニモ外交ノ後拠トナル為ニモ又将来ノ攻勢ノ足場ニモ関東軍ヲ充実シテ更ニ進ンテ好機ニ乗シ攻勢ヲ採ラセタイト思フ五六十日立テハ独「ソ」戦ノ見透シハツクト思フ、ソレ迄ハ今暫ク支那事変ノ処理及英米トノ関係ヲ見合セル必要カアルノテ提案ニ「暫ク介入スルコトナク」ト述ヘテアルテアリマス

会議後ノ所見

杉山参謀総長　本会議間海軍側発言スルモノナシ永野軍令部総長ハ南部仏印ノ応答ノ際起立シテ発言シヨウトセシモ他ノ者カ発言セシタメヤメタ。

原枢府議長ノ質問ハ適切ニシテ、エグル様ダツタ、オ上ハ非常ニ御満足ノ様子ナリキ、オ

昼食後一時半直チニ御裁可セラレタルモノナリ
政府側及統帥部共答弁ハスラスラト上手ニ出来タ
会議後原枢府議長ハ私ノ下ニ来リ「介入スルコトナシ」ト云フ事ヲオ尋ネシタノハ私ハワカラナカツタカラオ聞キシタノダ満洲ノ兵備ナドヲ聞カウトシタノテハナイ他意ナキ故不悪ト懇ロニ釈明シタ

塚田参謀次長
此ノ要綱ハ国家機密ニシテ絶対漏レヌ様ニシナケレバナラヌ正規ノモノハ　ソレゾレオ渡シスルカラ今迄ノ分ハ返却セラレ度

情勢ノ推移ニ伴フ帝国国策要綱

昭和十六年七月二日
御前会議決定

第一　方　針

一　帝国ハ世界情勢変転ノ如何ニ拘ラス大東亜共栄圏ヲ建設シ以テ世界平和ノ確立ニ寄与セントスル方針ヲ堅持ス
二　帝国ハ依然支那事変処理ニ邁進シ且自存自衛ノ基礎ヲ確立スル為南方進出ノ歩ヲ進メ又情勢ノ推移ニ応シ北方問題ヲ解決ス
三　帝国ハ右目的達成ノ為如何ナル障害ヲモ之ヲ排除ス

第二　要　領

一　蔣政権屈服促進ノ為更ニ南方諸域ヨリノ圧力ヲ強化ス
情勢ノ推移ニ応シ適時重慶政権ニ対スル交戦権ヲ行使シ且支那ニ於ケル敵性租界ヲ接収ス
二　帝国ハ其ノ自存自衛上南方要域ニ対スル必要ナル外交交渉ヲ続行シ其他各般ノ施策ヲ促進ス
之カ為対英米戦準備ヲ整ヘ先ツ「対仏印泰施策要綱」及「南方施策促進ニ関スル件」ニ拠リ仏印及泰ニ対スル諸方策ヲ完遂シ以テ南方進出ノ態勢ヲ強化ス
帝国ハ本号目的達成ノ為対英米戦ヲ辞セス
三　独「ソ」戦ニ対シテハ三国枢軸ノ精神ヲ基調トスルモ暫ク之ニ介入スルコトナク密カニ対「ソ」武力的準備ヲ整ヘ自主的ニ対処ス此ノ間固ヨリ周密ナル用意ヲ以テ外交交渉ヲ行フ
独「ソ」戦争ノ推移帝国ノ為有利ニ進展セハ武力ヲ行使シテ北方問題ヲ解決シ北辺ノ安定ヲ確保ス
四　前号遂行ニ方リ各種ノ施策就中武力行使ノ決定ニ際シテハ対英米戦争ノ基本態勢ノ保持ニ大ナル支障ナカラシム
五　米国ノ参戦ハ既定方針ニ従ヒ外交手段其他有ユル方法ニ依リ極力之ヲ防止スヘキモ万一米国カ参戦シタル場合ニハ帝国ハ三国条約ニ基キ行動ス但シ武力行使ノ時機及方法ハ自主的ニ之ヲ定ム

六　速ニ国内戦時体制ノ徹底的強化ニ移行ス特ニ国土防衛ノ強化ニ勉ム

七　具体的措置ニ関シテハ別ニ之ヲ定ム

情勢ノ推移ニ伴フ帝国国策要綱

昭一六、七、一
閣議決定

一　帝国ハ世界情勢変転ノ如何ニ拘ラス大東亜共栄圏ヲ建設シ以テ世界平和ノ確立ニ寄与セントスル方針ヲ堅持ス

二　帝国ハ依然支那事変処理ニ邁進シ且自存自衛ノ基礎ヲ確立スル為南方進出ノ歩ヲ進メ又情勢ノ推移ニ応シ北方問題ヲ解決ス

三　帝国ハ右目的達成ノ為如何ナル障害ヲモ之ヲ排除ス之カ為所要ノ武力的準備ヲ整フ

四　速カニ国内戦時体制ノ徹底的強化ニ移行ス特ニ国土防衛ノ強化ニ勉ム

内閣総理大臣御説明案

本日ノ議題ノ大要ニ就キマシテ御説明申上ゲマス。

現下世界ノ情勢、特ニ独「ソ」両国ノ開戦ト其ノ推移、米国ノ動向、欧洲戦局ノ進展、支那事変処理等ノ関係ヲ勘案致シマシテ、此ノ際帝国ノ執ルベキ方策ヲ速ニ決定致シマスルコトハ、帝国ニトリマシテ正ニ急務デアルト存ゼラレルノデアリマス。依テ政府ト大本営陸海軍部トハ協議ヲ重ネマシテ、本日ノ議題「情勢ノ推移ニ伴フ帝国国策要綱」ヲ立案致シマシタ次第デアリマス。

先ヅ方針ニ就テ申上ゲマス。我ガ国是ノ大本ハ已ニ屢々賜ハリマシタル　詔勅ニ明ナルガ如ク大東亜共栄圏ヲ建設シ、進ンデ世界平和ノ確立ニ寄与セントスルニ在ルノデアリマス。而シテ此ノ国是ハ世界情勢ノ変転推移ニ依ッテ毫モ変更セラルベキモノデハナイト考ヘマス。

帝国トシテハ大東亜共栄圏建設ノ為ニハ、依然トシテ当面ノ支那事変処理ニ邁進スルヲ要スルコト当然デアリマスガ、更ニ自存自衛ノ基礎ヲ確立スル為、南方進出ノ歩ヲ進ムル一方、北辺ニ於ケル憂患ヲ芟除センガ為、世界情勢特ニ独「ソ」戦ノ推移ニ応ジ、適時北方問題ヲ解決スルコトハ帝国国防上ハ勿論東亜全局ノ安定上極メテ肝要デアルト存ズルノデアリマス。

以上ノ目的ヲ達成センガ為ニハ、帝国ガ各方面ヨリノ妨害抵抗ヲ受クルコトハ当然予想セラレマスガ、帝国トシテハ何トシテモ此ノ目的ヲ達成セネバナリマセンノデ、如何ナル障害ヲモ之ヲ排除スルノ鞏固ナル決意ヲ明カニセントスル次第デアリマス。

次ニ国内戦時体制ノ徹底的強化ニ就テ申上ゲマス。本要綱遂行ノ為ニハ速ニ国内戦時体制ノ徹底的強化ヲ図リ就中国土ノ防衛強化ノ措置ヲ講ズルニ遺憾ナカラシムルコトガ肝要デアリマス。政府ハ断乎アラユル障害ヲ突破シ、之ガ即時断行ヲ期セントスルモノデアリマス。

作戦用兵ニ関係アル事項ニ就キマシテハ参謀総長及軍令部総長ヨリ、又外交ニ関係アル事項ニ就キマシテハ外務大臣ヨリ夫々御説明申上ゲマス。
以上ヲ以テ私ノ御説明ヲ終リマス。

参謀総長説明事項

私ヨリ所要事項ニ就イテ申上ケマス
支那事変処理ニ就キマシテ
現下ノ情勢ニ於テ帝国ト致シマシテハ重慶政権ニ対スル直接圧迫ヲ増強致シマスル反面南方ニ進出致シマシテ重慶政権ヲ背後ヨリ支援シ其ノ抗戦意志ヲ弥カ上ニモ増長セシメツツアル英米ノ勢力ト重慶政権トノ連鎖ヲ分断致シマスルコトハ事変解決ヲ促進スル為極メテ必要ナル措置ト考ヘラルルノテアリマシテ今回南部仏印ニ軍隊ヲ派遣セラレマスノモ此ノ趣旨ニ基クモノテ御座イマス
尚米国カ対独参戦ヲナシタル場合或ハ米英蘭カ対日禁輸ヲ実行シタル場合若クハ帝国ノ南部仏印方面ニ対スル地歩確立シマシタル場合等各般ノ情勢ノ相関関係ヲ検討致シマシテ適時重慶政権ニ対シ交戦権ヲ行使シ且支那ニ於ケル敵性租界ヲ接収致シマスルコトハ重慶政権ノ屈服ヲ促進スル為有効適切ナル措置ト存シマス
北方問題解決ニ就キマシテ
独「ソ」戦ニ対シマシテハ三国枢軸ノ精神ニ基キ行動スヘキハ勿論テ御座イマスルカ帝国ハ目下支那事変ノ処理ニ邁進シ而モ英米トノ間ニ機微ナル関係ニアリマスルノテ暫ク之ニ介入セサルコトカ適当ト存セラレマスルカ独「ソ」戦争ノ推移カ帝国ノ為有利ニ進展致シマシタル場合武力ヲ行使シテ北方問題ヲ解決シ北辺ノ安定ヲ確保致シマスルハ帝国トシテ正ニ執ルヘキ喫緊ノ方策ト存シマス依テ之カ為必要トスル作戦準備ヲ穏密裡ニ整ヘマシテ自主的ニ対処スルノ態勢ヲ確立スルコトカ極メテ肝要ト存シマス
而シテ北方問題解決ニ伴フ各種ノ施策就中武力解決ヲ実施スルニ方リマシテハ英米等ノ対日動向特ニ楽観ヲ許サルモノアルニ鑑ミマシテ常ニ対英米戦争ニ対処シ得ルニ足ル基本態勢ノ保持ニ大ナル支障ナカラシムルコトカ肝要ト存シマス

軍令部総長説明事項

私ヨリ所要事項ニ就テ申上ケマス
南方問題解決ニ就キマシテ
帝国カ南方ニ於ケル国防ノ安定ヲ確立シ又大東亜共栄圏内ニ於テ自給自足ノ態勢ヲ確立致シマスル為ニ南方要域ニ対シ情勢推移ト睨ミ合セツツ政戦両略ノ施策ヲ統合促進シ以テ逐次南方進出ノ歩ヲ進メマスルコトハ現下ノ情勢ニ鑑ミマシテ緊要ナル措置ト存シマス
然ルニ現在英米蘭等ノ対日圧迫態勢ハ益強化セラレツツアル情勢デ御座イマスルノテ万一英米等カ飽ク迄モ妨害ヲ続ケ帝

国トシテ之カ打開ノ途ナキ場合遂ニハ対英米戦ニ立チ到ルコトアルヲ予期セラレマスノテ之ヲモ辞セサル覚悟ヲ以テ其ノ準備ヲ整ヘマシテ先ツ第一着手トシテ「対仏印泰施策要綱及「南方施策促進ニ関スル件」ニ依リ仏印及泰ニ対スル諸方策ヲ完全ニ遂行致シ以テ南方進出ノ態勢ヲ強化スルコトカ肝要テアルト存シマス

米国参戦ニ伴フ帝国ノ態度ニ就キマシテ

米国カ参戦致シマシタル場合ニハ帝国ハ三国条約ニ基キ行動致スヘキハ勿論テ御座イマシテ単ニ独伊ニ対スル援助義務遂行ノ見地ニ止マラス大東亜共栄圏建設ノ為遂ニハ武力ヲ行使スルモ施策ノ完遂ヲ図ルヘキテアルト存シマス

然シナカラ米国カ何時如何ナル段階ヲ経テ参戦致シマスルカハ予測ヲ許シマセヌノテ英米等ニ対スル武力行使ノ時機及方法ニ就キマシテハ当時ノ情勢ニ鑑ミ帝国ノ自主的見地ニ於テ之ヲ決定スルヲ必要ト存シマス

外務大臣説明事項

私ヨリ外交関係事項ニ就テ申上ケマス

我国国策ノ根本カ世界恒久平和ノ確立ヲ目的トシテ大東亜共栄圏ヲ建設スルニ在リマス事ハ確乎トシテ不動テ御座イマシテ右国策ノ下ニ支那問題、対米関係、欧洲情勢ノ推移、南方問題等ノ諸問題ヲ考慮シツツ皇国ノ外交ヲ進メテ参ッタノテ御座イマスカ今般独「ソ」開戦ノ結果更ニ新ナル事態ノ発生ヲ見タ次第テアリマシテ此ノ際我国ノ執ル可キ国策遂行ノ方法ニ就キ更メテ方針ヲ確定致シテ置キマスコトハ皇国ノ外交ヲ遂行スル上ニ極メテ緊要ト存シマス

唯今参謀総長及軍令部総長ヨリ御説明ノアリマシタ通リ予メ武力行使ヲ必要トスヘキ場合ヲモ考慮ニ入レ我国ノ態度ヲ決定致シテ置キマス事ハ外交ノ運用上必要ノコトテ御座イマスカ已ムヲ得ス武力ヲ行使スルカ如キ場合ト雖ソコニ至リマス前先ツ極力外交ニ依テ我目的ノ達成ヲ期セネバナラヌコトハ申上クル迄モナイコトテ御座イマス例ヘハ支那事変ヲ処理致シマスニモ一面南京ニ於ケル国民政府ノ育成強化ニ努メ他面中国内外ニ渉リ有ユル平和的劃策ニ依リ重慶政権ノ屈服、南京ニ於ケル国民政府ト融合若クハ合作乃至我国トノ和平交渉ニ之ヲ導ク様最善ノ努力ヲ致サンコトヲ期シテ居リマス又「対仏印、泰施策要綱」及「南方施策促進ニ関スル件」ニ拠リ仏印及泰ニ対スル諸方策ヲ遂行シ皇国ノ南方ニ対スル要望ヲ貫徹スル為ニモ外交交渉ヲ行ハナケレハナリマセン次ニ独「ソ」両国間ノ戦争状態ニ対処スルニ当リマシテモ三国同盟ノ目的及精神ハ之ヲ我国外交ノ基調ト致サナケレハナラナイコトハ申ス迄モ御座イマセンケレトモ尚外交上ハ大東亜圏ノ全域ニ渉リテノ大局ヨリシテ充分外交上ノ考慮ヲ払フ要カアラウト存シマス

又我カ統帥部其ノ他ノ方面ノ実情ニ適合スル様ニ対「ソヴイエト」外交ヲ行フノ用意カ肝要テアルト考ヘマス尚対米関係ニ付キマシテモ米国ノ参戦乃至我国トノ衝突ヲ阻止スル為ニ外交上

極メテ慎重ナル態度ヲ保持スヘキテアリマス

近時国際関係ノ変転ハ真ニ逆睹シ難キモノカアリマスノテ将来国際情勢ニ全ク予想セラレサル重大ナル変化ノ無キヲ保シ難イノテアリマスカ現下ノ事態ニ於テハ本要綱ノ方策ヲ堅持シ極メテ周密ノ注意ト慎重ナル態度ヲ以テ外交ヲ遂行スルノ外ナイモノト考フル次第テ御座イマス

外交ノ部面ヨリ之ヲ見マシテモ皇国ハ今ヤ真ニ文字通リ未曽有ノ危局ニ直面シテ居ルノテアリマシテ我国民モ之ヲ正視シ愈々以テ一致協力重大ナル決意ヲ以テ之ニ処セナケレハナラヌト考フル次第テ御座イマス

七月十日（水）第三十八回連絡懇談会

日米国交調整特ニ六月二十一日附「ハル」長官ノ回答ニ関スル外務省側ノ意見開陳ノ件

場　所　首相官邸

出席者　前回ニ同シ（但シ両次長列席セス）

松岡外相　成ルヘク「ハル」ノ回答案ニ就テ取リ入レルヘキモノハ取リ入レテ見ヤウト考ヘテ見タカ結局本案ハ最初ノ案ヨリ悪イ野村電ニヨレハ仲々ニヤリニクイ故何トカシテキマルモノナラハ考ヘ直シテ成立テキルヤウニシテクレト言ツテキルカドウモ此案テハ六ケ敷イ

以下斎藤顧問ヲシテ説明サセル

斎藤顧問　研究ヲシテ見ルト色々左記ノヤウナ点テ本案ハ受ケ入レラレナイトコロカ多イ

第一　今世界ハ現状維持ト現状打破民主主義ト全体主義カマンジ巴ニナリテ戦ウテキル「ハル」ノ回答案ハ現状維持テアリ民主主義テアル「アメリカ」カ英国及支那ト協議シテヤツタコトハ申ス迄モアルマイ斯クシテ現状維持国カ一致シテ日本圧迫ニ乗リ出スモノト思フ日支間ノ交渉ニ就テモ「アメリカ」ノ考ヘテキルコトハ事変前ノ形ニ返ヘシテ交渉サセヤウトスルニアル此案中「支那政府」トイフ文句ヲ使ツテキルカ「クセモノ」テアルコレハ日支基本条約ヲ取リ消セトイフノト同シタト思フ南京政府承認ノ取消シハ瀕死ノ重慶ヲ回生セシメルコトニナル此ノ「支那政府」トイフ言葉ヲ克ク吟味シテ検討スルヲ要スル

第二　満洲ハ支那ニ復帰スヘキモノテアルト考ヘテキル

本案ハ要スルニ日満支ノ共同宣言ヲ白紙ニモトシテ日支交渉セヨトイフテキル

重慶カ失地回復ヲ目的トシテキル際コンナ考ヘテ交渉ヲ始メタラ始メカラ逆転スルニ決ツテキル

第三　治安駐兵ヲ認メテキナイ無条件撤兵ヲ目標トシテキル

治安駐兵ハ帝国ノ国策トシテ最モ重大ナル要

求テアル無条件撤兵セハ事実問題トシテ支那ハ共産党、国民党、国民政府重慶側カ争闘シテ非常ニ紊乱シテクルカクナレハ英米カ介入シテクルコトニナル従ツテ無条件撤兵モ亦交渉ノ行詰リヲ招来スル

第四　防共駐兵ヲ非認シテヰル
日本案ハ今日迄ノ条約ヲ生カシテ行カウト努メテヰルニモ拘ラス米国ハコレヲ削ツテカカロウト考ヘテヰル防共駐兵ヲ「アメリカ」カ認メテヰナイコトハ「ハル」ノ「ステートメント」中ニアラワレテヰル

第五　日本ハ日支ノ完全ナル提携ヲ企図スルニ対シ米国側ハ無差別待遇ヲ主張シテヰル
コレテハ東亜新秩序ノ建設ノ如キハ不可能テアル英米ハ今日迄援蔣行為ヲ続ケ支那ニ於テ将来有利ナル地位ヲ確立シヤウト考ヘテヰル全面和平ノ時今日ノ特権ヲ基礎トシ全支ニ亘リ全世界金ノ八割ヲ保有スル米国ノ「弗」ノ力カ蔓ルコトトナル

第六　日支和平交渉解決ノ根本ヲ日米両国間テ決メ其範囲内テ日支直接交渉ヲサセヤウト考ヘテヰル
即チ東亜ノ指導権ヲ「アメリカ」ニ譲ルコトニナル帝国ノ自主的国策ノ遂行ヲ妨害スルコトニナリ支那問題ニ対シ口ヲ入レサセル権利ヲ米国ニ与ヘルコトニナル

第七　欧洲戦争ニ対スル日米両国ノ態度ニ就テハ大イニチカフ
換言スレハ米国ハ参戦スルカ日本ハ黙ツテ居ロトシカ見エヌ「アメリカ」ハ自衛権ニ付テハ非常ニ広イ解釈ヲシテヰル又日本ニ対シ三国条約ヨリ脱退セヨト云ハヌバカリノコトヲ述ヘテヰル
コンナ考ヘハ当然否定セネハナラヌ

第八　日米間ノ貿易ニ付テハ事変前ノ額ニ釘付ケシヤウト考ヘテヰル
要スルニ現状維持ノ頭カハツキリシテヰル然モ普通ノ商取引トイフコトニ書イテアルカ将来鋼材屑鉄等重要物資ニ就テハ貿易額ヲ増加シナケレハナラヌモノヲ事変前ト同シトイフ

コトハ日本ノ貿易発展ヲ合法的ニ防止スルコトニナル即チ日本ノ将来ノ経済発展ヲ妨害シ米国自体トシテハ東洋ノ市場ヲ自由ニ占ムルコトニナル

第九　南西太平洋ノ南西トイフ字ヲ削ツテキルコレハ北太平洋ニモ重大ナル関心ヲ払ツテキルコトヲ実証シ得ル

第十　普通ノ商取引ト云フテキルケレトモ日本トシテハ単ニ商業ノミナラス鉱工業等ヲモ考ヘテキルノテ米国ハ商取引ト称シテ日本ノ要求ヲ明ラカニ制限シテキル

第十一　日米移民問題ニツキテハ此前ノ案テハ他国ノモノト同シヤウニスルト言ツテキルケレトモ此度ノ案テハ削ツテキル

第十二　「フイリツピン」ノ独立ニ関シテ提議シタケレトモ「フイリツピン」ハ未タトテモ独立サセル程度迄発達シテキナイトアツサリ取扱ツテキル

殊ニ「ハル」ノ「ステートメント」ハ言語同断ノ言葉使ヒテアル「防共駐兵ヲ考ヘル余地ナシ」トカ「日本政府内ニハイロイロト意見カ別レテキル枢軸側ニ立チテ「ヒ」ト共ニ戦フヲ可トスル閣僚カキルソウタカソンナ日本政府ト協定ハ出来ヌ日米国交調整ヲ計リタケレハ内閣ヲ改造セヨ」トイフカ如キ日本ヲ馬鹿ニシタ態度テアル自分モ長イ間外交官生活ヲシタカコンナ言ヒ分ハ対等ノ国ニ対スル言葉使テナクシテ保護国又ハ属領ニ対スル態度テアリ不都合千万テアル

松岡外相　斎藤顧問ノ報告ト大体同意見テアルカ一、二ノ考ヘヲ申シ述ヘル

第一　「ハル」ノ「ステートメント」ハ乱暴千万テ帝国カ対等ナル外交ヲ行フ様ニナツテ以来未タ嘗テナイコトテアル

野村ハ自分ト親シイ間柄テアルカコンナ無礼千万ナル「ステートメント」ヲ取継クカ如キハコレ亦不届千万テアル

内閣改造ノ如キヲ世界的ニ強大ナル日本ニ対シテ要求シタノヲ黙ツテ聞イテキルトハ実ニ驚キ入ツタ次第テアル　ソコテ早速自分カラ

「君ハアンナ「ステートメント」ハ取継クヘキテハナカツタト思フカ何カ錯覚ハナカリシヤ当時ノ情況知ラセヨ」ト言フテヤツタ次第タカ何ノ返事モナイ

第二　三国同盟ノ抹殺ハ出来ヌ

第三　「アメリカ」ノ案ヲ容レルコトハ大東亜新秩序建設ヲユスルコトテアリ事極メテ重大テアル日支間ノ解決ヲ英米カ手ヲ代ヘ品ヲ代ヘロハシヲ入レテヤロウト考ヘテキルモノト思フ尚不愉快ナノハ国民中ニモ日清日露媾和談判ノトキ「アメリカ」ハジメ第三国ノ世話ニナツタコトヲ例ニシテ三十年後ノ帝国ノ地位ヲ忘レ東亜ノ指導権ヲ確立セントシ四年間モ戦ヒ抜イテ来タ今日此ノ際尚且第三国ノ世話ニヨリ媾和ヲシタ方カヨイト考ヘテキルモノカアルコトテアル俗ニ云ヘハ支那事変ヲ持テ余シテ自分ノ理想ヲ打チ忘レ「花ヨリ団子」トイフ考ヘヲ抱クモノカ相当アルノカ不愉快ニ思フ

第四　「アメリカ」ハ「アイスランド」ヲ占領シタ当然参戦モ同様テアルニ拘ラス目ヲ掩ウテ参戦ニアラスト言ツテキル貿易テモ現状ヲ維持シ事変前ノ形ニモトセハ日本ノ経済的発展ヲ望メナイノハ眼ニ見エル要スルニ「アメリカ」ハ日本ノ東亜ノ指導権ヲ抹殺シヤウト考ヘテキルコンナコトテグズグズシテキルト結局日本ノ云フコトヲ取リ上ケテ日本攻撃ノ材料ニ取入レサセルタケテアル其中ニ上院アタリテ勝手ナ質問ヲ発スルコトトナリ日本国内ヘノ影響モ亦大テアル

右ノ次第テアル故自分ハ「ハル」案ヲ受ケ入レルコトハ出来ナイ何トカシテ話合ヲツケタイト思フカ到底成功ノ見込ナシ元来「アメリカ」ハ日本案ヲ四十日モ放置シタコンドノ案カ来タノハ六月二十二日タカラマタ二週間ニモナラヌノニ野村ハ四五度モ催促シテ来ル交渉ヲ此儘ズルズルノバスノハノバシテモヨイカ先方ノ言分ヲ受ケ容レルコトハ絶対出来ナイ

尚「ハル」ノ「ステートメント」ニ「大使及

同僚等ノ努力ニ拘ラス」トアツタカラ同僚等トハ誰カ国家ノ外交機密ハ外務大臣カラ大使ヘ大使カラ「ハル」長官ヘト話サルヘキニ拘ラス多人数カ関係シテヰルカ如キハ不届タト野村ニ詰問シテヤツタ

斯クシテ十二日（土）更ニ本問題ヲ討議スルコトニシテ散会セリ

七月十二日第三十九回連絡懇談会

対米国交調整ニ関スル件

一　出席者　寺崎阿米利加局長ヲ加フ

二　要旨

前回ニ引続キ対米国交調整今後ノ処理ニ関シ審議シタル結果、飽迄帝国最初ノ案ヲ堅持スルモ尚交渉ノ余地ヲ残シ、文句ノ修正ヲ多少ニテモナシ得ルナラハ修正ヲシテ回答ヲナスコトニ決ス

之カ為本日午後陸海外三局長ニ於テ一案ヲ造ルコトトス

尚「ハル」国務長官ノ「オーラルステートメント」ハ之ヲ拒否スルコトトナセリ

三　審議ノ概要左ノ如シ

外相　前回云ウタ事テ尽キテ居ルカ更ニ附言スレハ、「ハル」長官ノ「オーラルステートメント」ハ読ンダ時ニ実際ハ直ニ返スヘキモノデアル。実ニ言語同断ナリ。十日間考ヘタガアノ様ナ「ステートメント」ハ米国ガ恰モ日本ヲ保護国乃至ハ属領ト同一視シ居ルモノニシテ、帝国ガ之ヲ甘ンゼサル限リ受理スヘキニアラス。拒否ノ理由ハ明瞭ナリ。我輩ガ外相タル以上受理出来ヌ。「ステートメント」以外ハ考ヘルコトハ出来ルカ、「ステートメント」ノ受理ハ出来ヌ。米人ハ弱者ニハ横暴ノ性質アリ、此ノ「ステートメント」ハ帝国ヲ弱国属国扱ヒニシテ居ル。日本人ノ中ニハ我輩ニ反対シ、総理迄モ我輩ニ反対ナリナドト云フ者ガアル。此ノ様ナ事テ、米国ハ日本カ疲レ切ツテ居ルト考ヘテ居ルカラ、此ノ如キ「ステートメント」ヲヨコスノダ

我輩ハ「ステートメント」ヲ拒否スルコトト対米交渉ハ之レ以上継続出来ヌコトヲ玆ニ提

議スル
尚昨日情況説明ノ為若杉ヲ返セト云フテヤツタ所、野村ハ自ラ帰ル、今ハ居ツテモ何モ出来ヌカラ帰ルト云フテ来タカ、今野村ガ帰ツテ来テハ適当テナイノテ辛抱シテモラフコトニシタ

暫ク沈黙続ク、依ツテ参謀総長発言ス

参謀総長　外相ノ意見ニハ自分モ同感ナリ。然レトモ軍部トシテハ南方ニハ近ク仏印ノ進駐アリ、北ニハ関東軍ノ戦備増強ト云フ重大ナル事態ヲ直後ニ控ヘテ居ル。此ノ際米ニ断絶ノ様ナロ吻ヲ洩ラスノハ適当デハナイ、交渉ノ余地ヲ残スヲ妥当トス

外相　日本カ如何ナル態度ヲ取ツテモ米ノ態度ハ変ラヌト思フ。

米国民ノ性格ヨリ弱ク出ルトツケアガル。故ニ此ノ際強ク出ルノヲ可ト思フ

内相　此ノ際帝国ハ何ントシテモ米ヲ参戦セシメヌコトガ大事ナノデアル。本来ナレハ日米共同シ今日ノ戦争ヲ打切ルコトガ宜シイト思フ。

然ルニ此ノ儘ドンドン進ンデ行ケバ五十年百年モ戦争ハ続クカモ知レヌ。外相ノ常ニ云フ日本ノ大精神八紘一字カラ云フナレハ戦争ハセヌガ宜シイ。

日本ハ全体主義ニモアラス、自由主義ニモアラス、理想カラ云ヘバ今ノ戦争ヲ世界カラ除クコトガ皇道主義テアルト思フ。米ニハ分ラヌカモ知レヌガ、戦争ヲ止メルコトガ日本ノ真ニ取ルヘキ事テアツテ、米ヲシテ其ノ様ニ仕向ケルコトガ日本ノ取ルヘキ態度デハナイカ。此ノ精神ノ下ニ米ヲ説イテハ如何。外相ノ云フ如ク米ノ参戦カ必ス然リト云フナレバ、私ノ云フコトハ絶望ナルモ、外相ハ「ルーズベルト」ガ引パルカラ国民ガツイテ行クト云フガ、米人中ニハ戦争反対ノモノモ居ル。日本ノ皇道精神ノ様ニ持ツテ行キ度イ。外相ノ云フ様ニ「オーラルステートメント」ニ反撃ヲ加ヘルコトハ宜シイカ、交渉ニ就テハ望ミ薄カモ知レヌガ右ノ考ノ下ニ努力シテモラヒ度イ。尤モ大帝国ノ面目ヲ失セサル如

ク骨ヲ折ツテモライ度イ。外交ハ外相ノ責任ナルコト申ス迄モナキコト乍ラ之ヲ一筋ニスル必要アリ。之ヲ此ノ儘ニ投ゲウテハ腹背皆敵トナリ、物資ハ欠乏シ大戦争ノ遂行ハ出来ヌダラウ。「ソ」ヲ打タネバナラヌガ、現今ノ時勢テハ難シイ、他日ハヤラネバナラヌ。南方モヤラネバナラヌカ一時ニ之ヲヤルワケニハ行カヌ。日本ノ現在ノ状態テハ物ヲ取リ国力ヲツケル必要アリ。国際信義ハ固ヨリナルモ帝国ノ生存上ヨリスレハ已ムヲ得ナイコトモ考ヘラレル。陛下ノ赤子トシテ輔弼ノ為ニハ宸襟ヲ安ンジ奉ル必要アリ。今ノ人カ悪イノナレバ之ヲ代ヘテモ参戦ヲ止メサシテモ宜シイテハナイカ

外相

全部内相ニ同感テアル。若干附言セハ、諸般ノ情勢上米大統領ハ引ヅツテ参戦ニ持ツテ行コウトシテ居ル、但ソレニ米人カツイテ行カヌカモ知レヌト云フ一縷ノ望アリ。

而シ大統領ハ非常ニ無理ト思フコトモ何ントカ漕ギツケテ居ル。三選モトウトウヤツタ、「ルーズベルト」ハ非常ニ「デマゴーグ」ナリ。恐ラク米ノ参戦ヲ止メサセルコトハ到底出来ヌダラウ。帝国ハ三国同盟ヲ一貫シテ進ンデ来テ居ル。而シ最後迄努力ヲ続ケマセウ。日米ノ提携ハ我輩若イ時カラノ持論ナリ、絶望トハ思フガ最後迄努力致シマセウ。「オラルステートメント」ヲ拒否シタコトニハナラヌ。（ココニテ前ニ云フタコトヲ繰リ返シ）日本ノ中ニハ分ラズ者ガ居ツテ、国家ノ為ニ尽ス積リナノカ自分ヲ誹謗シテ居ル。自分ハ若イ時カラソウ云フヤツダト思ツテ居ツタ。ソイツラハ総理以下モ俺ノコトヲ悪イヤツト思ツテ居ルト想像シテ居ルニ違イナイ

陸相

望カナクテモ最後迄ヤリ度イ、難シイ事ハ知ツテ居ルカ大東亜共栄圏建設、支那事変処理之カ出来ナケレバ駄目テアツテ、三国同盟ノ関係カラモ米ノ参戦ノ表看板ヲ表ニ掲ケサセヌコトタケテモ出来ヌカ。勿論「ステートメント」ハ国体ノ尊厳ニ関スル事故外相ノ判断通リ拒否スルハ已ムヲ得ヌト思フ。而シ乍ラ

日本人トシテ正シイト思フ事ヲ真ニ伝ヘレバ精神的ニ気持カ移ルノテハナイカ

外相　日本ニ其ノ位ノ事ヲ平気デ云ウテ居ル位ダカラ拒絶シテモ大シタコトハナイ

海相　海軍情報ニ依レハ、「ハル」長官等ハ太平洋ノ戦争ニハ持ツテ行クマイト云フ考ガアルラシイ、日本ハ太平洋戦争ヲセヌ様ニ考ヘテ居ルカラ、ソコニ本施策ヲヤル余地ガアリハセヌカ

外相　何カ余地ガアリマスカ、ドウ云フ余地ガアリマスカ、何ヲ入レマスカ

海相　マー小サイ事ダ

外相　南ニ兵力ヲ使用セヌト云フナラバ聞クダラウカ、外ノ事テ何カアリマスカ

海相　太平洋ノ保全、支那ノ門戸開放等テ入レルコトガアリハセヌカ

外相　今度ノ案ハ第一案ヨリ改悪故之ヲ引キモドスコトハ困難テアル。日本組ミシ易シト思フカラ此ノ様ナ手紙ヲヨコシタノテアル。原案ヲ堅持シテ交渉ヲ続ケルナラバ、蹴ツテ蹴ツテ蹴リノメサレテカラ止メル様ニナルダラウ

尚「オラルステートメント」拒否ニ対シテハ作文ヲウマク書ケト云フタノニ対シ寺崎米局長ハウマクハ書ケマセント述ヘ、外相ハ俺ガチヤント考ヘテ居ル、斎藤ノ案ヲウマクナホシ書クト述ヘタリ

会談後

参謀総長　仏印ノ話ハ十四日ニ交渉開始スルニアラスヤ、故ニ余リ早ク米ニ対シ拒否スルコトハ米ヲシテ興奮セシメルコトニナル、「ヴシー」カ日本ノ交渉ニハ不同意デアラウ、此ノ様ナ事ニナレハ米カ仏印ヲ抱キ込ム余裕ヲ与ヘルコトニナル。早ク「ヴシー」ニ手ヲ打チ、最後通牒ノ交渉ニ移ツタ時後ニ、米ニ返事ヲ出ス様ニシテハドウカ

外相　アマリ不埒タカラ直ク拒絶シタイト思ヒ、又野村カラ何度モ催促シテ来テ居ルカマー　考ヘマセウ

軍令部総長　松岡君〔ママ〕、日本カ何ヲ云フテモ態度ヲ変ヘヌト云フノナレハ、外務大臣ノ云フ通リヤツテモ宜シイテハナイカ

岡軍務局長　何ボカデモ努力スルト云フナラバ宜シイガ、総長閣下ノ様ニブツツリト止メルト云ハレテハ、下ノ者ハ仕事ヲヤル熱ガナクナルデハアリマセンカ

軍令部総長　ソレモソウダ

（右ハ永野総長カ突然云ヒ出シタル事ニテ、本朝海軍側ヨリ提案アリタル帝国ノ取ルヘキ態度トハ全然相違スルモノニシテ、岡軍務局長ハ軍令部総長ノ発言ヲ婉曲ニ撤回セシメタルモノト認メラル本日ハ平沼内相ガ特ニ長キ発言ヲナセリ。而シテ総理ハ一言モ発言セサリキ）

対「ソ」戦争ニ伴フ満洲国取扱要領

昭和十六年七月十九日
省部決定

一　日、満両国ハ、日、満議定書第二条ノ趣旨ニ基キ共同シテ対「ソ」戦争ヲ遂行スルノ形式ヲ取ルモノトス

二　前項ニ拘ラス本庄、溥儀交換秘密覚書ノ趣旨ニ拠リ対「ソ」開戦並其戦争指導等ハ帝国独自ノ見地ニ於テ決定シ満洲国ヲシテ之ニ協力セシムル如ク内面指導スルモノトス

三　日、満守勢軍事協定ニ拠リ満洲国軍ハ日本軍指揮官ノ統一指揮下ニ入リ聯合作戦ノ形式ハ取ラサルモノトス

四　帝国軍ノ軍事行動ニ伴フ軍事関係法規ノ適用ニ関シテハ昭和十二年十一月三十日附「満洲ニ駐屯スル日本国軍ノ軍事関係法規適用ニ関スル交換公文」ニ拠リ措置セシム

五　満洲国ハ本庄、溥儀交換秘密覚書一ニ基キ所要経費ヲ負担スルモノトス而シテ満洲国ニ対シ過重ノ負担ヲ課シ為ニ日本帝国ニ於テ之カ補償ヲ要スルカ如キコトナキ様戒メサルヘカラス

六　戦争終結ニ伴フ極東「ソ」領ノ処理ニ関シテ満洲国ニ対シ適切ナル考慮ヲ払フモノトス

七月二十一日第四十回連絡会議

近衛第三次内閣成立ニ伴フ初顔合ノ件

一　場所　宮中大本営

自今場所ハ宮中大本営ト定メラル

二　出席者

近衛内閣総理大臣
豊田外務大臣
東条陸軍大臣
及川海軍大臣
平沼国務大臣
鈴木国務大臣兼企画院総裁

杉山参謀総長
永野軍令部総長
富田内閣書記官長
武藤陸軍軍務局長
岡　海軍軍務局長

自今出席者ハ概ネ右ノ通リニ定メラル

三　参謀総長別紙要望ヲ述ヘ（同時ニ別紙ヲ配布ス）タル後次ノ事ヲ附加ス

三国同盟ガユルミハセヌカ、英米依存ニ還元スルノデハナイカトノ事ヲ世間デハ考ヘテ居ルモノモアルラシキモ、此ノ如キコトハ断シテアルヘカラヌ、之レハ国内ノミナラス第一線ノ兵ノ御奉公ノ精神ニモ影響スル所大ナルヲ以テ、特ニ政府ニ於テハ留意アリ度

陸相　政府カ声明セル如ク、総辞職ノ時ニモ又組閣ノ際ニモ既定ノ国策ハ変ヘヌト云ウテ居ル、迅速果敢ニヤルコトヲ発表シテ居ル。之レハ統帥部ノ要望ニ沿ウテ居ルト思フ。

又陸海軍大臣モ閣議ニ於テ国策ニユルミノナイ様要望シテ居ル、之レモ統帥部ノ御要望ニカナフモノト思フ

外相　自分ハ各国ノ大公使ニ、国策上何カ変リハナイカト云フ考ヘヲオコサシテハ困ルト思ツタノデ、既定方針ニ変更ナシト電報シ、特ニ大島、建川、野村、堀切ニハヨク云ヒ送リ従来通リヤレト云フタ

又同時ニ在東京独伊大使ヲ呼ヒ、外相更迭セルモ帝国ノ態度ハ何等変更ナシト既ニ述ヘアリ

尚自分ハ三国条約締結当時海軍次官ナリシヲ以テ、之レニ関シテハ重大ナル責任アリ、同条約成立ノ時ノ一端ヲ担イテ居ルノテアツテ変更スル様ナ事ハセヌ

（総長所見）　外相ノ述ヘタル態度ヨリ右ハ真実ナルカ如ク思ハル、

次テ参謀総長、仏印進駐ニ関シ現在迄ノ経緯、今後ノ予定及関東軍ニ対スル兵力増強竝国内防衛、防空等ニ就キ説明セリ

又海相、南方ニ派遣スヘキ艦隊ノ兵力ニ就テ述ヘタリ

軍令部総長　米ニ対シテハ今ハ戦勝ノ算アルモ、時

ヲ追ウテ此ノ公算ハ少ナクナル、明年後半期ハ最早歯カ立チカネル、其後ハ益々悪クナル米ハ恐ラク軍備ノ整フ迄ハ問題ヲ引ヅリ、之ヲ整頓スルナラン。従ツテ時ヲ経レハ帝国ハ不利トナル。戦ハスシテ済メハ之ニコシタ事ハナシ。然シ到底衝突ハ避クヘカラストセハ時ヲ経ルト共ニ不利トナルト云フ事ヲ承知セラレ度。尚比島ヲ占領スレハ海軍ハ戦争カヤリヤスクナル

　南洋ノ防備ハ大丈夫相当ヤレルト思フ

次テ外相、「ヴシー」トノ十四日以来今日迄ノ交渉ノ状況ニ就キ説明セリ。其ノ際「オツトー」ノ態度ニ関シ左ノ如キコトヲ述ヘタリ

　仏印進駐ニ関シ宜シク頼ムト云ウタ所「オツトー」ハ、仏側ヨリ応諾シテ来レハ何モセヌテヨカロウ。応諾セヌ場合ニハ何ントカヤリマセウ、ト云フカ如キ消極的回答ヲシタノテ更ニ会談ヲ求メ、二度目ニハ「オツトー」ハ「シリヤ」ノ例ヲヒキ、独ハ「ソ」ト交戦中故強カナル圧力ヲ仏ニ加ヘル事ハマー出来ヌト云フ態度テアツタ以上二回ノ回答ノ結果ハ世話ハスルモ積極的ナラスト云フ印象ヲ受ケタ

海軍側ヨリ日仏交渉カ大体成立スヘキ旨ノ在仏武官電ヲ紹介シ会議ヲ終了ス

総長所見

軍人カ多イ関係カ情報交換ニハ明ルイ感シヲ得タリ、今迄ト異ナリ連絡会議ノ価値ハ増大セルモノト思フ

四　本席上連絡会議竝大本営政府間情報交換ノ実施ニ関シ左ノ如ク申合セリ

(一)　日時

月旺日　十時
水〃　十一時　ヨリ情報交換
土〃　十時

木〃　十時　ヨリ連絡会議

(二)　場所

宮中大本営

(三)　出席者

連絡会議出席者ハ本日ニ同シ

情報交換ノ時ニハ右出席者ノ外参謀本部第二部長軍令部第三部長、外務省局長ヲ加フ

別紙

新内閣トノ初連絡会議ニ於テ統帥部ヨリノ要望事項

昭和十六年七月二十一日
大本営陸軍部
大本営海軍部

内外ノ情勢緊迫シ帝国ノ諸施策進行途上ニ於テ内閣ノ更迭ヲ見タルハ其ノ影響極メテ重大ナリト認メアリ然レトモ新内閣カ速カニ成立シタルコトハ寔ニ欣快トスルトコロニシテ大本営陸、海軍部ハ新内閣ニ対シ強力且誠意アル推進援助ヲ惜シマサルモノナリ

既ニ政府ノ声明其他ニ依リ政府ノ庶幾スル所ヲ明カニセラレアリト雖モ此ノ機会ニ於テ統帥部トシテ若干ノ要望ヲ述ヘントス

一　現下帝国ノ採ルヘキ国策ノ根幹ニ関シテハ七月二日御前会議決定ノ「情勢ノ推移ニ伴フ帝国国策要綱」ニ明カナル所ニシテ右ニ基ク内外ニ対スル諸施策ハ速カニ之ヲ完遂スルヲ要ス特ニ目下進行中ノ対仏印軍事的措置ニ関シテハ統帥部トシテ既定通リ適確ニ（内容及期日共ニ）之ヲ実行スルヲ要スルニ付政府ノ諸施策モ緊密ニ之ニ同調セシメラレ度

二　現下ノ緊急事態ニ対応スヘク既ニ発足進行中ノ対南方及北方戦備ニ関シテハ之カ渋滞遅延ヲ許サス

右ニ関シ政府ハ固ヨリ既定方針ヲ恪守セラルルコトト確信スルモ此ノ際重ネテ之カ強力且確実ナル実行ヲ要望致シ度

三　日、米国交調整ニ関シテハ飽ク迄既定ノ方針ヲ堅持シ特ニ三国枢軸精神ニ背馳セサル如ク其施策ニ遺憾ナキヲ期セラレ度

口頭ニテ発言

「今次政変ノ与ヘタル一般的印象特ニ三国同盟ノ実質的破棄英、米依存ヘノ還元ナルカ如キ感ヲ抱クモノ少ナカラサルニ鑑ミ万遺憾ナキヲ期セラレ度」

「註」日、米国交調整ノ為既定方針トハ昭和十六年五月三日及七月十四日野村大使ニ与ヘタル訓令ノ精神トス

七月二十二日

防衛諸部隊ヲ防衛総司令官ノ指揮下ニ入ルコトニ関シ以テ仏印交渉ノ状況ヲ　奏上ス

御上　支那事変解決ニ何カ好イ考ハ何カ無イカ

（此ノ前上奏ノ際モ本件御下問アリ）

（本件ハ他ニ洩ラスハ適当ナラス）

総長　此ノ前ニモ申上ケシ通リ重慶側ハ戦力戦意共ニ衰ヘ軍ハ低下シ財政経済的ニモ困憊シテ居リ恰モ瀕死ノ状態ト考ヘラレ命タケヲ保ツテ長期抗戦ヲシテ居ルノテアリマス

此ノ長期抗戦ガ出来ルノハ英米等敵性国家ノ注射又ハ栄養ヲ与ヘル為テアリマス即チ英米

ガ重慶ノ起死回生ヲヤツテ居ルノテアリマシテ英米ヲ抑ヘナケレハ支那事変ノ解決ハ困難ト考ヘマス

御上　第二次欧洲戦ノ発生前ハ支那事変ノミヲ考ヘテヨカツタガ之レガ始マリ又独「ソ」戦ガ始マリシヨリ以来ハ世界戦争ノ動キニ依リ反枢軸諸国ヲ傷メルコトカ重慶ヲ長続キサセヌモノト思ヒマス従ツテ活力ヲ与ヘルモノヲオシツケル必要ガアルモノト思ヒマス

御上　武力ヲ以テセズ何カ他ニ好キ方法ハナイカ

総長　武力以外ハ困難テアリマス

御上　而シ国力特ニ物ニ於テ充分ナラス之レテ武力ヲ行使シテ目的ヲ達成シ得ルカ

総長　国力ノ相当不充分ナ事ハオホセノ通リテアリマス而シ今日此ノ儘推移セバ帝国トシテ支那事変ヲ解決シ得サルノミナラス年ノ経過ト共ニ困難ナ立場トナルト思ヒマスヤハリ機ヲ捉ヘテ撃タナケレハナラヌト思ヒマス

御上　ソウ云フ事ヲ云ウテモ物カナイデハナイカ

総長　海軍ハ知ラヌカ陸軍ハ一年位大丈夫ト思ヒマス

御上　ソンナ事ヲ云フカ一年テ勝ツト思フカ

総長　マア一年デ必ストハ申シ上ゲラレマセンガ何トカ機会ヲ捉ヘテ伸ビテ行ク方策ヲ取ラネハナラヌト思ヒマス例ヘハ独「ソ」戦ノ推移ニ依リ好機ヲ捉ヘ北辺ノ安定ヲ図ルノモ之レテアリマス一年ト申上ケマシタノモ之レナレハ大丈夫勝テルトノ確信ヲ以テ準備等ヲヤラナケレハナラヌノテ之カ為北カ南カヲ検討スル必要ガアリマス海軍ニシテモ陸軍ニシテモ時カ経テハ六カ敷クナルコトヲ知ラナケレハナラヌト思ヒマス

御上　ソウカネ武力ヲ使ハズニ出来ヌカネ仏印ハアノ様ニ行ケハ結構ダカ英国カ泰ニ兵ヲ入レテ居ルト云ウガドウカ

総長　新聞等ニ散見致シマスガ恐ラクハ入レルコトハナイト思ヒマス英国兵ハ「ビルマ」ニ三万来ニ四、五万居リマスガ本国人ハ四分ノ一デ馬其他ノ土人ノ大部分ハ英国ノ圧政下ニ不満ヲ持ツテ居ル者デアリマス其実力カラ見テ英国トシテ積極的ニ堂々トヤルコトハナイト思ヒマス特ニ日本ノ此ノ方面ニ対スル決心ヲ知リナカラヤルコトハナイト思ヒマス然シ乍ラ財政経済的ニ英国ヲ圧迫スルコトハ判断セラル所テアリマシテ現地武官モ此ノ様ニ申シ来ツテ居リマス之レニ就テ泰ガ英国ニツクカ少クモ之レニ依存スルカハ判明致シマセヌカ若シ英国兵カ泰ニ入ルコトガアレハ用兵上更ニ如何ニスヘキカヲ判断シ奏上シテ御決メヲ戴キマス

御上　仏印ニ武力行使ヲシテ行クコトハナイダラウネ

総長　軍司令官ニモ澄田機関長ニモ平和進駐ヲ立前トスルコトハ充分通シテアリマス「ヴシー」政府ハ内地ノ大決意ト動員トヲ知ツテ反対シタラヒドイ目ニ遇フト云フコトヲ考ヘテ楽々ト承知シタモノト思ヒマス此ノ日本ノ圧力ハ仏印ニ相当作用ヲシテ居ル様デ現地仏印軍ハ日本ノ南進ニカナリ興奮シテ居ル様デアリマス出先ノ者ハ此ノ点注意ヲスル必要アルト思ヒマス

御上　マー武力ハ使ハヌガ宜シイ

（総長所見）　本日ノ御下問ニ依レハ徹頭徹尾武力ヲ使用セヌ事ニ満チ〳〵テ居ラレルモノト拝察セラル　依ツテ今後機会ヲ捉ヘテ此ノ御心持ヲ解ク様ニ申シ上ゲ度キ考ナリ　南カ北カソレハ如何ニヤルカ逐次決意ヲ要スル点等ヲ段々ト御導キ申上ケル必要アリト考フ　本件ハ一切他言セサル様

七月二十四日第四十一回連絡会議

仏印進駐、対米国交調整、泰国大使館ノ件

一　冒頭参謀総長ヨリ、軍隊ハ二十五日出発、二十八日「ナトラン」二十九日「サンジヤック」ニ到着スヘキコトヲ述ヘタリ

外相　「ヴィシー」政府カラ、進駐軍隊カ軍紀ヲ守ル様、又安南人ニ対シ非合法的ノ事ナキ様注意セラレ度旨申来レルヲ以テ承知アリ度

共同防衛ノ意味ニテ進駐スルノテアルカラ、右ノ如キ事ナキ様、彼等ヲヒキツケル様軍隊

ヲ指導セラレ度希望ス

参謀総長　本件ハ軍司令官ニ能ク通シアリテ万心配ナシ。尚今後モ充分ニ留意スヘシ

二　仏印進駐ニ関スル政府ノ声明案文ヲ可決ス。発表ハ二十六日正午トシ独伊大使ニ対シテハ本二十四日支那、満洲、英米大使ニ対シテハ二十五日通告スルコトニ決定ス

外相　仏印進駐問題ハ米国ニ影響ヲ及ホシ、重要物資ノ輸出禁止、資金凍結、金ノ買入禁止、日本船舶抑留等ヲ実施スルコトアルヘシ

重要物資中ノ問題トナルヘキモノハ棉花、木材、小麦、石油ニシテ、棉花木材ニ対シテハ今迄既ニ手ヲウチタリ、小麦ハ支那向ケノモノナルヲ以テ何ントカ手ヲ打チ得ヘク、石油ハ懸念セラルル所ナルモ米カ全面的ニ石油禁輸ヲヤルカドウカハ問題ダ。

次ニ資金凍結ニ就テハ、在米日本現金ハ二億円、証券三億五千万円ニシテ、之ニ対シ在日米貨ハ三億円ナリ。即チ差引二億五千万円カ日本側ノ損失トナル。之レハ石油ヲ輸入スル場合ニ資金不足トナリ、帝国トシテ相当困ル

金ノ買入停止ハ現在米向金ヲ出シテ居ラヌカラ心配ナシ日本船舶抑留ニ就テハ、目下米近海ニ十隻アルモ海軍省ヨリ未タ港ニ入ラヌモノハ二、三日入ラヌ様指令シアルヲ以テ、全部カ抑留セラルルコトハナカラウ

資金凍結ニ関シテハ小倉蔵相モ困ルト云フ意見テ、蔵相ハ蔵相ト個人関係アル「モーゲンソウ」米蔵相ニ手紙ヲ出スト云ヒシモ、暫ク待ツテモラッテ居ル

三　対米国交調整ニ就テ

外相　野村大使ハ過般「ハル」長官ノ「オラルステートメント」ヲ先方ニ返シタガ、帝国ノ修正案ハ未タ「ハル」ニ通シアラスシテ之レニ就キ野村ヨリ意見具申アリ。外務省トシテハN工作ヲ打切ルノハ具合悪イト思フ。此度ノ仏印進駐ハ軍事占領ニアラスシテ、帝国ノ必要ニ基ツキ仏側ト話合ノ上ノ事ナルヲ米国ニ諒解セシメ、資金凍結又ハ帝国船舶ノ「パナマ」運河通過ヲ渋ルコトヲ止メテモライ、又N工

作ヲ続ケ度イト思フ

尚N工作ニ就米国ノ主張ハ次ノ二点ニアリ

㈠支那ノ和平交渉ノ細目ヲ米カヤリ度キコト

㈡太平洋ノ和平問題ニテ日本カラシバラレヌ様スルコト

N工作ニ関シテハ更ニ御相談申上クヘシ

四　尚豊田外相ヨリ、昨日ノ枢密院会議ニテ決定セル泰国公使館ノ大使館昇格ニ関シ、直ニ大使ヲ派遣スヘキヤ否ヤニ就テ提案アリ。之ニ対シテハ現在仏印進駐ノ度種々噂ノ出ル時故直ニ大使ヲ派遣スヘシト云フ意見ト、仏印進駐ニ伴フ米ノ出方モ一応見ル必要アルヲ以テ暫ク後日ニ延ハス方宜シト云フ意見アリシモ、結局未決定ノ儘解散セリ

其後重光大使ノ帰朝談アリテ解散セリ

南部仏印進駐ニ伴フ外交ト軍事トノ関聯ニ関シ参謀総長ノ説明要旨

南部仏印進駐ニ伴フ外交ト軍事トノ関聯ニ関シテハ既ニ詳知セラレアルヘキモ機微ナル事情アルヲ以テ念ノ為特ニ統帥部トシテ留意シアル事項ヲ述ヘ今後ノ外交進捗ノ資ニ供シ度

一　進駐軍隊ノ三亜出発期日ニ就テ

進駐軍隊ノ三亜出発期日ハ変更ヲ許ササルモノニテ仏印ノ諾否ニ拘ラサルハ勿論回答期限タル東京時間二十三日中ニ統帥部ニテ諾否ノ回答ヲ受理スルヤ否ヤニ拘ラス天候ノ障碍ナキ限リ二十四日トシ二十三日深更ニ回答来ル場合ハ統帥部事務ノ手続上二十五日トス軍隊ハ既ニ十四日ヨリ乗船地タル広東ヲ出発シ逐次三亜ニ集合中ニシテ明二十二日其全部ノ集合ヲ完了スル筈ナリ

二　平和進駐ノ場合ノ現地交渉及上陸期日ニ就テ

二十三日中ニ東京ニ於テ仏側ノ応諾ヲ承知セル場合ハ軍ハ平和進駐ヲ実施スルモノニシテ進駐ニ伴フ現地細目交渉ハ東京交渉ノ妥結直後現地大本営機関ヲシテ仏印当局トノ間ニ実施セシムルモノトス此際軍隊上陸迄ニ現地交渉成立セサルモ軍隊ハ上陸ヲ延期スルコトナク細目交渉ハ上陸後ノ交渉ニ俟ツモノトス

三　三亜出発後概ネ四十八時間迄ニ統帥部ニ於テ仏側ノ応諾ヲ承知セル場合ノ進駐ニ就テ

此ノ場合ハ現地大本営機関ヲシテ直チニ仏印当局ニ要求シ上陸ニ方リ仏印側ト衝突セサル様措置ヲ取ラシメ其結果ヲ大本営機関ヨリ成ル可ク早ク現地軍ニ通報セシメ現地軍ハ其ノ上陸開始一日前迄ニ右通報ヲ受クレハ軍ハ武力ヲ行使スルコトナク上陸ス

若シ一日前迄ニ之ヲ受ケサル時ハ戦斗ヲ予期シテ上陸スルモノトス

四　三亜出港後四十八時間ヲ経過スルモ仏側応諾セサル場合ノ進駐ニ就テ

軍ハ武力ヲ行使シテ進駐スルモノトス

但シ仏印側カ敵対行動ヲ取ルカ又ハ船団ノ行動ニ不安ヲ感スル事態ノ起ラサル限リ上陸二十四時間前迄ハ航空攻撃ヲ行ハス

五　平和進駐カ武力行使カノ決定ノ条件ニ就テ

今回ノ対仏印要求ハ昨年九月北部仏印進駐ノ際ニ於ケル経験ニ鑑ミ電撃的ニ行フ要アルヲ以テ仏印ニ対スル我軍事要求要目ノ外進駐実行ニ関スル我方要求ヲモ含メラレアリ而シテ現地陸海軍及大本営直轄機関ニハ右ノ趣旨ニ基キ進駐直前及直後ノ機微ナル時機ニ於ケル行動、協力等ノ関係ヲ律セラレ既ニ軍ノ端末迄透徹シアルヲ以テ仏側カ我附帯事項ヲ含ム全要求ニ応スルヤ否ヤニヨリテ平和進駐カ武力進駐カノ決心ヲ定ムルノ必要絶対ナリ若シ然ラスシテ主要事項ノミ承諾ヲ以テ仏側ノ応諾トシテ平和進駐ヲナスカ如キコトアラハ現地ニ於ケル陸海軍部隊及大本営機関並仏印側ノ四者間ノ紛糾測リ知ルヘカラスシテ大ナル統帥上ノ不都合ヲ生起スヘシ

七月二十六日情報交換要旨

田中兵務局長ノ閣工作ノ説明ヲ聴取シタル後

一　「ソ」ニ対シ外交交渉ヲ開始スル時ナラスヤトノ提案アリ。之ニ対シ過早ナリト述フルモノ、或ハ硬クナクユトリノアルモノナルヲ要ストナス論アリ。何レニシテモ研究スル要アルヲ認メ、次期連絡会議ニ提案スル如ク準備ヲスルコトトセリ

二　鈴木無任相ヨリ英支軍事同盟成立セリトノ情報ニ対シ、「英ハヤツトルノカ」ト英ニ聞イテハ如何ト提議シ、「ソレモ面白イ」、「英支同盟ノミナラス英米ノ現ニヤリツツアルコトヲ直接聞クノモ一法ナラン」等ノ説アリ

三　米ノ資金凍結ニ関シテハ、豊田外相ヨリ之カ対抗策トシテ、全般ニ外国資金ヲ凍結（米ト指定セス）シ其ノウチニ米ニ対シ適用スル如ク考慮中ナリト説明アリ

四　豊田外相ヨリ駐日英米大使ト会談セル状況ニ就キ左ノ如ク説明アリ

米大使　日本ハ今回仏印ニ対シ平和進駐ヤル計画ナランモ次ニ更ニ南方ニ進出スルナラン。此ノ如クシテハ英米ハ脅威ヲ感スルコト大ナリ。特ニ「シンガポール」ハ英米ノ生命線ニシテ関心極メテ深キモノアリ

外相　今回ノ進駐ハ自存自衛ノ為ニシテ、情勢ニ特

別ノ変化ナキ限リ之レ以上南方ニ進出セス。

故ニ米国ノ対日措置ヲ考慮セラレ度

米大使　外相ヨリ承リシ所ヲ本国ニ報告スヘシ

英大使　「ビルマ」、馬来、支那等ニ於テ日本ヲ包囲的ニ圧迫シツツアリト云フモ、此ノ如キコトハ絶対ニナシ

オ前カヤルナラ俺ノ所モ考ヘルト極メテ興奮シテ語ル

両大使約一時間ニシテ辞去シ更ニ本日先ツ米大使次テ英大使ト会談スル予定ナリ

五　豊田外相ハ米国ニ対シテハ打ツヘキ手ハ充分打チ度後ヨリ悔ナキ様致シ度ト述フ

七月二十九日第四十二回連絡会議

一般情報ノ交換

一　出席者　本日ハ特ニ内務大臣ヲ加フ

二　先ツ参謀総長ヨリ南仏印ニ於ケル進駐軍ノ上陸状況ヲ、陸相ヨリ進駐ニ伴フ列国ノ動向等ニ就キ説明シ、次テ外相ヨリ次ノ如キ発言アリ

駐泰英公使カ「泰カ今後第三国ニ軍事基地ヲ提供シタリ特別ノ便宜ヲ供与シタリセハ英国ハ不可侵条約ヲ破棄スル」旨泰政府ニ申入レタ様タカ、コウ云フ事ヲ云フテモ国境ヲ越エテ出テ来ルコトハナイト思フ

又泰ハ閣議ヲ開イタ結果、近ク満洲国ヲ承認スルトノ事テ其ノ旨ヲ「ワニット」ヲ経テ申入レテヨコシタ

「スペイン」ノ須磨公使カ伊太利公使ヲ訪問シタ所、米カ「ダカール」ノ占領ヲ企図シテ居ルト云フコトヲ告ケタトノ事テアル

参謀総長ヨリ安南人ニ対スル帝国ノ態度ニ就テハ、政府トシテハ腹ヲ一致セシメテ一途ノ方針テヤル様ニ致シ度ト述べ

右ニ関聯シ陸相ヨリ華僑工作ニ関シ如何スヘキヤノ提議アリ、武藤局長ヨリ既ニヤツテ居ルト述ヘタルモ、更ニ研究スルコトトセリ

三　鈴木企画院総裁ヨリ別紙「戦時下ニ於ケル施政上ノ態度」ヲ示シ本件閣議ニ於テ決定セリ、統帥部ハ如何テアラウカト述フ

其ノ際内相ヨリ第三項ニ国民ノ嚮フ所ヲ明示シト云フテ居ルカ本件ハ仲々大事テアル、又国民生活ノ不安ヲ除去スルニ勉ムトアルカ、之レト第四項ハ大事ナ事故

深ク検討ヲ要スト述フ。尚閣議席上商工大臣及柳川無任相ヨリハ次ノ発言アリタルカ如シ

商工大臣ヨリ

国民生活ノ不安ヲ除去スルト云フガ国民ガ安心シテハ困ル、現下ノ情勢デハ国民ハ褌一ツデ立ツテモ不平ヲ云ハスニ、如何ナル艱難辛苦ニモ之ニ堪ヘネハナラヌ

柳川無任相ヨリ

翼賛会ノ活動ニ就テハ遺憾ナク統制セラレ、真剣ニナリツツアルカラ御協力ヲ望ム

四　次テ内務大臣ヨリ国内一般ノ情勢ニ就テ左ノ説明アリ

一般ノ国民ハ七月二日ノ御前会議テ国策カ決ッテカラ、其ノ前ニハ北進南進ノ議論カアツタカ最近ハ少クナリ、政府ニ信頼スル気分カ出来ツツアル

共産党ニ就テハ、表ニハ出テ居ラヌカ尚裏面的ニ相当ノ活動ヲシテ居ルカラ注意ヲ要スル。殊ニ最近「コミンテルン」ト国家トノ間ニハ関係ナシト、云フ様ナ格構（マヽ）ヲシテ行クカ宜シイトノ指令カアツタラシイ。表面ハ働キカケヌト云フ形ヲ取リ乍ラ運動ヲシテ居ルカラ注意ヲ要スル

朝鮮人ノ中ニモ注意セネハナラヌモノガアル

帰還兵ノ中ニモ注意ヲ要スルモノガアル、特ニ中小商工業者テ帰ッテ来タガ、就職ガ出来ズ、元ノ仕事モ留守中不振トナリ今更手ヲ入レルコトモ出来ヌト云フ状態トナッテ相当不平ガアル様デアル。一方金持ハ事変ノ為ニ益々金カ豊ニナリ、中小商工業者ハ戦地ニ行ッタカ故ニ困ルト云フ具合テ、之レハ云フテモ駄目タカラ生活ノ安定ヲ与ヘテヤル必要カアル

一般農民モ大体穏カダガ、農民運動ハ増シテ来タ様ニ思ハレハル　大体心配ナイカ仔細ニ観察スルト右ノ様ナ点アリ、御参考ニセラレ度

五　対「ソ」外交ノ件ニ関シ一寸陸相ヨリ話カ出タルモ外相ハ「ソレハ未タ後ダ」海軍ハ「未ダ研究セネバナラヌ」トテ問題トナラス、又交戦権行使ノ件ハ全然議題ニアガラズ解散ス

戦時下ニ於ケル施政上ノ態度

昭和十六年七月二十九日
閣議決定
大本営政府連絡会議了解

一　内閣ノ同志的結束ヲ鞏固ニシ各行政長官ハ常ニ部下職員ノ戦時執務ヲ指導訓練シ之ヲ確実ニ掌握シ且某程度ノ事務的検

討ヲ終ラハ速ニ政治的処断ヲ行ヒ以テ政策ノ遂行ヲ活潑敏速ナラシメ又民間要路ニ対シ計画的指導ヲ行ヒ之等ヲシテ遺憾ナク政府ニ協力セシムルコト

二 翼賛会ノ活動ヲ活潑ナラシメ総力戦下ニ於ケル国民奉公力ノ昂揚ヲ図ルト共ニ之ヲ基礎トスル新ナル政治勢力ノ培養強化ニ努ムルコト

三 政府ハ国民ノ嚮フ所ヲ明示シテ国民精神ヲ作興スルト共ニ国民生活上ノ不安ヲ除去スルニ勉ムルコト

四 戦時体制下ニ於ケル国民ノ不可避的不平不満ヲ悪用シ政治的策謀乃至社会的攪乱運動ヲ為スモノニ対シテハ徹底的断圧ヲ加フルコト特ニ思想運動ノ動向ニ就テハ厳密ナル査察ヲ遂ケ適時検束ヲ行フコト

内　相　(1)（第三項ノ明示）ト第四項ノ関係ヲ深ク検討スルコト

商　工　(2)国民生活ノ不安ヲ除去スル場合ニ於テ安心ヲ与フル観念ヲ有スルニ至ラサルヤ裸一貫ノ上ニ起チテ不安ナキ様ニスルコト必要ナリ

柳　川　(3)翼賛会活動ニツキ此気持ヲ遺憾ナク統制セラレ真剣ニナリツツアリ御協力ヲ望ム

七月卅日　御下問奉答

一、総長米国ノ資金凍結其他ニ関シ奉上ヲ終リ其後左ノ御下問アリ

極東「ソ」軍ハ兵力ヲ西送セサルガ之ハ日本軍カ動員シタカラデハ無イカ　動員ヲ中止シテハドウカ

総長ハ動員続行ノ必要性ニ関シ詳細奉答申上ケタリ

二、昨二十九日永野総長カ南方作戦及対英米作戦ノ経過並対英米戦決意ノ必要ト現下ノ情勢トニ関シ上奏セル際ノ印象ハ　天機極メテ御不満ニテ対英米戦ノ不可ナルヲオ考ヘノ様子ニ拝察セラレタリ

右ノ様子ニヨリ及川海軍大臣ハ南方武力解決乃至ハ対英米戦決意ハ永野総長個人ノ考ヘヲ奏上セルモノニシテ海軍全般トシテハ来タ斯ク考ヘアラス御心配ナキ様申シ上ケタル趣ナリ

三、右ノ如キヲ以テ対英米武力戦ノ決意ハ国家トシテハ未タ此域ニ達スルコト遠キヲ思サルヘカラス　又対北方武力戦準備モ動トモスレハ中止等動揺スルコトナキヤヲ懸念セシムルモノアリ

八月一日第四十三回連絡会議

対「ソ」外交交渉要領等ニ関スル件

一　要　旨

参謀総長ヨリ仏印進駐ノ模様ト北方兵力派遣ニ関シ説明シ、其後鈴木企画院総裁ヨリ「戦争遂行ニ関スル物資動員上ヨリノ要望」ニ就テ説明アリ
次テ豊田外相ヨリ対「ソ」外交交渉要領ヲ提案シ、一応ノ説明ヲナシ若干ノ意見交換アリタルモ、次回ニ決定スルコトトシ解散セリ
二　右豊田外相説明ノ一部左ノ如シ
(1)一ノ5北樺太利権事業ノ完全稼業確保ニ関シ、之ヲヤレハ石油年間八〇万屯ヲ採取シ得
(2)一ノ6満「ソ」抑留人員及物件ノ交換ニ関シテハ、先般一部ノ人員（漁夫）ヲ交換セルモ更ニ今後続行スル予定
三　「註」ノ(ロ)「対「ソ」要求ト交換的ニ帝国ハ日「ソ」中立条約ヲ守ルヘキ旨明ニス」ニ就テハ、外相之ヲ強ク主張セルモ全員反対ナリ
即チ帝国ハ三国同盟ノ上ニ立チテ行クヘキニシテ、其ノ舵ノ取様ハ九十度、百八十度等種々考ヘラルルモ、飽迄之レテ行カナケレハナラヌ。三国同盟ハ欧洲ノ新秩序、日本ノ東亜新秩序ヲヤルモノテアツテ之レハ止メラレヌ。之レニ対シ外部ヨリ障碍アルモ実施セネハナラヌ。中立条約ノ義務ヲ守ルヘキ旨ヲ明ニシタリ又ハ確約スル等ハ共ニ不可ナリト殆ント全員之レヲ主張ス又既ニ本件ニ就テハ、松岡前外相カ中立条約ハアルモ三国条約ニ影響スル所ナシト云ヒタルコトモアリ、今更此ノ様ナ事ヲ「ソ」ニ云フノハ不適当ナリトテ、意見ノ大勢ハ之ヲ許容セサル状況ナリ
四　別紙対「ソ」外交交渉要領説明中対「ソ」戦ハ長期化スト云フコトニ対シテハ、参謀総長陸相共ニ「必スシモ然ラス、目下西方ニ於テ戦闘急進セサルコトハ却ツテ「ソ」カ独ノ思フ「ツボ」ニ入ツテ居ルモノニシテ独ノ速戦速決ニ導カレル公算アリ。「ソ」側トシテハ説明案ノ如キ長期持久化ハ段々行ヒ得サル状態トナリツツアリ。対「ソ」戦カ長期化スト速断シ得ス」ト述フ
海軍大臣モ本件ニ関シ同意見ヲ述ヘタリ

八月一日　金

第二次派遣ニ関スル上奏ノ際御下問
上　之カ派遣到着シテモヤラヌダラウネ
総長　心配シテ居リマスノハ満洲ノ戦備ノ整ハヌ時ニ先方カラ英米ト結ヒ積極的ニ転スル場合テ

アリマス　敵ノ空中兵力ノ攻撃ヲ受ケタ時ニ空中戦ノ本質上「ソ」満国境附近ノ戦闘デモ少シ「ソ」領ニ入レハ敵機ニ大損害ヲ与ヘ得ル様ナ場合又ハ敵機カ飛行場ニ帰還シタ時ニ之ヲ撃ツ等我航空機カ「ソ」領進入ヲ考ヘナケレハナリマセヌ

之ハ国策ニモ関係アルヲ以テ予メ定メオクヲ要スト考ヘテ研究シテ居リマス

上　仏印ニ進駐シテカラ仏側ハドウカ

総長　仏モ骨ヲ折ツテ居ルシ　又総督モ最近兵ヲ集メテ日本ト共同シテユクコトガ主権尊重ニヨロシイト述ヘテ居ル様ナ次第テ大体其態度ハ良イト思ヒマス然シ南部ニハ「ドゴール」派カ居ルノデ多少ハ騒クコトカアルカト思ヒマスカ大丈夫デアリマス

上　国境ニ支那兵カ来テ居ルト言フガドウカ

総長　物ノ交換ニ入国シアリ　掠奪等アルモ最近増加セシ次第ニアラズ或ハ昆明ヘノ進攻ヲ恐レ消極的防禦ヲヤルタメカモ知レマセヌ

七月卅日永野軍令部総長カ上奏セシ際

上　伏見総長ハ英米ト戦争スルコトヲ避クル様ニ言ヒシモ　オ前ハ変ツタカ

永　主義ハ変リマセヌガ　物カ無クナリ逐次貧シクナルノデドウセイカヌナラ早イ方ガヨイト思ヒマス

八月四日第四十四回連絡会議

対「ソ」外交交渉要領等ノ件

一　先ツ参謀総長ヨリ関東軍ヘ与ヘタル参謀総長発ノ軍機電報即チ「ソ」軍飛行機カ満洲領内ニ進攻シタル場合ノ態度ニ就キ披露シ、且仏印進駐ノ状況ヲ説明ス

二　次テ陸相ヨリ対「ソ」外交ヲヤツテハドウカト提議シタノテ、外相ヨリ対「ソ」外交交渉要領ノ審議ニ入リ度ト述ヘ、山本次官心得ヨリ外務省ノ考ヘニツキ説明シ、本案ノ中心ハ中立条約ノ解釈ヲ如何ニスヘキヤニ在リ、条約上ノ論議ハアルガ実際問題トシテハ中立ヲ守ルト云フコトヲ約束スルカ又ハ守ルモノナリトナスカ、其何レカヲ取リ度考ナリト述フ

次テ

山本次官心得　日本ハ東亜カ脅威セラルルコトハ容認シ得ス、日「ソ」両国元来ノ精神ハ玆ニアルノテハナイカ、ト云フテ交渉ヲ進メテハドウカト思フ

海相　帝国ニハ現在同盟条約ト中立条約ト二ツアルコトハ事実タ。本問題ハ面倒テハアルカ、此際両国ノ間ニワダカマル問題ヲ解決シヨウデハナイカト云フテ、中立条約ノ解釈ニハ触レズニヤツタラドウカ

陸相及其他ノ諸員　三国条約ト中立条約トカ現存シテ居ル。然シ乍ラ国際上カラハ三国同盟カ第一義テ中立条約ハ第二義テアル。実際問題トシテ国策上如何ニ取扱フカヲ考ヘレハヨイノデハナイカ

等ノ論議アリテ次ノ如キ趣旨ニ拠ルコトニ決定ス

「ソ」カ中立条約ヲ厳守シ、又極東ニ於テ帝国ニ脅威ヲ加ヘサルニ於テハ中立条約ヲ守ルト云フテモ差支ナシ。而シ「ソ」側カ中立ヲ守ラス友好的態度ヲ示サナイ場合、又ハ沿海州「カムチヤツカ」等ヲ第三国ニ与ヘレハ、此ノ中立条約ハ破棄セラルヘキテアル

尚案ニ就キ若干ノ修文アリ

説明案ハ第一項ノ独「ソ」戦及「ソ」聯邦国情ニ関スル見透ハ削除シ（本情勢判断ハ統帥部ノ情勢判断ト相違ス）第二項交渉方針ヲ交渉要領ノ本文中ニ入レルコトトス

以上ヲ以テ正式決定トナシ直ニ交渉ニ着手スルモノトス

三　次テ外務大臣ヨリ左記要領ノ梅津大使電ヲ読ミ、軍ノ意見承リ度ト述フ

1　新京ノ関東軍テハ占領地処理ノ案カ出来テ居リ近ク上奏スルコトニナツテ居ル

2　牡丹江附近ノ部隊ハ八月中旬攻撃ヲ開始スルト云フテ居ル

参謀総長右ニ対シ左ノ如ク発言ス

右ハ二ツトモ事実ナラス

占領地行政ハ研究スルノハ当然テアツテ、特ニ支那事変ノ場合トハ異ナリ、極東「ソ」領ハ人間性、地勢、慣習等皆違フノテ予メ充分研究シテ置カネハナラヌ

研究シテ居ルカラ戦争スルト云フ訳デハナイ

事実出先テモ決定シテ居ラヌ

上奏ナド思ヒモヨラヌコトテ全然噂テアル。況ンヤ牡丹江ノ部隊カ八月中旬開戦スルト云フコトハ、先頭部隊カ今頃満洲ニ到着シ始メタバカリデ出来ルモノテハナイ。全然噂デアル

而シ乍ラ将来共此ノ様ナ噂ハ腹蔵ナク云ハレ度軍モ腹蔵ナキ所ヲ述ヘ仕事ヲ致シ度

対「ソ」外交交渉要綱

昭和十六年八月四日
連絡会議決定

一 差当リ左記案件ニ付対「ソ」折衝ヲ行フ但帝国将来ノ企図ニ拘束ヲ与ヘサル様留意ス

1 極東危険水域ノ撤廃乃至ハ右水域ノ帝国ニ及ホス損害ノ除去

2 東亜ニ於ケル「ソ」領ニ付第三国ニ対スル割譲、売却、租借、軍事的拠点提供等ヲ為ササルコト

3 「ソ」聯邦ト第三国トノ軍事同盟ノ適用範囲ヲ東亜ニ及ホササルコト及第三国トノ間ニ帝国ヲ目標トスル同盟等ヲ締結セサルコト

4 援蔣行為ノ中止及中国共産党ニ対スル抗日指令及援助ノ中止

5 北樺太利権事業ノ完全稼行確保

6 満「ソ」抑留人員及物件交換

7 「ノモンハン」地方国境確定作業ハ従来通継続ス満「ソ」、満蒙間全般的国境ニ関スル交渉ハ之ヲ見合ハス

（註）(イ)以上ノ中特ニ2、3、及5、ニ重点ヲ置ク

(ロ)「ソ」側ニ於テ中立条約ヲ厳守シ又極東ニ於テ脅威ヲ与ヘサル限リ帝国ハ日「ソ」中立条約ノ義務ヲ守ルヘキ旨ヲ明ニス

二 前項外交交渉ノ経過、我対「ソ」武力的準備進捗ノ度、独「ソ」戦ノ推移及国際情勢並ニ其後ノ我方企図トノ連繫ヲ考慮シツツ左記案件ノ一部又ハ全部ニ付交渉ス

1 漁業条約（従来ノ交渉経緯ヲ離レ我方当初ノ主張ヲ貫徹スルヲ目的トス）

2 北樺太買収又ハ割譲

3 「カムチヤツカ」地方ノ帝国ヘノ租借、割譲等

4 黒竜江以東ノ「ソ」領ノ帝国ヘノ租借割譲又ハ非武装地帯化等

5 其ノ他ノ極東「ソ」領ノ非武装地帯化等

三 交渉方針

1 北方問題ノ解決ハ大東亜共栄圏確立ノ国策完遂ニ資スル為北方ヨリノ脅威ヲ芟除シ且北方資源ヲ確保スルヲ目標トス右目標ハ先ツ外交ニ依リテ之ヲ達成スルニ努ム可ク武力ニ依ル解決ハ既定ノ国策ニ従ヒ形勢我方ニトリ有利ナル場合ニノミ行フヘキモノトス

2 「ソ」聯邦ニ対スル外交交渉ハ直ニ之ヲ開始シ日「ソ」

間ノ正当ナル国交関係ヲ阻害スル如キ、又大東亜共栄圏確立ノ妨害トナル如キ一切ノ事情及原因ノ排除ヲ要求ス

之カ為ニハ帝国トシテハ日「ソ」中立条約上ノ義務ノ履行ヲ明言スル事トス

3　対「ソ」外交交渉ヲ行フニ当リテハ独逸ニ対シ帝国ノ立場及役割ヲ腹蔵ナク説明シ置クコトトス尚独「ソ」カ休戦スル場合独逸ノ対「ソ」要求カ極東ニ関スル事項（例ヘハ西比利鉄道、浦潮港）ニ及フ惧アルヲ以テ此ノ点ニモ留意シテ対独話合ヲ行フコトトス

4　如何ナル変局ニモ対処シ得ル様至急対「ソ」武力的準備ヲ整フルモ偶発的事件ニ依リテ対「ソ」戦ノ開始ニ至ルコトヲ厳ニ戒メ既定ノ国策ニ従ヒ内外ノ情勢我方ニ有利トナルニ非レハ「ソ」聯ニ対スル武力ノ行使ヲ行ハス

八月六日第四十五回連絡会議

日「ソ」間ノ現情勢ニ対シ帝国ノ採ルヘキ措置ニ関スル件等

一　要旨

最初一般情報ノ交換アリ、次テ外相ヨリ独及「ソ」大使トノ会談状況ノ説明アリタル後、大本営陸海軍部提案ノ「日「ソ」間ノ現情勢ニ対シ帝国ノ採ルヘキ措置ニ関スル件」ヲ審議シ、原案通リ決定ス

二　「ソ」、独大使トノ会談状況ニ関スル外相ノ説明要旨左ノ如シ

昨日「ソ」大使ヲ呼ヒ対「ソ」外交交渉要綱ノ第一項ニ就キ話ヲシタル所、「ソ」大使ハ『私ハ従来今後ノ事ニ関シ疑惑ヲ持ツテ居ツタカ御話ヲ承リハツキリシタ。此ノ事ハ政府ニハツキリ報告ス。外相ノ云ハルル繫争問題ニ就テハ其通リナリ。今日迄日本ノ御希望通リヤツテ来タガ今後モ日本ノ御希望ノ様ニヤリ度イ。危険水域ノ問題ハ既ニ御返事申シ上ケテアルガ尚考ヘマセウ。兎ニ角外相ヨリ外交政策ノ基調ニ触レタル事ヲ御示シ下サレ、私ハ勿論政府モ感謝スル事デアリマセウ。率直明確ニ云ハレタル事ニ対シテハ衷心ヨリ御礼申上ケマス』トテホツトシタル様子ニ見受ケタリ

右会談ニ就テハ建川大使ニ電報シアリ

次ニ本六日九時「オツトー」独大使来訪シ左ノ如キ話合ヲナセリ

「オツトー」　「ソ」大使ト会談セラレタ様ダガ何ヲ話シタカ

外相　北樺太ノ利権問題ニ関シ日本側ニ充分事業ガ出来ル様便宜ヲ与ヘテモライ度イ事ヤ危険水

域ノ事等ヲ話シタ

「オットー」 米ガ浦塩経由デ武器ヲ「ソ」ニ与ヘル場合ノ日本ノ態度如何

外相 研究スヘシ

「オットー」 米ニ対シ如何ニスルヤ

外相 先ツ米ヲ沈静セシムルニ勉ム

「オットー」 日本ハ「ザバイカル」以東ヲ割譲セヨト交渉シタト聞クガ如何

外相 ソンナ事ハナシ

三 次テ「日「ソ」間ノ現情勢ニ対シ帝国ノ採ルヘキ措置」ニ関スル件ノ審議ニ移リ、参謀総長所要ノ説明ヲナス海相繰リ返シ繰リ返シ、之レニ伴ヒ大事ヲ起サヌ様注意アリ度ト述ヘタルニ対シ、参謀総長ハ関東軍司令官モ慎重テアリ、又当方ヨリモ充分慎重ニヤル様指示シアリト述ヘ、関東軍ヨリノ電報並総長及次長電ヲ披露セリ

尚

外相 真面目ナル進攻トハ本格的進攻ノ意ナリヤ

総理 説明ニ依レハ航空機ガ重点ノ様ニ思ハルルガ本件ノ眼点ハ何カ

参謀総長 飛行機ノ領土外進攻ノ件ト第三項トテアル

総理 然ラバ第二項ヲ飛行機ノ領土外進攻ト訂正シテハ如何

参謀総長 第二項ノ応戦ニハ飛行機ノ越境スル場合ヲ含ンテ居ル

某 然ラハ飛行機ノ件ヲ何故本文ニ入レズニ説明ノ中ニ入レルカ

等種々質問応答アリテ総長、大臣、軍務局長等陸軍側ハ之ニ応酬シ、文章ヲ修文スルカ如キ状態トナレルモ、外相ガ「ヨク読ンデ見ルト非常ニ慎重ニ誤リナキ様シバッテアル、原案ノ儘テ修文スル必要ハナイ様ニ思フ」ト提議シ全員之レニ同意シ、原案ノ儘可決セリ

総長所見

文章ガアマリコツタ書方ヲシテアルノデ議論ガ多カツタモノト思フ

日「ソ」間ノ現情勢ニ対シ帝国ノ採ルベキ措置ニ関スル件

昭和十六年八月六日
大本営政府連絡会議決定

一 対「ソ」警戒防衛ニ遺憾ナカラシムルト共ニ厳ニ刺戟的行

動ヲ戒メ且紛争生起スルモ日「ソ」開戦ニ至ラサル如ク努メテ之ヲ局部的ニ防止スルモノトス

二　「ソ」側ノ真面目ナル進攻ニ対シテハ防衛上機ヲ失セス之ニ応戦ス

三　右ニ伴フ帝国ノ態度ニ関シテハ速ニ廟議ヲ以テ決セラル

八月六日　水　御下問

「ソ」軍航空機大挙来襲ノ場合ニ於ケル進攻ニ関シ関東軍司令官ニ与フル命令　上奏ニ方リ

御上　ワカツタ　已ムヲ得サルコト、シテ認メル、兎角陸軍ハ手ヲ出シタガル癖ガアルカラ謀略ナドヤラヌ様ニ特ニ注意セヨ

総長　承知致シマシタ　此点ハ御心配ニハ及ヒマセン尚侍従武官長ハ総長ニ「海軍ハ最近南方ヲヤル事カ定ツタ様ニ言フカ如何」トノ質問ヲ発シ総長ハ其然ラサル旨ヲ答フ

八月十四日第四十六回連絡会議

対英外交等ニ関スル件

一　外相説明

対米交渉ニ関シテハ電報ノ通リナリ

「ソ」ニ就テハ「スメタニン」来訪シ別紙ノ如キ応答アリ

尚十二日「クレーギー」来訪シ、左記要旨ノ会談ヲナセリ

「クレーギー」　英本国ニ於テハ「イーデン」カ、日本カ泰ニ進入スルコトハ英ニ対スル直接脅威ナリト云フテ居ル。然ルニ石井情報部長ハA、B、C、Dカ結成シテ日本ニ対シツツアリト云ヒ、且之レハ不信行為ナリト云フテ居ル。外相ノ所見如何

又東京日日ハ、泰ニ対シ日本カ軍事基地ヲ要求シ、尚経済同盟ヲナスヲ要スト云フテ居ル。石井部長ヤ新聞ノ此ノ如キ「デマ」ハ発表セヌ様ニシテモライ度イ

外相　何処カラ聞イタカ

「ク」　独、支、及ヒ言ヒ難イカ駐日泰武官カラ

外相　英コソ「デマ」宣伝ヲヤツテ居ル

「ク」　日本ニ対シ脅威ガマシイ事ハヤツテ居ラヌ。「シンガポール」ヤ馬来ニハ船腹カナイカラ増兵ハ出来ヌ。但シ飛行機ハ増加シテ居ル。

従ツテ泰ニ進駐スルナドハ出来ヌ。オ互ニ「デマ」宣伝ヲヤレバ不利益テハナイカ

要スルニ英ハ防禦ニ汲々トシテ居ル。日本カ仏印ニ進駐シタノハ或ル国ノ誘引ニ依ルト云ハレテ居ルテハナイカ

外相　ソレハ蔣介石カ云フタガ、君カラ蔣ニ注意シテハドウカ

「ク」　重慶ニ居ル英人ハ蔣ニ対シ蔣カ不快ノ感ヲ抱ク様ナ事ハ云ヘナイ

南部仏印ニ出ルコトハ支那事変トハ関係ナク純然タル攻勢ト思フ

外相　然ラハ英ノ援蔣行為ヲ止メロ

「ク」　援蔣ト云フテモ大シタ物ハ送ツテ居ラヌ。日本ハ泰カラ英ヲ駆逐スル目的テハナイカ。英ハ米、錫、「ゴム」等ヲ取得スレバヨイノダ。又此ノ様ナ物資カ独ニ送ラレヌ様シテモラハナケレバナラヌ。日本カ全部取ルノハ困ル泰ニ於ケル之等ノコトヲ解決スルノカ先決ト思フ。又日英間ノ一定量ノ貿易モ可能ト思フ

外相　英側ヨリ発動シナイカ

「ク」　日本側ヨリ発動サレタイ

以上会談ノ結果ニ依ル所感ハ左ノ如シ

イ　英ノ希望ハ日本ノ南進ヲ止メサセ度

ロ　泰トハ百年モ親善関係ニアルノテ米、錫等ヲモラ度イ

ハ　国境駐屯ノ兵力ハ少シ

ニ　経済的進出ハトモカク、軍事的進出ヲ止メレハ凍結ノ問題ハ解決スルノテハナイカ

ホ　右ハ蘭印ニモ適応セラルヘシ

二　右ノ如キ次第ニテ外相ヨリ対英外交ニ関スル別紙外務案ヲ提議ス

陸相　泰ニ対スル軍事基地ノ獲得等ハ御前会議テ二度モ三度モヤル様ニナツテ居ル。今更之レヲ変更スルカ如キハ不可ナリ

総長　右ニ附言シ外務省案不可ナル旨強調ス

外相　一時的ノモノテアツテ根本ハ変ラヌ

総理　一時的ナラハ宜シイテハナイカ

等ノ如キ問答アリ次ノ如キ主旨ヲ以テ陸海外三局長ニテ一案ヲ造ルコトトナレリ

イ　泰ノ中立保障
ロ　南方地方ヨリノ日本ノ物資取得ニ関シ協力スルコト
ハ　禁輸其他ニ就キ友好的態度ヲ取ルコト
ニ　援蔣行為ヲ中止スルコト
ホ　其他日本ヲ相手トスル不利ナル軍事的取極ヲ行ハサルコト

豊田大臣「スメタニン」大使会談要旨　一六、八、一三

「スメタニン」ヨリ八月五日ノ大臣ノ申出ニ対スル「ソ」政府ノ回答ヲ為スヘシトテ

(一)　日本カ中立条約ヲ遵守スヘシトノ大臣ノ言明ヲ「ソ」政府ハ満足ヲ以テ了承ス

(二)　利権問題ハ松岡「モロトフ」間ニ交換セラレタル書翰並ニ五月三十一日建川大使ヨリ「モロトフ」ニ差出シタル書翰ニ依リ解決セラルヘキモノト思料ス

(三)　「ソ」支関係ニ付テハ中立条約ハ第三国トノ関係ヲ律シ居ラサルヲ以テ日本政府カ本問題ヲ持出サレタルハ根拠ナシ但シ「ソ」政府ハ昨年七月六日「モロトフ」ヨリ東郷大使ニ対シ「ソ」聯ハ自国ノ国防ニ逐ハレ居ルヲ以テ「ソ」聯ニトリテハ本問題ハ重要ナラスト述ヘタルコトヲ玆ニ確認スルノ要アリト認ム況ヤ「ソ」聯カ対独防禦戦争ニ逐ハレ居ル現在ニ於テオヤ

(四)　日本政府ハ「ソ」聯ノ締結セル軍事同盟ノ東亜ニ及フコト「ソ」聯カ日本ヲ対象トスル軍事同盟ヲ結フコトニ付危険ノ念ヲ抱カレルカ如キモ「ソ」政府ハ中立条約ヲ遵守スヘシ貴大臣カ予想セラルカ如キ事態ノ起ラサルヘキハ勿論ナリ

(五)　英「ソ」協定ハ独ノミヲ対象トスルモノニテ日本ニ関係ナキコト七月十五日「モロトフ」言明ノ通リナリ

(六)　「ソ」政府カ極東ニ於テ領土ヲ第三国ニ租借、譲渡シ又ハ軍事基地ヲ与フルカ如キコト決シテナカルヘク之等ノ風説ハ日「ソ」ヲ離間セントスル他国ノ宣伝ナルヘキコトヲ指摘スルト共ニ日本カ最近満洲国ニ於テ大仕掛ケノ軍備ヲ為シツツアルコトニ付説明ヲ求メントス

ト述ヘタリ依テ大臣ハ

(一)　「ソ」側モ中立条約ヲ厳守スヘシト累ネテ確認セラレタルハ満足ナリ

(二)　利権問題ニ付テハ其ノ後予期セサル事態ノ変化アリ

之ニ付テハ充分考慮ノ要アリ
㈢「ソ」政府カ第三国トノ軍事同盟ヲ極東ニ波及セシメス日本ヲ目的トスル同盟ヲ締結セサルコト且本大臣ノ予想スルカ如キ事態ノ生セサルヘキコトヲ明カニシタルコトハ了承セリ
㈣領土ノ租借、譲渡及軍事基地ヲ第三国ニ与ヘサルヘキ旨ノ言明モ充分了承セリ
㈤満洲ニ於ケル軍備ハ隣国ニ於テ稀有ノ大戦行ハレ居リ之カ波及ヲ阻止スル上ヨリモ又満ニ対シ共同防衛ノ義務アル日本カ満洲国ノ治安ヲ維持スル見地ヨリモ止ムヲ得サルヘシ又御話ノ通リ第三国側ノ宣伝及策動モアリ得ヘク此ノ点ハ日本政府モ一応考慮スヘシ
㈥援蔣ニ付テハ法律論ヨリモ寧ロ精神ノ見地ヨリ其ノ事実アレハ中止方申入レタル次第ニテ新聞等ニ依レハ米等ヨリ浦潮ヲ通シ武器輸入セラレ居ル趣ナル処今後輸入量増加センカ三国同盟ヲ外交ノ基調トスル日本ノ立場ヲ極メテ微妙ナラシムヘキニ付此ノ点特ニ考慮アリ度シ
ト応酬セラレタリ之ニ対シ「ス」大使ハ
㈠利権問題ニ付事態ノ変化ヲ云為セラレタルハ松岡「モロトフ」話合ヒヲ取消サルル意ナリヤ
㈡満洲、日本ニ於ケル軍備ハ「ソ」聯ニ向ケラルルモノニ非スト述ヘラレタリト解シテヨロシキヤ
ト質問シ大臣ハ
㈠其後凍結令等実施セラレ石油等ノ問題ハ特ニ重要トナレリ之レ変化セリトノ一ノ説明ナリ本問題ニ付テハ研究ノ上根本的ニ解決シタク詳細ハ欧亜局長ト貴方参事官トノ間ニ話合ハシムヘシ
㈢貴見ノ通リナリ
ト回答セラレタルニ「ス」大使ハ
㈠利権問題ハ研究ノ上更ニ後日之ニ触レラルヘキ趣了承セリ
㈡軍備ニ対スル御言明ハ頗ル欣快トスルトコロナリ
㈢日「ソ」間善隣友好関係ノ今後ノ発展ニハ一切ノ素地アリ
ト述フ
次テ坂本局長ヨリ坂井組合ニ付テハ前回会談ノ際「ス」大使ハ既ニ以前ニ解決済ニテ四年来問題トナリタルコトナシト述ヘラレタルカ右利権ノ不法回収ニ付テハ二年前ニモ日本側ハ「ソ」側ニ抗議セル事実アリ日本側ハ今モ

尚抗議ヲ維持スル次第ニテ将来ノ誤解ヲ避ケル為事実ヲ明ニ致シ置キ度シト述ヘタルニ「ス」大使ハ自分ハ右事実ヲ了知セサレハ取調ヘ回答スヘシトテ会談一時間半ニテ終了セリ

五月三十一日建川大使ヨリ「モロトフ」ニ交付セル書翰

松岡日本国外務大臣ノ個人的メッセイジ

一　本大臣ハ曩ニ莫斯科ニ於テ言明セル通リ北樺太利権解消ノ問題ハ約束セル日ヨリ幾ラ遅レテモ六ケ月内ニハ必ス解決スル決意ヲ有スルコトヲ玆ニ重ネテ確言スル用意アリ

二　通商協定及漁業条約締結交渉ノ円満ナル妥結ハ現在ノ我国内情勢ト極メテ機微ナル関係ヲ有スル利権解消問題ニ対スル本大臣ノ国内的立場ヲ容易ナラシムルニ依リ左記ニ依リ両交渉ヲ促進スル様希望セサルヲ得ス

(イ)　通商協定ハ蘇側ノ提議タル陸海運賃差額ノ現物払ハ日本側ニ不可能ヲ強ヒントスルモノナレハ之ヲ撤回シ日本側提議タル「出来ル限リ現物ヲ以テ支払フヘシ」ヲ受諾シ協定署名ノ為速ニ交渉ヲ終結スルコト

(ロ)　漁業条約ハ五月十四日日本側提案ヲ基礎トシ交渉ヲ六月中ニ妥結ニ導キ続イテ条約文ノ整理ニ入リ八月中ニ同条約文ニ署名スルコト（了）

対泰施策概案

一六、八、一三
外務案

一　此際帝国政府ニ於テ若シ泰国ニ対シ軍事的又ハ政治的行動ヲ起シ又ハ交渉ヲ開始スルカ如キコトアランカＡＢＣＤトノ衝突ヲ直ニ惹起スヘキコト瞭然タリ

二　右衝突ヲ避クルコトハ今日我国ノ対国際関係処理上絶対必要ト認メラルニ付左記ノ如キ方針ニ依リ対処スルコト

記

(イ)　泰ニ対シテハ軍事的及高度政治的行動ヲセサルハ勿論之カ交渉ヲ行ハス

尚右ニ関シ必要ニ応シ英米ニ対シ保障ヲ与フ

(ロ)　平和的意図ヲ明ニカニスル為経済的提携ニ関スル交渉ヲ速ニ開始ス

右ニ就テハ現ニ進捗中ノ凍結資金ノ後仕末ニ関スル商議ヲ先ツ妥結シ引続キ全般的問題ニ及フモノトス

本交渉ニ於テハ我国ノ必要トスル物資獲得ニ重点ヲ置クモ成ルヘク第三国ニ対シテ差別待遇ヲ与フルニ至ルカ如キコ

トナキ様留意ス

(ハ) 右交渉ニ平行シテ英米ニ対シテモ

(1) 泰ノ領土主権ノ尊重、不侵略、軍事上ノ要求不提出

(2) 経済上特定物資獲得の必要

(3) 英米ノ包囲態勢ノ除去

(4) 通商経済関係ノ平常化

(5) 蘭印ニ対スル慫慂

等ニ付諒解ヲ遂クルコト

三 英国ニ対スル交渉開始ノ時期ハ対米重要問題ノ目鼻ツキタル時期ヲ選フカ或ハ速ニ之ヲ行フカハ慎重研究ノ要アリ

八月十六日第四十七回連絡会議

一 外相説明

昨日独伊大使ヲ招致シ過般「ソ」大使ニ示シタル所ヲ通達セリ　即チ元来「ソ」大使ニハ外相就任以来北樺太利権ニ関スル件竝ニ危険水域廃止ノ件ニ就キ会談セルカ、其後先般「ソ」大使ニ帝国ノ要求ヲ通告セル次第ナリトテ之カ概要ヲ伝ヘ、尚右ニ対シ「ソ」側ヨリ中立条約ヲ遵守スル旨返事アリタルコトヲ附言セリ

伊大使カラハ何等質問ナカリシモ、独大使ヨリ若干ノ質問アリ之ニ対スル応酬次ノ如シ

「オットー」　北樺太利権遂行ニ関シテハ「ソ」ハ何カ保障セリヤ、又危険水域ノ廃止ニ関シテハ其後如何ナリシヤ

外相　坂本ヲシテ目下「ソ」側ト交渉セシメツツアリ

「オットー」　能クハ記憶セサルモ、松岡前外相カ独ニ通告セル内容ニ日本ハ準備出来次第共産政権ヲ打倒スルト云フテ居ルカ、アレハ如何ニナリシヤ

外相　帝国ノ対「ソ」戦備ノ現在状況ハ今後「ソ」ニ対スル工作ノ第一歩ニシテ、之レハ三国枢軸精神ニ合致セルモノト思フ

「オットー」　対「ソ」工作ノ第一歩ト云ハレタルコトハ非常ニ意義ノアルコトト思フ。能ク分リマシタ

「オットー」　「ポーランド」公使館カ東京ニアルカアレニ就テハキマリマシタカ

(本件ハ独政府、大島大使、「オットー」等カラ云フテ来テ居ル事テ、波公使館カ敵性情報ヲ出シテ居ルノニ対シ独側ハ気ニシテ居ルノテアルカ、目下枢密院カ

休ミ故九月頃ナントカセネハナラヌ旨外相述フ）

二　次テ対英外交ニ就キ陸海外三局長案ヲ外相ヨリ提議シ別紙ノ通リ決定ス

右審議ニ方リ陸軍側ハ「ビルマ」路ノ遮断ニ関シ特ニ強調セリ

之ニ対シ岡海軍軍務局長ハ「ビルマ」路ノ遮断ハ米国ニ関聯スルコト大ナルヲ以テ、外交実施ニ方リテハ能ク実情ニ即応スル如ク切リ出シニ注意スルヲ要スト述ヘタリ

（同局長ノ発言ハ相当ニ米国ニ気兼シアルヲ思ハシメ海軍省ノ対米態度ノ程窺ハレルモノアリ）

尚

外相　本日決定ノ案ハ之レヲ閣議ニ提出シテハ如何

統帥部　統帥ニ関係スル事項モアルノテ閣議ニカケテハ困ル

外相　従来連絡会議決定ヲ以テ国策ヲ進メ、之レヲ閣議ニ諮ラサリシコトアリシハ、国務ノ重大責任ヲ有スル国務大臣ニ一言ノ挨拶ヲモセサルモノニシテ不適当ナリ。連絡会議決定ヲ閣議ニカケルノガ宜シイ

トテ本件ヲ強調ス

某　大本営ニ連絡会議ヲ開クノハ、大本営ヲ中心トシ統帥部ト総理カ必要ナル閣僚ヲ伴ヒ重要国策ヲ審議スルノカ本旨ニシテ、閣議ニカケルコトニ依リ機密カ漏洩セルコト従来其ノ例ニ之シカラス

特ニ重大ナルモノニシテ其性質上閣議ニカケルヲ要スルモノノ外ハ一般的ニ閣議ニカケルノハ不可ナリ

外相　他ノ大臣モ国務大臣ナリ之レニ諮ルコトカ不適当ナリヤ

某　憲法論カラハ然ラン

外相　アナタハ憲法論ヲ無視セラルルカ

某　理論上ヨリ云ヘハ其ノ通リナルモ、閣議ニカケルト翌日必ス洩レテ居ル、理論ト守ルヘキ機密ノ洩レルト云フコトトヲ実際問題トシテ考ヘナケレハナラヌ。必要カアレバ所要ノ国務大臣ヲ総理が連レテ来レバ宜シイ。大臣中知ルヲ必要トスル者ニハ知ラスヘキナリ

即チ所要大臣ヲ列席セシムル方法ヲ適当トス

ヘシ

四　次テ左ノ論議アリ

外相　昨日ノ「ルーズベルト」「チャーチル」ノ共同声明ニ就テハ、外務省トシテハ事重大故此際慎重ニ処置シタク考ヘアリシニ、昨夕ヨリ新聞ニドンドン発表シアルヲ見ル。聞ク所ニ依ルト陸軍ノ情報部長ヨリ之レカ出テ居ルトノ事ナリ。然シ乍ラ本件ハ外務大臣ノ主務ナルヲ以テ陸軍カヤラレテハ困ル。御注意アリ度

陸相　我輩ハ国務大臣ナリ。国務大臣トシテ民論ヲ指導ノ為報道部長ヲ指導スルノニ何カ悪イカ。情報局ニハ総裁アリ其ノ下ニ外務陸海ノ部長アリ。国務大臣トシテ陸軍カラ述ヘルノニ何カ悪イカ。重要ナル事ナラバ何故総裁ニ予メ連絡シテ処置セサリシヤ。我輩ハ責任ナシト思フ。結局俺ハ俺テ陸軍大臣トシテヤル。主務問題ナレバ能ク総裁ヲ教ヘロ。之レカラハ我輩ハドンドン云フ

総長所感

外務大臣トシテハ何事ニヨラス外務カ圧迫セラレテ居ル気持テアリ、連絡会議モ情報関係モ皆軍ニオサレテ居ルト云フ感シヲ強ク持ツテ居ルラシイ。然シ乍ラ皆撃退サレタ

泰ニ関スル対英交渉要綱

昭和一六、八、一三
連絡会議決定

八月十一日外相英大使会談ノ際同大使ノ言及セル泰問題ヲ中心トスル大使私案ニ関シ左記方針ニ依リ対処ス

一　英国側ニ対スル要求事項

㈠　泰ノ中立ヲ尊重シ且泰ニ対シ軍事的措置ヲ実施セサルコト

㈡　「ビルマ」、馬来英領「ボルネオ」、印度、濠洲、新西蘭及其他英国勢力下ニアル南西太平洋地域ニ於ケル帝国ノ自存上必要トスル物資ノ充分ナル対日供給及帝国ト之等諸地域トノ間ノ通商貿易ノ平常化ニ付直ニ好意アル措置ヲ講スルコト

㈢　蘭印及泰ニ於ケル帝国ノ自存上必要トスル物資ノ充分ナル対日供給及帝国ト此等諸国トノ間ニ於ケル通商貿易ノ平常化ニ対シ何等妨害的措置ニ出テサルコト及現在支障ヲ与ヘ居ル英側措置ノ中止

㈣　援蔣行為（「ビルマ」ヲ通スル援蔣路ノ閉鎖ヲ含ム）停止スルコト

二　英側ノ態度如何ニ依リ我方ニ於テ了解ヲ与ヘ差支無キ事項

(一)　泰国ノ中立ヲ尊重ス

(二)　泰ニ対シ何等軍事的提案ヲ為サス又武力的進出ヲ為ササルコト

(三)　泰以外ノ仏印近接地域（支那ヲ除ク）ニ対シテモ武力的進出ヲ為ササルコト

三　交渉方針

(一)　本交渉ハ外相英大使日常接触ノ継続トシ英大使私提案ニ対スル回答ノ形ニ依リ順次各項ノ討議ニ入ルコトトシ最初ハ討議問題ヲ極力局限シ英側提案ノ範囲ヲ拡大セサル様努ム而シテ先ツ次ノ如キ事項ヨリ会議スルヲ得策ト認ム

(イ)　泰ノ中立尊重ノ件

(ロ)　泰ニ対シ軍事的措置ヲ執ラサルコト

(ハ)　「ビルマ」路ヲ閉鎖スルコト

(ニ)　物資対日供給ヲ円滑ニスルヘキコト

(二)　援蔣行為禁絶及我方カ泰以外ノ仏印近接地域ニ対シテモ武力的進出ヲセサル件及蘭印問題ノ如キハ交渉ノ模様ヲ見タル上適宜討議ニ入ルコト

(三)　我方ニ何等得ル所無クシテ徒ラニ帝国将来ノ行動ノ自由ヲ束縛セラレ又ハ現在ニ於ケル優越的地位ニ支障ヲ及ホスカ如キコト無キ様留意スルコト

備　考

帝国政府ハ泰国トノ間ニ現ニ進捗中ノ凍結資金ノ後始末ニ関スル商議ヲ速ニ妥結シ引続キ情勢ニ応シ全般的経済提携ニ関スル商議ヲ行フ

本交渉ニ於テハ我国ノ必要トスル物資獲得ニ重点ヲ置ク

八月二十六日第四十八回連絡会議

米大統領及「ハル」国務長官ニ対スル近衛総理ノ返電ニ関スル件

一　米大統領宛近衛総理返電ニ就キテ

昨夜陸相官邸ニテ総長、次長、第二部長列席研究セルモノニ対シ総理自ラ若干字句ノ修正ヲ加ヘタルモノヲ提議シ更ニ総理自ラ「必スシモ」ヲ加入シ之ヲ可決ス

二　「ハル」国務長官ニ対スル近衛総理返電ニ就キテ

之ニ関シテハ先方ヲアマリ刺戟シテ之デハトテモ会見セヌト思ハレル様ナ文句ヲ改メルコトトシ別紙朱書セル如ク修文シ決定ス　尚本電ニ就テハ大統領宛ノ返電ノミニテヨロシト云フ意見ト野村カ要求シテ居ルカラヤハリ「ハル」宛本電ヲモ打ツヲ可トスト云フ意見トアリ又強ク云フタ方カ米人ニハキキメアリトノ意見ト嫌ガル様ナ文句ハ止メタ方カ宜シイト云フ意見トアリ即チ言葉ヲ荒クスルト会見カ出来ナクナリ之ニ反シ先方ノ嫌ガル事ヲ抜クト帝国ノ意志ヲ示スコトガ出来ナ

クナル等ノ論議アリ

三　右両電報共本日打電スルコトトス

尚

総理　三国同盟大東亜共栄圏建設ニフレテ居ラヌガ之レヲ決メル必要アリ

外相　之レニフレタラ此ノ国交調整ハ出来ヌ

総理　尻ノマクリ方ハ決メネハナラヌ

右ニ関シ種々意見ノ交換アリタルモ特別ノ決定ヲ見ス

総長注意

「チャーチル」モ本件交渉ニ関シ紙上ニ若干洩ラシタル様テモアリ又民間ニ一部伝ハツタト云フ風評モアリ之カ取扱ハ絶対ニ秘扱ニスル様本席ノ諸官ハ充分注意スヘシ

八月三十日第四十九回連絡会議

情報交換ノ後外相ヨリ独、伊、英大使トノ会談模様ニ就テ左ノ如キ説明アリ

一　独大使トノ会談

「オットー」　本週中軽井沢ニ居ル予定ナリシモ昨晩急ニ帰リ唯今外相ヲ訪問シタル次第ナリ日本ノ三国同盟ニ対スル方針ニ変化ナキヤ

外相　変化ナシ

「オットー」　近衛総理ヨリ米大統領ニ「メッセージ」ヲ送ラレタカ其内容如何

外相　米トノ問題故今貴大使ニ話スワケニハ行カヌ

「オットー」　「メッセージ」ヲ送リシ目的如何

外相　松岡外相時代日米国交調整ヲヤリシ事ハ御承知ノ通リナリ。太平洋ノ平和ニ関シ日米間ヲ此ノ儘ニシテオクノハ面白クナイ結果ニナルト云フコトカラ考ヘラレル、両国カ此ノ様ニ考ヘタカラ日本カラ「メッセージ」ヲ送ルコトニナツタ。而シテ太平洋ノ平和ヲ考ヘルノテアツテ此ノ事ハ枢軸ノ精神ニモ合致スルモノテアル。此ノ際太平洋ノ空気ヲ平和ニサセ度イト思フ

「オットー」　ソレハ米ノ手ニ乗セラレテ長引カサセラレルコトニナルカラ其ノ手ニ乗ラズニオ止メニナツタラ如何

外相　米ノ参戦ヲ防止スル為種々ノ方法アリ。松岡外相時代ニハ強イ言葉ヲ使ヒ米ヲ牽制スルコトモヤツタ。之レハ米ノ敵愾心ヲ起コサシテ

結局日米間ノ交通杜絶トナツタ。従ツテ玆テ又一層米ヲ興奮セシメルコトノ可否ニ就テ深ク考ヘル必要カアル。之ニ就テハ過去ノ事ニ属スルカ独ノヤリ方ニ就テモ能ク考ヘテ貰イ度イト思フ。現ニ独ハ米ノ「アイスランド」ヲ占領シタ時、資金凍結ヲヤツタ時、又領事館ノ閉鎖ヲヤツタ時、何レモ一片ノ抗議ニ止メ無言テ過コシテ居ルテハナイカ。日本独リダケガ米ヲ刺戟スルコトハドウカト思フ。君ノ国ノ様ニ静観スルノカ好イカ、又荒シ廻スノガ好イカ日本トシテハ考ヘサルヲ得ナイ。隠忍自重シテ米ノ輿論ヲ緩和シテ刺戟ヲ与ヘナイ方ガ日本ニ取リ宜シイテハナイカ、両国共静カナ態度ヲ取レハ自然ニ緩和カ出来ルト思フ

「オットー」　談判ノ為何カ条件ヲ出シタカドウカ

外相　近衛総理ノ意見ヲ出シタニ過キナイ

「オットー」　何ヲ討議スルカ、又此ノ問題ニ「グルー」ガ関与シテ居ルカ

外相　総理ノ「メッセージ」ニハ討議ノ事ニ就テ何モ云フテ居ラヌ、又「グルー」ハ関与シテ居ラヌ

以上ヲ以テ会談ヲ終了八月三十日午後三時再会ヲ約ス

二　伊大使トノ会談

概ネ独大使トノ会談ト同様ノ応答アリシモ大シタルコトナシ

三　英大使トノ会談

英大使ヲ招致シテ、八月十一日ニ会見セシトキ日光カラ帰ツタラ直ク訪問スルト云フタテハナイカト述ヘタ所、多分呼出ヲ受ケルト思ツタカラ来ナカツタト述ヘ次テ左ノ如キ応答アリ

「クレーギー」　英ノ新聞モ悪イカ日本ノ新聞モ対日包囲ヲヤカマシク書イテ居ル、之等ハ何ントカナラヌカ、又日本ノ新聞ニハ種々載セテアルカ、英ハ支那トハ同盟ナク、「ビルマ」ニハ支那軍ヲ入レアラス、又泰ニ対シテハ何モ要求シアラス、以上ハ自分ノ責任ヲ以テ申シ上ケル。又極東軍司令官カ種々新聞記者ト話シタト云フカ、実ハ同司令官ハ昨年十一月着任以来四月二十一日唯一回記者ト会見セシノ

ミニテ而モ何等極東問題ニハ触レアラス。五月一日ニハ記者ニ会ツテ居ラヌ。又七月十一日ニ我方ノ軍備完備セリト極東軍司令官カ云フタト報道シテ居ルカ事実無根テアル

外相　貴大使ハソウ云フガ英側テハ相当捏造説ヲ出シテ居ルテハナイカ、例ヘハ満「ソ」国境ニ於テ日「ソ」両軍カ衝突シテ居ルト云フコトヲ屢々出シテ居ル

「クレーギー」　私ノ方ニハ左様ナ事ヲ云フモノハ居ラナイ

外相　英カ日本ニ対シ資金凍結其他経済圧迫ヲ加ヘタニ対シ日本カ不満ナ事ハ当然テ、仏印進駐ハ度々説明セル如ク平和的ノ進駐ナリ、ソレニモ拘ラス英ハ脅威ヲ受ケルト云ウテ居ル

「クレーギー」　其通リデス。然シ乍ラ南仏ノ飛行場ハ南ニ向イテ居ルコトハ地図ヲ見レハ明カテアル

外相　オ互ニ脅威シテ居ル様ナ考ヘヲ持ツテ居ツテハ話カ分ラヌ

「クレーギー」　英ノ防備ハ馬来「ビルマ」共ニ自国領内ノ防備テアル。然シ日本ノ防備ハ他国ニ進駐シテ居ルテハナイカ

外相　此ノ様ニナツタ原因ハ英カ援蔣行為ヲシテ居ルカラタ、英トシテハ之ヲ止メルコトカ第一ト考ヘルカ何ント考ヘルカ

「クレーギー」　英ノ援蔣ハ極メテ微少ナモノテ現在ハ大シタコトテハナイ。自分トシテハ嘗テ「ビルマルート」閉止ニ関シ本国政府ニ進言シタ事モアルカ今日ニ於テハ状況カ違ツテ居ル。故ニ今日之ヲ本国ニ云フテヤル事ハ難シイト思フ

外相　英ハ自ラ資金凍結ト貿易停止ヲヤリ、更ニ蘭印ヲ誘ツテ迄モ日本ニ対スル経済圧迫ヲヤツテ居ルテハナイカ

「クレーギー」　英ハ「オランダ」ヲ圧迫シテ居ラナイ。日本ニ対スル総ヘテノ措置ハ日本ノ仏印進駐問題ニ対シ反省ヲ促ス為ニヤツタノダ。日本テハA、B、C、Dガ包囲陣ヲ造ツテ居ルト云フガ、之ハ共同シテ造ツタノテハナク各々ノ取ツタ行動カ自然ニ結果サレタノダ。

而シテ此ノ包囲陣ハ日本ガ根本的ニ考ヘナホサナケレハ変ラヌト思フ。元来仏印ハ独ノ傀儡テアル所ノ「ヴシー」政府ノモノテ、日本ハ「ヴシー」ヲ脅シテ進駐シタノテアル。故ニ我等ハ日本ノ仏印進駐ヲ我等ニ対スル脅威テアルト感スルノタ

外相　日本ノ方テハ英国ノ方カ日本ニ対シ包囲陣ヲ造ツタモノト思フノテ対英感情ハ益々悪化シテ居ル

「クレーギー」　英ノ方ハ純然タル防禦的テ攻撃的テハナイ。日本ノ仏印進駐カアル限リ緩和ハ難シイト思フ

外相　之以上話シテモ仕方ナイ。オ互ニ外交官トシテ国ノ平和ニ就テ一層骨ヲ折ルヘキタト思フカ如何

「クレーギー」　御尤モダト思フ

以上ヲ以テ会談終了九月一日再会ヲ約ス

九月三日第五十回連絡会議

「帝国国策遂行要領」ニ関スル件

一　出席者　内務大臣ヲ加フ

二　自午前十一時至午後六時

三　軍令部総長先ツ「帝国国策遂行要領」ノ提案理由ヲ説明ス其ノ要旨左ノ如シ

帝国ハ各般ノ方面ニ於テ特ニ物カ減リツツアリ、即チヤセツツアリ。之ニ反シ敵側ハ段々強クナリツツアリ。時ヲ経レハ愈々ヤセテ足腰立タヌ。又外交ニ依ツテヤルノヲ忍フ限リハ忍フカ適当ノ時機ニ見込ヲツケネハナラヌ。到底外交ノ見込ナキ時、戦ヲ避ケ得サル時ニナレハ早ク決意スルヲ要スル。今ナレハ戦勝ノ「チヤンス」アルコトヲ確信スルモ、此ノ機ハ時ト共ニナクナルヲ虞レル。戦争ニ就テハ海軍ハ長期短期二様ニ考ヘル。多分長期トナルト思フ。従ツテ長期ノ覚悟カ必要タ。敵カ速戦速決ニ来ルコトハ希望スル所ニシテ、其ノ場合ハ我近海ニ於テ決戦ヲヤリ相当ノ勝算カアルト見込ンテ居ル。而シ戦争ハソレテ終ルト思ハヌ、長期戦トナルヘシ。此ノ場合モ戦勝ノ成果ヲ利用シ長期戦ニ対応スルカ有利ト思フ。之ニ反シテ決戦ナク長期戦トナレハ苦痛タ。特ニ物資カ欠乏スルノテ之ヲ獲得セサレハ長期

戦ハ成立セス。物資ヲ取ルコトト戦略要点ヲ取ルコトニ依リ、不敗ノ備ヲナスコトカ大切タ。敵ニ王手テ行ク手段ハナイ、而シ王手カナイトシテモ、国際情勢ノ変化ニ依リ取ルヘキ手段ハアルダラウ
要スルニ国軍トシテハ非常ニ窮境ニ陥ラヌ立場ニ立ツコト、又開戦時機ヲ我方テ定メ先制ヲ占ムル外ナシ、之ニ依ツテ勇往邁進スル以外ニ手カナイ

四　次テ参謀総長ヨリ左記説明アリ

十月下旬ヲ作戦準備完整ノ目途トナセルニ就テハ、今直ニ決心ヲシテモ動員、船舶ノ徴傭、集中展開ナトヲヤレハ此ノ時機迄カカルノテアル
第三項ニ就テハ、十月上旬ニハ外交ノ目途ヲツケテ出来ナケレハ邁進シナケレハナラヌ、ズルズル引摺ラレテ行クノハ不可ナリ。其ノワケハ二月迄ハ北ハ大作戦ハ出来ヌ、北ノ為ニハ南ノ作戦ハ早クヤル必要アリ。今直ニヤツテモ明春初メ迄カカル、遅クナレハソレダケ北ニ応セラレヌ。故ニ成ルヘク早クヤル必要アリ

五　及川海相第三項ニ対シ左記修文意見ヲ提議ス

「十月上旬頃ニ至ルモ尚我要求ヲ貫徹シ得ル目途ナキ場合ハ自存自衛ノ為最後的方策ヲ遂行ス」

之ニ対シテハ各種意見出テ結局不徹底テアルト論議セラル。仍テ岡海軍軍務局長左記修文案ヲ提議ス

「十月上旬頃ニ至ルモ尚我要求ヲ貫徹シ得ル目途ナキ場合ハ直ニ対米（英）開戦ヲ決意シ最後的方策ヲ遂行ス」

之レモ異論アリテ結局

「十月上旬頃ニ至ルモ尚我要求ヲ貫徹シ得ル目途ナキ場合ハ……以下原文通リ」

ニ決定ス

尚此ノ間船、油、鉄等ニ就キ鈴木企画院総裁、陸相、参謀総長等ノ間ニ論議アリ

六　次ニ左ノ論議アリ

某　近衛総理ト米大統領トノ会談中ニ泰ニ入ル様ナ事ハナキヤ

参謀総長　出来ルダケ其ノ様ナ事ハセヌ
　又成ルヘク仏印ニハ兵ヲ出サヌ様ニシテ準備ハスルカ絶対トハ行カヌ

陸相　軍需品ハ仏印ニ送ルカ

参謀総長　軍需品ハ送ル

陸相　ソウスレハ企図ハ分ルダラウ

参謀総長　ソレハ已ムナシ

岡局長　昆明ヲヤル風ハ出来ヌカ

参謀総長　悉クカクス事ハ出来ヌ

七　別紙約諾シ得ル限度ノ第四項ハ別個ノ事項トテ「附」トスルコトニ意見一致ス

又「一般国際通念ニ基ク」ハ近衛総理ノ主張ニ依リ之ヲ削除ス　其ノ理由ハ防護自衛等ハ国際通念ニ基クモノニアラスシテ実力ニ依リ結局解釈セラルヘキモノナリ、例ヘハ満洲事変ニ於ケル帝国ノ自衛権ノ発動ノ如シ、従ツテ之ハ寧ロ削除スル方帝国ノ為有利ナリト云フニ在リ

八　尚「三国条約ニ対スル日本ノ解釈及実行ハ専ラ自主的ニ行フ」ヲ「……解釈及之ニ伴フ実行……」ト修文シ

又東条陸相ハ右修文ハ帝国ノ三国条約ニ対スル義務遂行ニ関シ疑義ヲ生スルトテ「註」トシテ左記ヲ提議ス

「右ハ三国条約ニ基ク帝国ノ義務ヲ変更スルモノニアラス」

之ニ関シ陸相、参謀総長強ク主張シ之ヲ挿入スルコトニ決定セリ

以上ニテ金曜閣議土曜御前会議ヲ開催スルコトニ決ス御前会議ニハ内相、蔵相ヲ出席セシム

「帝国国策遂行要領」ニ関スル御前会議

企 劃 院 総 裁

一 期 日

昭和十六年九月六日　自午前十時至同十二時

二 出席者

近衛内閣総理大臣
豊田外務大臣
田辺内務大臣
小倉大蔵大臣
東条陸軍大臣
及川海軍大臣
杉山参謀総長
永野軍令部総長
塚田参謀次長
伊藤軍令部次長
原枢密院議長
富田内閣書記官長
武藤陸軍軍務局長
岡海軍軍務局長

三 午前十時開会約一時間ニ亘リ首相、外相、企画院総裁、陸海両総長ノ御説明アリタル後、主トシテ原枢府議長トノ間ニ質疑応答アリテ正午閉会ス

四 総理企画院総裁陸海両総長ノ御説明ハ別紙ノ如シ

五 外相説明要旨

外相ハ先ツ松岡外相時代ヨリ今日ニ至ルN工作ノ経過ヲ述ヘ、次テ「国策遂行要領」別紙ノ「外交ニ依リ貫徹スヘキ帝国ノ対英米最後的要求竝ニ之ニ関聯シ帝国ノ約諾シ得ル限度」ニ就キ之ヲ朗読シツツ若干ノ註釈ヲ加ヘタリ

註釈ノ概要左ノ如シ

第一ノ一ノ註「日支間新取極ニ依ル軍隊駐屯」ニ就キテハ、帝国軍隊ノ駐屯ハ日支間ニ今後新シク出来ル取極ニ依ルモノテアリマスルカ、此ノ帝国軍隊ノ駐屯ハN工作ニ於テ既ニ米側ニ示シテアルアノ主義ヲ変更シナイモノテアリマス（本説明ハ特ニ重視ノ要アリ）

同註ノ「支那ニ於ケル英米ノ経済活動……」ニ関シテハ、N工作ニ於テ未タ意見ノ一致ヲ見テ居ラナイモノテアリマス

二ノ(イ)軍事的権益設定ニ関シテハ、唯今ノ所テハ泰、蘭印、支那極東「ソ」領共ニ之カアルト云フ確報ハアリマセン唯蘭印ニハ海運《(マヽ)》基地ヲ取ツタト云フ噂カアル程度テアリマス

二ノ(ロ)ノ註ノ仏印トノ特殊関係トハ、共同防衛、松岡「アンリー」協定、経済協定等テアリマス。之ヲ解消スルハ困リマス。之レハ米ノ通商自由ト食ヒ違ヒカアリマスカ、日本ノ特殊地位ニ鑑ミ之ヲ解消スルコトハ出来ヌノテアリマス

第二ノ一ハ既ニ米側ニ示シアル事項テアリマス

第二ノ一ノ註ハ一応米側ニ内示シテアリマス

第二ノ二、三ハ一応米側ニ内示シテアリマス

次ニ米参戦ノ場合ノ解釈テアリマスカ、前段ノ方ハ欧洲戦争ニ対スル日本ノ態度ハ積極的参戦防止ノ主義ニテ防護自衛ニ依ルコトヲ明カニシテアリマス。米参戦ノ場合ノ我態度ハ、今迄我ハ直ク参戦スル様米ニ説明シテ居リマシタカ、之テハアマリ解釈カ窮屈テアリマス。三国条約第三条ニハ攻撃ヲ受ケタ場合トアリ、又秘密交換公文ノ中ニハ攻撃セラレタルヤ否ヤハ三国間ノ協議ニ依リ決定セラルヘキコト、又条約第四条ノ専門委員会ノ此ノ決定ハ夫々関係国政府ノ承認ヲ経テ実施スルコトニナツテ居リマスル等、之等ノ事ヲ綜合スレハ之迄ノ様ニ窮屈ニ解釈スル必要ハナイト思ヒマス。又軍事的ノコトハ自主的ニヤリマスカラ此ノ作文ノ様ニ書イタワケテアリマス

六　質疑応答ノ概要

原枢府議長

質問竝意見ヲ述ヘマス

総理竝両総長其ノ他ノ方ノ説明ニ依リ本案大体ノ趣旨ハ諒承セリ外相ノ説明ニ依ルト日米関係カカク迄緊迫セリト云フカ、尋常一様月並ノ外交テハヤレヌ。出来ルタケノ手段ヲ取ツテ難局ヲ打開スヘシ

総理カ「ルーズベルト」ト会見シテ意見ヲ一致セシメントスル決意、其ノ国家ニ対スル忠誠心ト熱意トニ対シ感謝ス（極力総理ノ訪米ヲ支援スルノ態度見ユ）

国民ハ日米関係ヲ眺メ最悪ノ場合ニ至ラスヤト思ヒ、之ニ至ラサルヲ願ツテ居ル。自分ハ此ノ前ノ会議ノ時ニ対英米戦ヲ辞セストアリシカ故ニ出来ルダケ外交ヲヤルヨウ希望シ置ケリ。現在政府ノ考ヘモ

其ノ様テアリ、両総長ノ考ヘモ同シ様ダ。而シ外交的手段駄目トナレハ好ムト好マサルトニ拘ラス最悪ノ場合戦争トナルダラウ。而シテ之ハ適当ナ時ニ決意スルヲ要スル。ソコテ戦争準備ヲヤルノテアルト諒解スル

次ニ案文中ノ一、二、三ヲ一瞥通覧スルト、自存自衛ノ為ニ戦争準備ト外交トヲ併行シ、又開戦ノ決意等ノコトカアル。戦争開始モ已ムヲ得ナイカ、出来ルナラハ外交ニ依ツテヤツテ見様ト見ラレル節モアル、即戦争カ主テ外交カ従テアルカノ如ク見エルカ、自分ハ外交手段ヲ取ツテ居ル間ヅット今日カラ戦争準備ヲスルト云フ趣旨テアルト思フ。即チ今日ハ何処迄モ外交的打開ニ勉メ、ソレテ行カヌ時ハ戦争ヲヤラナケレハナラヌトノ意ト思フ。戦争カ主テ外交カ従ト見エルカ、外交ニ努力ヲシテ万已ムヲ得ナイ時ニ戦争ヲスルモノト解釈ヲスル

及川海相

書イタ気持ト原議長ト同一テアリマス

帝国政府トシテハ事実ニ於テ日米国交ハ今日迄勉メテ居ル所テアル。現在ノ事態ニ直面シ已ムナキ時ハ辞セサル決意ヲ以テヤルト云フコトヲ取リアケテ書イタノテアル

第一項ノ戦争準備ト第二項ノ外交トハ軽重ナシ。而シテ第三項ノ目途ナキ場合ニハ戦争ノ決意迄行フト云フノテアル。而シ之ヲ決意スルノハ廟議テ允裁ヲ戴クコトトナル。重ネテ云ヘハ書キ表ハシタ趣旨ハ原議長ト同様ニテ出来得ル限リ外交交渉ヲヤル。又近衛首相カ訪米ヲモ決意シタノハ左様ナ観点テアルト思フ

原枢府議長

御話ニ依リ本案ノ趣旨ハ明カトナレリ

本案ハ政府統帥部ノ連絡会議テ定マリシ事故、統帥部モ海軍大臣ノ答ト同シト信シテ自分ハ安心致シマシタ。尚近衛首相カ訪米ノ際ニハ主旨トシテ戦争準備ヲヤツテオクカ、出来ルタケ外交ヲヤルト云フ考ヘテ、何ントカシテ外交ニ依リ国交調整ヲヤルト云フ気持カ必要でアル。ドウカ本案ノ御裁定ニナツタラ首相ノ訪米使命ニ適スル様ニ、且日米最悪ノ事態ヲ免ルル様御協力ヲ願フ

日米戦争ニ伴フ米「ソ」ノ関係ニ就キ承リ度

右質疑ニ対シテハ参謀総長ヨリ、極東「ソ」軍ノ情況、「ソ」ノ対日態度、我軍ノ状況、米ノ軍事的経済的対「ソ」援助ノ事実及将来アリ得ヘキ事項竝ニ南方作戦トノ関聯ニ就キ逐一詳細ナル説明アリ

原枢府議長

「ソ」聯トノ関係ハ統帥部ノ御話ニ依リシツカリ承リマシタ　戦争決意ニ就キマシテハ慎重審議セラレルト云フ事テスカ、首相ノ努力カ遂ニ行ハレナカツタ時ニハ愈々戦争ト云フ最悪ノ場合トナル、ソウナルト統帥部ノ云フ様ニ戦争決意ヲセサルヘカラス。此ノ戦争決意ハ慎重ニ審議スルト云フカラ之以上質問ヲセス

別紙ノ条件テ外交交渉カ出来レハ結構ト存シ、本案ニ対シテハ満腔ノ賛意ヲ表ス

更ニ最後ニ一言ス

支那事変拡大後一億一心ト云フカ事実ハ違フ。現ニ日米国交調整ニモ一部反対ノ態度ヲ取ツテ居ル者カアル。愛国民カモ知レヌカ国内テ政府カヤルコトニ反対スル者カアルコトハ頗ル心配カ多イ。特ニ真ニ国家ノ運命ヲ賭スル時ニ直接行動ヲ取ルカ如キコトハ憂フヘキコトナリ。敵ノ第五列カ居ル様ナコトハ頗ル遺憾ナリ、此ノ如キコトハ国カ内カラ亡ビ、ソレカ愛国心テアツテモ利敵行為トナル。此ノ様ナ「テロ」行為カ続行スルナラハ廟議テ如何ニ決シテモ実行ハ疑問ナリ。日露戦争ニハ真ニ国民ハ一ツ心ナリシモ、戦争終リノ頃小村外相ハ危イ様ナ事カアリ、又焼打事件ナトモアツタ。今ハ戦争中ニモ拘ラス「テロ」行為カアル。廟議ノ決定カ実行出来ルカドウカ疑ハレル。最悪ノ場合ニモ廟議カ断行出来ル勇断徹底的ニ処置ヲ取ラレ度

右ニ対シ内相ハ甚タ遺憾ナリ団体個人ノ調査ヲナシイザト云フ時ニハ必要ナル処置ヲ取ル旨ヲ縷々説明ヲナセリ

以上ヲ以テ可決トナレリ

最後ニ特ニ

陛下ヨリ御言葉アリ（別紙）

昭和十六年九月五日

御下問奉答

「帝国国策遂行要領」ニ関スル御前会議開催ノ前日タル

九月五日夕突然陸海統帥部長ヲ召サレ近衛総理立会ノ下ニ御下問アリ

右ノ動機ハ近衛総理ヨリ九月四日（マヽ）連絡会議決定ノ「帝国国策遂行要領」ニ就キ内奏セル所之ニ関シ統帥上ノ御下問アリ総理ハ之ハ両総長ヨリ申上クヘシト奉答セル所御上ハ明日会議ノ際両総長ニ質問スヘシト申サレタルニ依リ総理ハ「統帥部長トシテモ他ノ国務大臣ノ居ル所テハ御満足ノ行ク所迄奉答申シ上ケルコトハ出来マセン今呼ンテ御下問ニナツテハ如何デスカ」ト奉答シタルニ依ルモノト拝察セラル

御下問奉答ノ一部左ノ如シ

御上　成ルヘク平和的ニ外交テヤレ
　外交ト戦争準備ハ平行セシメスニ外交ヲ先行セシメヨ

右ニ対シ種々奉答ス

御上　南方作戦ハ予定通リ出来ルト思フカ

参謀総長右ニ対シ馬来比島等ノ予定作戦ヲ詳細奉答ス

御上　予定通リ進マヌ事カアルタラウ
　五ケ月ト云フカソウハイカヌコトモアルタラウ

総長　従来陸海軍テ数回研究シテ居リマスノテ大体予定ノ通リ行クト思ヒマス

御上　上陸作戦ハソンナニ楽々出来ルト思フカ

総長　楽トハ思ヒマセヌカ陸海軍共常時訓練シテ居リマスノテ先ツ出来ルト思ヒマス

御上　九州ノ上陸演習ニハ船カ非常ニ沈ンタカアーナレバドウカ

総長　アレハ敵ノ飛行機カ撃滅セラレル前ニ船団ノ航行ヲ始メタカラテアツテ、アーハナラヌト思ヒマス

御上　天候ノ障碍ハドウスルカ

総長　障碍ヲ排除シテヤラネハナリマセヌ

御上　予定通リ出来ルト思フカ
　オ前ノ大臣ノ時ニ蔣介石ハ直ク参ルト云フタカ未タヤレヌテハナイカ

参謀総長更メテ此ノ機会ニ私ノ考ヘテ居リマスコトヲ申上ゲマスト前提シ日本ノ国力ノ漸減スルコトヲ述ヘ弾撥力ノアルウチニ国運ヲ興隆セシムル必要ノアルコト又困難ヲ排除シツツ国運ヲ打開スル必要ノアルコトヲ奏上ス

御上　絶対ニ勝テルカ（大声ニテ）

総長　絶対トハ申シ兼ネマス　而シ勝テル算ノアルコ

トタケハ申シ上ケラレマス必ス勝ツトハ申上ケ兼ネマス

尚日本トシテハ半年ヤ一年ノ平和ヲ得テモ続イテ国難カ来ルノテハイケナイノテアリマス　二十年五十年ノ平和ヲ求ムヘキテアルト考ヘマス

御上　ア、分ツタ（大声ニテ）

総長　決シテ私共ハ好ンテ戦争ヲスル気テハアリマセン　平和的ニ力ヲ尽シ愈々ノ時ハ戦争ヲヤル考テアリマス

永野軍令部総長ハ大阪冬ノ陣ノコト其他ノコトヲ申上ケタル所　御上ハ興味深ク御聴取遊ハサレタルカ如シ最後ニ総理左記ヲ奉答ス

総理　両総長カ申シマシタル通リ最後迄平和的外交手段ヲ尽シ已ムニ已マレヌ時ニ戦争トナルコトハ両総長ト私共トハ気持ハ全ク一テアリマス

杉山総長所感

南方戦争ニ対シ相当御心配アル様拝察ス

武官長ノ所感

此ノ重大事項ヲ一回ノ連絡会議テ決メタコトカ総理ニ対スル種々ノ御下問トナツタノテハナイカト拝察ス

九月六日

御前会議席上

原議長ノ質問ニ対シ及川海軍大臣ノ答弁アリ　其後

御上　私カラ事重大ダカラ両統帥部長ニ質問スル

先刻原カコン〳〵述ヘタノニ対シ両統帥部長ハ一言モ答弁シナカツタガドウカ

極メテ重大ナコトナリシニ統帥部長ノ意志表示ナカリシハ自分ハ遺憾ニ思フ私ハ毎日　明治天皇御製ノ

四方の海皆同胞と思ふ代に〔ママ〕などあだ〔ママ〕波の立騒ぐらむ

ヲ拝誦シテ居ル

ドウカ

永野　全ク原議長ノ言ツタ趣旨ト同シ考ヘデアリマシテ御説明ノ時ニモ本文ニ二度此旨ヲ言ツテ居リマス　原議長カワカツタト言ハレマシタノデ改メテ申シ上ケマセンデシタ

杉山　永野総長ノ申シマシタノト全然同シテ御座イマス

此日原議長ノ質問ニ対シテハ杉山総長カ解答スヘク将ニ

椅子ヲ立タムトセル時ニ及川大臣カ起立答弁セシヲ以テ原議長ハ「及川大臣ノ答弁アリシモ大本営政府ハ懇談セラレタル結果故統帥部モ及川大臣ト同意見ト解シ質問打切ル」トテ両総長ノ答弁ヲ不要トスル発言ヲナセルヲ以テ敢テ発言セサリシ次第ナリシモ直接「遺憾ナリ」トノオ言葉アリシハ恐懼ノ至ナリ　恐察スルニ極力外交ニヨリ目的達成ニ努力スヘキ御思召ナルコトハ明ナリ又統帥部カ何カ戦争ヲ主トスルコトヲ考ヘ居ルニアラスヤトオ考ヘカトモ拝察セラルル節ナシトセス

帝国国策遂行要領

昭和十六年九月六日
御前会議決定

帝国ハ現下ノ急迫セル情勢特ニ米、英、蘭等各国ノ執レル対日攻勢、「ソ」聯ノ情勢及帝国国力ノ弾撥性等ニ鑑ミ「情勢ノ推移ニ伴フ帝国国策要綱」中南方ニ対スル施策ヲ左記ニ拠リ遂行ス

一　帝国ハ自存自衛ヲ全ウスル為対米、（英、蘭）戦争ヲ辞セサル決意ノ下ニ概ネ十月下旬ヲ目途トシ戦争準備ヲ完整ス

二　帝国ハ右ニ並行シテ米、英ニ対シ外交ノ手段ヲ尽シテ帝国ノ要求貫徹ニ努ム

対米（英）交渉ニ於テ帝国ノ達成スヘキ最少限度ノ要求事項竝ニ之ニ関聯シ帝国ノ約諾シ得ル限度ハ別紙ノ如シ

三　前号外交交渉ニ依リ十月上旬頃ニ至ルモ尚我要求ヲ貫徹シ得ル目途ナキ場合ニ於テハ直チニ対米（英、蘭）開戦ヲ決意ス

対南方以外ノ施策ハ既定国策ニ基キ之ヲ行ヒ特ニ米「ソ」ノ対日連合戦線ヲ結成セシメサルニ勉ム

別紙

対米（英）交渉ニ於テ帝国ノ達成スベキ最少限度ノ要求事項竝ニ之ニ関連シ帝国ノ約諾シ得ル限度

第一　対米（英）交渉ニ於テ帝国ノ達成スベキ最少限度ノ要求事項

支那事変ニ関スル事項

一　米英ハ帝国ノ支那事変処理ニ容喙シ又ハ之ヲ妨害セザルコト

(イ)　帝国ノ日支基本条約及日満支三国共同宣言ニ準拠シ事変ヲ解決セントスル企図ヲ妨害セザルコト

(ロ)　「ビルマ」公路ヲ閉鎖シ且蔣政権ニ対シ軍事的政治的竝ニ経済的援助ヲナサザルコト

(註)　右ハN工作ニ於ケル支那事変処理ニ関スル帝国従来ノ主張ヲ妨グルモノニアラズ而シテ特ニ日支間新取極ニ依ル帝国軍隊ノ駐屯ニ関シテハ之ヲ固守スルモノトス

但シ事変解決ニ伴ヒ支那事変遂行ノ為支那ニ派遣セル右以外ノ軍隊ハ原則トシテ撤退スルノ用意アルコトヲ確言スルコト支障ナシ

支那ニ於ケル米英ノ経済活動ハ公正ナル基礎ニ於テ行ハルル限リ制限セラルルモノニアラザル旨確言スルコト支障ナシ

帝国国防上ノ安全ヲ確保スベキ事項

二　英米ハ極東ニ於テ帝国ノ国防ヲ脅威スルガ如キ行為ニ出デザルコト

(イ)　泰、蘭印、支那及極東「ソ」領内ニ軍事的権益ヲ設定セザルコト

(ロ)　極東ニ於ケル兵備ヲ現状以上ニ増強セザルコト

(註)　日仏間ノ約定ニ基ク日仏印間特殊関係ノ解消ヲ要求セラルル場合ハ之ヲ容認セザルコト

帝国ノ所要物資獲得ニ関スル事項

三　米英ハ帝国ノ所要物資獲得ニ協力スルコト

(イ)　帝国トノ通商ヲ恢復シ且南西太平洋ニ於ケル両国領土ヨリ帝国ノ自存上緊要ナル物資ヲ帝国ニ供給スルコト

(ロ)　帝国ト泰及蘭印トノ間ノ経済提携ニ付友好的ニ協力スルコト

第二　帝国ノ約諾シ得ル限度

第一ニ示ス帝国ノ要求ガ応諾セラルルニ於テハ

一　帝国ハ仏印ヲ基地トシテ支那ヲ除ク其ノ近接地域ニ武力進出ヲナサザルコト

(註)　「ソ」聯ニ対スル帝国ノ態度ニ関シ質疑シ来ル場合「ソ」側ニ於テ日「ソ」中立条約ヲ遵守シ且日満ニ対シ脅威ヲ与フル等同条約ノ精神ニ反スルガ如キ行動無キ限リ我ヨリ進ンデ武力行動ニ出ヅルコトナキ旨応酬ス

二　帝国ハ公正ナル極東平和確立後仏領印度支那ヨリ撤兵スル用意アルコト

三　帝国ハ比島ノ中立ヲ保障スル用意アルコト

（附）

日米ノ対欧洲戦争態度ハ防護ト自衛ノ観念ニ依リ律セラルベク又米ノ欧洲戦参入ノ場合ニ於ケル三国条約ニ対スル日本ノ解釈及之ニ伴フ行動ハ専ラ自主的ニ行ハルベキモノナルコト

（註）右ハ三国条約ニ基ク帝国ノ義務ヲ変更スルモノニアラズ

内閣総理大臣口述

之ヨリ会議ヲ開キマス。御許シヲ得タルニ依リマシテ、本日ノ議事ノ進行ハ私ガ之ニ当リマス。

既ニ御承知ノ通リ、「帝国ヲメグル国際情勢ハ愈々急迫シテ参リマシテ、特ニ米、英、蘭等ノ各国ハアラユル手段ヲ以テ帝国ニ対抗シ来リ、又独「ソ」戦争ノ推移長期化スルニ伴ヒ、米「ソ」ノ対日連合戦線ノ結成セラルルガ如キ傾向モアルノデアリマス。

此ノ儘ニシテ推移センカ、帝国ハ逐次国力ノ弾撥性ヲ失フニ至リ、惹テハ米英等ニ対シテ国力ノ懸隔モ甚シキニ至ルコト必至ト存ゼラルルノデアリマス。帝国トシテハ、此ノ際一方ニ於テ速ニ如何ナル事態ノ発生ニモ応ズベキ諸般ノ準備ヲ完整スルコト当然デアリマスガ、他面アラユル外交上ノ手段ヲ尽シテ戦禍ヲ未然ニ防グニ努メネバナリマセン。万一右外交的措置ガ一定期間内ニ功ヲ奏セザルニ至リタルトキハ、自衛上最後ノ手段ニ訴フルコトモ已ムヲ得ナイト存ズルノデアリマス。

政府ト大本営陸海軍部トハ此ノ問題ニ関シマシテ協議ヲ重ネテ参ツタノデアリマスガ、今回意見一致シマシテ別紙ノ通リ本日ノ議題「帝国国策遂行要領」ヲ立案スルコトヲ得タ次第デアリマス」何卒十分ニ御審議ノ程ヲ願ヒマス。

尚軍令部総長、参謀総長、外務大臣及企画院総裁ヨリ夫々所掌事項ニ応ジ説明申上ゲマス。

軍令部総長説明事項

謹ミテ御説明申上ゲマス

「只今総理大臣ヨリ概括的ノ説明ガアリマシタガ帝国ト致シマシテハ極力平和的手段ニ依リ現下ノ難局ヲ打開シ帝国ノ発展及安固ヲ将来ニ確保スル途ヲ発見スルコトニ努力ヲ傾注スベキデアルハ勿論ノコトニ存ジマス併シ乍ラ万一平和的打開ノ途ナク戦争手段ニヨルノ已ムナキ場合ニ対シ統帥部トシテ作戦上ノ立場ヨリ申上ゲマスレバ帝国ハ今日油其ノ他重要ナル軍需資材ノ多数ガ日々涸渇ヘノ一路ヲ辿リ惹テハ国防力ガ逐次衰弱シツツアル状況デアリマシテ若シ此ノ儘現状ヲ継続シテ行キマスナラバ若干期日ノ後ニハ国家ノ活動力ヲ低下シ遂ニハ足腰立タヌ窮境ニ陥ルコトヲ免レナイト思ヒマス又之ト同時ニ極東ニ於ケル英米其ノ他ノ軍事施設及要地ノ防備竝ニ此等諸国特ニ米国ノ軍備ハ非常ナル急速度ヲ以テ強化増勢サレツツアリマシテ明年後半期トモナリマスレバ米国ノ軍備ハ非常ニ進捗シ其ノ取扱ヒ困難トナルノ情勢ニアリマス故ニ今日何等為ス処ナク荏苒日ヲ過

シマスコトハ現下ノ帝国ニ取リテ甚ダ危険ナリト謂ハナケレバナリマセヌ従テ外交交渉ニ於テ帝国ノ自存自衛上ノ已ムニ熄マレヌ要求スラ容認セラレズ遂ニ戦争避クベカラザルニ立到リマスナラバ帝国トシテハ先ヅ最善ノ準備ヲ尽シ機ヲ失セズ決意特ニ毅然タル態度ヲ以テ積極的作戦ニ邁進シ死中ニ活ヲ求ムルノ策ニ出デザルベカラズト存ジマス

作戦ノ見透シニ関シマシテハ彼ガ最初ヨリ長期作戦ニ出ヅル算ハ極メテ多イト認メラレマスノデ帝国ト致シマシテハ長期作戦ニ応ズル覚悟ト準備トガ必要デアリマス若シ彼ニシテ速戦速決ヲ企図シ其ノ海軍兵力ノ主力ヲ挙ゲテ進出シ来リ速戦ヲ我ニ求ムルコトアラバ是レ我ガ希望スル処デ御座イマス欧洲戦争ノ継続中ナル今日英国ガ極東ニ派遣シ得ル海軍兵力ハ相当ノ制限ヲ受クベク従テ英米ノ聯合海軍モ之ヲ我予定決戦海面ニ邀撃スル場合飛行機ノ活用等ヲ加味考量致シマスルニ勝利ノ算ハ我ニ多シト確信致シマス但シ帝国ガ此ノ決戦ニ於テ勝利ヲ占メ得タル場合ニ於キマシテモ之ヲ以テ戦争ヲ終結ニ導キ得ルコト能ハザルベク恐ラクハ爾後彼ハ其ノ犯サレザルノ地位、工業力及物資力ノ優位ヲ恃ンデ長期戦ニ転移スルモノト予想セラレマス

帝国ト致シマシテハ進攻作戦ヲ以テ敵ヲ屈シ其ノ戦意ヲ放擲セシムルノ手段ヲ有シマセズ且国内資源ニ乏シキ為長期戦ハ甚ダ欲セザル処デハアリマスガ長期戦ニ入リタル場合克ク之ニ堪ヘ得ル第一要件ハ開戦初頭速ニ敵軍事上ノ要所及資源地ヲ占領シ作戦上堅固ナル態勢ヲ整フルト共ニ其ノ勢力圏内ヨリ必要資材ヲ獲得スルニアリ此ノ第一段作戦ニシテ適当ニ完成サレマスナラバ仮令米ノ軍備ガ予定通進ミマシテモ帝国ハ南西太平洋ニ於ケル戦略要点ヲ既ニ確保シ犯サレザル態勢ヲ保持シ長期作戦ノ基礎ヲ確立スルコトガ出来マス其ノ以後ハ有形無形ノ各種要素ヲ含ム国家総力ノ如何及世界情勢推移ノ如何ニ因リテ決セラルル処大デアルト存ジマス

斯クノ如ク第一段作戦ノ成否ハ長期作戦ノ成否ニ大ナル関聯ガ御座イマスガ第一段作戦成功ノ算ヲ多カラシムル見地ヨリ其ノ要件ト致シマス所ハ第一ニハ彼我戦力ノ実情ヨリ見マシテ開戦ヲ速カニ決定致シマスコト、第二ハ彼ヨリ先制セラルルコトナク我ヨリ先制スルコト、第三ニハ作戦ヲ容易ナラシムル見地ヨリ作戦地域ノ気象ヲ考慮スルコト等ガ極メテ必要デ御座イマス如上ノ考慮ニ基キマシテ重要決意ノ時機ヲ本案ノ如ク選定致シマシタル次第デ御座イマス

固ヨリ作戦ノ準備ハ外交交渉ノ成行ヲ充分考慮致シマシテ慎重之ヲ進メテ参ル所存デ御座イマス

尚一言附ケ加ヘタイト思ヒマスガ平和的ニ現在ノ難局ヲ打開シ以テ帝国ノ発展安固ヲ得ル途ハ飽ク迄努力シテ之ヲ求メナケレバナリマセヌ決シテ避ケ得ル戦ヲモ是非戦ハナケレバナラヌト云フ次第デハ御座イマセヌ同様ニ又大阪冬ノ陣ノ如キ平和ヲ得テ翌年ノ夏ニハ手モ足モ出ヌ様ナ不利ナル情勢ノ下ニ再ビ戦ハナケレバナラヌ事態ニ立到ラシメルコトハ皇国百年ノ大計ノ為執ルベキニ非ズト存ゼラレル次第デ御座イマス

本日申述ベマシタル中、作戦ニ関シマスルコトハ戦争避クベカラザル場合ニ対スル所見ニ付之ヲ開陳シタル次第デアリマス

参謀総長説明事項

謹ミテ御説明申シ上ケマス

只今軍令部総長ノ説明ニハ陸軍部トシテモ全然同意テ御座イマス以下主トシテ戦争準備ト外交交渉トノ関係ニ就テ申シ上ケマス

帝国ハ現下ノ急迫セル情勢特ニ帝国国力ノ弾撥性漸減シツツアル実情ニ鑑ミマシテ今ヤ平和カ戦争カヲ決スルノ機ニ到来シツツアリマスルコトハ曩ニ近衛総理大臣ノ説明ニヨリマシテモ明ラカナルトコロテアリマシテ統帥部トシテハ和戦両様ノ構ヘニ応スル如ク速ニ所要ノ作戦準備ヲ整ヘル必要カアルノテ御座イマス

此クノ如ク急迫セル事態ニ於キマシテ荏苒時ヲ移シ米英ノ術策ニ陥リ時日ヲ経過致シマスレハ帝国国防弾撥力ハ漸次減耗スルト共ニ他面米英等ノ軍備ハ逐次増強致シマシテ我作戦ハ益々困難トナリ遂ニ米英ヨリスル障碍ヲ排除スルノ機ヲ失フ様ナ事態ニ立到リマス廣大ナルヲ以テ対米（英）戦争遂行ニ自信ノアル間ニ戦争ヲ発起致シマスル為予想戦場ノ天象等ヲ勘考シ又動員、船舶ノ徴傭艤装ヲ行ヒ且長遠ナル海上輸送ヲ以テ戦略要点ニ兵力ノ展開ヲ完了スル為其ノ戦争準備完整ノ時機ヲ十月下旬ト致シマシタル次第テ御座イマス

而シテ此際平和カ戦争カヲ決スル為外交上最後的手段ヲ尽スヘキハ申ス迄モナキコトテアリマシテ此ノ外交交渉間ハ我作戦準備ノ行動カ米英ヲ刺戟シマシテ折角ノ外交交渉ニ支障ヲ招クカ如キ事態ニ立到ラサル様統帥部トシテハ作戦準備ノ実行ニ関シ慎重ヲ期シテ居ル次第テ御座イマス

然シ乍ラ某時期ニ至リマスルモ外交的ニ目的ヲ達成スル目途ナキ場合ハ直チニ対米英開戦ヲ決意シテ更ニ戦争準備ヲ促進スルコトカ必要テ御座イマス即チ南部仏印ニ兵ヲ増派致シマスル等茲ニ十月下旬ヲ期シテ戦争準備ヲ完整セネハナラナイノテアリマス従ヒマシテ此等軍隊ノ行動ヲモ勘案シ遅クモ十月上旬頃ニハ開戦ノ決意ヲスル必要カアルト存シマス又帝国ノ南方作戦間北方ニ対シマシテハ独蘇開戦後帝国カ採リツツアリマスル対蘇作戦準備ヲ更ニ強化促進シ不測ノ事態ニ対応スルノ態勢ヲ整ヘマスルコトニ依リマシテ先ツ心配ハナイモノト存シマス

今後ニ於ケル米蘇ノ提携ハ当然トハ存シマスルカ冬季ハ北方ニ於テハ気候ノ関係上大ナル作戦ハ至難テアリマスルノミナラス此季節ニ於テ米「ソ」カ相提携シ一部飛行機又ハ潜水艦ノ蠢動スルコトカ御座イマシテモ実際上軍事的ニ実力ヲ発揮スル公算ハ少ナクアリマスノテ此冬期間ヲ利用シテ南方作戦ヲ速ニ終結シ得レハ明春以後北方ニ対シマシテハ如何ナル情勢ノ変化ニモ対処シ得ルモノト信シテ居ル次第テアリマス之ニ反シ此ノ季節的好機ヲ逸シマスレハ南方作戦ニ伴フ北方ノ安固ハ期シ難キモノカアルノテ御座イマス

最後ニ特ニ申シ上ケ度キハ対南方戦争ノ事態ニ立至リマスレハ帝国ハ速ニ其ノ企図ヲ独伊ニ開示シ予メ戦争遂行ニ関スル協定ヲ密ニシ日独伊三国ハ相協力シテ戦争目的ノ完遂ヲ期スヘキテアリマシテ如何ナル場合ニ於キマシテモ独伊ヲシテ米英ヲ相手トスル単独媾和ヲ為サシメサルコトカ戦争指導上特ニ喫緊ノ事項ト存シマス

日米了解案交渉ノ経緯　一六、九、六

新謂日米了解案ニ関スル非公式会談ノ経緯ニ付一言申上ケタイト存シマス。

在米野村大使ト「ハル」国務長官、「ウオーカー」郵務長官等トノ非公式会談ノ結果一ノ日米了解試案ナルモノヲ作成シ四月十六日附電報ニテ野村大使ヨリ報告シテ参リマシタ。

右了解案ハ要スルニ欧洲戦争ノ太平洋波及防止、支那事変ノ終結、日米両国間ニ於ケル通商経済ノ協力関係ノ促進等ノ目的ヲ以テ大局的見地ヨリ日米関係打解ノ基礎条件ヲ日米両国政府ノ共同宣言ノ形式ニテ先ツ協定シ然ル後日米会談ニ依リ細目ノ協定ヲ致サントスルモノテアリマス。

右案ニ対シマシテ我方ハ慎重審議ノ結果第一次修正案ヲ五月十二日附ヲ以テ電報致シマシタ。

合衆国側ハ右我方修正意見ニ対シ六月二十一日附ヲ以テ対案ヲ提出シテ参リマシタ。

仍テ我方ハ更ニ慎重考究ノ上七月十四日第二次修正案ヲ電報致シマシタ。

尚我方ハ本件ニ関シ前後数回ニ亘リ在京独伊大使ヲ通シ独伊ノ最高首脳部ニ内報方取扱ヒ置キマシタ。我方第二次提案ノ詳細ハ十五日在京独伊大使ニモ夫々内報致シタノデアリマスルガ十六日第二次近衛内閣ノ辞職ガアリマシタル為在米帝国大使ヨリ合衆国側ヘハ通達ノ運ビニ至リマセンデシタ。

其ノ後間モナク帝国軍隊ノ仏印進駐トナリマシタガ合衆国政府ハ之ヲ以テ日本ノ武力的南進政策ノ第一歩ナリト誤解致シマシテ斯クテハ本件日米了解案ノ基調ヲ為スヘキ太平洋ノ平和維持ノ原則カ破壊セラルル次第テ合衆国側トシテハ本件話合ヲ続クル基礎ヲ見出シ得ズトノ態度ヲトリ且他面七月二十六日ヨリ本邦ニ対シテモ資産凍結令ヲ実施スルコトトナリ我方ニ於キマシテモ七月二十八日附ヲ以テ従来行ハレテ来テヲリマシタ為替管理法ヲ強化シ外国人関係取引取締令ヲ米国ニ対シ実施致シマシタ。

次イテ七月三十日重慶ニ於キマシテ「ツツイラ」号ノ爆撃被害事件カ突発致シマシタカ幸ヒ彼我ノ平和的話合ヒニ依リ合衆国側ハ七月三十一日本件ハ終結セリト認ムル旨公ケニ声明シテ解決ヲ見タノテアリマス

然シ乍ラ合衆国政府トシテハ前ニ申上ゲマシタル通リ我方ノ仏印南部進駐ヲ以テ日米国交調整交渉ノ根本的観念タル国際案件ノ平和的処理ニ反ストテ交渉ノ打切リトハ申出テマセヌカ日本カ右ノ如キ武力的政策ヲ変更セヌ限リ日米了解案ノ交渉ヲ継続

スルモ無益ナリト云ハムハカリノ色ヲ示シタノデゴサイマス。七月二十四日米国大統領ハ在米帝国大使ニ対シ今次仏印ニ対スル進駐ノ意図ヲ中止スルカ若クハ既ニ進駐措置カ開始セラレタル後ナルニ於テハ撤兵セラレ度ク、日本軍隊カ撤兵セラルルニ於テハ合衆国大統領トシテ最善ヲ尽シテ米、英、蘭、支各国間ニ仏印中立化ニ関スル宣言ヲ取付クル様努力スヘキ旨帝国政府ニ対シ保障スル用意アル趣旨ノ提案ヲ為シテ参リマシタ。他方七月二十七日在京米国大使ヨリモ右合衆国提案ヲ本大臣ニ通報シテ参リマシタ

政府ハ今次仏印共同防衛措置ノ意義性質ニ付キマシテ右カ平和的且自衛的措置タルノミナラス先頃来ノ英、米、蘭等カ採リツツアリマシタ対日動向ニヨリ惹起セラレマシタ国内輿論ノ現状ニ鑑ミ必要ナル措置デアリマシテ之ニヨリ延ヒテ太平洋ノ平和破綻ヲ防止シ得ルモノトノ考慮ニ出テタルコトヲ説明セシメタノデアリマス

右ニ対シ政府ハ慎重考慮ノ結果八月五日仏印進駐ニ関シ更メテ詳細説明ヲ行フコト及左ノ事項ヲ在米帝国大使ヲシテ合衆国政府ニ申入方電報致シマシタ

日本政府カ

㈠ 極東ニ於ケル合衆国領土ニ対スル軍事的脅威トナルヘキ原因除去ノ為其ノ軍隊ヲ南西太平洋地域ニ於テ仏印以外ノ地ニ進駐セシメサルヘク又仏印ニ於ケル日本軍隊ハ支那事変解決後直ニ之ヲ撤退ス

㈡ 比律賓ニ関シ軍事的及政治的脅威ノ原因除去ノ為適当ノ時期ニ其ノ中立ヲ保証ス但シ帝国政府及国民ハ合衆国ヲ含ム一切ノ国ト同等ノ待遇ヲ受クルモノトス

㈢ 東亜ニ於ケル両国間ノ経済的不安定ノ原因除去ノ為合衆国ノ必要トスル天然資源ノ生産及獲得ニ協力ス

ト約諾スルニ対シ合衆国政府ハ

㈠ 直接日本国ニ対シ及日本国ノ海外物資輸送ニ対シ軍事的脅威トナルヘキ原因除去ノ為南西太平洋域ニ於ケル軍事的措置ヲ又本協定成立ノ際ハ合衆国政府ハ英及蘭印両政府ニ対シ同様ノ措置ニ出スヘキコトヲ勧奨ス

㈡ 両国間ニ於ケル軍事的政治的及経済的紛争ノ原因除去ノ為南西太平洋地域特ニ蘭印ニ於テ日本国ノ必要トスル天然資源ノ生産及獲得竝ニ日本蘭印間懸案ノ解決ニ付日本ト協力ス

㈢ 右ト関聯シ日本国ト合衆国トノ間ニ従前ノ正常ナル通商関係恢復ノ為ニ必要ナル措置ヲ速ニ採ルコト

㈣ 日本国政府カ前記㈠ニ約セル所ニ鑑ミ合衆国政府ハ速ニ支那事変解決ノ目的ヲ以テ日本国政府ト蔣政権トノ間ニ直接商議開始ノ橋渡シヲ為スコト又合衆国政府ハ撤兵後ニ於テモ仏印ニ於ケル帝国ノ特殊地位ヲ容認ス

トノ約諾方ヲ求メマシテ在米帝国大使ハ八月六日右訓令ニ基キ合衆国政府ニ申入ヲ致シマシタ

其ノ際国務長官ハ日本カ武力ニ依ル政策ヲ棄テサル以上会談ヲ

続行スル余地ナシトテ右我方ノ対案ニ差シタル興味ヲ示サス合衆国政府ハ如何ナル事態ニモ対処スル覚悟ヲ決メ居ル様見受ケラレタル由テアリマス

事態ハ之ヲ其儘ニ放任スル時ハ日米国交ノ全面的破綻ヲ生スル惧アルニ至リマシタノテ大局的見地ヨリ日米国交調整ノ要アリト痛感シ其后間モ無ク合衆国大統領ニ対シ総理ヨリ日米関係ニ関スル所見ヲ披瀝スルト共ニ適当ナル地点ニ於テ成ル可ク速ニ会見方ヲ申入レタノテアリマス

右ニ対シ八月十七日合衆国大統領ハ旅行先ヨリ帰国匆々且日曜日ニモ拘ハラス在米帝国大使ヲ招致シ二ツノ申入レヲ致シマシタカ右ニ付テハ既ニ八月廿二日御内奏申上ケマシタ通リテ御座ヰマス。其ノ趣旨ヲ要約致シマスルニ合衆国政府トシテハ日本側ノ希望スル非公式予備的会談ノ再開及両国政府首脳者ノ会見ニ対テハ欣然協力スル意向ヲ有スルモノテアリマスカ曩ニ七月本件非公式予備的会談カ中絶スルニ至リマシタ事情ニ鑑ミ合衆国政府トシテハ右会談ノ再開又ハ首脳者会見ノ計画ニ先立チ先ツ日本政府ニ於テモ米国政府カ日本側ニ対シ再三申上ゲタルト同様太平洋ノ平和維持乃至ハ日米国交調整ニ重大関係ヲ有スヘキ政府ノ態度及方針ニ関シ従来ヨリモ一層明瞭ナル表明ヲセラルルナラハ本件話合ヲ進ムル上ニ極メテ有益ナルヘシト考フル旨ヲ述ヘテ居ルノテ御座イマス

其後米国西海岸諸港ヨリ日本近海ヲ通過シ米国及蘇聯ノ船舶ニ依テ石油類及軍需品ノ浦潮向輸送カ日米両国ノ新聞ニ依リ報道セラレ我国民感情ヲ刺激スルニ至リマシタノテ帝国政府ハ米蘇両国政府ニ対シ自制方申入レマシタ右ニ対シ蘇聯政府ハ我方ノ抗議ヲ以テ非友誼的ナリト認メサルヲ得サル旨ヲ回答シテ参リマシタカ米側ハ日本ニ対スル給油量ニ比シ問題トナラサル程ノ少量ノ石油ニ付抗議的申入ヲ受クルハ解シ難シト回答越シマシタ結局日米両国政府ノ大乗的見地ヨリスル国交調整ノ考慮ニ依リテ我方ノ主張ニ同調スルコトトナルモノト考ヘラルル次第テ御座ヰマス

事情右ノ如キニ加ヘ米船ノ日本寄港ハ従来杜絶エテオリマシタカ七月二十六日以来ハ米国向日本船モナクナリ事実上日米通商ハ殆ド杜絶シ日米関係ハ一路緊迫ノ途ヲ辿ル趨勢ニアリマシタノテ政府ト致シマシテハ両国間ノ危険ナル状態ヲ緩和シ国交調整ヲ促進スル必要ヲ益々痛感シ其ノ後在米大使及在京米国大使ヲ通シ前述ノ首脳者会見早急実現方ニ付キマシテ米首脳部ノ説得ニ努メマシタ然シ在米帝国大使ヨリノ屢次稟申ノ次第モアリ帝国政府ノ対米国交調整ノ基調トモ称スヘキ条件ヲ決定シ九月四日在京「グルー」大使ヲ通シ本国政府ニ伝達方申聞クルト共ニ更ニ同日在米帝国大使ニ対シテモ同趣旨米当局ニ申入方及此程度ノ下協議ヲ以テ両首脳者早急会見実現方ニ付米側ニ申入ルル様訓電致シタ次第テ御座ヰマス

企画院総裁説明事項

謹ミテ帝国国力ノ弾撥性ニ関シマシテ御説明申上ゲマス

帝国国力ノ源泉デアリマスル要員及国民ノ精神力ニ関シマシテハ今後帝国ガ如何ナル事態ニ直面致シマストモ不安ハ無イト存ジマス

唯ダ問題トナリマスノハ主トシテ物資ノ面デアリマス。由来我国ノ経済ハ主トシテ英米及英勢力圏内トノ貿易ノ上ニ発展シテ参ツタノデアリマシテ重要物資ノ多クハ海外ノ供給ニ依存シテ居タノデアリマス

支那事変発生以来今日ノ如キ最悪ノ事態ガ早晩到来致スコトヲ考慮致シマシテ自給圏内ニ於ケル資源ノ開発ト生産力ノ拡充整備等ヲ図リマシテ我国経済ノ逐次対外依存態勢ヨリノ脱却ニ努メテ参ツタノデアリマスガ欧洲戦乱勃発以来世界情勢ノ急変特ニ昨年夏以来ノ日米間ノ不円滑ハ我国生産力ノ拡充整備充分ナラザルニモ拘ハラズ急激ニ英米等ヨリノ依存関係カラ離脱スルコトヲ決意セネバナラヌコトガ予想サレタノデアリマス

之レが為メ昨年下半期以降ハ六億六千万円ノ特別輸入ヲ致シマシテ重要物資ノ取得蓄積ヲ致シマシタ

一方新タニ独逸、蘇聯等トノ経済関係ヲ活用シ其ノ欠ヲ補ハント致シタノデアリマス

然ルニ本年六月独蘇ノ開戦ヲ見ルニ及ビマシテ此種補正モ断念セネバナラヌ状態ト相成リマシタ

茲ニ於キマシテ帝国ノ国力ノ物的弾力性ハ一ニ帝国自体ノ生産力ト皇軍ノ威力下ニアリマスル満洲、支那、仏印、泰ノ生産力ニ依ルノ外予ネテ蓄積セル重要物資ニ存スルコトトナツタノデアリマス

従ヒマシテ今日ノ如キ英米ノ全面的経済断交状態ニ於キマシテハ帝国ノ国力ハ日一日ト其ノ弾撥力ヲ弱化シテルコトトナルノデアリマス

最モ重要ナル関係ニ在リマス液体燃料ニ就キマシテハ民需方面ニアリマシテ極度ノ戦時規正ヲ致シマシテモ明年六、七月頃ニハ貯蔵ガ皆無トナル様ナ状況デアリマス

夫レデアリマスカラ左右ヲ決シマシテ確乎タル経済的基礎ヲ確立安定致スコトガ帝国ノ自存上絶対ニ必要ト存ズルノデアリマス

万一武力ニヨリ之ガ確立ヲ図ラネバナラヌコトトナリマスレバ海上輸送力其他諸般ノ関係カラ致シマシテ我ガ国ノ生産力ハ一時総ジテ現生産力ノ半バ程度ニ低下致スコトガ予想致サルルノデアリマス　従ヒマシテ物資関係カラ之ヲ観マスレバ此ノ生産力低下期間ヲ努メテ短縮致シマスルト共ニ武力戦ノ成果ヲ直ニ生産ニ活用スル様企図セネバナラヌト存ズルノデアリマス

南方諸地域ノ要地ニシテ三、四ケ月ノ間ニ確実ニ我ガ領有ニ帰シマスルナレバ六ケ月内外カラ致シマシテ石油、アルミニウム原料、ニツケル、生ゴム、錫等ノ取得ガ可能トナリマシテ二年目位カラハ完全ニ之ガ活用ヲ図リ得ルト存ゼラルルノデアリマス

尤モ武力戦ノコトデアリマスカラ時ニ予想ニ反スルコトモアリマスルノデ之ニ処スルノ方法ニ就テモ予メ之レヲ研究致シテ居

ル次第デアリマス
尚ホ高級石綿、コバルト等二、三物資ニ就キマシテハ南方地域ヲ領有致シマシテモ之ヲ取得スルコト困難ナルモノガアリマスルガ之レニ関シテハ之レガ代用化ニ付既ニ研究致シテ居リマスルノデ国力ノ維持増強ニ差シタル支障ハ無イカト存ズルノデアリマス

帝国国策遂行要領ニ関スル御前会議ニ於ケル質疑応答資料

昭和十六年九月六日
参謀本部

目次

協同防衛ヲ如何ニスルカ又仏印トノ共同防衛ハ現在如何ニナリアリヤ

二八　南方外廓諸地方ニ於ケル敵領兵力ノ状況如何

二九　南方諸地方ニ於ケル敵性兵力（海軍除ク）竝ニ最近ニ於ケル変化ノ状況如何

三〇　米本国ノ陸軍軍備ノ概要如何

三一　米英巨頭洋上会談ニ対シ如何ニ観察シアリヤ

一　対英米戦争ハ避ケラレヌカ

帝国ノ支那事変処理ヲ中心トスル東亜新秩序ノ建設ハ八紘一宇ノ国是ニ則リタル帝国不動ノ国策ニシテ国家ノ生命ト共ニ悠久ナル発展ヲ遂クヘキモノナリ

然ルニ米国ノ対日政策ハ現状維持ノ世界観ニ立脚シ世界制覇ト民主主義擁護ノ為帝国ノ東亜ニ於ケル興隆発展ヲ阻止セントスルニ在ルモノノ如ク是ニ於テ日米ノ政策ハ根本的ニ背馳シ両者ノ衝突ハ一張一弛ヲ経テ遂ニ戦争ニ迄発展スヘキハ歴史的必然性ヲ持ツト云フヘキナリ

現実ノ事態ハ米国カ其ノ対日政策ヲ変更セサル限リ帝国ハ自存自衛ノ為最後ノ手段タル戦争ニ訴ヘサルヲ得サル絶対絶命ノ境地ニ立到レルコト玆ニ再説ヲ要セス

今仮ニ一時ノ平和ノ為国策ノ一部後退ニ依リ米ニ一歩ヲ譲ランカ米国ノ軍事的地位ノ強化ハ更ニ十歩百歩ノ後退ヲ要求スルニ至ルヘク遂ニハ帝国ハ米国ノ頤使ニ甘ンセサルヲ得サルニ至ルヘシ

二　対米英蘭戦争目的如何

対米英蘭戦争ノ目的ハ東亜ニ於ケル米英蘭ノ勢力ヲ駆逐シテ帝国ノ自存自衛圏ヲ確立シ併セテ大東亜ノ新秩序ヲ建設スルニ在リ換言セハ帝国ト南方諸邦トノ間ニ軍事政治経済ニ亙リ密接不離ナル結合関係ヲ樹立シ帝国ノ自存自衛ヲ全カラシメ併セテ大東亜ニ於ケル共存共栄ノ新秩序ヲ建設スルニ在リ従ツテ之ヲ妨碍スヘキ米英蘭ノ敵性勢力ハ断乎之ヲ駆逐スヘキナリ

三　対英米戦争ノ見透特ニ如何ニシテ戦争ヲ終結セントスルヤ

対米英戦争ハ長期大持久戦ニ移行スヘク戦争ノ終末ヲ予想スルコトハ甚タ困難ニシテ特ニ米国ノ屈伏ヲ求ムルハ先ツ不可能ト判断セラルルモ我南方作戦ノ成果大ナルカ英国ノ屈伏等ニ起因スル米国輿論ノ大転換ニ依リ戦争終末ノ到来必スシモ絶無ニアラサルヘシ何レニスルモ南方要域ヲ占領シテ戦略上優位ノ態勢ヲ確立スルト共ニ南方ノ豊富ナル資源ヲ開発シ東亜大陸ニ於ケル経済力ノ利用ト相俟ツテ長期自給自足ノ経済態勢ヲ整備シ且独伊ト提携シ米英ノ結合ヲ破摧シテ亜欧ヲ連絡スル等ニ依リ不敗ノ態勢ヲ確立シ得ヘク此ノ間情勢ヲ利導シ戦争ヲ終熄ニ導キ得ルノ光明ヲ認メ得ヘシ

四　米英「ソ」支蘭ノ軍事的結合関係如何

南方諸地方就中馬来、蘭印、濠洲方面ニ於ケル海、空軍基地ノ共同使用ニ関シ黙契アルモノト思惟セラレ一方支那奥地ニ存在スル航空基地使用ニ関シテモ去ル七月末重慶ニ於テ米、英、支ノ空軍専門家会同セルノ情報アリ米国カ従来軍需品ヲ支那ニ供給シアルハ周知ノ事実タルノミナラス将来兵器就中航空機ト共ニ米国軍ニ軍籍ヲ有スルモノ逐次渡支シツツアルハ実質上ノ米支軍事合作トシテ着目ヲ要ス
米国大統領ト英国首相トノ会談ニ於テハ帝国ノ南進ヲ阻止スル為米英ノ執ルヘキ軍事的方策ヲモ協議セルモノノ如シ
一面米国カ「ソ」聯邦援助ニ名ヲ藉リ北太平洋ヲ経テ戦用資源ノ援助ヲ行ヒアルハ有事ノ際極東蘇領ニ軍事基地特ニ航空、海運基地ヲ獲得シテ帝国ヲ目途トスル包囲陣ノ北翼ヲ担任スルモノトシテ大ニ注目ヲ要スルノミナラス近ク米、英、蘇ノ三国会談ヲ「モスコー」ニ於テ開催セントシ而モ重慶政府亦之ニ参加ヲ希望シアルハ帝国ノ寸時モ看過シ得サル所ナリ

五　支那ニ於ケル米英蘇支軍事的結合関係

支那側ノ策動熱烈ナルモ米英ノ気乗薄ニ依リ米英「ソ」支ヲ一環トスル軍事的同盟ノ如キハ認メサルモ米英支ノ軍事合作ニ就キ個々ノ問題ニ関シテハ一部ノ了解成立シアリ

1　米支
　空軍援助
2　英支
　遊撃戦部隊ノ結成
3　日本ノ南進ニ対シテハ米英空軍ノ支那領基地ノ利用

六　戦争準備ヲ十月下旬目途トセル理由如何

目下ニ於ケル帝国国力及戦力ノ隘路カ油ナルハ多言ヲ要セス而シテ帝国ハ目下貯油ヲ逐次消費シツツアリテ此ノ儘ノ姿勢ニテ推移スルトシテモ其ノ自給力ハ今後多クモ二年ヲ出テス大ナル作戦ヲ行ヘハ此ノ期間ハ更ニ短縮スヘク時日ノ経過ト共ニ帝国ハ武力的ニ無力トナリ戦争遂行力ハ低下スヘシ
一方米国ノ海空軍ハ時ヲ逐フテ飛躍的ニ向上シ南方ニ於ケル米英蘭ノ防備ハ逐次増強セラレ従テ時ノ経過ト共ニ作戦的ニ益々困難ノ度ヲ加フルノミナラス来年秋以後ハ米国海軍軍備ノ充実ハ帝国海軍力ヲ凌駕シテ遂ニ戦ハスシテ米英ニ屈従セサルヘカラサルニ至ルヘシ
他方北方ハ気候ノ関係上冬期大ナル作戦ハ彼我共ニ至難ナルヲ以テ此ノ期間ニ於テ速ニ南方ノ主ナル作戦ヲ終リ明年春以降北方ニ対シ用兵上ノ自由ヲ保留スル為ニモ成ルヘク速ニ戦争準備ヲ完整スルコト必要ナリ
之レカ為今ヨリ直チニ戦争準備ニ着手スルモ動員、船ノ徴傭、艤装等ヲ行ヒ且長遠ナル海上輸送ヲ以テ戦略要点ニ兵力ノ展開ヲ完了スルハ十月下旬頃ナリ

七　十月上旬頃迄ノ作戦準備ト爾後十月下旬迄ノ作戦準備トノ差ハ何カ之ト外交トノ関係如何

十月上旬迄ノ作戦準備ハ編成動員、集中展開、基地ノ設定

等ヲ含ムモノトス而シテ此ノ期間ニ於テハ外交交渉ニ最善ヲ尽シアル時期ナルヲ以テ努メテ穏密ニ行ヒ企図ヲ秘匿シ又南部仏印ヘノ増兵ハ之ヲ避クル等外交交渉ニ妨害ヲ及ホササル如クスヘキモノナリ爾後（開戦決意後）十月下旬迄ノ作戦準備ハ十一月初メノ武力発動ヲ基準トシテ一切ノ作戦準備ヲ完整スルモノニシテ此ノ期間ニ於ケル外交ハ政戦略ノ転換ヲ有利ナラシムルヲ目標トシテ行ハルヘキモノナリ

八　「外交上要求達成ノ目途ナキ場合直ニ開戦ヲ決意ス」トアルカ武力発動ハ何時トナルヤ

作戦準備ノ完整ヲ待チテ武力ヲ発動スヘキモノニシテ其ノ時機ハ十一月初トナルヘシ

九　本文第三項ノ終リニ「……開戦ヲ決意ス」トアルカ其意義ハ如何

之レハモウ最後ノ断テアツテ引続キ武力ヲ発動スルコトテアル、又ソレカ出来得ル様ニ外交軍事其他カ準備セラルヘキモノテアル要ハ外交ノ見込ミカナイトナレハ早ク武力発動ヲ要スル、米英ハ外交ヲ以テ我ヲ引摺ラント努ムルハ当然テアル、ソレニ乗ツテハ大変タ、外交交渉ヲ以テ我要求ヲ貫徹シ得ル目途アルカナキヤヲ彼ニ先タチテ見透ス断アツテコソ敵ノ謀ヲ伐ツコトカ出来ルノテアル

一〇　米「ソ」提携阻止ノ手段方法如何

対米「ソ」戦争決意ナキ限リ外交的ニハ妙手ナシ極東「ソ」領ヲ通シテ援「ソ」物資ノ供給停止方ニ付イテハ已ニ「ソ」米ニ対シ外交的申入レルヲナセルモ其効ナシ

一一　対南方以外ノ施策トハ何カ

支那事変ノ処理
北方問題
米参戦ニ対スル帝国ノ態度
国戦内時体制ノ確立
等「情勢ノ推移ニ伴フ帝国国策要綱」中南方問題以外ノ施策ヲ云フ

一二　十月上旬対米開戦決意後何故外交交渉ヲ行ハサルヤ武力発動ノ直前迄外交交渉ヲ行フヲ可トセスヤ

対米交渉ヲ続行シツツ対米英戦発起ノ為ノ最後的作戦準備ヲ進ムルハ外交交渉ヲ破壊スルニ等シ故ニ南部仏印ヘノ増兵等ハ開戦決意後ニ於テ行ハルヘキモノニシテ此ノ時期ニ於テ当方ヨリ進ンテ外交交渉ヲ行フヘキニアラス但シ米英ニシテ我要求ヲ全面的ニ容認スルニ於テハ戦争ニ訴フルコトナク外交交渉ニ応スヘキコトアルハ勿論ナリトス

一三　南方作戦ハ支那事変処理ニ如何ニ影響スルヤ

従来対米英顧慮上発動ヲ控ヘアリシ重慶政権ニ対スル交戦権ノ行使ト敵性租界ノ処理ヲ即時実行スルコトニ依リ重慶政権ニ対スル圧力ヲ強化シ得ヘシ

又香港攻略「ビルマルート」ノ遮断ニ依リ米英ト重慶トノ連鎖ヲ完全ニ分断シテ其ノ援蔣行為ヲ阻止シ以テ重慶屈伏

ヲ促進シ得ヘシ特ニ帝国ノ断乎タル対米英戦争ノ遂行ハ重慶政権及其ノ傘下ニアル一般民衆ノ米英依存感ヲ粉砕シ得ヘク抗戦意志ノ紐帯ハ破綻シ抗戦体制ノ崩壊ヲ来ス公算大ナリ従テ対米英戦争経過中ニ於テ重慶屈伏ノ機ヲ捕捉シ得ル公算少カラス然レトモ万一帝国国力ノ消耗国民士気ノ沈衰等ヲ見ルコトアランカ重慶政権ノ抗戦意志ハ却テ昂揚セラレ事変解決ノ見透ヲ益々困難ナラシムルニ至ルヘシ之レ帝国ノ戦争指導上注意ヲ要スル所ナリ

一四　最近ニ於ケル重慶政権ノ動向ト支那軍ノ実情如何

(イ)　重慶側ハ帝国現下ノ動向ヲ注視シ之カ対応策ヲ講シアルモ一ニ帝国ノ在支兵力ノ抽出転用ト米英ノ対日圧迫ノ加重ニ依ル局面ノ好転トヲ期待シ之カ実現ノ為策謀宣伝シアルニ過キス

(ロ)　軍事ニ在リテハ概ネ約三百ヶ師百九十八万空軍第一線機約一一〇機ニシテ支那軍自力ヲ以テスル決戦的総反攻ハ当分実施シ得サルヘキハ過般ノ揚子江下流ニ於ケル第三戦区ノ反抗ニ徴シ明瞭ナリ但シ目下相当ノ期待ヲ以テ空軍ヲ再建中ナルモ未タ我ニ脅威ヲ与フル程度ニアラス

(ハ)　国内体制ニ在リテハ共産党及南京和平派ノ左右両翼ヨリスル攻勢ハ未タ重慶政権ノ動揺破綻ニ何等ノ影響無キモ財政経済上ノ逼迫ハ顕著ニシテ漸次破局ニ近迫シツツアルノ兆候歴然タルモノアリ

(ニ)　A、B、C、D政策ヲ外交上ハ勿論戦時国策ノ中心方策トシ内外相俟ツテ之カ強化具現ニ躍起トナリアルモ未タ大ナル影響無キモノノ如シ

一五　英米ノ仏印泰ニ対スル軍事的施策ノ実況如何

一　英国

イ　帝国カ泰国ニ対シ武力的圧迫ヲ加フルニ於テハ英国亦武力ヲ以テ之ニ対抗スヘシトノ意志ヲ仄カセリ

ロ　泰国カ第三国ニ対シ軍事基地ヲ提供シ或ハ軍事上ノ便宜ヲ供与スルニ於テハ英泰間ノ不可侵条約ハ無効ト認ムトノ恫喝的通告ヲナス一方軍事基地設定方ヲ同国ニ強要シ其ノ代償トシテ燃料ノ供給竝ニ泰国ノ失地回復ニ考慮ヲ払フ旨甘言ヲ以テ之ヲ導キアリ

ハ　八月四日英主力艦「ウオアスパイト」号「シヤム」湾ニ徘徊セルノ情報アリ

ニ　仏印ニ対シテハ直接的軍事施策ナキモ帝国ノ意図スル所ヲ事毎ニ妨害シアリ

二　米国

イ　仏印問題ニ関シ声明ヲ発シ仏印共同防衛ニ関シ仏国政府ヲ非難セリ

ロ　仏印在留米国人ノ引揚ヲ命ス

ハ　泰国ニ対シ同国防衛ニ関シ強硬態度ヲ取ルコトヲ慫慂シ武器供与方ヲ提議セリトノ情報アリ（中立保障ノ提議ナリ）

一六　独「ソ」戦ノ見透其後ノ独逸軍ノ作戦予想
(イ)　独軍ハ十月末若ハ十一月上旬頃迄ニ「ソ」野戦軍主力ヲ撃滅シ欧「ソ」ノ主要部ヲ占領シテ有力ナル一部ヲ以テ敗退セル「ソ」軍ト相対シ次テ高架索、近東、北阿作戦ヲ開始スル公算大ナリ之カ為左ノ如ク判断ス
1　本秋ノ進出線
白海、「モスコー」東側、「ドンバス」ヲ連ヌル線
2　右欧「ソ」作戦終了前後頃ヨリ先ツ高架索作戦ヲ又略之ニ引続キ近東、北阿作戦開始セラルヘシ
3　対英作戦ハ対「ソ」戦充当ノ空軍兵力転用ト共ニ逐次空襲ヲ激化シ通商破壊戦亦強化セラルヘキモ上陸作戦ハ近東、北阿作戦終了後来春夏ノ候ニ延期セラルルナラン、

一七　対米英戦争遂行ノ為独伊トノ関係如何
本戦争推移ノ見透既述ノ如クナルニ稽ヘ帝国ハ独力ヲ以テ戦争ヲ完遂スルノ覚悟ヲ必要トスルハ勿論ナルモ独伊トノ間ニ鞏固ナル結合関係ヲ保持スルコト肝要ナリ之カ為独伊ハ米英ト単独媾和ヲナササルコト、日独伊ハ協力シテ先ツ英国ヲ屈伏セシムルコト等ニ就キ約諾ヲナスノ要アリ
但シ独伊ノ都合ニ依リ南方作戦ノ発足ヲ制限セラレサルノ用意必要ナリ

一八　南方ニ関聯シ北方ニ対シテハ如何ニ考フルヤ
南方武力行使間北方ニ対シテハ為シ得ル限リ二正面作戦ヘノ拡大ヲ避クル如ク特ニ米蘇ノ対日共同戦線ノ結成ヲ防止スルニ勉ムヘキモノトス
帝国トシテハ南方武力行使ニ伴ヒ米「ソ」ノ提携ヲ当然予期セサルヘカラサルモ冬季間ハ気候ノ関係ニ依リ軍事的ニ之カ実現ハ困難ナリト認ム
然レトモ独蘇戦ノ推移帝国ノ為有利ニ進展セルカ米蘇提携ニヨル北方ヨリノ脅威極メテ大ナルカ或ハ「ソ」ヨリ攻勢ヲトル等国防上忍フヘカラサルカ如キ事態到来セル場合ニ於テハ南方武力行使間又ハ行使前ニ於テモ武力ヲ行使シテ北方問題ヲ解決スルコトアリ

一九　本年内ニ独「ソ」戦ノ推移我ニ有利ニ進展シ北方ニ対シ武力行使スルカ如キ事態発生スルヤ
時日ノ経過ト共ニ情勢ハ有利ニ進展スヘキコト固ヨリト判断セラルルモ我ノ所期スルカ如キ有利ナル情勢ハ極寒期以前ニハ先ツ到来セサルモノト判断ス
蓋シ独ハ本年内ニ欧「ソ」ノ大部ヲ席捲シ「スターリン」政権ハ「ウラル」以東ニ逃避スヘキ事概ネ確実ナルモ「スターリン」政権カ直ニ崩壊スルモノトハ判断セラレス目下極東「ソ」領ハ一般ニ意気揚ラサルモ未タ動揺ノ徴ナク欧「ソ」ニ於ケル敗戦ノ影響カ極東ニ波及シ極東一般ノ情勢ニ動揺変化ヲ生スル迄ニハ若干期日ノ経過ヲ要スヘシ
然レトモ本冬ノ極寒期ハ「ソ」聯ニ取リ最大ノ危機タルヘ

ク食糧及燃料ノ不足配給ノ不円滑等ニ依リ情勢急変スルコトモアリ得ヘク又欧「ソ」喪失後ノ「スターリン」政権カ時日ノ経過ト共ニ弱化シ戦争遂行力ヲ喪失スルニ至ルヘキハ明カニシテ従ツテ帝国ノ為有利ナル情勢カ早晩到来スヘキコト疑ヲ入レサルヘシ其時機ハ先ツ本年極寒期以降ト判断ス

然レトモ仮令好機到来スルモ厳寒ノ候ハ作戦困難ナルヲ以テ武力行使ハ明年晩冬トナルヘシ

二〇　南方作戦ト船舶トノ関係如何

南方作戦ニ際シ民需充当用船舶ハ約三ケ月間程最少量ノ時期カアリ之カ為一時生産力ニモ影響スヘキモ之等ハ戦争遂行上ノ必要ニ基キ国家トシテハ一時之ヲ凌カサルヘカラス軍トシテハ戦略上ノ要求ト長期戦ニ伴フ生産拡充上ノ要求トノ関係ヲ特ニ留意シテ経済的ニ船舶ヲ運用スヘク数次ノ検討ヲ了シアル次第ナリ

二一　要求事項中援蒋行為ノ中止（一ノ(ロ)）ハN工作ニ示セルコトト矛盾セスヤ

（Nニ於テハ勧告シテ廃シナケレハ中止セヨト要求シ本案ニテハ(イ)ト(ロ)ヲ併立セシメアリ）

本件ハ終局ニ於ケル要求ニシテ従来N工作ニ於テ支那事変処理ニ関シ主張セル帝国ノ態度ヲ妨クルモノニアラス

二二　国土防衛ノ現状如何

国土防衛ノ為陸軍ニ在リテハ先般来防衛部隊ヲ逐次編成配置シ鋭意教育訓練ノ実施施設ノ強化ニ努力中ナルモ未タ必スシモ万全ヲ期シ難シ加之帝国都市ノ状況ハ防空上幾多ノ弱点ヲ有シ加フルニ之カ対策ハ今尚中途ニ在リ

現状ニ於テ開戦ノ暁ニハ相当大ナル被害ヲ蒙ルコトアルヲ覚悟セサルヘカラス

然レ共陸海軍ハ進攻作戦ニ依リ敵航空勢力ノ破摧ニ勉ムヘキヲ以テ軍官民一致協力不退転ノ決意ヲ以テ危機突破ニ努ムルニ於テハ空襲ノ惨禍ヲ局限シ得テ戦争遂行ニ大ナル支障ヲ来ササルモノト認ム

二三　別紙ノ如キ要求並約諾限度ヲ以テ対米交渉ノ見透シ如何

日米相互ノ譲歩ノ精神ニヨリテノミ成立スヘシ現在ニ於ケル米国ノ態度ノ如ク日本ノ譲歩ノミヲ要求シ殊ニ支那事変処理大東亜共栄圏ノ建設ヲモ放棄セシメ三国同盟ヨリ脱退ヲ強要スルニ於テハ成立ノ公算少ナカルヘシ

二四　最少限度ノ要求事項ト約諾シ得ル限度トノ関係如何

最少限度ノ要求事項ヲ米英カ応諾セル場合ニ約諾シテ支障ナキ限度ノ意ニシテ当初ヨリ我約諾シ得ル限度ヲ展開スヘキモノニアラサルト共ニ我要求限度ハ一字一句ノ修正ヲモ罷リナラヌトイフヘキモノニアラサルモ根本ニ於テハ断シテ変更スヘキモノニアラス又外交技術上先ツ大ナル要求ヲ提示シ逐次之ヲ減スル等ハ問フトコロニアラサルハ勿論ナリ

然レトモ本件ハ統帥ト関聯スル所多キヲ以テ政戦両略緊密

ナル連繋ヲ保持スルコト必要ナリ

二五　別紙第一ニ盛ラレタ条件全部カ容レラレネハ外交ハ決裂サセルノカ

「別紙第二帝国ノ約諾シ得ル限度」ノ第一、第二項ヲ諾スルハ事実トシテ米英ノ最大脅威タル帝国ノ南方武力進出ヲ取止ムルコトトナルノテ大ナル恩恵ヲ彼レニ与フルコトトナル

一方我国トシテハ大陸資源ト米英蘭ノ資源ヲ利用シテ行クコトニナルノテアルカラ条件ハ一歩モ譲ルコトハ出来ヌ。殊ニ南方武力行使セサルコトヲ約スル以上ハ支那ハ完全ニ我帝国ノ思フ様ニセネハナラヌ。之レカ為ニハ何ト云フテモ必要ノ駐兵ヲ絶対ノ要件トス。全部撤兵ナトシテハ支那ハ言フコトヲキカヌ。日本ハ生存出来ヌ。陸軍ハ十数万ノ犠牲ヲ払フテ居ル。又南方武力不行使ヲ約スル以上ハ彼等ヲシテ帝国ノ国防ヲ脅威スル様ナ行為ニ出テシメサルコトハ当然テアル。若シ彼等カ我呈出条件ニ応セサルナラハ彼等ハ日本ヲ屈伏セシメントスル本心アルモノト見ルヘキテ之ヲ吾人カ譲歩スルナラハヤカテ彼等ノ毒刃ニカカルハ瞭カテアル

二六　比島ハ米領ナルカ之カ中立ヲ保障ストハ如何ナル意味カ

比島カ独立セル後日米両国ハ之カ中立ヲ保障スルトノ意ナリ

二七　別紙第二ノ第二号ニ「公正ナル極東平和確立後仏領印度支那ヨリ撤兵スル用意アルコト」トアルカ仏印トノ協同防衛ヲ如何ニスルカ又仏印トノ協同防衛ハ現在如何ニナリアリヤ

公正ナル極東平和確立（支那事変和平解決ヲ含ム）セハ仏印カ米英支ヨリ蒙ル脅威ハ当然解消スヘキヲ以テ撤兵スルモ仏印側ニ何等ノ支障ナカルヘシ

現在ハ日仏印共同防衛議定書ニ基キ帝国軍カ南部仏印ニ進駐セルノミニシテ軍事上ノ具体的協力関係ニ就テハ未タ話ヲ進メアラス

二八　南方外廓諸地方ニ於ケル敵領兵力ノ状況如何

国地域	現在兵力		我南部仏印進駐以後ノ変化
	地上兵力	飛行機	
印度	一　正規軍約三〇余万 別ニ海外派遣兵力十五万以上	一　二百機	一　馬来及中東方面ニ派兵ニ努メアルカ如キモ其兵力ノ細部未詳ナリ

国	英			合計
	濠洲	新西蘭	緬甸	
	一 正規軍二十五万 別ニ海外派遣兵力十二万以上	一 正規軍一万一千 別ニ海外派遣兵力二万以上	一 正規軍一万四千 一 予備軍其ノ他准軍隊 合計約二万	七十八万五千以上
	一 二百五十機	一 百機	一 五十機	六百機
	一 馬来方面ニ増派セル事前記ノ如ク今後モ増兵予想セラル	一 変化ナシ	一 八月上旬操縦士、地上勤務員約百五十名新嘉坡甲谷陀ヨリ来着ス	

二九　南方諸地方ニ於ケル敵性兵力（海軍除ク）竝ニ最近ニ於ケル変化ノ状況如何

国		米	
地域		「グワム」	比島
現在兵力	地上兵力	一、海兵隊　三百 二、国防軍　千五百	一、正規軍　四万千二 二、海兵隊　九百 三、比島国防軍　十四万
	飛行機	一、水上基地アルモ常備機ナシ	一、陸海軍機ヲ合シ約百六十機
我南部仏印進駐以後ノ変化		一、変化ナシ	一、比島国防軍ヲ米極東軍司令官ノ隷下ニ入ル 二、比島国防軍中ヨリ約二万ヲ正規軍土人隊ニ編入ス 三、巡察隊ヲ米極東軍司令官ノ隷下ニ入ル

英	馬来	一、正規軍　約六万（英本国兵約一万一千濠洲兵約一万五千印度兵約三万五千）英領「ボルネオ」ハ正規軍一千義勇兵二千五百 二、義勇軍　二万	一、陸海軍機ヲ合シ 二百乃至二百五十機	一、濠洲兵四乃至五千増加（八月中旬） 二、印度兵ハ兵数未詳ナルモ相当増加ノ見込
和蘭	蘭印	一、正規軍　七万（爪哇島ニ五万外領ニ二万）	一、陸海軍機ヲ合シ 約二百機	一、土人徴集令ニ基キ第一回徴集ヲ行ヒ（十五万ト号スルモ過大）九月下旬ヨリ武装訓練開始ノ予定
合計		三十三万四千七百	陸海軍機ヲ合シ 約五百六十乃至六百十機	

三〇　米国ノ陸軍軍備ノ概要（昭和一六年八月末現在）

一　兵力

正規軍	約　五十万	計　約　百四十万
護国軍	約　三十万	
編成予備軍	約　五万	
外ニ約五四万ヲ徴兵シ正規軍竝ニ護国軍ニ編入シアリ		

二　師団数

1　正規軍	師団	本土	九
		属領	二
	装甲師団		四
	騎兵師団		二
2　護国軍	師団		一八

三　陸空軍

飛行団数　本土　一七／属領　五

約三千五百機（第一線機）

三一　米英両巨頭洋上会談ニ対シ如何ニ観察シアリヤ

米英両巨頭会談ハ米国ノ在米帝国資産凍結実施竝独「ソ」戦終末後ニ於ケル情勢ノ必然性ヲ考慮シ爾後ノ対枢軸殊ニ対日政策ニ重点ヲ置キ今後ノ対策ニ関シ再検討ヲ加ヘタルモノノ如ク米国ハ英国ト共ニ独「ソ」戦結末後ノ情勢ニ備ヘ

一　援英要領ト米国ノ参戦問題

二　「ソ」聯邦ノ対独戦争能力ヲ補強スル方策

三　対日問題

ニ関シ研究シ対日問題ニ関シテハ帝国ノ武力ヲ以テ南方ニ

進出スルニ至ルヘキ必然性ヲ予想シ
一　日本ノ南（北）方武力使用阻止策
二　日本ノ南（北）方ニ武力ヲ行使シタル場合米英ノ対日戦争指導要領
三　「ソ」聯邦ノ利用要領
ニ関シ研究シタル如ク観察セラル

九月九日

南方作戦構想ニ就キ上奏ノ際御下問

御上　作戦構想ニ就テハヨク分ツタ
南方ヲヤツテ居ル時北方カラ重圧カアツタラドウスルカ

総長　南方ヲ始メタ以上ハ之ヲ達成スル迄右顧左眄スルモノニアラスシテ邁進スル必要カアリマス　又ソウ御願ヒ致シマス　但シ北方ニ事カ起レハ支那ヨリ兵力ヲ転用スルコトナトモ致シマシテ中途テ南ヲヤメル様ナコトハイケマセン

御上　ソレテ安心シタ
支那カラ兵力ヲ抽出スルコトハ大ナル困難ヲ伴フニアラスヤ

総長　之ハ支那方面テ力カ薄クナリマスカラ戦面ノ縮少其他ノコトモヤラナケレハナラヌト思ヒマス
此ノ事ハ年度作戦計画テモ考ヘテ居リマス　ソレテモ支那ニハ心配ハ入リマセン

九月十日

対南方動員ニ関スル上奏ノ際御下問

御上　動員ヲヤツテ宜シイ
而シ近衛、「ルーズベルト」ノ話カマトマレハ止メルダラウ

総長　仰セノ通リテス

御上　又聞クノテアルカ南ヲヤツテ居ル時北ハ出テ来ルコトカナイカ

総長　絶対トハ申上ケラレマセンカ季節ノ関係上大キナモノハ出テ来ルトハ考ヘラレマセン

総長所感
右御下問ニ対シ航空作戦関係ヲ申上クヘキト直感セルモ　時間カ少ナイト準備不充分ナリシ故　細部ニ亘リ突込ンテ御下問ナルトキハ困ルノテ時ヲ更メテ準備シタル後奏上スルコトトセリ

九月十一日第五十一回連絡会議

日米交渉ニ関スル件

外相ヨリ日米会談ニ付説明スルトコロアリ

一　十日朝野村ハ「ハル」ト会談シ其際「大統領ハ十一日ニ放送スル由ナルカ日本ノ問題ハ云ハヌ方ヨロシカルヘシ」ト言ヒシカ「ハル」ハ「然リ」トハ言ハナカツタ只機密保持ニ関シテハ従来ノ通リ気ヲツケヤウト云フタ（本件ハ外相モ「グルー」ニ言フタ）野村ハ四日日本政府カ「グルー」ニ申入レタルニ対シ返事ヲクレルカト「ハル」ニ質問セルニ対シ「ハル」ハ明十一日「ル」ノ放送カ終レハ「ル」ト会ヒ其ノ後ニオ話シスト言ヘリ故ニ早ケレハ本十一日返事来ルヘシ又其際「ハル」ハ日本カラ米ニ出シタ回答ハ従来ニ比シ調子低シトテ不満ノ色ヲ現ハシアリ即野村ハ「米」ノ方テハ問題ヲ沢山提示シタルニ対シ日本ハ問題ヲ局限シテル感シヲ持チシ様ニ感シタリシヲ以テ「ハル」ニ対シ「日米非公式ニ話合ヒノ出来タモノハ省略シテ難点ノアルモノタケヲ摘出シタモノタ」ト述ヘタ由

二　「ル」ノ本日ノ放送ハ十五分ノ予定ヲ十分ノハシテヤル筈ニシテ恐ラク独ノ態度ニ就キ強イコトヲ言フナラン

三　昨日九月十日「グルー」来訪シ外相手交セル覚書ハ別紙（略ス）ノ如シ

九月十三日第五十二回連絡会議

日支和平条件ニ関スル件

N工作上日支和平条件ニ関シ帝国ノ態度ヲ先方ニ明ラカナラシムルヲ要スルニ至レルヲ以テ予メ陸、海外間ニ研究セルトコロニ基キ日支和平基礎条件（別紙第一）ヲ決定ス

次テ九月十日及十一日発野村電ニ対スル返電案（別紙第二）ヲ決定ス

但シ其内容ハ前項日支和平条件ト稍異ナルモノアリ爾後ノ交渉ニ後害ヲ遺スモノト認メラル

別紙第一

日支和平基礎条件

昭和一六、九、一三
連絡会議決定

一、善隣友好
二、主権及領土ノ尊重

三、日支共同防衛
日支両国ノ安全ノ脅威トナルヘキ共産主義的竝ニ其他ノ秩序攪乱運動防止及治安維持ノ為ノ日支協力
右ノ為内蒙及北支ノ一定地域ニ於ケル日本国軍隊ノ所要期間駐屯竝ニ海南島、厦門及従前ノ取極及慣例ニ基ク地点ニ於ケル日本国艦船及部隊ノ所要期間駐留

四、撤　兵
支那事変遂行ノ為支那ニ派遣セラレタル前号以外ノ軍隊ハ事変解決ニ伴ヒ撤退

五、経済提携
イ、支那ニ於ケル重要国防資源ノ開発利用ヲ主トスル日支経済提携ヲ行フ
ロ、右ハ公正ナル基礎ニ於テ行ハルル在支第三国経済活動ヲ制限スルコトナシ

六、蔣政権ト汪政府トノ合流
七、非併合
八、無賠償
九、満洲国承認

別紙第二

九月十日及十一日発野村電ニ対スル返電案

昭和一六、九、一三
連絡会議決定

貴電第　号ニ関シ
一、Ⓐ従来交渉ノ基礎タリシ了解案ハ依然交渉ノ基礎タリ但シ同案ノ取扱振リニ関シテハ屢次ノ電報殊ニ往電第　号ノ通リ非公式会談ニ於テ一応同意ニ達セル点トハ本了解案ノ前文、国際関係及国家ノ本質ニ関スル観念竝ニ米ニ依ル日支間ノ「橋渡シ」等ヲ指ス追テ米側ニテハ我方ハ米ノ「橋渡シ」ヲ欲セスト誤解セルカ如キモ我方トシテハ未タ之ヲ拒否セルコトナク従来通リ之ヲ希望シ居ル次第ナリ
Ⓑ「故ナク」トハ同項ノ後半ノミニ係リ前半ニハ係ラス
Ⓓ日支両国ノ安全ノ脅威トナルヘキ共産主義的及其ノ他ノ秩序攪乱運動防止竝ニ治安維持ノ為日支共同シテ共同防衛ニ当ル右共同防衛ノ実行ハ日支間ノ「取極」ニ従ヒ所要期間一定ノ地域ニ駐兵スルコトヲ含ムモノナリ
支那事変遂行ノ為支那ニ派遣セラレタル軍隊ハ支那事変解決ニ伴ヒ之ヲ撤退ス
Ⓔ本項ヲ設クル所以ノモノハ米側ニ於テ我方カ支那ニ於ケル権益ヲ蹂躪スルヤノ懸念ヲ有シ居ルカ如キニ付右懸念ヲ除去スル為公正ナル経済活動ヲ阻止スルノ意ナシトセル意味合ヒ

ナリ

惟フニ帝国ハ支那ニ於テモ南西太平洋地域ニ於ケルト同様ニ通商ニ関シ無差別原則ノ行ハルルコトヲ否定スルニ非サルハ勿論米ノ在支権益ヲ尊重スルモノナルモ日支両国ノ隣接的位置ニ鑑ミ経済上自然的ニ生スル特殊緊密ナル関係ハ他ノ諸国ノ隣接関係ト同様支那ニ於テモ認メラルルコト当然ナリト思考ス従ツテ此ノ範囲内ニ於ケル日支間ノ緊密特殊ナル経済協力ハ所謂独占的又ハ優先的権益ヲ設定スルモノニ非サルト共ニ如斯ハ人類生活ノ自然現象ニシテ此ノ自然法則ニ従フコトコソ世界経済繁栄ノ要因ニシテ又世界平和確保ノ捷経ナリト確信ス

(F)支那ニ関シテハ前記ノ通リ別個ニ「カヴアー」シ居ルヲ以テ太平洋ノ他ノ地域中米ノ最モ関心ヲ持ツハ南西太平洋地域タルニ鑑ミ之ヲ明確ニシタルナリ

二、(A)諸般ノ形式ニ於ケル援蔣行為ヲ指ス「橋渡シ」ニ付テハ前掲ノ通リ

九月十八日第五十三回連絡会議

N工作ニ関スル帝国ノ態度闡明ニ関スル件

N工作従来ノ経緯ニ鑑ミルニ帝国ノ態度表明ハ其都度異ルモノアリテ先方ニ十分帝国ノ意志ヲ通セサルモノアリ例ヘハ五月及七月帝国案カ内容ヲ異ニスルハ勿論九月三日「帝国国策遂行要領」御前会議案ヲ連絡会議ニ於テ決定シツツモ同日同会議ノ席上ニ於テ決定セルN工作再興ニ関スル野村大使ニ対スル外務電案ハ其内容「帝国国策遂行要領」別紙ト内容ヲ異ニシ又九月十三日日支和平条件ヲ連絡会議ニ於テ決定シツツモ野村大使ニ対スル返電案ハ本件ニ関シ内容ヲ異ニスル等ノ如シ

九月六日御前会議決定以来已ニ二週間ヲ経過スルモ未タ日米会議ニ関スル目途ヲ明ラカニシ得ス此ノ儘荏苒経過センカ遂ニ十月上旬頃ニ至ルモ外交成否ノ目途ヲ明ラカニセス米側ノ遷延策ニ乗セラルル虞アリ玆ニ於テカ本日参謀総長ヨリ発言シ軍令部総長又大イニ助言シ左記ノ件ヲ決定セリ

「速ニN工作ニ関スル帝国ノ最後的態度ヲ決定シ米側ニ提示ス」

九月二十日第五十四回連絡会議

日米了解案ノ最後的決定ニ関スル件

一　要旨

日米国交調整ニ関スル了解案ニ対シ参謀本部ヨリ修正意見ヲ提議シ全部可決セラレ最後的決定ヲ見ルニ至ル

本件ニ関シ前日連絡会議ヲ開クヘク総理以下集合待機シ居リタル所参謀本部ヨリ意見アリトテ之カ延期ヲ要望シタルモノナリ

二　審議ニ方リ論議セラレタル要点左ノ如シ

(一)　第二条三国同盟ニ対スル態度ニ就テ

書記官長　三国同盟ノ見解ハ日本政府トシテハ防禦的ノモノナリト屡々説明セル所ナルヲ以テ其ノ意味ノコトヲ附加致シ度

某　右防禦的トノ見解ハ日本ノ意見トシテ述ヘタルモノニシテ米側ハ何等意見ヲ述ヘアラス又其ノ態度ヲ示シ居ラス。

即チ防護ト自衛ト云フ大キクカブセタ表現法ヲ適当ト思フ

右ニ依リ後者ノ意見ノ如ク決定ス

(二)　第三条ノ「且日本国政府ノ平和解決ニ関スル措置」ヲ「日本国政府ノ支那事変解決ニ関スル措置」ト改ムル件ニ就テ

山本局長　和平解決ノ方カ広意義ナリ

参謀総長　戦闘行為ノ終結及平和関係ノ終結ノ為ニ橋渡ヲスルモノニシテ「平和解決」ノミテハ戦闘行為ノ終結ト云フコトカ除外サレテ居ル様ニ思ハレル、支那事変解決ト改メタ方適当ナリ

(三)　第三条ノ「註」ニ就テ

岡局長　駐兵ノ地点及期間ヲハツキリシナイ様ニシタイ、即チ駐兵ノ地点ヲ削除シ一定地域所期期間トシタイ

右意見ニ依リ先般ノ連絡会議決定案ヲ修正スルコトトセリ

(四)　第六条北方不進出ノ件削除ニ関シ

総理　北方ニ故ナク進出セサルコトハ既ニ先方ニ云フテアル、従テ之ヲカクスノモ変ダ、又必ス尋ネテ来ル。故ニ残スヲ適当トス

右ト同一趣旨ニテ相当発言アリ

参謀総長　本条ノ主要問題ハ仏印ト南西テアル、北方ハ直接関係カナイ。北方ニ関スル問題ハ先方カラ聞イテ来レハ答ヘルノテアツテ了解案ニ特別入レル必要ナシ。特ニ南ニモ北ニモ何レモ武力的ニ手ヲ出スコトハ出来ヌト云フ形ニスルノハ考物テアル。南ニモ出ス北ニモ故

ナク出ヌコトハ考ニ於テ一致シテ居ル点テアルカ北ハ望ミトシテハ云ヒ度クナイ本了解案ニ再ヒ更メテ入レル必要ナク先方ヨリ問ハレレハ答ヘテ可ナルヘシ

右ニ依リ削除スルコトニ決ス

三 尚

鈴木総裁 本案ハ最後的ノモノナリヤ、更ニ修正ノ余地アリヤ、時間ニ余裕アルナラハ之ヲ以テギリギリノモノトスル必要ハナイテハナイカ

陸相、参謀総長 時日ニ余裕ナシ、既ニ本日迄ノ進方ハ遅ク時機ハ既ニ切迫シテ居ル

総理 成ルヘク早ク進行セシムル様処置スル必要アリ、故ニ問返ノナキ様（北方ノコト）ニ云フ方カ宜シイ

外相 外国人ノ旅行制限令ヲ出シ度イト云フコトタカ何カ新シイ事ヲヤル様ナ感シヲ与ヘル、此ノ点ドウカ、急ニイロイロ処置サレルト外交上困ル

陸相 防諜上処置スル必要アリ

外相 陸軍ノ若イ者カ南方進出ヲイキマイテ居ルト云フカ此ノ点ハドウカ

参謀総長 イロイロ国防上ノ見地カラ若イ者ノ中テモ心配シテ論議スル者カアルタラウガ国策トシテ決定セラレタルモノハ大臣総長カ実行シテ居ルノテアッテ一々若イ者ノ云フコトナド気ニスル必要ナシ

日本国「アメリカ」合衆国間国交調整ニ関スル了解案

昭和十六年九月二十日
連絡会議決定

合衆国及日本国政府ハ伝統的友好関係恢復ノ為共同宣言ニ於テ表現セラルルカ如キ了解ニ関スル一般的協定ノ交渉開始及締結ノ為共同ノ責任ヲ受諾ス

両国国交ノ最近ノ疏隔ノ特定原因ニ論及スルコトナク両国間友好的感情悪化ノ原因トナレル事件ノ再発ヲ防止シ且其ノ不測不幸ナル結果ニ付矯正ヲ図ルコトハ両国政府ノ衷心ヨリノ希望ナリ

共同ノ努力ニ依リ合衆国及日本国カ太平洋ニ於ケル平和ノ樹立及保持ノタメ有効ナル貢献ヲ為スコト及友好的了解ヲ速ニ完成スルコトニ依リ、世界平和ヲ助長シ且現ニ文明ヲ没滅セントスル惧アル悲シムヘキ混乱ヲ仮令一掃セシムルコト不可能ナリト

スルモ之カ悪化ヲ抑制センコトハ両国政府ノ真摯ナル希望ナリ斯カル果断ナル措置ノ為ニハ長期ノ交渉ハ不適当ニシテ又効果薄弱ナリ。仍テ両国政府ハ両国政府ヲ不取敢道義的ニ且其ノ行動ニ関シ拘束スヘキ一般的了解ヲ成立セシメ之ヲ完成スル為ニハ適当ノ手段ヲ案出実施スルコトヲ希望ス

両国政府ハ斯ル了解ニハ緊急ヲ要スル枢要問題ノミヲ包含セシメ後日会議ノ審議ニ譲リ得ヘキ附随的事項ハ之ヲ含マシメサルコト然ルヘシト信ス

両国政府ハ左ノ如キ特定ノ事態及態度ヲ明瞭ニシ又ハ改善スルニ於テハ融和関係ノ達成ヲ期待シ得ヘシト認ム

一　国際関係及国家ノ本質ニ関スル合衆国及日本国ノ観念

二　欧洲戦争ニ対スル両国政府ノ態度

三　日支間ノ和平解決ニ対スル措置

四　両国間ノ通商

五　南西太平洋地域ニ於ケル経済問題

六　太平洋地域ニ於ケル政治的安定ニ関スル方針

因テ合衆国政府及日本国政府ハ玆ニ左ノ相互的了解及政策ノ宣言ニ到達セリ

第一条（国際関係及国家ノ本質ニ関スル観念）

両国政府ハ其ノ国策ハ永続的平和ノ樹立竝ニ両国民間ノ相互信頼及協力ノ新時代ノ創始ヲ目的トスルモノナルコトヲ確認ス

両国政府ハ各国家及民族カ正義及衡平ニ依ル万邦協和ノ理想ノ下ニ生存スル一宇ヲナスコトハ其ノ伝統的及現在ニ於ケル観念竝ニ確信ナルコトヲ声明ス。即チ平和的手続ニ依リ規律セラレ、且ツ精神的及物質的福祉ノ追求ヲ目的トスル相関的利害関係ニ基キ何レモ等シク権利ヲ享有シ、責任ヲ容認ス、而シテ右福祉タルヤ、各国家及民族カ他ノ為ニ之ヲ毀損スヘカラサルト同様ニ自ラノ為ニ之ヲ擁護スヘキモノトス。更ニ両国政府ハ他ノ民族ノ抑圧又ハ搾取ヲ排撃スヘキ各自ノ責任ヲ容認ス

両国政府ハ国家ノ本質ニ関スル各自ノ伝統的観念竝ニ社会的秩序及国家生活ノ基礎的道義的原則ハ引続キ之ヲ保存スヘク、且右道義的原則及観念ニ反スル外来ノ思想又ハ理念ニ依リ之ヲ変革セシメサルコトヲ固ク決意ス

第二条（欧洲戦争ニ対スル両国政府ノ態度）

両国政府ハ世界平和ノ招来ヲ共同ノ目標トシテ適当ナル時機至ル時ハ相協力シテ世界平和ノ速カナル克復ニ努力スヘシ

世界平和克復前ニ於ケル事態ノ諸発展ニ対シテハ両国政府ハ防護ト自衛トノ見地ヨリ行動スヘク、又合衆国ノ欧洲戦争参入ノ場合ニ於ケル日本国独逸国及伊太利国間三国条約ニ対スル日本国ノ解釈及之ニ伴フ義務履行ハ専ラ自主的ニ行ハルヘシ

第三条（日支間ノ和平解決ニ対スル措置）

両国政府ハ支那事変ノ解決カ太平洋全域ノ平和延イテハ世界ノ平和ニ至大ノ関係アルヲ認メ之カ急速ナル実現促進ノ為努

力スヘシ

合衆国政府ハ支那事変解決ニ対スル日本国政府ノ努力ト誠意トヲ諒解シ、之カ実現促進ノ為重慶政権ニ対シ戦闘行為ノ終結及平和関係ノ恢復ノ為速ニ日本国政府ト交渉ニ入ル様橋渡シヲ為スヘク且日本国政府ノ支那事変解決ニ関スル措置及努力ニ支障ヲ与フルカ如キ一切ノ措置及行動ニ出テサルヘシ

日本国政府ハ支那事変解決ニ関スル基礎的一般条件カ近衛声明ニ示サレタル原則及右原則ニ基キ既ニ実施セラレタル日支間約定及事項ト矛盾セサルモノナルコト竝ニ日支間ノ経済協力ハ平和的手段ニ依リ且国際通商関係ニ於ケル無差別ノ原則及隣接国間ニ於ケル自然的特殊緊密関係存立ノ原則ニ基キ行ハルヘク而シテ第三国ノ経済活動ハ公正ナル基礎ニ於テ行ハルル限リ之ヲ排除スルモノニ非ルコトヲ闡明ス

註　日支和平基礎条件別紙ノ通リ

　連絡会議決定案ニ依ル

第四条（日米両国間ノ通商）

両国政府ハ両国間正常ノ通商関係ヲ恢復セシムルニ必要ナル措置ヲ遅滞ナク講スルコトニ同意ス

両国政府ハ前項措置ノ第一着手トシテ現ニ実施シツツアル相互ノ凍結措置ヲ直ニ撤廃シ且両国ノ一方カ供給シ得且他方カ必要トスルカ如キ物資ヲ相互ニ供給スヘキコトヲ保障スヘシ

第五条（南西太平洋ニ関スル経済問題）

両国政府ハ南西太平洋地域ニ於ケル日本国及合衆国ノ経済活動ハ平和的手段ニ依リ且国際通商関係ニ於ケル無差別待遇ノ原則ニ遵ヒ行ハルヘキコトヲ相互ニ誓約ス

両国政府ハ前項ノ政策遂行ノ為両国カ通商手続ニ依リ各国カ自国ノ経済ノ安全防衛及発達ノ為必要トスル商品及物資獲得ノ手段ヲ確保スル為ノ合理的機会ヲ有シ得ルカ如キ国際通商及国際投資ノ条件創設ニ付相互ニ協力スヘキコトニ同意ス

両国政府ハ石油、護謨、「ニッケル」、錫等ノ特種物資ノ生産及供給ニ付無差別待遇ノ基礎ニ於テ関係諸国トノ協定及其ノ実行ニ関シ友好的ニ協力スヘシ

第六条（太平洋地域ニ於ケル政治的安定ニ関スル方針）

両国政府ハ太平洋地域ニ於ケル事態ノ速カナル安定ノ緊要ナル所以ヲ認メ右安定ニ脅威ヲ与フルカ如キ措置及行動ニ出テサルヘキコトヲ約ス

日本国政府ハ仏領印度支那ヲ基地トシテ其ノ近接地域（支那ヲ除ク）ニ武力的進出ヲ為ササルヘク又太平洋地域ニ於ケル公正ナル平和確立スル場合ニハ現ニ仏領印度支那ニ派遣シ居ル日本国軍隊ハ之ヲ撤退スヘシ

合衆国政府ハ南西太平洋地域ニ於ケル軍事的措置ヲ軽減スヘシ

両国政府ハ「タイ」及蘭領印度ノ主権及領土ヲ尊重スヘキコト竝ニ比律賓ノ独立カ完成セラルヘキ際ニ於テ同群島ノ中立化ニ付協定ヲ締結スルノ用意アルコトヲ声明ス

合衆国政府ハ比律賓群島ニ於ケル日本国人ニ対スル無差別待

遇ヲ保障スヘシ

別紙

日支和平基礎条件

一　善隣友好

二　主権及領土ノ尊重

三　日支共同防衛

日支両国ノ安全ノ脅威トナルヘキ共産主義的竝ニ其他ノ秩序攪乱運動防止及治安維持ノ為ノ日支協力

右ノ為及従前ノ取極及慣例ニ基ク一定地域ニ於ケル日本国軍隊及艦船部隊ノ所要期間駐屯

四　撤兵

支那事変遂行ノ為支那ニ派遣セラレタル前号以外ノ軍隊ハ事変解決ニ伴ヒ撤退

五　経済提携

(イ)支那ニ於ケル重要国防資源ノ開発利用ヲ主トスル日支経済提携ヲ行フ

(ロ)右ハ公正ナル基礎ニ於テ行ハルル在支第三国経済活動ヲ制限スルコトナシ

六　蔣政権ト汪政府トノ合流

七　非併合

八　無賠償

九　満洲国承認

九月二十五日第五十五回連絡会議

政戦ノ転機ニ関聯シ対米外交交渉成否ノ見透決定ノ時機ニ関スル件

一　陸海両統帥部長ノ情報説明ノ後、対米政戦略ノ転機ハ遅クモ十月十五日ヲ以テ決定セラルヘキ必要ニ関シ参謀総長ヨリ統帥部ノ見解ヲ説明シ、軍令部総長亦海軍側ノ見解ヲ補足説明ス

二　右ニ対シ直接ノ意見ナカリシモ

外相　遅クモ十月十五日迄ニ決スヘキ件ハ能ク承知セリ

「グルー」ニ二十七日迄ニ返事ヲスル様云ウテアル。二十七日ハ三国同盟締結一周年記念日テモアリ、何時迄モ問題カ長引イテハ宜シクナイ故此ノ日迄ニ返事ヲスル様云ウタ次第テアル

統帥部カ此ノ様ニ要求セラレルナラハ回答ニ期限ヲキロウカ、而シソレモ最後通牒ノ様ニナリ具合カ悪イ

参謀総長　トニカク早クヤツテ呉レ

某　近衛「ルーズベルト」会見カ成立セル場合ハ問題テハナイカ、成立スル場合ニハ十五日決意ノ為ニハ十月一日頃出発セナケレハナラヌ、其ノ様ナ事カ果シテ出来ルカ

陸相　大体ノ見込ヲツケテ決定スレハヨイテハナイカ

参謀総長　先方ト話合ノ結果僅カ数年間ノ小康ヲ保チ得ルニ過キズシテ数年後又イザコザヲ起ス様テハ宜シクナイ。数十年間モ穏カニナル様ナモノテナケレハナラヌ

以上ヲ以テ本件ハ政府ノ諒承ヲ得タルモノト認メラルルモ特ニ深ク立入ツテ論議セラレタルコトナシ

三　二十日連絡会議決定ノ日米了解案ノ取扱ニ就テ

参謀総長　アノ了解案ハ如何取扱ヒタルヤ、米側ニ伝ヘタリヤ

外相　未タ伝ヘアラス、本日午後発電ス

参謀総長　ナゼ今迄発電セサリシヤ

外相　何モ新シイ事ハナイノテ従来ノ質問ニ返事ヲシテオケハヨイワケダ。此ノ際此ノ了解案ヲ出スト何カ又新シイ条件テモ出ス様ニ思ハレルノテ今迄出サナカツタ

総長所見　了解案取扱ニ関シ今日質問セルハ非常ニヨカツタト思フ

政戦ノ転機ニ関聯シ外交交渉成否ノ見透決定ノ時機ニ関スル要望

昭和十六年九月二十五日

参謀総長
軍令部総長

判決

帝国国策遂行要領ニ伴フ帝国ノ対米（英、蘭）開戦決意ノ時機ニ関シテハ作戦上要請ヲ重視スヘク之カ為日米外交交渉ハ一日モ速カニ其ノ成否ヲ判定シ遅クモ十月十五日迄ニ政戦ノ転機ヲ決スルヲ要ス

理由

一　帝国国策遂行要領ニ於テハ十月上旬頃ヲ以テ対米（英）交渉ノ成否ニ対スル見透ヲ定ムルコトトシ若シ其ノ目途ナキ場合ニ於テハ直チニ開戦ヲ決意スヘキ旨決定セラレアルヲ以テ政戦ノ転機ニ関スル大方針ハ既ニ明確ニシテ疑ヲ容ルル余地ナシ

二　現下ニ於ケル帝国戦争資源ノ持久性竝米国ノ政戦準備ノ進捗等ヨリ見ルニ一日ノ遷延ハ即チ之ニ数倍スル作戦上ノ不利ヲ結果スルハ勿論ナリ殊ニ対英米戦ニ伴ヒ対「ソ」情況ノ大

イニ考慮ヲ要スヘキハ論スル迄モナク対北方開戦ノ已ムナキ場合ニ想到スルニ遅クモ明年晩冬期（三月中旬以降）迄ニ南方作戦ノ骨幹ヲ終了シ以テ北方ノ転機ニ応スルノ態勢ヲ組織スルコト絶対ニ必要ニシテ実ニ冬期ノ利用ヲ以テ戦争指導上ノ一大要素ト成スモノニシテ政戦ノ転機ヲ決スルニ当リ厳ニ之ヲ閑却スヘカラス故ニ時日ノ遷延ハ好機ヲ永久ニ喪失シ戦争指導ヲ危殆ニ陥ルコトヲ考ヘ外交交渉成立ノ目途ナキニ於テハ一刻モ速カニ之ヲ打切リテ政戦ノ転機ヲ誤ラサルヲ要ス

此ノ見地ヨリスル時ハ南方作戦ノ発動ハ遅クモ十一月十五日ナルヲ要シ是レ陸海両統帥部亦見解ヲ一ニスル所ナリ

三　陸海軍両統帥部ハ右ノ見地ニ於テ概ネ十一月初開戦ニ応シ得ル如ク作戦準備ニ著手発足セリ

而シテ陸海作戦準備ニ就テ見レハ右準備ハ内地部隊ノ動員、臨時編成、満洲及支那ヨリ作戦中ノ兵力抽出転用等ヲ必要トスルモノニシテ之カ発動ヲ大別シテ開戦決意前ト決意後トノ二段ニ分チ前者ハ既ニ発令セラレ昨日頃ヨリ逐次ニ輸送ヲ開始シ概ネ十月中旬ヨリ下旬ニ亘リ南支、台湾方面ニ到著スヘキ此等行動ハ予定ノ外交交渉間対手国ヲ刺戟シテ交渉ヲ困難ナラシムルカ如キコトナキ様為シ得ル限リノ処置ヲ講シアル処次テ発動スヘキ陸軍部隊ハ今次作戦準備ノ主体ヲ為シ来月十五日前後ヨリ輸送ヲ開始シ逐ニ南部仏印ヲ含ム地域ニ戦略展開ヲ完了セサルヘカラス此等部隊ノ行動ハ開戦決意ニ基ク大命ニ依リ規正セラレサルヘカラサルハ統帥上ノ常則トスル所ナリ

以上述フル所ニ依リ全局ノ戦争指導上竝対南方作戦指導及作戦準備ノ関係ヨリ見テ政戦ノ転機ヲ遅クモ十月十五日決スルヲ切要トスルモノニシテ此ノ要請ニ基キ外交施策ヲ規正スルヲ要ス

尚本作戦準備ノ秘匿ニ関シテハ統帥部ノ最モ意ヲ用ヒアル所ニシテ又外交交渉間ハ作戦準備ノ対手国ヲ刺戟シテ交渉ニ支障ヲ生スルカ如キコトナキ様為シ得ル限リノ努力ヲ傾倒シアリ

十月二日第五十六回連絡会議

対米国交調整ニ関スル件

一　外相対米国交調整ニ関スル野村大使宛電報ノ修正

（九月二十日連絡会議決定ノ日米了解案ニ関スル野村大使ノ気付電報ニ対スル返電ニシテ、既ニ三十日打電済ノ所其ノ内容連絡会議決定ノ趣旨ト一致セサルモノアリ、統帥部ヨリ之カ修正ヲ要望シ修正セルモノトス）

セルモノニ就キ註釈ヲ加ヘ説明ス

二　右ニ対シ

参謀総長　外相ノ説明ニ依リ既ニ修正セラレテ居ルハ結構ナルカ、三国条約ノ義務遂行及支那事

変処理ニ関スル二項目ハ原電報ニ於テハ不具合ナリ

統帥部トシテハ此ノ二件ニ対シ極メテ重大ナル関心ヲ有シテ居ルモノテアルカラ将来トモ充分ニ注意アリ度

陸相　右ニ関シ補足説明ス

右ニ関聯シ駐兵問題ニ就キテハ九月二十三日外相ヨリ野村大使宛打電セル所タリシモ、更ニ駐兵ノ必要其他ニ関シ詳細ニ亘リ統帥部次長ヨリ在米武官ニ打電シ大使ニ説明諒解ヲ求ムル様処置セラレ度トノ希望外相ヨリ開陳アリ、両総長之ヲ受諾ス

十月四日第五十七回連絡会議
米側回答ニ対スル帝国ノ態度ニ関スル件

一　出席者

総理　陸海外相　両総長　寺崎阿米利加局長

二　外相　本日ハ重大ナル国策故、幹事ヲ経ス直接主要大臣竝両総長ニ御参集ヲ願ヒ会談スル次第ナリ。（内相、企画院総裁、書記官長、両局長ヲ欠ク）

昨夜米側回答到着セルカ、総数十二本ニ及ヒ第八号カ先ニ来テ第六号カ後ニ来タリシテ唯今飜訳ヲ終了セリ

次テ寺崎局長朗読シツツ其ノ要点ヲ説明シ、之ヲ要約スレハ「米国ハ日本カ原則的ニハ同意セリト考ヘアリシ所其ノ適用ニハ種々考ヘカアル如キヲ以テ両首脳者ノ会見ハ如何カト思フ」トノ意味ナリト述ヘ、之ニ対スル回答電文案ヲ提示ス

陸相　米ノ回答ハ「イエス」カ「ノー」カ又ハ其ノ中間ノ三テアルヘキ所、今次米回答ハ「イエス」ニアラス「ノー」ニアラス

帝国ハ此ノ際外交ノ見透ヲツケネハナラヌ。事ハ極メテ重大ナルヲ以テ対米回答電文ハ暫ク措キ慎重ニ研究スル必要アリ

参謀総長　陸相ノ所見ニ同意ナリ。而シテ時間ヲ延ハサレテハ統帥部トシテハ困ル。引キ延ハサレテハ南モ北モ中途半パトナル。本日ハ決定スルコトナク研究ノ結果決定スヘシ

軍令部総長　最早「ヂスカッション」ヲナスヘキ時ニアラス。早クヤッテモライタイモノタ

陸相　四原則ニ対スル帝国ノ除外制限ニ就テ説明シ、「原則ノ取扱ニ就テハ右ノ様ナ除外ヲ考慮シテモライ度イ」ト述フ

次テ本日ハ之レ以上審議スルコトナク、幹事ニ於テ如何ナル回答ヲナスヘキカヲ研究シ成ルヘク早ク会議ヲ開クコトニシテハ如何ト提議アリシニ対シ、軍令部総長ヨリ統帥部トシテハ成ルヘク速ニ進メ度、又幹事ノ研究ニハ統帥部ノ第一部長ヲモ加ヘラレ度ト発言シ、全員之ニ同意シ散会ス

十月九日第五十八回連絡会議

米回答ニ対スル帝国ノ態度等ニ関スル件

午後三時ヨリ約一時間両統帥部情報部長ヨリ情勢判断ニ関スル説明アリタル後連絡会議ニ移リ、外相及寺崎阿米利加局長ヨリ米回答ニ関スル主トシテ外務省ノ情報ヲ開陳シ、之ニ対シ若干ノ論議アリタルモ何等結論ニ至ラスシテ散会セリ

一　外相　米回答中判然タラサル所三点ニ関シ、七日野村大使宛催促セシモ未タ返事ナキヲ以テ、本九日朝九時野村ト電話連絡シ催促セル所、明朝九時（日本時間九日午後九時）「ハル」ト会見シ之カ返事ヲモラフ約束トノコトナリ。故ニ此ノ返事ヲ待ツテ成ルヘク早ク御相談申上ケル

参謀総長　米ニ対スル問題ハ統帥ノ見地ヨリセハ十月十五日ヨリ遅クナルコトハ困ル。此ノ期日ノ範囲内ニテ話ヲ進メルナレハ成ルヘク早クヤツテモライ度イ。明日返事カ来ルナレハ直ク連絡会議ヲ開イテハ如何（期日ノミ述ヘ内容ニハ触レス）

軍令部総長ハ左記手記ヲ述ヘントセシモ及川海相ニ止メラレ、会議後外相ニ之ヲ披見セシメタリ。外相ハ之ニウナヅキ居レリ

1　交渉ヲ延ハサレルト作戦上困ル

2　交渉ヤルナラハ必成ノ信念テヤレ。途中テ行キヅマリ自分ニ持ツテ来テモ受ケラレヌ。今後此ノ信念ナク試射ヲヤルコトハ今日ノ場合ニアラス

二　寺崎阿米利加局長ト「グルー」並「ドーマン」トノ私的会談ノ要旨

(1)「グルー」ハ頗ル用心深ク且責任ナシト云フ前提ニ

テ左記ノ如ク述ヘタリ
自分モ「ドーマン」モ米国ハ話ヲ進メ度キ意見ト考フ。覚書中ノ重要点ハ(イ)支那及仏印ノ駐兵問題(ロ)南西太平洋ノ経済問題(ハ)日本ノ支那ニ関スル近接関係ヨリスル有利地位ノ三点ト思考ス又撤兵ニ就テハ撤兵ノ意志表示ヲセヨト云フノカ、現実ニ撤兵セヨト云フノカ等ノ解釈ニ就テハ権限ヲ有セス。大統領自ラヤリタル問題ナルカ故ニ本国ト直接交渉セラレ度（トテ深入ヲ避ク）
自分個人ノ考テハ覚書ノ撤兵ハ日本ノ確約及之カ実現両方ヲ望ムモノカト考ヘラル
(2)「ドーマン」ノ述ヘタル所左ノ如シ
覚書ノ重要点ハ「グルー」ノ述ヘタル外ニ「自衛権」カアル。撤兵ニ関シ現実カ確約カト云フコトハアノ文章テハ不明ナリ
唯支那ノ撤兵ヨリモ仏印ニ対スル日本ノ態度カ問題テアル。仏印ノ家屋ヲ占領シ、第三国人ヲ逮捕シ、恰モ日本国同様ニ行動シ国際上違反行為ヲナシツツアリ。日本軍ノ仏印ニ於ケル処置ハ今後ノ日米交渉ノ進展ニ大ナル阻害アリト思フ。芳沢大使カ行クカラ緩和サレルト思フカ兎ニ角日本ノ行動ハヒドイ
自衛権問題ニ就テハ欧洲戦ニ参加スルノカ自衛権ナリト考ヘテモライ度
三 尚仏印ニ於ケル日本軍ノ態度ニ関シ
外相　七日「アンリー」ト会見セル所、本国政府ノ訓令ニ基クトテ別紙ノ如キ抗議ヲ提出シ、日本軍ノ行動ニ関シ縷々述ヘタルヲ以テ然ルヘク応酬シオケリ
両局長　本件ニ関シテハ出先軍ニハ充分注意セラレアリテ心配ナシ又抗議中ノ人口調査ナトハ共同防衛ノ見地ヨリ是非ヤラネハナラヌモノナリ
外相　此ノ様ナ事カ続発セハ障碍カ起ルカラ御注意願ヒ度
「ピヤストル」六千五百万円ノ要求ニ方リ、外務当局ヨリハ先方ニ対シ南仏ノ飛行場倉庫建物等所要ノモノト説明セルニ、林中佐カ五万ノ兵力カ北仏ニ入ルト述ヘタ事等ハ外交上不具合ナリ
参謀総長　南仏ニハ兵ハ入ラヌ、昆明ニ向フ為北仏

ニ多数ノ軍カ入ルト云フ様ニ宣伝セルモノナリ

十月十二日五相会議（近衛、豊田、東条、及川、鈴木）

陸軍大臣説明

豊田　日米交渉妥結ノ余地アリ、ソレハ駐兵問題ニ多少ノアヤヲツケルト見込カアルト思フ、妥結ノ妨害ハ北仏ノ兵力増加ハ妥結ノ妨害ヲシテル之ヲ止メレハ妥結ノ余地アル

近衛　九月六日ノ日本側提案ト九月二十日ノ提案トノ間ニハ相当ノ開キカアル、米側カ誤解シテ居ルニアラスヤト思ハル、之ヲ検討セハ妥結ノ道アラム

東条　判断ハ妥結ノ見込ナシト思フ、凡ソ交渉ハ互譲ノ精神カナケレハ成立スルモノテナイ、日本ハ今日迄譲歩ニ譲歩シ四原則モ主義トシテハ之ヲ認メタリ、然ルニ米ノ現在ノ態度ハ自ラ妥協スル意志ナシ、先般ノ回答ハ九月六日九月二十日ノ我方ノ書類ニ対スル回答ト存ス

及川　外交テ進ムカ戦争ノ手段ニヨルカノ岐路ニ立ツ、期日ハ切迫シテ居ル、其決ハ総理カ判断シテナスヘキモノナリ、若シ外交テヤリ戦争ヲヤメルナラハソレテモヨロシ

東条　問題ハソウ簡単ニハユカナイ、現ニ陸軍ハ兵ヲ動カシツツアリ、御前会議決定ニヨリ兵ヲ動カシツツアルモノニシテ今ノ外交ハ普通ノ外交ト違フ

ヤツテ見ルト言フ外交テハ困ル

日本ノ条件ノ線ニソツテ統帥部ノ要望スル期日内ニ解決スル確信カモテルナレハ、戦争準備ヲ打切リ外交ヲヤルモヨロシイ、其確信ハアヤフヤナ事カ基礎テハイカヌ、此ノ様ナコトテ此大問題ハ決セラレヌ、日本テハ統帥ハ国務ノ圏外ニ在ル、総理カ決心シテモ統帥部トノ意見カ合ハナケレハ不可ナリ、政府統帥部ノ意見カ合ヒ御裁断ヲ要ス、

総理カ決心シテモ陸軍大臣トシテハ之ニ盲従ハ出来ナイ、我輩カ納得スル確信テナケレハナラナイ、納得出来ル確信カアルナラ戦争準

備ハ止メル確信ヲモタナケレハ総理カ決断ヲシテモ同意ハ出来ヌ、現ニ作戦準備ヲヤッテ居ルノテ之ヲヤメテ外交タケヤルコトハ大問題タ、少クトモ陸軍トシテハ大問題タ、充分ナル確信ナケレハ困ル

外相ニ確信カアリマスカ、北部仏印ノコトナトハ些末ノ問題タ、外交カ延ビルカラアノヤウナ問題ガ起キルノタ、陸軍カヤルカラ外交困ルト言ハレルノハ迷惑タ、軍ノヤツトル基準ハ御前会議決定ニヨツテオルノタ、

豊田　遠慮ナイ話ヲ許サレルナレハ（本項ハ特ニ記述ヲ避クル様注意アリ取扱上留意ヲ要ス）御前会議御決定ハ軽率タツタ、前々日ニ書類ヲモラツテヤツタ

東条　ソンナコトハ困ル重大ノ責任テヤツタノタ

近衛　戦争ハ一年二年ノ見込ハアルカ三、四年トナルト自信ハナイ不安カアル

東条　ソンナ問題ハ此前ノ御前会議ノ時ニ決ツテ居ル

東条　七月二日ノ御決定ニ南方ニ地歩ヲ進メ北方ハ解決スト練リニネツテキメラレタノタ各角度カラ責任者カ研究シ其責任ノ上ニタツタモノテソンナ無責任ナモノテハナイ、

（及川ノ態度ハ東条ニ同意スルト称シ何レニカ決セサルヘカラス、而シテ之ハ総理カ決スヘキナリト言ヒ我方ノ条件ニハフレス又武力テヤレトモ言ハス総理ニ定メサセテ責任ヲ総理ニトラセル一方ナルヘク外交テヤル様ニ促ス様ナ風ニ観察セラル）

近衛　今トチラカテヤレト言ハレレハ外交テヤルト言ハサルヲ得ス、戦争ニ私ハ自信ナイ、自信アル人ニヤツテ貰ハネハナラヌ

東条　コレハ意外タ、戦争ニ自信カナイトハ何テスカソレハ「国策遂行要領」ヲ決定スル時ニ論スヘキ問題テセウ、外交ニ見透シアリト言フ態度テハイケナイ、確信カナケレハイケナイ

東条　皆ノ話ハ結局次ノ様ニナル

(イ)日米交渉問題ハ駐兵問題ヲ中心トスル主要政策ヲ変更セス

(ロ)支那事変ノ成果ニ動揺ヲ与フルコトナシ

右ノ条件ニテ略々統帥部ノ所望スル期日迄ニ外交ヲ以テ妥結スル方針ヲ以テ進ム而シテ作戦準備ハ打切ル

右ノ確信ヲ外相トシテ持チ得ルヤ否ヤヲ研究スルノ要アリ而シテ私ハ外相総理ノ此ノ確信ノ具体的根拠ヲ伺ヒ真ニ作戦準備ヲ打切ルモ、外交ニテ打解スル確信ナリト納得スルノテナケレハ陸相トシテハ外交テヤルコトニ賛意ヲ表スルワケニハユカヌ

尚細部ニ就テ言ヘハ駐兵問題ハ陸軍トシテハ一歩モ譲レナイ、所要期間ハ二年三年テハ問題ニナラヌ、第一撤兵ヲ主体トスルコトカ問題違ヒテアル、退却ヲ基礎トスルコトハ出来ヌ陸軍ハガタガタニナル、支那事変ノ終末ヲ駐兵ニ求メル必要カアルノタ日支条約ノ通リヤル必要カアルノタ、所望期間トハ永久ノ考ヘナリ、作戦準備ヲ打切ツテモ出来ルト言フ確信カナケレハイカヌ、ヤツテ見テ出来ヌカラ統帥部ニヤレト言フノテハ支離滅裂トナル、吾輩ハ今日迄軍人軍属ヲ統督スルノニ苦労ヲシテ来タ、輿論モ青年将校ノ指導モドウヤレバドウナルカ位ハ知ツテ居ル、下ノモノヲオサエテ居ルノテ軍ノ意図スル処ハ主張スル、御前テテモ主張スル考ヘナリ

鈴木　欧洲情勢ヲ検討セネハイカヌ独伊カ単独媾和ヲヤルコトハ困ル（鈴木総裁ハ直ニ外交打切リ開戦決意トハ考ヘアラス）

十月十四日午前十一時五十分ヨリ約二十分間

閣議ニ於ケル陸軍大臣説明ノ要旨

閣議前ニ

近衛　日米交渉ハ六カシイカ駐兵問題ニ何トカ色ツヤヲツケレハ外交ノ見込アリト思フ

東条　種々説明シ要スルニ陸軍トシテハ駐兵問題ヲ譲ルコトハ出来ナイ看板ヲヌリカヘル等言フカ之ハ撤兵ト言フノテ軍ノ志気ニ関ス之ハ譲ラヌ駐兵以外ニモ問題ハ残ツテ居ル駐兵カ中心トナルト言フノハ当方ノ想像タ之ヲ譲ルモ駄目テ全部鵜呑ミニシナケレハマトマラヌ譲ルモ成功スルカ如何カ疑問タ

近衛　戦争ハ心配タ
東条　アナタハ自分ノ身体ヲ知リ過キテル、相手ノ身体ヲ知ル必要カアル相手ニモ随分欠点ハアル
近衛　閣議後ニ又集マラウ
東条　一般ノ閣僚ニ知ラセル必要カアルカラ其席テ述ヘマセウ
一般閣議ノ席上陸相説明要旨
（右カ左カノ重大時機故一般閣僚ニモヨク徹底セシムル要アリトモ考ヘ居リシトコロナリ）
国交調整ハ四月カラ六ケ月間継続シ此間外相ハ相当ニ努力苦心セラレタ事ハ敬意ヲ表スルトコロナリ然シモウドンツマリト思フ此以上外交ヲ続ケル為ニハ成功ノ確信ヲ要スソシテ作戦準備モヤメル必要カアル、ヤッテモ無駄タ之ニ対シテハ陸軍ノ状態ヲオ話シシヤウ
陸軍ノ行動ハ九月四日御前会議ニ於テ各閣僚カ十分ニ夫々審議シ研究シタ結果御決定ニナツタコトヲ基礎トシテヰル其御決定ニハ「外交交渉ニヨリ十月上旬頃ニ至ルモ尚我要求ヲ貫徹シ得ル目途ナキ場合ニ於テハ直チニ対米英蘭開戦ヲ決意ス」トアル而シテ本日ハ十月十四日テ御座ル
十月上旬ト言フノニ既ニ十四日テ御座ル、条件モ最低限度トシテ決ツテヰル、此基礎ニ立ツテ外交モ作戦準備モヤツテ居ルノタ
陸軍ハ十月下旬ヲ目標トシ教十万ノ兵力ヲ動員シ支那満洲カラモ動カシツツアル、船モ二百万屯モ徴傭シテ皆様ニ御迷惑モカケテ居ルカ之ヲ以テ此兵ヲ移動シテ居ル、斯ク此席テ話シテオル今テモ兵ハ動イテオル、外交上打解ノ方法カアルナレハ之ヲ止メテ宜シイ止メナケレハナラナイ
此ノ処ヲヨク御了解願ヒ度イ
近衛総理ハ外相ニ何カ言フコトナキヤト促シ外相ハ左ノ如ク述フ
豊田　確信ヲモテト言ハレルカ米側ト話ノツカナイノハ駐兵、三国同盟ノ自衛、支那ノ近接特種緊密関係ノ三点カ主テ其他ニモ若干アル

米国ハ支那及仏印カラ撤兵ニ関シ日本ノ明確ナ返事ヲクレト要求シテ居リ又北部仏印我軍事行動ニ関シテモ言及シテ居ル然モ矢張リ重点ハ撤兵タ、之ヲヤレハ見込ハアルト思フ。又昨日カラ新聞ノ論調カ変ツタアレハ何処テ指導シテ居ルノカ（伊藤情総裁ハ最近閣議決定ノ輿論指導要綱テ情報局カ指導シテ居ル旨述フ）

右ニ対シ陸相ハ左記反駁説明ス

東条　北仏ニ於ケル陸軍ノ行動カ外交ヲ阻害スルト言ハレタカラソノ実相ヲ話シマス

事実北仏ニハ陸軍軍隊ハ一部入ッテ居ル戦術上ノ必要モアルシ又今後ノ企図秘匿ノ為昆明作戦ヲヤル様ニ見セルタメテモアル之ハ大命ニ依リ行動シテ居ルモノテアリ又仏側ヲ刺戟セヌ為軍隊ハ骨身ヲケヅッテ居ル之ニハ外交上ノ根拠モアル、共同防衛ノ責任カラモ言ヘルシ昨年六月ノ日仏印協定ノ中ニモ駐屯兵力六千通過兵力二万五千トノ根拠カ立派ニアル、ソシテモ一ツハ之ハ御前会議ヲ基礎トシテ居ルモノテ外交カオクレテ軍事上ノ作戦準備行動カ普通ニ進ンテオルノタ、軍事カ外交ヲ阻害シテ居ルニアラスシテ外交カ軍事ヲ妨ケテ居ルノタ何故外交ハ約束通リヤラヌカ外交カ遅レテ居ルカラ此様ナコトカ起リ仏印ハ米国ノ力ヲカリテヤラフトシテ申入レタノタ以上ヨク御承知願ヒ度イ

輿論ノ取締リハ十分ヤラレ度イ情報局総裁ノ全責任ニ於テヤラレタイ

次ニ撤兵問題ハ心臓タ撤兵ヲ何ト考ヘルカ陸軍トシテハ之ハ重大視シテ居ルモノタ米国ノ主張ニ其儘服シタラ支那事変ノ成果ヲ壊滅スルモノタ満洲国ヲモ危クスル更ニ朝鮮統治モ危クナル帝国ハ聖戦目的ニ鑑ミ非併合、無賠償トシテオル支那事変ハ数十万ノ戦死者、之ニ数倍スル遺家族、数十万ノ負傷兵、数百万ノ軍隊ト一億国民ノ戦場及内地テ辛苦ヲツマシテ居リ尚数百億ノ国幣ヲ費シテ居ルモノテアリ普通世界列国ナレハ領土割譲ノ要求ヲヤルノハ寧ロ当然ナノテアル然ルニ帝国ハ寛容

ナ態度ヲ以テ臨ンテ居ルノテアル駐兵ニヨリ事変ノ成果ヲ結果ツケルコトハ当然テアッテ世界ニ対シ何等遠慮スル必要ハナイ巧妙ナル米ノ圧迫ニ服スル必要ハナイノテアル
北支蒙彊ニ不動ノ態勢ヲトルコトヲ遠慮セハ如何ナリマスカ満洲建設ノ基礎ハ如何ナリマスカ将来子孫ニ対シ責任ノ禍根ヲ貽スコトトナリ之ヲ回復スル為又々戦争トナルノテアリマス満洲事変前ノ小日本ニ還元スルナラ又何オカ言ハンヤテアリマス撤兵ヲ看板ニスルト言フカ之ハイケマセヌ撤兵ハ退却テス帝国ハ駐兵ヲ明瞭ニスル必要カアリマス所要ノ駐兵ヲシテ其他ノ不要ナモノハ時カ来レハ撤兵スルノハ当然テス撤兵ヲ看板トセハ軍ハ志気ヲ失フ、志気ヲ失ッタ軍ハ無イモ等シイノテス
撤兵ノ問題テ少策ヲ弄シ彼ニ逐次我主張ヲ変更セシメラレルコトハ不可テアリマス
駐兵ハ心臓テアル主張スヘキハ主張スヘキテ譲歩々々々々ヲ加ヘ其上ニ此基本ヲナス心臓迄譲ル必要カアリマスカ、コレ迄譲リソレカ外交トハ何カ、降伏テス益々彼ヲシテズニノラセルノテ何処迄ユクカワカラヌ
青史ノ上ニ汚点ヲ貽スコトトナル、国策ノ大切ナ処ハ譲ラス仮令他ハユツツテモ之ハユツレヌ
此様ナヤリ方テナク三国同盟ヲ堅メテ彼ヲ衝クモ宜シ
作戦準備テ脅威スルナラコレモヨシ、独「ソ」ノ和平ヲ米ハ気ニシテルカラ此弱点ヲツキ之ヲ成功セシメテ米ノ軍備拡張ヲ脅威シテ我主張ヲ通スモヨロシイ
彼ノ弱点ヲツキ之ヲ以テ外交上自信アリト言ハルノナレハワカルカ譲ルコトノミヲ以テ自信アリト言ハレテモ私ハ之ヲ承ケ容ルルコトハ出来ヌ

十月十四日

閣議ニ於テ陸軍大臣説明後宮中ニ於ケル木戸、東条会談要旨

（於総長室東条談）

木戸　次ノ内閣ハ六ツカシイ

東条　陸軍ハ九月六日ノ御前会議ヲ基礎トシテ戦争出来ルト言フテ居ルカ、海軍ニハ不安カアル。此点カ総理カ踏切レヌ処タト思フ、政治家トシテハ考ヘサセラレルノタラウ

東条　海軍大臣ニ「海軍ハ九月六日ニ定メラレタ決心ニ何カ変化カ出来タノカ、若シ之カ変化シタノナラソレニヨッテ進マウ」ト問フタカ海軍ハ「変化ナシ」ト言フタ

木戸　次ノ総理ノ時ハ此点ヲモツトヨク考ヘル様ニ近衛公ニ話シテオイタ

陸軍トシテハ海軍トモツト打チ開ケテヤツテ貰エヌカ、陸海軍カ中心タカラ何トカ融合スルコトハ出来ヌカ

此陸海ノ合一カ出来テカラ内閣カ交代スルノナラヨイカ現在ニ於テハ纒マッテ居ラヌカラ困ル

東条　従来ノ事ニ対スル責任問題ノコトナトハ打チ切ツテ既ニ定マツタ国策カ其儘ヤレルカヤレヌカヲ考ヘルヨリ外ハナイ

右東条ヨリ説明後東条杉山ノ雑談

東条　海軍大臣ハ自信カナイトハ言ハヌカ何カ自信ノナイ様ナ口ノキキ方ヲスル

判然言ハヌノテ物カ定マラヌ

海軍カ踏ミ切レナイノナラソレヲ基礎トシテ別ノヤリ方ヲ考ヘネハナラヌ

杉山　宮中大本営テ永野カ次ノコトヲ言フテ居ツタ

富田カ海軍ニ、海軍カラ戦争ハ出来ヌト言フテクレンカ、ト言フテ来タ。ソレニ対シ永野ハ、ソンナコトカ言ヘルモノカ、ト言フタ由

東条　三国同盟ノ時モ同シ筆法タツタ、七十何回モヤツテ出来ナカツタモノカ及川カ大臣ニナツテカラ直ク出来タ、之ニ関シ某氏ハ次ノ様ニ言フタ由「及川ハ国内問題トシテ三国同盟ハツクルカヨイト思フタカラ、ツクツタノタト言フテ居ルトノ事タカ無責任ナコトタ」

十月十七日及十月十八日
三長官会議及重臣会議ノ模様

十七日午後三長官会議ノ模様

一　東条ハオ召シニヨリ参内拝謁シ組閣ノ大命拝受セリ
同時海軍ト協力シテヤル様仰セラル
其後及川海相ヲ召サレ陸軍ト協同シテユク様優諚アリシト
木戸内府ト会セルニ左ノ話アリ
「オ上ハ陸海軍ノ協同スルコトニ付御心ニカケサセラレアリ又九月六日允裁ノ国策遂行要領ニハコダハラズ白紙ニ立ツテ国策ハヨク慎重ニ検討セヨトノ大御心ナリ又　オ上ヨリ朝香宮殿下ニ対シ　オ上ヨリ「陸軍ハ横車ヲ押ス」旨二度御言葉アリシ由同殿下ヨリ木戸ニ御話アリシヲ以テ木戸ハ　オ上ニ其然ラサル旨ヲ奏シオケリ」ト
陸相ハ「海軍大臣ハ誰ノ予定ナリヤ」ト問ヒシニ木戸ハ豊田副武ト言ヘリ
依テ陸相ハ忌憚ナク述ヘルトテ「豊田ハ陸軍テハ声ヲキクノモイヤタト言フ程ニテ彼ノ海相就任ハ反対ナル」旨率直ニ述ヘタリ

二　総理ハ現役ニ列セシムルコト竝陸軍大臣ヲ兼摂セシムルコトヲ陸相ヨリ提案アリ
右ニ対シテハ総長総監ヨリ現役ヲ適当トス又陸軍大臣ヲ兼ヌルコトニヨリ総理ノ実権ヲ強クシ陸軍カ政府ヲ指導スルヲ得ヘキ利益アルモ陸軍大臣ノ職務ト両者ヲ永ク続クルハ如何カト思ハルル暫クヤツテ見ルヲ此際可トスト述ヘ之ニ同意セリ

三　杉山総長ヨリ東条中将ヲ大将ニ進級セシムルヲ適当トスト提議ス之海軍大臣カ現役大将ニテ東条ノ下ニ入ルハ実際上モ具合悪ク又総理トシテノ貫録カラモ大将ナルヲ可トス而テアト一ケ月ニテ五年トナルヲ以テ特例トシテ進級セシムルコトヲ可トス
右ニ対シ(マヽ)本案ハ果シテ然ラハ篠塚中将モ進級セシメラレ度シト申出テシモ海軍トノ関係モアリ五年ヲ守ルヲ可トスヘク東条ノミヲ此際特例ニテ進級セシムルヲ適当トスト述ヘ東条ノ進級ヲ決定ス
閑院宮殿下ヨリ内大臣ヲ通シテ奏上スル如ク処置スルコトトセリ

十八日重臣会議ノ模様

（総長ノ聴取セルモノ）

会議ニ於テ一般的ニ話題トナリシコト左ノ如シ

一　今回ノ総辞職ハ割リ切レヌモノカアル陸海ノ意見不一致ニヨルモノナルモモ少シ慎重ニ早ク手ヲウテハ此度迄ユカヌ中ニトルヘキ処置カアツタラウニ

二　皇族ヲ総理ニオ願ヒスル話モアツタ然シ之ハ最後ノ切札テ未タ此際ハ　皇族ハオソレ多イ

在郷将官トシテハ如何トノ論モ沢山アリシモ現在国務ヲ担当シテ居ルモノカヨロシイトノ論カ制シタ

東条ニヤラセルノハ直ク戦争ヲ始メルタメニハアラス、モツト考ヘテ他ニ方法カ無イカヲ研究スルヲ要スルモノトノ意見ナリ

十月二十三日（木）第五十九回連絡会議

国策遂行要領再検討ニ関スル件

午後二時新内閣ト統帥部初会議ヲ行フ

午後五時半終了

一　情報交換トシテ岡本前田両部長ヨリ「欧洲戦争ノ見透シ」ニ就テ説明アリ

前田少将、独「ソ」戦ニ於ケル独ノ勝利ト英国ノ国力培養ニヨリ欧洲戦ハ逐次長期化スル公算大ナリ

英ハ「スエズ」及新嘉坡ノ確保ニ力ヲ入レテ居ル。独ノ近東進出ト共ニ何レ遠カラス近東ニテ作戦起ルヘシ

米ハ十七年末両洋作戦ヲ許ス戦備ノ整フ迄ハ日本ヲ戦争ニ参加セシメサル如ク努ムルナラム

二　右終リ午後四時連絡会議ニ入ル

永野　海軍ノ現況ヲ説明シ「十月ノカ今トナツタノテ研究会議モ簡明ニヤラレ度一時間ニ四百屯ノ油ヲ減耗シツツアリ、事ハ急ナリ。急速ニドチラカニ定メラレ度」ト強ク述フ

杉山　仏印進駐ヨリノ陸軍ノ状況ヲ述ヘ「既ニ一ケ月延引セラル研究ニ四日モ五日モカケルノハ不可早クヤレ」ト強調ス

東条　統帥部ノ急クヘキコトニ就テノ力説ハヨク承知シアリ政府トシテハ海軍、大蔵、外務等新大臣モアリ十分ニ検討シテ責任ヲトレル様ニシ度イ

九月六日決定ヲ其儘ニテ政府カ責任トレルカ

又ハ新シキ立場ニテ考ヘネハナラヌカヲ検討致シ度イ、統帥部異論ナキヤ
統　異存ナシ
東条　然ラハ方法如何幹事カ一案ツクツテハ如何
武藤　幹事ノ一案ハナカナカ纏マラヌ大体今迄研究シタ問題ハカリタ
岡　然ラハ此席上担当ノ各省ニテ見解ヲ述ヘソレニ対シ夫々意見ヲ述ヘテアトテ主務ノ幹事カ之ヲマトメテ綴ル様ニセハ如何
全員　右ニ同意ス
賀屋　自分ノ納得ユク様ニ教ヘテ貰ヒ度イ戦争遂行シテ物資カ如何ニナルカ、戦争セスニ現在ノマヽナレハ如何ニナルカ、米トノ交渉不成立ノ場合ハ如何ニナルカ等ヲ研究スレハヨロシカルヘク予算ハ物資ノ需給関係サヘ定マレハ之ニテ決セラルヘク予算其モノハ大シタ問題テナイト思フ
○　此十三ノ研究問題ヲ逐次研究スレハ其辺ハ判然トスル
東条　本日ハ之ニテ終了金午後、土午前、月午後ト研究シ度
右ニテ終了ス即国策再検討ハ本日ハ本論ニ入ルコトナシ

十月二十四日（金）第六十回連絡会議
十月二十五日（土）第六十一回連絡会議

国策遂行要領再検討ニ関スル件

十月二十四日午後二時開会午後八時二十分終了十月二十五日午前九時開会正午終了ス

一　第二問題「対米英蘭戦争ニ於ケル初期及数年ニ亘ル作戦的見透シ如何」
陸軍ハ研究案ノ通リ説明ス
海軍　初期ハ大丈夫長クナレハ国際情勢ト国民ノ覚悟ニヨル海軍ニ対シ所要ノ物資ヲクレト再三述フ
島田、賀屋　支那ノ戦面ヲ整理スル考アリヤ
塚田　ナルヘク戦面ハ保持シ度ク考ヘアルモ情勢ニヨリ整理ス、特ニ北方起レハ整理セサルヲ得サルコトアルヘシ
杉山　南方作戦ノ大部ハ四―五ケ月ヲ要ス

伊藤　海軍ハ六―八ケ月ヲ要ス
（本件陸、海軍間ニ作戦的見解ニ相異アリシ如キ印象ヲ全般ニ与ヘタリ）

二　第三問題「今秋南方ニ開戦セハ北方ニ対スル関聯的現象如何」本問ニ関シテハ陸海外共ニ大同小異
戦争当初ヨリ積極的大攻勢ハナシ、然シ米カ「ソ」ノ軍事基地ヲ利用スルコトアルヘク又「ソ」カ米英ニソソノカサレテ、策動スルコトモアルヘシ、戦争永続セハ情況ニ依リ日「ソ」戦ナシトセス

三　第四問題「船舶ノ消耗量如何」
陸軍ハ研究案ノ通リ述フ
海軍ハ艦政本部総務部長説明セリ要旨左ノ如シ
新造ハ左ノ見込ナリ
第一年　四〇万屯
第二年　六〇万屯
第三年　八〇万屯
但次ノ条件ヲ必要トス
1　所要資材ノ優先取得
2　工作施設ノ損害確実補填
3　輸送力労力ノ優先取得
4　造船造機施設ノ充実
5　陸軍ハ九〇万屯常続使用ニ低下スルコト
6　船舶行政機構ノ一元化
7　三千屯十二節ノ標準型トシ多量生産ヲ可能ナラシムルコト
例ヘハ六〇万屯ノ船新造ノ為三六万屯ノ鋼材ヲ要スヘク海軍モ別ニ相当量ノ鋼ヲ所要トス果シテ之ヲ許スヤ其他施設製造所ノ拡張、工作機械ノ割当輸送力労働力ノ確保等モ希望ノ通リ之ヲ許スヤ
東条　大体ノ造船能力如何
総務部長　大体第一年　四〇万屯
第二年　六〇万屯位
島田　若イモノハ楽観ニ過ク　海軍艦船ノ修理モアリ造船ハ総務部長ノ述ヘシ半分二〇万屯―三〇万屯ナラム

五　第五問題　主要物資ノ需給見込
企画院研究案ヲ説明ス
賀屋　予算ハ物ト労力カ出来レハドウテモナル
戦争遂行上国民生活ヲ維持シ且第二代国民ノ育英ヲヤルコトカ出来レハ心配ナイ

占領地ハ銀行ヲツブシテ軍票テヤレハ可ナリ
支那ト異リ案外安イ

島田　海軍トシテハ　十七年九四億
十八年九五億
以後　毎年一〇〇億
ノ予算ヲ要スカヨロシイカ

六　本日迄ハ第四、第五問題ノ決定ヲ見ス
第二問題戦争ノ見透シニ就テハ第一段戦ハ勝ツモ敵ヲ屈伏セシムル方法如何トノ問答ニ於テハ左ノ如キコトアリ　武力ノミニテハ之ヲ許サス外交ニヨルヲ要ス又英カ屈伏セル後ニ英ノ艦隊カ極東ニ活躍スルコトナトハ出来ス又独ノ力ハ信用スヘク独ノ国力ニ対スル信頼ハ之ヲ強ク考ヘアルモノ多シ
但独ニ対スル帝国トノ協力ニ就テハ我施策カ独ノ利害ニ大ナル関聯ヲ生シタル場合彼ノ出方ハ警戒ヲ要スヘク独ハ信頼シ難シトスルモノ多シ

十月二十七日（月）第六十二回連絡会議

再検討ニ関スル件

午後二時開始午後六時廿分終了

一　第五問題「主要物資ノ需給見込如何」

賀屋　南方作戦ノ場合国家需要物資ニ関シ左記承リ度
1所要数量ヲ全部（軍、官、民）ヲ含メアリヤ、特ニ軍需ハ数年先ヲ見透シタル数量ナリヤ
2右ニ対スル国家ノ供給力ヲ考ヘアリヤ（生産力「ストック」等ヲ含ム）

鈴木　1ニ就テ
日本ニハ国防国家態勢整ハス、物的関係ノ永年計画ナク年度年度毎ニ国ノ供給力ト各方面ノ所要量ヲニラミ年々配分シアルカ現状也十七年ノ為ノ所要資源供給力ハ十六年度ノ九割ヲ見込ミアリテ供給力カラセハ「ストック」全部ヲ尽スコトトナル但綿花ノミハ「ストック」ノ残リト支那カラノ購入ニヨリ十八年迄ハツナクコトヲ得
生産ノ細部ニ就テハ官民需ノ圧追ハ現在ヲ以テ絶頂トス之以上圧縮セハ国ノ生産力ハ減スヘシ

船三〇〇万屯常続使用ヲ許スナレハ現在程度ノ物的国力ノ維持可能ナルモ三〇〇万屯ノ船舶維持ノ為ニハ、十七年四〇万屯、十八年六〇万屯ノ造船ヲ必要トス、然ルニ若シ島田海相ノ言ノ如ク造船能力カ半減スルニ於テハ、第三年ニハ総動員民需ノ為一九〇万屯トナリ国力ノ維持ニ不安アリ

2ニ就テ

東条　陸軍トシテハ対「ソ」戦備ニ重点ヲオキテ準備セリ、南方用資材ハ其一部ニ過キス陸軍ハ従来ノ予算ノ中約六割ヲ軍需品トシテ蓄積シ来レリ十七、十八年度分迄ハ従来通リノ配当アレハ何トカ賄ヒ得ヘシ、但右ハ統帥部ノ要求ニハ満タサルモノニテ此点統帥部ニ我慢ヲシテ貰ツテ居ル次第ナリ十九年度以後ノ如キ先キノコトハワカラヌ

杉山　陸軍ハ「ソ」ノ一七〇師ノ相当数カ極東ニ来ル積リテ準備ヲススメ来リ未タソノ途中ニアルノテ不十分タ然シ物ノ不足ハ情況ノ推移ヲ見テ機ヲ促ヘ且作戦ノ妙トヲ以テ補フコトカ出来ル、算盤通リ物カ無イカラトテ戦争カ出来ヌト言フコトハナイ

海軍次長、岡局長、整備局長等ノ賀屋ニ対スル応答及押問答ヲ綜合スレハ左ノ如シ

海軍ハ南方ヲヤル以上ハ米国ノ⑤⑥軍拡計画ニ対応出来ネハナラヌ故ニ鉄量ハ到底十六年度程度テハ困ル

海軍艦船ノ新造予定案ハ（十七年　一八万屯）、（一九年　二七万屯）、（二〇年　三〇万屯）、（二一年　三七三万屯）、（二二年　三四万屯）、（二三年　三三万屯）ナリ岡局長曰ク之ハ軍令部案ニシテ海軍省トシテハ必スシモ同意出来ヌカ鉄ハ十六年度分ナトテハ足ラス

山田整備局長　十一月開戦セハ航空揮発油ハ蘭印ヨリトルモノヲ加ヘテ三〇ケ月、三月開戦ノ場合ニハ、二一ケ月。又現状維持ナレハ航空揮発油ハ三四ケ月自動車燃料ハ二六ケ月テ共ニ零トナル

賀屋　私カ質問スルノハ海相ノ言ニヨレハ海軍予算

ハ九〇億トノ事故陸軍モ約一五〇億位ヲ要求セラルヘク陸海軍ノ既定経常費以外ニ一五〇—二〇〇億ノ大予算トナリ物資カ二倍以上無ケレハ駄目ト言フコトニナルノテ物ノ事ヲ質ササルヲ得ス、物カ無ケレハ予算ハ出来ス

二　第七問題「独伊ニ対シ協力セシメ得ヘキ限度如何」

外務ハ大ナル期待ヲナシ得スト言ヒシモ参本案ヲ主トシテ取リ入レ判決ス其要旨左ノ通リ

判決　大ナル期待ヲカケ得サルモ我決意ヲ知ラシメ作戦協定ヲ提議スル場合ニハ差シ当リ左ノ事項ヲ約諾セシメ得ヘシ

(イ)対米宣戦

(ロ)単独不媾和(参本案ノ通リト永野主張ス)

(ハ)近東作戦ノ強化ニヨリ対日呼応

(ニ)通商破壊戦ニ対スル協力

尚「ソ」ニ打撃ヲ与フルコトハ現ニヤリツツアルヲ以テ之ヲ強ク要求セハ却テ我方ニモ要求セラルルコトモ多カルヘク之ハ省クヲ可トス英本土攻略ニ就テハ将来約諾セシムルコトトシ差シ当リハ之ヲ省クコトトナレリ

海軍側ノ言ニヨレハ日本ト独トノ海上ノ担任境界ハ「コロンボ」南北ト黙諾セラレアル趣ナリ

第八問題「米英蘭可分ナリヤ不可分ナリヤ」

外務及海軍ニテ説明ス

陸軍ハ作戦的ニ見レハ必スシモ不可能ナラサルモ海軍作戦カ不可能ナレハ陸軍作戦モ勿論不可能トナル旨ヲ附加セリ

一　本日総長ヨリ統帥上ノ見地カラハ時日切迫シアルヲ以テ検討ヲ急カレ度キ旨申入レ総理ハ政府トシテモ統帥部ノ急カルル要望ハ承知シアルモ政府トシテモ十分ニ検討シテ責任ヲモチ度キ故此点ヲ諒セラレ度ト述ヘタリ総長ハ政府モ無論責任トルモ統帥部トシテハ現実的ニ責ヲ負ハサルヘカラサルヲ以テ急速ニ進ムルコトニ就テハ特ニ配慮アリ度キ旨ヲ重ネテ要望スルトコロアリ

観測トシテハ

(イ)総理ノ決意ハ不変ナル如シ

(ロ)海相ハ依然判然トセス発言ハ大体消極的ノコト多シ

(ハ)海軍全般ニ物資取得ノ宣伝ヲヤル節アリ

(ニ)外相ハ率直簡明ニシテ相当自信モアリ大体論議モ一

貫シアルモノト見ラル

十月二十八日（火）第六十三回連絡会議

再検討ニ関スル件

午後二時開始午後六時終了

一　第九問題(イ)「三月戦争発起ノ場合対外関係ノ利害如何」

外務参本ノ案ヲ勘考シ対外関係ノミカラハ戦争開始時機、国際関係ヲ大キクニラミ現在ヨリモヨイ場合カ来ルカモ知レヌト判決セリ

外務　「ソ」ノ北ヨリスル脅威ハ今ヨリモ軽クナル

参本　必スシモ然ラス冬期間ニ彼ハ整頓シ米ト結合シテ明春対日積極行動トルコトアルヘキハ第三問題ニテ研究ノ通リナリ

外務　情勢ニヨツテハ独「ソ」和平ヲ斡旋スルモ可

参本　可ナリ

外務　明年三月迄ハ米参戦セサルモ其参戦準備ハ整フ然シ逆ニ軍事的ニハ大西洋ニ之ヲ用フルコトトナルヘク又国内ニモ稍々困難ナル問題起リ結局之ハ大シタコトナカルヘシ

参本　之ニ反シ害ハ益々大トナルヘシ即対日包囲陣ハ強クナリ又「ソ」ニ対スル日本ノ関係ハ不安大トナル、油其他ノ物資ハ減シ対手ノ軍事的整備ハ強化ス

（伊太利ノ参戦セル時ニ独ハ喜ハサリシ由ナリ先方カラヤツテクレト言ハサルニ明年三月迄開戦ヲノハシタカラトテ冷却スルト迄ハナラヌタラウトテ本件ハ省クコトトセリ）

二　第九問題(ロ)「三月開戦ノ場合物ノ需給見込如何」

昨日研究ノ通リ

三　第九問題(ハ)「三月開戦ノ場合作戦上ノ利害如何」

開戦ハ十一月ナルヲ要ス即本十月三十一日迄ニハ開戦ヲ決意スルヲ要ス

海軍ハ物ノ関係上致命的ナリトテ参本、軍令部強調ス右ノ如クシテ参本軍令部案ヲ殆ント無修正可決

四　第九問題(ニ)「人造石油テ油ハ解決シ得サルヤ」

鈴木　結論トシテ言ヘハ

四百万竏生産ノ計画ニヨレハ設備ノ為鉄一〇〇〇万屯、石炭二五〇〇万屯、費用二一億、

三年間ニテ工場設備ヲ終ル、此ノ如キヲ以テ国家トシテハ強力権力非常手段ヲトラサルヘカラス

生産ハ「十六年三四万竏、一七年五五万竏、一八年一六一万竏、一九年四〇〇万竏」トナル計画ナルモ実行ニハ大ナル難点アリ

海軍整備局長　右人石ヲヤラレルト海軍ハ戦備軍備ハ半分オクレル国際関係ヲ無視シテコンナコトヲヤラレテハ困ル、実行上困ル、又油ハ人石ノミヲ以テ解決セサルモノアリ

賀屋　戦争ヤツタ場合トヤラヌ場合ノ物資需供関係ハ何レカヨイノカ、数量的ニ知リ度イ

五　第十一問「重慶ニ与フル影響如何」

参本、陸軍省、外務ノ案ヲ勘考シ判決セリ

賀屋　南方ニ出テ所要ノモノハ軍ニ取ツテ貫フカ物的ニ陸海軍ノ戦力ヲ補給シ得ルカ否カカ問題タ概念論テナク大体此辺トノ判定ヲシ度イ

六　本日ハ総理ヨリ両総長ニ対シ再審議ノ進度遅クシ相済マヌトノ断リアリ

十月二十九日（水） 自午後一時 至午後十一時 **第六十四回連絡会議**

十月三十日（木） 自午前九時 至正午 **第六十五回連絡会議**

再検討ニ関スル件

第五問題ハ第九問題「物ノ見透シ」並第十問題「外交ノ見透シ」ニ付研究ス

〇第五、第九問題

一、鈴木総裁説明

(イ)液体燃料ニ付人石ニヨルノハ如何、早急ニハツクレス又之ニテ燃料ニ関スル国防ノ安全ハ期待シ得ス

(ロ)南方作戦遂行ノ場合液体燃料如何

或程度ノ遣リ繰リヲスレハ

「第一年二五五」「第二年十五」「第三年七〇」万竏残ル但航空用燃料ハ第二年末ヨリ第三年ニハ危クナル場合モアル

(ハ)鉄

一七年需要ハ一六年物動ヲ基礎トシ賄ヘル

但船三〇〇万屯ヲ要ス而シテ三〇〇万屯ノ船舶維

持スル為ニハ、毎年六〇万屯ノ船ヲ新造スルヲ要シ之カ為三〇万屯ノ鉄ヲ必要トス

○海軍ノ⑤計画ヲ伺ヒ度

二　艦政本部総務部長

海軍トシテハ造艦ハ逐次増加スルコト次ノ如ク、鉄ニ対スル不安アリ又造艦ヲ六〇万屯行ハムトセハ七ツノ条件ヲ要ス

一七年　九五万屯
一八年　一〇〇万屯
一九年　一二〇万屯
二〇年　一〇〇万屯
二一年　一〇〇万屯

三　賀屋

鉄ト船ニ就テハ不安アリ尚考ヘル必要アリ

○第十問題

一　「日米交渉ノ見込如何」

何レモ短期間ニ成功ノ見込ナシ、海軍省ハ二週間テモ見込ナシト言フ

二　「各条件ノ譲リ得ル限度如何」

本問題ニ就テハ問題ニ論議アリテ、結局「幾何迄ニ譲リ得ルヤ」トノ議題ニ変更セリ

論議ノ結果

イ　三国条約―従来通リ、変更セス

ロ　四原則ノ適用ハ、今迄米側ニ述ヘシコトハ已ムナシトスモ東郷ハ「条件附ニテ主義上同意」ト言フコトモ不可ト考ヘアル旨述フ

ハ　支那通商無差別待遇ハ「無差別原則カ全世界ニ適用セラルルニ於テハ」トノ条件ヲ附シテ「南西」ヲ省クモ可ト定マレリ

本件ニ就テハ参本ハ猛烈ニ、変更セサル如ク頑張リタルモ、総理ヨリ、政府側ノ反対強ク此妥協案ヲ申シ出ツ

永野総長ハ突然「通商無差別ナトヤツタラドウダ太ツ腹ヲ見セテハドウカ」ト言ヘリ

ニ　仏印撤兵問題ハ今迄通リ。

ホ　駐兵撤兵

今迄通リ、但シ外交上ノ応接トシテハ所要期間ヲ概ネ二十五年ト応酬スルモ可、ト定マレリ

本件ニ関シテハ杉山、塚田ハ強硬ニ不同急ヲ繰リ返シ東郷ハ「撤兵スルモ経済ハヤレル否寧ロ早ク

撤兵スル方可ナリ」等現実ヲ忘レタルコトヲ主張セリ海軍モ駐兵ニ熱意ナク参本カ極力主張シ論議沸騰ス

総理ハ「永久ニ近イ言ヒ表ハシ方」ニヨリ年数ヲ入ルルコトヲ提議シ、九十九年、五十年、三十年、二十五年等ノ外交上ノ表現法ニ付二十五年ヲ採用スル如ク提議シ次長ハ二十五年ナトト年数ニ触レル弱気ヲ見セルコトニ特ニ不同意ヲ表明セリ（米ハ二十五年、二十年、十年テモ恐ラク受諾セサルヘシトノ観測多シ）

三「米提案ヲ全的ニ容認スル場合日本ハドウナルカ」外務省ヲ除ク全員ハ帝国ハ三等国トナルヘシト判決セルモ、外相ハ条件ヲ少シ低下シテ容認セハ何テモ好転スルト判決シ一同ニ奇異ノ感ヲ懐カシメタリ

○次ニ明三十一日再会スルコトヲ主張セルモ賀屋ハ「一日考ヘサセテクレ」東郷ハ「頭ヲ整理シ度シ」等トテ一日延期ヲ希望シ総長ハ一刻モ遅延ヲ許ササルコトニ関シ約三十分ニ亘リ説明シ永野モ急クコトヲ主張セリ

○総理ヨリ十一月一日ニハ徹夜シテモ決定スヘク左記ニ関シ研究シテハ如何ト述フ

第一案　戦争スルコトナク臥薪嘗胆ス

第二案　直ニ開戦ヲ決意シ戦争ニヨリ解決ス

第三案　戦争決意ノ下ニ作戦準備ト外交ヲ併行セシム（外交ヲ成功セシムル様ニヤツテ見タイ）

○本日ノ会議ニ於テ

外相ハ外交ヲヤツテ見タイロ吻ヲ洩セリ、海相ハ依然ハツキリセス、賀屋質問多キモ真面目ナリ

永野ハ戦争準備ヲ行ヒ外交ハ外交テヤレト述フ

期日ニ就テハ政府側ハ統帥部ノ言フコトモワカルカ、私共モ困ル不審ハ納得出来ネハ困ル一日ニハ徹宵シテモ解決シ度故明日ハ休ミ度シト哀願的ニ希望シ之モ無理ニ引キハナスヲ得サリシ次第也

○議論ハ参謀総長、次長カ専ラ強硬論ニ主張シ、孤立無援ノ形ニテ東条ハ陸軍大臣トシテノ発言ト総理トシテノ発言ヲ区分スルコト困難ニテ特ニ陸相トシテ参謀本部ヲ支援スル程度ニテ、結局ニ於テハ陸相トシテ参本ト同意見ノ主張ヲナスヨリモ総理トシテ参本ト政府側ノ意見ノ折衷妥協ヲ提議スルコト多キ状況ナリキ

九月六日御前会議決定「帝国国策遂行要領」ノ具体的研究

自昭和十六年十月二十三日
至同年同月三十日
連絡会議決定

国策遂行要領ニ付再検討スヘキ要目

一、欧洲戦局ノ見透如何　（外、統）

二、対米英蘭戦争ニ於ケル初期及数年ニ亘ル作戦的見透シ如何
右ノ場合支那非占領地区ヲ利用スル米英ノ軍事的措置判断如何　（統）

三、今秋南方ニ対シ開戦スルモノトシテ北方ニ如何ナル関聯的現象生スルヤ　（陸、海、外、統）

四、対米英蘭戦争ニ於ケル開戦後三年ニ亘ル船舶徴傭量及消耗見込如何　（統）

五、右ニ関聯シ国内民需用船舶輸送力竝主要物資ノ需給見込如何　（企）

六、対米英蘭戦争ニ伴フ帝国予算ノ規模金融的持久力判断　（蔵）

七、対米英蘭国開戦ニ関シ独伊ニ如何ナル程度ノ協力ヲ約諾セシメ得ルヤ　（外、陸、海）

八、戦争相手ヲ蘭ノミ又ハ英蘭ノミニ限定シ得ルヤ　（外、統）

九、戦争発起ヲ明年三月頃トセル場合
対外関係ノ利、害　（海、外、陸、統）
主要物資ノ需給見込　（企、陸、海）
作戦上ノ利、害如何　（統）
右ヲ考量シ開戦時期ヲ何時ニ定ムヘキヤ　（陸、海、外、統）
右ニ関聯シ対米英蘭戦争企画ヲ抛棄シ人造石油ノ増産等ニ依リ現状ヲ維持スルノ能否及利害判断　（企、陸、海）

一〇、対米交渉ヲ続行シテ九月六日御前会議決定ノ我最小限度要求ヲ至短期間内ニ貫徹シ得ル見込アリヤ　（外、陸、海、統）
我最小限度要求ヲ如何ナル程度ニ緩和セハ妥協ノ見込アリヤ右ハ帝国トシテ許容シ得ルヤ　（外、陸、海、統）
十月二日米覚書ヲ全的ニ容認セル場合帝国ノ国際地位就中対支地位ハ事変前ニ比シ如何ニ変化スルヤ　（外、陸、海、統）

一一、対米英蘭開戦ハ重慶側ノ決意ニ如何ナル影響ヲ与フヘキヤ　（外、外、海）

一、欧洲戦局ノ見透如何
現情勢ニ於テハ独英、独「ソ」媾和ノ算少ナク持久戦トナル算大ナリ然レトモ独ハ早期媾和ヲ希望シアルヲ以テ戦局ノ推

移、英「ソ」ノ態度ニ依リテハ案外媾和ノ実現ヲ見ルコトナキヲ保セス

説　明

一、独軍ハ既ニ「モスコー」周辺ニ迫リ欧「ソ」ニ於ケル「ソ」野戦軍ハ甚大ナル打撃ヲ蒙リ今次独「ソ」戦ハ独作戦ノ成功裡ニ一段落ヲ告クヘシト雖「スターリン」政権トシテハ対独屈伏ハ自己政権ヲ崩壊ニ導クノ虞アルヲ以テ今ヤ比較的鞏固トナリタル其政治的基礎ニ依拠シ不十分ナカラ「ヴオルガ」以東ノ資源ト米英ヨリノ支援トニ頼リ消極的抵抗ヲ策スヘク一面独「ソ」戦カ民族戦ノ様相ヲ呈シツツアル事実ニ鑑ミルニ「ソ」民族ノ抗戦意識ハ当分急速ニ衰亡セサルヘシ

独トシテハ従来其首脳者カ漏シタル所ニ依レハ共産主義ニ対スル徹底的打倒ヲ期スヘク又「ソ」ニ対シ再起反撃不可能ノ状態ニ迄打撃ヲ与フルニ非レハ今次対「ソ」開戦ノ意義無カルヘク寛容ナル条件ヲ以テ媾和スルカ如キ公算尠シト謂フヘシ

二、英トシテハ伝統アル国民性ト大国タルノ衿持トヲ有シ且独「ソ」戦ヲ利用セル国防弾撥力ノ恢復ニ依リ戦争遂行上相当ノ自信ヲ有スヘク独ニ対シ容易ニ屈伏スヘシトハ予想セラレス勢ヒ独英戦モ長期化スルモノト判断セラル

三、然レトモ既ニ「ウクライナ」ノ宝庫ヲ確保セル独ハ今後高架索ノ油田ヲ掌握シ進ンテ近東、「スエズ」ヲ攻略シ玆ニ欧洲大陸ヲ制覇シテ不敗ノ態勢ヲ樹立シ欧洲新秩序ノ第一段階ヲ確立シウヘキヲ以テ必スシモ一挙ニ英国ヲ撃滅スルノ要ナク従ッテ更ニ其レ以上ノ地歩ヲ拡大スルノ要ナカルヘク其対英本土攻略ニ着手シ上陸成功スルカ若ハ対英逆封鎖奏功セハ英ノ決意ニ動揺ヲ与ヘ「ソ」勢力ノ窮迫トモ関聯シ欧洲ニ媾和ノ実現ヲ見ルコトナキヲ保セス

四、尚独軍ノ対英本土上陸ハ不可能ニアラサルモ其危険性甚大ナルヲ以テ来春早々断行セラレサル公算尠カラス又独ニシテ対英本土上陸ニ成功セル場合英艦隊カ太平洋方面ニ逃避セント説クモノアルモ四千七百万ノ母国同胞ヲ見棄テテ之ヲ行フカ如キハ独カ英国民ニ対スル給養ノ責ヲ負ワサル旨意志表示セルニ鑑ミルモ人道上起リ得サルヘシ

二、対英米蘭戦争ニ於ケル初期及数年ニ亘ル作戦的見透シ如何右ノ場合支那非占領地区ヲ利用スル米英ノ軍事的措置判断如何

一、陸軍作戦

南方ニ対スル初期陸軍作戦ハ相当ノ困難アルモ必成ノ確算アリ爾後ハ海軍ノ海上確保ト相俟チ所要地域ヲ確保シ得ヘシ

二、海外作戦

初期作戦ノ遂行及現兵力関係ヲ以テスル邀撃作戦ニハ勝算アリ

初期作戦ニシテ適当ニ実施セラルルニ於テハ我ハ南西太平洋ニ於ケル戦略要点ヲ確保シ長期作戦ニ対応スル態勢ヲ確

立スルコト可能ナリ

而シテ対米作戦ハ武力的屈敵手段ナク長期戦トナル覚悟ヲ要シ長期戦ハ米ノ軍備拡張ニ対応シ我海軍戦力ヲ適当ニ維持シ得ルヤニ懸リ戦局ハ有形無形ノ各種要素ヲ含ム国家総力ノ如何及世界情勢ノ推移ノ如何ニヨリ決セラルル所大ナリ

三　米英ノ支那ニ於ケル非占領地区ノ軍事的利用ハ主トシテ飛行基地ナルモ現在ノ状況及将来ノ帝国ノ南方作戦ニ依ル交通遮断ニ鑑ミ大ナル顧慮ヲ要セサルモノトス尚支那沿岸ノ軍事的利用ハ帝国海軍ノ南方海洋制覇ニ依リ不可能ナラシメ得ヘシ

三　今秋開戦スルモノトシテ北方ニ如何ナル関聯的現象生スルヤ

「ソ」聯ハ開戦頭初対日積極行動ニ出ツル算少キモ米ハ極東「ソ」領ヲ軍事的基地ニ強用スル算多ク「ソ」聯亦我ニ対シ各種ノ策動ヲナスノ覚悟アルヲ要ス

尚爾後ノ情況ニヨリテハ日「ソ」開戦ヲ誘発スルノ可能性アリ

説　明

一　「ソ」聯軍需工業ハ「ヴォルガ」以西ノ地区ヲ失フコトニ在リテ二割五分ヲ残スニ過キサルコトトナリ欧「ソ」赤軍ハ独「ソ」戦ニ依リテ徹底的打撃ヲ受ケ極東赤軍ハ之カ増援ノ為今春来十一師団強、戦車少クモ一千輛、飛行機一千二百機以上ヲ欧「ソ」方面ニ西送シ其戦力ハ物心両面ニ亘リ低下シツツアリ、加之極東「ソ」軍ハ今ヤ「スターリン」政権ニ残サレタル最後ノ総予備タル性質ヲ有スルニ至レリ、従ツテ日本カ南方進出ヲ開始スル場合英「ソ」軍事同盟ハ極東ニモ拡張セラレ米「ソ」間ノ提携モ促進セラレテ米英ハ「ソ」聯ニ対シ対日攻勢ヲ使嗾スヘキモ我関東軍ノ厳存スル限リ「ソ」聯カ進攻ヲ敢テシ来ルコトナカルヘク只満洲支那ニ於テ共産党ヲ利用スル破壊的工作、思想宣伝等ノ謀略的工作ヲ以テ我ヲ索制スルニ止ルヘシ

二　然レトモ米ハ「ソ」ニ対シ北方ヨリノ対日攻撃拠点トシテ極東「ソ」領ノ一部ヲ飛行基地乃至ハ潜水艦基地トシテ強制利用スルコトアルヘク「ソ」トシテハ之ヲ拒否スルコト困難ナルヘク従テ一部潜水艦飛行機等ニ依ル策動ヲ試ムルコトアルヘシ斯ル事カ原因トナリテ状況ノ推移ニ依リ日「ソ」開戦ニ導カルル危険ナシトセス、我カ南方攻略カ長期戦ニ陥ル場合若ハ「ソ」ノ内部的安定状態カ恢復ニ向ヒタル場合ハ極東赤軍カ漸次攻撃的姿勢ニ転シ来ルヘキ可能性アリトス

註　独「ソ」開戦後ノ日「ソ」交渉ニ於テ「ソ」政府ハ

㈠日「ソ」中立条約ヲ遵守スヘシ

㈡日本ヲ対照トスル軍事同盟ハ結ハサルヘシ

㈢極東ニ於テ第三国ニ軍事的基地ヲ与フル如キコト無カルヘシ等ノ意向ヲ明ニセルモ右ハ独「ソ」戦ニ対処スル「ソ」聯ノ外交方針ト見ル可ク日本カ南方ニ進出シタル

場合ニハ事態ハ著シク異リ来ルヲ以テ此場合「ソ」聯トシテハ前述ノ見透ニ応スル措置ヲ採リ来ルモノト見サルヘカラス

六　対米英蘭戦争ニ伴フ帝国ノ財政金融的持久力判断

軍事行動ヲ遂行シ且国民生活ヲ維持スルニ必要ナル物的方面充足セラルル限リ財政金融ハ持久可能ナリ

説　明

物的方面に関シ本文所掲ノ要件充足セラルル限リ財政金融ニ関シテハ強度ノ政治力発揮ノ下ニ各種施策ヲ綜合的ニ実施スルコトニ依リ之カ持久可能ナルモノト認ム

尚占領地に関シテハ相当長期ノ間一般民衆ノ生活ヲ顧慮スルノ余力ナシト考ヘラルルヲ以テ当分搾取方針ニ立ツノ已ムヲ得サル事情ニ在リ、但シ治安ノ維持及現地勢力ノ使用ヲ確保スル為ニ必要ナル最小限度ニ於テハ物資ノ供給ヲ為ササル可カラス、尤モ其ノ限度ハ現地住民ノ文化低キコト及天産比較的豊富ナルコトニ鑑ミ支那等ニ比スレハ負担少ナキモノト認ム

七　対米英蘭開戦ニ関シ独伊ニ如何ナル程度ノ協力ヲ約諾セシメ得ルヤ

帝国カ対米英蘭作戦ヲナス場合帝国トシテ要望シ得ル事項ハ大ナル期待ヲカケ得サルヘキモ我決意ヲ知ラシメ作戦協定ヲ提議スル場合ハ差当リ概ネ左ノ程度ヲ約諾セシメ得ヘシ

(一)対米宣戦

(二)日独伊三国ハ英米ヲ相手トスル単独媾和ヲ、又右三国ハ英一国ノミヲ相手トスル媾和ヲ為サス

(三)近東作戦積極化ニ依ル対日呼応

(四)通商破壊戦ニ対スル協力

説　明

一　帝国カ対米英蘭戦争ヲ開始スル場合独伊ニ於テ之ヲ歓迎スヘキハ勿論ナルヘキモ戦争ノ勝敗ヲ決スルカ如キ作戦上ノ協同動作ヲ執リ得ル範囲ハ比較的少キ為仮令三国間ニ協定ヲナスモ其ノ効果ニ大ナル期待ヲ懸ケ得サルモノト予期スルヲ可トス

二　帝国ニ執リ必要ナル事項ハ独伊カ対米宣戦ヲ行ヒ米ノ戦力ヲ極力大西洋ニ牽制スルコト竝ニ媾和ニ関シテ共同戦線態勢ヲ崩ササルコトノ二点ナリトス

而シテ右ハ米独間ノ現状及「ヒ」総統ノ対英攻勢企図ノ現状ニ照シ約諾拒否ノ態度ニ出ツヘシトモ思ハレス

三　作戦上ノ共同動作ハ各々ノ受持範域ニ於テ可能ナル事項ニ付之ヲ協定シ得ヘク独「ソ」戦今後ノ見透シトシテ独カ近東方面ニ作戦スル公算ハ比較的大ニシテ近東作戦ニ依ル対日呼応ハ帝国ノ南方作戦ト時期的ニ実現可能ナリ

通商破壊戦ニ関スル協同動作ハ太平洋、印度洋等ヲ主要舞台トシテ之ヲ実現シ得ルコト論ヲ俟タス

八　戦争相手ヲ蘭ノミ又ハ英蘭ノミニ限定シ得ルヤ

米英ハ不可分ニシテ戦争相手ヲ蘭ノミ又ハ英蘭ノミニ限定スルコト不可能ナリ

説　明

一　政略上ノ理由

英、米、蘭間ニハ帝国ノ対南方武力進出ノ場合ニ於ケル共同防衛ニ付了解アルハ殆ント疑ナキ所ニシテ米英ノ実際採ルヘキ態度ハ帝国ノ武力的南進ノ時期方法当時ノ国際情勢、米英両国ノ国内事情ニ依リ多少ノ差異アルヘキモ結局ニ於テ戦争相手ヲ蘭又ハ英蘭ノミニ限定スルコトハ到底不可能ナルヘシ現情勢ヲ基礎トスル米英両国ニ対スル判断左ノ通

(イ)英国（濠州、加奈陀ヲ含ム）

従来ノ英国側言動ニ鑑ミ帝国カ蘭印ニ進出スル場合英国ハ自衛ノ為直チニ帝国ニ対シ武力的ニ対抗スル決意ヲナスコト略確実ト見サルヘカラス

(ロ)米　国

前項ノ如キ場合英国ハ直チニ米国ノ援助ヲ求ムヘク米国ハ即時参戦セサル場合ニ於テモ急速ニ軍事的措置ヲ強化シツツ一応各種ノ牽制示威ノ段階ヲ経ヘク況ンヤ帝国トノ関係ニ於テハ独逸ニ対シ採レル態度ニ比シ其ノ参戦態度著シク急歩調ナルヘキヲ予期セサルヘカラス蓋シ米国ハ

(1)南西太平洋ヲ以テ自国ノ発言権圏内ト思考シアルコト
(2)同方面ヨリノ物資（「ゴム」、錫等）ヲ必要トスルコト
(3)比島ニ対シ重大脅威ヲ受クルコト
(4)支那問題ニ対スル米国ノ発言権ヲ全面的ニ失フニ至ルヘキコト
(5)欧洲戦ニ比シ輿論ノ刺激大ナルコト

等ノ事情アリテ対岸ノ火災視シ得サルヲ以テナリ

二　作戦上ノ理由

(イ)米英両国ヲ措イテ蘭印作戦ヲ遂行セントシ或ハ米ヲ措イテ対英作戦ニノミ終始セントスルカ如キハ我ヨリ求メテ敵ニ割中セラルルノ戦略態勢ヲ作為スルモノニシテ新嘉坡、香港（比島）等ニ対シ作戦線ノ弱点タル側面ヲ暴露スルモノニシテ作戦実施上為シ得サル所ナリ

(ロ)対英作戦対米作戦ハ現状ニ於テモ既ニ先制攻撃ニ依ルニ非レハ実施極メテ困難ニシテ対蘭戦ヲ開始セル後ニ於テ対英対米戦ヲ開始セサル可ラサルコトトナラハ我カ先制攻撃ハ不可能トナル現在ノ彼我兵力比ニ於テ既ニ然リ況ンヤ米英今後ノ急速戦備増強ノ可能性大ナルヲ想ハハ先制攻撃ノ要愈緊切ナリ

(ハ)馬来及比島ヲ除外シテハ我強固ナル戦略態勢ハ確立シ得ス

九　戦争発起ヲ明年三月頃トセル場合

(一)対外関係

帝国ノ国際環境ヨリスレハ明年三月頃トスルヲ有利トス

説　明

(イ)独蘇戦ノ結果欧蘇軍ハ殲滅的打撃ヲ蒙リ今冬ヨリ明春ニ亘リ再建ニ忙殺セラルヘク従テ極東蘇軍ノ移動モ相当程度予想セラレ且国内ノ動揺モ益々増大スヘキヲ以テ国力ハ弱体化スルモ日米戦ノ場合蘇米ノ聯携ヲ容易ナラシムル態勢ト

ナルヘシ

(ロ)情勢ノ如何ニ依リテハ蘇独和平ノ斡旋ヲ為ス等蘇聯ヲ中心トスル外交措置ヲ講シ得ル機会モ絶無ニアラサルヘシ

(ハ)独軍ノ冬期作戦ハ「アフリカ」近東中亜方面ヲ目標トスルモノト予期セラルル処英国ハ同方面ノ防戦ニ努メサルヘカラス又独軍ノ英本土上陸作戦ニ備フル等欧洲方面益々多事トナリ従テ東亜ニ於ケル地位ハ自然弱メラレ独軍ノ牽制的役割ハ現在ヨリハ効果的ナルヘシ

(ニ)米国カ明年三月迄ニ参戦セサル場合ニモ参戦的態度ハ更ニ前進スルコトトナルヘク従テ国内的ニハ内政上経済上ノ難問題輩出シ他方軍事的ニモ太平洋ニ於ケル勢力ヲ分割セサルヘカラサルコトトナル可能性アリ

(ホ)明年三月迄ノ間ニ我方ノ経済的困難ハ寧ロ増大スルモノト認メラル

(ヘ)軍事的ニハ対手国ニモ準備期間ヲ与フルノ惧アリ

(ト)米英蘭支経済的政治的軍事的結合ヲ益々強固ナラシム

(二)作戦上ノ利害

作戦上ヨリスレハ明年三月頃トスル場合ハ極メテ不利ニシテ積極的作戦ハ不可能トナルヘシ

説　明

一　日米軍備比ハ時日ノ経過ト共ニ不利トナル特ニ航空軍備ノ懸隔ハ急激ニ増大スヘシ

二　時日経過セハ米ノ比島防備及其ノ他ノ戦備ハ急速ニ進捗スヘシ

三　米英蘭支ノ共同防備関係ハ更ニ進展シ南方諸域ノ防備力ハ急速ニ強化スヘシ

(イ)航空兵力

比島、馬来、蘭印ニ於ケル総合航空兵力ハ従来二ケ月間ニ一割強ノ割合ヲ以テ増加シアリ今後国交緊張セハ増加率ハ益々増大スヘシ

比島ニ於テハ五ケ所馬来ニ於テハ六ケ所ノ航空基地準備中ニシテ本年末迄ニハ略々完成スヘシ

(ロ)陸軍兵力

比島、馬来ノ陸軍兵力ハ増大シツツアリ特ニ馬来ニ於テハ一ケ月四千名ノ割合ニテ増加セリ

四　明春以降トナレハ北方ニ於ケル作戦実施容易ナル季節トナリ南北同時戦トナル算増大ス

(四)右ヲ考量シ開戦時機ヲ何時ニ定ムヘキヤ

右ヲ考量シ開戦時期ハ遅クモ　　トナスヲ要ス

一〇ノ(一)　対米交渉ヲ続行シテ九月六日御前会議決定ノ我最少限度要求ヲ至短期間内ニ貫徹シ得ル見込アリヤ

説　明

至短期内ニ我方要求ヲ貫徹シ得ル見込無シ

米国側従来各種ノ提言及態度ニ徴スルニ一方ニ於テ軍備ノ整備完了ニ至ル迄ハ日米間ニ事ヲ構フルヲ避クル為国交調整ニ名ヲ藉リテ交渉遷延策ニ出テツツアリトノ疑アリ又他方帝国ノ真

意、態度及其ノ意図スル対外政策ヲ果シテ平和的手段ニ依リ遂行セントスルモノナリヤ否ヤニ付疑念ト不安ヲ懐キ居リ所謂四原則ヲ固執スル結果我方具体的提案中支那及仏印ニ於ケル駐兵及撤兵問題ヲ最モ重視スルト共ニ此等諸点ニ付日本側ヨリ満足スヘキ約諾ヲ得ル迄ハ交渉ヲ成立セシムル意図ナキモノト認メラル、依テ我方案ヲ至短期間ニ受諾セシムルコトハ殆ト不可能ト言フノ他ナシ

一一　対米英蘭開戦ハ重慶側ノ戦意ニ如何ナル影響ヲ与フヘキヤ

一　日本ノ対米英蘭開戦ハ蔣介石ヲシテＡＢＣＤ陣ノ団結ニ依ル対日長期抗戦ノ決意ヲ益々強固ナラシメ当初ハ志気ヲ昂揚シ米英等トノ提携ヲ愈々鞏固ニシ飽迄対日戦ニ徹底シ日支全面和平ノ成立ハ少クトモ全戦局ノ終結迄延期セラルヘシ

二　上海、香港等援蔣拠点ノ喪失、帝国ノ南進発展ニ依ル緬甸「ルート」輸送杜絶我南方作戦ノ成果維持ニ依リ南洋華僑ノ援蔣中止等トナリ財政経済上ノ逼迫ヲ促進シテ其ノ実質的抗戦力ハ漸減シ戦力ノ逓減ト相俟ッテ一般大衆ハ勿論重慶政権主流ノ継戦意志ニモ重大ナル影響ヲ及ホシ灰色将領中南京側ニ寝返ルモノ逐次其ノ数ヲ増加シ遂ニ重慶側統一戦線ノ分裂ヲ来シ蔣政権ハ愈々微弱化スヘシ

大本営連絡会議（一六、一〇、三〇）ニ於ケル企画院総裁答弁

液体燃料ニ関スル件

一　国防安全感ヲ確保スルニ必要ナル液体燃料ノ品種及数量ハ人造石油工業ノミニヨリ之ヲ生産スルコト殆ト不可能ナリ（戦争ヲ挑マレタ場合ニハ）

二　南方作戦実施ノ場合石油ノ総供給量ハ

第一年度	第二年度	第三年度
八五万瓩	二六〇万瓩	五三〇万瓩

ニシテ之ニ対シ国内貯油八四〇万瓩ヲ加ヘ需給ノ見透ヲ付クレハ

第一年度末	第二年度末	第三年度末
二五五万瓩	一五万瓩	七〇万瓩

ノ残額ヲ有シ辛フシテ自給態勢ヲ保持シ得ヘシ

三　航空燃料ニ就テハ其消費状況ニヨリテハ第二年若クハ第三年ニ於テ危険状態ニ陥ルコトアルヲ予想セラル

民需用船舶輸送力並ニ主要物資見込ニ関スル件

一　民需用トシテ常続的ニ最低三〇〇万総噸ノ船腹ヲ保有シ得ルニ於テハ一部ノ物資ヲ除キ概ネ昭和十六年度物資動員計画ノ供給量ヲ確保シ得ヘシ

但シ昭和十七年度ニ於ケル鋼材ハ最大見込四三〇万瓩程度トス

二　消耗船舶ヲ年間一〇〇万総噸乃至八〇万総噸ト推定スル場合年平均六〇万総噸内外ノ新造船ヲ確保シ得ルニ於テハ前項三〇〇万総噸ノ船腹保有ハ可能ナリ

三　前項六〇万総噸ノ新造船ノ為約三十余万瓩ノ鋼材及銅其他

ノ附属資材ヲ必要トスルモ陸、海軍所要ノ鋼材其他附属資材ニシテ昭和十六年度物資動員計画ノ配当比ヲ以テ其年度総供給量ヨリノ配当比ト為スニ於テハ之カ供給可能ナルヘシ

四　南方作戦ノ為特別ニ必要トスル船腹量及其期間ハ陸、海軍ト企画院トノ間ニ協定セル計画ヲ遂行スルコト必要ナリ

参考　**海軍行事実施表**（臨時調査部）

昭和十五年八月二十二日　時局急変ノ為一部出師準備
同　十一月　船舶55万噸徴用（航空母艦、巡洋艦、砲艦ニ充当）
同　五月　情勢ニ応スル軍備缺陥補充ノ為臨時追加計画着手
同　十六年八月二十六日　十六年度軍備充実計画発動船舶60万噸徴用
同　一月　山本GF長官ニ対シ布哇攻撃ノ研究ヲ大西少将ニ下命ス
同　六月　対米英蘭支作戦計画開始
同　八月十三日　帝国国策遂行方針経済断行ニ対シ海軍ヨリ初メテ国策ヲ提案ス
(1)外交ト作戦準備
(2)十月中旬ニ武力ヲ発動
註　之ニ依リテ陸軍ハ積極的計画ニ乗リ出ス

昭和十六年八月下旬
同　十月上旬　艦隊各艦ノ交代ニテ臨戦準備
同　十一月　急速戦備着手、船舶徴用第二次計画40万発動
同　十一月三日　真珠湾攻撃、総長決裁
同　十月上旬　南方総軍創立
同　十一月上旬　GF南総ト作戦協定
同　十一月二十一日　大海令第五号（作戦展開）
同　十一月二十五日　口 GF KJB
同　十一月二十六日　単冠発
同　十二月一日　大海九号（予令）
同　十二月二日　第十二号、八日武力発動
同　十二月五日　最後通牒手交時刻決定

十一月一日（土）午前七時半ヨリ約一時間
東条陸相ト杉山総長トノ会談要旨

東条
一　本日ハ結論トシテ
第一案　戦争セス、臥薪嘗胆ス
第二案　直ニ開戦ヲ決意シテ作戦準備ヲグングン進メ、外交ヲ従トスルモノ
第三案　戦争決意ノ下ニ作戦準備ヲススメルカ外交交

　　渉ハアノ最小限度ニテ之ヲ進メル
ノ三案ニ就テ研究スルカ総理トシテハ第三案ヲ採リ度イト思フ

二　関係各大臣ト会談セシカ一番問題トナツタノハ、鉄テ海相ハ次ノ如ク主張セリ
来年度ハ四三〇万屯シカナイ、其中海軍八五、陸軍ハ八一、残余民需ト予定シテ居リシトコロ海軍ハ十六年一三五万屯　一七年一四五（マヽ）　一八―二〇年各々一三八万屯ヲ要ス十七年ノ一三五万屯ハ一一〇万屯迄ハ圧縮テキルカ此増加分ハ陸軍ヨリ出サレ度、尚海軍ハ此外ニ特種鋼一八万屯民需ヨリ若干、陸軍ヨリ八万屯海軍ニ譲ルコトトシ、海軍ハ一〇二万屯ニテ我慢出来ヌカ研究セラレ度イト述ヘタリ
（右ノ如ク海軍ノ鉄其他ニ対スル主張ハ突如最近ニナリテ強キモノアリ其真意ハ奈辺ニアリヤ疑ハサルヲ得ス
大量ノ物ヲ海軍ノ希望通リ取得シ得ストシテ非戦ノ責ヲ国力即政府ニ帰セシメントスルカ或ハ陸軍カ開戦ヲ急ク此機会ニ海軍用物資鉄ヲ奪取スル如ク容認セシメントスルカノ何レトスルモ海軍アリテ国家アルヲ知ラサルモノト言ハサルヲ得ス若シ釈明ノ如ク政府ニ海軍ノ必要ノ重大性ヲ認識セシメムトスルナレハ大決心ノ直前ニ之ヲ提出セルハ不可ナリ）

東条　各大臣ノ案ニ対スル意見左ノ如シ
海軍、大蔵、企総、トモニ第三案、外務ハ判然セス　オ上ノ御心ヲ考ヘネハナラヌ日露戦争ヨリモ遙カニ大ナル戦争ナルカ故ニ御軫念ノコトハ十分ニ拝察出来ル
又　オ上ハ正々堂々ヤルコトヲオ好ミニナルコトモ考ヘルト、今開戦ヲ決意シ其後偽騙外交ヲヤルコトハ、御聞キ届ケニナラヌト思フ
然シ此案ヲ統帥部トシテ成功セシメル自信アルナラヤラレテモヨロシイ

杉山　統帥部ノ考ヘハ軍務課長ヨリ通ジタ通リテス

東条　右ヲ通ス自信ハアリマスカ

杉山　然シ今日第三案テ進ムト言フコトハ九月六日ノ御前会議ヲ、モ一度繰リ返スコトニナルニアラスヤ

東条　之トハ戦争準備ヲ進メルト言フ点ニ於テ差異カアル

杉山　若シ外交ウマクユケハ準備シタ兵ヲ下ケルコトトナルカ之ハ困ル、内地カラ二〇万支那カラモヤルヘキ作戦ヲヤメテ兵ヲ送ツテオル、兵ヲ南洋迄出シテ戦争シナイテ退ケタラ士気ニ関ス、統帥部トシテハ「(イ)国交調整ハ断念スル(ロ)戦争決意ヲスル、(ハ)戦争発起ハ十二月初旬トス(ニ)作戦準備ヲスル(ホ)外交ハ戦争有利ニナル様ニ行フ」ヲ主張シ度イト思フ

東条　統帥部ノ主張ハ止メハシナイカ、オ上ニ御納得シテイタタクノニハ容易テナイト思フ、

杉山　オ上ニ御納得ヲ願フコトノ困難ハ知ツテ居ル第三案ハ万已ムナイ時ニヤルモノタト考ヘル

東条　オ上ハオキキニナラヌト思フ

杉山　対米交渉ノ時ノ最後要求ハ之以上低下スルコトハナイカ

東条　之ハ低下スルコトハナイ軍及国民ハ承知シナイ

尚本日ハ大義名分ニ就テモ研究シタイ思フテ居ル

十一月一日自午前九時 十一月二日至午前一時半　第六十六回連絡会議

国策遂行要領再検討之件

結論ヲ得ヘキ最終会議ニシテ十七時間連続シ一日深更二日午前一時半ニ及ヘリ　判決ヲ得ル前ニ、物資特ニ鉄ニ関シ海軍ヨリ海軍ノ分トシテ多量ノ配分ヲ要望セリ

一　鉄其他物資ニ関シテハ右海軍ノ要望アリ其結果陸、海、企間ニ十七年南方作戦実行ノ場合ニハ次ノ如ク定メタリ

(イ)鉄　海軍　一一〇万屯
陸軍　七九万屯
民需　二六一万屯

但生産量四五〇万屯以上ノ場合ハ陸軍ヲ九〇万屯迄増加ス機帆船ノ油ハ海軍ヨリ供給ス

(ロ)鉄以前ノ物資モ右配当ヲ考慮ス

二　独伊ニ対シテハナルヘク速ニ外交措置ヲ講ス泰ニ対シテモ所要ノ手ヲウツ

三　大義名分ニ関シテハ第二十班案及第二部案ヲ基礎トス

四　結論ニ就テ

(イ)第一案ノ（戦争ヤラヌ案）

賀屋　此儘戦争セスニ推移シ三年後ニ米艦隊カ攻勢ヲトツテ来ル場合海軍トシテ戦争ノ勝算アリヤ、否ヤヲ再三質問セリ

永野　ソレハ不明ナリ

賀屋　米艦隊カ進攻シテ来ルカ来ヌカ

永野　不明タ、五分五分ト思ヘ

賀屋　来ヌト思フ、来タ場合ニ海ノ上ノ戦争ハ勝ツカドウカ。

（マサカ負ケルトハ統帥部ニ聞ク訳ニユカヌ）

永野　今戦争ヤラスニ三年後ニヤルヨリモ今ヤツテ三年後ノ状態ヲ考ヘルト今ヤル方カ戦争ハヤリヤスイト言ヘル、ソレハ必要ナ地盤カトツテアルカラタ

賀屋　勝算カ戦争第三年ニアルノナラ戦争ヤルノモ宜シイカ永野ノ説明ニヨレハ此点不明瞭タ、然モ自分ハ米カ戦争シカケテ来ル公算ハ少イト判断スルカラ結論トシテ今戦争スルノカ良イトハ思ハヌ

東郷　私モ米艦隊カ攻勢ニ来ルトハ思ハヌ、今戦争スル必要ハナイト思フ

永野　「来ラサルヲ恃ム勿レ」ト言フコトモアル先ハ不明、安心ハ出来ヌ、三年タテハ南ノ防備ガ強クナル敵艦モ増エル

賀屋　然ラハ何時戦争シタラ勝テルカ

永野　今！戦機ハアトニハ来ヌ（強キ語調ニテ）

鈴木　賀屋ハ物ノ観点カラ不安ヲモツテ居リ戦争ヤレハ十六、十七年ハ物的ニハ不利ノ様ニ考ヘテル様タカ心配ハナイ十八年ニハ物ノ関係ハ戦争シタ方カヨクナル、一方統帥部ノ戦略関係ハ時日ヲ経過セバダンダン悪クナルト言フノタカラ此際ハ戦争シタ方カヨイコトトナル

（ト再度賀屋東郷ノ説得ニ努メタ）

賀屋　未タ疑アリ（トテ第一案ニ対スル質問ヲ打切ル）

(ロ)第二案ニ就テ

参謀本部ノ別紙原案ニ就テ詳細説明ス

之ニ対シテハ反論ナシ

賀屋、東郷　只左様ニ決心スル前ニ二千六百年ノ青

史ヲモツ皇国ノ一大転機テ国運ヲ賭スルモノタカラ何トカ最後ノ交渉ヲヤル様ニシ度イ外交ヲ誤魔化シテヤレト言フノハ余リヒドイ、乃公ニハ出来ヌ

次長　先ツ以テ決スヘキモノハ今度ノ問題ノ重点タル「開戦ヲ直ニ決意ス」「戦争発起ヲ十二月初頭トス」ノ二ツヲ定メナケレハ統帥部トシテハ何モ出来ヌ外交ナトハ右カ定マツテカラ研究シテ貰ヒ度イ、外交ヤルトシテモ右ヲ先ツ定メヨ

伊藤　（此時突如トシテ）海軍トシテハ十一月二十日迄外交ヲヤツテモ良イ

塚田　陸軍トシテハ十一月十三日迄ハヨロシイカソレ以上ハ困ル

東郷　外交ニハ期日ヲ必要トス外相トシテ出来サウナ見込カ無ケレハ外交ハヤレヌ期日モ条件モソレテ外交カ成功ノ見込カナケレハ外交ハヤレヌ而シテ戦争ハ当然ヤメネハナラヌ（此クシテ東郷ハ時々非戦現状維持ヲ言フ）

右ノ如クニテ外交ノ期日条件等ヲ論議スル必要生シ総理ハ第三案（戦争外交二本立）ヲ併セ討議スルコトヲ提議セリ

(ハ)第三案（第二案ト共ニ研究ス）

塚田　参本原案ヲ繰リ返シ述ヘ「外交ハ作戦ヲ妨害セサルコト、外交ノ情況ニ左右セラレ期日ヲ変更セヌコト其期日ハ十一月十三日ナルコト」ヲ主張ス

而シテ此期日十一月十三日カ大イニ問題トナレリ

東郷　十一月十三日ハ余リ酷イテハナイカ、海軍ハ十一月二十日ト言フテハナイカ

塚田　作戦準備カ作戦行動其モノタ飛行機ヤ水上水中艦船等ハ衝突ヲ起スゾ

従テ外交打切リノ時機ハ此作戦準備ノ中テ殆ント作戦行動ト見做スヘキ活潑ナル準備ノ前日迄ナルヲ要ス之カ十一月十三日ナノタ

永野　小衝突ハ局部的衝突テ戦争テハナイ

総理、外務　外交ト作戦ト並行シテヤルノテアルカラ外交カ成功シタラ戦争発起ヲ止メルコトヲ請合ツテクレネハ困ル

塚田　ソレハ不可ナリ十一月十三日迄ナレハヨロシ

イカ其以後ハ統帥ヲ紊ス

杉山、永野　之ハ統帥ヲ危クスルモノタ

島田　（伊藤次長ニ向ヒ）発起ノ二昼夜位前迄ハ良イタラウ

塚田　タマツテ居テ下サイソンナコトハ駄目テス

外相ノ所要期日トハ何日カ

右ノ如クシテ外交打切リノ日カ大激論トナリ二十分間休憩スルコトトナル

茲ニ於テ田中第一部長ヲ招致シ総長次長第一部長ニ於テ研究シ「五日前迄ハヨロシカルヘシ」ト結論セラレ之ニ依リ「十一月三十日迄ハ外交ヲ行フモ可」ト参本トシテハ決定シ再会ス

此間海軍令部モ同様第一部長ヲ招致シ協議セリ再会ス

総理　十二月一日ニハナラヌカ、一日テモヨイカラ永ク外交ヲヤラセルコトハ出来ヌカ

塚田　絶対ニイケナイ十一月卅日以上ハ絶対イカン、イカン

島田　塚田君、十一月三十日ハ何時迄タ夜十二時迄ハ良イタラウ

塚田　夜十二時迄ハヨロシイ

右ノ如クシテ十二月一日零時（東京時間）ト決ス

以上ノ如クシテ(イ)戦争ヲ決意ス

(ロ)戦争発起ハ十二月初頭トス

(ハ)外交ハ十二月一日零時迄トシ之迄ニ外交成功セハ戦争発起ヲ中止ス

ニ関シテハ決定ヲ見タリ

次ニ外交条件ニ付討議ス

外務省提案ノ甲案、乙案ニ付研究スルコトトナル甲案ハ従来ノ対米交渉案ヲ若干減シタルモノ（再検討ニヨル）ナリ乙案ハ南方ノミニ限定セル案ニシテ外務省原案（別紙）タル乙案ハ第一項第二項第三項ハ単ニ「資金凍結解除」ノミ第四項（支那関係）ナシ

備考一、二、ナリ

総長、次長　乙案ハ支那問題ニ触ルルコトナク仏印ノ兵ヲ撤スルモノニシテ国防的見地カラ国ヲアヤマルコトニナル、仏印ニ兵ヲ駐ムルコトハ、支那ヲシテ日本ノ思フ様ニナラシメ、南方ニ対シテハ之ニヨリ五分五分ニ物ヲトルコトヲ可能ナラシム又戦略態勢ハ対米政策上又

支那事変解決上之ニヨリ強クナルノタ、米ト約束シテモ物ヲクレヌカモ知レヌ、乙案ニハ不同意、又日次モ少イカラ新案タル乙案テヤルヨリ甲案テヤレ

外務　自分ハ先ツ従来ノ交渉ノヤリ方カマズイカラ、条件ノ場面ヲ狭クシテ南ノ方ノ事タケヲ片ツケ支那ノ方ハ、日本自分テヤル様ニシタイ、支那問題ニ米ノ口ヲ容レサセルコトハ不可也、此見地カラスレハ従来ノ対米交渉ハ九ケ国条約ノ復活ヲ多分ニ包蔵シテルモノテ、殊ニ不味イコトヲヤツタモノタ、度々言フ様ニ四原則ノ主義上同意ナト丸デナツテ居ナイ、依テ自分ハ乙案テヤリ度イ、甲案ハ短時日ニ望ミナシト思フ、出来ヌモノヲヤレト言ハルルハ困ル

塚田　南部仏印ノ兵力ヲ撤スルハ絶対ニ不可ナリ、（トテ之ニ付繰リ返シ反論ス）乙案外務原案ニヨレハ支那ノ事ニハ一言モフレス現状ノ儘ナリ又南方カラ物ヲトルコトモ仏印カラ兵ヲ撤スレハ完全ニ米ノ思フ通リニナラサルヲ得スシテ何時テモ米ノ妨害ヲ受ケル、然モ米ノ援蔣ハ中止セス資金凍結解除タケテハ通商モモトノ通リ殆ント出来ナイ、特ニ油ハ入ツテ来ナイ。此様ニシテ半年後トモナレハ戦機ハ既ニ去ツテ居ル、帝国トシテハ支那カ思フ様ニナラナケレハナラナイ、故ニ乙案ハ不可、甲案テヤレ

以上ノ如ク協議セラレ第三項ヲ「資金凍結前ノ通商状態ヲ回復シ且油ノ輸入ヲ加フル」如ク改メ又第四項ヲ新ニ加ヘ「支那事変解決ヲ妨害セス」トセルモ南部仏印撤兵問題ハ解決セス

東郷　通商ヲ改メ又第四項ニ支那解決ヲ妨害セスヲ加ヘ而モ南仏撤兵ヲ省ク条件ナレハ外交ハ出来ヌ、之テハ駄目タ、外交ハヤレヌ、戦争ハヤラヌ方宜シ

塚田　タカラ甲案テヤレ

永野　此案テ外交ヤルコト結構タ

右ノ如ク南仏ヨリ北仏ニ移駐スルコト及乙案不可ナルコトニ就テハ総長次長ハ声ヲ大ニシテ東郷ト激論シ東郷ハ之ニ同意セス時ニ非戦ヲ以テ脅威シツツ自説ヲ固

持シ此儘議論ヲ進ムルトキハ東郷ノ退却即倒閣ノオソレアリ武藤局長休憩ヲ提議シ十分間休ム

休憩間杉山、東郷、塚田、武藤別室ニ於テ協議ス

「支那ヲ条件ニ加ヘタル以上ハ乙案ニヨル外交ハ成立セスト判断セラル南仏ヨリノ移駐ヲ拒否スレハ外相ノ辞職即政変ヲモ考ヘサルヘカラス若シ然ル場合次期内閣ノ性格ハ非戦ノ公算多カルヘク又開戦決意迄ニ時日ヲ要スヘシ此際政変並時日遅延ヲ許ササルモノアリ」

更ニ右ヲ要約セハ(イ)此審議ヲ此上数日延スルコトヲ許サス(統帥上十二月初旬ハ絶対也)

(ロ)倒閣ヲ許サス（此結果非戦内閣出現シ又検討ニ時日ヲ要ス）

(ハ)条件ヲ緩和スルヤ否ヤ

(イ)(ロ)ハ許サレス(ハ)ヲ如何ニスヘキカカ問題ノ鍵ニシテ陸軍トシテ已ムナク折レテ緩和スルカ、スヘテガコワレテモカマワス同意スルカヲ熟慮シ其結果緩和ニ同意セサルヲ得サルコトトナレリ然ラサレハ外務トノ意見不一致ニテ政変ヲ予期セサルヘカラス又非戦現状維持ニ後退セサルヘカラス

統帥部トシテ参謀総長及次長ハ不精不精ニ之ニ同意セリ

別紙

対南方国策遂行ニ関スル件

参議本部提案

帝国ハ対米国交調整ヲ断念シ国防弾撥力並戦略的地位ノ低下シツツアル危局ヲ打開シテ自存自衛ヲ全ウシ大東亜ノ新秩序ヲ建設スル為直ニ対米英蘭開戦ヲ決意ス其戦争発起ハ十二月初頭トス右ヲ目途トシテ戦政諸般ノ準備ヲ完整ス

対米交渉ハ前記ノ趣旨ニ遵ヒ開戦企図ヲ秘匿シ戦争遂行ヲ容易ナラシムル如ク行フ

即時独伊トノ提携強化ヲ図ル

万已ムヲ得ザル場合ニ於テハヲ対米交渉以下ヲ左ノ如ク修正ス

戦争発起直前迄対米交渉ヲ継続ス

其交渉ニ方リテハ開戦企図ノ秘匿ト開戦名目ノ把握ニ勉ム

即時独伊トノ提携強化ヲ図ル

別紙

乙案（十一月一日午後十時連絡会議ニ於テ外務省提案セルモノ）

一　日米両国ハ孰レモ仏印以外ノ南東亜細亜及南太平洋地域ニ武力的進出ヲ行ハサルコトヲ確約ス

二　日米両国政府ハ蘭領印度ニ於テ其ノ必要トスル物資ノ獲得

カ保障セラルル様相互ニ協力スルモノトス

三　米国ハ年百万噸ノ航空揮発油ノ対日供給ヲ確約ス

備考一　本取極成立セハ南部仏印駐屯中ノ日本軍ハ北部仏印ニ移駐スルノ用意アリ

二　尚必要ニ応シテハ従来ノ提案中ニアリタル通商無差別待遇ニ関スル規定及三国条約ノ解釈及履行ニ関スル規定ヲ追加挿入スルモノトス

塚田次長所感

一　今戦争ヲヤラネハナラヌトノ意志ハ永野ハ強ク明カナリ然シ将来ノ戦争見透シハ不明ト言フ　島田ハ永野ノ言フ如ク今ヤルヨリ外ニナシト考ヘ居ル様子ナルモ積極的ニ言ハヌ

杉山総長ハ戦機ハ今ナリ　陸軍作戦ハ海軍ノ海上交通確保ト共ニ占領地確保ニ自信アリト強ク言フ賀屋、東郷ハ最後迄数年先ノ戦争ノ事ハ不明ナルニ付決心シ兼ネルトテ大体臥薪嘗胆ノ人ラシク看取セラル

鈴木ハ賀屋、東郷ニ対シ種々心配アランモ今戦争ヲ決意スル以外ニ手段ナシ又物的関係ヨリモ今戦争スル方ヨロシト説ク

二　一般ニ前途ニ戦争ノ光明ナシトスルコト、及何トカ平和ニテユク方法ナキヤト考フル為ニ、「長期戦ニナルモ大丈夫戦争ヲ引キ受ケル」ト言フ者ナク去リトテ現状維持ハ不可、故ニ已ムナク戦争ストノ結論ニ落付キタリ

三　塚田トシテハ今度ノ戦争ハ避ケラレヌ、時期ハ今、今ヤラサルモ来年カ再来年ノ問題タ、時ハ今タ、神州ノ正気ハ此場合ニ光ヲ放ツ戦争ヲヤリ南ヲトル方カ国防国策遂行上光明アリ、而シテ戦争ノ終結ニ就テハ日本ノ南進ニヨリ独伊ヲシテ英ヲ屈服セシムル公算大トナル、支那ヲ屈セシムル公算ハ現在ヨリモ大トナル　次ニ「ソ」ヲ屈セシムルコトモ出来ル、南ヲトレハ米ノ国防資源ニモ大打撃ヲ与フルコトヲ得、即鉄壁ヲ築キ其中ニテ亜細亜ノ敵性国家群ヲ各個ニ撃破シ他面米英ヲ倒スヘキナリ、英カ倒ルレハ米モ考ヘルコトアルヘシ　五年先キハト問ハルレハ作戦政治、外交何レモ皆ワカラヌノハ当然タ　「以上」

帝国国策遂行要領

昭和十六年十一月一日
大本営政府連絡会議決定

一　帝国ハ現下ノ危局ヲ打開シテ自存自衛ヲ完ウシ大東亜ノ新秩序ヲ建設スル為此ノ際対米英蘭戦争ヲ決意シ左記措置ヲ採ル

㈠武力発動ノ時機ヲ十二月初頭ト定メ陸海軍ハ作戦準備ヲ完整ス
㈡対米交渉ハ別紙要領ニ依リ之ヲ行フ
㈢独伊トノ提携強化ヲ図ル
㈣武力発動ノ直前泰トノ間ニ軍事的緊密関係ヲ樹立ス
二 対米交渉カ十二月一日午前零時迄ニ成功セハ武力発動ヲ中止ス

別紙

対米交渉要領

対米交渉ハ従来懸案トナレル重要事項ノ表現方式ヲ緩和修正スル別記甲案或ハ別記乙案ノ如キ局地的緩和案ヲ以テ交渉ニ臨ミ之カ妥結ヲ計ルモノトス

甲案

日米交渉懸案中最重要ナル事項ハ㈠支那及仏印ニ於ケル駐兵及撤兵問題㈡支那ニ於ケル通商無差別問題㈢三国条約ノ解釈及履行問題及㈣四原則問題ナル処之等諸項ニ付テハ左記ノ程度ニ之ヲ緩和ス

記

㈠支那ニ於ケル駐兵及撤兵問題
本件ニ付テハ米国側ハ駐兵ノ理由ハ暫ク之ヲ別トシ(イ)不確定期間ノ駐兵ヲ重視シ(ロ)平和解決条件中ニ之ヲ包含セシムルコトニ異議ヲ有シ(ハ)撤兵ニ関シ更ニ明確ナル意思表示ヲ要望シ居ルニ鑑ミ次ノ諸案程度ニ緩和ス
日支事変ノ為支那ニ派遣セラレタル日本国軍隊ハ北支及蒙彊ノ一定地域及海南島ニ関シテハ日支間平和成立後所要期間駐屯スヘク爾余ノ軍隊ハ平和成立ト同時ニ日支間ニ別ニ定メラルル所ニ従ヒ撤去ヲ開始シ二年以内ニ之ヲ完了スヘシ
(註) 所要期間ニ付米側ヨリ質問アリタル場合ハ概ネ二十五年ヲ目途トスルモノナル旨ヲ以テ応酬スルモノトス

㈡仏印ニ於ケル駐兵及撤兵
本件ニ付テハ米側ハ日本ハ仏印ニ対シ領土的野心ヲ有シ且近接地方ニ対スル武力進出ノ基地タラシメントスルモノナリトノ危惧ノ念ヲ有スト認メラルルヲ以テ次ノ案程度ニ緩和ス
日本国政府ハ仏領印度支那ノ領土主権ヲ尊重ス、現ニ仏領印度支那ニ派遣セラレ居ル日本国軍隊ハ支那事変ニシテ解決スルカ又ハ公正ナル極東平和ノ確立スルニ於テハ直ニ之ヲ撤去スヘシ

㈢支那ニ於ケル通商無差別待遇問題
本件ニ付テハ既提出ノ九月二十五日案ニテ到底妥結ノ見込無キ場合ニハ次ノ案ヲ以テ対処スルモノトス
日本国政府ハ無差別原則カ全世界ニ適用セラルルモノナルニ於テハ太平洋全地域即支那ニ於テモ本原則ノ行ハルルコトヲ承認ス

㈣三国条約ノ解釈及履行問題

本件ニ付テハ我方トシテハ自衛権ノ解釈ヲ濫ニ拡大スル意図ナキコトヲ更ニ明瞭ニスルト共ニ三国条約ノ解釈及履行ニ関シテハ我方ハ従来屢々説明セル如ク日本国政府ノ自ラ決定スル所ニ依リテ行動スル次第ニシテ此点ハ既ニ米国側ノ了承ヲ得タルモノナリト思考スル旨ヲ以テ応酬ス

㈤米側ノ所謂四原則ニ付テハ之ヲ日米間ノ正式妥結事項（了解案タルト又ハ其他ノ声明タルトヲ問ハス）中ニ包含セシムルコトハ極力回避ス

乙　案

一　日米両国ハ孰レモ仏印以外ノ南東亜細亜及南太平洋地域ニ武力的進出ヲ行ハサルコトヲ約スヘシ

二　日米両国政府ハ蘭領印度ニ於テ其ノ必要トスル物資ノ獲得カ保障セラルル様相互ニ協力スヘシ

三　日米両国政府ハ相互ニ通商関係ヲ資金凍結前ノ状態ニ復帰セシムヘシ米国ハ所要ノ石油ノ対日供給ヲ約スヘシ

四　米国政府ハ日支両国ノ和平ニ関スル努力ニ支障ヲ与フルカ如キ行動ニ出テサルヘシ

備　考

一　必要ニ応シ本取極成立セハ南部仏印駐屯中ノ日本軍ハ仏国政府ノ諒解ヲ得テ北部仏印ニ移駐スルノ用意アルコト竝支那事変解決スルカ又ハ太平洋地域ニ於ケル公正ナル平和確立ノ上ハ前記日本国軍隊ヲ仏印ヨリ撤退スヘキコトヲ約束シ差支無シ

二　尚必要ニ応シテハ従来ノ提案（最後案）中ニアリタル通商無差別待遇ニ関スル規定及三国条約ノ解釈及履行ニ関スル規定ヲ追加挿入スルモノトス

上　奏

註　十一月二日午後五時「帝国国策遂行要領」具体的研究ノ結果ヲ両総長総理列立上奏ノ際参謀総長ヨリ上奏セルモノナリ

対米英蘭作戦ノ見透ニ関スル件

謹ミテ本戦争ニ伴ヒマスル陸軍作戦ノ見透ニ就テ申上ケマス

南方ニ対シマスル初期ノ陸軍作戦ハ相当ノ困難ハアリマスルカ、敵側ノ戦力カ広地域ニ分散シテ協同連繋カ困難テアリマスルノト其本国ヨリノ増援ヲ充分期待シ難イ関係ニアリマスルニ対シ、我ハ集結セル戦力ヲ急襲的ニ使用シ敵ヲ各個ニ撃破スルコトカ出来マスルノテ必成ヲ確信致シテ居リマス

爾後ノ作戦ハ長期ニ亘ルコトト予期シナケレハナリマセンカ、海軍ノ海上交通ノ確保ト相俟チマシテ、所要ノ要域ハ飽迄之ヲ確保シ不敗ノ態勢ヲ占メ得ルノテアリマシテ、之ニ依リ敵ノ諸般ノ企図ヲ挫折セシメ得ルト存シマス細部ニ就キマシテハ作戦計画上奏ノ際ニ申上マス

右謹ミテ

上奏致シマス

昭和十六年十一月二日

参謀総長　杉山　元

十一月二日両総長及総理列立上奏ニ方リ参謀総長上奏資料

十一月一日連絡会議情況

議　題

一　国策遂行上左記ノ中何レヲ採用スヘキヤ

(1)戦争ヲ極力避ケ臥薪嘗胆ス

(2)開戦ヲ直チニ決意シ政戦諸施策ヲ此ノ方針ニ集中ス

(今日開戦ノ御決意ヲ願ヒ直チニ之ニ基キ準備ヲ進メ外交ハ之ニ期待ヲ措カス　単ニ軍事行動ノ秘匿ヲ主トス)

(3)開戦決意ノ下ニ作戦準備ヲ完整スルト共ニ外交施策ヲ続行ス

(戦争ノ御決意ノ下ニ作戦準備ヲ進ム(展開位置ニ)此間外交交渉ハ軍ノ作戦準備行為ヲ活用シ且帝国ノ最小限度ノ要求ヲ達成セハ戦争準備ヲ打切リ目的ヲ達セサレハ直チニ開戦ニ入ル)

研　究　進　行

一　総理大臣

右題目以外ニ尚研究スヘキ事項アラハ承知シ度シ

軍令部総長

外交交渉ノミニ依リ解決セントスル案

大蔵大臣

北樺太ノ油田ヲ買収シ自存ヲ完ウセントスル案

右両提案ハ(1)ノ臥薪嘗胆ノ議題ニ包含セラルルモノニシテ特ニ提記スルノ要ナキモノト決セラル即チ外交交渉ノミニ依リテ日米関係ヲ調整スルニハ帝国ノ主張ヲ限度以上ニ譲歩セサルヘカラサルヲ以テ最モ不利ナル臥薪嘗胆ノ場合ニシテ断シテ採用スヘカラサルモノナリ又北樺太ノ石油ノ取得ハ北樺太自体ノ買収油田ノミノ買収、或ハ石油採掘権ノミノ買収等アルモ相当ノ困難アリ

仮令之ニ成功スルモ年額百五十万程度ヲ出テスシテ帝国ノ需要ヲ充スニ足ラス

而モ米国ノ干渉アルヲ予期セラル

一　臥薪嘗胆ノ検討

(1)日本カ限度以上ノ譲歩シテ日米妥協シ一応日米国交調整シタル場合ノ臥薪嘗胆スル場合ニ就テハ既ニ議題研究ニ於テ論議セラレタル如ク断シテ採用スヘカラサルモノトシテ即決ス

（蔵相、外相特ニ強ク否定ス）

(2)外交交渉不調ノ儘現状ヲ以テ臥薪嘗胆スル場合

軍令部総長

最下策ナリ即チ米国ハ逐日軍備ヲ増強シ包囲陣ヲ強化シ援蔣援「ソ」ヲ増進シ而モ帝国ハジリ貧ト成リ常ニ和戦ノ機ハ米国ノ掌中ニ存スルコトトナリ帝国国防ハ非常ニ危険ナリ

根本的ニ今日理解認識セラレ度キコトハ帝国トシテ対米戦争ノ戦機ハ今日ニアリ此機ヲ失センカ開戦ノ機ヲ米国ノ手ニ委ネ再ヒ我ニ帰ラサルコトナリ

大蔵大臣

南方作戦開始ノ機ハ我ニ在リトスルモ決戦ノ機ハ依然米国ノ掌中ニ在リ蓋シ米国主力艦隊ハ遠ク退避シテ機ノ至ルヲ待テハナリ勿論南方戦略要点ハ我カ有ニ帰シアルモ二年後即チ米国カ決戦ヲ挑ム時期ニ至レハ我ハ軍需其他ニ於テ幾多困難ヲ生スルニ至ルヘク確算ナキモノノ如シ

軍令部総長

軍令部トシテハ日米戦争ヲ極力避クヘキモノトシテ昭和十五年一月ノ御前会議ニ於テモ　前総長宮殿下ヨリ「三国同盟締結セラルルモ日米戦争ハ成ルヘク避クル様施策スルコト」ヲ希望条項トシテ発言セラレアリ

其後世界情勢ノ推移、政府ノ施策ハ現下ノ事態ヲ招徠シ「ノッピキ」ナラヌモノトナリ今ヤ軍令部ハ日米戦争已ムナシト覚悟セル次第ナリ一度覚悟ノ上ハ万全ノ策ヲ講シアリ

日米戦争ノ見透ニ就テハ先日モ述ヘタル如ク若シ敵カ短期戦ヲ企図スル場合ハ我ノ最モ希望スル所ニシテ之ヲ邀撃シ勝算我ニ在リト確信ス然レトモ之ヲ以テ戦争ノ決トハナラサルヘク戦争ハ十中八、九ハ長期戦トナルヘシ

即チ

第一段　二年間、長期戦態勢ノ基礎ヲ確立シ此間ハ確算アリ

第二段　三年以降ハ海軍勢力ノ保持増進、有形無形ノ国家総力、世界情勢ノ推移ニ依リ決セラルルモノニシテ予断ヲ許サス

総理大臣

日米戦争ノ回避ニ就テハ政府モ努力シ来レルモ国際

情勢ノ推移ハ七月ニ至リ「日米開戦ヲ辞セス」トノ御決定ニ至リ更ニ今日ニ及ヘルモノニシテ政府ノ努力ハ依然変化ナキモノナルニ付一言ス

外相、蔵相及軍令部総長トノ間ニ三年以後ノ戦争見透ニ就テ慎重論議ヲ重ネタルモ三年以後ノ状況ニ就テハ不安定要素錯綜シアルヲ以テ確定的決定ニ至ラス結局南太平洋上ノ戦略要点ヲ全部我手ニ収メアルヲ以テ兵力劣勢ナルモ各種作戦考案ヲ施シ得ルヲ以テ無為ニシテ二年ヲ経過シタル場合ヨリモ有利ナルコトハ明瞭トナレリ

外務大臣

国際情勢ノ判断ニ於テモ日米戦争ハ長期戦ト化スル公算大ナリ英国カ屈服スル場合ハ世界情勢ニ非常ナル変化生スヘシ

但シ独逸ノ英本土屈服ハ目下見透難シ又英本土ノ封鎖作戦ニハ日本モ協力シ得ヘキモ之ニ依リ英国ヲ屈服シ得ルヤ疑問ナリ又独伊ノ我カ南方作戦ニ対スル協力ハ地理的及海軍力ニ見テ大ナル期待ヲ懸クルヲ得ス

従テ国際情勢ニ於テモ幾分良クナルカトハ考ヘラルルモ非常ニ良クナルトハ考ヘラレス更ニ国民志気問題及日米資源ノ差等ヲ考フル時長期戦ノ将来ニハ幾多ノ疑問アリ

参謀総長

我カ南方作戦ニ依リ蘭印、比島、シンガポール等ヲ占領スル結果、英米ノ支援ニ依リ抗戦ヲ続ケアル支那ハ其支援路ヲ遮断セラレ抗戦ヲ断念スヘク又「ソ」聯ニ対シテ冬季ヲ利用シテ南方作戦間北方ノ脅威ヲ緩和シ得　此間其ノ弱化ヲ生セシメ来春以後適当ナル措置ヲ講シ得ルヲ以テ戦局上大ナル考慮ヲ要セス

大蔵大臣

南方作戦ニ於テ二年間ハ確信アリ三年以後ハ不確実ナリトセハ若シ日本海軍カ米国海軍ニ敗レタル場合ハ南方資源ヲ確保スルヲ得サルコトトナルヘク又支那ハ二年経過スルモ必スシモ息ノ根ヲ断ツコト困難ナルヘシ二年間ノ見透出来ルナラハ三年以降ノコトモ大体ノ見透付クヘシ

軍令部総長

責任ヲ以テ御答ヘシ得ルコトハ前述ノ通リナリト繰返ス。

以上ノ次第ニテ総理ハ左ノ断定ヲ一応下セリ。
　二年ハ確実ナリ
　三年以降ハ不明ナリ
　統帥部カ責任ヲ以テ言明シ得ル限度ハ以上ノ通リ
　ト了解ス
外　相
　米国ハ軍備以外ハ殆ント生産拡充ヲ見ラレサルヲ以テ米国ヨリ戦争ヲ仕懸クルコトナカルヘシ。又欧洲戦争後各国カ連合シテ対日圧迫ヲ加ヘントスルカ如キハ俗論ニシテ取ルニ足ラス従テ日本カ臥薪嘗胆スル場合米国カ直チニ日本ヲ攻撃シ来ルモノトハ思ハレス
作戦的研究ヲ一応打切リ別紙ノ通研究結果ヲ報告シ臥薪嘗胆ノ不可能ナル所以ヲ明カニス
物資的研究
総　理
　第二、第三案ノ討議ニ入ルニ先立チ近日来懸案トナリアル鋼鉄ノ問題ヲ明確ニ致シ度
鈴木総裁
　詳細説明シテ別紙ノ結論ニ達シ陸海軍共完全ニ意見一致ス
附　言
　今回ノ連絡懇談会ニ於テ石油鉄鋼等ニ関シ陸海軍共ニ意見一致シ相互ニ協調シテ不足勝チノ資材ヲ一元的ニ運営シ国防作戦ノ目的ヲ達成セントスル機運ヲ生シタル近来ノ快事ニシテ特ニ言上申上ク
一　第(2)第(3)議題ノ検討
両案ハ関連スルヲ以テ一括検討スルコトトセリ
大蔵大臣
　両案ヲ勘案スルニ第(3)ノ作戦準備ト外交トヲ平行的ニ実施スルヲ可トス
　現在ニ於テハ外交交渉ヲ成功セシムルニ帝国カ毅然タル態度ヲ以テ臨ム外途ナキカ如シ
参謀総長
　作戦開始ハ再三申述ヘタル如ク十二月初頭ヲ可トス然ラハ残ス日時ハ一ケ月ナリ此間ニ外交交渉ヲ以テ日米国交調整セントスルハ過去ノ事実ニ徴スレハ殆ント不可能ト信セラルルヲ以テ寧ロ此際開戦ヲ決意シ第(2)案ニ基キ外交施策ハ挙ケテ作戦開始ノ名目把握及企図ノ秘匿ニ置クヲ適当トス

参謀総長
外交交渉ヲ断念シテ皇国興亡ノ岐ルル作戦ニ重点ヲ置キ直チニ開戦ヲ決意セラレ度シ
軍令部次長
十一月二十日ヲ武力発動時機トシ之ヲ規準トシテ一切ヲ律セラレ度シ
外務大臣
外交成功セハ断然武力行動ヲ中止スルコトヲ要望ス
本問題ニ就キテハ純統帥上ノ要求ト外交上ノ要望トノ間ニ本質的相違アリ容易ニ決セサリシカ結局十一月三十日一杯中ニ発令セハ武力行動ノ中止ヲ可能トスヘキニ意見一致シ若シ一部ニ於テ武力衝突発生スルモ之ハ両国ノ戦争トセス局部的紛争ト見做シ措置スルコトニ決ス
結局左ノ如キ見解ニ一致ス
(1)作戦準備ハ続行ス
(2)外交上ノ経緯ニテ途中ノ進退ヲ左右セス
(3)外交成功シテ中止命令ヲ発スルコトアリ（十一月三十日即チ十二月一日午前零時迄）
統帥部ハ右ノ場合万全ヲ竭ス
(4)一部衝突ノ可能性アリ
右ノ場合紛争トシテ措置スルモ之カ原因トナリテ戦争ト化スルコトナキヲ保セス
外務大臣ヨリ作戦準備ト外交トヲ平行スル上ニ於テ従来ノ外交経過ヲ見ルニ単ニ之ヲ踏襲スルノミニテハ全ク成功ノ望ナシ就テハ問題ヲ狭クシ少クトモ成功ノ見込アルモノトセラレ度シトテ一案ヲ提示ス
本案ハ支那事変ノ処理ヲ全然除外シアルヲ以テ仮令日米合意成立スルモ禍根ヲ将来ニ残スモノナリトテ異論アリ結局「日支間ノ和平成立ヲ妨害セサルコト」ヲ要求スルコトトシテ意見一致ス

結　論

一　以上ヲ以テ一応各案ノ検討ヲ終リタルヲ以テ各案ノ比較研究ニ移ル
(イ)臥薪嘗胆案
物　資　前述ノ通リ現代ニ於テハ日清戦争後ノ如クニ成立セス
国民精神　現在ノ不安定ノ事態ヲ続行スルコトハ国民志気ヲ沈滞シテ到底永年月ノ臥薪嘗胆ハ不可能ナルヘシ
作　戦　三年以後ニ於テハ和戦ノ機ヲ米国ニ委シ

戦ハスシテ屈スルノ外ナシ
但シ此場合米国カ我ヲ来攻セサルコトアルヘシトノ見込ナキニアラス
外　交　国際情勢ノ推移我ニ有利ニナルヤ否ヤ予断シ得ス
支那事変解決　蔣政権ハ存続シテ根本的和平ノ公算少シ
(2)開戦ヲ決意シ作戦準備ト外交トヲ平行スル案
物　資　相当困難ニシテ三年以後特ニ航空揮発油ニ於テ不安アリ然レトモ南方物資ヲ取得シテ自存ヲ保全スルコトヲ得ヘシ
国民精神　非常時局ニ当面シテ日本国民ノ真面目ヲ発揮シ過去四年ノ日支事変ニ対スルカ如キコトナク真ニ挙国一致ノ体容ヲ示スヘシ
但シ戦争長期ニ亘ルニ従ヒ政府ハ特ニ精神作興ノ措置ヲ要ス
作　戦　三年以降米国ノ優勢ナル主力海軍ト決戦セサルヘカラサル危険ヲ蔵ス
但シ南方要点ヲ確保シ之ニ対応ノ策ヲ講シ得ヘシ
外　交　独伊トノ連繋ヲ強化シ得ヘシ
但シ真ニ信頼シ得ルヤ否ヤハ常ニ警戒ヲ要ス
支那事変　一時蔣政権ノ志気ヲ向上スヘシ
但シ封鎖ノ強化ニ伴ヒ之ヲ弱化セシメ遂ニ屈伏セシメ得ヘシ
右両案共物資ニ関シ三年以降危険ヲ蔵シ後者ニ於テハ長期戦ニ於テ敵ヲ屈服セシムル確算ナキ危険アリ、前者ニ於テハ戦ハスシテ屈スルノ屈辱アリ
両論容易ニ決セサリシモ結局臥薪嘗胆ノ不可能ナルコトニ認識一致シ此際最後迄外交交渉ノ妥結ニ勉ムルト同時ニ作戦的要請ヲ重視シ十二月初頭ノ戦機ヲ失ハサル着意ノ下ニ別紙ノ通リ衆議一決セリ
尚開戦名目ノ把握、日米戦争ヲ終末セシムル施策等ニ就キ研究中

十一月二日国策再検討終了後東条総理陸海両総長列立上奏ノ際ノ御下問奉答
総理ヨリ十一月一日ノ再検討最終連絡会議ノ細部ニ亘リ詳細ニ奏上シ且御前会議軍事参議官会議開催ヲ御願ヒス

ルコトヲ奏上ス総理ハ涙ヲ流シテ研究ニ時日ヲ費シ統帥部ノ要望スル期日ヲ逸シツツアルヲ遺憾ニ存シアリ統帥部トシテハ航空部隊ノ準備ニ関スル命令ヲ御前会議前ニ発令方希望ノ様テアリ其際ハ御裁可方御聖慮ヲ煩シ度イ旨申上ケ御嘉納アラセラル

オ上　大義名分ヲ如何ニ考フルヤ

東条　目下研究中テアリマシテ何レ奏上致シマス

オ上　時局収拾ニ「ローマ」法皇ヲ考ヘテ見テハ如何カト思フ

オ上　海軍ハ鉄一一〇万屯アレハ損害カアツテモヨイカ
損害ハドノ位アル見込カ

永野　戦艦一、甲巡二、軽巡四、飛行機一八〇〇機位カト考ヘマス

オ上　陸軍モ相当ニ損害カアルト思フガ運送船ノ損害等モ考ヘテ居ルダラウナ、防空ハヨイカ、朝鮮ノ「ダム」カ壊レタラドウスルカ

杉山　防空ハ全国的ニヤリマスガ、東京、大阪、北九州ニ重点ヲオキ其他ハ監視、連絡、燈火管制、地方消防ヲヤル程度テアリマス

十一月三日作戦計画上奏ノ節ノ御下問奉答

永野軍令部総長ト列立、先ツ永野奏上シ杉山総長ハ之ニ次グ

オ上　香港ハ「マレー」作戦ヲ確認シテカラヤルコトハ解ツタ支那ノ租界ヲドウスルカ

杉山　租界接収及交戦権ノ発動ハ目下研究シテ居リマス

オ上　租界ハ香港ノ後デヤルダラウナ

杉山　サウデ御座イマス、他ノ方面デヤルト「マレー」ノ奇襲ハ駄目ニナリマス

オ上　租界ハ何時頃ヤルカ

杉山　外交トモ関係アリ何レ改メテ申上ケマス、然シ先キニヤルコトハナイ様十分注意致シマス

オ上　オ前ハ「モンスーン」デ上陸カ困難ニナルト言フテ居タガ十二月ニナツタガ上陸ハ出来ルカ

杉山　段々悪クナリマス又最近従来申上ケシヨリハ更ニ困難ナルコトモ判明致シマシタガ、未ダ至難ト迄ハユカナイト思ヒマスガ日ガ延ビレ

バ〔ママ〕実ハ増スノデ一日デモ早イ方ガヨイト思ヒマス

オ上　「マレー」ハ天候ノ関係カラハドウカ

杉山　「マレー」ハ機先ヲ制シテ空襲ヤル様ニ考ヘテ居リマシタガ気象上カラハ雨カ三、四日連続降ルノデ奇襲ヲ主ト致シマシタ　比島ハ大丈夫ト思ヒマス

両案ヲ考ヘテ適当ニ律スルコトヲ考ヘテ居リマス

（気象統計ノ天覧ヲ願ツタ）

オ上　総理ハ航空ノ命令ヲ早ク出スコトヲ話シテ居タアレハドウカ

杉山　航空関係ハ大連青島上海等テ出発出来ル様ニシテ待ツテ居リマス　然シ出発日次カ延ビルコトノ不利ニ就テノ対策ハ種々研究ノ結果大命ヲ御前会議終了後ニ発セラレテモ何トカ間ニ合フ様ニナリマシタ、又其方カ筋ガ通ツテ居ルト思ヒマス

オ上　筋ノ通ツタ方カヨロシイ

オ上　泰ニ対スル外交交渉ハ大義名分カラ言ヘバ早クスルヲ可トシ又軍ノ奇襲カラハ遅イ方ガヨイト思フガドウカネ

杉山　仰ノ通リテアリマス　然シ決意致シマセヌト企図カ暴露シ又現在ハ相当ニ切迫シテ居ルノデ気ヲツケル必要ガアリマス、ヨク外務側ト相談シテ研究致シマス

オ上　海軍ノ日次ハ何日カ

永野　八日ト予定シテ居リマス

オ上　八日ハ月曜日テハナイカ

永野　休ミノ翌日ノ疲レタ日カ良イト思ヒマス

オ上　他ノ方面モ同シ日カ

杉山　距離カ相当ニハナレテ来ルノデ同時ニハナリ得ナイト思ヒマス

十一月四日軍事参議院会議議事録

次第書

一　着席

二　臨御

三　開会

四　軍令部総長説明

五　参謀総長説明
六　質問
七　意見
八　裁決
九　裁決ヲ終リタル旨奏上
十　入御
十一　奉答書ノ審議
十二　閉会

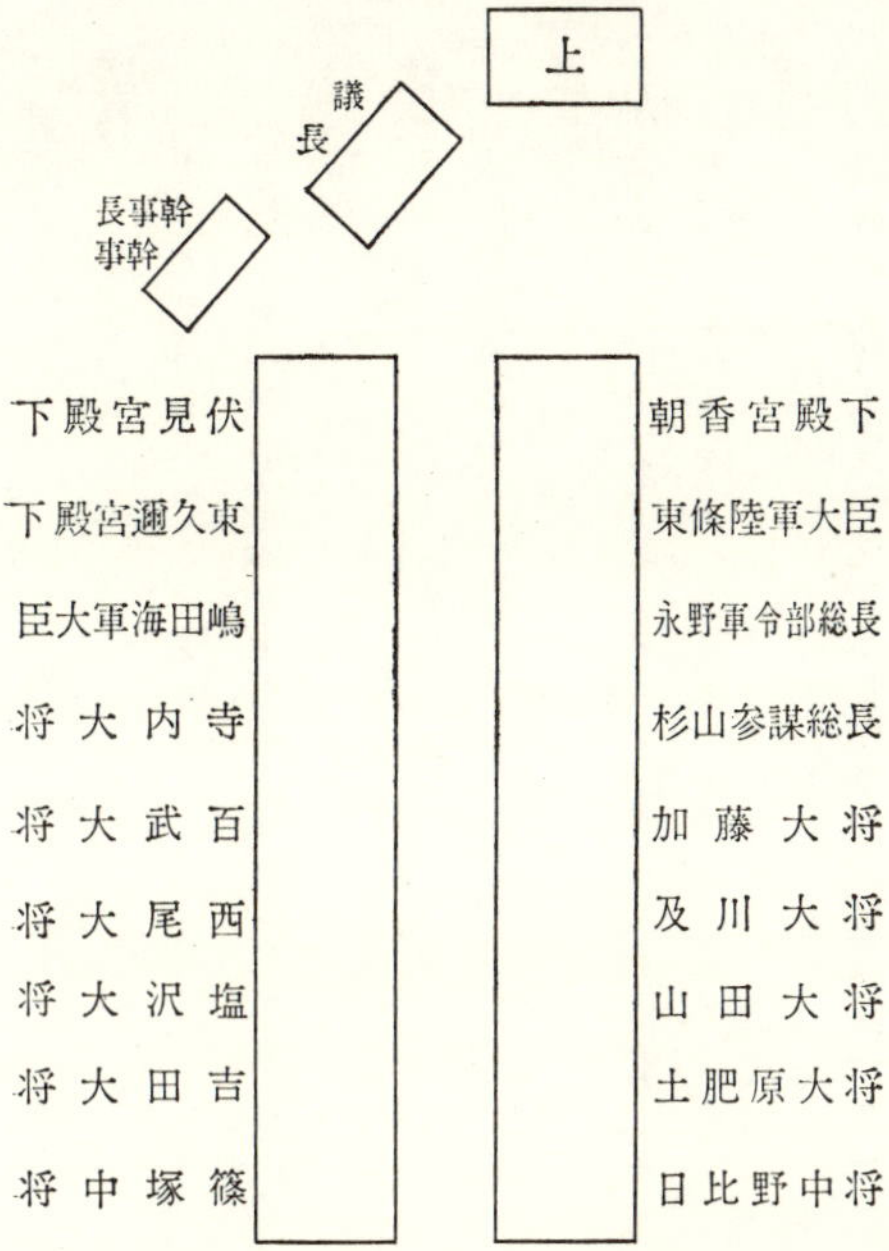

昭和十六年十一月四日　**軍事参議会議事順序**

幹事長
　参議官ニ著席ヲ通告ス
（臨御ノ後）
議長
　只今ヨリ開会ノ旨ヲ奏上ス
議長
「帝国国策遂行要領中国防用兵ニ関スル件ニ付只今ヨリ軍事参議会ヲ開催致シマス」
議長
「軍令部総長ヨリ説明セラレ度」
軍令部総長
　議案ヲ説明ス
議長
「参謀総長ヨリ説明セラレ度」
参謀総長
　議案ヲ説明ス
議長
「質問アラハ申述ヘラレ度」

（質問ノ後）
議長
「意見アラハ申述ヘラレ度」
（意見アレハ聴取審議ノ上可否ヲ決ス）
（可決セハ）
議長
「本件可決致シマス」
議長
御諮詢ノ件可決ノ旨竝ニ之ニテ閉会スヘキ旨奏上ス
（入御アリタル後）
議長
「只今ヨリ幹事長ヲシテ奉答書ヲ朗読セシメマス」
幹事長
奉答書ヲ朗読ス
議長
「奉答書ニ付意見アラハ申述ラレ度」
（意見アレハ聴取審議ノ上可否ヲ決ス）
（可決セハ）
議長
「奉答書ニ華押セラレ度」
幹事長
予メ準備シアル奉答書ニ参議官ノ後任順序ニ華押ヲ求メ議長ニ呈ス
議長
「之ニテ閉会致シマス」

上奏 帝国国策遂行要領中国防用兵ニ関シ軍事参議院参議会開催ニ関スル件

帝国国策遂行要領中国防用兵ニ関シ軍事参議院参議会開催ニ関スル件

帝国現下ノ情勢ニ於テ国策遂行ノ方途ハ帝国ノ隆替ニ関スル重大問題ニシテ就中国防用兵ハ其ノ中核タルニ付別紙事項ニ関シ軍事参議院ヘ御諮詢アラセラレ度
右謹テ
上奏ス

昭和十六年十二月二日

軍令部総長 永野修身
参謀総長 杉山元

別紙

帝国国策遂行要領中国防用兵ニ関スル件

帝国ハ現下ノ危局ヲ打開シテ自存自衛ヲ完ウシ大東亜ノ新秩序ヲ建設スル為此ノ際対米英蘭戦争ヲ決意ス
右武力発動ノ時機ヲ十二月初頭ト定ム

軍事参議会議ニ於ケル軍令部総長説明

支那事変既ニ四年余ノ長キニ弥リ其終局未ダ予見ヲ許サザル時、米英蘭ガ不離一体ノ連繋ヲ結ビテ帝国ニ対シ経済封鎖ヲ実施スルト共ニ我ヲ包囲シテ其ノ軍事的措置、就中空軍ノ増強ヲ行ヒ来リ、此ノ情勢ノ儘ニテ推移致シマスレバ帝国ハ遂ニハ国力ノ弾撥力ヲ喪失スルト共ニ戦略上極メテ不利ナル地位ニ陥ルベキハ明瞭デアリマシテ帝国ハ今ヤ真ニ開闢以来ノ危局ニ当面致シマシタル次第デアリマス
又翻テ欧洲ノ情勢ヲ観察致シマスルニ現情勢ニ於テ独英或ハ独「ソ」ガ媾和スルノ算少ク、欧洲戦争ハ長期持久戦トナル算大デハアリマスガ独トシテモ早期媾和ヲ希望スルコト大ナルヲ以テ戦局ノ推移及英「ソ」ノ態度如何ニ依リテハ案外早期ニ欧洲戦争ガ終熄スルノ算ナシトセナイノデアリマス
此ノ際帝国トシテ速カニ此ノ危局ヲ打開スルヲ要シマスル次第デアリマシテ、之ガ為有ラユル平和的努力ヲ傾ケ来リマシタガ不幸今日迄情勢ハ何等改善セラレマセズ、帝国トシテハ遂ニ戦争ヲ決意セザルヲ得ザルニ立到リタルモノト認メラレマス
愈々対米英蘭戦トナリマシタル場合ノ海軍作戦上ノ見透ニ就テ簡略ニ申上ゲマス
海軍ト致シマシテハ彼我現兵力関係ヲ以テ開戦時機ヲ十二月上旬ト致シマスナラバ第一段作戦及邀撃作戦ニハ勝利ノ算我ニ多シト確信致シテ居リマス、第一段作戦トハ在極東敵兵力ヲ撃滅シ西南太平洋要域ヲ攻略致ス迄ノ作戦ヲ申スノデ御座イマス
第一段作戦ノ成否ハ本戦争ノ成否ニ至大ノ関係ガアリマスガ第一段作戦ノ必成ヲ期スル見地ヨリ主トシテ次ノ三項ヲ考慮シ慎重周密ニ計画準備致シテ居リマス、即第一ニハ彼我戦力ノ実情ヨリ見マシテ開戦ヲ速カニ決定致シマスコト、第二ニハ敵ヨリ先制セラルルコトナク、我ヨリ先制スルコト、第三ニハ作戦地域ノ気象及天象ニ対スル考慮デアリマス
第一段作戦ニシテ適当ニ実施セラレマスナラバ帝国ハ南西太平洋ニ於ケル戦略要点ヲ確保シ長期作戦ニ対応スル態勢ヲ確立シ得ルコトトナリマス而シテ対米英戦ハ確実ナル屈敵手段ナキヲ以テ結局長期戦トナル算多ク之ニ対スル覚悟ト準備トヲ必要ト致シマス、長期戦トナリタル場合ノ見透ハ形而上下ノ各種要素ヲ含ム国家総力ノ如何及世界情勢ノ推移如何ニ因リテ決セラルル処大デアリマシテ今日ニ於テ数年後ノ確算ノ有無ヲ断ズルコトハ困難デアリマス
尚先程申述ベマシタ通リ本戦争ノ成否ガ第一段作戦ノ成否ニ拠ル所大デアリ又第一段作戦ノ成否ガ先制ノ成否ニ拠ルコト大ナ

ルモノガアリマスノデ帝国ノ戦争企図ノ隠蔽ニ就テハ特ニ万全ノ注意ヲ払フコトが絶対ニ必要デ御座イマス

参謀総長御説明

謹ミテ所要事項ノ御説明ヲ申上ケマス

先ツ南方諸邦ノ陸軍軍備ニ就テ申上ケマス

第二次欧洲戦争ノ勃発、日独伊三国同盟ノ締結、特ニ帝国陸海軍ノ南部仏印進駐等ニ伴ヒマシテ、南方諸邦ノ陸軍軍備ハ逐次増強セラレツツアリマシテ、其概要ヲ申上ケマスレハ馬来ニ於キマシテハ陸軍兵力約六―七万飛行機約三百二十機、比島ニ於キマシテハ陸軍兵力約四万二千飛行機約百七十機、蘭印ニ於キマシテハ陸軍兵力約八万五千飛行機約三百機、緬甸ニ於キマシテハ陸軍兵力約三万五千飛行機約六十機ヲ有シ之ヲ欧洲戦争開始前ニ比較シマスルトキ陸軍兵力ニ於テ馬来ハ約八倍、比島ハ約四倍、蘭印ハ約二、五倍、緬甸ハ約五倍ニ夫々増加シ、現在之等諸国ヲ合シマシテ約二十数万テ御座イマス。今後情勢ニ伴ヒ其増加率ハ益々増大スルモノト予想セラレマス

而シテ愈々開戦トナリマシタル場合ニハ、印度、濠洲、新西蘭等ヨリ増援兵力カ戦場ニ輸送セラルルコトト存シマスルカ、之等地域ニ於テ目下保有シテ居リマスル兵力ハ、印度ニ於キマシテハ陸軍兵力少クモ約三十万飛行機約二百機、濠洲ニ於キマシテハ陸軍兵力約二十五万飛行機約三百機、新西蘭ニ於キマシテハ陸軍兵力約七万飛行機約百五十機ト判断致シテ居リマス。此等各地域ノ地上部隊ハ地域ニ依リ差異カアリマスルカ、三割内外ノ白人本国兵ヲ基幹トスル土民軍隊テアリマシテ、教育訓練十分ナラス其戦闘能力ハ一般ニ低劣テアリマス。只熱帯ノ気候風土ニ慣熟シテ居リマスルコトハ考慮ヲ要シマス。又飛行隊ノ戦闘能力ハ飛行機ノ性能カ優秀テアリマシテ且其操縦者カ比較的良好テアリマスルノテ、地上部隊ニ比シ軽視ヲ許サレヌモノカアルト考ヘマス

次ニ帝国陸軍ノ現況ニ就テ概述致シマス

帝国陸軍ハ五十一師団ヲ基幹トシ、其総兵力約二百万テ御座イマス。而シテ約十五師団ハ対北方兵力トシテ関東軍司令官統率ノ下ニ満洲朝鮮ニ、約二十四師団ハ対支兵力トシテ支那派遣軍総司令官統率ノ下ニ支那ニ在リマス

南方作戦兵力ト致シマシテハ、仏印ニ在ル一師団、内地台湾ニ待機訓練中ノ約五師団、及支那ヨリ転用セラレマスル五師団ヲ併セマシテ約十一師団ト予定シ、大命一下随時行動ヲ発起シ得ルノ態勢ニ在リマス

尚左記事項ニ就テ御説明申上ケマス

一　開戦ノ時機

二　南方作戦ノ見透

三　南方作戦ニ伴フ北方ノ情勢

一　開戦時機ニ就テ

明春頃ニナリマスレハ、「ソ」聯国内ノ動揺ハ増大シ国力ハ益々弱体化スルノミナラス極東「ソ」軍ノ西送モ或程度予想

セラレ、又独軍ノ近東及中東方面竝英本土ニ対シマスル圧力ノ強化ニ伴ヒ英国ノ東亜ニ於キマスル地位カ自然弱メラレ、尚米国カ明春迄ニ独逸ニ対シ参戦シマセヌ場合ニ於キマシテモ其参戦的態度カ更ニ促進セラレマスル等、独逸ノ演シマスル役割ノ東亜ニ及ホス効果ハ現在ヨリモ増大スルモノト予想セラレマスルノテ、帝国ノ米英蘭ニ対スル開戦ノ時機ハ明春頃迄延期致シマシテ差支ナシト考ヘラレマスル点モ御座イマスルカ、他面作戦上ヨリ致シマスレハ極メテ不利益テアリマシテ積極的作戦ハ不可能トナル虞カ多イノテ御座イマス。即チ時日ノ経過ト共ニ、第一ニ日米軍備ノ比率ハ益々不利トナリ特ニ航空軍備ノ懸隔ハ急速ニ増大致シマス。第二ニ比島ノ防備其ノ他米ノ戦備ハ急速ニ進捗シ第三ニ米英蘭ノ共同防衛関係ハ益々緊密トナリ南方諸域ノ綜合的防備力ハ急速ニ強化致シマス。例ヘテ申上ケマスレハ比島馬来蘭印ニ於キマスル航空兵力ハ綜合シテ従来二ケ月間ニ一割強ノ割合ヲ以テ増加シツツアルノミナラス航空基地ノ設定モ最近比島ニ於キマシテハ五ケ所馬来ニ於キマシテハ六ケ所ヲ整備中テアリマシテ本年末迄ニハ略完成スルモノト思ハレマス。又比島馬来ノ陸軍兵力ハ逐次増大シツツアリマシテ特ニ馬来ニ於キマシテハ一ケ月四千名ノ割合テ増加シテ居リマス。第四ニ明春以降ニナリマスレハ季節上北方ニ於キマスル作戦行動可能トナリ、帝国ハ南北両方面同時戦ニ直面シナケレハナラヌ公算増大致シマスル等極メテ不利ナル関係ニアルノテ御座イマス

以上ノ外作戦地附近ノ気象ノ関係上時日ノ遷延ヲ許サナイ事情モアリマスルノテ開戦時機ハ成ルヘク速カナルヲ要スルノテ御座イマシテ、今後進メマスル作戦準備ノ完整次第速カニ武力ヲ発動スル為其時機ハ十二月初頭ト定メタイト存スル次第テ御座イマス

二　作戦ノ見透ニ就テ

陸軍ハ南方軍総司令官ノ統率致シマスル南方軍（約九師団基幹）ヲ以テ聯合艦隊ト協同シ、比律賓及馬来ニ対スル先制急襲ヲ以テ同時ニ作戦ヲ開始シ速カニ南方要域ヲ攻略スルノテアリマシテ、攻略スル範域ハ比律賓、英領馬来、「ビルマ」、蘭領印度、「チモール」島等テ御座イマス

尚別ニ支那派遣軍ノ一部ヲ以テ香港ヲ攻略致シマス

右ハ初期ニ於キマスル陸軍作戦ノ概要テ御座イマスルカ、其主体ハ勿論上陸作戦テ御座イマシテ、而モ支那ニ対シ行ヒマシタルモノトハ異ナリ、敵ノ潜水艦飛行機ノ攻撃ヲ排除シツツ炎熱ノ下長遠ナル海面ヲ経テ防備セル敵ノ根拠ニ対シ行フ上陸作戦テ御座イマスルノテ、相当ノ困難ヲ予期シテ居リマス。然シ乍ラ大局的ニ見マシテ敵側ノ戦力カ広地域ニ而モ海ヲ隔テテ分散シ協同連繋カ困難テアリマスルノト、我急襲ニ対シ印度濠洲等ヨリ迅速ニ兵力ヲ増援スルコトモ仲々困難ナル関係ニアリマスルニ対シ、我ハ集結セル戦力ヲ急襲的ニ使用シ敵ヲ各個ニ撃破スルコトカ出来マスルノテ、従来ヨリ創意改善ヲ加ヘツツアリマスル編制装備、資材、戦闘法等ノ遺

憾ナキ活用ト陸海軍ノ緊密ナル協同ト相俟チマシテ必成ヲ確信致シテ居リマス。上陸後ノ作戦ハ彼我ノ編制装備素質兵力等ヨリ考察シ我ニ絶対的確算アリト信シテ居リマス

南方要域ニ対スル攻略作戦一段落シマシタル後ニ於キマシテハ、政戦両略ノ活用ニ依リ敵側ノ戦意ヲ喪失セシメ極力戦争ヲ短期ニ終結スル如ク勉メマスルカ、戦争ハ恐ラク長期ニ亘ルコトト予期シナケレハナリマセヌ。然シ乍ラ敵ノ軍事根拠或ハ航空基地等ヲ占領シテ飽迄之ヲ確保シ海上交通ノ確保ト相俟チマシテ戦略上不敗ノ態勢ヲ占メ得マスルノテ諸般ノ手段ヲ尽シ敵ノ企図ヲ挫折セシメ得ルモノト存シマス

南方作戦ニ伴ヒマスル対「ソ」防衛竝対支作戦ハ概ネ現在ノ態勢ヲ堅持シ之ニ依リ北方ニ対シマシテハ不敗ノ態勢ヲ強化シ、支那ニ対シマシテハ依然其目的ノ遂行ニ支障ナイモノト存シマス

三　南方作戦ニ伴ヒマスル北方ノ情勢ニ就テ

「ソ」聯野戦軍ハ独軍ニ依リ多大ノ損害ヲ蒙リ其軍需工業生産力ハ「ヴオルガ」河以西ノ地区ヲ失ヘハ全「ソ」ノ二割五分程度ニ低下致シマスルノミナラス、極東赤軍ハ欧「ソ」赤軍増援ノ為今春以来狙撃十三師団ニ相当スル兵力戦車約一千三百輛飛行機少クモ一千三百機以上ヲ欧「ソ」方面ニ西送シ、其戦力ハ物心両方面ニ亘リ低下シツツアリマス。従ヒマシテ関東軍カ儼存致シマスル限リ「ソ」聯邦カ進ンテ積極的ニ攻勢ヲ採ル様ナ事ハ其公算極メテ少イト存シマス。只満洲支那ニ於テ共産党ヲ利用スル破壊的工作又ハ思想宣伝等ノ謀略的工作ヲ以テ我ヲ牽制スル程度ノ策動ヲナスコトハアルト存シマス然シ乍ラ米国カ極東「ソ」領ノ一部ヲ北方ヨリノ対日攻勢拠点トシテ飛行基地乃至ハ潜水艦基地ニ利用スル為之カ使用ヲ「ソ」聯邦ニ対シ強制スルコトハアリ得ルノテ御座イマシテ、「ソ」聯邦ト致シマシテハ之ヲ拒否シ兼ネル関係ニアリマスルノテ、一部潜水艦及飛行機等ニ依ル策動ヲ北方ヨリ蒙ルコトアルヲ予期セネハナリマセヌ。従ヒマシテ斯ル事カ原因トナリ状況ノ推移ニ依リマシテハ日「ソ」開戦トナル危険カナイトハ申サレマセヌ。特ニ我カ南方作戦カ長期戦ニ陥ル場合若ハ「ソ」聯邦ノ内部的安定状態カ恢復ニ向ヒマシタル場合ハ、極東赤軍カ漸次攻勢的姿勢ニ転シ来ル可能性カアルノテ御座イマシテ、帝国ト致シマシテハ成ルヘク速カニ南方作戦ヲ解決シテ之ニ対処シ得ル準備ニ遺憾ナキヲ期セネハナラヌモノト存シマス

昭和十六年十一月四日　軍事参議会ニ於ケル質問要旨

質　問　要　旨

朝香宮鳩彦王殿下質問

一　武力発動ノ時期ヲ十二月初旬ト定メタルハ近衛内閣当時ノ決定ニ比シ約一月半遅延シアリ

両総長ノ説明ニ依レハ其時期ハ早キヲ可トスルカ如ク洵ニ同感ナルニ今十二月初頭トセルハ外交上ノ交渉ニ何等カノ関係アリヤ

総理ノ所見如何

二　開戦決意後米英及蘭ノ包囲圏突破ハ我レニ勝算アリトハ両総長ノ説明ニ依リ了解セリ然モ爾後戦局ハ長期戦ニ陥ル公算アリトノ判断亦首肯シ得ル所此ノ如キハ我弱点トスル所ニシテ特ニ資源ニ乏シキ我レトシテ大イニ考慮ヲ要スヘキ点ナリト思考ス

統帥上開戦ノ時期ハ早キヲ可トスルコト当然ナリ然レトモ国家ノ事ハ作戦ニ偏セス外交トノ調和ヲ得ルコト必要ニシテ九月前内閣時代ノ決定ニ於テハ外交ヲ以テ本旨トシ今日迄此ノ趣旨ヲ体シテ交渉ヲ継続シ来レリ蓋シ外交ニ依リ両国関係ヲ解決シ得ヘキ目算ヲ有シタレハナリ、然レトモ今日ニ於テハ其局限ニ達シアルニアラスヤト考ヘラルルニ至レリ唯捕捉シ得ヘキ外交上ノ好機ヲ逸セサランコトニハ尚万幅ノ努力ヲ払ハンノミ

今日採ルヘキ外交方策ハ我武力準備ヲ推進シツツ米ノ弱点ヲ衝キ我要求貫徹ヲ図ルコト之ナリ其成功ノ可能性ハ三分位ナルヘシ抑々米カ我提唱スル日米会談ニ応シ来レル所以ヲ考フルニ彼亦戦争ヲ欲セサル弱点ヲ有スルヲ以テナリ即チ彼レハ未タ実力発動ノタメ十分ナル力ヲ備ヘサルナリ其一ハ両洋作戦ノ確信ナキコト之ナリ其二ハ彼ノ軍備計画ニ於ケル重要資源（錫、ゴム、タングステン等）ノ取得ハ支那南洋ニ依ラサルヘカラサルニ現有ノ「ストック」ハ一年乃至一年半ノ需要ヲ充シ得ルニ過キサルコト之ナリ

叙上ノ見地ニ於テ我要求ノ貫徹ノ可能性皆無ナラサルモノト思惟スルヲ以テ最後ノ武力手段ニ訴フルニ先チ今一応ノ努力ヲ尽サント欲ス

永野軍令部総長答弁

第二項ニツキ説明ス長期戦ニ於テハ各種ノ原因ヨリ予見シ難キ要素ヲ包含ス、先ツ米ニ比シ我レハ諸種ノ材料、資源少ク工業力ニ於テモ格段ノ差アリ且開戦後ニ於ケル米ノ兵力補備ニツキテハ今日以上ノ能率ヲ現ハスヘキヲ予見シ得ヘク又海上交通ノ保護、攻撃等ノ点ニ於テモ米ハ潜水艦等ヲ東洋ニ増派スルコト容易ナルヘシト思考セラル之等ノ点ニ関シテノミ考フルモ数年後ノ長期ニ亘リ確信ヲ以テ戦局ノ帰結ニ関シ述フルコト困難ナリ況ンヤ此間ニ起ルヘキ世界状勢ノ変化逆睹シ難キモノアルオヤ、

日本海軍トシテハ開戦二ヶ年ノ間ハ必勝ノ確信ヲ有スルモ遺憾ナカラ各種不明ノ原因ヲ含ム将来ノ長期ニ亘ル戦局ニツキテハ予見シ得ス

又媾和ノ緒ニツキテ一言ス、対米作戦ニ於テ最モ我苦痛トスル所ハ敵ノ本拠ヲ衝クコト困難ナル点ニアリ、米ハ重要資源ヲ他ヨリ求メサルヘカラサルヲ以テ之カ妨害ヲナスコトハ可能ナルモ其絶対性ニツキテハ懸念ナキ能ハス

唯英米聯合軍ノ弱点ハ英国ニアリト考ヘラル即チ海上交通絶ユレハ英カ衰弱シ継戦困難トナルヘシ英ヲ餓死セシメテ屈服セシムルコト最モ捷径ナリ、之レニ先チ独逸ノ英本土上陸成功スレハ更ニ有利ナリ、英ヲ屈服ノ余儀ナキニ至ラシメ一蓮托生ノ英米ヲ圧スルコト吾人ノ着意スヘキ点ニシテ日独ノ間ニモ此クノ如ク協定スルヲ利アリトス

第三項ニ就テハ唯今ハ陸海良ク協調シアリ将来ニ於テモ十分協同シ行クヘキ自信アリ単一指揮ニ就テハ目下研究中ニシテ未タ成案ヲ得アラス

鳩彦王殿下質問

外交上ノ懸引ニ依リ開戦時期ノ決定ヲ左右スヘキニアラスシテ統帥上ノ見地ヨリ決定スルヲ適当トスルニアラスヤ

東条陸相答弁

勿論然リ先程ハ今日迄外交ニ依リ時ヲ遷延シ来リタル経過ヲ説明セルナリ開戦時期決定ニ就テノ根本観念ハ御意見ニ全然同意ナリ

杉山参謀総長答弁

単一指揮ニツキ一言ス、今次作戦部隊ノ主力タル第二十五軍ハ西貢到着後今日迄協力艦隊ト緊密ナル協同ノ下ニ任務ヲ遂行シアリ又第四十八師団ハ従来海南島ニアリ又福州上陸作戦ヲ行ヒ協力ノ艦隊トハ終始緊密ナル協力ヲナシアリ

陸海両軍カ協同一致セサルヘカラサルヲ痛感シアルヲ以テ実際問題トシテ中央部ニテ作戦計画ニハ主務者ハ共ニ図上演習兵棋等ヲ参謀本部軍令部大学校等ニテ研究シ上陸作戦及訓練ニ任シアル陸海両軍ハ水モ洩サヌ協力関係ニアリ御安心ヲ乞フ

東条陸相答弁

上述軍令部総長ノ長期戦ニ於ケル見透シニ於テ二ヶ年後ノ戦局ニ就テハ不明ナリトノ点ニツキ補足セントス本事

項ハ連絡懇談会ニ於テモ論点トナリシ所ナリ二年後ニ於ケル戦局ノ見透不明ナルニ拘ラス開戦ノ決意ニ到達セシ所以次ノ如シ

現在我レノ採ルヘキ方策トシテハ四年ニ亘ル対支戦果ヲ以テ動カス隠忍自重シアルヘキ途アルヘシ此ノ場合二年後ノ状況ヲ予想セハ如何

油ハ不足スヘシ又米ノ国力戦力ハ整ヒ殊ニ航空勢力ハ著シク我レト懸絶シ南方要地ハ難攻不落ノ状態トナリ我対南方作戦ハ極メテ不自由且困難トナル此際米ノ対日態度ハ攻守素ヨリ予測シ難キモ若シ積極的ニ挑戦シ来ラハ我レハ屈服ノ他ナカラン以上ハ物ノ関係ヨリ考及セシ所ナリ

次ニ支那事変ノ見地ヨリ考フルニ、対日経済封鎖ハ益々強化セラルヘク我レハ何等策ノ施スヘキモノナシ此状態ハ重慶、ソ聯ニ反映スヘシ、我占拠シアル支那ノ地域満洲ノ動向ハ如何更ニ台湾、朝鮮ノ向背如何此ノ如キハ徒ラニ拱手シテ昔日ノ小日本ニ還元セントスルモノニシテ光輝アル二千六百年ノ歴史ヲ汚スモノト謂ハサルヘカラス

以上ニ依リ吾人ハ二年後ノ見透シ不明ナルカ為ニ無為ニシテ自滅ニ終ランヨリ難局ヲ打開シテ将来ノ光明ヲ求メント欲スルモノナリ二年間ニハ南方ノ要域ヲ確保シ得ヘク全力ヲ尽シテ努力セハ将来戦勝ノ基ハ之レニ因リ作為シ得ルヲ確信ス

東久邇宮稔彦王殿下質問

若干ノ希望事項ヲ述フヘシ

対英米開戦ニ方リテハ独伊ヲシテ日本ニ協力セシムル如ク外交ニ依リ誘導スルヲ有利トス此見地ヨリ我戦争継続中独伊ノ対英米単独媾和ヲ予防スル如ク約束シ置クヲ可ト信ス軍部トシテ何カ手ヲ打チアリヤ

東条陸相答弁

対英米開戦ニ方リ独伊ニ頼ル心ハ毛頭ナシ然レトモ我レニ協力セシムル如ク三国同盟ノ基礎ノ上ニ立チ指導スルコト可能ナルノミナラス又極力行ハサルヘカラスト信ス之レニ関シテハ次ノ諸件ヲ申述フヘシ

イ　対米宣戦ヲナサシム、約二ケ月前独ハ日本カ対米実力発動セハ即時対米参戦スヘシトイヘル事実アリシヲ以テ今日モ尚ホ此ノ挙ニ出テシムル可能性アリ

ロ　日独伊三国ハ対英、米単独媾和ヲ行ハサルコトヲ確約セシメ得ル見透アリ

ハ　日本ハ外交上ノ手段ニ依リ我荷重ヲ減少セシムルコト必要ナリ之カ為ニハ独伊ノ近東作戦ヲ以テ対日協力ノ挙ニ出テシムル可能性アリ元来独伊ハ対ソ戦後「コーカサス」、近東作戦ノ計画アルヲ承知シアリ其発起ノ時間ハ不明ナルモ我決意ニ依リテハ之レニ呼応セシムルコト可能ナリ

ニ　現在南太平洋ノミニ制限シアル独海軍ノ通商破壊戦ヲ自由区域ニ拡大セシムルコト可能ナリ実効ハ疑ハシキモ独海軍力利用ノ一手段ナルヘシ

但シ独伊ノ利用ハ飽クマテ従属的ノモノナルコト論ヲ俟タス

稔彦王殿下質問

我武力発動ノ理由ヲ明示スルコト必要ナリ、大義名分ヲ明カニシ聖戦ノ趣旨ヲ中外ニ示シ且国民ヲシテ感奮国難ニ殉セシムルコトニ関シ所信ヲ問フ

東条陸相答弁

苟クモ国家カ戦争ヲ決意スルニ当リ大義名分ヲ明カニスルコトハ最モ必要ナリト考ヘアリ戦争目的ノ顕現ニ関シテハ具体的ニ如何ニ示スヘキヤニ関シ研究中ナルモ唯今御前ニ於テ確信ヲ以テ申ス迄ニ至リアラス

稔彦王殿下質問

長期戦ヲ予期スルコトハ勿論ナルモ適当ナル時機ニ終結セシムル如ク今ヨリ考ヘ置クコト必要ナリ又日米間ノ戦争ノミナラス世界ノ動乱ヲモ　御稜威ニ依リ我指導的態度ヲ以テ終局ニ導クコト肝要ナリト信ス

東条陸相答弁

戦争ノ短期終結ハ希望スル所ニシテ種々考慮スル所アルモ名案ナシ敵ノ死命ヲ制スル手段ナキヲ遺憾トス、長期戦トナル公算八分ナリト考フルモ尚ホ左ノ如キ行動成功スルニ於テハ短期終結ニ導クコト不可能ナリトセス

イ　米主力艦ノ撃滅、我レカ比島ヲ占領スル際彼カ之レヲ奪回セントスル際ニハ成功ノ公算アリ

ロ　米ノ対日戦意喪失ヲ図ル（独ノ対米宣戦、英本土上陸等ノ場合）

ハ　通商破壊戦ニ依リ英ノ死命ヲ制シ米ノ態度ヲ変ヘシム

ニ　米ノ主要軍需資源ヲ絶ツ

百武海軍大将質問

対米作戦上内地大陸間ノ交通保持ハ絶対必要ナリ若シソ聯カ開戦直後起ツコトアラハ之カ対策如何

永野軍令部総長答弁

海軍トシテハ当初対北方作戦ハ守勢ヲトラサルヲ得ス然レトモ南方第一期作戦ノ進展ノ度ニ応シ余リ遅カラヌ時期ニ攻勢ニ出ツルコトヲ得ヘシ

東条陸相答弁

連絡懇談会ニ於ケル結論トシテハ状況判断上ソ聯ハ此ノ如キ行動ニ出ツル公算少シトナス即チソ聯ハ独ソ戦ノ結果国力ハ戦前ノ二割五分ニ減シアリテ英米ノ援助ニ依リ之カ恢復ヲ企図シアル状況ニアリ従テ日米開戦ノ当初ニ於テハ復活スル余裕ナシ現ニ極東ヨリ兵力ヲ西送シツツアリ、但シ藉スニ時日ヲ以テセハ漸次戦力ヲ恢復シ且英米ヘノ協力ノ見地ヨリ起ツコトナキヲ保シ難シ又米トシテハ対日圧迫ノタメ極東ソ領ヲ軍事基地ニ利用方[illegible]要スヘクソ聯ハ之レニ応セサルヲ得サル状況ナルヲ以テ対ソ戦惹起ノ場合アルヘシ陸ニ関シテハ参謀総長説明ノ如ク関東軍ノ厳存スル限リ顧慮ノ要ナク海ニ関シテハ軍令部総長説明ノ如シ

百武海軍大将質問

航空勢力ノ維持増進カ戦局ヲ左右スルコト大ナルヘキ所防空ノ見地ヨリ開戦後間モナク帝都、軍需工業地帯等ノ空襲ニ依ル被害大ナルトキハ由々シキ大事ナリト考フ之カ見込並ニ対策如何又敵ノ空襲ニ対シ軍需工業ノ受クヘキ予想被害程度如何

東条陸相答弁

防空ハ陸海軍殊ニ航空部隊ノ積極進攻作戦ヲ基礎トシテ考ヘサルヘカラス即チ国土防空ハ軍ノ積極作戦ヲ妨碍セサル範囲ニ準備セラル、我防空兵力ハ陸軍約百機海軍約二百機ノ空中兵力ト要地直接防禦ノ為高射砲陸軍約五百門海軍約二百門トヲ有シ微弱ナカラ最近其整備ヲ終リ訓練中ナリ

敵ノ空襲ハ開戦直後ニアラスシテ若干ノ余裕アルモノト考ヘアリ時々空襲ヲ受クル程度ニアラサルカ（先ツ航空母艦ヲ進メテ空襲ス敵カソ領ヲ基地トシテ空襲ヲ行フニ至レハ相当危険ナルモ開戦初期ニハ起ラスト考フ）

杉山参謀総長答弁

国土防空ノ全般ニ関シテハ陸相説明ノ通リトス、防空配置ハ重点主義ヲトリ生産地点（東京、名古屋、大阪、北九州等）交通要点（青森、広島、下関、釜山、新義州等）及油田地帯（秋田、新潟、柏崎等）ニ高射砲等ヲ配置シ防衛スルコトトナシアリ

防空ハ絶対ニアラス空襲ヲ受クルコトハ覚悟セサルヘカラス、元来昨年迄ハ防空ハ不徹底ナリシモ殊ニ独ソ戦後施設訓練ニ意ヲ用ヒ相当顕著ナル進歩ヲ示シアリ

百武海軍大将質問

兵力動員ノ為今日技術生産ニ苦労シツツアルカ今後国防上欠クヘカラサル軍需生産ノ最少限度ヲ割ル如キコトナキヤ

海軍ニテ鉄ノ配当カ要求量以下トナル如キトキ支障ヲ生セサルヤ

東条陸相答弁

鉄ハ国家全体トシテ生産量落ツヘシ十六年度四七六万噸ナルモ南方作戦トモナレハ企画院ノ計算ニ依レハ四三二万噸ノ確保ヲ期待シ得ルノミ、然レトモ義務貯砿二百万噸ノ使用並ニ機帆船ニ依ル石炭輸送等ノ手段ヲ講スレハ四五〇万噸迄ハ可能ナルヘシ、従テ十七年度海軍所要量百十万噸ノ要求ニ対シテハ他ノ要求ヲ抑ヘテ要求通リ配当スル考ナリ必勝ヲ期セラレ度

百武海軍大将質問

十二月開戦トシテ天象気象上陸海軍ノ作戦ニ著シク齟齬ヲ来ス憂ナキヤ

杉山参謀総長答弁

季節風ノ時期ニ入リ困難ヲ感ス今日迄研究ノ結果南方進攻ヲ有利トスル見地ヨリ十月ニ準備ヲ終リ十一月進攻ト定メアリシニ比シ困難ナルコト言ヲ俟タス然レトモ昨年末ヨリ編制装備ノ改変並ニ訓練ヲ行ヒ海陸共ニ成果見ルヘキモノアリ又海陸ノ協調上陸及上陸後ノ戦闘ニ関シテハ実戦並ニ演習ノ経験ヲ重ネ十分ノ自信アリ、而シテ今次行ハントスル作戦ハ素ヨリ既往ニ於ケルカ如キ上陸作戦ト其趣ヲ異ニスヘキモノアルヲ思ヒ其点十分ニ研究スル所アリ困難尠カラサルハ覚悟シアリト雖モ齟齬ヲ生スルカ如キコトハ考ヘ居ラス

山田陸軍大将質問

南方作戦間一面我レヨリ求メテ対ソ戦発動ニ導カサル如クシ他面米ノソ領利用等ニ依リ対ソ戦ノ惹起ヲ招来スルカ如キ場合ヲ考フルトキ強制的受動作戦ニ陥ラサル如クスルヲ要スト考フルカ如何

殊ニ航空ニ於テ然リ

永野軍令部総長答弁

百武海軍大将ノ質問ニ包含セラレアルモノト考フ、開戦直後若シソ聯カ参戦スル際海軍トシテハ余力少キヲ以テ

当初暫クハ守勢ヲトラサルヲ得サルモ南方進捗ノ度ニ応シ手当シ得ルニ至ルヘシ

杉山参謀総長答弁

今夏以来関東軍戦備ノ増強ヲナシ「ソ」ノ攻撃ニ対シ不敗ノ態勢ヲ堅持シ得ル如クシアリ今後万一ソ聯ノ起ツコトアルモ十分之レニ対シ得ヘシ

対米開戦直後ソ聯ノ起ツ公算ハ考ヘ得ス殊ニ冬季酷寒期ナルニ於テ然リ、然レトモ春季以後作戦行動容易トナルニ至リテハソ聯又ハ「ソ」米提携シテ挑戦シ来ルコトアルヘシ、此ノ如キハ努メテ避クヘキヲ要スルヲ以テ冬季中ニ南方ノ解決ヲ図リ爾後随時北方ニ対シ得ル如ク今次作戦ヲ指導セントシアル所以ナリ

航空ニ就テモ彼ヨリ進ンテ本格的ニ挑戦シ来ルコトナカルヘキモ英米トノ関係上或ハ我本土満洲等ニ対シ空襲スルコトアルヘシ、関東軍、内地部隊共ニ既ニ之カ対応ノ準備ヲ整ヘアリ

土肥原陸軍大将質問

本作戦カ支那事変処理上及ホス影響ニ関スル見込如何

「ビルマルート」遮断ノ効果ハ重慶側ニ対シ相当大ニシテ或ハ其土崩瓦壊ヲ招来スルコトアルヘキモ又一方本作戦実施ノ結果トシテ沿海封鎖ニ及ホス影響モ少カラサルヘク又英米ノ援蔣強化、支那ニ於ケル軍事基地設定ノ促進等英米支ノ軍事的合作ハ如何ナル状況トナルヤ

東条陸相答弁

支那事変処理ニ及ホス影響ヲ期待スルコトハ、日本自存自衛ノ必要上障碍ヲ排除シテ将来ニ於ケル南方発展ノ基礎ヲ確立スルコトト共ニ本武力行使ノ有スル重要目的トス

日本ノ対英米蘭戦ハ重慶側ヲシテ英米支蘭ヲ以テスル包囲陣ノ団結ニ依リ対日抗戦ノ決意ヲ固カラシメ開戦当初ニ於テハ却テ其志気ヲ昂揚セシムルコトアルヘシ従テ戦争終結迄日支全面和平ハ求メ難カルヘシ然レトモ我南進作戦ニ依リ「ビルマルート」ノ遮断トナリ又上海、香港等ノ沿海基地断絶セラレテ英米等ヨリノ直接援助ノ路ヲ失ヒ南洋華僑ノ支援モ期待シ難キニ至リ重慶ノ実質的抗戦要素ハ弱体化スヘシ

之レヲ要スルニ我南方武力行使ニ依リ当初ハ蔣政権ノ志気昂揚スヘキモ実質的ニハ時ヲ逐ヒ其勢力弱化シ西南派、共産党等ノ分裂ヲ来スヘク之レニ加フルニ南京政府ノ育成強化ト積極的作戦行為トハ直接間接ニ支那民衆ニ

作用シ支那事変ノ有利ナル帰結ヲ招来シ得ヘシト信ス

帝国国策遂行要領中国防用兵ニ関スル件

曩ニ参謀総長、軍令部総長ノ上リタル帝国国策遂行要領中国防用兵ニ関スル件ハ適当ナルモノト認ム

右謹テ

上奏ス

昭和十六年十一月四日

軍事参議官

元帥大勲位　載仁親王

元帥大勲位　博恭王

軍事参議官大勲位　鳩彦王

軍事参議官大勲位　稔彦王

陸軍大臣　東条英機

海軍大臣　嶋田繁太郎

軍令部総長　永野修身

軍事参議官伯爵　寺内寿一

参謀総長　杉山元

軍事参議官　百武源吾

軍事参議官子爵　加藤隆義

軍事参議官　西尾寿造

同　及川古志郎

軍事参議官　塩沢幸一

同　山田乙三

同　吉田善吾

同　土肥原賢二

同　篠塚義男

同　日比野正治

軍事参議院会参議応答資料　昭和十六年十一月四日　参謀本部

一　武力発動ニ当リ内外ヘノ発表内容如何（**東久邇宮**）

目下研究中ナルモ

(イ)大義名分ヲ明ラカニス

(ロ)戦争目的ヲ明ラカニス

(ハ)米英ノ対日圧迫情況ヲ明ラカニス

(ニ)譲リニ譲リタルモ米反省セス真ニ已ムヲ得ス自存自衛ノ為戦争ヲ発起スル旨ヲ明ラカニス

一　独伊トノ外交交渉内容如何（**東久邇宮**）

(イ)対米宣戦

(ロ)対英単独不媾和

(ハ)近東作戦ノ積極化

(ニ)通商破壊戦ノ協力

一　作戦実行上陸海空ノ協同ヲ容易ナラシムル為作戦ノ統一ヲ図ル上ニ於テ単一指揮即本ハ大本営ヨリ先ハ軍等ニ於テモ之ヲ実施スルノ考ヘヲ有セラルルヤ（**朝香宮**）

陸海協力一致作成遂行ニ関シテハ中央現地共万全ヲ期シ陸海一体ノ実ヲ発揮シツツアリ御安心ヲ乞フ
一　南方作戦ノ重点如何（**朝香宮**）
(イ)英領馬来及比島ニ対シ夫々急襲上陸及空襲先制ヲ以テ同時ニ作戦ヲ開始ス
(ロ)陸軍ノ兵力的重点ハ全般ノ関係上ヨリ馬来作戦ニ存ス
一　北樺太ハドウスルカ（**朝香宮**）
イ　南方作戦間ハ武力ニヨリテ北樺太ヲ占領スル考ナシ
ロ　外交上ノ施策
(イ)適時北樺太石油石炭利権ノ実質的行使ヲ要求ス
(ロ)対「ソ」情勢有利ニ進展セル場合ハ北樺太ノ買収ヲ提議スルコトモ考ヘアリ
一　長期戦ニ対シ両総長ハ戦勝ノ確信アリヤ（**朝香宮**）
説明ニヨル
一　武力発動ノ時機ヲ十二月初頭ト定メタル理由如何（**朝香宮**）
1　戦略上
イ　日米軍備ノ比率関係
ロ　南方防備増強
ハ　作戦地ノ気象
ニ　対北方顧慮
2　政略上
イ　ヂリ貧
ロ　対独伊提携

一　長期戦ヲ避クル方法ナキヤ（**寺内大将**）**朝香、東久邇宮**
速戦速決ハ困難ニシテ長期戦ヲ予期セサルヘカラス名案ナキモ左記ニヨリ速カニ戦争終結ニ努ム
一戦争目的ノ確立（南北ニ正面戦争ノ極力防止）
二対米海軍決戦ノ強要
三米ノ対日戦意喪失
(イ)独ノ対米宣戦、英本土攻略等日独伊三国協力ニヨリ先ツ英ノ屈服
(ロ)通商破壊戦ノ徹底
(ハ)南方要域確保ニヨル我長期戦態勢ノ確立（対米不敗態勢ノ確立）
(ニ)米軍需資源（「ゴム」錫）ノ独占
一　英米カ先ニ攻勢ヲ採ル虞ナキヤ
其場合ノ処置如何（**寺内大将**）
(イ)公算ナキニシモアラス
(ロ)自衛権ノ範囲ニ於テ行フハ蓋シ已ムヲ得サルヘシ但シ其ノ戦闘行為即チ開戦ニアラス
(ハ)右戦闘行為カ十二月初頭以前ニ生起スル場合開戦スヘキヤ否ヤハ御聖断ニ依ルヘキモノトス
一　南方占領地行政ノ特異点如何
(イ)国防重要資源ノ取得
(ロ)作戦及補給ノ自由ノ確保
(ハ)前項目的達成ノ為ニハ民生ノ重圧ヲ厭ハス（支那ノヤリ方

ト違フ)
(ニ)在来ノ組織及民族的慣行ノ利用尊重(支那ノ如ク一々干渉シナイ)
一　乙案カ成立シ米カ物ヲクレナカツタラ国防力ニ及ホスコトナキヤ(**寺内大将**)
(イ)国防力ヲ低下スルコト大
(ロ)国難ハ依然トシテ増大ス
(ハ)確実ナル実行ノ保証ヲ取付クルコト必要ナルモ之ニ関シテハ研究ヲ要スルモノアリ
(ニ)本案ニヨリ日米妥協成立スルモ国家ノ前途ニ対シテハ憂慮ニ堪ヘサルモノアリテ決シテ安堵ヲ許サス即支那事変ハ解決セス又我カ国防ハ米ノ動向ニ左右セラルルコト大ナル等其自主性ナク之ニ関シテハ将来之カ対策ニ付十分ナル検討工夫ヲ要スルモノアリト思考ス
一　対南方作戦間対「ソ」戦ノ惹起防止ノ為戦争指導上如何ニ考慮セラレアルヤ(**山田大将**)
(イ)開戦時機ノ選定
北方作戦ノ困難ナル冬季間ニ南方ノ主要攻略作戦ヲ終了スル如ク開戦時機ノ選定ヲ為シ得ル限リ速カナラシムルヲ要シ十二月初頭ヨリ遅延ヲ許ササル情況ニ在リ
(ロ)対「ソ」外交上ノ考慮
(1)八月四日大本営政府連絡会議ニ於テ決定セル「対「ソ」交渉要綱」ニ基キ依然対「ソ」交渉ヲ続行シ先方ノ意向ヲ打診シツツ我企図ヲ秘匿シ対「ソ」絶縁状態ヲ避クルニ勉ム
(2)「ソ」ヲ三国枢軸陣営ニ引キ入ルルコトアルヲ考慮ス
独伊ノ意向ヲ打診シタル結果ハ帝国ニ於テ之カ斡旋ヲ考慮ス
(ハ)作戦指導上ノ考慮
対「ソ」作戦軍備進展ニ伴フ我企図ノ秘匿ニハ万全ノ考慮ヲ払ヒ「ソ」聯ヲ刺戟セサルニ勉ム
一　南方作戦間生起スルコトアルヘキ「ソ」聯ノ参戦ニ対シ対「ソ」作戦ノ初動ニ於テ受動ニ陥ラサル作戦指導、特ニ航空作戦ノ指導トノ関係ヲ如何ニ考慮セラレアリヤ(**山田大将**)
一　地上作戦ニ関シテハ既ニ所謂対「ソ」百号態勢ノ充備ニヨリ之カ作戦準備概ネ完整シアリ
二　航空作戦ニ関シテハ所要ノ兵力ヲ対「ソ」警戒ニ充当シアリ敵ノ空襲ニ対シテハ機ヲ失セス独断対処シ得ル如ク八月上旬大命ヲ仰キ現地軍ニ下達セラレアリ
又南方作戦終了セハ速カニ所要ノ兵力ヲ北方ニ転用シ対「ソ」情勢緊迫ニ際シテハ積極自主的ニ之ニ対処シ得ヘシ
一　対米英作戦カ支那事変解決ノ将来ニ及ホス影響(**土肥原**)
1　交戦権ヲ発動シ沿岸封鎖ハ徹底的ニ行ハルヘシ
2　租界ヲ接収スルコトニ依リ蔣政権ニ与フル物心両面ノ打撃大
3　「ビルマ」攻略ニ伴ヒ「ビルマルート」ヲ遮断シ得

4　帝国ノ対米英断乎タル決意ハ支那民族ニ与フル形而上ノ効果大ナリ

5　米英ハ支那非占領地ヲ基地トスル航空作戦ニ依リ帝国ノ南方作戦ヲ脅威スヘキモ之ヲ解摧スルコト容易ニシテ問題トナラス

一　対米英蘭戦争ノ本義如何

本戦争ハ世界観ヲ異ニスル日米両国国策ノ衝突ニシテ本戦争ノ本義ハまつろはぬ米国ヲシテまつろはしむるニ在リテ之ニヨリ自存自衛ヲ全ウシ大東亜共栄圏ヲ確立シ我国防ヲ安固ナラシメ作戦的ニ又長期戦的ニ不敗ノ態勢ヲトルモノナリ

一　南方作戦ノ意義如何

1　米英支ノ戦略的対日包囲圏ヲ打破シ対支竝対北方安定ト相俟ツテ東亜ニ於ケル戦略上ノ不敗態勢ヲ確立ス

2　米英ノ物心両面ニ亘ル援蔣ヲ破砕シ蔣政権ノ抗戦意志ヲ喪失セシメ支那事変解決ヲ促進ス

3　南方ノ資源ヲ確得シ自給自足態勢ヲ整備ス

4　「アングロサクソン」民族ノ勢力ヲ東亜ヨリ一掃シ支那及南方民族ヲシテ対米英依存ヨリ対日依存ニ転セシム

5　南方ニ於ケル亜欧ノ連絡提携ヲ促進ス

6　米国ノ戦略資材タル「ゴム」「錫」等ヲ帝国ニ於テ独占ス

一　米英蘇支聯合ノ状況如何

(イ)経済合作ニ関スル事項

1　米国ノ主動的立場ニ於テ米英蘭間ニ対日経済圧迫ニ関セル具体的取極メヲ締結シアルコト明瞭ナリ

2　米ノ援蔣行為

(イ)米支一億米仏新借款ノ外法幣安定資金ノ供与

(ロ)緬甸「ルート」ノ援蔣数量月額一五、〇〇〇噸

3　米ノ援「ソ」行為

九月末ニ浦塩港ニ八隻ヲ輸送スミ(航空「ガソリン」飛行機材料ヲ主体トス)

但シ先般米当局ハ援「ソ」航路ハ大西洋ヲ経テ「アルハンゲルスク」ニ行フ旨宣言セルモ未タ其事実ナシ

二　軍事提携ニ関スル事項

1　米国軍事使節団「マグルター」代将一行ノ重慶訪問軍事的戦略的対支協同ヲ準備シアリ

2　英支米空軍合作

3　米英蘭ノ「マニラ」軍事会談

一　作戦必成ノ為編制装備ニ如何ナル改善ヲ加ヘアルヤ

1　馬ヲヤメ自動車採用

2　衛生機関充実

3　化学戦ヲ顧慮セス其装備ヲ除ク

4　人員ノ軽装運搬機関トシテ自動車配属

5　航空聯隊ノ新設

6　上陸作戦ノ為

(イ)船舶高射砲、通信隊、航空廠ノ新設
(ロ)揚陸団ノ新設

7 占領統治ノ為
(イ)軍政部ノ新設
(ロ)採油班ノ新設

一 国土防衛上主トシテ防空ノ見地ヨリ
(一)帝都其他重要都市竝ニ産業機関ノ防空ニ対スル見込如何
(二)敵ノ空襲ニ依リ予期スヘキ軍需生産能力ノ損害程度見込如何

判決

空襲判断左ノ如ク之ニ対シ現在ノ軍防空戦力(兵力配置ハ別図)及官民防空能力ニ依レハ其ノ実害少ニシテ戦争遂行ニ支障ヲ来スコトナキモノト認ム

説明

一 戦争初期(遠爆機ハ現在比島ニ四、五十機、「アラスカ」ニ約百機、重慶ニ約三十機)我カ内地要地ニ対シ夫々一月ニ多クモ二、三回(一回十数機)ノ空襲ヲ受クル程度ナラン

二 爾後戦争長期化シ米空軍カ極東「ソ」領ヲ利用スルニ至ラハ(極東「ソ」軍ノ遠爆機ハ約八十機)一ケ月ニ五、六回(一回二、三十機)ノ空襲ヲ受クルナラン

三 但シ局地(台湾北満北鮮樺太北海道等)ニ対シテハ更ニ考慮ヲ要スヘシ

十一月五日 第七回御前会議質疑応答ノ概況

一 午前十時三十分開会別紙次第書ノ如ク議事進行シ午後三時十五分閉会此ノ間午後零時三十分ヨリ同一時三十分迄休憩アリ

二 原枢府議長トノ質疑応答ノ概要左ノ如シ

枢相 本日ノ御前会議ノ議題ハ九月六日ノ御前会議決定ノ延長テアリ其ノ実行テアル九月六日ノ決定ハ第一ニ日米交渉ノ進展ニ関スルコトテアツタカ之カ妥結ヲ見サルハ遺憾ナリ。交渉ノ内容ニ就テハ予ハ全然承知シアラス。本日茲ニ提示サレアル此ノ文書タケテハ分ラヌ。先ツ以テドウユウ点カ本案ノ成立前迄ニ出来タカト云フコトヲ外相ニ伺ヒ度イ

外相 日米交渉ハ四月ニ提案アリ。其後六月二十一日ノ修正案カ出来タ。其内容ハ各国ノ前例ニ見サル文字ヲ使用シアリテ、普通ノ条約ト異ナル所多々アリ。茲ニ詳細ハ省略スルカ……

枢相 外交上ノ技術ハ除外シテドウユウ点カ重要

テ、ドウユウ点ハハツキリ話合カツイタカツカヌカ其現況ヲ知リ度

外相

理論的ノコトハ略ス

1　欧洲戦争ニ対スル両国ノ態度ニ関シ拡大防止ノ点ハ大体一致シアリ。尚之レニ就キ米ハ自衛権トシテ独ニ対シ武力ヲ発動シ、日本ニ対シテハ太平洋方面ニ武力行使ヲセサルコトノ約束ヲ希望シアルカ如シ

2　日支間ノ和平問題ニ関シ本件ニ就テハ駐兵撤兵問題ニ於テ一致セス。日本ハ所要地域ニ所要ノ期間駐兵スルノテアル。其他ハ某条件ノ下ニ某期間内ニ撤兵スルノテアル。然ルニ米側ハ全面撤兵ノ声明ヲナスヘシト主張シ、我ハ之ニ応セラレヌ

3　太平洋地域ニ於ケル両国ノ活動ニ関シテハ米側トシテハ支那ヲモ含メテ太平洋全体ニ於ケル無差別通商ヲ要求スルニ対シ、日本トシテハ支那ニ於ケル資源獲得等ノコトモアリ無条件テハ受入レラレヌ。而シテ米側ハ本原則ハ世界一般ニ行ハルヘキモノトナシアルカ故ニ、之カ出来ルナラト云前提テ話シヲ進メテ居ル

4　太平洋政治問題ハ双方共ニ武力進出ヲセサルコトニシアリ。之ニ就テハ仏印ノ撤兵カ問題テアツテ、之レハ話ハツキアラス

以上ハ日米間交渉ノ大体ナリ

総理

外相ハ前内閣時代ノコトニツキ不明ノコトモアルヘキカ故ニ総理トシテ補足ス

十月二日ニ受取ツタ米側ノ回答ハ、要スルニ四原則（(1)領土保全主権尊重(2)内政不干渉(3)無差別通商(4)武力的現状打破不承認）ヲ日本ニ強要セントス。四原則ハ九ケ国条約ノ集約テアル。(1)ヲ容認セハ支那事変ハ固ヨリ満洲国ヲ承認シアラサルカ故ニ之レ迄触レテ来ル。(2)ヲ認ムレハ支那南京政府トノ取極例ヘハ通商通信等ノ日華間ノ条約等モ廃サレル危険性アリ。(3)ハ一般通念トシテハ当然ト見ラレルカ如キモ、帝国ノ自存自衛ニ触レテ来ルナラハ之ヲ許スコトハ出来ヌ。英米ダツテソ

ウタ。之ニ依リ日支条約第六条ノ隣接地帯ノ権利ヲ変更セシメラレルコトニナル。(4)ニ就テハ南西太平洋テハマー認メテモヨイト思フカ支那ノ如キ国防上竝資源ノ獲得上緊要ナル地域ハマケラレヌ。米ハ之ヲ認メロト云フノテアル。日本ハ之ヲ認メ得ス。何ントナレハ満洲事変及支那事変ハ本主旨ニ基ク羈絆ヲ脱スル為ニヤツテ来タノタ。新外相蔵相ノ如キハ此原則ヲ認ムルコトハ大変タト云フテ居ル。前内閣ハ日米交渉妥結ノ為ニ譲ルヘカラサルヲ譲テ来タノテアル。十月二日ノ米提案ハ言辞ハ美ナルモ其精神及態度ニハ変化ナク一歩モ譲ラヌ。唯日本ニ対シテハ強要シアルノミナリ扨具体的ノ重要点ハ何処カト云ヘハ、外相ノ述ヘタ如ク(一)欧洲戦態度ニ対シ彼ハ「日本ノ態度ヲ多トス」且附加シテ「…………日本側カ更ニ検討スルナラハ更ニ有益ナルヘシ即チ日本ノ三国条約ノ態度ヲ明ニセヨトノ注文ナリ。(二)四原則ノ容認ト局地的適用ハ重大問題ナリ。(三)更ニ重大問題ハ駐兵撤兵ノ問題ナリ。彼ノ云フノハ撤兵本位テ之ヲ中外ニ宣明シ、駐兵ハ蔭ノ約束テハトノコトナリ。惟フニ撤兵ハ退却ナリ。百万ノ大兵ヲ出シ、十数万ノ戦死者遺家族、負傷者、四年間ノ忍苦、数百億ノ国帑ヲ費シタリ。此ノ結果ハドウシテモ之ヲ結実セサルヘカラス。若シ日支条約ニアル駐兵ヲヤメレハ撤兵ノ翌日ヨリ事変前ノ支那ヨリ悪クナル。満洲朝鮮台湾ノ統治ニ及フニ至ルヘシ。駐兵ニヨリ始メテ日本ノ発展ヲ期スルコトヲ得ルノテアル。之レハ米側トシテハ望マサルトコロナリ。而シテ帝国ノ言フテ居ル駐兵ニハ万々無理ナル所ナシ両国巨頭会談ニ就テハ、米側トシテハ大キナ問題ニ関シ話カツイテカラヤラウテハナイカ、日本ハ大筋ヲ巨頭テキメ様テハナイカトテ意見一致セス

枢相　唯今ノ説明テ甲案乙案ノ内容ニ就テ予備知識ヲ得タ。

以下細部ニ就キ質問スヘシ

駐兵問題ノ(ロ)「平和解決条件中ニ之ヲ包含セ

シムルコトニ異議ヲ有シ」トハ日支和平条約中ニ駐兵ヲ入レルコトハ不可ト云フノカ

総理　然リ。ツマリ撤兵本位主義テアリ、条件中ニ駐兵ヲ入レルコトハ不同意ナノテアル

枢相　撤兵ヲ書イテ駐兵ハ支那ト話セヨト云フノカ

総理　米側トシテハ駐兵ハ蔭ノモノトシテ支那ト話シロト云フ位ニ考ヘテ居ルラシイ

枢相　南京ト結ンテアル条約ハ米ハ知ツテ居ルト思フノタカ、米ハ知ラナイテ日本ニ云フテ来テ居ルカ、ソレトモ知ツテ日本ヲ妨害スル積リカ

総理　予ノ判断トシテハ米ハ知ツテ居ルト思フ。駐米ノ胡、宋子文等カ躍動シアレハナリ。先年桐工作ノ場合ノコトニ鑑ミルモ此ノ二人ハ知ツテ居タ

枢相　(三)ノ無差別通商問題ノ九月二十五日案ニテ到底妥結ノ見込ナキ場合トハ

外相　九月二十五日案テハ支那ヲ包含シアラス。日本ノ特殊関係ニ鑑ミ支那ヲ包含サセルノハ困ル、処カ米側トシテハ譲歩セス。ソコデ最後案トシテ無差別カ全世界ニ適用セラルルト云フ条件ノモトニ認メヨウトスルノテアル

枢相　四ノ三国条約問題ニ関シ米ハ自衛権ニツキ勝手タ。玆ニ「自衛権ノ解釈ヲ濫リニ拡大シ」トアル意義如何

外相　案文ハ変ナ所モアルカソレハ米国ノ態度ニ関スルコトテアル

枢相　乙案ノ第三項ノ資金凍結前ノ状態ニ復帰ストアルカ、資金凍結前ニ出シタモノハドウナルカ

外相　資金凍結令ノ発布ノ理由ニ就テハ日本ノ仏印出兵カ直接ノ原因トナリアリ。之レハ事変前ノ状態ニ持ツテ行クノカヨイノテアツテ、日本トシテハ通商条約廃棄前ニ復スルノカ希望タカ、不取敢緩和スルノカヨカロウト思フ。備考1ニ在ルカ如ク条件付ナル故、米トシテモ十分ノ満足ヲ得ラレヌノテ一先ツ資金凍結前迄ニ進ムト云フコトニシ、此ノコトカ出来タ後各種ニ亘リ対米交渉ヲヤラウト考ヘテ居ル。唯石油ニ就テハ凍結令前カラ出サヌコト

ニナツテ居タノテ、凍結前ノ量テナク、日本カ欲スル量ヲ取ルコトニ約束シ度イ

枢相 米国カ通商ノ制限ヲ加ヘタノハ支那事変ノ結果テアル。凍結令ハ仏印進駐ニヨル。然ルニ日支事変ノ解決ハヤリタイノタカラ此ノ際支那事変ヲ含メテ米ト交渉解決スヘキモノテアルト思フ。本案ノ程度テハ要求カ低クハナイカ。尚甲、乙案テヤリ然ル後他ノ問題ヲヤルト云フノテアルカ、米側ノ本案ニ対スル態度ノ見込ハ如何

外相 乙案ノ第三項ニアル様ナコトニナツタ当方ノ心持ヲ申上ケル。御説ノ如ク通商条約廃棄前迄一挙ニ復帰スルノハ希望スル所ナルカ、米側カ応セヌ場合ハ戦争ト云フ一大事トナル故ニ、譲リ得ル限度テヤリ、之レサヘキカナイノナラハ米ハ戦争ヲヤル積リタト云フコトモ分リ内外ニ対シ公明ナル大義名分モ立ツ。尚全体ニ就テ質問カアツタカ、甲案ヲ以テシテハ急速ニ話カ出来ルコトハ見込カツキ兼ネル。乙案ニ就テモ話ハツキ兼ネルト思フ。例ヘハ仏印ノ撤兵ノコトテアル。又第四ノ支那問題ニ就テモ米ハ従来承知セヌコトナノテ承諾シナイノテハナイカト思フ。尚備考ノ2ニ就テモ米側ハ日本ノ履行ヲ求メテ居ル訳ナル故中々承諾セヌト思フ。唯日本ノ言分ハ無理トハ思ハヌ　米カ太平洋ノ平和ヲ望ムナラハ、又日本ニ決意アルコトカ反映スレハ米モ考フル所アルヘシト思フ。唯米ニ対シ日本ヨリ武力テ強圧スルト云フコトニナルカラ反撥スルコトニナラントモ限ラヌ。又時間ノ関係ハ短イノテアル。御決定後ニ訓電シテ交渉スルノテアツテ、十一月中ト云フコトテアル故交渉スル時間ハ二週間テアル。之レモ他方面ノ必要カラシテ已ムヲ得ヌ。従テ交渉トシテハ成功ヲ期待スルコトハ少イ。望ミハ薄イト考ヘテ居ル。唯外相トシテハ万全ノ努力ヲ尽スヘク考ヘテ居ル。遺憾ナカラ交渉ノ成立ハ望ミ薄テアリマス

枢相 日米交渉カ破裂シタ場合ノコトニツキ両統帥部ヨリ常識的ニ分ル範囲テ説明ヲ願フ。南方

作戦ト云フテ戦場ハ机上ノ図面カ全部テアルカ、作戦範囲作戦推移ノ見込如何

参謀総長　此度ノ作戦ノ目標ハ「ガム」、香港、英領馬来、「ビルマ」、英領「ボルネオ」、蘭領「ボルネオ」、「スマトラ」、「セレベス」、「ビスマーク」諸島其西南方ノ小島ノ航空基地テアリマス。之等地域ノ兵力ハ二十数万飛行機八〇〇、其他印度、濠洲、新西蘭カアリマスカ某時機ニハ参加シテ来ルト思フ。此情況下ニ於テ海軍ト協同シテ作戦スルノテアッテ重点ハ馬来比島テアリマス。作戦ハ馬来ト比島ニ同時作戦テアリマシテ、次ニ蘭印ニ移ルノテアリマス。此ノ考ノ下ニ比島ハ五〇日、馬来一〇〇日蘭印一五〇日、以上約五ケ月テ解決セントスルモノテアリマス然シ米国艦隊ノ来攻アリシ場合、海軍カ之ニ向フ場合、又公算ハ少シトスルモ北方ニ於テ米「ソ」ノ起ッ場合ニハ此ノ時日ハ多少延ヒルト思フ。而シ重要軍事根拠タル香港、「マニラ」、新嘉坡ヲ押サヘ、更ニ蘭印ノ重点ヲ押サヘレハ長期戦ニ堪ヘ得ルト存シテ居リマス

枢相　図面ニハ印度濠洲ヲ除イテアル。ソウシテ此ノ地域ハ兵力二十数万飛行機若干ト云フ事テアルカ、軍艦モアル。此ノ艦隊ヲ短期ニ撃破シ得ルカ

軍令部総長　米ノ艦隊ヲ一〇トシ日本ハ、七、五テアル。米ノ艦隊ハ四割ハ大西洋ニ、六割ハ太平洋ニアリ。英ハ非常ニ大キナモノテ来ルコトハ出来ヌト思フ。戦艦一巡洋艦十数隻航空若干ト思フ。戦サノヤリ方トシテハ米カ大西洋ヲ引キ上ケテ来攻スル場合相当ノ日数ヲ要ス。但日本カ南方作戦中一部カ之ヲ邪魔ヲスルト思フカ、決戦スルニハ少シ兵力足ラヌ。従テ大西洋兵力ヲ招致セサルヘカラス。英国トシテハ新嘉坡ヲ取ラレテハ困ルカラ英ノ一部カ来ルカモ知レヌ。此場合英米連合テ来ル等ノ場合モアリ。日本海軍トシテ之ニ対スルヤリ方ハ違フカ計画ハ有スル。英米連合ニハ弱点アリ。故ニ之ニ対シ成算アリ。彼カ決戦ヲ望ムナラハ撃滅スルヲ得。撃滅ハスルカト

ニカク南洋作戦後長期トナルヘシ

枢相　参謀総長ノ述ヘタ所テハ五十日、百日ト云フコトテアルカ、現在南洋ニ居ル敵艦隊ニ対処スルニアラサレハ上陸作戦ハ出来ナイト思フカ此点ハ如何

軍令部総長　敵ノ艦隊中我艦隊ノ近クニ行動スル水上艦隊ハ一時逃避スルト思フ。南洋作戦中撃滅シ得レハ撃滅シ、撃滅シ得サルトモ大シタコトハナカルヘシ。唯潜水艦ノ如キハ制圧シヨウト思フ。太平洋ニ現存スル敵艦隊ノ制圧ハ六ケシクナイト思フ

枢相　「ソ」聯ニ就テ伺ヒマスカ、南洋ノ大部ハ百日位ニ占拠スルトノ事ナルカ予想ニ反スルヲ一般ノ状態トス。日露戦争ノ旅順ノ攻略モ三十七年ノ夏期ニハ出来ルトノコトナリシカ翌年一月一日ニ開城トナツタ。又独「ソ」戦ニ於ケル独逸ノ計画モ然リタ。我国ノ統帥部ノ計画ハ違算ナカラント思フカ、長ビイテ「ソ」聯カ立ツタ場合ニハ南方ノ兵力ヲ引キヌクノカ。又支那方面ハドウナルカ此ノ点ヲ念ノ為伺ヒ度イ

参謀総長　「ソ」ハ冬ノ間ハ大作戦ハヤリニクイ。又「ソ」現在ノ状態ガラ見テモ立チ得ル公算ハ少イト思フ。米「ソ」提携シテモ冬ノ間ニ大仕事ハ出来ヌ。万一アリトスルモ「ソ」トシテハ申訳的ノ策動位ニ止マルナルヘシ。之ニ対シテハ冬ニ応シ得ル準備ニアリ

吾人ノ最モ心配シテ居ルノハ馬来一〇〇日蘭印五ケ月ト考ヘテ居ルカ、之レカ長引イタ時米「ソ」聯合ノ場合カ危険テアル。之ニ対シテハ内地ニ現存スル兵団支那ヨリ転用スル兵力ヲ以テ善処シ得ルト思フ

枢相　「ソ」聯カスグ来ナイダラウト云フコトハ明瞭タト思フ。米「ソ」聯合ノコトモ御説ノ通リト存ス。尚伺ヒ度イコトハ「ソ」聯海軍ノ蠢動並南洋現存ノ敵艦隊ノ為海洋上ノ通商航海カ妨害セラレルコトハ無視シテ可ナリヤ。「ソ」聯ノ妨害及南洋ノ敵艦ノ為ニ物資輸送等ニ影響ナキモノト考ヘテ可ナリヤ

軍令部総長　南洋作戦中ニ「ソ」聯カ立チ潜水艦カ

活動スルト日本海軍ハ南洋ニ使ツテ居ルノテ「ソ」ニ対シテ十分ナル兵力ヲ向ケルコトハ出来マセン。努メテ守勢ヲ以テ之ニ対抗シ、南洋作戦進捗ニ伴ヒ之ニ対応シ且積極的ニ行動スル積リナリ。而シテ南洋テハ敵ノ軍艦潜水艦航空隊アリ。因テ作戦スル以上ハ相当ノ損害ヲ受クルコトハ覚悟ノ前ナリ。而シテ南方作戦ハ主テアルカラ之ニ力ヲ注ク。従テ相当ノ損害ヲ予想シアリ。航空ナトハ三分ノ一乃至二分ノ一ノ損害アルナラン。従テ商船モ相当損害アルヘシ。然シ乍ラ海上ノ交通ハ日本ノ生命ニ関スルカラ保護ノ方法ハ手段ヲ尽スカ被害ハ年ニ相当アルト思フ。之ヲ防護シ増補スルトシテ日本ノ海運ニハ差支ナシト思フ

枢相　「ソ」ノ艦隊英米蘭ノ海軍ヨリ妨害ヲ受ケテモ日本ノ物資ハ差支ナイト了解シテヨイカ

企画院総裁　船舶ノ損害ハ陸海軍テ研究ノ結果ナリ

枢相　遂行要領一ノ(四)ニ泰トノ間ニ武力発動ノ直前云々トアルカ直前テハ泰ニ対シテ相談ニハナリ相ニモナイカ、此点ハドウ考ヘアリヤ。若シ交渉ニ時日ヲ与ヘル様ニスルト之ハ英国ニ分ル。然ルトキハ統帥部ノ企図カ敵側ニ分ル。直前トハドウユウコトカ、若シ強行スルノナラ樹立スルテハナク強行タ。此ノヤリ方ハ将来ノ対泰関係ニ影響スル

総理　本件ハ外交軍事緊密ナル関係ニアルカラ私カラ答ヘル。南仏印進駐時カラ既ニ泰ヲ抱キ込ム考ヘテ、軍事的緊密関係ヲ作ルヘク「ピブン」ニ工作ヲシテ居ル。目下御説ノ通リ機微ナルモノカアル。作戦上ノ必要カラスレハ泰国ニ上陸スルノ要カアル。之ヲ過早ニ知ラシメルコトハ不可タ。ソコテ直前ニ云フテキカナケレハ力ヲ加ヘテ行クヨリ仕方ナシ

枢相　泰トノ関係ハ「樹立ス」トノ現シ方テ緩ニナツテ居ルカ、実行ノ事実ハ総理ノ云フ通リ強行タト認ム。ソコテ政府及統帥部ヨリ承ツタ程度テハ何等意見ナシ。何等資料ナケレハナリ

日米交渉不成立ハ望マシカラサルナリ。二千

六百年ノ皇室ヲ戴ク国民ナルカ故ニ一心トナツテ今日迄四ケ年コタヘテ来テ居ル。英ノ如キハ既ニ厭戦ノ気アルカ如シ。独逸ノ如キモドウカト思フ。伊国ノ如キモ反戦運動モアルカ如シ。我国ニ於テハ皇室ヲ戴ク国体ニ淵源スル結果ナリト思フ。サレハトテ国民トシテハ速ニ支那事変ヲ解決シ度イ。之カ見込ツカズニ大国タル米国ト戦争スルト云フコトハ為政者トシテハ考ヘナクテハナラヌ。

前回ノ御前会議テ交渉シテモ出来ヌナラ戦サトナルノダト云フノテアツタ。本日ノ御説明ニヨルト前回ト今日ト米国ノ態度ハ何等変化ナク、今日ハ却ツテ益々横暴ヲ極メテ居ル。従テ本交渉モ望ミ薄ト見テ甚タ遺憾ニ存ス。然シ乍ラ米ノ云フコトヲ其儘ニ受ケ入レルコトハ国内事情カラ見テモ亦国ノ自存カラ見テモ不可テアツテ日本ノ立場ハ之ヲ固守セネハナラヌ。承レハ日支問題カ交渉ノ重点テ恰モ米ハ重慶ノ代弁ナルヤノ疑アリ。蔣カ米ノ力ヲ頼ミテ日本ト交渉スルトスレハ到底二、三月テ出来ルトハ思ハヌ。日本ノ決意ヲ見テ屈スレハ結構タカ然シ絶望ト思フ。甚タ已ムコトヲ得ヌト思フ。然ラハトテ此儘ニ行クコトハ出来ヌ。今ヲ措イテ戦機ヲ逸シテハ米ノ頤使ニ屈スルモ已ムナイコトニナル。従テ米ニ対シ開戦ノ決意ヲスルモ已ムナキモノト認ム。初期作戦ハヨイノテアルカ、先キニナルト困難モ増スカ何ントカ見込アルト云フノテ之ニ信頼ス此ノ際政府当局ニ一言スレハ、日米英戦フト云フコトハ支那事変モ其一ツノ原因タカ他ノ一ツハ独英戦トノ関係カラテアル。支那丈ケナラコーハナラナカツタト思フ。然ルニ独英戦ノ結果茲ニ至ツタ。茲ニ牢記スヘキハ白人トシテ、日本カ参戦シタ場合独英独米ノ関係カ果シテドウナルカ。「ヒトラー」モ日本人ヲ二流人種タト云フテ居ル様ナ次第テ、独トシテハ米ニ対シテ直接戦ヲ宣シテ居ラヌ。日本ハ実行ニヨリテ米国ヲタタク、此場合米国民ノ心理ハ対独態度ハ同一テアラウカ、「ヒトラー」ヲ悪ムヨリ日本ニ対スル憤概ハ大ナルヘシ。在米独人ハ米独ノ平和ヲ招来セシメント考ヘアリ。ソコテ日本カ米ト戦サヲヤリ出スト独英独米間ノ話カツキ、日本丈ケ取リ残サレルコトニナルコトヲ恐レル。即黄色人種ヲ悪ム心カ独逸ヨリ日本ニ転用サレ、英独戦争カ日本ニ向ケラレル結果トナルコトヲ覚悟セサルヘカラス。米トノ交渉ハ成立セス。然シ日本ノ自存上対米英戦争モ已ムヲ得ナイカ、人種的関係ヲ深ク考慮シ、「アリアン」人種全体ヨリ包囲サレ日本帝国独リ取リ残サレヌ様ニ警戒ヲ怠ラス、今ヨリ独伊トノ間ノ関係ヲ強化セヨ。紙上ノ約束テハ駄目テアル。「ヒトラー」ヨリ日本憎シト云フコトニナリ名実共ニフクロタタキニナラヌ様ニ、此点ニツキ当局者ニ注意ヲ喚起シ今後ノ国際情勢ニ善処サルルコトヲ切望ス

総理　枢府議長ノ御説ハ御尤モナリ。政府ハ前会議以来何トカシテ日米交渉ヲ打開シタイ切ナル希望ハ捨テマセヌ。統帥カラスレハ交渉殆ト見込ナシトノコトナル故一途ニ作戦ニ入ルノカ当然テアル。然シ何トカ交渉打開ノ途アレハト思フテ、作戦ノ不自由ヲ忍ンテモヤロウトシタ。是レ外交ト作戦ノ二本建トシタノテアル。若干ハ見込アリ。日米交渉ニ米カ乗ツテ来タノハ弱点カアルカラテアル。即チ(1)両洋作戦準備未完(2)国内体制ノ強化未完(3)国防資源ノ不足（一年位シカナシ）等テアル。此案ニ依ツテ兵力カ展開位置ニツクコトニ依リ日本ノ決意ハ分ル。彼ハ元来日本ハ経済的降伏スルト思ツテ居ルノテアラウカ、日本カ決意シタト認メレハ、其時機コソ外交的ノ手段ヲ打ツヘキ時タト思フ。私ハ此ノ方法タケカ残ツテ居ルト思フ。之レカ本案ナリ。之カ原議長ノ申サレタ外交テ行クト云フ最後ノ処置テアリマス。此事態トナリテハ本案ヨリ仕方ナシト思フ。長期戦ニ入ルニ於テハ唯今ノ話ノ通リ困難ナル場合アリ。緒戦ハ然ラン。長期ニハ若干ノ不安アリ。然シ此ノ不安アリトテ現在ノ如ク米カ為スカ儘ノコトヲサセテドウナルカ。二年後ニ軍事上ノ油カナクナル。

船ハ動カス、南西太平洋ノ防備強化、米艦隊ノ増加、支那事変未完等ニ思ヲ及ホセハ思半ニ過クルモノアリ。国内亦臥薪嘗胆ト称シテモ長年月之カ出来ルカ、日清戦役トハ趣ヲ異ニスル。座シテ二、三年ヲ過セハ三等国トナルコトヲ懸念ス。之レト此案トヲ比較シタ場合ニ就キ慎重ナル研究ノ結果本案ニナツタノテアリマス。之レニ就テハ議長ノ考モ同様ナルヘシ

次ニ開戦ノ結果人種戦ニハナラヌ様ニ施策シヨウト考ヘテ居ル。南方武力戦ノ成果ヲ利導シテ独伊ヲ利用シテ独英独米ノ媾和等ヲ避ケル様ニシタイト思フ。米国民ノ感情モ御説ノ通リト存スルノテ、大イニ注意ヲ加ヘ度。大義名分戦争名義ヲ何処ニ求ムカトニ就テハ英米カ日本ノ生存ヲ強力ニ脅威シテ居ル等ヲ闡明スルコトニヨリ若干ノキキメハアルヘシ。又占領地ノ統治ニ就テ公明ニスレハ又緩和ハ出来ルナラン。一時ハ激昂シテモ後ニハナホルト思フ。何レニシテモ人種戦ニナラヌ様ニ十分注意シマス

総理　何カ外ニ御意見アリマセンカ
　御意見ナケレハ原案可決ト認メマス

第七回御前会議要領

一　日　時　昭和十六年十一月五日（水）午前十時三十分

二　場　所　宮中東一ノ間

三　議　題　「帝国国策遂行要領」（昭和十六年十一月一日大本営政府連絡会議決定）

四　参列者

内閣総理大臣兼内務大臣、外務大臣、海軍大臣、鈴木国務大臣兼企画院総裁

参謀総長、参謀次長

軍令部総長、軍令部次長

枢密院議長

内閣書記官長、陸軍省軍務局長、海軍省軍務局長

五　服　装　文官ハフロツクコート又ハモーニングコート、武官ハ右ニ準スヘキ軍装

御前会議次第

一　出　御
一　内閣総理大臣、開会スル旨ヲ述ベ、且御許シヲ得タルニ依リ本日ノ議事ノ進行ニ当ル旨ヲ述ブ
一　内閣総理大臣　説明
一　外　務　大　臣　説明
一　企　画　院　総　裁　説明
一　大　蔵　大　臣　説明
一　軍令部総長　説明
一　参　謀　総　長　説明
一　質疑応答並ニ意見ノ開陳
一　内閣総理大臣原案可決ト認ムル旨ヲ述ブ
一　内閣総理大臣閉会スル旨ヲ述ベ入御ヲ奏請ス
一　入　御
一　列席者書類ニ花押、内閣ヨリ書類上奏ノ手続キヲトル

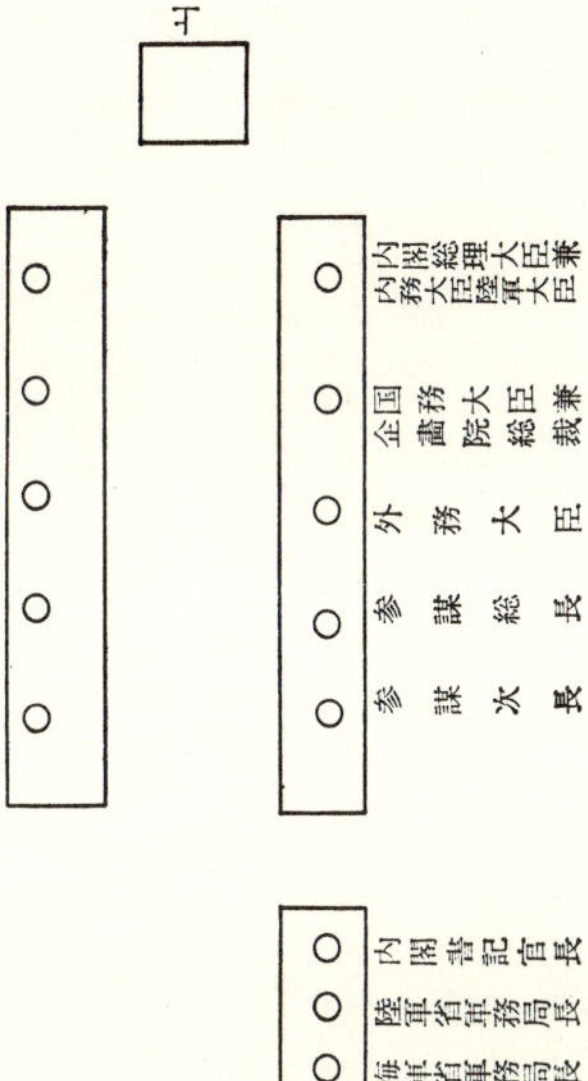

帝国国策遂行要領

（御前会議議題）

一　帝国ハ現下ノ危局ヲ打開シテ自存自衛ヲ完ウシ大東亜ノ新秩序ヲ建設スル為此ノ際対米英蘭戦争ヲ決意シ左記措置ヲ採ル

㈠　武力発動ノ時機ヲ十二月初頭ト定メ陸海軍ハ作戦準備ヲ完整ス
㈡　対米交渉ハ別紙要領ニ依リ之ヲ行フ
㈢　独伊トノ提携強化ヲ図ル
㈣　武力発動ノ直前泰トノ間ニ軍事的緊密関係ヲ樹立ス

二　対米交渉ガ十二月一日午前零時迄ニ成功セバ武力発動ヲ中

止ス

別　紙　対米交渉要領

対米交渉ハ従来懸案トナレル重要事項ノ表現方式ヲ緩和修正スル別記甲案或ハ別記乙案ヲ以テ交渉ニ臨ミ之ガ妥結ヲ計ルモノトス

甲　案

日米交渉懸案中最重要ナル事項ハ㈠支那及仏印ニ於ケル駐兵及撤兵問題㈡支那ニ於ケル通商無差別問題㈢三国条約ノ解釈及履行問題及㈣四原則問題ナル処之等諸項ニ付テハ左記ノ程度ニ之ヲ緩和ス

記

㈠支那ニ於ケル駐兵及撤兵問題

本件ニ付テハ米国側ハ駐兵ノ理由ハ暫ク之ヲ別トシ(イ)不確定期間ノ駐兵ヲ重視シ(ロ)平和解決条件中ニ之ヲ包含セシムルコトニ異議ヲ有シ(ハ)撤兵ニ関シ更ニ明確ナル意思表示ヲ要望シ居ルニ鑑ミ次ノ諸案程度ニ緩和ス

日支事変ノ為支那ニ派遣セラレタル日本国軍隊ハ北支及蒙彊ノ一定地域及海南島ニ関シテハ日支間平和成立後所要期間駐屯スベク爾余ノ軍隊ハ平和成立ト同時ニ日支間ニ別ニ定メラルル所ニ従ヒ撤去ヲ開始シ二年以内ニ之ヲ完了スベシ

（註）　所要期間ニ付米側ヨリ質問アリタル場合ハ概ネ二十五年ヲ目途トスルモノナル旨ヲ以テ応酬スルモノトス

㈡仏印ニ於ケル駐兵及撤兵

本件ニ付テハ米側ハ日本ハ仏印ニ対シ領土的野心ヲ有シ且近接地方ニ対スル武力進出ノ基地タラシメントスルモノナリトノ危惧ノ念ヲ有スト認メラルルヲ以テ次ノ案程度ニ緩和ス

日本国政府ハ仏領印度支那ノ領土主権ヲ尊重ス、現ニ仏領印度支那ニ派遣セラレ居ル日本国軍ハ支那事変ニシテ解決スルカ又ハ公正ナル極東平和ノ確立スルニ於テハ直ニ之ヲ撤去スベシ

㈢支那ニ於ケル通商無差別待遇問題

本件ニ付テハ既提出ノ九月二十五日案ニテ到底妥結ノ見込無キ場合ニハ次ノ案ヲ以テ対処スルモノトス

日本国政府ハ無差別原則ガ全世界ニ適用セラルルモノナルニ於テハ太平洋全地域即支那ニ於テモ本原則ノ行ハルルコトヲ承認ス

㈣三国条約ノ解釈及履行問題

本件ニ付テハ我方トシテハ自衛権ノ解釈ヲ濫ニ拡大スル意図ナキコトヲ更ニ明瞭ニスルト共ニ三国条約ノ解釈及履行ニ関シテハ我方ハ従来屢々説明セル如ク日本国政府ノ自ラ決定スル所ニ依リテ行動スル次第ニシテ此点ハ既ニ米国側ノ了承ヲ得タルモノナリト思考スル旨ヲ以テ応酬ス

㈤米側ノ所謂四原則ニ付テハ之ヲ日米間ノ正式妥結事項（了解案タルト又ハ其他ノ声明タルトヲ問ハズ）中ニ包含セシムル

コトハ極力回避ス

乙　案

一　日米両国ハ孰レモ仏印以外ノ南東亜細亜及南太平洋地域ニ武力的進出ヲ行ハザルコトヲ約スベシ

二　日米両国政府ハ蘭領印度ニ於テ其ノ必要トスル物資ノ獲得ガ保障セラルル様相互ニ協力スベシ

三　日米両国政府ハ相互ニ通商関係ヲ資金凍結前ノ状態ニ復帰セシムベシ

米国ハ所要ノ石油ノ対日供給ヲ約スベシ

四　米国政府ハ日支両国ノ和平ニ関スル努力ニ支障ヲ与フルガ如キ行動ニ出デザルベシ

備考

一　必要ニ応ジ本取極成立セバ南部仏印駐屯中ノ日本軍ハ仏国政府ノ諒解ヲ得テ北部仏印ニ移駐スルノ用意アルコト並支那事変解決スルカ又ハ太平洋地域ニ於ケル公正ナル平和確立ノ上ハ前記日本国軍隊ヲ仏印ヨリ撤退スベキコトヲ約束シ差支無シ

二　尚必要ニ応ジテハ従来ノ提案（最後案）中ニアリタル通商無差別待遇ニ関スル規定及三国条約ノ解釈及履行ニ関スル規定ヲ追加挿入スルモノトス

内閣総理大臣説明事項

之ヨリ会議ヲ開キマス、御許シヲ得マシタルニ依リ本日ノ議事ノ進行ハ私ガ之ニ当リマス

九月六日ノ御前会議ニ於キマシテ帝国々策遂行要領ヲ議セラレ帝国ハ自存自衛ヲ全ウスル為対米（英、蘭）戦争ヲ辞セザル決意ノ下ニ概ネ十月下旬ヲ目途トシテ戦争準備ヲ完整シ之ニ併行シテ米、英ニ対シ外交ノ手段ヲ尽シテ帝国ノ要求貫徹ニ努メ尚外交々渉ニ依リ十月上旬頃ニ至ルモ我要求ヲ貫徹シ得ル目途ナキ場合ニ於テハ直チニ対米（英蘭）開戦ヲ決意スル旨御聖断ヲ仰ギマシタ

爾来政戦両略緊密ナル連繋ノ下ニ特ニ力ヲ対米交渉ノ成功ニ傾ケラレマシタル次第デ御座イマス、此ノ間帝国ト致シマシテハ実（ママ）ニ忍ブベキヲ忍ンデ交渉ノ妥結ニ努メテ参リマシタガ未ダ米側ノ反省ヲ得ルニ至ラズ日米交渉継続中ニ内閣ノ更迭ヲ見ルニ至ツタ次第デ御座リマス

政府ト大本営陸海軍部トハ九月六日御決定ノ帝国々策遂行要領ニ基キ更ニ広ク且深ク之ヲ検討スルコトトシ前後八回ニ亘リ連絡会議ヲ開催致シマシタル結果今ヤ戦争決意ヲ固メ武力発動ノ時機ヲ十二月初頭ト定メ之ニ基キ只管作戦準備ヲ完整スルト共ニ尚外交ニ依ル打開ノ方途ヲ講ズベシトノ結論ニ意見一致シマシタ依テ別紙「帝国々策遂行要領」ニ付御審議ヲ御願ヒ致シマス

尚夫々所掌事項ニ応ジ関係列席者ヨリ御説明申上ゲマス

外務大臣説明事項　（昭和一六、一一、五）

謹ンテ按シマスルニ帝国対外国策ノ要諦ハ正義ト公正トニ立脚スル国際関係ヲ確立シ仍テ以テ世界平和ノ維持増進ニ貢献セントスルモノテアリマス。

一　由来日支事変ノ完遂ト大東亜共栄圏ノ確立トハ、帝国ノ存立ヲ保障スルト共ニ東亜安定ノ礎石タルモノテアリマシテ、帝国ハ之カ遂行ニ当リマシテハ如何ナル障碍ヲモ排除スヘキ覚悟カ必要テアリマス。

昨年十一月三十日日支基本条約ノ成立ト共ニ帝国ハ南京政府ヲ承認シ茲ニ支那事変ハ一大段階ヲ劃シタノテアリマス。爾来同政府ノ育成強化ニ協力シツツ、他面蒋介石政権ニ対シマシテハ引続キ武力的圧力ヲ加ヘ其ノ反省ヲ促シタノテアリマスルカ、聖戦四年有半尚抗戦ヲ持続シテ居リマスル所以ノモノハ英米等ノ援助ニ俟ツコト極メテ大ナルハ明カナル事実テアリマス。

二　支那事変以来、英米両国政府ハ帝国ノ大陸発展ヲ曲解シ一方ニ於テ援蒋ノ行為ニ出ツルト共ニ他面帝国ニ対シテハ、或ハ現地行動ヲ牽制シ或ハ経済的圧迫ヲ加重スル等ノ措置ニ出テタノテアリマス。東亜ニ於テ最モ権益ヲ扶殖シテ居リマシタ英国カ当初ヨリ凡ユル妨碍手段ヲ講シマシタコトハ勿論之ト呼応シテ米国ハ日米間通商条約ノ廃棄、輸出入禁止制限等日ト共ニ対日圧迫ヲ強化スルニ至リマシタカ、殊ニ帝国カ独伊ト三国条約ヲ締結致シマシテ以来ハ自ラ英、蘭ヲ誘導シ蒋政権ト協力シテ所謂対日包囲陣ヲ形成スル等ノ手段ニ出テ独蘇戦開始後ニ於キマシテハ帝国政府ノ警告ニモ拘ラス、極東ヲ通スル石油其ノ他軍需必要物資ノ対蘇供給ニ依リ、帝国ニ対シ非友誼的行為ヲ敢テスルニ至リマシタ。帝国カ自衛ト防護ノ為ニ将又支那事変遂行ノ必要ノ為友好的商議ニ依リ仏国政府ト条約ヲ締結シテ仏印ニ兵力ヲ進駐セシメマスルヤ米国ノ行動ハ愈々露骨トナリマシテ、資金凍結ノ名ノ下ニ事実上中南米ヲモ含ム対日経済断交ノ挙ニ出テマシタノミナラス、英、支、蘭等ト提携シテ帝国ノ生存ヲ脅威スルト共ニ其ノ抱懐スル国策ノ遂行ヲ阻止セントスル態勢ヲ強化スルニ至リマシタノテ、東亜安定ノ勢力タル帝国トシテハ毅然タル態度ト決意トヲ以テ局面打開ニ当ラサルヲ得サルコトトナリマシタ

三　「ローズベルト」大統領ハ其ノ国策トシテ其ノ所謂「ヒツトラー」主義即武力政策ノ排撃ヲ強調シ之カ為経済的ニ有利ナル米国ノ立場ヲ利用シツツ、殆ト参戦同様ノ援英政策ヲ実施スルト共ニ、前述ノ如ク強硬ナル対日圧迫政策ヲ執ルニ至リマシタ。偶々本年四月中旬日米国交ノ一般的調整ニ関シ非公式話合カ開始セラレマシタカ帝国政府ハ東亜ノ安定ト世界平和ノ招来ヲ顧念シ最モ真摯且公正ナル態度ヲ以テ交渉ヲ継続致シマシタ。爾来今日迄六ケ月有余ノ久シキニ亘リ忍耐ト互譲ノ精神トヲ以テ交渉ノ円満ナル妥結ニ努メ特ニ前内閣ニ於キマシテハ両国首脳者会談ニ依リ局面ノ打開ヲ計ラント凡

ユル誠意ヲ披瀝シ努力ヲ傾倒致シ九月下旬国交調整ノ為メノ妥協案ヲ提示致シマシタカ、米国政府ハ態度頗ル強硬ヲ極メ殆ト最初ノ原案トモ申スヘキ六月二十一日案ヲ固執シテ一歩モ歩ミ寄リヲ示スニ至ラヌ次第テアリマス。最近前内閣成立後ノ話合ニ於キマシテハ、米国側ハ相当妥協ノ気持ヲ示シ居ルヤノ観測的報告ハアリマスルカ実質的ニハ何等ノ譲歩ヲ示ササルノミナラス、南方軍事施設ノ強化、財政援助、武器供給、軍事使節団ノ派遣等援蔣ノ促進新嘉坡「マニラ」ニ於ケル軍事当局ノ会合ヲ初メトシ「バタヴイア」香港等ニ於テモ頻々トシテ軍事的経済的会談ヲ重ネ対日包囲強化ノ措置行動ハ目ニアマルモノカアリ依然トシテ誠意ノ認ムヘキモノハ殆トナク、従テ交渉モ遺憾乍ラ此ノ儘テハ急速ニ妥結ノ見込ハ先ツナキモノト断セサルヲ得ナイノテアリマス。而シテ六月二十一日案ナルモノヲ仔細ニ検討致シマスルニ、中ニハ帝国ニ於テ受諾シ差支無キ点モナイ訳テハアリマセヌカ、之ヲ全般的ニ観察致シマスレハ、九国条約ノ再確認トナリ実ニ満洲事変以来多大ノ犠牲ヲ払ヒ遂行シ来リマシタ帝国ノ政策ヲ逆転セシメ延テハ東亜ニ於ケル新秩序建設ノ針路ヲ遮断シ同地域ニ於ケル帝国ノ指導的地位ニ動揺ヲ来ス懸念尠カラサルモノガ御座イマス。

四　之ヲ要シマスルニ、現下ノ国際情勢ハ東亜ニ於テハ英米ノ援蔣政策ト所謂英米蘭蔣政権一体ノ対日包囲陣攻勢トハ逐次強化セラレ又蘇聯政権モ英米ノ支援ニ依テ漸次極東方面ニ其ノ余勢ヲ張ラントスル可能性モアリマシテ、為ニ帝国ノ意図スル事変ノ解決ト東亜新秩序ノ建設トハ共ニ其ノ根底ヲ脅カサレントスル虞ナシト致シマセヌ。尚又欧洲ノ戦局ハ独伊カ大陸制覇ヲ為シ遂ケ第一段ノ目的ヲ達成シ得ルトスルモ、全局ノ収拾又急速ニ期待シ得ス長期戦ノ様相ヲ呈シマスルト共ニ独伊ノ帝国ニ対スル協力ハ実際ニ於テ多キヲ期待シ得サル実情ニ在リト申サナケレハナリマセヌ。

惟フニ形勢ハ逐日急迫ヲ告ケツツアリマシテ日米交渉ハ時間的ニモ著ク制約ヲ蒙リ居リ従テ遺憾乍ラ其ノ間外交的施策ノ余地ニ乏シイノテアリマス。且亦日米了解案成立ノ際ニモ米国側ノ国内手続上ノ問題モアリ交渉妥結ハ焦眉ノ急ヲ要シマスルノテ極メテ困難ナル状況ノ下ニ折衝ヲ致サネハナラス旁々其ノ円満成立ヲ期待シ得ル程度小ナルハ甚タ遺憾テアリマス。併シ帝国政府ト致シマシテハ此ノ際努力ヲ傾注シテ本交渉ノ急速妥結ニ努ムル次第テアリマシテ玆ニ帝国ノ名誉ト自衛トヲ確保シ得ル限度ヲ堅持スル別紙二案ヲ以テ交渉ヲ為シタイ次第テアリマス。即チ第一案ハ九月二十五日案中従来懸案トナツテ居リマシタ㈠支那ニ於ケル駐兵及撤兵㈡日独伊三国条約ノ解釈及履行及㈢国際通商ノ無差別原則ニ関シマシテ米側ノ希望ヲ斟酌シ可能ナル限リ之ニ歩ミ寄リタルモノテアリマス、又第二案ノ内容ハ大体南西太平洋地域ニ武力的進出ヲ為ササルコト及同地域ニ於ケル物資獲得ニ関スル協力ヲ相互ニ約スルコト、米側カ日支和平ヲ妨碍セサルコト、資金凍結令ノ相互解除等ヲ取極メタモノテアリマス、最後ニ附言致シ度イコトハ本交渉成立ノ際ハ帝国政府カ執リマシタル非常措置ハ何レモ当然之ヲ旧ニ復スヘキモノトノ了解ニ基キマシテ折衝ニ臨マントスルコトテ御座イマス。尚不幸ニシテ本交渉妥結ヲ見サル際ハ帝国ハ独伊両国トノ協力関係ヲ益々緊密ナラシメ各種便宜ノ措置ヲ講シ万違算ナキヲ期スル所存テアリマス。

企画院総裁御説明事項

対英米蘭戦争ニ進ミマシタ場合ニ於キマスル帝国国力特ニ重要物資ノ見透ニ関シマシテ其ノ概要ヲ申上ゲマス

第一ニ民需用トシテ常続的ニ最低三〇〇万総噸ノ船腹保有ガ可能ノ場合ニ於キマシテハ一部ノ物資ヲ除キ概ネ昭和十六年度物資動員計画ノ供給量ヲ確保スルコトハ可能ト存ジマス

即チ一部ノ物資ヲ除キ十六年度物資動員計画中ニ織リ込ミマシタ程度ノ自給圏及第一補給圏物資ノ確保ヲ致シマス為ニハ最低三〇〇万総噸ノ船舶ヲ必要トスルノデアリマス　此ノ船腹ヲ以テ戦時稼行率ノ低下ヲ一五%及至二〇%ト見マスルトキハ月平均五〇〇万噸乃至四八〇万噸程度ノ物資輸送ガ可能ト認メラレルノデアリマシテ右輸送可能量ハ十六年度物資動員計画ノ上半期平均輸送実績約五〇〇万噸ニ相当スルノデ御座イマス

第二ニ消耗船舶ヲ年間一〇〇万総噸乃至八〇万総噸ト推定致シマス場合年平均六〇万総噸内外ノ新造船ヲ確保出来マスナラバ前申上ゲマシタ三〇〇万総噸ノ船腹保有ハ可能ト存ジマス

即チ常続的ニ三〇〇万総噸ノ船腹ヲ保有致シマスニハ消耗ヲ年間一〇〇万総噸乃至八〇万総噸トスルトキ造船ヲ三ヶ年一八〇万総噸年平均六〇万総噸トスレバ可能ト存ズルノデアリマシテ右六〇万総噸ノ造船ハ規格ノ統一低下、造船作業ノ海軍ニ依ル一貫的統制、労務ノ確保等各般ノ強力ナル施策ヲ講ジマスルト共ニ鋼材約三十数万瓲及銅其ノ他ノ必要資材ヲ適正ニ配給致シマスナラバ現下ノ民間造船能力七〇万総噸造機鍛造能力六〇万総噸内外ノ能力ヲ合理的ニ活用スルコトニ依リ可能ト認メラレルノデアリマス

第三ニ六〇万総噸ノ新造船ノ為三十数万瓲ノ普通鋼々材ヲ必要トスルノデアリマスガ該鋼材ハ民需用鋼材二六一万瓲ヲ確保致シマス場合民需ノ重点的局限配当ニ依リ之レガ配当可能デアルノデアリマス

而シテ二六一万瓲ノ民需用鋼材ヲ確保致シマス為メニハ大体次ノ如キ鋼材計画ヲ必要トシ之レガ遂行ハ概ネ可能ト認メラレマス

生産目標ヲ四五〇万瓲以上トシ（十六年度四七六万瓲）
海軍配当ヲ一一〇万瓲トシ（十六年度九五万瓲強）
陸軍配当ヲ七九万瓲トシ（十六年度九〇万瓲強）
但シ生産額ガ四五〇万瓲ヲ超過スル事ガ可能ノ場合ハ其ノ超過量ヲ総額九〇万瓲ニ達スル迄陸軍ニ増加スルコトト致シ民需ヲ二六一万瓲（十六年度二九五万瓲強）トシ十七年

度ニ於キマシテハ之レガ為メ義務貯鉱ノ使用増加、休眠機帆船ノ活用ニ依ル石炭ノ増送其ノ他凡有ノ手段ヲ講ズル事ト致シ且之ガ為必要トスル機帆船用油ヲ海軍ヨリ補助スルコトト致スノデアリマス

○第四ニ生産ニ必要ナル船腹確保ノ為メニハ南方作戦ノ為特別ニ必要ト致シマス船腹量及其ノ期間ハ陸海軍ト企画院トノ間ニ協定致シテ居リマスル計画ヲ遂行スルコトヲ必要トスルノデアリマス

即チ南方作戦ノ為特別ニ必要トスル船腹量及其ノ期間ハ次ノ通デアリマス

陸軍

第一ケ月	二一〇万総噸
第二ケ月	二一〇 〃
第三ケ月	二一〇 〃
第四ケ月	二一〇 〃
第五ケ月	一七〇 〃
第六ケ月	一六五 〃
第七ケ月	一五〇 〃
第八ケ月以後	一〇〇 〃

上記ノ外
小型各月
1,5万総噸

海軍

小型ヲ含ミ
各月一八〇万総噸

内訳

タンカー	二七万総噸
漁船	九・四万 〃
貨客船	三三・六 〃
貨物船	一一〇 〃

而シテ十七年度ニ於テハ南方作戦ノ間一定期間ノ民需用船腹ハ最低一六〇万総噸弱輸送量二六〇万瓲程度トナル見込デアリマスカラ鋼材ハ其ノ期間ハ年換算トシテ三八〇万瓲程度ニ低下シ其ノ他ノ重要物資ハ一割五分程度減ズルモノト予想サレルノデアリマス

従テ十六年度ノ鋼材生産量ハ計画額四七六万瓲ニ対シ約四五〇万瓲程度ト相成ルノデアリマス

（十六年度上半期ノ鋼材生産ハ計画ニ対シ九五・六％デアリマシテ九・六万瓲ノ減産デ御座イマシタ

下半期ハ特ニ第四、四半期ニ於キマシテ南方作戦ヲ考慮致シマスレバ輸送量ガ相当低下致シマスノデ機帆船ノ動員、石炭ノ鉄道輸送ヲ利用シ得ル製鉄工場ノ活用、貯鉱ノ使用増加、屑鉄ノ回収強化ニヨル増配等ヲ強行スルコトニ依リマシテ減産ヲ一五万瓲程度ニ喰ヒ止メルコトト致シ結局年度計画四七六万瓲ガ四五〇万瓲程度ト相成ル見込デアリマス）

第五ニ米ニ付キマシテハ十七米穀年度（昭和十六年十月ヨリ昭和十七年九月迄）ノ計画ガ南方作戦ニ依リ泰、仏印期待ノモノガ減ジマシタ場合ハ大豆、雑穀、甘藷等ノ代用食ヲ考慮シ多少ノ規正ヲ要スルモノト存ジマス、即チ泰、仏印ヨリ期待量ノ五〇％減ノ場合ハ九三％ト相成リ七五％減ノ場合ハ九一％ト相成ルノデアリマス、但シ作戦一段落後ノ船腹利用ニ依リ泰、仏印ヨリノ輸入ヲ促進致シマスレバ或ル程度低下率ヲ緩和致スコトガ可能トナルモノト存ジマス

（概案トシテ台湾ヨリ約三一〇万石朝鮮ヨリ約六二八万石内地ニ於テ五、九一三万石ノ外泰ヨリ約三〇〇万石仏印ヨリ約七〇〇万石ヲ輸入致シ需給ヲ計画致シテ居ルノデアリマス）

第六ニ蘭印諸地域ノ要地ヲ短期間ニ我ガ占有ニ帰シマスルナレ

バ各月平均取得可能ト認メラレマスル重ナル物資、数量ハ次ノ通デアリマス

石油ハ後段液体燃料ニ於テ御説明申上ゲマス

ニツケル鉱（純分三・五%）ハ　六、〇〇〇瓩（十六年度物動月平均ニ対シ六二%）

錫(減磨合金、鉱金用ハ)　一、二〇〇瓩（〃　一四四%）

ボーキサイド（アルミニウム）原料ハ　一七、〇〇〇瓩（〃　四二%）

生ゴムハ　一七、〇〇〇瓩（〃　四〇〇%）

カツサバルート、糖密（工業用アルコール用）ハ　一五、〇〇〇瓩（十六年度ハ極メテ少額ノ輸入ヲ見込ミアリ）

コプラ、パーム油（グリセリン、（代用機械油）ハ　一三、〇〇〇瓩（〃　）

サイザル（マニラ麻代用）ハ　三、〇〇〇瓩（〃　）

玉蜀黍（飼料、食糧）ハ　二〇、〇〇〇瓩（十六年度物動月平均ニ対シ二六%）

工業塩ハ　七、〇〇〇瓩（〃　八%）

砂糖ハ　二〇、〇〇〇瓩（〃　二五%）

右ノ中生ゴム、錫、ボーキサイドハ米国ニトリ極メテ痛手トナル物資ト存ゼラレマス

第七ニ南方作戦実施ノ場合ニ於キマスル石油ノ総供給量ハ第一年八五万瓩第二年二六〇万瓩第三年五三〇万瓩デアリマシテ之ニ国内貯油八四〇万瓩ヲ加ヘ需給ノ見透ヲ付ケマスレバ第一年二五五万瓩、第二年一五万瓩、第三年七〇万瓩ノ残額ヲ有スルコトトナリ辛ウジテ自給態勢ヲ保持シ得ルモノト存ジマス、航空燃料ニ就キマシテハ其ノ消費状況ニ依リマシテ第二年若クハ第三年ニ於テ若干危険ヲ感ズルコトト予想セラレルノデアリマス

即チ大本営連絡会議ニ於キマスル陸海軍協同研究ノ蘭印占領ニ伴フ石油ノ需給ニ依リマスト

(一)　蘭印ヨリノ取得見込量ハ

第一年三〇万瓩第二年二〇〇万瓩第三年四五〇万瓩デアリマシテ其ノ内訳ハ次ノ通デアリマス

地域		第一年	第二年	第三年
ボルネオ	海軍	二〇万瓩	六〇万瓩	一五〇万瓩
	陸軍	一〇万瓩	四〇万瓩	一〇〇万瓩
スマトラ	南部	—	七五〃	一四〇〃
	北部	—	二五〃	六〇〃
合計		三〇〃	二〇〇〃	四五〇〃

(二)　航空揮発油ニ関シマシテハ

(イ)　生産見込ハ

第一年七・五万瓩第二年三三万瓩第三年五四万瓩デア

リマシテ其ノ内訳ハ次ノ通デアリマス

区分	第一年	第二年	第三年
蘭印	―	一四万竏	二九万竏
イソオクタン	一・五万竏	四〃	六〃
水添、分解	六〃	一五〃	一九〃
合計	七・五〃	三三〃	五四〃

(ロ) 十六年十二月一日現在ノ貯油ハ

陸海民ヲ合セ一一一万竏デアリマス

(ハ) 所要量及各年ノ残ハ

損害ヲ第一年一〇万竏第二年五万竏第三年二万竏ト仮定セルモノヲ含ミ所要量ヲ推定シマシタモノハ第一案(第二案)第一年八〇万竏(七〇万竏)第二年七五万竏(六五万竏)第三年六二万竏(六二万竏)デアリマス従ヒマシテ各年共二ケ月程度ノ保有二〇万竏ヲ考慮致シマスト需給ハ次ノ通ニ相成ルノデアリマス

	第一年	第二年	第三年
第一案	残一八万竏	不足四四万竏	不足二八万竏
第二案	残二八万竏	不足二四万竏	不足二八万竏

(ニ) 液体燃料全般ト致シマシテハ

民需各年一四〇万竏トシ之ニ軍需ヲ加味シマシタモノハ第一年五二〇万竏第二年五〇〇万竏第三年四七五万竏デアリマス

之ニ対シ供給可能量ハ貯油及生産竝ニ蘭印取得見込ノモノヲ加ヘ最少保有量一五〇万竏ヲ控除致シマシタモノハ第一年七七五万竏トナリ差引残二五五万竏第二年五一五万竏トナリ差引残一五万竏第三年五四五万竏トナリ差引残七〇万竏ト相成ルノデアリマス右ノ場合国産ハ第一年二五万竏第二年二〇万竏第三年三〇万竏トシ人造石油ハ第一年三〇万竏第二年四〇万竏第三年五〇万竏ト見込ンダノデアリマス

之ヲ要シマスルニ支那事変ヲ戦ヒツツ更ニ長期戦ノ性格ヲ有シマスル対英米蘭戦争ヲ行ヒ長期ニ亘リ戦争ノ遂行ニ必要ナル国力ヲ維持増強致シマスコトハ中々容易ナコトデナク万一天災等不慮ノ出来事デモ起リマスレバ益々其ノ困難ノ度ヲ増シマスコトハ明ラカデアリマス然シ緒戦ニ於ケル勝利ノ確算ガ充分デアリマスル故此ノ確実ナル戦果ヲ活用致シ他方一死以テ国難ニ赴カントスル国民志気ノ昂揚ヲ生産各部面ハ勿論消費其ノ他各般ノ国民生活ノ部面ニ展開致シマスルナレバ座シテ相手ノ圧迫ヲ待ツニ比シマシテ国力ノ保持増強上有利デアルコトト確信致スノデアリマス

次ニ若シ此ノ戦争ヲ避ケマシテ現在ノ対内外態勢ヲ持続シ臥薪嘗胆ヲ致シマスルトキノ重要物資竝ニ内外情勢ノ見透ニ関シマシテ其ノ概要ヲ申上ゲマス

第一ニ自給圏物資ハ社会情勢ヲ政府ノ企図スル処ニ誘導スルニ於キマシテハ相当程度有利トナルモノト存ジマス

即チ海上輸送力ハ必然的ニ増大シ徴用船ヲ常時二一五万総噸

ト仮定致シ造船ヲ第一年五〇万総噸第二年七〇万総噸第三年九〇万総噸ト想定シマスレバ民需月平均輸送量ハ第一年五七七万瓲程度第二年七七七万瓲程度第三年八九七万瓲程度ト相成ルノデアリマス

之ノ輸送量ヲ基礎ト致シマスレバ鋼材ハ第一年四八二万瓲程度第二年四九七万瓲程度第三年五二〇万瓲程度ト予想サレルノデアリマス

之ト同様ニ其ノ他物資モ相当良好トナルノデアリマス

第二ニ第一補給圏物資ノ取得ハ英米ブロツクノ策動圧迫ニ依リ取得ニ困難ヲ加重スル公算ガ大トナルモノト存ジマスガ其レニモ拘ハラズ第一補給圏ニ期待シマス所要物資、数量ハ必ズ獲得スル必要ガアルノデアリマス

茲ニ戦ヲ避ケントスルモ戦ニ進ムノ危険ガ包蔵セラルルモノト存ゼラルルノデアリマス

即チタングステン鉱、錫鉱、生ゴム、米、玉蜀黍、燐鉱石、松脂、生漆、牛皮、植物油脂等ハ国内需給上必ズ獲得ヲ要スルモノデアリマスガ英米ノ圧迫ニヨリ取得困難トナル惧レガアルノデアリマス

第三ニ国内ストツク特ニ液体燃料ニ重大ナル欠陥ヲ生ジ一方国防安全感ヲ確保スルニ必要ナル液体燃料ノ品種及数量ハ人造石油工業ノミニヨリマシテハ之ガ生産殆ンド不可能ト存ズルノデアリマス

即チ原油トシテ之ヲ見マスルトキ国産ヲ第一年三六万竏第二年四〇万竏第三年四四万竏程度トシ人造石油ヲ各種条件可能ノ限度ヲ勘案致シマシテ合理的建設ヲ為シマス時第一年三〇万竏第二年五〇万竏第三年七〇万竏ト推定致サルルノデアリマス（軍備増強ヲ為シツツ進ムル関係上資材労務等ノ配給上及技術上）

民需ヲ一八〇万竏ト見積リ民需不足分ヲ軍ヨリノ支援ニ俟ツモノト致シマスレバ第三年迄ハ辛ウジテ民需ヲ保チ得ルモノト考ヘラレマス。此ノ場合軍ニ於テモ第三年末ニハ需給困難トナルモノト想像サレルノデアリマス

右ハ原油ノ概念的数量トシテ見タ場合ノモノデアリマスガ更ニ之ガ品種ニ就テ検討致シマスト其ノ不均衡ヲ来シ民ノ灯油（農林関係）普通機械油（全産業）高級機械油（鉄道）デイズル重油（船舶、漁船）ハ需給困難トナリマス

之等ノ不足ヲ人造石油工業ニ依リ解決致シマスコトハ水添、分解、イソオクタン（航空揮発油）合成（デイゼル重油）重合（機械油）ノ促進現状ニ鑑ミ極メテ至難デアリマシテ殆ンド不可能ニ近ク第四年ニ至リマスレバ施ス術ナキニ至リマスノヲ惧レルノデアリスス

今人造石油工業ヲ五二〇万竏増設致シマス場合ニハ鋼材二二五万瓲コバルト一、〇〇〇瓲石炭三、〇〇〇万瓲資金三八億円石炭労務者三八万人最短建設期間トシテ低温乾溜工場約六ケ月、合成、水添工場約二ケ年ヲ要スルノデアリマスカラ全工場ノ完成迄ニハ三ケ年以上ヲ要スルノデアリマス

以上ノ条件並ニ之ガ完成ニ必要デアリマスル国内工作力特ニ高圧反応筒、管等ノ製造能力等ヲ仔細ニ検討致シマスナラバ短期間人造石油ノミニヨリ液体燃料ノ自給自足ヲ確定致シマスコトハ殆ンド不可能ニ近ク強権ニ依リマス場合デモ少クトモ七年程度ヲ要スル見込ト相成リマス

従テ人造石油ニノミ依存シテ国策ヲ進メマス場合ニハ某時期ニ於テ国防上ノ重大欠陥ヲ来スコトトナリマシテ今日ノ如キ世界戦乱時代ニ於キマシテ而カモ支那事変ノ遂行ニ進ミツツアル以上頗ル危険ト存ズルノデアリマス

第四ニ重要戦略物資ニ不均衡ヲ来シ未完成軍備、生産拡充ノ状態ヲ累加スルモノト認メラレマス

第五ニ国防力ノ維持増強ニ必要ナル生産確保ノ為メニハ人心ノ統一ヲ期シマスガ為ニ異常ノ努力ヲ要シマスルガ一歩ヲ誤レバ国論ノ分裂ヲ来ス惧レアルコトヲ憂慮致サルルノデアリマス

第六ニ米国ノ戦備充実ニ必要ナル資源ノ獲得ヲ自由ニ委スル結果彼我ノ国防力ニ格段ノ差等ヲ生ズル事ト相成ルコト明カデアリマス

之ヲ要スルニ現状ヲ以テ進ミマスコトハ国力ノ物的部面ノ増強ノミニ就テ見マスルモ頗ル不利ナルモノアルヤニ察セラルルノデアリマス

大蔵大臣御説明事項　対英米蘭戦争ニ伴フ財政金融ノ持久力判断ニ関スル説明要旨

支那事変勃発後我国歳計ハ逐次増加シ本年度予算額ハ一般会計七十九億九千余万円、臨時軍事費（第七十六回議会協賛ノ分）五十八億八千万円、合計純額百三十二億余万円ニ達シタルガ各般ノ施設ト国民ノ努力トニ依リ巨額ノ納税及貯蓄ノ確保ヲ為スコトヲ得テ概ネ円滑ニ対処スルコトヲ得タリ。然ルニ今次南方ニ作戦ヲ開始スルニ於テハ、之ガ為更ニ多額ノ国費ノ追加ヲ要スルコトハ明ニシテ果シテ我ガ国民経済ガ斯クノ如キ巨額ノ戦費調達ニ堪ヘ得ルヤ、殊ニ戦争ハ長期ニ亘ル公算多キ場合ニ於テ其ノ事ガ可能ナリヤ、又之ガ金融上ニ及ボス影響特ニ悪性インフレーションヲ起スノ危険ナキヤハ憂慮セラルル所ナリ。

然レドモ元来戦費ノ大部分ハ所要ノ物資ヲ獲得シ、物的設備ヲ利用シ、技術労力ヲ活用スル為ニ使用セラルルモノナリ。仍テ此等物資等ニシテ所要ヲ充足シ得ルト共ニ国民生活ノ最低限度ノ維持ガ保障セラルルコトガ先決問題ナリ。此ノ物的方面ノ要件充足セラルル限リ国民所得ノ内消費ニ向ケラルル部分ガ国民生活ニ対スル物資ノ供給以上ニ超過スルコトナク租税又ハ国民貯蓄ノ増加ニ依リテ吸収セラレ従テ撒布ラレタル戦費ガ正常ニ更ニ戦費ノ財源又ハ生産活動ノ財源トシテ回収活用セラルルコトヲ確保スルニ於テハ財政金融ハ幾年ニテモ持久力ヲ有スルモノトス。

而シテ右ノ租税又ハ国民貯蓄ノ増加ニ依ル資金ノ吸収ハ政府ノ国民経済ニ関スル施設ガ適当ニシテ且ツ国民ガ国家ノ興亡ノ岐ルル所ナルコトヲ自覚シ極度ノ忍耐努力ヲ為スニ於テハ之ヲ可能トス。而モ政府ノ施策ハ政府之ヲ為ス所ナルヲ以テ謬リナキヲ期スベク、国民ノ忍耐努力ハ皇国臣民ニシテ為ス能ハズト謂フコトナシ。故ニ之ヲ可能ナリト判定セザルヲ得ズ。畢竟スルニ軍事行動ヲ遂行シ且ツ国民生活ヲ維持スルニ必要ナル物的方面充足シ得ザルトキハ政府ノ財政金融上ノ施策如何ニ完全ナリトスルモ国民経済ハ破綻セザルヲ得ザルナリ。是レ必要ナル物資、物的設備或ハ技術労力等ノ供給ニシテ所要ヲ充足スルコト可能ナルトキハ我国ハ財政金融ノ持久力アリト判定スル所以ナリ。

尚南方作戦地域ハ従来各種ノ物資ヲ相当ニ輸入シ居ル処、我方ニ於テ之ヲ占領シタル場合、之等ノ輸入ハ杜絶スベク、従テ其ノ経済ヲ円滑ニ維持スルガ為ニハ我方ニ於テ物資ノ供給ヲ為スヲ要スベキモ、我国ハ其ノ為ニ充分ノ余力ナキヲ以テ、相当長期ノ間現地一般民衆ノ生活ヲ顧慮スルノ暇無ク、当分ハ所謂搾取的方針ニ出ヅルコト已ムヲ得ザルベシト考ヘラル。従テ現地ノ物資労力等ヲ獲得スル為軍票其ノ他通貨的性質ノモノヲ我ニ方於テ発行スルモ、其ノ価値維持ハ困難ナリト謂ハザルベカラズ。即チ我方ハ努メテ現地自活ノ方針ヲ取リ、我方ヨリノ追送物資ハ現地治安ノ維持及現地労力ノ使用上必要ノ最少限度ニ止メ通貨価値ノ下落等及之ヨリ来タル現地経済ノ混乱ハ一応之ヲ度外視シテ飽ク迄モ邁進スルコト必要ナリ。尤モ現地ハ住民ノ文化低ク且天産比較的豊富ナルヲ以テ其ノ民生ノ維持ハ支那等ニ比スレバ容易ナルモノト認メラル。

参謀総長御説明

謹ミテ御説明申上ケマス

先ツ南方諸邦ノ陸軍軍備ニ就イテ申上ケマス

南方諸邦ノ陸軍軍備ハ逐次増強セラレツツアリマシテ、其概要ヲ申上ケマスレハ馬来ニ於キマシテハ陸軍兵力約六―七万飛行機約三百二十機、比島ニ於キマシテハ陸軍兵力約四万二千飛行機約百七十機、蘭印ニ於キマシテハ陸軍兵力約八万五千飛行機約三百機、緬甸ニ於キマシテハ陸軍兵力約三万五千飛行機約六十機ヲ有シ之ヲ欧洲戦争開始前ニ比較シマスルトキ陸軍兵力ニ於テ馬来ハ約八倍、比島ハ約四倍、蘭印ハ約二、五倍、緬甸ハ約五倍ニ夫々増加シ、現在之等諸国ヲ合シマシテ約二十数万テ御座イマス。今後情勢ニ伴ヒ其増加率ハ益々増大スルモノト予想セラレマス

此等各地域ノ地上部隊ハ地域ニ依リ差異カアリマスルカ、三割内外ノ白人本国兵ヲ基幹トスル土民軍隊テアリマシテ、教育訓練十分ナラス其戦闘能力ハ一般ニ低劣テアリマス。只熱帯ノ気候風土ニ慣熟シテ居リマスルコトハ考慮ヲ要シマス。又飛行隊ノ戦闘能力ハ飛行機ノ性能カ優秀テアリマシテ且其操縦者カ比較的良好テアリマスルノテ、地上部隊ニ比シ軽視ヲ許サレヌモ

ノカアルト考ヘマス

次ニ左記事項ニ就テ御説明申上ケマス

一　開戦ノ時機

二　南方作戦ノ見透

三　南方作戦ニ伴フ北方ノ情勢

四　作戦ト外交トノ関係

一　開戦時機ニ就テ

作戦上ノ見地ヨリ見マスレハ開戦時機ヲ遷延致シマスレハ時日ノ経過ト共ニ、第一ニ日米軍備ノ比率ハ益々不利トナリ特ニ航空軍備ノ懸隔ハ急速ニ増大致シマス。第二ニ比島ノ防備其他米ノ戦備ハ急速ニ進捗致シマス。第三ニ米英蘭支ノ共同防衛関係ハ益々緊密トナリ南方ノ綜合的防備力ハ急速ニ強化致シマス。第四ニ明春以降ニナリマスレハ季節上北方ニ於キマスル作戦行動可能トナリ、帝国ハ南北両方面同時戦ニ直面シナケレハナラヌ公算増大致シマスル等極メテ不利益テアリマシテ積極的作戦ハ不可能トナル虞カ多イノテアリマス

以上ノ外本作戦テ重視致シテ居リマスル作戦地附近ノ気象ノ関係上ヨリモ時日ノ遷延ヲ許サナイ事情モアリマスルノテ、今後進メマスル作戦準備ノ完整次第速カニ武力ヲ発動スル為其時機ハ十二月初頭ト定メタイト存スル次第テ御座イマス

二　作戦ノ見透ニ就テ

南方ニ対シマスル初期ノ陸軍作戦ノ主体ハ上陸作戦テ御座イマシテ、敵ノ潜水艦飛行機ノ攻撃ヲ排除シツツ炎熱ノ下長遠ナル海面ヲ経テ防備セル敵ノ根拠ニ対シ行フ上陸作戦テ御座イマスルノテ、相当ノ困難ヲ予期シテ居リマス。然シ乍ラ大局的ニ見マシテ敵側ノ戦力カ広地域ニ而モ海ヲ隔テテ分散シ協同連繋カ困難テアリマスルニ対シ、我ハ集結セル戦力ヲ急襲的ニ使用シ敵ヲ各個ニ撃破スルコトカ出来マスルノテ、陸海軍ノ緊密ナル協同ト相俟チマシテ必成ヲ確信致シテ居リマス。上陸後ノ作戦ハ彼我ノ編制装備素質兵力等ヨリ考察シ我ニ絶対的確算アリト信シテ居リマス

右作戦一段落シマシタル後ニ於キマシテハ、政戦両略ノ活用特ニ海軍作戦ノ成果ニ依リ極力戦争ヲ短期ニ終結スル如ク勉メマシテモ、戦争ハ恐ラク長期ニ亘ルコトヲ覚悟致サナケレハナリマセヌカ、敵ノ軍事根拠或ハ航空基地等ヲ占領シテ之ヲ確保シ戦略上不敗ノ態勢ヲ占メ得マスルノテ諸般ノ手段ヲ尽シ敵ノ企図ヲ挫折セシメ得ルモノト存シマス

南方作戦ニ伴ヒマスル対「ソ」防衛竝対支作戦ハ概ネ現在ノ態勢ヲ堅持シ之ニ依リ北方ニ対シマシテハ不敗ノ態勢ヲ強化シ、支那ニ対シマシテハ依然其目的ノ遂行ニ支障ナイモノト存シマス。特ニ支那ニ対シマシテハ南方作戦ノ成果ヲ利導シ事変解決ニ寄与セシメ得ルモノト存シテ居リマス

三　南方作戦ニ伴ヒマスル北方ノ情勢ニ就テ

「ソ」聯野戦軍ハ独軍ニ依リ多大ノ損害ヲ蒙リ其軍需工業生産力モ著シク低下致シマスルノミナラス、極東赤軍ハ今春以来狙撃十三師団ニ相当スル兵力戦車約一千三百輛、飛行機少

クモ一千三百機以上ヲ欧「ソ」方面ニ西送シ、其戦力ハ物心両方面ニ亘リ低下シツツアリマス。従ヒマシテ関東軍カ儼存致シマスル限リ「ソ」聯邦カ進ンテ積極的ニ攻勢ヲ採ル様ナ事ハ其公算極メテ少イト存シマス

然シ乍ラ米国カ極東「ソ」領ノ一部ヲ北方ヨリノ対日攻勢拠点トシテ飛行基地乃至ハ潜水艦基地ニ利用スル為之カ使用ヲ「ソ」聯邦ニ対シ強制スルコトハアリ得ルノテ御座イマシテ、「ソ」聯邦ト致シマシテハ之ヲ拒否シ兼ネル関係ニアリマスルノテ、一部潜水艦及飛行機等ニ依ル策動ヲ北方ヨリ蒙ルコトアルヲ予期セネハナリマセヌ。従ヒマシテ斯ル事カ原因トナリ状況ノ推移ニ依リマシテハ日「ソ」開戦トナル危険カナイトハ申サレマセヌノテ、帝国ト致シマシテハ成ルヘク速カニ南方作戦ヲ解決シテ之ニ対処シ得ル準備ニ遺憾ナキヲ期セネハナラヌモノト存シマス

四　作戦ト外交トノ関係ニ就テ

今日迄ノ作戦準備ハ九月六日御前会議御決定ニ基キ外交交渉ニ支障ヲ及ホサナイ程度ニ止メタノテ御座イマスルカ、今後ノ作戦準備ハ戦争ヲ決意致シマシテ十二月初頭ノ武力発動ニ遺憾ナカラシムル如ク万全ヲ期スルモノテアリマシテ、勢ヒ米英ヲ刺戟致シマスルカ、寧ロ外交ハ此ノ作戦準備ノ進展ヲ利用シテ促進セラルヘキモノト考ヘマス。而シテ十二月一日零時迄ニ外交カ成立致シマシタル場合、武力発動ヲ中止スヘキハ勿論テ御座イマス。然レトモ此期ニ至ルモ成立致シマセヌ場合ニハ大命ヲ仰キ、機ヲ失セス戦争ヲ発起シ、以テ作戦目的ノ達成ニ遺憾ナキヲ期シ度イト存シマス

軍令部総長説明事項

謹ミテ御説明申上ゲマス

現下ノ危局打開ノ為政府側ハ有ラユル努力ヲ致シテ参リ一方海軍統帥部ハ陸軍ト協力シ政府側ノ措置ニ連繋ヲ保チツツ戦争準備ヲ進メテ参リマシテ十一月末迄ニハ殆ド之ヲ整備致シマス

此ノ後ハ十二月上旬開戦ヲ目途トシ逐次作戦準備展開ヲ進メマシテ開戦時機御決定次第戦争発起ニ遺憾ナキヲ期スル所存デ御座イマス

而シテ初期作戦ノ成否ハ本戦争ノ成否ニ至大ノ関係ガ御座イマスノデ慎重周密ニ計画準備致シテ居リマスガ一方之ガ実施ニ当リマシテハ先制的ニ勇断決行致シマスコトガ極メテ肝要デ御座イマス、従ヒマシテ我ガ戦争企図ノ隠蔽ガ戦争ノ成否ニ重大ナル関係ガ御座イマスノデ今後国家全般トシテノ戦争態勢ヲ進捗確立セシムル上ニ於テハ政府側ト此ノ上トモ密接ナル連繋ヲ保持シテ所期ノ目的ヲ達成致シ度所存テ御座イマス

（終）

十一月五日御前会議後作戦計画上奏時ノ御下問奉答

会議後作戦計画ノ上奏ニ際シテハヨク御納得セラレタリト拝ス、直ニ御允裁ヲ賜リタリ尚左記御下問アリ

オ上　此際秘密保持ノ点カラ軍司令官以下ヲ何時頃現地ニ向ケ出発セシムルカ

杉山　総司令以下ハ七、八、九ノ三日間ノ作戦打合セヲナシ其後隷下軍ノ同様ノ打合セモアリ又企図秘匿上カラモ早ク出発スルノハ適当デナイト思ヒマスノデ此点ハ特ニ注意致シマスガ期日ハ未タ確定シテ居リマセン

オ上　何時迄秘密カ保テルカ

杉山　アレダケノ軍隊デアリマスカラ何トモ申上ケラレマセヌ

オ上　北ヲ騒ガセルナ

杉山　統帥部トシテハ極力防止ノ注意ヲ与ヘテ居リマス

杉山　宜昌カラ兵ヲ退クノハ此際適当デナイノデ一部ノ兵力ヲ内地カラ増加シナケレハナラヌカトモ考ヘテ研究中デ御座イマス

オ上　宜昌カラ退クノハヨイダラウ

杉山　南ヲヤリ之ヲ支那ニ利用出来ルナラ非常ニヨイノデアリマスガ、北ニ不安デアル以上ハ出来マセヌ然シ南ノ結果ヲナルヘク直接支那ニ及ホス様ニシ度ク研究シテ居リマス

企計S物〇〇七号
一連番号54号
昭和十六年十月二十二日
企画院

海上輸送力ヲ吻合セシメタル
十七年度物動主要物資ノ供給力

総結論（参謀次長註記、以下同ジ）

(イ) 戦争第一年物資供給力ハ大丈夫ナリ但油ハ大規正ヲ要ス

(ロ) 第二年以降相当ノ好転ヲ期待シ得

(ハ) 物資輸送、貯蔵物資ノ見地ヨリ早期開戦ヲ可トス

目次

第一　物資関係ニ対シ本年度中ニ措置スベキ緊急事項

一、第一補給圏ヨリノ急速繰上輸入
西貢以南及泰ハ開戦後一時輸送杜絶スベキヲ以テ此ノ際外交措置ヲ強化シ資金、輸送、買付等ノ可能ナル限度ニ於テ特ニ生ゴム、錫鉱、米、玉蜀黍ノ急速ナル繰上輸入ノ措置ヲ必要トス

一、徴用船ノ一時返船等ノ利用ニ依リ前項ノ実施ニ努ムルノ外特ニ近海ニ於ケル石炭ノ増送ヲ計リ需要地ニ於ケル貯炭増加ノ措置ヲ講ズルヲ要ス

三、民需石油ニ於テ赤字トナルベキB重油（十七年二月ヨリ）機械油（十七年十二月ヨリ）灯油（十七年九月ヨリ）ニ対シテハABニ於テ之ガ補塡方策ヲ確立スルノ要アリ

四、対支輸入物資ノ確保ヲ期スル為メ之ガ取得竝ニ決済方法ノ具体的解決ヲ必要トス

五、貯蔵機関ノ確立促進ヲ緊要トス

備考

㈠　十六年度第四、四半期及十七年度ノ海上輸送量ヲ合計シタルモノハ十一月開戦ノ場合五九一二万九千稼行噸三月開戦ノ場合五七三一万三千稼行噸ニシテ大差ナシ

㈡　十一月乃至三月開戦ノ場合ハ十六年度第四、四半期又ハ十七年度第一、四半期ノ何レカニ於テ月三、〇〇〇千稼行噸ヲ割ルコトヲ避ケ得ズ

㈢　物資輸送ノ実情ヨリ見レバ之ガ閑散期タル冬季ニ於テ開戦スルヲ有利トシ且貯蔵物資特ニ石油類ノ現状ヨリ見ルモ早期開戦ヲ可トス

㈣　重要物資ノ供給力ハ別表ノ通ナルモ本供給力ノ外軍ノ現有出師準備量ヲ加味シ国力ノ判定ヲナスノ要アリ

㈤　第二年、第三年ニ於ケル重要物資ノ需給ハ之ヲ算出シアラザルモ多少低下スベシト認メラルルモノハ銅、鉛、水銀、コバルトニシテ需給困難ナルベシト認メラルルモノハ高級石綿、高級雲母、羊毛、硼砂原鉱ノ如キ数品目ニ過ギズ

右ノ中南米通商ヲ或ル程度可能ナリトセバ銅、鉛、羊毛、硼砂原鉱、コバルトハ緩和セラルベキモノト認ム

又輸送力モ造船ノ促進ニ依リ十七年度ノ見透程度ヲ民ニ於テ使用可能ト推定セラル

総括的物資需給ハ第二年、第三年ニ於テハ南方資源ヲ考慮スルニヨリ需給ハ相当好転ヲ期待シ得ルモノト判定セラル

第一分科

物資名		総供給量 数量	対16年度比率	南方ヨリノ期待量 十一月開戦ノ場合	三月開戦ノ場合
コバルト	瓲	594.8	254		
低燐銑	〃	250,000	103		
耐火煉瓦	〃	950,708	100		
特殊鋼	〃	317,645	91		
普通鋼々材	〃	4,325,100	90		
普通鋼鍛鋼	〃	171,120	90		
普通鋼鋳鋼	〃	224,434	90		
普通銑	〃	4,857,200	90		
ニツケル	〃	680	28	1,440	720

（備考）1.　第二補給圏ヨリノ期待量ニツケルハニツケル鉱石
十一月開戦ノ場合　48,000瓲
三月開戦ノ場合　24,000〃
ヲ夫々ニツケル含有量ニ換算シタルモノトス
2.　馬来，比律賓ヨリノ鉄鉱石ノ取得ニヨル銑鉄，鉱材ノ生産予想量ハ一応計上セザルコトトセリ

第二分科

物資名		総供給量 数量	対16年度比率	南方ヨリノ期待量 十一月開戦ノ場合		三月開戦ノ場合	
銻	瓲	3,573	172				
普通アルミ	〃	27,040	165		5,000		2,700
屑銅	〃	38,000	139				
高級雲母	〃	131.2	121				
マグネシウム	〃	4,916	117				
高級アルミ	〃	54,560	111	(+)	21,500	152%	10,800
鉛	〃	82,581	109				
高級石綿	〃	2,167	103				
アルミ屑	〃	7,000	100				
亜鉛	〃	82,239	99				
水銀	瓩	495,100	88				
錫	瓲	8,175	82	(+)	6,800	150%	3,400
普通石綿	〃	11,507	81				
電気銅	〃	92,892	71	(+)	5,000	95%	2,500
普通雲母	〃	202	41				

（備考）
1.　第二補給圏期待量ノアルミニウムハボーキサイト
十一月開戦ノ場合　136,000瓲
三月開戦ノ場合　68,000〃
ニヨル生産推定量トス
2.　第二補給圏期待量ノ錫ハ錫鉱
十一月開戦ノ場合　9,600瓲
三月開戦ノ場合　4,800〃
ニヨル生産推定量トス
3.　第二補給圏期待量ノ電気銅ハ銅鉱石ヲ品位10%ト仮定シ
十一月開戦ノ場合　56,000瓲
三月開戦ノ場合　28,000〃
ニヨル生産予定量トス

第三分科ノ一

物資名		総供給力		南方ヨリノ期待量	
		数量	対16年度比率	十一月開戦ノ場合	三月開戦ノ場合
洋紙	千封度	1,555,500	116		
大麻	瓲	18,540	111		
製綿用棉花	担	397,500	110		
亜麻	瓲	19,150	102		
苧麻	〃	24,556	100		
黄麻袋	千枚	11,331	95		
ステープルファイバー	千封度	216,000	86		
黄麻	瓲	22,148	76		
羊毛	俵	154,260	75		
紡績用棉花	担	3,741,535	71		
人造絹糸	千封度	87,000	79		
マニラ麻	瓲	7,151	58	(+) 32,000	16,000

第三分科ノ二

物資名		総供給力		南方ヨリノ期待量	
		数量	対16年度比率	十一月開戦ノ場合	三月開戦ノ場合
牛皮	瓲	34,039	106		
チーク	立方米	3,000	94		
生ゴム	瓲	42,700	83	(+) 160,000	80,000
タンニン材料	〃	27,266	78	8,000	4,000
豚皮	〃	10,652	71		
屑ゴム	〃	13,900	64		

第四分科

物資名		総供給量 第一次案		総供給量 調整案	南方ヨリノ期待量 十一月開戦ノ場合	南方ヨリノ期待量 三月開戦ノ場合
石炭	千瓲	84, 394	100	〃		
原油	竏	300, 000	10	〃	206, 000	206, 000
航空揮発油	〃	17, 350	10	〃		
普通揮発油	〃	281, 205	28	257, 205		
灯油	〃	79, 825	28	78, 247		
軽油	〃	120, 368	63	119, 786		
機械油	〃	189, 500	43	186, 800		
半固体機械油	瓲	10, 095	52	9, 945		
B重油	竏	80, 278	13	56, 200		
C重油	〃	225, 800		225, 800		

（備考）

調整案トハ第一次案作成後，十六年度下半期ノ特配増ニヨル十七年度繰越額ノ減少ヲ見込ミタルモノナリ

第五分科ノ一

物資名		総供給量 第一次案 昭一六	%	総供給量 十一月開戦ノ場合		総供給量 三月開戦ノ場合		南方ヨリノ期待量 十一月開戦ノ場合	南方ヨリノ期待量 三月開戦ノ場合
松脂	瓲	11, 150	209	〃		〃			
濃硝酸	〃	122, 865	146	〃		〃			
ブロム	〃	700	142	〃		〃			
メタノール	〃	22, 620	129	〃		〃			
生漆	〃	1, 439	117	〃		〃			
ソーダ灰	〃	434, 032	111	542, 032	139	434, 032	111		
グリセリン	〃	14, 471	108	〃		〃			
純ベンゾール	〃	46, 880	106	〃		〃			
無水アルコール	竏	100, 980	104	〃		〃			
工業塩	瓲	1, 095, 518	103	1, 295, 518	122	1, 095, 518	103	56, 000	28, 000
含水アルコール	竏	71, 376	103	〃		〃			
苛性ソーダ	瓦	297, 600	102	347, 600	119	29, 7600	102		
トルオール	〃	8, 542	102	〃		〃			
食料塩	〃	1, 565, 006	93	1, 635, 006	97	1, 565, 006	93		
セメント	〃	6, 760, 000	88	〃		〃			
ヒマシ油	〃	6, 747	83	〃		〃		3, 050	1, 520
カーボンブラック	〃	5, 620	82	〃		〃			
硫酸	〃	3, 171, 608	78	〃		〃			
カーバイド	〃	411, 000	77	〃		〃			
硼酸	〃	1, 433	58	〃		〃			
硼砂	〃	3, 006	36	〃		〃			

（備考）

第二補給圏期待量ヒマシ油ハヒマシ

十一月開戦ノ場合　　8, 000瓲

三月開戦ノ場合　　4, 000〃

ヲ油ニ換算シタルモノナリ

第五分科ノ二

物資名		総供給力		南方ヨリノ期待量	
		数量	対16年度比率	十一月開戦ノ場合	三月開戦ノ場合
石灰窒素	瓲	308,000	93		
燐鉱石	〃	743,000	90		
硫酸アンモニア	〃	1,522,000	76		
加里	〃	29,520	71		
硝酸ソーダ	〃	6,000	29		

第五分科ノ三

物資名		総供給力		南方ヨリノ期待量	
		数量	対16年度比率	十一月開戦ノ場合	三月開戦ノ場合
ヨード	瓩	230,000	191		
其ノ他ノ薬品	千円	8,991.3	169		
グアヤコール	瓩	64,000	139		
バルビタール	〃	25,000	129		
モルヒネ	〃	5,700	127		
アミノ安息香酸エチル	〃	7,000	127		
カフエイン	〃	60,000	111		
アスピリン	〃	440,000	102		
アセトアニリド	〃	610,000	102		
フエナセチン	〃	158,000	100		
アンチピリン	〃	240,000	100		
ブロムワレリル尿	〃	40,000	100		
葡萄糖	〃	600,000	100		
塩酸プロカイン	〃	8,000	9		
サントニン	〃	250	8		
酵母	〃	1,300,000	8		
キナ皮	〃	50,000	6	(+) 500,000	250,000
キニーネ	〃	2,500	5		
乳糖	〃	175,000	5		

第七分科

物資名		総供給力 数量	対16年度比率	南方ヨリノ期待量 十一月開戦ノ場合	三月開戦ノ場合
大豆	千瓲	1,983	145		
砂糖	千担	22,004	125		
麪	千瓲	393	106		
米	千石	109,912	104		
小麦	〃	14,417	103		
玉蜀黍	千瓲	864	90	160,000	80,000

企計S物A〇〇八号
一連番号五四号
昭和十六年十月二十二日
企画院

査定最低民需石油量ト
其ノ需給状況

油（民需）ノ検討

目次

第一表　　査定最低民需石油量総括（C2—5）

(一) 十六年七月配当ニ対スル比率　　（単位　竏）

区分	航揮	%	普揮	%	灯油	%	軽油	%	機械油	%	半固体機械油（疵）	%	重油	%
十六年七月配当額	(⊕267 / 1,175)		(⊕67 / 44,995)		(⊕8,431 / 18,917)								(⊕633 / 128,413)	
	1,442	100	45,062	100	27,348	100	11,283	100	30,397	100	1,204	100	129,046	100
十六年十月以降ノ平均月額	494	34	16.499	37	8,795	32	5,263	47	19,578	64	817	68	55,912	43
十七年度上期ノ平均月額	813	56	15,500	34	10,167	37	5,235	46	19,667	65	817	68	55,753	43
十七年度下期ノ平均月額	813	56	13,833	31	8,500	31	5,235	46	19,667	65	817	68	55,753	43

(二) 過不足量

区分	十六年度 下期 (イ)	十七年度 上期	十七年度 下期	十七年度 計 (ロ)	(イ)＋(ロ)
航空揮発油	6,350 →	6,870 →	7,590 →	7,590 →	7,590⊕
普通揮発油	40,205 →	41,405 →	81,205 →	81,205 →	81,205⊕
灯油	39,247 →	△ 2,253 →	△ 31,500	△ 33,753	33,753⊖
軽油	13,786 →	19,576 →	56,966 →	56,966 →	56,966⊕
機械油	157,300（内高級保留35,000） →	36,550 →	△ 49,200 →	△ 49,200 →	△ 49,200⊖（高級保留35,000ヲ含マス）
半固体機械油（疵）	6,945 →	3,545 →	145 →	145 →	145⊕
B重油	△ 54,523	△ 261,900 →	△ 250,940	△ 512,840	△ 567,363⊖
	147,014 →	90,980 →	125,800 →	125,800 →	125,800⊕
C重油	アスファルトピッチ分47,014ヲ含ム				

註　不足計65万

第二表　**航空揮発油**　(竏)

区分 ＼ 月別	10	11	12	小計	1	2	3	小計	十六年度下期計
在庫	33,006	28,563	24,120	33,006	19,678	15,235	10,792	19,678	33,006
国産	805	805	805	2,415	805	805	805	2,415	4,830
人石	133	133	134	400	132	133	134	400	800
無水	—	—	—	—	—	—	—	—	—
供給力計	33,944	29,501	25,059	35,821	20,616	16,173	11,731	22,493	38,636
配当計	5,381	5,381	5,381	16,143	5,381	5,381	5,381	16,143	32,286
{A B C 1 {C 2－5	⊕ 4,887 141 353	⊕ 4,887 141 353	⊕ 4,887 141 353	⊕ 14,661 423 1,059	⊕ 4,887 141 353	⊕ 4,887 141 353	⊕ 4,887 141 353	⊕ 14,661 423 1,059	⊕ 29,322 846 2,118
差引残	28,563	24,120	19,678	19,678	15,235	10,792	6,350	6,350	6,350

区分 ＼ 月別	4	5	6	小計	7	8	9	小計	上期計
在庫	6,350	6,436	6,523	6,350	6,610	6,696	6,783	6,610	6,350
国産	816	817	817	2,450	816	817	817	2,450	4,900
人石	83	83	84	250	83	83	84	250	500
無水	—	—	—	—	—	—	—	—	—
供給力計	7,249	7,336	7,424	9,050	7,509	7,596	7,684	9,310	11,750
配当計	813	813	814	2,440	813	813	814	2,440	4,880

A B C 1	0	0	0	0	0	0	0	0	0
C 2-5	813	813	814	2,440	813	813	814	2,440	4,880
差引残	6,436	6,523	6,610	6,610	6,696	6,783	6,870	6,870	6,870

区分＼月別	10	11	12	小計	1	2	3	小計	下期計
在庫	6,870	6,989	7,110	6,870	7,230	7,349	7,470	7,230	6,870
国産	816	817	817	2,450	816	817	817	2,450	4,900
人石	116	117	117	350	116	117	117	350	700
無水	—	—	—	—	—	—	—	—	—
供給力計	7,802	7,923	8,044	9,670	8,162	8,283	8,404	10,030	12,470
配当計	813	813	814	2,440	813	813	814	2,440	4,880
A B C 1	0	0	0	0	0	0	0	0	0
C 2-5	813	813	814	2,440	813	813	814	2,440	4,880
差引残	6,989	7,110	7,230	7,230	7,349	7,470	7,590	7,590	7,590
備考									

第三表　　普通揮発油　　(竏)

区分＼月別	10	11	12	小計	1	2	3	小計	十六年度下期計
在庫	146.560	128.654	110.748	146.560	92.841	75.297	57.751	92.841	146.560
国産	4.670	4.670	4.670	14.010	4.670	4.670	4.670	14.010	28.020
人石	2.020	2.020	2.020	6.060	2.020	2.020	2.020	6.060	12.120
無水	5.666	5.667	5.667	17.000	5.666	5.667	5.667	17.000	34.000
供給力計	158.916	141.011	123.105	183.630	105.197	87.654	70.108	129.911	220.700
配当計	30.262	30.263	30.264	90.789	29.900	29.908	29.903	89.706	180.495
A B C 1	13.583	13.583	13.584	40.750	13.583	13.584	13.584	40.751	81.501
	⊕ 4.515	⊕ 4.516	⊕ 4.516	⊕ 13.547	⊕ 4.155	⊕ 4.156	⊕ 4.156	⊕ 12.467	⊕ 26.014
C 2－5	12.164	12.164	12.164	36.492	12.162	12.163	12.163	36.488	72.980
差引残	128.654	110.748	92.841	92.841	75.297	57.751	40.205	40.205	40.205

区分＼月別	4	5	6	小計	7	8	9	小計	上期計
在庫	40,205	40,405	40,605	40,205	40,805	41,005	41,205	40,805	40,205
国産	4,666	4,667	4,667	14,000	4,666	4,667	4,667	14,000	28,000
人石	5,200	5,200	5,200	15,600	5,200	5,200	5,200	15,600	31,200
無水	5,833	5,833	5,834	17,500	5,833	5,833	5,834	17,500	35,000
供給力計	55,904	56,105	56,306	87,305	56,504	56,705	56,906	87,905	134,405
配当計	15,499	15,500	15,501	46,500	15,499	15,500	15,501	46,500	93,000

A　B　C 1 C　2－5	0 ⊕ 3,333 12,166	0 ⊕ 3,333 12,167	0 ⊕ 3,334 12,167	0 ⊕ 10,000 36,500	0 ⊕ 3,333 12,166	0 ⊕ 3,333 12,167	0 ⊕ 3,334 12,167	0 ⊕ 10,000 36,500	0 ⊕ 20,000 73,000
差引残	40,405	40,605	40,805	40,805	41,005	41,205	41,405	41,405	41,405
区分＼月別	10	11	12	小計	1	2	3	小計	下期計
在庫	41,405	48,038	54,671	41,405	61,305	67,938	74,571	61,305	41,405
国産	4,666	4,667	4,667	14,000	4,666	4,667	4,667	14,000	28,000
人石	9,966	9,967	9,967	29,900	9,966	9,967	9,967	29,900	59,800
無水	5,833	5,833	5,834	17,500	5,833	5,833	5,834	17,500	35,000
供給力計	61,870	68,505	75,139	102,805	81,770	88,405	95,039	122,705	164,205
配当計	13,832	13,834	13,834	41,500	13,832	13,834	13,834	41,500	83,000
A　B　C 1 C　2－5	0 ⊕ 1,666 12,166	0 ⊕ 1,667 12,167	0 ⊕ 1,667 12,167	0 ⊕ 5,000 36,500	0 ⊕ 1,666 12,166	0 ⊕ 1,667 12,167	0 ⊕ 1,667 12,167	0 ⊕ 5,000 36,500	0 ⊕ 10,000 73,000
差引残	48,038	54,671	61,305	61,305	67,938	74,571	81,205	81,205	81,205
備考									

第四表　　灯　油　（竏）

区分＼月別	10	11	12	小計	1	2	3	小計	十六年度下期計
在庫	77,139	70,748	64,357	77,139	57,965	51,726	45,487	57,965	77,139
国産	3,255	3,255	3,255	9,765	3,255	3,255	3,255	9,765	19,530
人石 無水									
供給力計	80,394	74,003	67,612	86,904	61,220	54,981	48,742	67,730	96,669
配当計	9,646	9,646	9,647	28,939	9,494	9,494	9,495	28,483	57,422
A B C 1 C 2－5	775 ⊕ 350 8,521	775 ⊕ 350 8,521	775 ⊕ 350 8,522	2,325 ⊕ 1,050 25,564	775 ⊕ 200 8,519	775 ⊕ 200 8,519	775 ⊕ 200 8,520	2,325 ⊕ 600 25,558	4,650 ⊕ 1,650 51,122
差引残	70,748	64,357	57,965	57,965	51,726	45,487	39,247	39,247	39,247

区分＼月別	4	5	6	小計	7	8	9	小計	上期計
在庫	39,247	32,331	25,414	39,247	18,497	11,581	4,664	18,497	39,247
国産	3,250	3,250	3,250	9,750	3,250	3,250	3,250	9,750	19,500
人石 無水									
供給力計	42,497	35,581	28,664	48,997	21,747	14,831	7,914	28,247	58,747
配当計	10,166	10,167	10,167	30,500	10,166	10,167	10,167	30,500	61,000

A B C 1 C 2－5	0 ⊕1,666 8,500	0 ⊕1,667 8,500	0 ⊕1,667 8,500	0 ⊕5,000 25,500	0 ⊕1,666 8,500	0 ⊕1,667 8,500	0 ⊕1,667 8,500	0 ⊕5,000 25,500	0 ⊕10,000 51,000
差引残	32,331	25,414	18,497	18,497	11,581	4,664	△2,253	△2,253	△2,253

区分＼月別	10	11	12	小計	1	2	3	小計	下期計
在庫	—	—	—	—	—	—	—	—	—
国産	3,250	3,250	3,250	9,750	3,250	3,250	3,250	9,750	19,500
人造石油 無水									
供給力計	3,250	3,250	3,250	9,750	3,250	3,250	3,250	9,750	19,500
配当計	8,500	8,500	8,500	25,500	8,500	8,500	8,500	25,500	51,000
A B C 1 C 2－5	0 8,500	0 8,500	0 8,500	0 25,500	0 8,500	0 8,500	0 8,500	0 25,500	0 51,000
差引残	△5,250	△5,250	△5,250	△15,750	△5,250	△5,250	△5,250	△15,750	△31,500
備考									

第五表　　軽　油　　(竏)

区分＼月別	10	11	12	小計	1	2	3	小計	十六年度下期計
在庫	43,752	38,924	34,096	43,752	29,267	23,441	18,614	29,267	43,752
国産	3,221	3,222	3,222	9,665	3,221	3,222	3,222	9,665	19,330
人石									
無水									
供給力計	46,973	42,146	37,318	53,417	32,488	26,663	21,836	38,932	63,082
配当計	8,049	8,050	8,051	24,150	9,047	8,049	8,050	25,146	49,296
A B C 1	2,953	2,953	2,954	8,860	2,953	2,953	2,954	8,860	17,720
⊕	16	17	17	50	1,016	17	17	1,050	1,100
C 2－5	5,080	5,080	5,080	15,240	5,078	5,079	5,079	15,236	30,476
差引残	38,924	34,096	29,267	29,267	23,441	18,614	13,786	13,786	13,786

区分＼月別	4	5	6	小計	7	8	9	小計	上期計
在庫	13,786	14,751	15,716	13,786	16,681	17,646	18,611	16,681	13,786
国産	3,166	3,167	3,167	9,500	3,166	3,167	3,167	9,500	19,000
人石	3,033	3,033	3,034	9,100	3,033	3,033	3,034	9,100	18,200
無水	—	—	—	—	—	—	—	|	—
供給力計	19,985	20,951	21,917	32,386	22,880	23,846	24,812	35,281	50,986
配当計	5,234	5,235	5,236	15,705	5,234	5,235	5,236	15,705	31,410

A B C 1 C 2－5	⊕ 0 166 5, 068	⊕ 0 167 5, 068	⊕ 0 167 5, 069	⊕ 0 500 15, 205	⊕ 0 166 5, 068	⊕ 0 167 5, 068	⊕ 0 167 5, 069	⊕ 0 500 15, 205	⊕ 0 1, 000 30, 410
差引残	14, 751	15, 716	16, 681	16, 681	17, 646	18, 611	19, 576	19, 576	19, 576

区分＼月別	10	11	12	小計	1	2	3	小計	下期計
在庫	19, 576	25, 808	32, 040	19, 576	38, 271	44, 503	50, 735	38, 271	19, 576
国産	3, 166	3, 167	3, 167	9, 500	3, 166	3, 167	3, 167	9, 500	19, 000
人石	8, 300	8, 300	8, 300	24, 900	8, 300	8, 300	8, 300	24, 900	49, 800
無水	—	—	—	—	—	—	—	—	—
供給力計	31, 042	37, 275	43, 507	53, 976	49, 737	55, 970	62, 202	72, 671	88, 376
配当計	5, 234	5, 235	5, 236	15, 705	5, 234	5, 235	5, 236	15, 705	31, 410
A B C 1 C 2－5	⊕ 0 166 5, 068	⊕ 0 167 5, 068	⊕ 0 167 5, 069	⊕ 0 500 15, 205	⊕ 0 166 5, 068	⊕ 0 167 5, 068	⊕ 0 167 5, 069	⊕ 0 500 15, 205	⊕ 0 1, 000 30, 410
差引残	25, 808	32, 040	38, 271	38, 271	44, 503	50, 735	56, 966	56, 966	56, 966
備考									

第六表　　機械油　　(竏)

区分＼月別	10	11	12	小計	1	2	3	小計	十六年度下期計
在庫	279,812	259,510	239,207	279,812	218,903	197,903	177,602	218,903	279,812
国産	3,883	3,883	3,884	11,650	3,883	3,883	3,884	11,650	23,300
人石 無水									
供給力計	283,695	263,393	243,091	291,462	222,786	201,786	181,486	230,553	303,112
配当計	24,185	24,186	24,188	72,559	24,883	24,184	24,186	73,253	145,812
A B C l ⊕ C 2－5	4,723 705 18,757	4,724 705 18,757	4,724 706 18,758	14,171 2,116 56,272	4,723 1,405 18,755	4,724 705 18,755	4,724 706 18,756	14,171 2,816 56,266	28,342 4,932 112,538
差引残	259,510	239,207	218,903	218,903	197,903	177,602	157,300	157,300	⊗ 157,300

区分＼月別	4	5	6	小計	7	8	9	小計	上期計
在庫	122,300	108,009	93,717	122,300	79,425	65,134	50,842	79,425	122,300
国産	5,375	5,375	5,375	16,125	5,375	5,375	5,375	16,125	32,250
人石 無水									
供給力計	127,675	113,384	99,092	138,425	84,800	70,509	56,217	95,550	154,550
配当計	19,666	19,667	19,667	59,000	19,666	19,667	19,667	59,000	118,000

A B C 1	0	0	0	0	0	0	0	0	0
C 2-5	19,666	19,667	19,667	59,000	19,666	19,667	19,667	59,000	118,000
差引残	108,009	93,717	79,425	79,425	65,134	50,842	36,550	36,550	36,550

区分＼月別	10	11	12	小計	1	2	3	小計	下期計
在庫	36,550	22,259	7,967	36,550	0	0	0	0	36,550
国産	5,375	5,375	5,375	16,125	5,375	5,375	5,375	16,125	32,250
人石 無水									
供給力計	41,925	27,634	13,342	52,675	5,375	5,375	5,375	16,125	68,800
配当計	19,666	19,667	19,667	59,000	19,666	19,667	19,667	59,000	118,000
A B C 1	0	0	0	0	0	0	0	0	0
C 2-5	19,666	19,667	19,667	59,000	19,666	19,667	19,667	59,000	118,000
差引残	22,259	7,967	△ 6,325	△ 6,325	△ 14,291	△ 14,292	△ 14,292	△ 42,875	△ 49,200
備考	⊗内 35,000（輸入機械油）ハ十八年度分トシテ保留ス 従ッテ次年度繰越分 122,300 竏トス								

第七表　半固体機械油　（瓩）

区分＼月別	10	11	12	小計	1	2	3	小計	十六年度下期計
在庫	10,364	9,820	9,275	10,364	8,729	8,035	7,491	8,729	10,364
国産	555	555	555	1,665	555	555	555	1,665	3,330
人石 無水									
供給力計	10,919	10,375	9,830	12,029	9,284	8,590	8,046	10,394	13,694
配当計	1,099	1,100	1,101	3,300	1,249	1,099	1,101	3,449	6,749
A　B　C 1	308	308	309	925	308	308	309	925	1,850
	⊕ 10	⊕ 10	⊕ 10	⊕ 30	⊕ 160	⊕ 10	⊕ 10	⊕ 180	⊕ 210
C　2 – 5	781	782	782	2,345	781	781	782	2,344	4,689
差引残	9,820	9,275	8,729	8,729	8,035	7,491	6,945	6,945	6,945

区分＼月別	4	5	6	小計	7	8	9	小計	上期計
在庫	6,945	6,379	5,812	6,945	5,245	4,679	4,112	5,245	6,945
国産	250	250	250	750	250	250	250	750	1,500
人石 無水									
供給力計	7,195	6,629	6,062	7,695	5,495	4,929	4,362	5,995	8,445
配当計	816	817	817	2,450	816	817	817	2,450	4,900

{A　B　C l C　2－5	0 816	0 817	0 817	0 2,450	0 816	0 817	0 817	0 2,450	0 4,900
差引残	6,379	5,812	5,245	5,245	4,679	4,112	3,545	3,545	3,545
区分＼月別	10	11	12	小計	1	2	3	小計	下期計
在庫	3,545	2,979	2,412	3,545	1,845	1,279	712	1,845	3,545
国産	250	250	250	750	250	250	250	750	1,500
人石 無水									
供給力計	3,795	3,229	2,662	4,295	2,095	1,529	962	2,595	5,045
配当計	816	817	817	2,450	816	817	817	2,450	4,900
{A　B　C l C　2－5	0 816	0 817	0 817	0 2,450	0 816	0 817	0 817	0 2,450	0 4,900
差引残	2,979	2,412	1,845	1,845	1,279	712	145	145	145
備考									

第八表　　B　重　油　　(竏)

区分＼月別	10	11	12	小計	1	2	3	小計	十六年度下期計
在庫	113,928 ⊗ 92,817	163,066	119,387	206,745	75,709	32,299	—	75,709	206,745
国産	4,008	4,008	4,009	12,025	4,008	4,008	4,009	12,025	24,050
人石									
無水									
供給力計	210,753	167,074	123,396	218,770	79,717	36,307	4,009	87,734	230,795
配当計	47,687	47,687	47,687	143,061	47,418	47,418	47,421	142,257	285,318
{A B C 1 {C 2－5	0 ⊕ 2,900 44,787	0 ⊕ 2,900 44,787	0 ⊕ 2,900 44,787	0 ⊕ 8,700 134,361	0 ⊕ 2,633 44,785	0 ⊕ 2,633 44,785	0 ⊕ 2,634 44,787	0 ⊕ 7,900 134,357	0 ⊕ 16,600 268,718
差引残	163,066	119,387	75,709	75,709	32,299	△ 11,111	△ 43,412	△ 54,523	△ 54,523

区分＼月別	4	5	6	小計	7	8	9	小計	上期計
在庫	0	0	0	0	0	0	0	0	0
国産	2,750	2.750	2,750	8,250	2,750	2,750	2,750	8,250	16,500
人石	1,020	1,020	1,020	3,060	1,020	1,020	1,020	3,060	6,120
無水	—	—	—	—	—	—	—	—	—
供給力計	3,770	3,770	3,770	11,310	3,770	3,770	3,770	11,310	22,620
配当計	47,420	47,420	47,420	142,260	47,420	47,420	47,420	142,260	284,520

A B C 1	0	0	0	0	0	0	0	0	0
C 2－5	47,420	47,420	47,420	142,260	47,420	47,420	47,420	142,260	284,520
差引残	△ 43,650	△ 43,650	△ 43,650	△ 130,950	△ 43,650	△ 43,650	△ 43,650	△ 130,950	△ 261,900

区分＼月別	10	11	12	小計	1	2	3	小計	下期計
在庫	2	0	0	0	0	0	0	0	0
国産	2,750	2,750	2,750	8,250	2,750	2,750	2,750	8,250	16,500
人石	2,846	2,847	2,847	8,540	2,846	2,847	2,847	8,540	17,080
無水	—	—	—	—	—	—	—	—	—
供給力計	5,596	5,597	5,597	16,790	5,596	5,597	5,597	16,790	33,580
配当計	47,420	47,420	47,420	142,260	47,420	47,420	47,420	142,260	284,520
A B C 1	0	0	0	0	0	0	0	0	0
C 2－5	47,420	47,420	47,420	142,260	47,420	47,420	47,420	142,260	284,520
差引残	△ 41,824	△ 41,823	△ 41,823	△ 125,470	△ 41,824	△ 41,823	△ 41,823	△ 125,470	△ 250,940
備考	⊗印ハ在庫原油ヨリノ生産数量トス 本物動計算ハ在庫原油ヲ全部一旦精製セルモノト仮定シテ作成セルモ実際上ハ節約セルモノハ原油トシテ次年度ニ繰越スヲ以テB重油ハ本計算ヨリモ早期ニ於テ赤字トナルモノナリ								

第九表　　C　重　油　　(竏)

区分＼月別	10	11	12	小計	1	2	3	小計	十六年度下期計
在庫	136,817	138,517	140,216	136,817	141,915	143,615	145,314	141,915	136,817
国産	4,008	4,008	4,009	12,025	4,008	4,008	4,009	12,025	24,050
人石	6,050	6,050	6,050	18,150	6,050	6,050	6,050	18,150	36,300
無水	—	—	—	—	—	—	—	—	—
供給力計	146,875	148,575	150,275	166,992	151,973	153,673	155,373	172,090	197,167
配当計	8,358	8,359	8,360	25,077	8,358	8,359	8,359	25,076	50,153
A　B　C 1	0	0	0	0	0	0	0	0	0
	⊕ 1,666	⊕ 1,667	⊕ 1,667	⊕ 5,000	⊕ 1,666	⊕ 1,667	⊕ 1,667	⊕ 5,000	⊕ 10,000
C　2－5	6,692	6,692	6,693	20,077	6,692	6,692	6,692	20,076	40,153
差引残	138,517	140,216	141,915	141,915	143,615	145,314	147,014	147,014	100,000 ⊗ (147,014)

区分＼月別	4	5	6	小計	7	8	9	小計	下期計
在庫	100,000	98,498	96,994	100,000	95,490	93,988	92,484	95,490	100,000
国産	2,750	2,750	2,750	8,250	2,750	2,750	2,750	8,250	16,500
人石	4,080	4,080	4,080	12,240	4,080	4,080	4,080	12,240	24,480
無水	—	—	—	—	—	—	—	—	—
供給力計	106,830	105,328	103,824	120,490	102,320	100,818	99,314	115,980	140,980
配当計	8,332	8,334	8,334	25,000	8,332	8,334	8,334	25,000	50,000

A B C 1 C 2－5	⊕ 0 1,666 6,666	⊕ 0 1,667 6,667	⊕ 0 1,667 6,667	⊕ 0 5,000 20,000	⊕ 0 1,666 6,666	⊕ 0 1,667 6,667	⊕ 0 1,667 6,667	⊕ 0 5,000 20,000	⊕ 0 10,000 40,000
差引残	98,498	96,994	95,490	95,490	93,988	92,484	90,980	90,980	90,980

区分＼月別	10	11	12	小計	1	2	3	小計	下期計
在庫	90,980	96,784	102,587	90,980	108,390	114,194	119,997	108,390	90,980
国産	2,750	2,750	2,750	8,250	2,750	2,750	2,750	8,250	16,500
人石	11,386	11,387	11,387	34,160	11,386	11,387	11,387	34,160	68,320
無水	—	—	—	—	—	—	—	—	—
供給力計	105,116	110,921	116,724	133,390	122,526	128,331	134,134	150,800	175,800
配当計	8,332	8,334	8,334	25,000	8,332	8,334	8,334	25,000	50,000
A B C 1 C 2－5	⊕ 0 1,666 6,666	⊕ 0 1,667 6,667	⊕ 0 1,667 6,667	⊕ 0 5,000 20,000	⊕ 0 1,666 6,666	⊕ 0 1,667 6,667	⊕ 0 1,667 6,667	⊕ 0 5,000 20,000	⊕ 0 10,000 40,000
差引残	96,784	102,587	108,390	108,390	114,194	119,997	125,800	125,800	125,800
備考	⊗但約5万ハB重油ヲ多産セントスルガ為ノ，アスファルト及ピッチ分ナリ，従ッテ次年度繰越ノC重油約 100,000 竏ト見做ス								

企計S物A〇〇五号
一連番号五十四
昭和十六年十月二十二日
企画院

戦争ヲ考慮セル場合ノ海上輸送力（民需）及之ニ伴フ重要物資ニ対スル配船ノ見透

民需配船

目次

（単位千総噸）

一、ＡＢ船ハ左記船腹量ヲ保有スルモノトス

	Ａ	Ｂ
第一ケ月	二、一〇〇	各月一、八〇〇
第二ケ月	二、一〇〇	
第三ケ月	二、一〇〇	内訳
第四ケ月	二、一〇〇	タンカー　二七〇
第五ケ月	一、七〇〇	漁船　九四
第六ケ月	一、六五〇（軍需品一〇〇ヲ含ム）	貨客船　三三六
第七ケ月	一、五〇〇	貨物船　一、一〇〇
第八ケ月	一、〇〇〇	
以下各月	一、〇〇〇	

右ハ総噸数千噸以上ニシテ

此ノ外小型一五アリ

尚冷凍船一〇〇ハ除外ス

備　考

十月末ニ於テハＡＢ共概ネ右保有量トナルモノト認ム

二、喪失（被拿捕又ハ釘付ケトナルベキモノヲ含ム）ハ左ノ如シ

㈠　ＡＢ船

年　間　四〇〇

右ノ中二〇〇ハ第四ケ月迄ニ喪失（月五〇）シ残余二〇〇ハ第五ケ月以後八ケ月間ニ喪失（月二五）ス

右喪失ハ第一項ノ保有量ヲ維持スルニ必要トスルモノヲＣヨリ追加徴用セラルベシ

㈡　Ｃ　船

年　間　四〇〇

右ハ第一ケ月以後月平均（三三）ニテ喪失ス

三、新造船ハ左ノ通トス

㈠　十六年度ハ計画三八〇ノ中造船現状ヨリ推シ貨物、貨客船ヲ三〇〇（月平均二五）トス

㈡　十七年度ハ計画ヲ五〇〇トシ其ノ中鉱石船ヲ含ム貨物船三一五、貨客船八五計四〇〇（月平均三三・五）トス

右五〇〇計画実現ノタメ短年月使用可能ナル急造船ヲ強力ナル方針確立ノ下ニ着工スルモノトス

四、新ニ拿捕（枢軸国船舶ノ利用及揚子江小型船舶ノ活用ヲ含ム）スベキモノヲ左ノ通トス

一五〇

右ハ第一ケ月以降五ケ月間ニ拿捕（月平均三〇）シ之ヲ利用シ得ルモノトス

五、通商保護、護送船団ニ依ル稼行率（主トシテジグザグ航路及夜間荷役等ニ因ルモノ）ノ低下ハ左ノ通トス

	貨物船（不定期）	貨客船（定期）
現在迄ノ稼行率	一・四五	〇・八
能率向上ヲ期待セル稼行率	一・五〇	〇・八
低下稼行率	一・三五	〇・七

六、事故船ハ現状ノ月平均三二程度ニ対シ相当増率ヲ示スベシ

七、入渠船（修繕ノタメノ繋留船ヲ含ム）ハ現状ノ月平均一七〇程度ニ対シ相当増率ヲ示スベシ

第一表　　**供給船腹内訳表**　　（単位千総噸）

月別	登簿船	新造船	未登簿船	現拿捕船	外国傭船	増加拿捕船 十一月	十二月	一月	二月	三月	合計 十一月	十二月	一月	二月	三月
16年10月	5,505・3	25・0	75.0	22.7	87.3								5,715.3		
〃 11月	5,530・3	〃	〃	〃	〃								5,740.3		
〃 12月	5,555・3	〃	〃	〃	〃	30					5,795.3		5,765.3		
計											17,250.9		17,220.9		
17年 1月	5,580.3	〃	〃	〃	〃	60	30				5,850.3	5,820.3		5,790.3	
〃 2月	5,605.3	〃	〃	〃	〃	90	60	30			5,905.3	5,875.3	5,845.3	5,815.3	
〃 3月	5,630.3	〃	〃	〃	〃	120	90	60	30		5,960.3	5,930.3	5,900.3	5,870.3	5,840.3
計											17,715.9	17,625.9	17,535.9	17,475.9	17,445.9
〃4 月	5,655.3	〃	〃	〃	〃	150	120	90	60	30	6,015.3	5,985.3	5,955.3	5,925.3	5,895.3
〃5 月	5,680.3	33.5	〃	〃	〃	〃	150	120	90	60	6,048.8		6,018.8	5,988.8	5,958.8
〃6 月	5,713.8	〃	〃	〃	〃	〃	〃	150	120	90		6,082.3		6,052.3	6,022.3
計											18,146.4	18,116.4	18,056.4	17,966.4	17,876.4
〃 7月	5,747.3	〃	〃	〃	〃	〃	〃	〃	150	120		6,115.8			6,085.8
〃 8月	5,780.8	〃	〃	〃	〃	〃	〃	〃	〃	150		6,149.3			
〃 9月	5,814.3	〃	〃	〃	〃	〃	〃	〃	〃	〃		6,182.8			
計												18,447.9			18,417.9
〃10月	5,847.8	〃	〃	〃	〃	〃	〃	〃	〃	〃		6,216.3			
〃11月	5,881.3	〃	〃	〃	〃	〃	〃	〃	〃	〃		6,249.8			
〃12月	5.914.8	〃	〃	〃	〃	〃	〃	〃	〃	〃		6,283.3			
計												18,749.4			
18年 1月	5,948.3	〃	〃	〃	〃	〃	〃	〃	〃	〃		6,316.8			
〃 2月	5,981.8	〃	〃	〃	〃	〃	〃	〃	〃	〃		6,350.3			
〃 3月	6,015.3	〃	〃	〃	〃	〃	〃	〃	〃	〃		6,383.8			
計												19,050.9			
17年度合計	69,981.1	393.5	900.0	272.4	1,047.6	1,800	1,770	171,0	1,620	1,500	74,394.6	74,364.6	74,304.6	74,214.6	74,094.6

（備考）　登簿船ハ油槽船，漁船，官庁船，其他特殊設備船ヲ除ク百噸以上ノ汽船トス

第二表

控除船腹内訳表

（単位千総噸）

勃発月別					月別	徴用船 A	徴用船 B	喪失 A・B	喪失 C	海難船	修繕船	事故船	合計
					十六年十月	2,115	1,436			34.7	170.0		3,755.7
11/16	12/16	1/17	2/17	3/17	第一月	〃	〃	50	30	〃	200.0	63.0	3,928.7
12	1/17	2	3	4	第二月	〃	〃	100	60	〃	250.0	123.0	4,118.7
1/17	2	3	4	5	第三月	〃	〃	150	90	〃	270.0	〃	4,218.7
2	3	4	5	6	第四月	〃	〃	200	120	〃	〃	〃	4,298.7
3	4	5	6	7	第五月	1,715	〃	220	150	〃	〃	〃	3,948.7
4	5	6	7	8	第六月	1,665	〃	240	180	38.0	〃	〃	3,952.0
5	6	7	8	9	第七月	1,515	〃	260	220	〃	〃	〃	3.862.0
6	7	8	9	10	第八月	1,015	〃	290	250	〃	250.0	〃	3.402.0
7	8	9	10	11	第九月	〃	〃	310	280	〃	〃	〃	3,452.0
8	9	10	11	12	第十月	〃	〃	330	310	〃	〃	〃	3,502.0
9	10	11	12	1/18	第十一月	〃	〃	360	340	〃	〃	86.0	3,525.0
10	11	12	1/18	2	第十二月	〃	〃	380	360	41.0	〃	〃	3,568.0
11	12	1/18	2	3	第十三月	〃	〃	400	400	〃	〃	〃	3,628.0
12	1/18	2	3		第十四月	〃	〃	420	430	〃	〃	〃	3,678.0
1/18	2	3			第十五月	〃	〃	440	460	〃	230.0	〃	3,708.0
2	3				第十六月	〃	〃	460	490	〃	〃	〃	3,758.0
3					第十七月	〃	〃	490	520	〃	〃	〃	3,818.0

第三表　　**海上輸送力算定**　　（十一月開戦）（単位千噸）

月別	供給船腹（総噸）	控除船腹（総噸）	差引稼行船腹（総噸）	定期 総噸数	定期 重量噸（・九三五）	定期 輸送量（・七）	不定期 総噸数	不定期 重量噸（一・五）	不定期 輸送量（一・三五）	輸送量合計
16年10月	5,715.3	3,755.7	1,959.6	580.0	542.3	379.6	1,379.6	2,069.4	2,793.7	3,173.3
〃 11月	5,740.3	3,928.7	1,811.6	〃	〃	〃	1,231.6	1,847.4	2,494.0	2,873.6
〃 12月	5,795.3	4,118.7	1,676.6	〃	〃	〃	1,096.6	1,644.9	2,220.6	2,600.2
計	17,250.9	11,803.1	5.447.8	1,740.0	1,626.9	1,138.8	3,707.8	5,561.7	7,508.3	8,647.1
17年 1月	5,850.3	4,218.7	1,631.6	580.0	542.3	379.6	1,051.6	1,577.4	2,129.5	2,509.1
〃 2月	5,905.3	4,298.7	1,606.6	〃	〃	〃	1,026.6	1,539.9	2,078.9	2,458.5
〃 3月	5,960.3	3,948.7	2,011.6	〃	〃	〃	1,431.6	2,147.4	2,889.0	3,278.6
計	17,715.9	12,466.1	5,249.8	1,740.0	1,626.9	1,138.8	3,509.8	5,264.7	7,107.4	8,246.2
〃 4月	6,015.3	3,952.0	2,063.3	600.0	561.0	392.7	1,463.3	2,195.0	2,963.3	3,356.0
〃 5月	6,048.8	3,862.0	2,186.8	〃	〃	〃	1,586.8	2,380.2	3,213.3	3,606.0
〃 6月	6,082.3	3,402.0	2,680.3	680.0	635.8	445.1	2,000.3	3,000.5	4,050.7	4,495.8
計	18,146.4	11,216.0	6,930.4	1,880.0	1,757.8	1,230.5	5,050.4	7,575.7	10,227.3	11,457.8
〃 7月	6,115.8	3,452.0	2,663.8	680.0	635.8	445.1	1,983.8	2,975.7	4,017.2	4,462.3
〃 8月	6,149.3	3,502.0	2,647.3	〃	〃	〃	1,967.3	2,951.0	3,983.9	4,429.0
〃 9月	6,182.8	3,525.0	2,657.8	〃	〃	〃	1,977.8	2,966.7	4,005.0	4,450.1
計	18,447.9	10,479.0	7,968.9	2,040.0	1,907.4	1,335.3	5,928.9	8,893.4	12,006.1	13,341.4
〃 10月	6,216.3	3,568.0	2,648.3	680.0	635.8	445.1	1,968.3	2,952.5	3,985.9	4,431.0
〃 11月	6,249.8	3,628.0	2,621.8	〃	〃	〃	1,941.8	2,912.7	3,932.1	4,377.2
〃 12月	6,283.3	3,678.0	2,605.3	〃	〃	〃	1,925.3	2,888.0	3,898.8	4,343.9
計	18,749.4	10.874.0	7,875.4	2,040.0	1,907.4	1,335.3	5,835.4	8,753.2	11,816.8	13,152.1
18年 1月	6,316.8	3,708.0	2,608.8	680.0	635.8	445.1	1,928.8	2,893.2	3,905.8	4,350.9
〃 2月	6,350.3	3,758.0	2,592.3	〃	〃	〃	1,912.3	2,868.5	3,872.5	4,317.6
〃 3月	6,383.8	3,818.0	2,565.8	〃	〃	〃	1,885.8	2,828.7	3,818.7	4,263.8
計	19,050.9	11,284.0	7,766.9	2,040.0	1,907.4	1,335.3	5,726.9	8,590.4	11,597.0	12,932.3
17年度合計	74,394.6	43,853.0	30.541.6	8,000.0	7,480.0	5,236.4	22,541.6	33,812.7	45,647.2	50,883.6
月平均	6,199.6	3,654.4	2,545.1	666.7	623.3	436.4	1,878.5	1,878.5	3,803.9	4,240.3

第四表　　海上輸送力算定　　（十二月開戦）（単位千噸）

月別	供給船腹（総噸）	控除船腹（総噸）	差引稼行船腹（総噸）	定期 総噸数	定期 重量噸（・九三五）	定期 輸送量（・七）	不定期 総噸数	不定期 重量噸（一・五）	不定期 輸送量（一・三五）	輸送量合計
16年10月	5,715.3	3,755.9	1,959.6	580.0	542.3	379.6	1,379.6	2,069.4	2,793.6	3,173.2
〃 11月	5,740.3	3,755.7	1,984.6	〃	〃	〃	1,404.6	2,106.9	2,844.3	3,223.9
〃 12月	5,765.3	3,928.7	1,836.6	〃	〃	〃	1,256.6	1,734.9	2,342.1	2,621.7
計										9,018.8
17年 1月	5,820.3	4,118.7	1,701.6	〃	〃	〃	1,121.6	1,682.4	2,271.2	2,650.8
〃 2月	5,875.3	4,218.7	1,656.6	〃	〃	〃	1,076.6	1,614.9	2,180.1	2,559.7
〃 3月	5,930.3	4,298.7	1,631.6	〃	〃	〃	1,051.6	1,577.4	2,129.4	2,509.0
	17,625.9	12,636.1	4,989.8	1,740.0	1,626.9	1,138.8	3,249.8	4,874.7	6,580.7	7,719.5
〃 4月	6,985.3	3,948.7	2,036.6	580.0	542.3	379.6	1,456.6	2,184.9	3,084.6	3,464.2
〃 5月	6,048.8	3,952.0	2,096.8	600.0	561.0	392.7	1,496.8	2,245.2	3,031.0	3,423.7
〃 5月	6,082.3	3,862.0	2,220.3	〃	〃	〃	1,620.3	2,430.4	3,281.0	3,673.7
計										10,561.6
〃 7月	6,115.8	3,402.0	2,713.8	680.0	635.8	445.1	2,033.8	3,050.7	4,118.4	4,563.5
〃 8月	6,149.3	3,452.0	2,697.3	〃	〃	〃	2,017.3	3,025.9	4,084.9	4,530.0
〃 9月	6,182.8	3,502.0	2,680.8	〃	〃	〃	2,000.8	3,001.2	4,051.6	4,496.7
計										13,590.2
〃 10月	6,216.3	3,525.0	2,691.3	〃	〃	〃	2,011.3	3,016.9	4,072.8	4,517.9
〃 11月	6,249.8	3,568.0	2,681.8	〃	〃	〃	2,001.8	3,002.7	4,053.6	4,498.7
〃 12月	6,283.3	3,628.0	2,655.3	〃	〃	〃	1,975.3	2,962.9	3,999.9	4,445.0
計										13,461.6
18年 1月	6,316.8	3,678.0	2,638.8	〃	〃	〃	1,958.8	2,938.2	3,966.5	4,411.6
〃 2月	6,350.3	3,708.0	2,642.3	〃	〃	〃	1,962.3	2,943.4	3,973.5	4,418.6
〃 3月	6,383.8	3,758.0	2,625.8	〃	〃	〃	1,945.8	2,918.7	3,940.2	4,385.3
計										13,215.5
17年度合計	74,364.6	43,983.7	30,380.9	7,900.0	7,386.5	5,170.9	22,480.9	33,721.1	45,658.0	50,828.9
月平均	6,197.0	3,665.3	2,531.7	658.3	615.5	430.9	1,873.4	1,810.1	3,804.8	4,235.7

第五表　　海上輸送力算定　　（一月開戦）（単位千噸）

月別	供給船腹（総噸）	控除船腹（総噸）	差引稼行船腹（総噸）	定期 総噸数	定期 重量噸（・九三五）	定期 輸送量（・七）	不定期 総噸数	不定期 重量噸（一・五）	不定期 輸送量（一・三五）	輸送量合計
16年10月	5,715.3	3,755.7	1,959.6	5,800	542.3	379.6	1,379.6	2,069.4	2,793.6	3,173.2
〃 11月	5,740.3	〃	1,984.6	〃	〃	〃	1,404.6	2,106.9	2,844.3	3,223.9
〃 12月	5,765.3	〃	2,009.6	〃	〃	〃	1,429.6	2,144.4	2,894.9	3,274.5
計										9,671.6
17年 1月	5,790.3	3,928.7	1,861.6	〃	〃	〃	1,281.6	1,922.4	2,595.2	2,974.8
〃 2月	5,845.3	4,118.7	1,726.6	〃	〃	〃	1,146.6	1,719.9	2,321.8	2,701.4
〃 3月	5,900.3	4,218.7	1,681.6	〃	〃	〃	1,101.6	1,652.4	2,230.7	2,610.3
計	17,535.3	12,266.1	5,269.8	1,740.0	1,626.9	1,138.8	3,529.8	5,294.7	7,147.7	8,286.5
〃 4月	5,955.3	4,298.7	1,656.6	580.0	542.3	379.6	1,076.6	1,614.0	2,280.1	2,659.7
〃 5月	6,018.8	3,948.7	2,070.1	〃	〃	〃	1,490.1	2,235.1	3,017.3	3,396.9
〃 6月	6,082.3	3,952.0	2,130.3	600.0	561.0	392.7	1,530.3	2,295.4	3,098.7	3,491.4
計										9,548.0
〃 7月	6,115.8	3,862.0	2,253.8	〃	〃	〃	1,653.8	2,480.7	3,348.9	3,741.6
〃 8月	6,149.3	3,402.0	2,747.3	680.0	635.8	445.1	2,067.3	3,100.9	4,186.2	4,631.3
〃 9月	6,182.8	3,452.0	2,730.8	〃	〃	〃	2,050.8	3,076.2	4,152.8	4,597.9
計										12,970.8
〃 10月	6,216.3	3,502.0	2,714.3	〃	〃	〃	2,034.3	3,051.4	4,119.3	4,564.4
〃 11月	6,249.8	3,525.0	2,724.8	〃	〃	〃	2,044.8	3,067.2	4,140.7	4,585.8
〃 12月	6,283.3	3,568.0	2,715.3	〃	〃	〃	2,035.3	3,052.9	4,121.4	4,566.5
計										13,716.7
18年 1月	6,316.8	3,628.0	2,688.8	〃	〃	〃	2,008.8	3,013.2	4,067.8	4,512.9
〃 2月	6,350.3	3,678.0	2,672.3	〃	〃	〃	1,992.3	2,988.4	4,034.3	4,479.4
〃 3月	6,383.8	3,708.0	2,675.8	〃	〃	〃	1,995.8	2,993.7	4,041.4	4,486.5
計										13,478.8
17年度合計	74,304.6	44,524.4	29,780.2	7,800.0	7,293.0	5,105.4	21,980.2	32,970.0	44,608.9	49,714.3
月平均	6,192.0	3,710.3	2,481.7	650.0	607.7	425.4	1,831.7	1,747.5	3,717.4	4,142.3

第六表　　海上輸送力算定　　（二月開戦）（単位千噸）

月別	供給船腹（総噸）	控除船腹（総噸）	差引稼行船腹（総噸）	定期 総噸数	定期 重量噸（・九三五）	定期 輸送量（・七）	不定期 総噸数	不定期 重量噸（一・五）	不定期 輸送量（一・三五）	輸送量合計
16年10月	5,715.3	3,755.7	1,959.6	580.0	542.3	379.6	1,379.6	2,069.4	2,793.7	3,173.3
〃 11月	5,740.3	〃	1,984.6	〃	〃	〃	1,404.6	2,106.9	2,844.3	3,223.9
〃 12月	5,765.3	〃	2,009.6	〃	〃	〃	1,429.6	2,144.4	2,894.9	3,274.5
計										9,671.7
17年 1月	5,790.3	〃	2,034.6	〃	〃	〃	1,454.6	2,181.9	2,945.6	3,325.2
〃 2月	5,815.3	3,928.7	1,886.6	〃	〃	〃	1,306.6	1,960.0	2,646.0	3,025.6
〃 3月	5,870.3	4,118.7	1,751.6	〃	〃	〃	1,171.6	1,757.4	2,372.5	2,752.1
計	17,475.9	11,803.1	5,672.8	1,740.0	1,626.9	1,138.8	3,932.8	5,899.3	7,964.1	9,102.9
〃 4月	5,925.3	4,218.7	1,706.6	580.0	542.3	379.6	1,126.6	1,689.9	2,281.4	2,661.0
〃 5月	5,988.8	4,298.7	1,690.1	〃	〃	〃	1,110.1	1,665.2	2,248.0	2,627.6
〃 6月	6,052.3	3,948.7	2,103.6	〃	〃	〃	1,523.6	2,285.4	3,085.3	3,464.9
計										8,753.5
〃 7月	6,115.8	3,952.0	2,163.8	600.0	561.0	392.7	1,563.8	2,345.7	3,166.7	3,559.4
〃 8月	6,149.3	3,862.0	2,287.3	〃	〃	〃	1,687.3	2,531.0	3,416.9	3,809.6
〃 9月	6,182.2	3,402.0	2,780.2	680.0	635.8	445.1	2,100.2	3,150.3	4,252.9	4,698.0
計										12,067.0
〃 10月	6,216.3	3,452.0	2,764.3	〃	〃	〃	2,084.3	3,126.5	4,220.8	4,665.9
〃 11月	6,249.8	3,502.0	2,747.8	〃	〃	〃	2,067.8	3,101.7	4,187.3	4,632.4
〃 12月	6,283.3	3,525.0	2,758.3	〃	〃	〃	2,078.3	3,117.5	4,208.6	4,653.7
計										13,952.0
18年 1月	6,316.8	3,568.0	2,748.8	〃	〃	〃	2,068.8	3,103.2	4,189.3	4,634.4
〃 2月	6,350.3	3,628.0	2,722.3	〃	〃	〃	2,042.3	3,063.5	4,135.7	4,580.8
〃 3月	6,383.8	3,678.0	2,705.8	〃	〃	〃	2,025.8	3,038.7	4,102.2	4,547.3
計										13,762.5
17年度合計	74,214.0	45,035.1	29,178.9	7,700.0	7,199.5	5,039.9	21,478.9	32,218.6	43,495.1	48,535.0
月平均	6,184.5	3,752.9	2,431.6	641.7	599.9	419.9	1,789.9	2,684.9	3,624.6	4,044.5

第七表　　　　海上輸送力算定　　　　（三月開戦）（単位千噸）

月別	供給船腹（総噸）	控除船腹（総噸）	差引稼行船腹（総噸）	定期 総噸数	定期 重量噸（・九三五）	定期 輸送量（・七）	不定期 総噸数	不定期 重量噸（一・五）	不定期 輸送量（一・三五）	輸送量合計
16年10月	5,715.3	3,755.7	1,959.6	580.0	542.3	379.6	1,379.6	2,069.4	2,793.7	3,173.3
〃 11月	5,740.3	〃	1,984.6	〃	〃	〃	1,404.6	2,106.9	2,844.3	3,223.9
〃 12月	5,765.3	〃	2,009.6	〃	〃	〃	1,429.6	2,144.9	2,895.6	3,275.2
計										9,672.4
17年 1月	5,790.3	〃	2,034.6	〃	〃	〃	1,454.6	2,181.9	2,945.5	3,325.1
〃 2月	5,815.3	〃	2,059.6	〃	〃	〃	1,479.6	2,219.4	2,996.2	3,375.8
〃 3月	5,840.3	3,928.7	1,911.6	〃	〃	〃	1,331.6	1,997.4	2,696.5	3,076.1
計	17,445.9	11,440.1	6,006.8	1,740.0	1,626.9	1,138.8	4,266.8	6,400.2	8,638.2	9,777.0
〃 4月	5,895.3	4,118.7	1,776.6	580.0	542.3	379.6	1,196.6	1,794.9	2,423.1	2,802.7
〃 5月	5,958.8	4,218.7	1,740.1	〃	〃	〃	1,160.1	1,740.1	2,349.1	2,728.7
〃 6月	6,022.3	4,298.7	1,723.6	〃	〃	〃	1,143.6	1,715.4	2,315.7	2,695.3
計										8,226.7
〃 7月	6,085.8	3,948.7	2,137.1	〃	〃	〃	1,557.1	2,335.6	3,153.1	3,532.7
〃 8月	6,149.3	3,952.0	2,197.3	600.0	561.0	392.7	1,597.3	2,395.9	3,234.5	3,627.2
〃 9月	6,182.2	3,862.0	2,320.2	〃	〃	〃	1,720.2	2,580.3	3,483.4	3,876.1
計										11,036
〃 10月	6,216.3	3,402.0	2,814.3	680.0	635.8	445.1	2,134.3	3,201.5	4,322.0	4,767.1
〃 11月	6,249.8	3,452.0	2,797.8	〃	〃	〃	2,117.8	3,176.7	4,288.5	4,733.6
〃 12月	6,283.3	3,502.0	2,781.3	〃	〃	〃	2,101.3	3,151.9	4,255.1	4,700.2
計										14,200.9
18年 1月	6,316.8	3,525.0	2,791.8	〃	〃	〃	2,111.8	3,167.7	4,276.4	4,721.5
〃 2月	6,350.3	3,568.0	2,782.3	〃	〃	〃	2,102.3	3,153.5	4,257.2	4,702.3
〃 3月	6,383.8	3,628.0	2,755.8	〃	〃	〃	2,075.8	3,113.7	4,203.5	4,648.6
計										14,072.4
17年度合計	74,094.0	45,475.8	28,618.2	7,600.0	7,106.0	4,974.4	21,018.2	31,527.2	42,561.6	47,536.0
月平均	6,174.5	3,789.7	2,384.8	633.3	592.1	414.5	1,751.5	2,627.2	3,546.8	3,961.3

第八表　　開戦ノ時機ト海上輸送力表　　（単位千稼行噸）

			十一月開戦ノ場合	十二月〃	一月〃	二月〃	三月〃
4/16四半期		計（イ）	8,246.2	7,719.5	8,286.5	9,102.9	9,777
		月平均	2,748.4	2,573.2	2,728.8	3,034.3	3,259
十七年度	1/17半期	計	11,457.8	10,561.6	9,548	8,753.5	8,226.7
		月平均	3,819.3	3,520.5	3.182.6	2,917.8	2,708.9
	2/17〃	計	13,341.4	13,590.2	12,970.8	12,067	11,046
		月平均	4,447.1	4,530.1	4,323.6	4,022	3,682
	3/17〃	計	13,152.1	13,461.6	13,716.7	13,952	14,200.9
		月平均	4,384	4,487.2	4,572.2	4,651	4,733.6
	4/17〃	計	12,932.3	13,215.5	13,478.8	13,762.5	14,072.4
		月平均	4,310.7	4,405.2	4,492.9	4,587.5	4,690.8
	合計	計（ロ）	50,883.6	50,828.9	49,714.3	48,535	47,536
		月平均	4,240.3	4,235.7	4,142.8	4,044.5	3,961.3
（イ）＋（ロ）			58,129.8	58,548.4	58,000.8	57,637.9	57,313

第九表　　開戦ノ時機ト海上輸送力表　　（単位千稼行噸）

	第一次案 年間	第一次案 追加	第一次案 合計	十一月開戦ノ場合 再追加量 4,543.6	三月開戦ノ場合 再追加量 1,196
石炭	21,120	鉄鋼 1,600 アルミ 595 硫安 410	23,725	2,783.6	716
鉄鉱石	5,370	900	5,370	300	
銑鋼	2,440	工業塩 130	3,340		
塩	1,646	アルミ 105	1,776	塩 300	
非鉄	2,904	硫化鉄鉱 70	3,079		
ソーダ水	72		72		
セメント	360		360		
油類	72		72		
紙パルプ	390		390		
棉花	126		126		
機械車輛	264		264		
木材	720		720		
北洋材	180	450	180		
穀類	3,260		3,710	200	
砂糖	870	200	870		
燐鉱石	480		680		
肥料	780		780		
飼料	340		340		
油脂	36		36		
油料種実	150		150		
生ゴム	60	240	60		
其ノ他			240	960（月120×8）	480（月120×4）
計			46,340	50,883.6	47,536
月平均			3,860	4,240.3	3,961.3

企計S物A〇〇六号
一連番号五四号
昭和十六年十月二十二日
企画院

重要物資ノ供給力算定資料

参考（石炭南方取得物資円ブロック取得物資）

目次

本石炭配当案ニハ汽船積ノ外機帆船ニヨルモノ二、二一〇千瓲（月三六八千瓲ノ六ヶ月分）曳船帆船ニヨルモノ二、六四〇千瓲（月二二〇千瓲ノ一ヶ年分）ヲ加味シアリ、以上ニ依レバ民需一般配当ノ本州四国ニ付テハ

	十一月ノ場合	三月ノ場合
配当	二五、二五〇千瓲	二三、八七八千瓲
十六年度物動計画比	七四％	七〇％

トナルベシ

但シ物資別配船及民需石油解決ヲ前提条件トセバ年間更ニ二一一、〇〇〇千瓲程度ヲ石炭輸送ニ増加シ得ルコトト算出セラルルヲ以テ此ノ中仮リニ朝鮮向一、五〇〇千瓲ヲ控除セバ九、五〇〇千瓲ノ増加ヲ期待セラル、故ニ

	十一月ノ場合	三月ノ場合
配当	三四、五七〇千瓲	三三、三七八千瓲
十六年度物動比	一〇〇％	九六％

トナシ得ルコト可能視セラル

第一表　石炭配当案　（一）石炭総括　（単位，千瓲）

		地域別													
		北海道	九州	本州四国						朝鮮（有煙炭ノミ）					
				一次案		修正				一次案		修正			
						11月ノ場合		3月ノ場合				11月ノ場合		3月ノ場合	
軍需	A	64	1,130	1,053	80	1,316 (+263)	100	1,183 (+131)	90	80	80	100 (+20)	100	80	80
	B	118	261	1,114	80	1,393 (279)	100	1,253 (+139)	90	30	80	37 (+7)	100	30	80
官需	鉄道	810	640	3,625	80	4,078 (+453)	90	3,854 (+229)	85	1,236	80	1,389 (+53)	90	1,236	80
	其他ノ	60	154	232	80	232	80	232	80	73	65	73	65	73	65
民需	一般割当	7,808	18,170	23,661 (+2,605)	70	25,250 (+1,589)	74	23,878 (+217)	70	3,565	70	3,685 (+120)	71	3,565	70
	貯炭増									—		—		—	
総計		8,860	20,355	29,685 (+2,605)		32,269 (+2,584)		30,400 (+716)		4,984		5,284 (+200)		4,984	

備考　括弧内ノ数字ハ追加分ニシテ内数ヲ示ス

(三) 内地民需細目表

(単位　千瓩)

大分類	細分類	昭和十六年度計画額				本州四国					
						第一次		十一月ノ場合		三月ノ場合	
		北海道	九州	本州四国	計	配当率	割当額	配当率	割当額	配当率	割当額
鉄製		1,669	5,456	6,758	13,883	94	6,331		6,331		
	瓦斯	26	111	2,528	2,665	75	1,868	89	2,250	76	1,918
	コークス	132	751	142	1,025	46	65				
	計										
電力電燈		173	1,841	4,023	6,037	75	3,009	90	3,630	78	3,109
造船造機金属工業		11	125	1,282	1,418	64	814	90	1,160	69	881
窯業	セメント	125	654	1,468	2,247	54	798				
	耐火煉瓦煉瓦，瓦，土管	28	50	185	263	44	81				
	硝子，製陶，琺瑯	6	429	730	1,165	50	361				
	計										
化学工業	工業薬品，医薬品	11	180	1,708	1,899	57	966				
	肥料	2	279	1,599	1,880	80	1,275				
	軽金属，電極	—	40	328	368	260	838				
	パルプ	138	55	153	348	48	74				
	其ノ他	—	41	128	169	56	72				
	計										

大分類	細分類	昭和十六年度計画額				本州四国					
						第一次		十一月ノ場合		三月ノ場合	
		北海道	九州	本州四国	計	配当率	割当額	配当率	割当額	配当率	割当額
繊維工業	製絲（生絲）	—	66	216	282	68	103				
	紡織	7	9	773	780	50	382				
	染色整理	—	—	209	209	50	104				
	人造繊維	—	413	986	1,399	49	484				
	製紙	220	39	466	725	50	230				
	計										
食料品工業	食料	97	35	145	277	51	74				
	醸造飲料	23	20	90	133	48	43				
	製糖製粉	75	29	35	139	52	18				
	計										
製塩業		—	—	247	247	57	142				
私設鉄道		7	26	68	101	66	45	76	49		
鉱山精錬		111	*1,151	644	1,906	63	406				
石油及人造石油		95	90	168	353	100	168				
煉炭		—	7	1,211	1,218	48	587				
其他（公衙）	瓦斯	—	—	82	82	73	60				
	其他	—	—	81	81	67	54				
小口消費	瓦斯 其他	2,412	1,504	8,265	12,181	48	140 3,814	51	140 4,054		

大分類	細分類	昭和十六年度計画額				本州四国					
						第一次		十一月ノ場合		三月ノ場合	
		北海道	九州	本州四国	計	配当率	割当額	配当率	割当額	配当率	割当額
繊維工業	製絲(生絲)	—	66	216	282	68	103				
	紡織	7	9	773	789	50	382				
	染色整理	—	—	209	209	50	104				
	人造繊維	—	413	986	1,399	49	484				
	製紙	220	39	466	725	50	230				
	計										
食料品工業	食料	97	35	145	277	51	74				
	醸造飲料	23	20	90	133	48	43				
	製糖製粉	75	29	35	139	52	18				
	計										
製塩業		—	—	247	247	57	142				
私設鉄道		7	26	68	101	66	45	76	49		
鉱山精錬		111	*1,151	644	1,906	63	406				
石油及人造石油		95	90	168	353	100	168				
煉炭		—	7	1,211	1,218	48	587				
其他(公衙)	瓦斯	—	—	82	82	73	60				
	其他	—	—	81	81	67	54				

大分類	細分類	昭和十六年度計画額				本州四国					
						第一次		十一月ノ場合		三月ノ場合	
		北海道	九州	本州四国	計	配当率	割当額	配当率	割当額	配当率	割当額
小口消費	瓦斯 其他	2,412	1,504	8,265	12,181	48	140 3,814	51	140 4,054		
其ノ他産業用											
船舶焚料	内船 外船 計	1,000	3,000	4	4,004	100	4				
山元消費		1,440	1,769	250	3,459	100	250				
合計		7,808	18,170	34,972	60,950		23,661		25,250		23,878

(三)　朝鮮民需有煙炭細目表　（単位　千瓲）

大分類	細分類	十六年度査定需要	十七年度第一次配当額	十一月ノ場合		三月ノ場合				
				配当率	配当額					
製鉄		1,026	820	90	920	第一次ニ同ジ				
	瓦斯	59	38	65	38					
	コークス	42	27	65	27					
	計	101	65		65					

電力電燈		90	58	65	58					
造船造機金属工業		59	38	65	38					
窯業	セメント	315	204	65	204					
	耐火煉瓦 煉瓦 瓦 土管	115	54	47	54					
	硝子 製陶 琺瑯	64	30	47	30					
	計	494	288		288					
化学工業	工業薬品 医薬品	340	165	49	165					
	肥料	249	161	65	161					
	軽金属 電極	70	45	93	65					
	パルプ	114	72	65	72					
	其ノ他	38	17	47	17					
	計	811	460		480					
繊維工業	製絲(生絲)	20	9	47	9					
	紡織	64	30	47	30					
	染色整理	12	5	47	5					
	人造繊維	113	53	47	53					
	製紙	5	2	47	2					
	計	214	99		99					
食料品工業	食料	31	20	65	20					
	醸造飲料	86	40	67	40					

	製糖製粉	5	2	47	2					
	計	122	62		62					
製塩業		69	32	47	32					
私設鉄道		414	331	80	331					
鉱山精錬		149	96	65	96					
石油及人造石油		836	668	80	668					
煉炭		112	88	80	88					
煖房 厨房 浴場		450	262	58	262					
公共団体		3	1	47	1					
其ノ他産業用		15	7	47	7					
船舶焚料	内船	75	60	80	60					
	外船	—	—		—					
	計	75	60		60					
山元消費		125	130	—	130					
合計		3,165	3,565		3,685					

第二表　塩配当案

(一)　工業塩用途別区分

（単位　瓲）

用途別	内地		朝鮮	台湾	計	
	第一次案	十一月開戦ノ場合			第一次案	十一月開戦ノ場合
アンモニア法ソーダ用	770,000	970,000	15,000	—	785,000	985,000
電解法ソーダ用	240,000	240,000	22,000	12,400	274,400	274,400
その他用	30,000	30,000	4,000	600	34,600	34,600
計	1,040,000	1,240,000	41,000	13,000	1,094,000	1,294,000

(二)　ソーダ灰及苛性ソーダ生産区分

（単位　瓲）

区分		内地		朝鮮	台湾	計	
		第一次案	十一月開戦ノ場合			第一次案	十一月開戦ノ場合
ソーダ灰		415,000	523,000	8,000	—	423,000	531,000
内訳	焼上灰	200,000	238,000	8,000	—	206,000	246,000
	転化用	215,000	285,000	—	—	215,000	285,000
苛性ソーダ		279,500	329,500	11,600	6,500	297,600	347,600
内訳	転化ソーダ	153,500	203,500	—	—	153,500	203,500
	電解ソーダ	126,000	126,000	11,600	6,500	144,100	144,100

㈢　ソーダ灰民需用途別配当　（単　位瓩）

用途別	内地		朝鮮		台湾		其ノ他	計	
	第一次案	十一月開戦ノ場合	第一次案	十一月開戦ノ場合	第一次案	十一月開戦ノ場合		第一次案	十一月開戦ノ場合
ガラス	50,800	64,300	1,500	1,500	2,000	3,500	—	54,300	69,300
各種無機薬品	25,200	25,200	110	110	10	10	—	25,320	25,320
医薬	13,000	16,000	—	—	—	—	—	13,000	16,000
軽金属	30,800	30,800	1,200	1,200	—	—	—	32,000	32,000
同保留	4,900	4,900	—	—	—	—	—	4,900	4,900
調味料及食品	8,000	9,000	750	750	30	30	20	8,800	9,800
石鹼及油脂	5,600	6,900	1,900	2,600	15	15	—	7,515	9,515
染料	4,800	7,800	—	—	—	—	—	4,800	7,800
原塩精製	4,000	4,000	—	—	—	—	—	4,000	4,000
綿布羊毛処理	2,500	2,500	300	300	70	70	—	2,870	2,870
人造石油	2,400	3,000	470	870	—	—	10	2,880	3,880
鉱山	2,300	3,300	—	—	—	—	—	2,300	3,300
石炭酸	2,000	2,000	—	—	—	—	—	2,000	2,000
硫安	1,700	1,700	—	—	—	—	—	1,700	1,700
製鉄冶金	1,500	1,500	270	270	110	110	5	1,885	1,885
洗ソーダ	1,400	1,400	—	—	—	—	—	1,400	1,400
パルプ及紙	1,400	3,400	110	110	40	40	340	1,890	3,890
農薬剤	1,100	1,100	395	395	5	5	—	1,500	1,500
其ノ他	20,900	20,900	2,195	2,195	230	230	125	23,450	23,450
計	174,300	209,700	9,200	10,300	2,510	4,010	500	186,510	224,510

(四) 苛性ソーダ民需用途別配当

（単位 瓲）

用途別	内地		朝鮮		台湾		其ノ他	計	
	第一次案	十一月開戦の場合	第一次案	十一月開戦ノ場合	第一次案	十一月開戦ノ場合		第一次案	十一月開戦ノ場合
人絹スフ	139,500	145,500	4,500	4,500	—	—	—	144,000	150,000
軽金属	12,790	12,790	1,600	1,600	3,600	3,600	—	17,990	17,990
パルプ及紙	10,100	14,700	1,900	2,300	590	590	1,700	14,290	19,290
金属ソーダ	11,000	11,000	—	—	—	—	—	11,000	11,000
石鹼及油脂	5,500	9,800	2,050	2,550	40	240	—	7,590	12,590
染料医薬	4,900	4,900	—	—	—	—	—	4,900	4,900
石炭酸	3,500	3,500	—	—	—	—	—	3,500	3,500
各種無機薬品	2,700	2,700	—	—	—	—	—	2,700	2,700
セロファン	2,600	4,600	—	—	—	—	—	2,600	4,600
人造石油	1,900	1,900	—	—	—	—	—	1,900	1,900
硫安	1,600	1,600	—	—	—	—	—	1,600	1,600
製鉄冶金	1,200	1,200	—	—	—	—	—	1,200	1,200
石油精製	600	2,500	1,250	1,350	40	40	600	2,490	4,490
有機薬品	1,280	1,280	—	—	—	—	—	1,280	1,280
合成タンニン	1,130	1,130	—	—	—	—	—	1,130	1,130
硬化油及加工油	1,050	1,050	—	—	—	—	—	1,050	1,050
農業薬剤	900	900	—	—	—	—	—	900	900
調味料	1,600	1,600	—	—	—	—	—	1,600	1,600
脂肪酸エステル	} 28,710	58,710	内地ニ含ム	〃	—	—	—	} 34,680	64,680
其ノ他			4,200	4,200	770	770	1,000		
計	232,560	281,360	15,550	16,500	5,040	5,240	3,300	256,400	306,400

第三表　南方配船九六〇千稼行噸ノ一ケ月内訳（概略）　　（単位　瓲）

蘭印 品目	蘭印 数量	比島 品目	比島 数量	馬来 品目	馬来 数量
マンガン鉱	4,000	銅類	7,000	生ゴム	3,000
ニッケル鉱	6,000	マニラ麻	4,000	其ノ他	2,000
ボーキサイド	17,000	コプラ	5,000		
錫	1,200	其ノ他	1,000		
生ゴム	17,000				
ピッチコークス	2,000				
サイザル	3,000				
タンニン材	1,000				
ヒマシ	1,000				
コプラ	8,000				
カッサバルート	5,000				
玉蜀黍	20,000				
工業塩	7,000				
其ノ他	5,800				
計	98,000		17,000		5,000
下記ハタンカーニ依ル		下記ハ除ク		鉄鉱 160,000 ハ除ク	
パーム油	5,000	鉄鉱	100,000		
糖蜜	10,000	糖蜜	5,000		
石油類		コプラ油	5,000		

98,000+17,000+5,000=120,000　　120,000×8=960,000

第四表　蘭印重要物資地域別生産額（1939 年）

		ジヤワ及マドラ	スマトラ	ボルネオ	セレベス	モルツケン	チモール	バリー及ロムボク	計
錫	瓲		28,200						28,200
ボーキサイト	〃		230,668						230,668
ニツケル鉱	〃				150,000				150,000
石油	〃	840,950	5,320,320	1,680,377		セラム 107,047			7,948,694
生ゴム*	〃	63,606	196,290	61,052	其ノ他ヲ含ム 726				321,674
規那皮*	〃	10,509	679						11,188
油椰子	〃		199,092						199,092
コプラ	〃	230,000	592,994						822,994
硬質繊維	〃	33,564	7,205						40,769
米*	千瓲	4,169						286	4,455

（備　考）　　　　　　　　　　　　　　　　* ハ 1938 年ノ生産額トス

1. 錫　錫鉱ヲ錫ニ換算シタルモノトス
スマトラ 28,200 ノ内訳左ノ如シ

バンカ島	16,975 瓲
ビリトン島	9,910 〃
シンケツフ島	1,290 〃
土人企業	15 〃
	28,200 〃

2. ボーキサイト　現在稼行中ノモノハビンタン島ノミナルモ，鉱床ハリオ郡島一帯ニ亘リ存在ス
ビンタン島の出鉱能力ハ年約 40 万瓲アリ

3. ニツケル鉱　埋蔵量ハ単位ガ 6% 以上ノモノトシ 4 万瓲程度ガ推定サル

4. 石　油

会社別産油額（1939）左ノ如シ

B P M（英　系）	4,486,510 瓲
NKPM（米　系）	2,140,865 〃
N I AM（英蘭系）	1,820,319 〃
其　ノ　他	1,000 〃
	7,448,694 〃

製品生産額（1939）左ノ如シ

航空揮発油	416,031 瓲
普通揮発油	2,097,828 〃
灯　油	1,088,998 〃
機械油	29,242 〃
重　油	2,902,392 〃
パラフイン等	709,624 〃
	7,244,115 〃

5. 生ゴム　1938 年ニ於ケル国際限産協定ノ蘭印ニ対スル輸出割当ハ 45% ナルヲ以テ，別表生産額ハ相当過小ノモノト推定シ得ベシ

6. 油椰子　1938 年ニ於ケル

パーム油生産額	226,668 瓲
パーム核　〃	48,036 〃

7. 硬質繊維　主トシテサイサルナルモ，一部カンタラ及竜舌蘭ヲ含ム

8. 米　ジヤワ，バリー及ロムボク以外ノ地域ニ付テハ不明

占領ニヨル第二補給圏ヨリノ重要物資取得可能量

			単位	A 蘭印	B 比島	C A＋B	D 英領マレー	E C＋D
石油		第一年 $\left(\frac{3}{4}\right)$	竏	206,000		206,000		206,000
		第一年 $\left(\frac{1}{2}\right)$		206,000		206,000		206,000
		第二年		1,873,800		1,873,600		1,873,000
ボーキサイト	ボーキサイト	第一年 $\left(\frac{3}{4}\right)$	瓲	150,000		150,000	37,000	187,000
		第一年 $\left(\frac{1}{2}\right)$		100,000		100,000	25,000	125,000
		第二年		200,000		200,000	50,000	250,000
	アルミニウム	第一年 $\left(\frac{3}{4}\right)$	瓲	30,000		30,000	7,400	37,400
		第一年 $\left(\frac{1}{2}\right)$		20,000		20,000	5,000	25,000
		第二年		40,000		40,000	10,000	50,000
ニッケル鉱	ニッケル鉱	第一年 $\left(\frac{3}{4}\right)$	瓲	56,000		56,000		56,000
		第一年 $\left(\frac{1}{2}\right)$		37,000		37,000		37,000
		第二年		75,000		75,000		75,000
	ニッケル	第一年 $\left(\frac{3}{4}\right)$	瓲	1,700		1,700		1,700
		第一年 $\left(\frac{1}{2}\right)$		1,100		1,100		1,100
		第二年		2,300		2,300		2,300

			単位	A 蘭印	B 比島	C A ＋ B	D 英領マレー	E C ＋ D
生ゴム		第一年 $\left(\frac{3}{4}\right)$	瓲	150,000		150,000	150,000	300,000
		第一年 $\left(\frac{1}{2}\right)$		100,000		100,000	100,000	200,000
		第二年		200,000		200,000	200,000	400,000
錫鉱	錫鉱	第一年 $\left(\frac{3}{4}\right)$	瓲	11,000		11,000	19,000	30,000
		第一年 $\left(\frac{1}{2}\right)$		7,500		7,500	12,500	20,000
		第二年		15,000		15,000	25,000	40,000
	錫	第一年 $\left(\frac{3}{4}\right)$	瓲	7,500		7,500	12,800	20,300
		第一年 $\left(\frac{1}{2}\right)$		5,000		5,000	8,500	13,500
		第二年		10,000		10,000	17,000	27,000
鉄鉱石	鉄鉱石	第一年 $\left(\frac{3}{4}\right)$	瓲		750,000	750,000	500,000	1,250,000
		第一年 $\left(\frac{1}{2}\right)$			500,000	500,000	350,000	850,000
		第二年			1,000,000	1,000,000	700,000	1,700,000
	銑鉄	第一年 $\left(\frac{3}{4}\right)$	瓲		375,000	375,000	250,000	625,000
		第一年 $\left(\frac{1}{2}\right)$			250,000	250,000	175,000	425,000
		第二年			500,000	500,000	350,000	850,000

			単位	A 蘭印	B 比島	C A＋B	D 英領マレー	E C＋D
銅鉱石	銅鉱石	第一年$\left(\frac{3}{4}\right)$	瓩		60,000	60,000		60,000
		第一年$\left(\frac{1}{2}\right)$			40,000	40,000		40,000
		第二年			80,000	80,000		80,000
	銅	第一年$\left(\frac{3}{4}\right)$	瓩		5,400	5,400		5,400
		第一年$\left(\frac{1}{2}\right)$			3,500	3,500		3,500
		第二年			7,000	7,000		7,000
牛皮		第一年$\left(\frac{3}{4}\right)$	瓩	2,200		2,200		2,200
		第一年$\left(\frac{1}{2}\right)$		1,500		1,500		1,500
		第二年		3,000		3,000		3,000
工業塩		第一年$\left(\frac{3}{4}\right)$	瓩	60,000		60,000		60,000
		第一年$\left(\frac{1}{2}\right)$		40,000		40,000		40,000
		第二年		80,000		80,000		80,000

（備　　考）

(1) 第一年トハ戦争勃発月ヨリ向フ一ケ年，第二年トハ之ニ続ク一ケ年ノ期間トス

第一年中

$\left(\frac{3}{4}\right)$ ハ開戦後四ケ月目ヨリ占領地物資ノ輸入可能ノ場合

$\left(\frac{1}{2}\right)$ ハ開戦後七ケ月目ヨリ同ジク輸入可能ノ場合トス

(2) 物資取得量ハ同地域内ニ於ケル生産額ノ概ネ 50% ヲ取得スルモノトシテ算出シアリ，従テ物資取得ニ伴フ復旧作業蒐荷竝ニ決済方法，輸送船腹等ニ対スル措置ハ万事順調ニ進捗スルモノトシ，又荷役施設ノ被害，輸送航路ノ危険等ハ一切考慮シアラザルヲ以テ之等ニ対スル配慮如何ニヨリ本表数量ハ低下ヲ来スベモキノトス

(3) 石油　　燃料局作製「南方油田応急復旧開発案」ニヨル
従ツテ本品目ニ付テハ第一年ハ $\frac{3}{4}$ ノ場合モ $\frac{1}{2}$ ノ場合モ同一数字ヲ計上シアリ

(4) アルミニウム，ボーキサイトノ取得量ヨリアルミニウムヲ換算シタルモノナリ

(5) ニツケル　　アルミニウムニ同ジ但シ計算上ニツケル鉱ヲ全量メタリツクニツケルニ換算シアルモ現実ニハ相当部分ガニツケル原鉱其他用原料トシテ使用セラルベシ

(6) 錫　　アルミニウムニ同ジ一部現地精錬ヲ予定ス

(7) 銑鉄　　鉄鉱石ヨリノ換算ニシテ製銑用諸原料其ノ他ニ付充足セラルベキ前提ノ下ニ算出シタルモノナリ

(8) 銅　　アルミニウムニ同ジ

第六表　占領ニヨル北樺太産油量　　　　（単位　竏）

油田名	オハ	エハビ	カタングリ	計
一年度	92,000	131,500	55,000	278,500
二年度	220,000	315,500	132,000	667,000

（備　考）
燃料局資料ニヨル
産油量ハ掘鑿開始ノ時ヨリ起算ス
但シ季節ノ関係ニテ所要資材ノ船舶輸送意ノ如クナラザルヲ以テ夏期発動ノ場合ハ翌年ノ夏季ニ於テ一年度産油ノ半量ヲ搬出シ得，又冬季発動ノ場合ハ次ノ夏期ニ所要資材ヲ運搬シ油搬出ハ翌ル年ノ夏季トナルノ不利アリ

円ブロックヨリノ期待量

分科	資源名	単位	満洲 第一次案	満洲 現地予定案	支那 第一次案	支那 現地予定案
第一分科	普通鋼々材	瓲	A 62,650 B 10,000		—	
	鋼塊	〃	A 33 B 805 C 150,000		—	
	鍛鋼	〃	A 120		—	
	鋳鋼	〃	A 134 B 2,000		—	
	銑鉄	〃	A 33,000 B 3,000 C 350,000		C 60,000	
	低燐銑	〃	ABC 200,000		—	
	屑鉄	〃	B 13,800		—	
	鉄鉱石	〃	C 150,000		北支 60,000 中支 2,900,000 南支 800,000	1,000,000 未定 未定
	特殊鋼	〃	A 2,430 B 215		—	
	タングステン鉱	〃	C 100		A B 500	北支 552 中支 0 南支 4,000
	モリブデン鉱	〃	C 420		—	
	マガ鉱	〃	—		0	北支 7,000 中支 25,000 南支 500

分科	資源名	単位	満洲 第一次案	満洲 現地予定案	支那 第一次案	支那 現地予定案
第一分科	耐火煉瓦	瓩	A 21,000 B 5,000		—	
	ワナジウム鉱	〃	C 480		—	
第二分科	屑銅	瓩	—		A 347 C 653	未定
	鉛	〃	C 2,200		—	
	鉛鉱	〃	C 5,200		—	
	亜鉛	〃	C 1,730		—	
	亜鉛鉱	〃	C 3,380		—	
	アンチモン	〃			A 100	未定
	アンチモン鉱	〃			0	中支 0 南支 300
	アルミニウム	〃	A 250 B 75 C 1,275			
	マグネシウム	〃	—			
	螢石	〃	A 2 B 450 C 15,000		北支 10,000 中支 25,000	19,100 30,000
	ビッチ	〃	B 6,000 C 2,500		—	
	ビッチコークス	〃	C 9,000		—	
	鱗状黒鉛	〃			A 129 C 0	蒙疆 50

分科	資源名	単位	満洲 第一次案	満洲 現地予定案	支那 第一次案	支那 現地予定案
第二分科	石棉（高級）	瓲	B 25 C 90		A 0.6	
	石棉（普通）	〃	A 52 B 50 C 3,320		C北支 398	蒙彊 2,500 北支 500
	雲母（高級）	〃	A 0.8		—	
	雲母（普通）	〃	B 10 C 30		A 1.6 C北支 60	蒙彊 50 北支 60
	石膏	〃				
第三分科	紡績用棉花	担	—		北支A B 350,000 C 300,000 中支A B 650,000 500,000	未定 400,000
	製棉用棉花	〃	—		北支A B 100,000 C 27,500 中支A B 30,000 C 180,000	未定 150,000
	羊毛	俵	A 10,000 B 100 C 2,500		A 46,000	未定
	人絹用パルプ	英屯	C 5,000		—	
	亜麻	瓲	A 3,189 B 1,811 C 2,000		—	

分科	資源名	単位	満洲 第一次案	満洲 現地予定案	支那 第一次案	支那 現地予定案
第三分科	苧麻	瓲	—		A 10,407 B 3,772 C 2,321	未・定 中支 2,000
	大麻	〃	A 1,806 B 744 C 2,000		B 1,000 C 250	未定
	黄麻	〃	A 1,700 C 3,700		B 1,749 C北支 1,000 海 300	未定
	牛皮	〃	A 800		A北支 3,960 中支 2,340 南支 213 B北支 324 南支 431	未定
	豚皮	〃	A 2,274			
	屑ゴム	〃	A 100			
第四分科	有煙炭 無煙炭	瓲 〃	A 3,968 B 203 C 915		A 1,278 B 128 C 2,168 開灤 2,300	未定 4,300 2,600
	コークス	〃	A 55		C 6	
第五分科	工業塩 食料塩 漁業塩	瓲 〃 〃	A 5,006 C 671,000		B 1,140 C北支 739,000 中支 7,000 南支 5,000	1,020,000 50,000

分科	資源名	単位	満洲 第一次案	満洲 現地予定案	支那 第一次案	支那 現地予定案
第五分科	ソーダ灰	瓲	A 1,032 C 10,000		—	
	濃硝酸	〃	A 865		—	
	硫酸	〃	A 608		—	
	セメント	〃	A 400,000		—	
	純ベンゾール	〃	A 2,200		—	
	トルオール	〃	A 205 C 1,000		—	
	アルコール(無水)	竏	A 180		—	
	アルコール(含水)	〃	A 1,476		—	
	ヒマシ	瓲	A 6,110 B 3,333 C 4,000		C 1,000	未定
	ヒマシ油	〃	A 2,000		—	
	プロム	〃	C 30		北支C 20	未定
	硝酸ソーダ	〃	A 17		—	
	硫安	〃	A 0.6 C 105,000		—	
	加里	〃	B 77		—	
	燐鉱石	〃			C 80,000	70,000
	亜麻子	〃	4,000		蒙彊 6,000	未定
	蘇子	〃	18,981			
	麻実	〃	35,000			

分科	資源名	単位	満洲 第一次案	満洲 現地予定案	支那 第一次案	支那 現地予定案
第五文科	向日葵	瓲	3,000			
	胡麻	〃	16,929			
	落花生	〃	20,000		北支　16,000	未定
第七分科	米	千石	A　1,110 B　22 支那ヲモ含ム			
	玉蜀黍（含高粱）	瓲	C　400		—	
	麩	〃	C　22		C 北支 50 中支 50	未定
	大豆	〃	C　1,150		—	

臥薪嘗膽ノ場合ノ検討資料

企計S物A〇一一号
一連番号一一号
昭和十六年十月三十一日
企画院

目　次

第一、臥薪嘗胆ノ場合ノ検討

一、検討概説

㈠　海上輸送力

必然的ニ増大シAB徴用船ヲ常時二一五万総噸ト仮定シ造船ヲ第一年五〇万総噸、第二年七〇万総噸、第三年九〇万総噸ト想定セバ民需月平均輸送量第一年五七七万瓲第二年七七七万瓲第三年八九七万瓲トナル

右海上輸送力ニヨル石炭月平均輸送量ハ第一年二八五万瓲第二年四五〇万瓲第三年五四〇万瓲程度トナリ第二年、第三年ノモノハ石炭ノ既往増産ニ鑑ミ生産困難ト認メラル

㈡　液体燃料

原油トシテ之ヲ見ルコトトシ国産ヲ第一年三六万竏第二年四〇万竏第三年四四万竏程度

人造石油ヲ各種条件可能ノ限度ヲ勘案シ合理的建設ヲ為ス時第一年三〇万竏第二年五〇万竏第三年七〇万竏ト推定シ民需最低需要ヲ年間一八〇万竏ト見積リ民需不足分ヲABヨリノ支援ニ俟ツモノトスルトキ第三年迄ハ辛ウジテ民ノ最低需要ヲ保チ得ルモノト思考ス、此ノ場合ABニ於テモ第三年末ニハ需給困難トナルモノト想像セラル

蓋シ原油ノ概念数量トシテハ第三年ヲ経過シ得ベキモ之ガ品種ニ至リテハ不均衡ヲ来シ民ノ灯油（農林関係）普通機械油（全産業）高級機械油（鉄道）ディゼル重油（船舶、漁船）ハ需給困難ニシテ特ニディゼル重油ハ需給不可能ト認メラル

即チ航空揮発油ハ水素添加工業ノ促進現状、ディゼル重油ハ合成工業ノ促進現状、機械油ハ重合工業ノ促進現状ニ鑑ミ人造石油工業ニ依ル自給ノ解決ハ至難ニシテ第四年ニ至リテハ施ス術ナキニ至ルヲ惧ル

㈢　自給圏第一補給圏ニヨル数物資ノ需給状況

自給圏ニ第一補給圏ノミヲ考慮シ且ツ輸送力ヲ加味シ極メテ概略ナル参考的数値ヲ掲記スレバ左ノ如シ

此ノ場合十七年度ニ於テハ左ノ仮定ノ下ニ於テモ生産拡充部門ニ二一〇万瓲程度ノ鋼材ヲ配当シ得ルニ過ギズ

鋼材生産　四七六万瓲

A＋B　一四〇万瓲

C_5－C_5　十六年度物動程度

	第一年 一次案	第一年 本案	第二年 本案	第三年 本案	備考
月海上輸送力 万瓲	四二四	五七七	七七七	八九七	第四年ノ在庫零トナリ二二〇トナル
汽船積月石炭 万瓲	三三〇	二八五	四五一	五四二	
年鋼材 万瓲	四三三	四七六	四九〇	五一三	
年銅 万瓲	九・二 南〇・五	九・七	七・〇	七・〇	
アルミニウム 万瓲	八・一 南ボーキサイト	八・一	九・七	一一・二	
ニッケル 瓲	六八〇 南一、四四〇	六八〇	五六〇	七五〇	
工業塩 万瓲	一三〇	一六七	二一九	二三三	
棉花 万担	三七四	三七四	三六八	三六八	

尚国産工作機械及プレス等ノ実情ヨリ見テ急速ナル工場拡充ハ極メテ困難ナリ

㈣ 解決至難ノ儘トナルベキ南方期待重要物資

(1) 石油
(2) ニッケル
(3) 錫　減磨合金、鍍金
(4) ボーキサイド　アルミニウム
(5) 生ゴム
(6) カツサバルート・糖密　工業用アルコール
(7) コプラ、パーム油　グリセリン、機械油代用
(8) マニラ麻　船舶用、特殊用紙用

右ハ我方ヲ不利ナラシムル反面米国ヲ有利ナラシム特ニ生ゴム、タングステン、マニラ麻、錫、ボーキサイドニ於テ然リ

二、判　決

㈠ 自給圏物資ハ社会情勢ヲ政府ノ企図スル処ニ誘導スルニ於テハ相当程度有利トナルベシ

㈡ 第一補給圏物資取得ハ英米ブロックノ策動圧迫ニ依リ取

得ニ困難ヲ加重スル公算大ナリ（所要品種及数量等ハ必ズ獲得ヲ要ス）

(三)　国内ストック特ニ液体燃料ニ重大ナル欠陥ヲ生ズベシ

(四)　重要戦略物資ニ不均衡ヲ来シ未完成軍備生産拡充ノ状態ヲ累加スベシ

(五)　人心ノ統一ヲ期スル為メ異常ノ努力ヲ要シ一歩ヲ誤レバ国論ノ分裂ヲ来ス惧アリ

(六)　米国ノ戦備充実シ彼我ノ国防力ニ格段ノ差等ヲ生ズ

(七)　支那事変ノ根源ヲ断チ得ズ禍根ヲ将来ニ胎ス

第一表　　民需用船舶月平均輸送力

	供給船腹	控除船腹	差引稼行船腹	定期			不定期			輸送量
	G/T	G/T	G/T	G/T	D/W (.935)	C/T(.8)	G/T	D/W(1.5)	C/T (1.45)	C/T
第一年度	6,083.8	2,475	3,608.8	900		670	2,708.8		5,100	5,770
第二年度	6,642.5	2,475	4,167.5	900		670	3,267.5		7,100	7,770
第三年度	7,401.1	2,475	4,926.1	900		670	3,826.1		8,300	8,970

想　　定

1.　AB船ノ徴用ハ三ヶ年ヲ通ジ 2,150 千総噸トス

2.　新造船ハ左ノ通トス

年度	計画（千総噸）	内貨物船（含鉱石船），貨客船（千総噸）	
		年間	月平均
17 年度	500	450	37.5
18 年度	700	650	54.2
19 年度	900	850	70.8

3.　17 年度当初ニ於ケル船腹内訳左ノ如シ

登簿船	5,655.3 千総噸
未登簿船	75.0 〃
拿捕船	22.7 〃
外国傭船	87.3 〃
海難船	32.0 〃
修繕船	170.0 〃
事故船	123.0 〃

以上ノ中登簿船以外ノ船腹ハ三ヶ年ヲ通ジ変動ナキモノトス 油槽船，漁船ヲ除ク 100 噸以上ノ船舶トス

4. 稼行率ハ左ノ通トス

貨物船（不定期） 1.45

貨客船 0.8

第二表 物資別月平均輸送 （単位 千瓲）

	一年度	二年度	三年度
石炭	二、八五〇	四、五一〇	五、四三〇
鉄鉱石	六五〇	八〇〇	九〇〇
銑鋼	三三〇	三五〇	四〇〇
塩	三三〇	二五〇	二七〇
非鉄	三五〇	三七〇	四〇〇
ソーダ類	一〇	一五	一八
セメント	六〇	七〇	八〇
油類	一五	一五	一六
紙、パルプ	六〇	六五	七〇
棉花	二〇	二五	三〇
機械、車輌	五〇	五五	六〇
木材	二五〇	三〇〇	三二〇
北洋材	五〇	六〇	六〇
穀類	三三〇	三三〇	三三〇
砂糖	一〇〇	一〇〇	一〇〇
燐鉱石	六〇	六〇	六五
肥料	一三〇	一三〇	一四〇
飼料	四〇	五〇	六〇
油脂	五	五	七
油料種実	三〇	三五	四〇
生ゴム	六	六	六
北洋漁業	一三〇	一三〇	一三〇
其ノ他	四四	四九	五八
計	五、七七〇	七、七七〇	八、九七〇

第三表　製鉄用石炭配当案

		北海道	九州	本州四国	計	石炭積汽船配当平均月割
昭和十六年度	上期	732	2,708	3,175	6,615	2,650（上期平均）
	下期	937	2,728	2,700	6,365	1,700（予　想）
	計	1,669	5,436	5,875	12,980	
第一年	上期	以下製鉄能力ニ準拠スルモノトス		3,850		2,850
	下期			4,200		
	計	(1,852)	(5,720)	8,050	15,622	
第二年	上期	同	上	5,180		4,510※石炭ノ生産拡充ニ対シ疑問
	下期			5,570		
	計	(2,050)	(6,050)	10,750	18,850	
第三年	上期	同	上	5,380		5,420※同　上
	下期			5,870		
	計	(2,270)	(6,400)	11,250	19,920	

備考　括弧内ノ数字ハ推定自然増加（北海道 ⊕ 10%　九州 ⊕ 5%）

月割配船	半期ニ於ケル本州地方製鉄用配炭
万	千瓲
170……a	2,700……b
240……a ×1,41	3,600……b ×1,34
285……a ×1,68	4,050……b ×1,51
451……a ×2,65	5,375……b ×1,95
542……a ×3,20	5,620……b ×2,07

第四表　第一補給圏取得推定物資（有為替輸入）

物資	単位	仏印	泰	計
屑鉄	瓲	二、五〇〇	一、二五〇	三、七五〇
タングステン鉱	〃	五三〇	四五〇	九八〇
亜鉛	〃	三、四〇〇	—	三、四〇〇
錫鉱	〃	二、二〇〇	七、〇〇〇	九、二〇〇
銻鉱	〃	一、〇〇〇	—	一、〇〇〇
ボーキサイト	〃	一〇〇、〇〇〇	—	一〇〇、〇〇〇
製綿用棉花	担	—	四、〇〇〇	四、〇〇〇
黄麻	瓲	七六九	—	七六九
牛皮	〃	三、〇〇〇	五、〇〇〇	八、〇〇〇
タンニン材料	〃	—	三、三三三	三、三三三
生ゴム	〃	二五、〇〇〇	三〇、〇〇〇	五五、〇〇〇
チーク	立方米	—	三、〇〇〇	三、〇〇〇
石炭	千瓲	四一一	—	四一一
工業塩	瓲	三〇、〇〇〇	二〇、〇〇〇	五〇、〇〇〇
植物油脂原料	〃	一三、〇〇〇	—	一三、〇〇〇
ヒマシ	〃	一、〇〇〇	—	一、〇〇〇
植物油脂	〃	二、八〇〇	—	二、八〇〇
生漆	〃	一、二九〇	—	一、二九〇
松脂	〃	四、〇〇〇	三〇〇	四、三〇〇
其ノ他薬品	千円	四二〇	一、六六四	二、〇八四
雑化学品	瓲	五〇〇	四、〇〇〇	四、五〇〇
燐鉱石	〃	一〇〇、〇〇〇	—	一〇〇、〇〇〇
医薬品	千円	四〇〇	一四一	五四一
玉蜀黍	千瓲	二〇〇	—	二〇〇

（備考）
一、ボーキサイトハ第二年、第三年ハ一三〇、〇〇〇瓲トス
二、工業塩ハ第二年、第三年ハ一〇〇、〇〇〇瓲トス
三、米ハ仏印九〇万瓲泰四五万瓲ヲ期待ス

第五表　普通鋼々材（瓲）

	第一年	第二年	第三年
国産	四、七五〇、〇〇〇	四、九〇〇、〇〇〇	五、一三〇、〇〇〇
在庫補塡			
回収			
円域輸入 —A/B C	七三、〇〇〇	七五、〇〇〇	七七、〇〇〇
第一補給圏輸入			
計	四、八二三、〇〇〇	四、九七五、〇〇〇	五、二〇七、〇〇〇

（備考）
普通鋼々材ノ生産額確保ノ為ニハ
一、原鉄、増産ヲ積極的ニ促進スルコト
二、屑鉄特別回収ヲ強権ニヨリ徹底セシムルコトヲ必要トス

第六表　紡績用棉花（担）

	第一年	第二年	第三年
国産	360,000	360,000	360,000
在庫補塡	1,561,500	1,518,000	1,518,000
回収	—	—	—
円域輸入 AB	1,000,000	1,000,000	1,000,000
円域輸入 C	800,000	800,000	800,000
第一補給圏輸入	—	—	—
計	3,741,500	3,678,000	3,678,000

電気銅（瓲）

	第一年	第二年	第三年
国産	70,000	70,000	70,000
在庫補塡	27,000	—	—
回収			
円域輸入 AB			
円域輸入 C			
第一補給圏輸入			
計	97,000	70,000	70,000

第七表　アルミニウム（瓲）

	第一年	第二年	第三年
国産	八〇、〇〇〇	九五、〇〇〇	一一〇、〇〇〇
在庫補塡			
回収			
円域輸入 AB	三五〇	五〇〇	六〇〇
円域輸入 C	一、五〇〇	一、六〇〇	一、七〇〇
第一補給圏輸入			
計	八一、八五〇	九七、一〇〇	一一二、三〇〇

（備考）
第二年度
パラオ（ボーキサイト）三〇〇、〇〇〇瓲→五四、〇〇〇瓲
仏印（〃）一〇〇、〇〇〇〃→一三、〇〇〇〃
礬土 二〇〇、〇〇〇〃→二五、五〇〇〃
明礬石、霞石 五〇、〇〇〇〃→三、五〇〇〃
計 九五、〇〇〇〃
第三年度
パラオ（ボーキサイト）三〇〇、〇〇〇瓲→五四、〇〇〇瓲
仏印（〃）一〇〇、〇〇〇〃→一三、〇〇〇〃
礬土 三〇〇、〇〇〇〃→三八、〇〇〇〃
明礬石、霞石 八〇、〇〇〇〃→五、五〇〇〃
計 一〇九、五〇〇〃←一一〇、〇〇〇〃

第八表　ニッケル（瓲）

	第一年	第二年	第三年
国産	四八〇	五六〇	七五〇
在庫補塡			
回収	二〇〇	ー	ー
円域輸入 A B C			
第一補給圏輸入			
計	六八〇	五六〇	七五〇

想定

第二年度

ニッケル鉱石（一五％増）二、一五〇千瓲

ニッケル	四五〇千瓲	→	五六〇瓲
フェロ	七〇〇〃	→	五、〇〇〇〃
ルッペ	二、〇〇〇〃	→	五〇、〇〇〇〃

第三年度

ニッケル鉱石（二五％増）二、三〇〇千瓲

ニッケル	六〇〇千瓲	→	七五〇瓲
フェロ	七〇〇〃	→	五、〇〇〇〃
ルッペ	一、〇〇〇〃	→	五〇、〇〇〇〃

第九表　工業塩

	一年度	二年度	三年度
国産	一六〇、〇〇〇	二〇〇、〇〇〇	二七〇、〇〇〇
在庫補塡	ー	ー	ー
回収	九五、〇〇〇	一〇〇、〇〇〇	一〇〇、〇〇〇
円域輸入 A B C	一、三六八、〇〇〇 ー	一、七五一、〇〇〇 ー	一、八五〇、〇〇〇 ー
第一補給圏輸入	五〇、〇〇〇	一〇〇、〇〇〇	一〇〇、〇〇〇
計	一、六七三、〇〇〇	二、一九一、〇〇〇	二、三二〇、〇〇〇

（備考）

工業塩

総額	一、五四八、〇〇〇	一、九五〇、〇〇〇	二、一〇〇、〇〇〇
ア法用	一、二〇〇、〇〇〇	一、五五〇、〇〇〇	一、六五〇、〇〇〇
電解用	三〇〇、〇〇〇	三三〇、〇〇〇	三五〇、〇〇〇
其ノ他用	四八、〇〇〇	八〇、〇〇〇	一〇〇、〇〇〇
ソーダ灰	六五〇、〇〇〇	八四〇、〇〇〇	八九〇、〇〇〇
焼上	三三五、〇〇〇	四二〇、〇〇〇	四四五、〇〇〇
転化用	三三五、〇〇〇	四二〇、〇〇〇	四四五、〇〇〇
苛性ソーダ	三八〇、〇〇〇	四六〇、〇〇〇	四九五、〇〇〇
電解	一五〇、〇〇〇	一六〇、〇〇〇	一七五、〇〇〇
転化	二三〇、〇〇〇	三〇〇、〇〇〇	三二〇、〇〇〇

海上輸送力ノ変更ト物資別配船
及之ニ伴フ石炭、鉄、米、ノ検討資料

企計S物A一〇号
一連番号九号
昭和十六年十月二十八日
企画院

目次

本資料ハ企計ＳＡ〇〇五号、六号、七号、八号ニ基ク十一月開戦ノモノヲ基礎トシ算出シタル未検討ノモノニシテ実施不可能ト認メラルルモノアルベシト認メラルルモ資料トシテ取纒メタルモノナリ

1. 海上輸送力ト之ニ必要ナル定期不定期別所要船腹量　（単位　千噸）

		C 稼行船腹（総噸）	定期 総噸数	定期 重量噸（0.935）	定期 輸送量（0.7）	不定期 総噸数	不定期 重量噸（1.5）	不定期 輸送量（1.35）	輸送量合計	%
十一月開戦	年間	30,541.6	8,000	7,480	5,236.4	22,541.6	33,812.7	45,647.2	50,883.6	100
	月平均	2,545.1	666.7	623.3	436.4	1,878.5	1,878.5	3,803.9	4,240.3	
三月開戦	年間	28,618.2	7,600	7,106	4,974.4	21,018.2	31,527.2	42,561.6	47,536	93
	月平均	2,384.8	633.3	592.1	414.5	1,751.5	2,627.2	3,546.8	3,961.3	
月輸送量三、五〇〇	年間	24,566	5,679	5,310	3,720	18,887	28,311	38,220	42,000	83
	月平均	2,047	473	442	310	1,574	2,359	3,185	3,500	
月輸送量三、〇〇〇	年間	21,126	4,949	4,628	3,240	16,177	24,266	32,760	36,000	71
	月平均	1,760	412	385	270	1,348	2,022	2,730	3,000	
月輸送量二、五〇〇	年間	17,606	4,125	3,857	2,700	13,481	20,222	27,300	30,000	59
	月平均	1,467	344	321	225	1,123	1,685	2,275	2,500	

月輸送量 3,500～2,500 千稼行噸ニ対スル定期，不定期区分ハ三月開戦ノ場合ノモノヲ基礎トセリ（定期 9% 不定期91%）

2. 海上輸送力ニ対スル物資別配船表

（単位　千噸）

品目	十一月開戦		三月開戦		3,500C/T		3,000C/T		2,500C/T		備考
石炭	2,209.1	100%	2,036.7	92%	1,846	84%	1,744.5	79%	1,509.5	68%	
鉄鉱石	472.5	〃	447.5	95	400	85	360	77	200	41	
銑鋼	278.3	〃	278.3	100	250	90	200	72	190	68	
塩	173	〃	148	86	140	81	120	69	100	58	
非鉄類 コークス	256.5	〃	256.5	100	{240	94	{200	78	{165	64	
ソーダ灰	6	〃	6	100	6	100	5	83	5	83	
セメント	30	〃	30	100	30	100	20	67	20	67	
油類	6	〃	6	100	2	33	2	33	2	33	
紙パルプ	32.5	〃	32.5	100	25	77	25	77	25	77	
棉花	10.5	〃	10.5	100	7	67	5	48	5	48	
機械車輛	22	〃	22	100	22	100	22	100	22	100	
木材	60	〃	60	100	60	100	50	84	50	34	
北洋材	15	〃	15	100	—		—		—		
穀類	325.8	〃	309	95	150	46	100	31	100	31	仏印泰米ヲ含マズ
砂糖	72.5	〃	72.5	100	20	28	20	28	20	28	
燐鉱石	56.6	〃	56.6	100	20	35	20	35	20	35	仏印燐鉱石ヲ含マズ
肥料	65	〃	65	100	60	92	50	77	50	77	
飼料	28.5	〃	28.5	100	10	35	10	35	10	35	仏印メーズヲ含マズ
油脂	3	〃	3	100	2	67	1.5	50	1.5	50	
油料種実	12.5	〃	12.5	100	10	83	5	40	5	40	
生ゴム	5	〃	5	100	—		—		—		其他ニ一括

北洋漁業	—	〃	—		—		—		—		
其ノ他	100	〃	60	60	200	200	40	40	—		仏印泰南方分
計	4,240.3	〃	3,961.3	93	3,500	75	3,000	71	2,500	59	

3. 石　　炭

(一) 内地ノ本州四国　　(単位　千瓲)

大分類	細分類	4,240.3 ノ場合	%	3,500 ノ場合	%	3,000 ノ場合	%	2,500 ノ場合	%
製鉄		6,331	94	6,331	94	6,100	90	5,500	81
	瓦斯	2,250	89	1,800	71	1,700	67	1,600	63
	コークス	65	46	60	42	57	40	50	35
電力電灯		3,630	90	2,750	68	2,600	65	2,300	57
造船造機金属工業		1,160	90	800	62	760	59	670	52
窯業	セメント	798	54	700	48	660	45	500	34
	耐火煉瓦，煉瓦，瓦，土管	81	44	75	41	70	38	60	32
	硝子，製陶，琺瑯	361	50	300	41	280	38	250	34
化学工業	工業薬品，医薬品	966	57	900	53	850	50	750	44
	肥料	1,275	80	1,100	69	1,050	65	900	56
	軽金属，電極	838	260	700	234	730	220	650	198
	パルプ	74	48	70	46	65	42	50	33
	其ノ他	72	56	65	51	60	47	50	39
繊維工業	製絲(生糸)	103	68	90	42	85	37	70	32
	紡織	382	50	350	45	330	43	250	33
	染色整理	104	50	90	43	80	38	70	33

大分類	細分類	4,240.3ノ場合	%	3,500ノ場合	%	3,000ノ場合	%	2,500ノ場合	%
	人造繊維	484	49	450	46	420	43	350	36
	製紙	230	50	210	46	200	43	170	36
食料品工業	食料	74	51	70	48	62	43	50	34
	醸造飲料	43	48	40	44	38	42	30	33
	製糖製粉	18	52	17	49	16	46	14	40
製塩業		142	57	180	73	170	69	150	61
私設鉄道		45	66	42	62	40	59	35	52
鉱山製錬		406	63	380	59	360	56	320	49
石油及人造石油		168	100	158	94	150	89	132	79
煉炭		587	48	550	46	520	43	460	38
其ノ他(公衙)	瓦斯	60	73	55	67	52	64	45	55
	其ノ他	54	67	50	62	47	58	40	48
小口消費	瓦斯 其ノ他	3,954	48	3,624	44	3,400	41	3,000	36
其ノ他ノ産業用									
船舶焚料	内船 外船	4	100	4	100	3	75	3	75
山元消費		250	100	250	100	250	100	250	100
合計		25,250	74	22,331	64	21,205	61	18,780	54
(三) 朝鮮				3,355 (内製鉄用 820)		3,230 (〃 800)		2,835 (〃 700)	

（備　考）

本表ニハ石油解決ヲ前提トスル機帆船等ニ依ル増送 11,000 千噸ヲ加味シアラズ，内地分トシテ 9,500 ヲ加味スルトキハ

4,240 ノ場合	34,570	100 %
3,500 ノ場合	31,831	91 %
3,000 ノ場合	30,705	88 %
2,500 ノ場合	28,280	81 %

トナルベキヲ以テ上表ニヨル用途別配当率ハ大イニ緩和セラルベシ

四、石炭竝鉄鉱石輸送量ヨリ推定セル鋼材生産額（円ブロック現地取得ヲ含マズ）

一　次　案	四、二五二千瓲	一〇〇
三、五〇〇千C／Tノ場合	四、二五二〃	一〇〇
三、〇〇〇〃　〃	四、一〇〇〃	九六
二、二〇〇〃　〃	三、四二〇〃	八一

（備　考）

一、貯鉱ハ最大限一、三〇〇千瓲使用ノコトトス

二、本表ニハ石油解決ニヨル機帆船輸送量ノ増加（年間一一、〇〇〇千瓲）ヲ見込ミアラザルヲ以テ之ヲ見込ム時ハ何レノ場合ニ於テモ一次案通リノ生産ヲ確保シ得ベシ

5. 米

（単位　千石）

	一次案	仏印泰ヲ1—2トセル時	〃 1—6 トセル時	〃 1—4 トセル時	〃 0トセル時
台湾	3,099	3,099	3,099	3,099	3,099
朝鮮	6,282	6,282	6,282	6,282	6,282
内地	59,130	59,130	59,130	59,130	59,130
泰	3,053	1,527	1,018	764	—
仏印	6,197 (玉蜀黍 200 ヲ含ム)	3,066	2,066	1,533	—
	77,761	73,104	71,195	70,808	68,511
	100%	93.3%	92.5%	91%	88%

十一月十二日（水）　自午後一時半　至午後四時

第六十七回連絡会議

一　企画院総裁提案「戦争経済基本方略」ヲ審議シ原案通リ可決セリ

二　永野総長ヨリ「占領地施策ノ為ノ民間人員及機関ノ徴傭ハ作戦上絶対必要ノモノ以外ハ之ヲ差控フルコト」ニ関シ申合トシ度提案アリ

之ニ対シ東条陸相杉山総長ヨリ、軍隊ト同時ニ進発スヘキ必要アル旨ヲ説明シ談合ノ結果本件ハ機密隠蔽ノ為十分ニ注意ヲ加ヘ、又将来新規要求ニ関シテハ相談スヘキ旨一応了解セリ

三　「十一月五日御前会議決定「帝国国策遂行要領」ニ関聯スル対外措置」ヲ提案審議スルコトニ付、海軍側ヨリ外務省案ヲ基礎トスル如ク発言アリ、山本局長説明ス

尚東郷外相ハ従来外相ノ採リシ措置ニ関シ説明セリ

(イ)対米交渉ニ就テハ短時日ニヤラネハナラヌノテ相当ノ困難アリ又一方交渉成立スル如ク施策スルト共ニ他面不成立ノ場合ヲモ考ヘテ対処スヘキ状態ニアリテ、ナカナカ六カシイ

対米交渉ハ本月中ニ調印シ度ク思ツテヤツテ居ルカ、之ハ困難タト思フ、英国ニ対シテハ米国カラ話シテ居ルカ、米ヲ通スル外ニ日本カラモ直接英ニ話シ以テ米カ調印スル時ニハ英ニモ調印セシメ度ク思フ然シ之ハ六カシイタラウ、野村ニ交渉ハ急クヘキヲ申越シオケリ

米英ノ大使ヲ一昨日呼ンテ当方ノ要望ヲ述ヘ両大使ハ夫々本国ニ伝達セリ

英大使ハ本国政府ノ回訓トシテ「今日ノ日米会談ハ原則的ノモノタカラ英トシテハ之ニ係ルコトハ出来ヌ、具体的ノコトナレハ考慮ス」トノ趣ヲ、外相ニ伝ヘタルヲ以テ外相ハ今度ノ日米交渉ハ予備交渉ニアラス、本交渉ナルヲ以テ処置ハ急速ヲ要スル旨述ヘタルニ対シ英大使ハ了解セルカ如シ

米大使モ亦急クヘキ必要ヲ了解シ真面目ニナリツツアルヲ看取ス

先般野村ト「ハル」ノ会談ノ様子ヨリ察スルニ日支問題ハ両国カ直接談合スルコトトシテ日米間ニ話合ヒノ纒マルコトナシトセス、此場合ニハ日米間ニ纒

マルモ日支間ノ談合ハツカヌコトアルヘシ外相トシテハ支那問題ハ米ヲ通シテヤルコトハ本筋ニアラス日支直接カ正シイ筋テアリ又此方カ利益大ナリト思考シアリ

野村ト「グルー」ニハ十日間テ纏メル様努力スルヤウ促シオキタリ

(ロ)独伊ニ対シ南方ニ武力行使ト決定シタル場合ニ急ニ話ヲモチ出スヨリモ独ノ腹準備ヲツクル様、予メ気持ヲ伝ヘオクヲ有利ト考ヘ独大使ニ次ノ如ク説明シオケリ

豊田外相時代ニ独国ヨリ米国ニ対シ「若シ米カ独ニ向ヒ戦争行為ニ出ツルナレハ日本ハ米ニ対シ戦争セサルヘカラス、故ニ米ハ大西洋方面ノ行動ヲ手控エル様スヘキナリ」ト日本ヨリ申入ルル様希望アリシモ、「現在此様ナコトヲ申入ルルハ適当ナラス、日本ハ毅然トシテ居ル方良シト信ス」ト述ヘシニ対シ「オツト」ハ日米交渉ハ双方ノ間ニ大ナル間隔アルトキクカ如何」ト問ヒタリ、依テ外相ハ「然リ其結果又貴大使ニ伝フルヘキコトカ出来ルカモ知レヌ」ト内容ニハ触レス情況ニヨリ近ク独ト話合スヘキコトアルヲ仄シオケリ

(ハ)右ノ事実ヲ考慮ニ入レ外務案ハ起草セラレアリ

右終リテ対外措置案ヲ審議ス修正可決セリ

戦争経済基本方略

（適当ノ時期ニ政府ハ之ヲ閣議ニ諮ルコトトス）

連絡会議決定
一六、一一、一〇
企画院提案

東亜共栄圏地域ニ於ケル国防資源及物資ヲ我方ニ確保シ我国ノ戦争遂行力ノ急速ナル拡充発展ヲ期スルト共ニ敵国ニ対スル戦略物資ノ供給遮断ヲ図リ其ノ戦争遂行力ノ伸展ヲ防圧スルコトヲ期ス

即チ

一　国防資源及物資殊ニ石油ニ付神速ニ之ヲ開発取得シ我国防生産力上ニ於ケル絶対隘路ヲ掘開スルト共ニ満洲事変及支那事変ノ成果タル自給圏内資源殊ニ石炭鉄鋼ノ開発利用ヲ飛躍セシメ米国国防計画ノ遂行ニ伴フ攻勢並ニ之ト不可分ノ関係ニ立ツ北方ヨリノ攻勢ニ対シ之ヲ克服シ得ヘキ我国戦争遂行力ノ増強確保ヲ為ス

右ト同時ニ東亜共栄圏地域ニ依存スル敵国戦略物資ノ供給ヲ完封シ以テ其ノ国防計画ノ進展ヲ齟齬遅延セシム

二　前項ノ目的達成ノ為メ昭和十八年末ヲ目標トシテ所要物資

ノ計画的自給生産ノ実現ヲ期シ特ニ石油（人造石油ヲ含ム）石炭、鉄鋼、造船ヲ中核トスル自給生産ヲ促進強化ス

而シテ我国戦争遂行力ノ急速増強ノ為ニハ毎年ノ新規生産力又ハ所得ノミヲ以テシテハ其所要ヲ満足セシメ得サルニヨリ過去ノ物的蓄積資本ヲ動員シ真ノ経済総力ヲ発揮スルコト絶対ニ必要トス

三　右意図ニ基キ各産業別再編成ノ方針ヲ速カニ樹立シ産業別整理ヲ断行シ其ノ保有セル資材ヲ自給生産建設ノ新生原動力タラシムヘシ

右ニ関シ必要ナル国家経費、資金、及財源ニ付キ速カニ方策ヲ決定ス

四　上記自給生産ノ実現過程ニ於ケル国民生活ノ最低限度ヲ確定シ之カ確保ヲ為ス

鋼材及銅ノ蓄積推定量

（大正元年ヨリ昭和十四年迄—二十八年間）

一　鉄　材（鋼材生産量—輸出量）　五九、二五五千噸

二　銅　（　〃　）　二、三七五千噸

註　鋼材ハ商工省製鉄業参考資料ニ拠ル
銅ハ産銅組合調

三　尚用途別鋼材（圧延鋼材）消費量左ノ如シ

（昭和元年ヨリ十三年迄）

	千噸	比率
鉄　道（電鉄ヲ含ム）	三、四一九	一〇・三
土木建築	九、〇八二	二七・二
造　船	三、五六七	一〇・七
機械鉄工業	九、三六二	二八・一
石油瓦斯水道	一、〇〇六	三・一
鉱　山	九六五	二・九
其　他	五、九〇八	一七・八
計	三三、三〇九	一〇〇・〇

計　商工省製鉄業参考資料ニ拠ル

十一月十三日（木）自午前十時至正午

第六十八回連絡会議

「対南方戦争終末促進ニ関スル件」ヲ審議研究ス

本件ハ腹案程度ニ止ムヘキモノナリトシ若干修文ヲ加ヘ土曜日ノ次期会議ニ於テ決定スル事トセリ

十一月五日御前会議決定「帝国国策遂行要領」ニ関聯スル対外措置

昭和一六、一一、一三
連絡会議決定

一　対独伊

日米交渉決裂シ戦争不可避ト認メラレタル際（大体十一月二

十五日以後ト想定ス）ニハ遅滞ナク独（伊）ニ対シ帝国ハ近ク準備成リ次第英米ニ対シ開戦スルノ意嚮ナル旨ヲ通報シ右準備ノ一部ナリシトテ左記事項ニ付必要ナル交渉ヲ行フモノトス

一 独（伊）ノ対米戦争参加

二 単独不媾和

備考 独逸側ヨリ対「ソ」参戦ノ要求アリタル場合ニハ差当リ参戦セサル旨ヲ以テ応酬ス但シ之カ為独側ノ対米参戦ノ時期カ遅ルルカ如キ事態生スルモ已ムヲ得ス

一 対英

対米交渉ノ結果タル了解事項中英国ニ関係アル事項ヲ英国ヲシテ受諾セシメ且之ニ積極的ニ協力セシムル様速ニ直接又ハ米ヲ通シ措置シ置クモノトス

右以外企図隠匿ノ見地ニ於テ特別ノ外交措置ヲ行フコト無シ

一 対蘭印

我企図秘匿欺騙ニ資スルタメ成ルヘク速ニ従来交渉継続ノ形式ニ於テ帝国ニ対スル所要物資ノ供給ヲ主眼トスル外交交渉ヲ逐次開始ス

一 対「ソ」

概ネ昭和十六年八月四日大本営政府連絡会議決定ニ係ル対「ソ」外交交渉要綱第一項ニ準拠シテ交渉ヲ続行ス

一 対泰

1 進駐開始直前左記ヲ要求シ迅速ニ之ヲ承認セシム

泰ニシテ帝国ノ要求ニ応セサル場合ニ於テモ軍隊ハ予定ノ如ク進駐ス、但シ日泰間武力的衝突ハ之ヲ局限スルニ努ム

左記

イ 帝国軍隊ノ通過竝ニ之ニ伴フ諸般ノ便宜供与

ロ 帝国軍隊ノ通過ニ伴フ日泰軍隊ノ衝突回避措置ノ即時実行

ハ 泰ノ希望ニヨリテハ共同防衛協定ノ締結

（註） 本交渉開始前ニ於ケル対泰態度ハ従来ト特別ノ変化ナカラシメ特ニ開戦企図ノ秘匿ニ万全ノ考慮ヲ払フモノトス

2 進駐後速カニ概ネ左ノ諸件ニ関シ具体的ニ現地ニ於テ取極ヲ行フ

イ 帝国軍隊ノ通過及駐屯ニ関スル事項

ロ 軍用施設ノ供用及新設増強

ハ 所要ノ交通通信機関及工場施設等ノ供用

ニ 通過竝ニ駐屯軍隊ニ対スル宿営、給養等

ホ 所要軍費ノ借款

備考 第一、第二項ノ交渉ニ当リテハ昭和十六年二月一日大本営政府連絡会議決定ノ対仏印泰施策要綱ニ準拠シ泰ノ主権及領土ノ尊重ヲ確約シ尚泰ノ態度ニヨリテハ将

来「ビルマ」若クハ馬来ノ一部ヲ割譲スヘキ事ヲ考慮スヘキ旨ヲ仄カシ以テ交渉ヲ有利ナラシム

一　対支

出来得ル限リ消耗ヲ避ケ以テ長期世界戦ニ対処スヘキ帝国綜合戦力ノ確保及将来兵力減少ノ場合等ヲ念頭ニ置キ左ノ通リ措置スルモノトス

1　在支米英武力ヲ一掃ス

2　在支敵性租界（北京公使館区域ヲ含ム）及敵性重要権益（海関、鉱山等）ヲ我実権下ニ把握ス但シ我国ノ人的竝ニ物的負担ヲ成ルヘク軽カラシムル様留意スルモノトス

（註）　共同租界及北京公使館区域ハ敵性武力ヲ一掃シテ我実権下ニ収ムルモ友好国権益ヲモ混入スルヲ以テ接収等ノ形式ヲ取ラサルモノトス

3　前諸項ノ発動ハ我企図ヲ暴露セサル為我対米英開戦後トス

4　重慶ニ対スル交戦権ノ発動ハ特ニ宣言等ノ形式ヲ以テスルコトナク対米英開戦ヲ以テ事実上其実効ヲ収ムルモノトス

5　在支敵国系権益中国民政府ニ関係アルモノモ必要ニ応シ差当リ我方実権下ニ把握スルモノトシ之カ調整ハ別ニ措置ス

6　占領地内ニ於ケル支那側要人ノ活動ヲ出来得ル限リ誘導促進シ日支協力ノ下ニ民心ノ把握ニ力メ以テ可能ナル地域ヨリ漸次局部和平ヲ実現セシム

7　対支経済関係ニ於テハ物資獲得ニ重点ヲ置キ之カ為現行諸制限ニ合理的調整ヲ加フルモノトス

十一月十五日（土）　自午前十時　至正午

第六十九回連絡会議

先ツ東郷外相ヨリ日米交渉ニ関スル其ノ後ノ状況ヲ説明シ次テ「対南方戦争名目ニ関スル件」ヲ審議シ、修文ニ就テ要旨ヲ定メ幹事修文、次回ノ会議ニ決定スルコトトセリ

一　外相ノ対米交渉ノ説明

(イ)日米関係ニ就テハ五日御前会議後当方ノ対案ヲ野村大使ニ訓令セリ、其ノ際次ノ事ヲ附加セリ

「モウ半年余リ忍ビ難キヲ忍ビ今年迄忍耐シテ来タ之ハ平和観念ニ出発スルノデアルカ忍耐ニモ限度アリ

米カ之以上帝国ノ要求ヲ無視スルコトハ米側ニ於テ十分猛省スル様又今日ノ事態ハ一日モ看過出来ナイ旨ヲ米ニ申入レラレ度シ」

(ロ)野村ハ「ハル」ヲ訪問シ当方ノ電報セル通リヲ先方ニ通ジタリ米ハ之ニ対シ本交渉ハ予備会談ナリト主張セルヲ以テ「ソンナ事ハイカヌ」ト野村ニ訓令シ、同時ニ米大使ニモ「余リ遷延スルト機ヲ失スル虞アリ早ク返事セヨ」ト促セリ。外相ハ「グルー」ニ対シ「此ノ交渉ハ華府デヤルノデアルカ東京デモ華府ノ交渉ヲ補足スル意味ニ於キテ遣リ度イ」旨通シタル処「グルー」モ賛意ヲ表セリ

又「グルー」ニ対シ「米ハ遷延ニ遷延ヲ重ネ日本ハ譲歩ニ譲歩ヲ重ネタ而シテ移民問題等ハ今ハ逆転シ居ル有様ダ、此ノ状態デハ日本国民ノ感情モ之ヲ許サヌ、議会モ召集サレ事態ハ切迫シテ居ルカラ予備会議等ト言ハズ一気ニ解決セネバナラヌ

米ハ帝国ニ対シ武力ヨリモ強イ経済圧迫ヲ加ヘテ居ルノデアルカラ我ハ自衛上立ツ事モアル、米ガ支那ニ対シ帝国ガ払ツテキル犠牲ヲ無視スル事ヲ帝国ニ強要スルノハ恰モ日本ニ自殺セヨト言フノト同ジダ之レヲ本国ニ伝ヘヨ」ト告ゲ「グルー」ハ之ニ対シ「良ク分ツタ本国ニ伝ヘル、又自分ハ此ノ解決ニ必成ヲ期ス」ト答ヘ涙グンデ帰ヘレリ

(ハ)先日英大使「クレギー」ト話シセル際英国ハ日本ハ猶基礎条件ヲ話シツツアリテ具体的問題ニハ触レ非スト考ヘ居ル旨述ヘタルヲ以テ、「此ハ予備会議ニ非ス最後ノ段階ナリ」ト応酬シ「クレギー」モ其ノ切迫セル旨ヲ了解セリ

(ニ)十一月十三日野村「ハル」会談ニ関スル報告ヲ見ルニ米国ハ日本ニ実行セシムル要求ノミヲ列挙シ米自ラ実行スヘキ事項ハ全ク挙ゲ非ス、随ツテ若之ニ返事ヲスルトセバ其ノ冒頭ニ「日本ノ条件ヲ全面的ニ受容ルルナレバ」トノ条件ヲ附スル必要アリトノ考ヘナリ

尚従来ノ日米交渉ノ関係書類ヲ精細ニ見レバ見ル程従来ノ遣方ハ拙シ、日本側ノ証文ハ皆先方ニ出シアリテ先方ヨリハ何等之ヲ取リツケ非ス、故ニ甚ダ困難ナリト思考セラル

(ホ)日米交渉ハ今迄ノ模様ニテハ時日遷延ノ気持カアルガ如シ、若之カ不成立ノ場合ニハ独逸トノ関係ヲ緊密ナラシムル必要アリト思考セラル。独逸ヲ完全ニ日本側ニ引込ムニハ、伊太利ノ参戦セシ際独逸ガ之ヲ好マザリシ例等ヨリ推察シ独逸ノ不賛成ノ場合ナ

キニシモ非ズ、就テハ独逸トノ交渉ハ稍々過早ナリト考ヘラルルモ準備工作ハ直チニ之ヲ始メ度シト考フ此ノ点御了承願ヒ度シ

二　「対南方開戦名目ニ関スル件」ニ就テハ全般ヲ通シ自己ノ所信ヲ他ニ強要スル様ニ作文セラレアリ。又支那ノ侮日ニヨリ止ムナク立ツ趣旨ヲ強調スル必要アリ等ノ意見アリ

戦前ニ宣戦布告ヲスルカ或ハ宣戦布告スル事ナク戦争ニ入ルカハ研究ノ要アリトノ意見多数ナリ

三　会議終了後、独逸トノ内連絡ニ関シ杉山参謀総長ニ対シ、東郷外相ヨリ左ノ申入レアリ

「日米交渉不成立ノ場合ニハ直ニ独逸トノ間ニ同盟ヲ強化スル必要ガアル、之カ為ノ準備ヲヤリ度イト考ヘル、然シナガラ外相トシテハ現在米国ト話合ヒヲシテキルノデ外相ガ大島大使ヲ通ジテ直接話スノハ具合ガ悪イ、依ッテ参謀総長ヨリ岡本少将ヲシテ坂西武官ナリ「オットー」ナリヲ通ジテ間接的ニ内々話ヲ進メサセテ貰フ様ニハイカヌカ」

右申入レニ対シ杉山参謀総長ヨリ

「岡本少将ヲシテヤラセル事ニ就テハ同意、外務ト充分連絡ノ上ヤラセル様ニシヤウ」ト返事セリ

対米英蘭蔣戦争終末促進ニ関スル腹案

昭和一六、一一、一五
連絡会議決定

方　針

一　速ニ極東ニ於ケル米英蘭ノ根拠ヲ覆滅シテ自存自衛ヲ確立スルト共ニ更ニ積極的措置ニ依リ蔣政権ノ屈伏ヲ促進シ独伊ト提携シテ先ツ英ノ屈伏ヲ図リ米ノ継戦意志ヲ喪失セシムルニ勉ム

二　極力戦争相手ノ拡大ヲ防止シ第三国ノ利導ニ勉ム

要　領

一　帝国ハ迅速ナル武力戦ヲ遂行シ東亜及西南太平洋ニ於ケル米英蘭ノ根拠ヲ覆滅シ戦略上優位ノ態勢ヲ確立スルト共ニ重要資源地域竝主要交通線ヲ確保シテ長期自給自足ノ態勢ヲ整フ

凡有手段ヲ尽シテ適時米海軍主力ヲ誘致シ之ヲ撃滅スルニ勉ム

二　日独伊三国協力シテ先ツ英ノ屈伏ヲ図ル

㈠帝国ハ左ノ諸方策ヲ執ル

(イ)濠洲印度ニ対シ政略及通商破壊等ノ手段ニ依リ英本国トノ連鎖ヲ遮断シ其ノ離反ヲ策ス

(ロ)「ビルマ」ノ独立ヲ促進シ其ノ成果ヲ利導シテ印度ノ独

立ヲ刺戟ス

(二)独伊ヲシテ左ノ諸方策ヲ執ラシムルニ勉ム

(イ)近東、北阿、「スエズ」作戦ヲ実施スルト共ニ印度ニ対シ施策ヲ行フ

(ロ)対英封鎖ヲ強化ス

(ハ)情勢之ヲ許スニ至ラハ英本土上陸作戦ヲ実施ス

(三)三国ハ協力シテ左ノ諸方策ヲ執ル

(イ)印度洋ヲ通スル三国間ノ連絡提携ニ勉ム

(ロ)海上作戦ヲ強化ス

(ハ)占領地資源ノ対英流出ヲ禁絶ス

三　日独伊ハ協力シ対英措置ト並行シテ米ノ戦意ヲ喪失セシムルニ勉ム

(一)帝国ハ左ノ諸方策ヲ執ル

(イ)比島ノ取扱ハ差シ当リ現政権ヲ存続セシムルコトトシ戦争終末促進ニ資スル如ク考慮ス

(ロ)対米通商破壊戦ヲ徹底ス

(ハ)支那及南洋資源ノ対米流出ヲ禁絶ス

(ニ)対米宣伝謀略ヲ強化ス

其ノ重点ヲ米海軍主力ノ極東ヘノ誘致竝極東政策ノ反省ト日米戦無意義指摘ニ置キ米国輿論ノ厭戦誘致ニ導ク

(ホ)米濠関係ノ離隔ヲ図ル

(二)独伊ヲシテ左ノ諸方策ヲ執ラシムルニ勉ム

(イ)大西洋及印度洋方面ニ於ケル対米海上攻勢ヲ強化ス

(ロ)中南米ニ対スル軍事、経済、政治的攻勢ヲ強化ス

四　支那ニ対シテハ対米英蘭戦争特ニ其ノ作戦ノ成果ヲ活用シテ援蔣ノ禁絶、抗戦力ノ減殺ヲ図リ在支租界ノ把握、南洋華僑ノ利導、作戦ノ強化等政戦略ノ手段ヲ積極化シ以テ重慶政権ノ屈伏ヲ促進ス

五　帝国ハ南方ニ対スル作戦間極力対「ソ」戦争ノ惹起ヲ防止スルニ勉ム

独「ソ」両国ノ意嚮ニ依リテハ両国ヲ媾和セシメ「ソ」ヲ枢軸側ニ引キ入レ他方日蘇関係ヲ調整シツツ場合ニ依リテハ「ソ」聯ノ印度「イラン」方面進出ヲ助長スルコトヲ考慮ス

六　仏印ニ対シテハ現施策ヲ続行シ泰ニ対シテハ対英失地恢復ヲ以テ帝国ノ施策ニ協調スル如ク誘導ス

七　常時戦局ノ推移、国際情勢、敵国民心ノ動向等ニ対シ周密ナル監視考察ヲ加ヘツツ戦争終結ノ為左記ノ如キ機会ヲ捕捉スルニ勉ム

(イ)南方ニ対スル作戦ノ主要段落

(ロ)支那ニ対スル作戦ノ主要段落特ニ蔣政権ノ屈伏

(ハ)欧洲戦局ノ情勢変化ノ好機特ニ英本土ノ没落、独「ソ」戦ノ終末、対印度施策ノ成功

(ニ)之カ為速ニ南米諸国、瑞典、葡国、法王庁ニ対スル外交竝ニ宣伝ノ施策ヲ強化ス

日独伊三国ハ単独不媾和ヲ取極ムルト共ニ英ノ屈伏ニ際シ之

ト直ニ媾和スルコトナク英ヲシテ米ヲ誘導セシムル如ク施策スルニ勉ム
対米和平促進ノ方策トシテ南洋方面ニ於ケル錫、護謨ノ供給及比島ノ取扱ニ関シ考慮ス

十一月十五日

宮中御前兵棋後「南方軍ニ対スル任務」ニ関スル上奏ノ節御下問要旨

御上　南方軍司令官ハ何処ニ行クカ
総長　西貢ニ行キマス
御上　馬来ノ護謨林ヲ荒ラス事ハ無イカ
総長　荒ラス様ニナル事モアルト思ヒマス、然シ「ケダ」附近以外ハ隘路デアリマシテ軍ノ戦斗指導モ歩兵一大隊ニ戦車若干ヲ附シタルモノヲ数個進メル様ナ戦斗法ガ多イト思ヒマスノデ護謨林ヲ傷ムルコトハ少ナイト思ヒマス
御上　対米外交ノ成立シタ場合ニハ軍ノ進発スル事ハ取止メルダラウナ
総長　外交ガ成立致シマシタラ戦斗行為ヲ止メ大命ニ依ツテ軍隊ヲ退ケマス
作戦準備ノ途中デ敵側ガ攻撃ヲシテモ開戦ノ御許シガアル迄ハ局地ニ止メル様ニシ、又「武力ノ背景ニヨツテ外交ガ成立シタナラバ其レダケ軍隊ノ力ガ役立ツタ次第故退ツテモ宜ロシイ」トノ旨ヲ寺内軍司令官以下ノ各軍司令官ニ良ク申述ベテ置キマシタ
第五十二師団ノ動員モ此ノ場合ニハ中止致シマス
御上　其レハ良カツタ
総長　伊勢、熱田、畝傍、桃山ニ御参リヲ致シ度イト思ヒマス御許シヲ御願ヒ致シマス
御上　宜ロシイ

十一月二十日（木）　自午前九時　至午前十時半

第七十回連絡会議

「南方占領地行政実施要領」ノ審議並「十八日野村電」ニ対シ十九日外相ノ執リタル処置ニ関シ説明アリ
一　「南方占領地行政実施要領」ニ関シテハ陸海軍案ニ対スル外務ノ修正ヲ基礎トシテ審議セリ
審議ノ冒頭杉山参謀総長ヨリ左ノ通リ要望スル処アリ
「支那事変ノ経験ニヨル現地行政ニ関シテハ多元的ニ指導

スルコト多ク極メテ面白カラサル結果ヲ来シ現在ニテモ此ノ害ヲ多分ニ受ケテヰル、之ニ鑑ミ南方行政ハ一元的ニ統轄シテヤル様ニ充分ナル考慮ヲ以テ審議セラレ度シ」

経緯次ノ如シ

「占領地域ニ対スル軍政運営機関ヲ政府設置ノモノニ転換」スヘキ事ニ関シテハ、之ヲ方針中ニ入ルルヲ要スト外務大臣強硬ニ主張セルモ過早ニ之ハ行フヘキニ非ストテ依然備考トシテ残ス事トナレリ

(十)ノ(イ)「現地軍政ノ重要事項ハ、連絡会議ニ於テ決定スル」事ニ関シテハ相当議論アリシモ外務案ヲ採用スル事トナレリ

又「中央ノ決定事項ヲ陸海軍ヨリ現地ニ指示スル」事ニ関シテハ、陸海軍案ヲ可トシ之ヲ採用ス

「民政関係ノ人員ヲ関係庁ニ於テ決定スル件」ハ、外務ノ主張アリシモ之ヲ削除セリ。「細目ニ関スル関係庁ノ協定」ハ当然ノ事トシテ削除セリ

右ノ如クシテ決定ス

二　米国トノ交渉ニ就テ

外相ハ十七日十八日野村「ハル」会見ノ状況ヲ一通リ説明シ左ノ如キ所見ヲ述ヘタリ

十八日野村ハ「通商問題ノ解決ハ時間ヲ要スルカ故ニ、先ツ双方ノ緊張ヲ解ク問題ヲ解決スルヲ適当ト認メ、南仏ヨリ撤兵シ之ニ対シ資金凍結ヲ解除スルコトトシ度シ」ト述ヘタリ

斯クノ如キハ一括シテ纏ムヘキ話ヲ部分的ニ纏メルモノニシテ、「此ノ様デハイカヌ」ト考ヘ取敢ヘス本朝「ハル」トノ会見前ニ当方ノ趣旨ヲ伝ヘ度キ意見ニテ、「訓電アル迄「ハル」トノ会見ヲ待テ」ト電報シ其ノ後「一部デ話ヲ進メテ纏メル事ハ後害ガアル、此ノヤリ方ハ満足スヘキテナイ、野村カラ東京ニ私案ヲ提議シタラ東京ハ乙案全部ヲ一括シテ纏メルノデナケレバイカヌト言フ事ヲ回訓シテ来タト米側ニ明確ニ示シ今後ハ乙案テ交渉ヲ進メル様申シ付ケタ

日支和平ニ関スル努力ニ支障与ヘストハ援蒋中止ト言フコトナリ三国同盟ハ自主的ニヤル、即チ米ハ帝国カ独ノ手先トナルト言フテヰルカ帝国ハ自主的心組デヤル旨デアル事ヲ先方ニハツキリ通セヨ」

ト明確ニ野村大使ニ電報セリ

尚野村大使ニハ此ノ国内ノ緊張セル気分カ充分ニ反映シ居ラス、又米国ハ最近話カツクナレハ戦争ヲ欲セサル様考ヘ出シタル如クモ観察セラルルモ、米国トシテハ輿論ノ関係モアリ折レテ日本ト妥結スル事ハ不可能ナリト思考ス

南方占領地行政実施要領

十一月二十日大本営政府連絡会議決定

第一　方針

占領地ニ対シテハ差シ当リ軍政ヲ実施シ治安ノ恢復、重要国防資源ノ急速獲得及作戦軍ノ自活確保ニ資ス

占領地領域ノ最終的帰属竝ニ将来ニ対スル処理ニ関シテハ別ニ之ヲ定ムルモノトス

第二　要　領

一　軍政実施ニ当リテハ極力残存統治機構ヲ利用スルモノトシ従来ノ組織及民族的慣行ヲ尊重ス

二　作戦ニ支障ナキ限リ占領軍ハ重要国防資源ノ獲得及開発ヲ促進スヘキ措置ヲ講スルモノトス

占領地ニ於テ開発又ハ取得シタル重要国防資源ハ之ヲ中央ノ物動計画ニ織リ込ムモノトシ作戦軍ノ現地自活ニ必要ナルモノハ右配分計画ニ基キ之ヲ現地ニ充当スルヲ原則トス

三　物資ノ対日輸送ハ陸海軍ニ於テ極力之ヲ援助シ且陸海軍ハ其ノ徴傭船ヲ全幅活用スルニ努ム

四　鉄道、船舶、港湾、航空、通信及郵政ハ占領軍ニ於テ之ヲ管理ス

五　占領軍ハ貿易及為替管理ヲ施行シ特ニ石油、護謨、錫、「タングステン」、「キナ」等ノ特殊重要資源ノ対敵流出ヲ防止ス

六　通貨ハ勉メテ従来ノ現地通貨ヲ活用流通セシムルヲ原則トシ已ムヲ得サル場合ニアリテハ外貨標示軍票ヲ使用ス

七　国防資源取得ト占領軍ノ現地自活ノ為民生ニ及ホサルルヲ得サル重圧ハ之ヲ忍ハシメ宣撫上ノ要求ハ右目的ニ反セサル程度ニ止ムルモノトス

七　米、英、蘭国人ニ対スル取扱ハ軍政実施ニ協力セシムル如ク指導スルモ之ニ応セサルモノハ退去其ノ他適宜ノ措置ヲ講ス

枢軸国人ノ現存権益ハ之ヲ尊重スルモ爾後ノ拡張ハ勉メテ制限ス

華僑ニ対シテハ蔣政権ヨリ離反シ我カ施策ニ協力同調セシムルモノトス

原住土民ニ対シテハ皇軍ニ対スル信倚観念ヲ助長セシムル如ク指導シ其ノ独立運動ハ過早ニ誘発セシムルコトヲ避クルモノトス

九　作戦開始後新ニ進出スヘキ邦人ハ事前ニ其ノ素質ヲ厳選スルモ嘗テ是等ノ地方ニ在住セシ帰朝者ノ再渡航ニ関シテハ優先的ニ考慮ス

一〇　軍政実施ニ関聯シ措置スヘキ事項左ノ如シ

イ　現地軍政ニ関スル重要事項ハ大本営政府連絡会議ヲ経テ之ヲ決定ス

中央ノ決定事項ハ之ヲ陸海軍ヨリ夫々現地軍ニ指示スルモノトス

ロ　資源ノ取得及開発ニ関スル企画及統制ハ差当リ企画院ヲ中心トスル中央ノ機関ニ於テ之ヲ行フモノトス

右決定事項ノ実行ハ(イ)項ニ拠ルモノトス

ハ　仏印及泰ニ対シテハ既定方針ニ拠リ施策シ軍政ヲ施行セス状況激変セル場合ノ処置ハ別ニ定ム

備　考

一　占領地ニ対スル帝国施策ノ進捗ニ伴ヒ軍政運営機構ハ逐次之ヲ政府ノ設置スヘキ新機構ニ統合調整又ハ移管セラルルモノトス

十一月二十二日（土）自午後二時 至午後四時

第七十一回連絡会議

開戦名目、対泰措置要領、対米交渉乙案ノ保障、ノ三件ニ就テ審議ス

一　開戦名目

(イ)「中華民国」ノ字ハ不適当ナリ

「国利」ハ日清、日露ノ詔勅ニモアルヲ以テ尚研究ス

(ロ)支及米ニ対シテハ将来行詰リトナラサル様著意スル要アリトテ二、ノ末項及三、ノ初項ニ於テ若干修文

(ハ)右ノ趣旨ニテ修文尚文章家ノ修文ヲモ加ヘ追テ決定スルコトトナレリ

右ニ関聯シ宣戦布告ヲナスヤ否ヤニ関シテハ、其ノ方法ト共ニ法政（ママ）的ニモ実際的ニモ慎重ニ研究スル事ニ申合セリ、（結局宣戦布告ハスルコトトナルヘキモ其ノ方法ニ就キテハ充分ニ研究ノ要アリトスル意見多シ）

二　対泰措置要領案

全員異議ナク可決ス

三　対米交渉乙案ノ保障

外務大臣ヨリ「数量等モ含ミアルヲ以テ更ニ事務的ニ話ヲ進メ度シ」ト発言アリテ審議ニ至ラス

杉山参謀総長ヨリ「本件ハ統帥ノ見地ヨリハ時日ノ余猶無シ速ニ進ムルヲ要ス」ト要望セリ

対「タイ」措置要領

昭和一六、一一、二三
大本営政府連絡会議決定

一　進駐前ニ於ケル交渉要領

1　進駐直前ニ於ケル対「タイ」外交交渉開始日時（X日前日午后六時以後ト予定ス）ハ中央ヨリ駐「タイ」大使ニ指示シ其ノ決定時刻（X—1日午后六時以後X日午前零時以前トス）ハ陸軍最高指揮官ヨリ駐「タイ」大使ニ連絡スル所ニ拠ル

右連絡ハX—1日午后六時前ニ行フニ努ム右時刻迄連絡ナキ場合ハ連絡アル迄交渉ヲ差控フルモノトス

2　(イ)前号交渉ニ際シ駐泰大使（陸海軍武官同行）ハ「ピブン」ニ対シテ外交的手段ニ依リ日本軍ノ通過容認竝ニ之ニ伴フ諸般ノ便宜供与及ヒ日「タイ」両軍衝突回避措置ノ即時実行ヲ要求シ「ピブン」カ之ヲ応諾スルニ

於テハ文書ヲ作ラス直ニ之カ具体的措置ヲ講セシムルコトトスルカ或ハ別紙要領ニ基ク協定ヲ作成ス（尚本件妥結ノ際ハ「タイ」側ノ反対ナキ限リ進駐後右ヲ公表スルモノトス）

(ロ)「タイ」側カ要求ニ応セサル場合ハ日本軍ハ予定通リ進駐ヲ開始スル旨ヲ通告シ極力「タイ」軍ヲシテ抵抗セシメサル様各種ノ措置ヲ執ラシムルコトヲ要求ス

(ハ)「ピブン」カ失脚又ハ辞職セル場合ニハ（英軍進駐ノ結果タル場合ヲ含ム）後継者又ハ後継者タルヘキモノト前記要領ニ基キ交渉スルモノトス

但シ交渉相手ナキ場合ハ機ヲ失セス機宜ノ措置ヲ講スノトス

3　交渉ノ模様ハ特ニ大使（武官）ヨリ現地軍ニ速報スルモノトス

二　交渉ト中「タイ」進駐ノ関係

仏印ヨリ陸路進駐スル部隊ノ進駐開始竝盤谷ニ対スル直接上陸開始時機ハ陸海軍中央協定ニ基キ状況之ヲ許ス限リ日「タイ」両軍ノ衝突ヲ回避スル如ク陸軍最高指揮官之ヲ決定スルモノトス

但シ上陸部隊ノ行動ニ関シテハ現地陸海軍指揮官協議決定ス

三　進駐ニ伴フ諸交渉

1　進駐ニ関スル交渉ニ伴ヒ現地陸海軍最高指揮官ハ駐「タイ」陸海軍武官ヲシテ軍事ニ関スル交渉ヲ開始セシム

2　駐「タイ」大使ノ行フ爾後ノ交渉事項中ニハ所要軍費ノ借款等ヲ含ムモノトス

四　進駐前ニ英軍カ「タイ」領ニ侵入セル場合ニ於テハ機ヲ失セス軍ハ駐「タイ」大使ニ通報シ先ツ交渉ヲ開始シタル後「タイ」ニ進駐ス

此ノ際駐「タイ」大使ハ左記ニ準シ措置スルモノトス

又駐「タイ」大使カ先ツ前記情況ヲ察知シタル場合ニハ機ヲ失セス現地軍ニ通報シ「タイ」側トノ交渉ヲ開始ス本情況ニ於ケル交渉開始ノ時機ハ陸軍最高指揮官ノ連絡スル所ニヨル

記

1　直ニ「ピブン」ニ対シ英軍ノ進駐ハ「タイ」ノ同意ニ基クモノナリヤ否ヤヲ質シ前者ノ場合ニハ右ニ厳重抗議スルト共ニ日本軍ニ対シテモ我方ノ自衛ノ必要上同様進駐セシムル様要求シ後者ノ場合ニハ日本軍ハ「タイ」ノ救援及緊急事態ニ対スル自衛措置トシテ進駐ヲ要求ス　何レノ場合モ「タイ」側ヲシテ日本軍トノ衝突ヲ回避スル様「タイ」側ニ措置セシムルモノトス

2　本情況ニ於テハ特ニ我カ戦争企図ヲ暴露セサルコトニ万全ノ注意ヲ払ヒ単ニ「タイ」ヘノ進駐行為トシテ交渉ヲ行フ

右駐「タイ」大使ノ交渉ニ伴ヒ軍事ニ関スル諸交渉ハ三ニヨリ之ヲ行フ

五　在「タイ」大使館、領事館員及在留邦人ノ生命、財産竝ニ帝国権益ノ保護ニ関シテハ駐「タイ」大使及現地陸海軍ハ相

協力シテ万全ノ措置ヲ講スルニ努ムルモノトス

別　紙

坪上「ピブン」協定案

本日吾等両人間会談ノ結果左記ノ諸点ニ関シ完全ニ意見ノ一致ヲ見タリ

一　日「タイ」両国ハ「タイ」国ノ共同防衛ヲ約ス

一　「タイ」国ハ日本国ニ対シ右ニ必要ナル軍事上ノ協力（日本軍ノ通過容認竝ニ之ニ伴フ諸般ノ便宜供与及ヒ日「タイ」両軍衝突回避措置ノ即時実行ヲ含ム）ヲナス

三　前二項ノ実施細目ニ就テハ当該官憲間ニ具体的話合ヲナス

四　日本国ハ「タイ」国ノ独立、其主権及名誉ノ尊重ヲ保障シ且ツ「タイ」国ノ失地恢復ニ協力ス

五　本件合意ハ他日適当ノ機会ニ両国政府間ノ正式ノ文書ニ作製セラルヘキモノナリ

（註）　1　交渉ノ情況ニ応シ「日本軍ハ前記二、ノ軍事上ノ協力ヲ必要ナラシメタル事態解消シタル暁ニハ直ニ「タイ」国領土ヨリ撤兵ス」トノ趣旨ヲ約スルコトヲ得

2　尚「タイ」カ希望スルニ於テハ経済的ニ出来得ル限リ「タイ」ヲ援助スルコトヲ約スルコト

千九百四十一年　月　日

署　名　（坪上）

（ピブン）

付記1　「タイ」ニ対シテハ此ノ文書ノ性質ハ記録ナリ会談ノ結果ヲ後日ノ為記録シ置クモノナリト説明ス

2　我カ国内手続ハ右協定案五、ノ留保ニ依リ必要ナシトノ説明ヲナス

3　然レトモ実質的ニハ此ノ文書ヲ以テ両国ハ拘束サルルモノトシテ事ヲ運フコトトス

備　考

1　一、ニ関シ

(イ)　「タイ」カ攻守同盟ヲ希望スル場合ニハ『日「タイ」両国ハ攻守同盟関係ヲ設定ス』トス

(ロ)　「タイ」カ三国条約加入ヲ希望スル場合ニハ『「タイ」国ハ三国条約ニ加入ス』トス

尚此ノ場合二、ノ「……右ニ必要ナル……」ヲ削除ス

(ハ)　「タイ」カ共同防衛又ハ攻守同盟締結何レヲモ希望セサル場合ニハ一、二、三ヲ合シテ一、トシ左ノ如クス

『東亜ニ於ケル緊急事態ニ対処スル為（『或ハ「タイ」国ハ東亜新秩序ノ建設ニ協力ス之カ為』ト改ムルモ又ハ新秩序云々ト緊急事態云々トヲ併用スルモ可ナリ）日本国ニ対シ必要ナル軍事上ノ協力（日本軍ノ通過容認竝ニ之ニ伴フ諸般ノ便宜供与及日「タイ」両軍衝突回避措置ノ即時実行ヲ含ム）ヲナス前

項ノ実施細目ニ就テハ両国軍事当局間ニ具体的話合ヲナス

ナホ此ノ場合四、五ヲ夫々原文ノ儘ニ、三トス

2 「タイ」カ共同防衛又ハ攻守同盟ノ締結或ハ三国条約加入ノ何レヲモ希望セス単ニ軍事上ノ協力ヲナス場合ニハ「タイ」ニ於テ希望スル場合ニハ「タイ」国ノ中立政策尊重ヲ約スルコトヲ得

3 四、ニ関シ「タイ」側ヨリ仏印失地ニ付質問アリタル場合ニハ坪上大使ヨリ将来時至ラハ帝国政府ハ右ニ対シテモ好意的考慮ヲ払フモノト思考スル旨応答然ルヘシ

十一月二十六日（水）自午前十時 至午前十二時

第七十二回連絡会議

日米交渉其ノ後ノ経過ノ説明、乙案ノ保障中油ノ数量ニ関シ対議ス

一　外相ノ日米交渉ノ説明

一昨二十四日「グルー」大使ヲ招致シ援蔣中止ニ関シテ米側態度判然トセサルコトヲ述ヘ又「南部仏印ノ帝国陸軍ヲ北部仏印ニ駐ムルコトナク北部仏印カラモ撤退セヨト米側デハ言ッテキルカ日本カ全仏印カラ撤退スルハ日支和平カ出来タ時デアッテ、抑々北部仏印ニ我カ軍カ進入シタノハ其ノ進入ノ動機モ南部仏印ノモノトハ異ル

米カ日支和平ノ仲介者トナルコトハ支障ハナイカ日支事変解決ヲ邪魔スル様ナコトヲ中止スルノテナケレハ之ハ受入レラレヌ、華府テノ話ハ一ツ一ツ纏メルノテハナクテ全体ヲ「括メテヤルノタ」ト明確ニ申述ヘタル処「グルー」ハ直チニ

「本国ニ報告シマス」トテ其レ以上何等語ル処ナシ、（「グルー」ニハ本交渉ニ関スル何等ノ権限ヲモ与ヘラレ非ルカ如シ）

十一月二十四日「華府ニ於ケル会見ハ二十五日ニ延期ス」ト野村大使ヨリ報告アリ、又新聞報道ニヨレハ目下英蘭支等ノ大公使ヲ集メ相談中ナルカ如ク、之ニヨリ対日態度ヲ定メ返事ヲスルモノト判断セラル　此ノ返事ニ依ッテ大体ノ見当ハツク見込タ

二　外相ノ「ソ」聯問題説明

気比丸事件ニ関シテハ「ソ」聯大使ニ対シ「機雷ノ安全装置ノ実施ノ確否ヲ調査シ、若シ安全装置不安全ナル場合ニハ日本ノ主張スル通リ受諾セヨ」ト申込ミタ

ルモ「ソ」聯政府ヨリ未タ回答ナシ
尚其ノ際日「ソ」中立条約ニ就テ外相ヨリ「第三国ニ基地ヲ与ヘル様ナコトハセヌカ」ト質問セルカ「ソ」大使ハ「其ノ様ナコトハセヌ、然シ中立条約ハ第三国トノ関係ニ就テハ無関係ノモノタカラ更ニ研究シヤウ」ト答ヘタ
尚「リトビノフ」ヲ米国ニ派遣セルコトハ帝国トシテハ将来注意ヲ要ス又昨日防共協定ノ継続ニ付調印セルカ、之ハ外交関係ニハ相当ノ影響アリト考フ

三　対米乙案保障ノ研究

総長　「此ノ前ニモ話ヲシ又極メテ重大テアルカラ乙案ニ対スル保障ノ問題ヲ急イテ研究スル必要カアルト思フ、尤モ乙案ニヨル交渉ハ不成立ト思フガ、若シ成立スル場合ニハ成立ノ時ニ将来ノ具体的保障ヲ取付ケテ置カナケレハ協定成立後帝国ノ希望ヲ充足シ得ナイ虞レカアル、成立シテモ具体的取極ノ為ニ時機ヲ遷延セラレ機ヲ逸スル虞カアル　故ニ具体的保障ヲ取極メノ中ニ入レル必要カアル、ソウテナケレハ謀略ニ懸ツテ結局米国ノ術策中ニ入ル虞カアル　外務大臣ハ此件ハドウシタカ」

外相　「事務的ニ研究セシメテキル」

総長　「事務的テハ遅イ、当方ノ要求ヲ先方ニ伝ヘテオク必要カアル」

外相　「アノ案ノ中ノ石油一千万噸ノ数字ノ交渉ハアノ期日内ニ纒メルコトハ出来ナイト思フ、又一方油ハ相当海軍テハ持ツテキルト言フテハナイカ」

鈴木　「少クモ八百万噸ハ必要ト思フ」

此ノ際非合理ノ事ヲ言フモ具合カ悪シトシテ種々審議ノ結果次ノ如ク決定セリ
「明年度ノ石油ハ差当リ左ノ数量トシ逐次増加スルモノトス米ヨリ四百万噸（内容ニハ航空揮発油ヲ含ム）（註　昨年ハ三百三十万噸輸入セリ）
蘭印ヨリ二百万噸（内容ニハ航空揮発油ヲ含ム）—
（昨年芳沢ヨリ百八十万噸ヲ要求ス）
右数量ハ直チニ野村大使ニ電スルコト」

十一月二十六日総理大臣「対泰措置」及「南方占領地行政実施ニ関スル件」ニ関シ上奏セル際御下問、奉答

オ上　「開戦スレバ何処迄モ挙国一致デヤリ度イ、重臣ハヨク納得シテキルカ、政府ハドウ考ヘテ居ルカ、重臣ヲ御前会議ニ出席セシメテハドウカ」

東条　「御前会議ハ政務輔弼ノ責アル政府ト統帥扶翼ノ責アル両統帥部長カ責任ノ上ニ立ツテ意見ヲ申上ゲ御決意ヲ願フモノデアリマス、重臣ニハ責任無ク、此ノ重大問題ヲ責任ノ無イ者ヲ入レテ審議決定スルコトハ適当デナイト思ヒマス、此ノ無責任ナルモノガ参加シテ愈々帝国カ立上ルトナレバ責任アル者ノ責任カ軽クナル様ナコトニモナリマス、(勿論其ノ様ナコトカアツテハナラヌノデアリマスガ)先般軍事参議官会議ヲ御前デ開キマシタノハ、念ニハ念ヲ入レテ重要軍務ニ責任ノアル軍事参議官ニ軍務ノ見地カラ御諮詢ニナルトイフ意味デアリマシテ、責任ノ無イ重臣ヲ御前会議ニ出席サセル《(ママ)》ノハイケナイト思ヒマス」

オ上　「分ツタソレデハ俺ノ前デ懇談ヲサセテハドウカ」

東条　「御前デ懇談デアリマスカ」

オ上　「サウダ」

東条　「之ハ考ヘマスガ懇談ト申シマシテモ御前デヤレバ矢張リ責任ヲ以テ懇談ヲスルトイフコトニナルト思ヒマス、私ハ重臣ニ対シマシテ今迄意識的ニ日米交渉ヤ国策ニ関シテハ言ハズニ居リマシタ、之ハ極メテ機微ナルモノデアリマシテ此ノ国家ノ機密ガ洩レヽバ大変ダト考ヘ意識的ニ何等伝ヘナカツタノデアリマス、然シ尚ヨク考ヘマス」

十一月二十七日（土）　自午後二時　至午後四時

第七十三回連絡会議

本日ハ国策最後ノ断ニ関シ重臣ニ対シテ如何ニスルヤ之ヲ御前会議ニ出席セシムルヤ他ノ方法ヲ採ルヤ、宣戦ニ関スル事務手続、国論指導要綱、開戦詔勅案ニ就キ審議ス

一　重臣ノ御前会議出席問題

東条総理ヨリ重臣ノミノ懇談ヲ行フヤ（以上詳細ハ十一月二十六日御下問奉答綴参照）或ハ他ニ適当ノ方法ナキヤニ関シ諮ル処アリ　右ニ関シテハ左ノ如ク論議

セラル

「御前会議ニ重臣ヲ出席セシムルコトハ総理カ奉答セル如ク（御下問綴ニヨル）無責任ノモノヲ責任者ト共ニ審議セシムルコト、不可ナリ

又御前デ懇談セシムルコトモ総理奉答ノ如ク責任ヲ生シ不可ナリ日露戦争デハ閣議デ開戦ヲ決定シ、之ヲ元勲ニ御下問ニナッタ、而シテ伊藤、松方等ノ五元勲ハ真ノ元勲デアッテ今ノ重臣トハ趣カ違フ、今ノ重臣ハ総理大臣ヲ経験セル経歴カアルト言フダケデ質カラ言ヘバ必ズシモ良イワケテハナイ、元来今ノ重臣会議ハ内大臣ノ発意ニテ最近行ハレタ会合デアッテ其ノ秘密保持ノ点ニ就テハ過般東条内閣成立ノ時ノ重臣会議ノ内容ガ全部洩レテ居ル等ノ点カラ観テ極メテ不良デアル又今日迄ノ実情ヲ知ラス抽象的ナ考ヘカラ政府統帥部ガ慎重審議シタ国策ニ対シ之ヲ覆ヘス如キコトトモナレバ大変ナコトダ、故ニ結論トシテ重臣ハ総理大臣ノ処ニ集メテ説明納得セシムレバヨイ」

即チ十一月二十九日重臣ヲ宮中ニ集メ総理ヨリ説明スルコトトシ（臨御セラレズ）其ノ後宮中ノ御都合ニヨリテハ午餐ヲ賜ハルコトトスルヲ最モ適当トスト意見一致セリ

（右論議中外相一人ハ御前ニテ重臣ノ懇談ヲナスモ可ナリト述ブ）

右決定ハ従来ノ例又ハ理論ニアラス之等ヲ超越シテ叡慮ニ対シ御満足ヲ戴ク為ニセルモノナリ

二　宣戦ニ関スル事務順序、並ニ国論指導要綱ハ可決ス

三　開戦詔書案

更ニ研究シ意見アラバ書記官長取纒メテ修文スルコトトス

戦争遂行ニ伴フ国論指導要綱

十一月廿七日
連絡会議決定

第一、指導ノ内容。

（略ス）

第二、具体的ニ実行スヘキ事項次ノ如シ。

㈠　宣戦詔書渙発ノ奏請。

㈡　政府決意ノ表明。

政府声明

㈢　外交経過ノ発表。

㈣　必要ニ応シ臨時議会ノ召集。

㈤　翼賛会ノ動員。

宣戦ニ関スル事務手続順序ニ付テ

十一月廿七日
連絡会議決定

宣戦ニ関スル事務手続順序概ネ左ノ如シ

第一　連絡会議ニ於テ、戦争開始ノ国家意思ヲ決定スヘキ御前会議議題案ヲ決定ス。（十二月一日閣議前）

第二　連絡会議ニ於テ決定シタル御前会議議題案ヲ更ニ閣議決定ス。（十二月一日午前）

第三　御前会議ニ於テ、戦争開始ノ国家意思ヲ決定ス。（十二月一日午後）

第四　Y（X＋1）日宣戦布告ノ件閣議決定ヲ経、枢密院ニ御諮詢ヲ奏請ス。

第五　左ノ諸件ニ付閣議決定ヲ為ス。

一　宣戦布告ノ件枢密院議決上奏後、同院上奏ノ通裁可奏請ノ件。
（裁可）

一　宣戦布告ニ関スル政府声明ノ件。

一　交戦状態ニ入リタル時期ヲ明示スル為ノ内閣告示ノ件。

一　「時局ノ経過竝政府ノ執リタル措置綱要」ニ付発表各庁宛通牒ノ件。

第六　左ノ諸件ハ同時ニ実施ス。

一　宣戦布告ノ詔書公布。

一　宣戦布告ニ関スル政府声明発表。

一　交戦状態ニ入リタル時期ヲ明示スル為ノ内閣告示。

一　「時局ノ経過竝政府ノ執リタル措置綱要」ニ付発表各庁宛通牒。（宣戦布告ノ直後ニ発スルモ可ナルヘシ）

十一月二十九日宮中

東条総理ヨリ重臣ニ対シ対米交渉及国策ニ関スル説明情況

政府側　総理、外務、大蔵、海軍大臣、企劃院総裁

重　臣　若槻、広田、近衛、平沼、岡田、米内、林、阿部、原

一　経　過

午前九時卅分――十　時四〇分　総理説明
十時四〇分――十一時三〇分　外相説明
十一時卅分――午　後　一　時　質　問
午　後　一　時――二　時　御陪食
二　時――三　時　御学問所ニテ重臣ノ所見開陳
三　時――四　時　質問、所見

二　大体ノ意嚮ハ対米忍苦現状維持ヲ主張スルモノ三分ノ二、対米開戦已ムナシトスルモノ三分ノ一ニシテ前者ハ積極開戦ハ「ドガ貧」ニ陥ルモノニシテ　現状維

持ハ「ヂリ貧」ナリ　ヂリ貧中何トカ策ヲ廻スヲ適当ナリトスル主張ニシテ　御前ニテ所懐ヲ陳述セル時モ広田、林、阿部以外ハ現状維持ヲ進言シ現状維持論ニ対シテハ　総理ハ各人ニ対シ一々反駁説明シ　オ上モ御納得アリシモノト推察セラル

積極論ハ広田、林、阿部ニシテ特ニ阿部ハ強硬ニ主張セリ現状維持論ハ岡田、若槻最モ強ク特ニ岡田ハ主張セリ

三　本会合ノ性質ハ真ニ特例ニシテ宮中ニ於テ十一月二十七日連絡会議ニ議決セラレタルモノナリ（附十一月二十六日上奏御下問綴参照）

本手記ハ十一月二十九日連絡会議ノ終了後　東条総理ヨリ杉山総長ニ対シ重臣会議ノ概要トシテ説明セルトコロヲ　杉山総長ヨリ口述セラレ特ニ筆記セサル如ク命セラレタルモ　将来ノ為特機中ノ特機トシテ責ニ任シ手記ス

有末大佐

昭一六、一一、二九

十一月二十九日（土）自午後四時至午後五時

第七十四回連絡会議

戦争決意ニ関スル御前会議議題、独伊ニ対スル外交措置、其他開戦決意ニ伴フ国内外ニ対スル措置、ニ就テ審議検討ス

一　御前会議議題

(イ)「原案第二項、仍テ対米英蘭ニ開戦ス」ノ「仍テ」ヲ削除ス

(ロ)議事ノ次第中文部大臣ノ説明ハ直接関係薄キヲ以テ削除ス

二　独伊ニ対スル措置

外相ヨリ左記提案アリ

「大島　堀切両大使ニ対シ左ノ如キ趣旨ニテ独伊ニ申入レ方処置シ度シ。日米交渉ノ決裂ハ必至ダ、勢ノ趣ク処、日米両国カ武力衝突スル虞大デアルト思フ、其時機ハ意外ニ早ク来ルカモ知レナイ依テ次ノ如ク約束シ度シ

イ　帝国ハ独伊ノ即時対米戦ヲ期待ス、此ノ期待ニ

背カザル如ク独伊側モ措置ス

ロ　日独間ニ又日伊間ニ米英単独不媾和ノ申合セヲナス（外相ハ「三国ハ単独不媾和」トセズ、日独、日伊ト区分シテ不媾和ヲ約束スル方ガ有利ナリ譬ヘバ伊太利ガ約束ニ違反シ媾和セル場合ニ於イテモ日独ノ間ニハ此ノ約束ガ厳存シアル如キ取極ノ方有利ナリ、又前例ニ徴スルモ此ノ方都合ヨシ、ト説明ス）

右ニ対シ大体同意本夜発電異存ナキモ、「共同ノ敵」ナル文句ハ独伊ヨリセバ「ソ」ヲ含ムコトトナリ、日本モ「ソ」ヲ含ムトイフコトトナレバ現下ノ帝国トシテハ有利ナラストスルノ意見ト、「共同」トセバ独伊カ受入レ易ク有利ナリ、トスル意見ト両論アリシモ「共同」ハ英米ナルコトヲ明カナラシムル如ク附加説明スル如ク決定セリ

三　米ニ対スル外交ヲ如何ニスルヤニ就テ

外相　「仕方ガナイデハナカ」

○　「戦争ニ勝テル様ニ外交ヲヤラレ度イ」

外相　「外交ヲヤル様ナ時間ノ余猶《〔ママ〕》ガアルノカ」

永野　「未ダ余猶ハアル」

外相　「○日ヲ知ラセロ　之ヲ知ラセナケレバ外交ハ出来ナイ」

永野　「ソレデハ言フ○日ダ、未ダ余猶ガアルカラ戦ニ勝ツノニ都合ノヨイ様ニ外交ヲヤッテクレ」

○　「国民ハ最高潮ニ達シテキル、此ノ上更ニ此気勢ヲ高メルコトハ米ヲシテ戦争準備ヲ益々ヤラセルコトニナルノデ此ノ上高メナイ様ニスル必要ガアル」

○　「ソレハイカヌ、ソンナコトヲシタラ国民ハ分裂スル」

○　「分裂セヌ程度ニヤレ、特ニ政府当局ガ気勢ヲ低メル様ナコトヲ言フノハ悪イ」

○　「外電ヲ利用シテヤルノガ最モ良イ方法ト思フ」

永野、嶋田、岡等海軍側ハ「戦ニ勝ツ為ニ外交ヲ犠牲的ニヤレ」ト強ク主張セリ

外相　「ヨク分リマシタ、出先ニ帝国ハ決心シテキルト言フテヤッテハイカヌカ、武官（暗ニ海軍ナルコトヲ仄メカシツツ）ニ帝国ハ決心シ

テ居ルトイフコトヲ言ツテ居ルデハナイカ」

永野 「武官ニハ言フテナイ」

外相 「外交官ヲ此ノ儘ニシテモ置ケヌデハナイカ」

○ 「ソレハイカヌ、外交官モ犠牲ニナツテモラハナケレハ困ル最後ノ時迄米側ニ反省ヲ促シ又質問シ我カ企図ヲ秘匿スル様ニ外交スルコトヲ希望スル」

外相 「形勢ハ危殆ニ瀕シ打開ノ道ハ無イト思フガ、外交上努力シテ米国ガ反省スル様ニ又彼ニ質問スル様ニ措置スル様出先ニ言ハウ」

○ 「国民全部ガ此際ハ大石蔵之助ヲヤルノダ」

十二月一日　自午後二時五分
　　　　　　至午後四時

第八回　御前会議

議事次第ノ通リ総理、外相、軍令部総長、蔵相、内相、農相ノ順序ニテ所要事項ヲ説明ス

次テ左ノ質問応答アリ

原　本議題ハ重大問題デアリマスルガ、既ニ一度ノ御前会議ヲ経テ為スベキコトヲ総テノ経路ヲ辿リテナサレテ居ルモノデアリマスカラ、特ニ申上ゲルコトモアリマセヌガ、事重大問題デアリマスルカラ若干ノ御質問ヲ致シマス其ノ一ツハ米国務長官カラ両大使ニ寄セラレタル回答ハ誠ニ不当ナモノデアリマシテ、之ヲ両大使ハ共々其ノ不当ノ点ヲ論難セラレタ由デアリマスルガ、特ニ米カ重慶政権ヲ盛立テテ全支那カラ撤兵セヨトイフ点ニ於テ米カ支那トイフ字句ノ中ニ満洲国ヲ含ム意味ナリヤ否ヤ、此事ヲ両大使ハ確カメラレタカドウカ、両大使ハ如何ニ了解シテ居ラレルカヲ伺ヒ度イ

外相　二十六日ノ会談デハ唯今ノ御質問事項ニハ触レテ居リマセヌ然シ支那ニ満洲国ヲ含ムヤ否ヤニツキマシテハ、モトモト四月十六日米提案ノ中ニハ満洲国ヲ承認スルトイフコトガアリマスノデ、支那ニハ之ヲ含マヌワケデアリマスガ、話ガ今度ノ様ニ逆転シテ重慶政権ヲ唯一ノ政権ト認メ汪政権ヲ潰ストイフ様ニ進ンデ来タコトカラ考ヘマスト前言ヲ否認スルカモ知レヌト思ヒマス

原　「ラジオ」ノ放送ニヨレバ両大使ハ更ニ「ハル」ト今日会談スルコトニナッテオル様デスガ果シテ之ガ事実トシマスレバ何レカラ発意シテ其ノ交渉ヲシタモノデスカ、当方カラ会談ヲ求メタトスレバ何ノ為ニ此ノ様ナコトヲシタノデスカ

外相　会談ノ日取ハ言フテ来テ居リマセヌ、米ノ提案ヲ審査シテ此ノ儘受諾スルコトハ不可能デアリマスノデ、「日本側ノ十一月二十五日ノ

提案ハ正当ニシテ米ノ従来ノ態度ハ理解ニ苦シム処デアル　米ノ反省ヲ米側ニ申出ヨ」ト大使ニ命ジテヤリマ（ママ）シタカラ之ニヨッテ当方ヨリ会見ヲ求メタイト云フコトモアリ得ルト想像セラレマス

原　統帥部ニ承リ度イガ、開戦準備ガ完了セラレタコトハ誠ニ結構デアリマスガ、英米ノ其ノ後ノ情報ニヨレバ極東軍備ノ増強ヲヤッテキルトイフコトガアリマスカ、軍艦ヲ増加シテ居ル様デアリマスガ、増加シテキルトスレバ如何程ニ増加シテキマスカ、作戦行動ニ支障ハアリマセヌカ

永野　米ノ兵力ハ　大西洋四、太平洋六、トナッテ居リマスガ近来活動シテキルノハ英国デアリマス、目下印度洋附近ニ於ケル英海軍ノ勢力ハ次ノ通リデアリマス

香港、乙巡一、駆逐艦三
星港、乙巡四、駆逐艦六、潜水艦一
濠洲、甲巡一、乙巡五、駆逐艦四
コロンボ、航空母艦一、甲巡三、乙巡四、駆逐艦四
ボンベイ、戦艦一、甲巡三、乙巡一、駆逐艦二
モンバサ、戦艦三―四、航空母艦一、甲巡一、乙巡五、駆逐艦五、紅海、戦艦一―二、駆逐艦一、潜水艦一

英ハ独伊ノ活動ガ稍々不活溌トナリ特ニ伊太利海軍ガ消極的トナッタ為、近来海軍ニハ余力ガ出来、東洋ニハ逐次増加スル形向ニアリマス、目下主力艦ノ印度洋方面ニ対スル増派集中ハ次ノ通リデアリマス

確実ナモノ　戦艦二
稍々確実ナルモノ　戦艦四

此ノ増加ノ目的ハ印度洋通商保護、対日戦備、独伊ノ潜水艦ヨリノ避難ノ為デアリマス、特ニ戦艦ノ増加ハ独ノ飛行機ニ対スル損害ヲ避ケル為ニ此ノ方面ニ移ッテ居ルトイフ説モアリマス、陸上兵力ノ増加ハ「カナダ」兵ガ二千名香港ニ上陸シタトイフコトハ確実ノ様デアリマス

原　以上ノ様ニ若干増加ハ致シマシタガ当方デハ兵力配備等ニ就テハ考慮ヲ置ク必要ハアリマセヌガ、何等作戦ニハ影響アリマセヌ

杉山　陸兵ノ情況ハ如何デスカ、右ハ統帥部ニハ予定ノ軍備増強ノ範囲内ト考ヘテヨイノデスカ

香港ニ二千名増シタコトハ永野総長ノ言フタ通リデアリマス、此ノ前ノ御前会議以後ニ於キマシテ星港ニ約六千乃至七千名上陸シ、又「ビルマ」方面ニ於テハ種々ノ情報ハアリマスガ、纏マツタモノハナイ様デアリマス

今日迄ノ計画ニハ此ノ様ナコトハアルト判断シ此等敵兵ノ増強ガアリマシテモ支障ノナイコトヲ基礎トシテ居リマスカラ作戦実行ニハ支障アリマセヌ

原　泰国ガ日本ニツクカ、英国ニツクカ、其ノ辺ノ見透シハドウデスカ、泰ガ反対シタトキハドウデスカ、泰ガ反対シタトキハドウシマスカ

総理　泰ニ対シテハ十一月五日御前会議ノ方針決定セル通リ進駐直前ニ処置スル考ヘデ居リマス

泰ガ何レニツクカノ見透シハ中間デアリマス、泰自身モ迷ツテ居リマス、日本トシマシテハ平和裡ニ抱込ム希望ヲ持チマスノデ、之ガ為ニハ余リ早イノモイケナイシ遅イノモ害ガアリマス

故ニ発動ノ直前ニ切リ出シテ要求ヲ貫徹スル考ヘデアリマス、万一武力ヲ行使スルノ場合デモ努メテ抵抗セシメザル如ク施策ヲシテ居リマス

原　内地ニ及ホス影響ニツイテハ先程内務大臣ヨリ詳カニ承ツタ次第デアルガ一ツ腑ニ落チナイ点ハ、空爆ノ場合ノコトデアリマス、此ノ損害ヲ努メテ避ケル為ニ防空演習等予備的訓練ヲ盛ンニヤツテ居ラレルコトハ誠ニ結構デアルガ、火災ノ場合ニ其ノ場ニ踏ミ止ツテ火ヲ消シテモ東京ノ様ナ建築物デ火ヲ消止メルコトガ出来ルモノデスカ、万一東京ニ大規模ノ火災ガ起キタ場合ニハ如何ニサレルカ、対策ハ講ジテアルカドウカ承リ度イ

鈴木　唯今考ヘテ居リマスルコトノ若干ヲ述ベルト

原

次ノ通リデアリマス
第一食糧ハ充分ニ準備シテアリマス　次ニ焼ケ出サレタ住民ハ一部他ニ避難サセル様ニ考ヘテ居リマス　是非トモ踏止マラネバナラヌモノニハ簡易ナ建築ヲ準備シテ居リマス
考ヘダケデハ適当デハアリマセヌ　準備ハ不完全ダト考ヘマス　之ニ付充分ナル御準備ヲ願ヒマス
之デ質問ヲ打切リマス
次ニ所見ヲ述ベマス
帝国ハ対米交渉ニ就テハ譲歩ニ次クニ譲歩ヲ以テシ平和維持ヲ希望シタ次第デアリマスガ意外ニモ米ノ態度ハ徹頭徹尾蔣介石ノ言ハントスル所ヲ言ヒ、従来高調シタ理想論ヲ述ベテキルノデアリマシテ、其ノ態度ハ唯我独尊頑迷不礼デアリマシテ甚ダ遺憾トスル所デアリマス、斯クノ如キ態度ハ我国トシテハ何ウシテモ忍ブベカラザルモノデアリマス
若シ之ヲシモ忍ブト致シマシタラ日清、日露ノ成果ヲモ一擲スルコトニナルバカリデナク、満洲事変ノ結果ヲモ放棄シナケレバナラヌコトトナリ、之ハ何トシテモ忍ブベカラザル処デアリマス、特ニ丸四年以上ノ支那事変ヲ克服シテ来タ国民ニ対シ更ニ此上相当ノ苦難ニ堪ヘシムルコトハ誠ニ忍ビナイコトト考ヘマス、然シナガラ帝国ノ存立ヲモ脅カサレ明治天皇御事蹟ヲモ全ク失フコトニナリマシテ、此ノ上手ヲ尽スモ無駄デアルコトハ明カデアリマス　従ツテ米ノ交渉ガ不成立デアルトシマスレバ、先ノ御前会議決定ノ通リ開戦モ止ムナキ次第ト存ジマス
最後ニ一言致シ度イコトハ当初ノ作戦ハ我国ノ勝利ハ疑ハヌ処デアリマスガ、長期戦ノ場合ニハ一方ニ勝利ヲ得ツツ他方ニハ民心ノ安定ヲ得ルコトガ必要デアリマス誠ニ開国以来ノ大事業デアリマス、今回ノハドウシテモ長期戦ハ止ムヲ得ナイ所デアリマスガ、之ヲ克服シテナルヘク早期ニ解決スルコトガ必要ダト存ジマス、此カ為ニハ只今カラ何ウシテ結末ヲツケルトイフコトヲ考ヘテオク必要ガア

リマス国民ハ此ノ立派ナ国体ノ下ニアリマシテ精神的ニハ他ニ比類ノ無イ優秀サデアルコトハ疑ハナイ処デアリマスガ、長期ニ亘ルトキハ時トシテ考ヘ違ヒノモノモアリ、又他国ノ策動モ絶ヘス行ハレ内部的崩壊ヲ企図スルコトアルヘク、又愛国心ニ燃エテキルモノデモ時トシテ此ノ内部的崩壊ヲ企図スルコトガナイトモ限リマセヌ　此ノ者共ノ始末ハ誠ニヤリニクイ　内部的結束ニツイテ警戒サレルコトガ特ニ大物（マヽ）ト考ヘマス、此ノ点尤モ憂フベキコトト存ジマス　民心ノ攪乱ニツイテハ失敗ノナイ様ニ願イ度イ

次ニ本案ハ今日ノ状況上止ムヲ得ナイコトト信ジマシテ誠忠無比ナ我将兵ニ信頼シマス長期ニ亘ル戦争ノ為国内人心ノ安定ニ関シ一層御骨折リヲ願ヒ度イト存ジマス

総理　政府ト致シマシテモ右ノ御意見、御所見ニ対スル事柄ハ重大ナルコトヲ自覚シ万全ノ策ヲ致シテ居リマス、長期戦ノ為ノ万般ノ準備モ致シテ居リ、今後戦争ヲ早期ニ終結スルコトニ関スル努力モ充分ニ尽シタイト考ヘマス

又長期戦ノ場合ニ人心ノ安定特ニ秩序維持、動揺防止、外国ノ謀略防止等ニ関シ充分ニ努力ヲ尽シ度イト存ジマス

右終リテ総理ハ結言（別紙）ヲ述ブ

本日ノ会議ニ於テ、オ上ハ説明ニ対シ一々頷カレ何等御不安ノ御様子ヲ拝セズ、御気色麗シキヤニ拝シ恐懼感激ノ至リナリ

（結語）

御質問又ハ御意見ハ以上ヲ以テ終了シタルモノト存ジマス。別紙本日ノ議題ニ就キマシテハ、御異議ナキモノト認メマス。

就キマシテハ最後ニ私ヨリ一言申述ベタイト存ジマス。今ヤ皇国ハ隆替ノ関頭ニ立ツテ居ルノデアリマス。聖慮ヲ拝察シ奉リ、只々恐懼ノ極ミデアリマシテ、臣等ノ責任ノ今日ヨリ大ナルハナキコトヲ、痛感致ス次第デ御座イマス。一度開戦ト御決意相成リマスレバ私共一同ハ今後一層報効ノ誠ヲ致シ、愈々政戦一致施策ヲ周密ニシ、益々挙国一体必勝ノ確信ヲ持シ、飽ク迄モ全力ヲ傾倒シテ速ニ戦争目的ヲ完遂シ、誓ツテ　聖慮ヲ安ンジ奉ラン

コトヲ期スル次第デアリマス。
之ヲ以テ本日ノ会議ヲ終了致シマス。

十二月一日

御前会議後両総長南方軍ニ対スル任務ニ関スル命令上奏ノ際ノ御下問奉答

オ上　此ノ様ニナルコトハ已ムヲ得ヌコトダ　ドウカ陸海軍ハヨク協調シテヤレ

杉山　誠ニ有難イ御言葉ヲ拝シ感激ニ堪エマセヌ、両総長ハ幕僚長トシテ死力ヲ尽シテ将兵ヲ指導シ聖慮ヲ安ンジ奉リマス

オ上　今朝以来米ノ状況ニ変化ハナイカ

杉山　本朝上奏致シマシテカラハ米「マリーン」ガ四百名ヅツ二度「マニラ」ニ入ツタ外、変ツタコトハ御座イマセヌ

竜顔イト麗シク拝シ奉レリ

第八回御前会議要領

一　日　時　昭和十六年十二月一日（月）午後二時
二　場　所　宮中東一ノ間
三　議　題　「対米英蘭開戦ノ件」
四　参列者
内閣総理大臣兼内務大臣陸軍大臣、外務大臣兼拓務大臣、大蔵大臣、海軍大臣、司法大臣、文部大臣、農林大臣、商工大臣、逓信大臣兼鉄道大臣、厚生大臣、鈴木国務大臣兼企画院総裁
参謀総長、参謀次長
軍令部総長、軍令部次長
枢密院議長
内閣書記官長、陸軍省軍務局長、海軍省軍務局長
五　服　装　文官ハフロックコート又ハモーニングコート、武官ハ右ニ準ズベキ軍装

次　第

一　出　御
二　内閣総理大臣御許シヲ得タルニ依リ本日ノ議事ノ進行ハ内閣総理大臣ガ之ニ当ル旨ヲ述ベ議題ヲ説明
三　外務大臣ヨリ外交々渉ノ経過ヲ説明
四　軍令部総長ヨリ統帥部ヲ代表シテ説明
五　内務大臣ヨリ所管事項ニ関シ説明
六　大蔵大臣ヨリ所管事項ニ関シ説明

七　農林大臣ヨリ所管事項ニ関シ説明
八　質問並応答
九　意見陳述
十　内閣総理大臣全員原案ニ異議ナキモノト認ムル旨ヲ述ベ併セテ所見ヲ陳述シ最後ニ本日ノ会議ハ終了セル旨ヲ述ブ
十一　内閣総理大臣入御ヲ奏請
十二　入　御
十三　出席者全員書類ニ花押
十四　散会、書類上奏ノ手続ヲ進ム

対米英蘭開戦ノ件（御前会議議題）

十一月五日決定ノ「帝国国策遂行要領」ニ基ク対米交渉ハ遂ニ成立スルニ至ラス
帝国ハ米英蘭ニ対シ開戦ス

内閣総理大臣説明

御許シヲ得タルニ依リマシテ、本日ノ議事ノ進行ハ私ガ之ニ当リマス。十一月五日御前会議決定ニ基キマシテ、陸海軍ニ於テハ作戦準備ノ完整ニ勉メマスル一方、政府ニ於キマシテハ凡有手段ヲ尽シ、全力ヲ傾注シテ、対米国交調整ノ成立ニ努力シテ参リマシタガ、米国ハ従来ノ主張ヲ一歩モ譲ラザルノミナラズ、更ニ米英蘭支聯合ノ下ニ支那ヨリ無条件全面撤兵、南京政府ノ否認、日独伊三国条約ノ死文化ヲ要求スル等新ナル条件ヲ追加シ帝国ノ一方的譲歩ヲ強要シテ参リマシタ。若シ帝国ニシテ之ニ屈従センカ帝国ノ権威ヲ失墜シ支那事変ノ完遂ヲ期シ得ザルノミナラズ、遂ニハ帝国ノ存立ヲモ危殆ニ陥ラシムル結果ト相成ル次第デアリマシテ、外交手段ニ依リテハ到底帝国ノ主張ヲ貫徹シ得ザルコトガ明トナリマシタ。

一方米英蘭支等ノ諸国ハ、其ノ経済的軍事的圧迫ヲ益々強化シテ参リマシテ、我国力上ノ見地ヨリスルモ、又作戦上ノ観点ヨリスルモ、到底此ノ儘推移スルヲ許サザル状態ニ立チ至リマシタ。然モ特ニ作戦上ノ要求ハ之以上時日ノ遷延ヲ許シマセン、事茲ニ至リマシテハ、帝国ハ現下ノ危局ヲ打開シ、自存自衛ヲ全ウスル為、米英蘭ニ対シ開戦ノ已ムナキニ立チ至リマシタル次第デアリマス。

支那事変モ已ニ四年有余ニ亘リマシタル今日、更ニ大戦争ニ突入致スコトト相成リ、宸襟ヲ悩マシ奉ルコトハ洵ニ恐懼ノ至リニ堪エヌ次第デゴザイマス。

然シナガラ熟々考ヘマスルニ我ガ戦力ハ今ヤ寧ロ支那事変前ニ比シ遙カニ向上シ、陸海将兵ノ士気愈々旺盛、国内ノ結束益々固クシテ、挙国一体一死奉公、以テ国難突破ヲ期スベキハ私ノ確信シテ疑ハヌ所デゴザイマス。

就イテハ別紙本日ノ議題ニ付テ、御審議ヲ願イ度イト存ジマス、尚外交交渉作戦事項其ノ他ノ事項ニ関シマシテハ、夫々所管大臣及統帥部側ヨリ御説明申上ゲマス。

日米交渉ニ関スル外務大臣説明

本日ハ主トシテ十一月五日御前会議以後ニ於ケル日米交渉ノ経過ニ付御説明申上ゲマスカ其以前即チ十月末ニ於ケル交渉ノ状況ヲ極メテ簡単ニ要約致シマスルト米側ハ国際関係ノ基礎トシテ

一　一切ノ国家ノ領土保全及主権尊重
二　他国ノ内政不干渉
三　通商上ノ無差別待遇
四　平和手段ニ依ルノ外太平洋ニ於ケル現状ノ不変更

ノ四原則ヲ堅持シ之カ適用ヲ強要セムトシ、尚帝国ノ平和的意図ニ関シ疑惑ヲ表示シ、支那ニ於ケル駐兵ニ異議ヲ唱ヘ、通商上ノ無差別原則ヲ無条件ニ支那ニ適用スヘシト主張シ、又三国条約問題ニ付テモ之ヲ事実上死文タラシメムコトヲ求メ、交渉ハ之カ為難関ニ逢著シ遂ニ停頓セル次第テアツタノテアリマス。斯クノ如ク両国ノ見解対立ヲ来シタル所以ノモノハ、米国カ国際関係処理ニ付其ノ伝統的ニ堅持スル原則的理念ヲ強硬ニ固執シ、東亜ノ実情ヲ顧ミス之ヲ其儘支那其他ニ適用センコトヲ主張シ居ルコトニ起因スルモノテ、米側ニシテ右ノ態度ヲ改善セサルニ於テハ、本交渉ノ妥結ハ極メテ困難ナリト認メタノテアリマス。

然シ乍ラ現内閣トシマシテモ公正ナル基礎ニ於ケル日米国交調整ヲ計ルヲ妥当ト認メ、帝国トシテ能フ限リノ譲歩ヲ試ミ以テ日米衝突回避ニ最後ノ努力ヲ傾ケルコトニ致シタノテアリマス。即チ右ノ見地ヨリ当時交渉ノ主要難点タリシ三国条約ニ基ク自衛権ノ解釈、通商無差別原則竝ニ支那及仏印ヨリノ撤兵ノ三問題ニ付従来ノ帝国提案即チ九月二十五日案ヲ緩和シ、㈠三国条約ニ基ク自衛権問題ニ付テハ米側カ自衛権ノ観念ヲ不当ニ拡大セザルコトヲ言明セシメ其場合我方ニ於テモ同様ノ言明ヲナスコトトシ、㈡無差別原則ニ付テハ右原則カ全世界ニ適用セラルルモノナルニ於テハ右カ支那ニモ適用セラルルコトニ異議ナキコトトシ、㈢撤兵問題ニ付テハ支那事変ノ為支那ニ派遣セラレタル日本軍隊ハ北支蒙疆ノ一定地域及海南島ニ関シテハ日支間平和成立後所要期間駐屯スヘク、爾余ノ軍隊ハ平和成立ト同時ニ日支間協定ニ従ヒ撤去ヲ開始シ、治安確立ト共ニ二年間以内ニ撤兵ヲ完了スヘク、又仏印ニ付テハ領土主権ノ尊重ヲ約シ仏印ニ派遣セラレ居ル軍隊ハ支那事変解決スルカ又ハ公正ナル極東平和確立スルニ於テハ直ニ之ヲ撤去スヘシト修正スルコトトシ、右ハ十一月五日ノ御前会議ニ於テ御決定ヲ得マシタ次第テアリマス。

政府ハ右ノ御決定ノ次第ニ基キ野村大使ニ対シ事態急迫セル此際破綻ニ瀕セル日米国交ノ局面ヲ転換スル為ニハ本案ニ依リ急速妥結スルノ外ナク、帝国ハ難キヲ忍ヒテ最大限ノ譲歩ヲ敢テシタルモノナルニ鑑ミ、米国側モ猛省シテ太平洋平和ノ為我方ト協調センコトヲ切望スル旨申入方訓令致シマシタ。爾後交渉ハ華府ニ於テ行ハレタルカ東京ニ於テモ右交渉ヲ促進スル意味ニ於テ本大臣モ屢々在京米英大使ト折衝ヲ遂ケマシタ。而シテ野村大使ハ七日「ハル」国務長官トノ会見ヲ手初メトシ、十日「ローズヴェルト」大統領十二日及十五日「ハル」長官ト会談ヲ重ネ、鋭意交渉進捗ニ努力スル所カアリマシタ。此間政府ハ時局ノ重大ナルニ鑑ミ外交上十全ノ努力ヲ試ミンカ為、五日来栖大使ヲ米国ニ急派スルコトトシ、同大使ハ十五日華府到着、十七日ヨリ野村大使ヲ援助シテ交渉ニ参加致シマシタ。交渉ハ当時既ニ酣ニシテ米側ハ七日以来我方ニ対シ幾多ノ点ニ付質疑ヲ提出シ帝国ノ真意ヲ探ラントスル様子ヲ示シマシタ。米側ハ夙ニ所謂「ヒットラー」主義ノ打倒ヲ標榜シ、帝国ニ対シ武力政策ノ抛棄ヲ要求シテ居リマシタカ、三国条約トノ関係ニ於テ帝国ノ政策ニ対シ依然疑惑ヲ抱キ居リシモノノ如ク、今回モ帝国ノ平和的意図ニ付前述ノ八月二十八日帝国政府ノ平和的意図ノ声明ニ付再確認ヲ要求スルト共ニ、日米協定成立セハ帝国ハ三国条約ヲ保持スルノ要ナカルヘク右ハ消滅若ハ死文トナルコトヲ希望スル旨反覆力説致シマシタ。通商無差別原則ニ付テハ我方ノ提案セル「全世界ニ適用セラルルコト」云々ノ条件除去ヲ希望シ、米国カ由来自由通商回復ノ為努力シ来レル次第ヲ強調致シマシタ。同時ニ米側ハ別ニ「経済政策ニ関スル共同宣言案」ナルモノヲ提議越シ、両国協力シテ全世界ニ通商自由ノ回復ヲ計ルコト、日米通商協定ノ締結ニ依リ正常通商関係ヲ回復スルコトノ外支那ニ於テハ経済財政通貨ニ関スル完全ナル統制権ヲ支那政府ニ回収スヘキコト、列国協同ノ下ニ支那ノ経済共同開発ヲ行フコト等ヲ提案致シマシタ。尚又支那ヨリノ撤兵問題ニ付テハ特ニ深ク之ヲ論議セス唯永久乃至不確定期間ノ駐兵ニ対シ難色ヲ示スニ止マリマシタカ、帝国カ平和政策ヲ採ルニ於テハ米国ニ於テ日支直接交渉周旋ノ用意アル次第ヲ申出テマシタ。政府ハ右ニ対シ八月二十八日ノ帝国ノ平和的意図闡明ニ関シ米側カ確認ヲ希望スル点ハ九月二十五日附我提案中ニ包含セラレ居リ、従テ現内閣モ其趣旨ニ於テ之カ確認ニ異議ナキコト、又通商上ノ無差別原則ニ付条件ヲ附シタルハ我方ニ於テハ同原則カ全世界ニ一律ニ適用セラルルヲ希望シ、右希望ノ実現ニ順応シテ支那ニ対シテモ同原則ノ適用ヲ承認ストノ意味合ナルコト、共同宣言案ニ付テハ右カ支那ノ現実ヲ無視シ殊ニ支那共同開発ノ提案ハ支那国際管理ノ端緒トナル惧アルヲ以テ受諾シ難キコト、及米側ノ日支和平周旋申入レニハ異議ナキ旨回答セシメタノテアリマス。来栖大使ハ此段階ニ於テ交渉ニ参劃セルモノテアリマシテ、野村来栖両大使ハ十七日大統領ト十八日、二十日、二十一日、二十二日、二十六日ト引続キ「ハル」長官ト会見ヲ重ネタノテアリマス。然ルニ十七、十八両日ノ会見ニ於テハ大統領ハ日米平和ヲ希望スル旨ヲ述ヘ、支那問題ニ付テハ干渉モ斡旋モスル意図ナク単ニ「紹介者」タラント欲スルモノナリト言ヒ、他方「ハル」長官ハ帝国カ独逸ト提携シ居ル限リ日米交渉ハ至難ナルヲ以テ、先ツ此ノ根本的困難ヲ除去スル必要アリト縷々力説シ、双方論議ヲ尽セルモ難関ハ依然トシテ三国条約、無差別原則及支那問題ニ在ルコト明カトナリマシタノテ、二十日ニ至リ我方ハ従来交渉ノ基礎タリシ案文カ宣伝的色彩ニ満チ居タルヲ簡略化シ、且意見容易ニ一致セサル無差別原則問題ヲ除去シ更ニ三国条約問題ハ先方ヨリノ提案ニ俟ツ趣旨ヲ以テ是又一応我提案ヨリ除去シ尚又支那問題ハ主トシテ之ヲ日支直接交渉ニ移スノ趣旨ヲ以テ米側ニ於テハ単ニ日支和平妨碍ヲ差控ヘシムルコトトスル新提案ヲ提出致サセマシタ。即チ同案ノ内容ハ左ノ通リテアリマス。

一　日米両国政府ハ孰レモ仏印以外ノ南東亜細亜及南太平洋地域ニ武力的進出ヲ行ハサルコトヲ確約ス

二　日米両国政府ハ蘭領印度ニ於テ其ノ必要トスル物資ノ獲得カ保障セラルル様相互ニ協力スルモノトス

三　日米両国政府ハ相互ニ通商関係ヲ資産凍結前ノ状態ニ復帰スヘシ米国政府ハ所要ノ石油ノ対日供給ヲ約ス

四　米国政府ハ日支両国ノ和平ニ関スル努力ニ支障ヲ与フルカ如キ行動ニ出テサルヘシ

五　日本国政府ハ日支間和平成立スルカ又ハ太平洋地域ニ於ケル公正ナル平和確立スル上ハ現ニ仏領印度支那ニ派遣セラレ居ル日本軍隊ヲ撤退スヘキ旨ヲ約ス

日本国政府ハ本了解成立セハ現ニ南部仏領印度支那ニ駐屯中ノ日本軍ハ之ヲ北部仏領印度支那ニ移駐スルノ用意アルコトヲ闡明ス

右ニ対シ米側ハ帝国カ三国条約トノ関係ヲ明カニシ平和政策採用ヲ確言スルニ非サレハ援将行為停止ハ困難ナリ、大統領ノ所謂「紹介者」タラントノ提案モ日本ノ平和政策採用ヲ前提トスルモノナル旨ヲ述ヘマシタカ、之ニ対シ我方ハ米側申出ノ趣旨ニ基キ大統領ノ紹介ニ依リ日支直接交渉開始セラルルニ於テハ、和平ノ周旋者タル米国カ依然援将行為ヲ継続シ、平和成立ヲ妨碍スルハ矛盾ナルヲ指摘シ米側ノ反省ヲ要望致シマシタ。然ルニ其後モ米側ハ日米両国カ夫々東亜及西半球ニ於テ指導的立場ニ立ツニ異議ナク親善裡ニ太平洋協定ヲ結ヒ度シト述ヘ乍ラモ支那ニ付米国ハ蔣介石援助打切ヲ応諾セサルノミナラス三国条約ニ関スル従来ノ主張ヲ固執反覆シ、更ニ譲歩ノ色ヲ示サナカツタノテアリマス。

此間米国政府ハ英豪蘭及重慶代表ト協議スル所アリ、二十二日「ハル」長官ハ右諸国ハ日本カ平和政策ヲ採ルコト明確トナラハ通商常態復帰ヲ実行シ得ヘキモ差当リ漸進的ニ之ヲ行フ意図ノ如ク、又南部仏印ヨリノ撤兵ノミニテハ南太平洋方面ノ急迫セル情勢ヲ緩和スルニ足ラストナシ居レリト述ヘ、更ニ大統領ノ日支間「橋渡シ」ハ時機未タ熟セスト思考スル旨ヲ洩ラスニ至リマシタ。

然ルニ米国政府ハ其後モ右諸国代表ト協議ヲ重ネツツアツタノテアリマスカ、二十六日「ハル」長官ハ両大使ニ対シ二十日ノ我新提案ニ付テハ慎重研究ヲ加ヘ関係国トモ協議セルモ遺憾乍ラ同意シ難シト述ヘ、米側六月案ト我方九月案トノ調節案ナリト称シテ第一所謂四原則（但シ第四項ハ紛争防止ノ為ノ国際協力及調停ニ変更セラル）ノ確認ヲ求ムルト共ニ、第二別ニ両国

政府ノ採ルヘキ措置トシテ

一　日米両国政府ハ英帝国、蘭、支、蘇、泰ト共ニ多辺的不可侵条約ノ締結ニ努ム

二　日米両国政府ハ日、米、英、支、蘭、泰国政府トノ間ニ仏印ノ領土主権ヲ尊重シ仏印ノ領土主権カ脅威サルル場合必要ナル措置ニ関シ即時協議スヘキ協定ノ締結ニ努ム

右協定締約国ハ仏印ニ於ケル貿易及経済関係ニ於テ特恵待遇ヲ排除シ平等ノ原則確保ニ努ム

三　日本政府ハ支那及仏印ヨリ一切ノ軍隊(陸、海、空及警察)ヲ撤収スヘシ

四　両国政府ハ重慶政府ヲ除ク如何ナル政権ヲモ軍事的、政治的、経済的ニ支持セス

五　両国政府ハ支那ニ於ケル治外法権（租界及団匪議定書ニ基ク権利ヲ含ム）ヲ抛棄シ他国ニモ同様ノ措置ヲ慫慂スヘシ

六　両国政府ハ互恵的最恵国待遇及通商障壁低減ノ主義ニ基ク通商条約締結ヲ商議スヘシ（生絲ハ自由品目ニ据置ク）

七　両国政府ハ相互ニ資産凍結令ヲ廃止ス

八　円弗為替安定ニ付協定シ両国夫々半額宛資金ヲ供給ス

九　両国政府ハ第三国ト締結シ居ル如何ナル協定モ本協定ノ根本目的即太平洋全地域ノ平和確保ニ矛盾スルカ如ク解釈セラレサルコトニ付同意ス

一〇　以上諸原則ヲ他国ニモ慫慂スルコト

等ノ各項ヲ包含セル案ヲ爾今交渉ノ基礎トシテ提案越シマシタ。右ニ付両大使ハ其ノ不当ナルヲ指摘シ、強硬ナル応酬ヲナマシタカ「ハル」長官ハ譲歩ノ色ヲ示サナカツタ由テアリマス。越エテ二十七日両大使カ更ニ大統領ト会見セル際ニハ大統領ハ今猶日米交渉ノ妥結ヲ希望スト述ヘ乍ラモ去ル七月本交渉進行中日本軍ノ南部仏印進駐ヲ見タル為冷水ヲ浴セラレタルカ、最近ノ情報ニ依レハ復々冷水ヲ浴セラルル懸念アルヤニ考ヘラルト云ヒ、暫定的方法ニ依リ局面打開ヲ計ルモ両国ノ根本主義方針カ一致セサレハ一時的解決モ結局無効ト思フ旨ヲ述ヘタ趣テアリマス。

然ルニ右米側提案中ニハ通商問題（第六、七、八各項）乃至支那治外法権撤廃（第五項）等我方トシテ容認シ得ヘキ項目モ若干含マレテ居リマスカ、支那仏印関係事項（第二、三項）国民政府否認（第四項）三国条約否認（第九項）及多辺的不可侵条約（第一項）等ハ何レモ帝国トシテ到底同意シ得サルモノニ属シ本提案ハ米側従来ノ諸提案ニ比シ著シキ退歩ニシテ且半歳ヲ越ユル交渉経緯ヲ全然無視セル不当ナルモノト認メサルヲ得ヌノテアリマス。

要之米国政府ハ終始其伝統的理念及原則ヲ固執シ東亜ノ現実ヲ没却シ而モ自ラハ容易ニ実行セサル諸原則ヲ帝国ニ強要セムトスルモノニシテ、我国カ屢々幾多ノ譲歩ヲ為セルニ拘ラス七箇月余ニ亘ル今次交渉ヲ通シ当初ノ主張ヲ固持シテ一歩モ譲ラナカツタノテアリマス。

惟フニ米国ノ対日政策ハ終始一貫シテ我不動ノ国是タル東亜新

秩序建設ヲ妨碍セントスルニ在リ、今次米側回答ハ仮ニ之ヲ受諾センカ帝国ノ国際的地位ハ満洲事変以前ヨリモ更ニ低下シ、我カ存立モ亦危殆ニ陥ラサルヲ得ヌモノト認メラレルノテアリマス。即チ

一　蔣介石治下ノ中国ハ愈々英米依存ノ傾向ヲ増大シ帝国ハ国民政府ニ対スル信義ヲ失シ日支友誼亦将来永ク毀損セラレ延テハ大陸ヨリ全面的ニ退却ヲ余儀ナクセラレ其ノ結果満洲国ノ地位モ必然動揺ヲ来スニ至ルヘク斯クノ如クニシテ我支那事変完遂ノ方途ハ根底ヨリ覆滅セラルヘク

二　英米ハ此等地域ノ指導者トシテ君臨スルニ至リ帝国ノ権威地ニ墜チテ安定勢力タル地位ヲ覆滅シ東亜新秩序建設ニ関スル我大業ハ中途ニシテ瓦解スルニ至ルヘク

三　三国条約ハ一片ノ死文トナリテ帝国ハ信ヲ海外ニ失墜シ

四　新ニ蘇聯ヲモ加ヘ集団機構的組織ヲ以テ帝国ヲ控制セントスルハ我北辺ノ憂患ヲ増大セシムルコトトナルヘク

五　通商無差別其ノ他ノ諸原則ノ如キハ其ノ謂フ所必スシモ排除スヘキニ非スト雖モ之ヲ先ツ太平洋地域ニノミ適用セントスル企図ハ結局英米ノ利己的政策遂行ノ方途ニ過キスシテ我方ニ於テハ重要物資ノ獲得ニ大ナル支障ヲ来スニ至ルヘク

要スルニ右提案ハ到底我方ニ於テハ容認シ難キモノテ米側ニ於テ其提案ヲ全然撤去スルニ於テハ格別右提案ヲ基礎トシテ此上交渉ヲ持続スルモ我カ主張ヲ充分ニ貫徹スルコトハ殆ト不可能ト云フノ外ナシト申サナケレハナリマセヌ。

日米交渉ノ経緯（自昭和十六年四月至十一月）

昭和一六、一一、二八
外　務　起　案

一　日米交渉ハ本年春頃ヨリ開始セラレタル処四月中旬米側ハ交渉基礎トシテ左記七項ヨリ成ル一ノ非公式試案ヲ提示セリ

㈠　日米両国ノ抱懐スル国際及国家観念

日米両国ハ固有ノ伝統ニ基キ国家観念及社会的秩序ノ基礎タル道義的原則ヲ保持シ之ニ反スル外来思想ノ跳梁ヲ許容セス

㈡　欧洲戦争ニ対スル両国政府ノ態度

日本側ハ三国同盟カ防禦的性質ノモノニテ三国条約ニ基ク軍事的援助義務ハ締約国ノ一カ現ニ欧洲戦争ニ参入シ居ラサル国家ニ依リ積極的ニ攻撃セラレタル場合ニノミ発動スル旨ヲ宣言シ米国側ハ其欧洲戦争ニ対スル態度ハ専ラ米国ノ福祉及安全ヲ保護スル考慮ニヨリテノミ決定セラルルモノナルコトヲ宣言ス

㈢　支那事変ニ対スル両国政府関係

日本政府ニ於テ㈠支那ノ独立㈡在支軍隊撤退㈢非併合㈣無賠償㈤門戸開放㈥汪蔣合作㈦日本ヨリ大量移民ヲ支那ニ送ラサルコト㈧満洲国承認ノ各項条件ヲ受諾スルニ於テハ米国大統領ハ蔣介石ニ対シ右ノ基礎ニ於テ日本ト和平ヲ交渉スヘキコトヲ要求スヘク然ル上日本政府ハ右条ニ従ヒ善隣

友好、共同防共、経済提携ノ趣旨ヲ以テ明確ナル対支和平条件ヲ提示シ日支直接交渉ヲ開始ス

(四)　太平洋ニ於ケル海空軍及商船隊関係

日米相互ニ他方ヲ脅威スルカ如キ海空軍ノ配置移動ヲ行ハサルコト、交渉成立ノ上ハ艦隊ノ交歓訪問ヲ行フコト、日本ハ所有船舶ノ或部分ヲ主トシテ太平洋方面就航ノ為米国側ニ使用セシムルコト

(五)　両国間ノ通商及財政的協力

通商条約ヲ締結シ相互ニ必要物資ヲ交換スヘキコト竝ニ米国ハ日本金借款ヲ与フヘキコト

(六)　南西太平洋ニ於ケル両国ノ経済活動

日本側ニ於テ専ラ平和的行動ヲ旨トシ武力ヲ行使セサルコヲ約シ其ノ代償トシテ米国ハ日本ノ必要トスル石油、「ゴム」等資源ノ獲得ニ協力スヘキコト

(七)　太平洋ノ政治的安定ニ関スル両国政府ノ方針

日米両国カ(イ)極東及南西太平洋地域ノ領土ノ欧洲列国ヘノ移譲ヲ認メサルコト(ロ)比島ノ独立ヲ共同保障スルコト(ハ)米国及南西太平洋方面ヘノ日本移民ニ対シ差別待遇ヲ為サザルコト

右ニ対スル我方回答ハ五月十一日行ハレタルカ右ハ米側提案ヲ相当根本的ニ修正シタルモノニシテ特ニ三国条約義務ニ関シテハ「軍事的援助義務ハ第三条ニ規定セラルル場合ニ発動セラル」ト修正シ又支那事変ノ項ニ付テハ米国案ノ列挙事項ヲ削除シテ其代リニ米国ハ「近衛三原則日支基本条約及日満華共同宣言ノ原則ヲ了承シ我善隣友好政策ニ信頼シテ蔣政権ニ対シ和平ヲ勧告スヘシ」（別ニ勧告ニ聴従セサレハ援蔣政策ヲ中止スル旨ヲ申入レシム）ト改メ尚第四項（海空軍及商船隊）ハ全文削除第五項ノ金借款供与ノ件モ削除セラレタリ野村大使ハ五月十一日右修正案ヲ「ハル」長官ニ手交シ其後十数次ノ会談ヲ重ネタル結果六月二十一日米国政府ヨリ非公式試案ノ再度提示アリタルカ右ハ五月十一日附日本案トハ根本的ニ相違シ居ルノミナラス四月十六日附米国側原案ヨリモ幾多ノ点ニ於テ逆転シ居リタリ即チ(一)三国条約問題ニ関シテハ同条約ノ目的ヲ「挑発ニ依ラサル欧洲戦争ノ拡大防止ニ寄与セントスル」ニ在リ（米国カ欧洲戦争ニ参戦スル際ハ米国ハ必ス独逸ヨリ挑発ヲ受ケタリト主張スヘキニ付此場合日本ハ参戦義務ナキコトトナルヘク之カ米国ノ狙ヒ所ナリ）ト修正スルト共ニ他方米国ノ立場ハ「防禦ト自衛ノ考慮」ニ依リテ其態度ヲ決スト改メ（自衛ノ観念ヲ拡大セハ米国ハ容易ニ参戦シ得ルコトトナル）ラレタリ従ツテ右ハ四月案ニ比シ米国参戦スルモ日本ハ中立スヘシトノ思想ヲ遙ニ露骨ニ表示シ居ル次第ナルカ尚同案ニハ我方ニ於テ到底受諾シ得サル交換公文案附属シ居レリ(二)支那問題ニ関シテハ米国政府ハ日本政府ヨリ日支和平条件カ近衛諸原則ト矛盾セサルコトヲ通報セラレタルヲ以テ米国大統領ハ蔣政府ニ和平交渉ニ入ルコトヲ慫慂スヘシト云フ形ニ変更セラレ且日支間経済協力ニ関シテ

ハ三項ノ要望（イ）優先的独占的事業—例ヘハ国策会社—不可ナリ（ロ）第三国人ノ貿易及旅行ノ制限ヲ撤廃スヘシ（ハ）貿易、通貨、為替事項ニ付支那ニ完全ナル統制権ヲ与フヘシ）附帯シ居リタリ（ニ）両国通商ニ関シテモ亦非常事態ノ存続中米国ノ必要トスル国防資源ノ輸出制限ヲ行ヒ得ル旨ノ但書附加セラレタリ（四）南西太平洋ノ経済的活動ニ付テハ米案ハ之ヲ太平洋地域トシ且国際通商無差別原則ノ適用ヲ規定セリ（五）太平洋ノ政治的安定ニ関シテハ日米両国カ領土的野心ヲ有セサルコトヲ規定シ移民問題ヲ削除シタリ（別ニ「オーラル、ステートメント」添附アリタルモ後ニ米側ニ於テ撤回セリ）

右案ニ接シタル我政府ハ再三政府大本営連絡会議ヲ開催シ之ヲ検討セル結果七月十四日之ニ大修正ヲ加ヘ大体ニ於テ我方五月十一日案ニ復帰セル対案ヲ決定シタルカ七月十六日偶々政変起リタル為右対案ハ米国側ニ手交ノ機会ナクシテ終リタリ即チ第二次近衛内閣ハ四月十六日米国案ヲ受理シ五月十一日対案ヲ提出シ更ニ之ニ対スル六月二十一日附米国案ヲ受理シ未回答ノ儘七月中旬ニ至リ政変ニ遭遇セルモノナリ

（註）尚前記交渉中ハ政府ハ必要ニ応シ交渉経過ノ概略ヲ或程度独伊政府ニ通報シ居リタリ

二　日米会談ハ第二次近衛内閣崩壊ニヨリ一時停頓状態ニ陥リ第三次近衛内閣成立後間モナク我軍ノ仏印進駐トナリ其結果日米関係ハ頓ニ悪化シ両国相互ニ資産凍結ヲ行ヒ遂ニ事実上ノ経済断交ニ発展セリ

我方ハ局面打開ノタメ百方手ヲ尽ス所アリ仏印ヲ中心トスル局地的解決案（我方ハ仏印ヲ基地トシテ隣接地域ニ行動ヲ起サス英米ハ資産凍結ヲ解除ス）ヲ米側ニ提示シ、米側ヨリ仏印、泰中立化問題等ヲモ提議セルコトアルモ結局何等妥結ニ至ラス、八月二十八日近衛首相ハ「ローズベルト」大統領宛「メッセーヂ」ヲ発出シ帝国政府ノ平和的意図ヲ縷々開陳シ交渉促進ノ為両国政府首脳ノ会合ヲ希望セリ右「メッセーヂ」発出ヲ契機トシ交渉再開ノ運ヒニ至リタルカ彼我ノ意見容易ニ一致セス我方ハ先ツ両国政府首脳会合ニヨリ大局的話合ヲ試ミントスルニ対シ米側ハ重要事項特ニ三国条約義務ノ解釈及履行問題、在支日本軍隊駐留問題及国際通商上ニ於ケル無差別原則ニ関シ先以テ合意成立セサル限リ首脳者会見ニ応スルヲ得ストノ態度ヲ執拗ニ堅持シタリ

此間我方ハ一ノ局面打開案ヲ提示セルモ（九月六日）米側ノ受諾スル所トナラス米側ハ依然六月案ヲ固執シタル為我方ハ九月二十五日ニ至リ右米国案ノ形式内容ヲ汲ミ従来我方ノ主張シ来リタル所ヲモ取入レタル案ヲ作製シテ米側ニ提出セリ右九月二十五日案ハ

（一）「欧洲戦争ニ対スル両国政府ノ態度」ニ関シテハ両国政府ハ世界平和ノ招来ヲ共同ノ目標トシテ其ノ速カナル克復ニ協力スヘク且平和克復前ハ防護ト自衛トノ見地ヨリ行動スヘク又米国参戦ノ場合ニ於ケル三国条約義務ノ解釈及履行ハ専ラ自主的ニ行ハルヘシト変更シ

㈡「日支和平解決ニ対スル措置」ニ関シテハ両国政府ハ支那事変ノ解決促進ノ為努力スヘク米国政府ハ事変解決ニ対スル日本政府ノ努力ト誠意トヲ諒解シ重慶政権ニ対シ和平恢復ノ為速カニ日本政府ト交渉ニ入ル様橋渡シ為スヘク且日本ノ事変解決ニ関スル措置ニ支障ヲ与フルカ如キ一切ノ措置及行動ニ出テサルヘシ

日支経済協力ハ平和的手段ニヨリ且通商無差別ノ原則及隣接国間ノ自然的特殊緊密関係ノ原則ニ基キ行ハルヘク第三国ノ経済活動ハ公正ナル基礎ニ於テ行ハルル限リ之ヲ排除セスト規定シ

㈢「両国間ノ通商」ニ関シテハ両国政府ハ正常ノ通商関係ヲ恢復セシムルニ必要ナル措置ヲ遅滞ナク講スルコトニ同意シ相互ニ凍結措置ヲ直ニ撤廃シ且両国ノ必要トスル物資ヲ相互ニ供給スヘキコトヲ保障スヘシ、ト規定シ

㈣「太平洋地域ニ於ケル政治的安定」ニ関シテハ両国政府ハ同地域安定ヲ脅威スルカ〔ママ〕措置行動ニ出テサルヘク他方日本政府ハ仏領印度支那ヲ基地トシテ近接地域ニ武力的進出ヲ行ハス現ニ仏印ニ派遣セラレ居ル日本軍隊ハ公正ナル平和確立スルニ於テハ之ヲ撤去スヘク米国政府ハ南西太平洋地域ニ於ケル軍事的措置ヲ軽減シ且両国政府ハ「タイ」及蘭領印度ノ主権及領土ヲ尊重シ日本人ニ対スル無差別待遇ヲ条件トシテ比律賓ノ中立化ニ付協定ヲ締結スルノ用意アリ、ト変更セルモノナリ

爾後両国間ノ交渉ハ右六月二十一日米案ト九月二十五日我方案トヲ中心ニ論議サレタルモノニテ難関ハ主トシテ三国条約問題、支那問題、通商問題等ニ存シタリ

然ルニ十月二日「ハル」長官ハ野村大使ニ対シ長文ノ口述書ヲ手交シ米国政府ハ国際関係ノ基礎トシテ

一　一切ノ国家ノ領土保全及主権尊重

二　他国ノ内政不干渉

三　通商上ノ機会均等

四　平和的手段ニ依ルノ他太平洋ニ於ケル現状ノ不変更

ノ四原則ヲ堅持シ来リタルカ日本側ノ主張ハ日本ノ平和的意図ニ関シ疑問ヲ抱カシムル点アリ又所謂防共駐兵ニハ異議アリ且無差別待遇主義ハ支那ヲ含ム太平洋全域ニ適用スヘキモノニテ此点ニ付キテモ日本ノ意嚮ニ尚疑問アリ更ニ又三国条約問題ニ付テモ日本ノ意図ヲ更ニ明確ニサレ度ト述ヘテ全然歩ミ寄リヲ示サス特ニ支那撤兵問題ニ付テハ彼我ノ意見ニ甚シキ対立アリ交渉ハ之カ為難関ニ逢着シ遂ニ交渉停頓ノ儘十月十六日近衛第三次内閣ハ総辞職ノ已ムナキニ至レリ

三　現内閣成立後政府ハ公正ナル基礎ニ於ケル交渉継続ノ方針ヲ決定従来ノ交渉ニ於ケル難点タリシ通商無差別原則、三国条約及支那（及仏印）撤兵ノ三問題ニ付キ帝国ノ為シ得ル最大限ノ譲歩ヲ行ヒ九月二十五日我方案ヲ修正シテ㈠通商無差別待遇問題ニ関シテハ「無差別原則カ全世界ニ適用サルルモ

ノナルニ於テハ支那ヲ含ム太平洋全地域ニ於テモ本原則ノ行ハルルコトヲ承認ス」㈡三国条約問題ニ関シテハ九月二十五日提案ヲ維持スルモ「米国側ニ於テ自衛権ノ解釈ヲ濫リニ拡大スルノ意図ナキコトヲ更ニ明瞭ニスルニ於テハ我方ニ於テモ同様ノ意図ヲ表明スヘシ」㈢撤兵問題ニ関シテハ「支那事変ノ為支那ニ派遣セラレタル日本軍隊ハ北支及蒙彊ノ一定地域及海南島ニ関シテハ和平成立後所要期間駐屯スヘク爾余ノ軍隊ハ平和成立ト同時ニ日支間ニ別ニ定メラルル所ニ従ヒ撤兵ヲ開始シ治安確立ト共ニ二年以内ニ之ヲ完了スヘク」又「仏印ニ派遣セラレ居ル日本軍隊ハ支那事変ニシテ解決スルカ又ハ公正ナル極東平和ノ確立スルニ於テハ直ニ之ヲ撤兵スヘシ」ト変更スルコトトナリ右ハ十一月五日ノ御前会議ニ於テ決定ヲ経タル上七日野村大使ヨリ「ハル」長官ニ提示セラレタリ野村大使ハ訓令ニ基キ我カ提案カ最後的譲歩ニシテ情勢急迫セルニ鑑ミ右ヲ以テ交渉ヲ急速成立セシメタキ旨縷々申入レタル所同長官ハ之カ研究ヲ約スルト共ニ同長官一個ノ思ヒ付トシテ支那ノ最高権威者ヲシテ日本ニ対シ友好関係恢復ヲ提議セシムルニ於テハ日本ハ如何ニ考フルヤトノ質問アリ之ニ対シテハ政府ハ右ヲ日支直接交渉誘導ニ利用方訓令セリ我カ方ハ右ノ如ク同案ヲ以テ今次交渉ノ急速妥結ヲ期シ華府及東京ニ於ケル並行的交渉ニ依リ米側カ理論ニ走リ動々モスレハ非現実的態度ニ出ツル嫌アルニ鑑ミ極力之カ啓発ニ努メ米側ヲシテ大局的見地ヨリ現実ノ情勢ヲ達観シ且情勢ノ急迫セルニ鑑ミ速ニ妥結ニ到達セシムル様努力ヲ試ミタリ

七日ノ会談ニ引続キ野村大使ハ十日「ローズベルト」大統領ト会見シ前回「ハル」長官トノ会見ニ於ケルト同様日米交渉ハ開始以来既ニ六ケ月余ヲ経過シ此間帝国ハ難キヲ忍ンテ幾多ノ譲歩ヲ為シタルニ拘ラス米側ハ原案ヲ固執シテ譲ラス我国ニ於テハ米側ノ真意那辺ニアリヤヲ疑フモノアル処帝国ハ専ラ平和ヲ顧念スル見地ヨリ最大限ノ譲歩ヲ行ヘルモノナル次第ヲ説明セルカ大統領ハ俄ニ賛否ヲ示サス単ニ米国ハ戦争拡大ヲ防止シ恒久平和確立ヲ希望スル旨ヲ述ヘタリ然ルニ「ハル」長官ハ十二日野村大使ニ対シ交渉細目ニ入ルニ先チ帝国ノ平和的意図ニ付キ保障ヲ得タシトテ八月二十八日近衛内閣カ其抱懐スル平和的政策ニ関シ米国政府ニ対シ表明セル見解ヲ新内閣ニ於テモ確認アリタキ旨ヲ認メタル文書ヲ手交シ更ニ別ニ蔣介石ヲシテ日本ニ対シ和平提議ヲ行ハシメ日支間ニ友好協力関係樹立ヲ目的トシ相互ニ誓約ヲ交換スル案ヲ示唆セル文書（即チ七日会見ニ於ケル「ハル」提言ノ具体化セルモノ）ヲ手渡シタリ右ニ対シテハ我方ハ米側カ八月二十八日文書ニ付確認ヲ希望スル事項ハ我提案中ニ全部包含セラレ居ルモノニテ現政府ニ於テモ其趣旨ニ於テ之ヲ確認スルニ異議ナキコト又米側ノ日支和平周旋申出ニハ異議ナキ旨ヲ回答セリ越エテ十五日「ハル」長官ハ野村大使ニ文書ヲ以テ「日本側ニ於テハ無差別原則カ全世界ニ適用サルルモノナルニ於テハ同原則カ太平洋全地域ニ適用サルルコトヲ承認ス」トア

ルモ米国トシテハ其管轄権ノ及フ範囲外ノ国ニ対シ責任ヲ取リ得ス通商障壁ヲ除去セントスル米国ノ政策ニ鑑ミ日本側ニ於テ全世界ニ適用云々ノ条件ヲ撤回アリ度旨申越シ同時ニ別ニ非公式試案ト註シテ「経済政策ニ関スル日米共同宣言案」ヲ提議シ来リ両国協力シテ全世界ニ通商自由ノ恢復ヲ図ルコト日米間通商条約ノ締結ニ依リ正常貿易関係ノ恢復ヲ図ルコト、支那ニ於テハ経済、財政、通貨ニ関スル完全ナル統制権ヲ支那ニ返還スヘキコト、列国ノ協力ノ下ニ支那ノ経済共同開発ヲ行フコト等ヲ提案シ来ルト同時ニ三国条約ニ関シテハ口頭ヲ以テ日米協定成立セハ日本ハ三国条約ヲ保持スルノ要ナカルヘク右ハ消滅シ若クハ死文トナルコトヲ欲スル旨ヲ反覆力説セリ即米国側ハ十一月七日ノ我方提案ニ対シテハ通商上ノ無差別待遇問題ニ直接回答セルノミニテ他ノ二点ニ付テハ米国側ハ之等二文書ニ対スル我方ノ回答ヲ待チテ米国ノ意嚮ヲ回示スヘシト《(ママ)》ノ態度ニ出テ来レリ

依テ我方ニ対シテハ野村大使ニ訓令シ右二文書ニ付キ㈠「全世界ニ適用アルニ於テハ」ヲ条件トシタルハ我方ニ於テハ同原則カ全世界ニ一律ニ適用セラルルヲ希望シ右希望ノ実現ニ順応シテ支那ニ於テモ右原則ノ行ハルルコトヲ承認ストノ意味合ニテ条件トセルモノナルコト従テ現今本原則カ殆ト無視セラレ居ル事実ニ鑑ミ支那ニ於テノミ先ツ之ヲ適用セントスルコトハ承服シ難キ旨ヲ米側ニ回答シ㈡共同宣言案ニ付テハ特ニ支那ニ於ケル政策ノ各項カ支那ノ現実ヲ無視シ殊ニ支那共同開発ノ提案ハ支那ノ国際管理ノ端緒トナル惧アリテ受諾シ得サルヲ以テ米国側ニ於テ之ヲ全部撤回シ我方ノ十一月七日ノ提案ヲ基礎トシ交渉促進ヲ計ル様米側ニ申入レシメタリ

尚我方ニ於テハ十一月五日野村大使ヲ援助セシムル為特ニ来栖大使ヲ派遣シ同大使ハ十七日以後ノ会談ニ参加セルカ同大使ハ十七日大統領ニ対シ形勢ノ急迫ニ鑑ミ交渉急速ノ妥結ノ要アルコトヲ説キ日米衝突カ何人ノ利益トモナラサルコトヲ述ヘ更ニ帝国ノ平和的意図ヲ強調シ駐兵問題ニ関シテモ我方立場ヲ説明セル処大統領ハ支那問題ノ困難ナルコトモ聞キ及ヒ居リ米国トシテハ右ニ対シ干渉モ斡旋モスル意思ナク単ニ紹介者トナラント欲スルノミナリト答ヘタルカ十八日「ハル」長官ハ所謂「ヒツトラー」主義ノ脅威ヲ力説シ米国ノ平和政策ハ右ト両立シ難ク従ツテ日本カ独逸ト提携シ居ル限リ日米関係調整ハ至難ナルニ付先ツ此ノ根本的困難ヲ除去スルニアラサレハ日米間ノ話合ヲ進行セシムルコト不可能ナリト述フル状態ニテ結局米国側ニ於テハ何等妥協ノ色ナク問題ハ依然トシテ三国条約問題、通商無差別待遇問題及支那問題ニアリ双方論議ヲ尽セルモ米側ニ於テハ譲歩ノ色ヲ示サス依而我方ニ於テハ従来交渉シ来レル案文ノ宣伝的色彩ニ充チタルヲ簡単化シ且両国間ニ意見容易ニ一致セサル通商無差別待遇問題及三国条約問題ヲ一応我提案（十一月七日案）ヨリ除去シ又支那問題ハ主トシテ之ヲ日支直接交渉ニ移スノ趣旨ヲ以テ米国政府ニ於テハ単ニ蔣介石援助ヲ差控ヘシムルコトトシ此見

地ヨリ嚮ニ五日ノ御前会議ニ於テ決定ヲ見居リタルモ猶米側ヘノ提示ヲ差控ヘ居リタル新提案ヲ提出セリ即左ノ如シ

一　日米両国政府ハ孰レモ仏印以外ノ南東亜細亜及南太平洋地域ニ武力的進出ヲ行ハサルコトヲ確約ス

二　日米両国政府ハ蘭領印度ニ於テ其必要トスル物資ノ獲得カ保障セラルル様相互ニ協力スルモノトス

三　日米両国政府ハ相互ニ通商関係ヲ資産凍結前ノ状態ニ復帰スヘシ米国政府ハ所要ノ石油ノ対日供給ヲ約ス

四　米国政府ハ日支両国ノ和平ニ関スル努力ニ支障ヲ与フルカ如キ行動ニ出テサルヘシ

五　日本国政府ハ日支間和平成立スルカ又ハ太平洋地域ニ於ケル公正ナル平和確立スル上ハ現ニ仏領印度支那ニ派遣セラレ居ル日本軍隊ヲ撤退スヘキ旨ヲ約ス

日本国政府ハ本了解成立セハ現ニ南部仏領印度支那ニ駐屯中ノ日本軍ハ之ヲ北部仏領印度支那ニ移駐スルノ用意アルコトヲ闡明ス

右新提案ハ二十日野村大使ヨリ「ハル」長官ニ提出シ急速妥結ヲ希望スル為之ヲ提案スルモノナル旨ヲ説明致シタル所同長官ハ差シタル意見ヲ述ヘス同案中米国カ日支和平ノ努力ヲ妨クルカ如キ行動ヲ差控フトノ一項ニハ大ナル難色ヲ示シ日本カ三国条約トノ関係ヲ明カニシ平和政策ヲ採ル旨確言スルニ非サレハ援蔣行為ヲ打切ルコト困難ナリ大統領ノ日支間和平ノ紹介者タラントノ提言モ日本ニ依ル平和政策ノ採用ヲ前提トスル旨ヲ答ヘ新提案ニ付テハ研究ノ上更ニ相談スヘシト約シタリ右ハ米国側ニ於テ重慶ヲ援助シ以テ帝国ヲ背後ヨリ牽制セントスル意図ヲ暴露セルモノト認メラレタルカ我方ハ米国側申出（十二日）ノ趣旨ニ基キ大統領ノ（紹介）ニ依リ日支直接交渉開始セラルルニ於テハ和平ノ周旋者タル米国カ援蔣行為ヲ継続シ平和成立ヲ妨碍スルハ矛盾トナルコトヲ指摘シ米側ノ反省ヲ要望スル所アリタリ然レ共二十一日来栖大使「ハル」長官ト私的会談ヲ行ヒタル際「ハル」長官ハ日米両国カ各々東亜及西半球ニ於テ平和的手段ニ依リ指導的立場ニ立ツニ異議ナク又両国カ親善裡ニ太平洋協定ヲ結ヒ三国条約モ右協定ノ実施ヲ妨ケサルコトヲ日本側ニ於テ闡明セラレンコトヲ望ム旨ヲ述ヘ依然トシテ三国条約問題ニ関スル米側従来ノ主張ヲ固執反覆セリ即米国側ハ今次交渉ノ眼点カ帝国ヲシテ三国条約ヨリ離脱セシメントスルニ在ルコトヲ告白セルモノナリ

斯クテ七日以来華府及東京ニ於ケル鋭意折衝ノ結果米国側ハ漸次其ノ真意ヲ明ニスルニ至リ彼我ノ見解カ如何ナル点ニ於テ対立シ居ルヤモ亦従来ニ比シ明瞭トナリ此ノ意味ニ於テハ会談ハ相当ノ進捗ヲ示シタル次第ナリ而シテ之ト共ニ交渉妥結ノ見込ハ愈々少ナキコト看取セラルルニ至レリ此間米国政府ハ英濠蘭及重慶代表者ト協議スルトコロアリ二十二日「ハル」長官ハ右諸国ハ日本カ平和的政策ヲ遂行スルコト明確トナラハ通商常態ノ復帰ヲ数日ニシテ実行シ得ルモ差当リ漸進

的ニ之ヲ為ス意嚮ノ如ク又南部仏印ヨリノ撤兵ノミニテハ南太平洋方面ノ急迫セル情勢ヲ緩和スルニ足ラスト為シ居レリト述ヘ更ニ米国大統領ノ日支間橋渡シハ時機未タ熟セスト思考スル旨ヲ漏シタリ

然ルニ米国政府ハ其後モ英、蘭、濠、重慶代表者ト協議ヲ重ネ居タル模様ナリシカ二十六日「ハル」長官ハ両大使ニ対シ我方提案（十一月二十日）ニ付テハ慎重研究ヲ加ヘ関係国トモ協議セルカ遺憾ナカラ同意シ難シト述ヘ米側六月案ト我九月案トノ調節案ナリト称シテ所謂四原則（但シ第四項ハ紛争防止ノ為ノ国際協力及調停遵守ニ変更セラレタリ）ノ確認ヲ求ムルト共ニ別ニ両国政府ノ採ルヘキ措置トシテ

一　日米両国政府ハ英帝国、蘭、支、蘇、泰ト共ニ多辺的不可侵条約ノ締結ニ努ム

二　日米両国政府ハ日、米、英、支、蘭、泰国政府トノ間ニ仏印領土主権ヲ尊重シ、仏印ノ領土主権カ脅威サルル場合必要ナル措置ニ関シ即時協議スヘキ協定ノ締結ニ努ム
右協定締約国ハ仏印ニ於ケル貿易及経済関係ニ於テ特恵待遇ヲ排除シ平等ノ原則確保ニ努ム

三　日本政府ハ支那及仏印ヨリ一切ノ軍隊（陸、海、空及警察）ヲ撤収スヘシ

四　両国政府ハ重慶政府ヲ除ク如何ナル政権ヲモ軍事的、政治的経済的ニ支持セス

五　両国政府ハ支那ニ於ケル治外法権（租界及団匪議定書ニ基ク権利ヲ含ム）ヲ抛棄シ他国ニモ同様ノ措置ヲ慫慂スヘシ

六　両国政府ハ互恵的最恵国待遇及通商障壁低減ノ主義ニ基ク通商条約締結ヲ商議スヘシ（生絲ハ自由品目ニ据置ク）

七　両国政府ハ相互ニ資産凍結令ヲ廃止ス

八　円弗為替安定ニ付協定シ両国夫々半額宛資金ヲ供給ス

九　両国政府ハ第三国ト締結シ居ル如何ナル協定モ本協定ノ根本目的即太平洋全地域ノ平和確保ニ矛盾スルカ如ク解釈セラレサルコトニ付同意ス

一〇　以上諸原則ヲ他国ニモ慫慂スルコト

等ノ各項ヲ包含セル提案即チ従来我方ノ主張トハ雲泥ノ相違アリ且四月以降八月ニ垂ントスル彼我ノ交渉経緯ヲ全然無視セル案ヲ提示シ我新提案（十一月二十日案）ハ一般的原則ト両立セサルヲ以テ審議シ難キニ依リ右米国案ヲ以テ今後交渉ノ基礎トシタシト申出テタリ

両大使ハ右ヲ一覧シ其ノ不当ナルヲ指摘シタルカ同長官ハ原則ハ必シモ急速実現ヲ予想シ居ラス撤兵モ即時実現ヲ主張シ居ル次第ニアラスト言ヒ南京政府ニ関シテハ支那統治ノ能力ナシト認ムル旨ヲ述ヘ彼我ノ間ニ強硬応酬アリタリ

二十七日両大使ハ更ニ「ローズベルト」大統領ト会見セル所同大統領ハ今猶日米関係カ平和的妥結ニ達スルコトヲ希望スト述ヘ乍（ママ）ラモ七月本交渉進行中日本軍ノ仏印南部進駐ヲ見タル為冷水ヲ浴セラルル懸念アルヤニ考ヘラルルト言ヒ「モダス、

ヴイヴエンダー」ニ依リ局面打開ヲ計ルモ日米両国ノ根本主義方針カ一致セサレハ一時的解決モ結局無効ト思ハルト述ヘタリ其際同席セル「ハル」長官ノ説明及別途情報ニ依レハ米国側ハ最近我方カ仏印方面兵力増強ヲ行ヘル為帝国ノ交渉ニ対スル誠意ニ疑惑ヲ感シタルモノノ由ニテ又防共協定更新調印（二十五日）ヲ以テ我方カ米国ノ敵視スル独伊トノ盟約関係ヲ再確認シタルモノト解シ我方ニ対スル反感ヲ深メタルモノト認メラル

然ルニ右案中ニハ通商問題（六、七、八各項）乃至支那法権撤廃（五項）等必スシモ本質的ニ不可ナラサル条項モ含マレ居ルモ国民政府否認（四項）支那仏印関係条項（二、三項）三国条約否認（九項）及多辺的不可侵条約（一項）等ハ何レモ我方トシテ到底同意シ得サルモノト認メラレタリ

御前会議ニ於ケル軍令部総長説明

謹ミテ大本営両幕僚長ヲ代表シテ御説明申上ゲマス

陸海軍統帥部ハ去ル十一月五日決定ノ「帝国国策遂行要領」ニ基キ政府ノ施策ト緊密ナル連繋ヲ保持シツツ作戦準備ヲ進メテ参リマシテ今ヤ武力発動ノ大命ヲ仰ギ次第直ニ既定ノ計画ニ基キ作戦行動ヲ開始シ得ベキ態勢ヲ完整致シテ居リマス

而シテ米英蘭ハ其ノ後着々戦備ヲ進メ特ニ南方ニ於ケル此等諸邦ノ兵備ハ漸次増強シツアリマスが目下ノトコロ予想致シマシタル所ト大ナル差異ヲ認メマセヌノデ我方トシテハ毫モ作戦発起ニ支障無ク既定ノ計画通リ作戦ヲ遂行シ得ルモノト確信致シテ居リマス

又「ソ」聯ニ対シマシテハ適切ナル外交施策ト相俟チマシテ厳重警戒シツツアリマスガ目下ノ処其ノ兵力配備等ヨリ致シマシテ大ナル不安ヲ感ゼシムルモノハ御座イマセン

今ヤ肇国以来ノ国難ニ際会致シマシテ陸海軍作戦部隊ノ全将兵ハ士気極メテ旺盛デアリマシテ一死奉公ノ念ニ燃ヘ　大命一下勇躍大任ニ赴カントシツツアリマス此ノ点特ニ御安心ヲ願ヒ度ク存ジマス

内務大臣説明

日米問題ニ関スル国民ノ動向並ニ治安上ノ措置

日米問題ニ関スル国民ノ動向ト之ニ対スル治安上ノ措置ニ就キマシテ申上ゲタイト存ジマス。

日米問題ニ関シマスル民心ノ動向ヲ概観致シマスニ、国民一般ハ現下ノ国際情勢ニ鑑ミ我国が国家興亡ノ岐路ニ立ツテ居ルト云フ事実ヲ認識致シマシテ、政府ノ外交々渉ノ経過ニ異常ナ関心ヲ持ツテ居リマシタガ、彼ニ毫モ反省ノ色ナキ今日トナリマシテハ交渉ガ決裂シテ戦争勃発トイフ事態ニ立到リマシテモ真ニ已ムヲ得ザル結果デアルコトヲ覚悟致シテ居リ、愈々日本国民本来ノ精神ヲ発揮致シマシテ、総ユル困苦欠乏ニ堪ヘ、協力一致シテ難局打開ニ邁進セントスル気魄ニ燃エツアルモノト認ムル次第デ御座イマス。

特ニ所謂国家主義団体ノ方面ニ於キマシテハ概ネ我国ノ対外強硬政策断行ヲ主張致シマシテ、若シ交渉不成立ト云フ様ナコトニナリマスレバ恐ラク即時武力南進ヲ断行スベシトノ強硬ナル要請ヲ致スモノト思ハレルノデアリマス。一般ノ労働者、農民等ノ部層ニ於キマシテハ固ヨリデ御座イマスガ、近来統制ノ強化ニ依リマシテ生活上ニモ尠カラヌ影響ヲ受ケテ居リマス中小商工業者方面ニ於キマシテスラ、今日ノ我国ノ立場ヲ充分ニ理解致シマシテ其ノ志気ハ相当旺盛ナルモノガアリ、政府ガ明瞭ナル指標ノ下ニ強硬政策ヲ遂行致シマスコトヲ要望スル向ガ多イ様デ御座イマス。

併シ乍ラ多数ノ国民中ノ一部ニハ此ノ際出来ルダケ戦争ヲ回避スベキデアルト云フ風ナ考ヘノ者モ無シトシナイノデアリマスルガ、此等ノ者モ米国ガ我国ノ正当ナル立場ヲ理解シ経済封鎖ヲ解除シテ対日圧迫ノ政策ヲ抛棄スルト云フ様ナコトガアリマセヌ限リ、我国ノ南進政策断行ハ当然ノコトデアツテ、之ガ為日米衝突ト云フ様ナ事態ニ立到リマスコトモ亦止ムヲ得ナイコトデアルト決意シテ居ル様デ御座イマス。

日米交渉決裂後ノ非常事態ノ発生ニ対シマシテハ治安維持ノ万全ヲ期シマスガ為、以前ヨリ其ノ執ルベキ措置ニ関シマシテ各般ノ準備ニ着手致シテ居リマシテ、一部ノ措置ハ既ニ準備ヲ完了致シ実行ニ移シテ居ル次第デ御座イマス。即チ

第一ニ共産主義者、不逞朝鮮人、一部宗教上ノ要注意人物等ノ反戦反軍其ノ他不穏策動ヲ為ス虞ノアル者ニ対シマシテ特ニ取締ヲ厳ニ致シマスト共ニ、場合ニ依リマシテハ一部ヲ予防検束スルト云フ様ナ必要モアルト考ヘテ居リマス。

第二ニハ国家主義団体ノ方面デ御座イマスルガ、此等ノモノノ中異常ノ興奮ニ駆ラルル余リ、徒ニ軽挙盲動致シマシテ、或ハ矯激ナ行動ニ出ツル者モナシト致シマセヌノデ、特ニ其ノ動向ニハ充分ナル視察取締ヲ行ヒマシテ、治安上ノ妨害ニナル様ナ者ニ対シマシテハ、一時之ヲ拘禁スルト云フ様ナ処置モ必要デハナイカト考ヘテ居リマス。

従ヒマシテ此等ノ急進分子ガ親英米派ト目シテ居リマスル重臣、政界、財界等ノ主ナル人物並ニ外国公館、公館員及善良ナル外国人等ノ警護ニハ万全ノ努力ヲ致ス考デ御座イマス。

第三ニ流言飛語ノ取締デ御座イマスガ、事態ガ重大デアリマスダケニ、相当流言浮説ガ流布サレル虞ガアリマスノデ、人心安定ノ上カラ致シマシテ、一面輿論ノ指導ニ努メマスルト共ニ、相当厳重ナ取締ガ必要デアルト存ジテ居リマス。

第四ニ容疑外国人等ニ対シマシテハ既ニ其ノ調査ヲ完了致シテ居リマシテ、時期ヲ見テ一斉ニ検挙拘禁ヲ致ス要ガアルコトト考ヘテ居リマス。

第五ニ戦時ノ混乱ニ乗ジテ為サレマスル各種ノ戦時犯罪トモ言フベキ性質ノモノニ対シマシテハ、司法大臣トモ協議ヲ遂ゲマシテ、特ニ刑罰ノ加重或ハ刑事裁判手続ノ簡易化等ノ措置ヲ考慮致シテ居リマス。

第六ニハ非常警備ノ任ニ当リマスル警察官吏、消防官吏或ハ警

防団員等ノ召集、配備ト云フ様ナ点ニ付キマシテハ既ニ計画準備ヲ完了致シテ居リマス。

第七ニ非常事態ニ入リマスレバ勢ヒ食糧、金融等ノ問題カラ致シマシテ、一時民心ノ不安ヲ招来スルト云フ様ナ点ガ考ヘラレマスルノデ、特ニ民心ノ動向ニ留意致シテ居リマス。

以上治安保持ニ関シ主要ナル点ニ就テ申上ゲマシタガ、内務当局ト致シマシテハ関係庁ト協力致シマシテ、非常ノ場合ニ処スル各般ノ方策ニ就テ万遺憾ナキヲ期シテ居ル次第デ御座イマス。

大蔵大臣説明要旨

別紙(一)ノ要旨ヲ説明シ引続キ別紙(二)ノ要旨ヲ説明スルモノトス

別　紙(一)

対英米蘭戦争ニ伴フ財政金融ノ持久力判断ニ関スル説明要旨

支那事変勃発後我国歳計ハ逐次増加シ本年度予算額ハ一般会計七十九億九千余万円、臨時軍事費（第七十六回議会協賛ノ分）五十八億八千万円、合計純額百三十二億余万円（第七十七回帝国議会成立分ヲ除ク）ニ達シタルガ各般ノ施設ト国民ノ努力トニ依リ巨額ノ納税及財蓄ノ確保ヲ為スコトヲ得テ概ネ円滑ニ対処スルコトヲ得タリ。然ルニ今次南方ニ作戦ヲ開始スルニ於テハ、之ガ為更ニ多額ノ国費ノ追加ヲ要スルコトハ明ニシテ果シテ我ガ国民経済ガ斯クノ如キ巨額ノ戦費調達ニ堪ヘ得ルヤ、殊ニ戦争ハ長期ニ亘ル公算多キ場合ニ於テ其ノ事ガ可能ナリヤ、又之ガ金融上ニ及ボス影響特ニ悪性インフレーションヲ起スノ危険ナキヤハ憂慮セラルル所ナリ。

然レドモ元来戦費ノ大部分ハ所要ノ物資ヲ獲得シ、物的設備ヲ利用シ、技術労力ヲ活用スル為ニ使用セラルルモノナリ。仍テ此等ノ物資等ニシテ所要ヲ充足シ得ルト共ニ国民生活ノ最低程度ノ維持ガ保障セラルルコトガ先決問題ナリ。此ノ物的方面ノ要件充足セラルル限リ国民所得ノ内消費ニ向ケラルル部分ガ国民生活ニ対スル物資ノ供給以上ニ超過スルコトナク租税又ハ国民貯蓄ノ増加ニ依リテ吸収セラレ従テ撒布セラレタル戦費ガ正常ニ更ニ戦費ノ財源又ハ生産活動ノ財源トシテ回収活用セラルルコトヲ確保スルニ於テハ財政金融ハ幾年ニテモ持久力ヲ有スルモノトス。

而シテ右ノ租税又ハ国民貯蓄ノ増加ニ依ル資金ノ吸収ハ政府ノ国民経済ニ関スル施設ガ適当ニシテ且ツ国民ガ国家ノ興亡ノ岐ルル所ナルコトヲ自覚シ極度ノ忍耐努力ヲ為スニ於テハ之ヲ可能トス。而モ政府ノ施策ハ政府之ヲ為ス所ナルヲ以テ謬リナキヲ期スベク、国民ノ忍耐努力ハ皇国臣民ニシテ為ス能ハズト謂フコトナシ。故ニ之ヲ可能ナリト判定セザルヲ得ズ。畢竟スルニ軍事行動ヲ遂行シ且ツ国民生活ヲ維持スルニ必要ナル物的方面充足シ得ザルトキハ政府ノ財政金融上ノ施策如何ニ完全ナリトスルモ国民経済ハ破綻セザルヲ得ザルナリ。是レ必要ナル物資、物的設備或ハ技術労力等ノ供給ニシテ所要ヲ充足スルコト可能ナルトキハ我国ハ財政金融ノ持久力アリト判定スル所以ナリ。

尚南方作戦地域ハ従来各種ノ物資ヲ相当ニ輸入シ居ル処、我方ニ於テ之ヲ占領シタル場合、之等ノ輸入ハ杜絶スベク、従テ其ノ経済ヲ円滑ニ維持スルガ為ニハ我方ニ於テ物資ノ供給ヲ為スヲ要スベキモ、我国ハ其ノ為ニ充分ノ余力ナキヲ以テ、相当長期ノ間現地一般民衆ノ生活ヲ顧慮スルノ暇殆ド無シ、従テ現地ノ物資労力等ヲ獲得スル為軍票其ノ他通貨的性質ノモノヲ我方ニ於テ発行スルモ、其ノ価値維持ハ困難ナリト謂ハザルベカラズ即チ我方ハ努メテ現地自活ノ方針ヲ取リ、我方ヨリノ追送物資ハ現地治安ノ維持及現地労力ノ使用上必要ノ最少限度ニ止メ通貨価値ノ下落等及之ヨリ来タル現地経済ノ混乱ハ一応之ヲ度外視シテ飽ク迄モ邁進スルコト必要ナリ。尤モ現地ハ住民ノ文化低ク且天産比較的豊富ナルヲ以テ其ノ民生ノ維持ハ支那等ニ比スレバ容易ナルモノト認メラル。

別　紙(二)

非常金融対策ニ関スル件

将来戦争勃発ノ予想ガ濃化シ又ハ既ニ戦争ノ勃発ヲ見我国土ノ一部ガ敵機ノ来襲ヲ受クル等ノ場合ニ於テ国民経済ノ混乱ヲ防止シ産業ノ運行ト資金ノ蓄積トニ支障ナカラシメ国民ノ戦時生活ノ秩序ヲ維持シテ人心ヲ安定セシムル為採ルベキ非常金融対策概ネ左ノ如シ

(一)　預金取付ニ関スル対策

預金支払制限（金融機関ノモラトリアム）ハ絶対ニ之ヲ行ハズ金融機関ニ対シ日本銀行、朝鮮銀行及台湾銀行ヨリ積極的ニ預金支払ニ要スル資金ヲ供給セシムルト共ニ之ト並行シテ是等ノ銀行ガ金融機関ノ債務ヲ保証スルコトニ依リ預金者ノ不安ヲ除去スルニ努ムルコト

(二)　戦災被害者ノ金融機関ニ対スル債務ノ処理

爆撃等ニ因リ直接間接ニ損害ヲ受ケ之ガ為被害地区内ニ営業所等ヲ有スル者ノ振出シタル手形等ガ不渡トナリ其ノ他是等ノ者ガ金融機関ヨリ借入レ居ル資金ガ償還不能トナルノ惧アル場合ニ於テハ産業界及金融界ニ対シ不測ノ悪影響ヲ及ボスコトアルベキヲ以テ是等手形等ニ対シ金融ノ途ヲ附クル為日本銀行、朝鮮銀行及台湾銀行ヨリ右手形ノ再割引等ノ方法ニ依リ積極的ニ資金ノ融通ヲ図リ以テ経済界ノ安定ヲ保持スルコト

(三)　緊要産業等ニ対スル金融的保護

緊要産業等ヲ営ム事業会社等ガ直接其ノ責ニ帰スベカラザル理由ニ因リ遽カニ信用ノ低下ヲ来シ金融機関等ヨリ貸出金ノ回収ヲ受ケ之ヲ放置スルニ於テハ経済不安ヲ拡大シ生産力ノ低下ヲ来ス惧アル場合ニ於テハ日本興業銀行又ハ日本勧業銀行ニ於テ当該貸出金ノ肩替又ハ保証ニ応ゼシメ以テ産業界ノ安定ヲ保持スルコト

(四)　戦災地及避難先ニ於ケル生活維持資金確保等ノ為ノ預金ノ

簡易支払
金融機関ノ店舗ガ爆撃ヲ受ケ又ハ被害地区内ノ住民ガ他ノ安全ナル地区ニ立退キタル等ノ為預金者ガ従来取引ヲ為シ居タル金融機関トノ連絡ヲ断タレ預金ノ引出ヲ為シ得ザルニ至ルガ如キ不便ヲ除去スル為広ク一般ノ銀行ヲシテ大蔵大臣ノ指定シタル地区内ニ在ル他ノ銀行其ノ他ノ金融機関ノ預金債務（預金者ノ生活維持ニ必要ナル限度等ノ見地ヨリ金額ニ限度ヲ設ク）ヲ引受ケ之ガ支払ニ当ラシメ以テ被害地区内ノ預金者ヲ保護シ其ノ生活ニ不安ナカラシムルコト

㈤　株価対策

一般ノ不安人気濃化ニ依リ株式市場ニ於テ株価ノ崩落ヲ来シ有価証券取引ノ混乱ヲ招クノ惧アル場合ニ於テハ現在日本協同証券株式会社ヲシテ採ラシメ居ル無制限買出動方針ヲ一層強化セシムルト共ニ之ガ為必要ナル資金ノ供給ニ付万全ヲ期スルコトトシ尚必要ニ応ジ株式価格統制令ヲ発動スルコト

而シテ右ノ諸措置ニ付テハ夫々国家総動員法第十一条ニ依ル資金ノ融通又ハ債務ノ保証命令ヲ活用スルモノトス

（備考）

一　非常事態発生ノ場合ニ於ケル現金輸送手段ノ確保其ノ他金融機関ニ対スル交通及通信上ノ制限ノ緩和ニ関シ必要ナル措置ヲ講ズル為目下関係各庁ト折衝中ナリ

二　必要アルトキハ以上ノ諸措置ノ外臨機適宜ノ措置ヲ講ズルモノトス

井野農林大臣御説明要旨

緊迫化セル国際情勢ノ下ニ於テ重大ナル決意ヲ固ムルニハ現下ノ食糧事情ノ下ニ国民生活ノ最少限度ガ確保シ得ラルベキヤ否ヤヲ考察シ其ノ確保ヲ前提トセザルベカラザルコトハ敢テ贅言ヲ要セザル所ナリ

而モ食糧物資ニ付テ特ニ米麦ニ重点ヲ置クベキハ勿論ナルモ国民保健上単ニ澱粉質給源ノミナラズ蛋白質及脂肪給源ノ確保モ絶対ニ必要ナルヲ以テ此ノ立脚点ニ立チ綜合的食糧事情ヲ考察セザルベカラズ

然ルニ現下ノ食糧事情ハ先ヅ第一ニ主要食糧タル米麦ニ付之ヲ観ルニ昭和十七米穀年度（自昭和十六年十一月一日 至〃十七年十月三十一日）ノ米穀ノ需給推算ハ供給ニ於テ約七千三百九十万石（其ノ内訳ハ持越高八百三十九万石、第二回収穫予想高五千五百四十五万石、朝鮮台湾移入見込高一千万石）ナルモ需要ニ於テ、約八千五百万石（内訳消費量七千九百万石、輸移出九十万石、翌年度持越高五百万石）ナルヲ以テ約一千百十万石ノ不足ヲ生ズル実情ニ至リ仍テ之ガ対策トシテハ外国米ニ依リ之ガ補給ヲ要スベキヲ以テ目下其ノ具体的手段ヲ講ジツツアリト雖モ国際情勢ノ緊迫化ニ伴ヒ外米輸入ノ困難ナル場合モ予想セラルルヲ以テ国内ニ於テ自給自足ノ対策ヲ講ズルノ要アルヲ認メ曩ニ戦時緊急食糧対策ヲ決定シ之ガ具体的施策トシテ麦及甘藷馬鈴薯ノ増産ヲ図ルト共ニ酒米ノ節約其ノ他ノ消費規正ヲ強化シ以テ右不足数量ヲ補フコトトセルモ之ガ為ニハ朝鮮及台湾産米ノ移入ヲ確保スルコト絶対的ニ必要ナルヲ以テ内外地ヲ通ズル食糧行政ノ統一又ハ連絡ノ強化並ニ輸送船舶ノ獲得ヲ前提トスルコトハ此際特ニ申添ヘタキ事項ナリトス

尚外米ノ輸入ニ付テモ今後ノ主要食糧需給ノ改善ニ対処シ国民生活上安定感ヲ加フルコト極メテ緊要ナルヲ以テ此際各方面ノ協力ニ依リ極力之ガ輸入ニ努力シ若シ所期ノ外米ノ確保ヲ得バ之ニ相当スル数量ノ米穀ノ貯蔵ヲ行フ方針ノ下ニ各般ノ施策ヲ講ゼントス

又第二ニ蛋白質及脂肪給源ニ付之ヲ観ルニ其ノ給源食料タル水産物及畜産物等ハ石油ノ消費規正、漁船ノ徴用、飼料ノ供給減ノ為又大豆及油料種実ハ満支ヨリノ船腹難ノ為其ノ供給ハ著シク減退スベキ実情ニ在ルヲ以テ之ガ対策トシテハ水産物ニ付テハ代用燃料ノ利用、内水面開発並ニ海軍ヨリノ燃料援助等ニ依リ能フ限リ之ガ増産ニ努メ畜産物ニ付テハ自給飼料ノ確保等ニ依リ牛豚類ノ増殖ヲ図ルト共ニ大豆、油料種実等ニ付テハ船腹ノ重点配船ニ依リ満支ヨリノ予定輸入量ノ確保ニ努力セントス

以上ノ対策ハ現下ノ食糧事情ニ対スル応急的施策ナルモ更ニ長期戦ニ即応シタル恒久対策トシテハ既ニ確立セル食糧自給強化施設並ニ目下画策中ノ日満支ヲ通ズル綜合食糧対策並ニ水畜産増産計画等ニ依リ政府部内各方面ノ協力ヲ得テ之ガ実施ニ遺漏ナキヲ期サバ国民生活ニ必要ナル最少限度ノ食糧ニ付テハ長期ニ亘リ之ガ供給確保ヲ図リ得ルモノトス

十二月四日（木）自午後二時 至午後四時

第七十五回連絡会議

「開戦ニ伴ヒ満洲国ヲシテ執ラシムヘキ措置ニ関スル件」並「和蘭ノ取扱ニ関スル件」並「対米最後通牒」関スル文案ヲ審議ス

一、「開戦ニ伴ヒ満洲国ヲシテ執ラシムヘキ措置」ニ関シ、原案通リ可決ス、但シ蘭印ヲ加フ

二、「和蘭ノ取扱」ニ関シ原案通リ可決ス

三、「対米最後通牒」ニ関シ

外　相　米本国ニ送ル外交最後ノ文書トシテ「米ノ態度、之ニ対スル日本ノ対応並宣戦ノ内容ヲ敷衍シテ述ベ見切ヲツケテ外交ヲ打切ル」趣旨ヲ以テシ度イ

○　「右ニ対シ最後的ノモノトセズ、若干余裕アル様ニヤレ」

永　野　「其ノ暇ハナイ」

外　相　「モウ一度言フダケ其ノ後更ニ言フダケ余裕ハナイ」

外交打切トシテ此案文ヲ練リ明五日午後発

○

電、六日飜訳トナレバ手交スルノハ丁度ヨイ日トナル」

「案文ハ原案ノ趣旨デ外相ニ一任スルガ、先方ニ渡ス時機ハ過早ナレバ彼ニ準備ヲヤラセルコトトナリ、又遅キニ過キレハ手交スル意味ガ薄ラグ、然シ今トナツテハ戦勝ガ第一ダカラ渡ス日時ハ統帥部ノ要求ニ合致サセナケレバナラヌ」

右ノ如クシテ文章ハ外相ニ一任、打電並ニ先方ニ手交スル日時ハ統帥部ト外相ト相談シテ決定スルコトトナレリ

国際情勢急転ノ場合満洲国ヲシテ執ラシム可キ措置

昭和一六、一二、四
連絡会議決定

方針

帝国ノ開戦ニ当リ差当リ満洲国ハ参戦セシメス、英米蘭等ニ対シテハ満洲国ハ帝国トノ関係、未承認等ヲ理由ニ実質上敵性国トシテノ取締ノ実効ヲ収ムル如ク措置セシムルモノトス

要領

一、英米、蘭ノ領事官及領事館ニ対シテハ領事館トシテノ特権ヲ認メス其ノ職務ヲ停止セシム（暗号電報及短波「ラジオ」ノ使用ヲ禁ス）但シ右職務停止後ノ取扱振ニ関シテハ在本邦敵国領事官及領事館ノ取扱ニ準シ公正ナル態度ヲ以テ臨ムモノトス

二、在満英米蘭ノ公有財産、英米蘭人私有財産及英米蘭人ニ対スル取扱ハ本邦ニ於ケル取扱ニ準スルモノトス

三、英米蘭ノ第三国ニ対スル領事館建物保護及居留民利益保護等ノ委託申出ハ之ヲ認メス但シ満洲国ノ行政的措置トシテ本邦ニ於ケル取扱ニ準シ公正ナル措置ヲ講スルモノトス

四、在満蘇聯邦人ニ対スル取扱ハ日蘇中立条約ノ精神ニモ鑑ミ帝国ト歩調ヲ合セ出来得ル限リ蘇聯邦ヲ刺戟セサル様細心ノ注意ヲ加フルモノトス

和蘭ノ取扱ニ関スル件

昭和一六、一二、四
連絡会議決定

一、和蘭ニ対シテハ同国トノ間ニ戦争状態発生スルニ至ル迄ハ準敵国トシテ取扱ヒ暗号ノ使用ヲ禁止シ公使及館員等ニ対シ厳重ナル保護及監視ヲ加フ（従テ敵国側トノ交通モ全然ナシ得ス）

二、和蘭ヨリ宣戦シ来ル場合ハ我方ハ和蘭トノ間ニ戦争状態発生セル旨ヲ声明ス又和蘭カ宣戦セサルニ先チ同国トノ間ニ戦争状態発生スル場合ハ我方ヨリ右同様和蘭トノ間ニ戦争状態発生セル旨ヲ声明シ以後国際法上和蘭ハ之ヲ敵国トシテ取扱フモノトス

註、(イ)和蘭政府ヲ否認スル利益ハ否認ト同時ニ公使ヲ私人トシテ取扱得ル点ニアルモ既ニ一、ノ通取扱ヒ得ル以上其ノ必要ナカルヘシ

(ロ)和蘭政府ヲ否認セハ法理上和蘭ハ我居留民等ノ保護ニ付国際法上ノ責任ナキニ至ルヘク又戦争状態発生後モ日本トノ関係ニ於テ国際法上ノ拘束ヲ受ケサル立場ニ置カレ又我方領事官ノ引揚ニ付不便ヲ生スヘシ

(ハ)和蘭政府ハ今日迄事実上之ヲ相手トセル次第ニテ直チニ之ヲ否認スルモ前記(イ)以外ニハ利益ナク又和蘭トノ開戦ノ際之ヲ否認セントスルハ既ニ純然タル敵国トシテ取扱ヒ得ル後ナルヲ以テ其ノ必要ナシ

十二月六日　自午前十時至午後零時及自午後三時至午後六時半

第七十五回連絡会議〔六の誤り、以下一回宛繰下がるべきであろう〕

首　題　対独交渉ニ関スル件
対米最後通牒ニ関スル件
対泰交渉開始時機指示ノ件
開戦ニ伴フ支那ノ取扱ニ関スル件
宣戦ノ詔勅

一、外務大臣ヨリ冒頭「クレギー」英大使トノ会談ニ付左ノ如ク説明アリ
本日英大使来訪シ日本新聞ハ最近英カ泰ニ攻勢ヲ採ルカ如ク伝ヘアルモ英国ハ左様ナル考ヘナシト述ヘタルヲ以テ承ハレリ出先大使ニモ伝フヘシト返答シ置ケリ
本日ノ「クレギー」ノ態度ハ慇懃ナリシモ時局ヲ軽ク見アラス日米交渉ハ好転スヘシトハ考ヘアラス米国ハ何トカシテ日本ニ責任ヲ転嫁セントシアリ議員ノ演説及大統領ノ談話等ヨリ見ルモ対日態度ハ明瞭ニシテ戦争準備ヲ怠ルコトナク巳ニ対日戦争ヲ決意シアルモノト考ヘラル

二、対米最後通牒交付ノ時期ニ就テ
七日前四時（日本時間）発信シ八日午前三時（日本時間）大統領ニ手交スルコトトス

三、坪上大使ニX日ヲ指示スル時期ニ就テ
七日午前六時以降発信差支ナキ旨両統帥部ヨリ外務大臣ニ連絡セリ

四、開戦ニ伴フ支那取扱ニ就テ
外務省ヨリ一案ヲ提出セシモ其内容ハ既定事項多ク且冗長ナリシヲ以テ国民政府ニ対シテハ参戦セシメサルコトヲ主トシ別紙参謀本部提案ノ如ク決定セリ

五、対独交渉ニ関スル件
外　相

大島大使ヨリ三日「リッペン」ニ逢ヒ日米開戦ニ伴フ独ノ対米宣戦、対英米単独不講和ノ件ヲ交渉セシメタル処「リッペン」ハ「日米戦争起レハ独伊ハ直チニ戦争状態ニ入ルヘシ又戦争協力ハ及フ限リノコトヲ為スヘシ」ト答ヘ対「ソ」問題ニ関シテ米ヨリ軍需品カ「ウラヂオ」経由シ来ルハ困ル日本ノ立場ハ諒トスルモ米カ軍需品ヲ「ソ」ニ入レルコトヲ阻止スルコトニ交換公文ヲ取決メタキ希望ナリ

右援「ソ」物資阻止ニ関シ午前中ニ議論纒ラス午後三時ヨリ更ニ会議ヲ続行セリ

軍令部総長ヨリ午後右ニ関シ左ノ提議アリ

極東「ソ」領ニハ飛行機一、四〇〇　潜水艦一〇〇基地相当ノ海軍力アリ此際帝国トシテハ南方作戦兵力ノ関係上成ルヘク北方ノ刺戟ハ避ケネハナラス今日「アメリカ」カラ「ウラヂオ」経由ノ援「ソ」物資ハ大シタモノテハナイ「ソ」聯船ハ六、七隻位ニテ之ヲ抑ヘルコトハ大シタコトナケレトモ其結果ハ「ソ」ノ飛行機及潜水艦カ動キ出スト我ハ六、七隻ヲ始末スルタケナノニ之ニ数十倍スル害ヲ蒙リ大陸及南方トノ交通ニモ大ナル支障カ生スルコトヲ恐レルノテアル死活ノ問題ニアラスシテ死ノ問題テアル　依テ独ニ対シテハ「先方ノ要求ニ対シテハ今直ク実行出来ナイ将来北ノ方カ始末出来ルヤウニナッテカラヤリ度」ト返事致度イ

海軍側ハ右ヲ主張シ容易ニ譲ラス若シ日本ノ申出ニ対シテ独カドウシテモ独逸カ承知セヌト云フナラハ単独媾和ノ約束ヲ取付ケルコトカ出来ナクテモ已ムヲ得ナイト云フ決心ニテ交渉セラレ度旨海軍側ノ要望アリ

軍令部総長ハ「北方ハ出来ヌ」ト云フコトヲ回答文中ニ入ルルコトヲ主張シタルカ「ソ」カ仕掛ケテ来タトキハ出来ヌコトニナルトノ反対ニテ海軍ハ引込メ賀屋大蔵大臣ノ提案ニテ対独回答案ヲ左ノ如ク決定セリ

◎　「米国ヨリ「ウラヂオ」ヘノ軍需品ノ輸送阻止ノ件ハ日本ニ於テ承認ス

但シ日本ノ作戦ノ見地上「ソ」トノ戦争ニ入ルコトヲ絶対ニ避ケナケレハナラヌ時期ノ間ハ十分ニ之ヲ実行出来ヌコトヲ諒承セラレ度

六、宣戦ノ詔書ニ関スル件

別紙詔書竝詔書発布後総理ノ行フ「大詔ヲ拝シテ」ノ「ラヂオ」放送及政府声明ヲ決定セリ

七、八日ノ予定ヲ左ノ如ク概定ス

午前十時閣議ヲ開キ政府声明及詔書ヲ決定
十二時半ヨリ枢密院会議二時半頃終了予定
次テ宮中ニ於テ閣議
内　奏
発　布
政府声明
首相放送
陸海軍ヘ勅語

援「ソ」物資阻止ニ関スル対独通告文

昭和一六、一二、六
連絡会議決定

米国ヨリ「ウラヂオ」ヘノ軍需品ノ輸送阻止ノ件ハ日本ニ於テ承認ス
但シ日本ノ作戦ノ見地上「ソ」トノ戦争ニ入ルコトヲ絶対ニ避ケナケレハナラヌ時期ノ間ハ十分ニ之ヲ実行出来ヌコトヲ諒承セラレ度

国際情勢ノ急転ノ場合支那ヲシテ執ラシムヘキ措置

昭和一六、一二、六
連絡会議決定

帝国ノ開戦ニ際シ差当リ国民政府ハ参戦セシメス、既定方針ニ拠ルノ外十二月四日連絡会議決定「国際情勢急転ノ場合満洲国ヲシテ執ラシム可キ措置」ニ準拠シ国民政府ヲ指導ス

詔書案

昭和一六、一二、六
連絡会議決定

天佑ヲ保有シ万世一系ノ皇祚ヲ践メル大日本帝国天皇ハ昭ニ忠誠勇武ナル汝有衆ニ示ス
朕茲ニ米国及英国ニ対シテ戦ヲ宣ス朕カ陸海将兵ハ全力ヲ奮テ交戦ニ従事シ朕カ百僚有司ハ励精職務ヲ奉行シ朕カ衆庶ハ各々其ノ本分ヲ尽シ億兆一心国家ノ総力ヲ挙ケテ征戦ノ目的ヲ達成スルニ遺算ナカラシムコトヲ期セヨ
抑々東亜ノ安定ヲ確保シ以テ世界ノ平和ニ寄与スルハ丕顕ナル皇祖考丕承ナル皇考ノ作述セル遠猷ニシテ朕カ拳々措カサル所而シテ列国トノ交誼ヲ篤クシ万邦共栄ノ楽ヲ偕ニスルハ之亦帝国カ常ニ国交ノ要義ト為ス所ナリ今ヤ不幸ニシテ米英両国ト釁端ヲ開クニ至ル洵ニ已ムヲ得サルモノアリ豈朕カ志ナラムヤ中華民国政府曩ニ帝国ノ真意ヲ解セス濫ニ事ヲ構ヘテ東亜ノ平和ヲ攪乱シ遂ニ帝国ヲシテ干戈ヲ執ルニ至ラシメ茲ニ四年有余ヲ経タリ幸ニ国民政府更新スルアリ帝国ハ之ト善隣ノ誼ヲ結ヒ相提携スルニ至レルモ重慶ニ残存スル政権ハ米英ノ庇蔭ヲ恃ミテ兄弟尚未タ牆ニ相鬩クヲ悛メス米英両国ハ残存政権ヲ支援シテ東亜ノ禍乱ヲ助長シ平和ノ美名ニ匿レテ東洋制覇ノ非望ヲ逞ウセムトス剰ヘ与国ヲ誘ヒ帝国ノ周辺ニ於テ武備ヲ増強シテ我ニ挑戦シ更ニ帝国ノ平和的通商ニ有ラユル妨害ヲ与ヘ遂ニ経済断交ヲ敢テシ帝国ノ生存ニ重大ナル脅威ヲ加フ朕ハ政府ヲシテ事

態ヲ平和ノ裡ニ回復セシメムトシ隠忍久シキニ弥リタルモ彼ハ毫モ交譲ノ精神ナク徒ニ時局ノ解決ヲ遷延セシメテ此ノ間却ツテ益々経済上軍事上ノ脅威ヲ増大シ以テ我ヲ屈従セシメントス斯ノ如クニシテ推移セムカ東亜安定ニ関スル帝国積年ノ努力ハ悉ク水泡ニ帰シ帝国ノ存立亦正ニ危殆ニ瀕セリ事既ニ此ニ至ル帝国ハ今ヤ自存自衛ノ為蹶然起ツテ一切ノ障礙ヲ破砕スルノ外ナキナリ

皇祖皇宗ノ神霊上ニ在リ朕ハ汝有衆ノ忠誠勇武ニ信倚シ速ニ禍根ヲ芟除シテ東亜永遠ノ平和ヲ確立シ祖宗ノ遺業ヲ恢弘シ以テ帝国ノ光栄ヲ保全セムコトヲ期ス

御名御璽

年　月　日

各国務大臣副署

〔十二月十日　連絡会議・記事　欠〕

今次戦争ノ呼称並平戦時ノ分界時期ニ付テ

昭和一六、一二、一〇
連絡会議決定

一、今次ノ対米英戦争及今後情勢ノ推移ニ伴ヒ生起スルコトアルヘキ戦争ハ支那事変ヲモ含メ大東亜戦争ト呼称ス

二、給与、刑法ノ適用等ニ関スル平時、戦時ノ分界時期ハ昭和十六年十二月八日午前一時三十分トス

三、帝国領土（南洋群島委任統治区域ヲ除ク）ハ差当リ戦地ト指定スルコトナシ

但シ帝国領土ニ在リテハ第二号ニ関スル個々ノ問題ニ付其他ノ状態ヲ考慮シ戦地並ニ取扱フモノトス

十二月十三日　自午後五時半　至午後六時半

第七十六回連絡会議

「戦争ノ推移ニ伴フ対蘭印戦争指導要領」ヲ決定ス

右審議ニ関シ席上外務大臣ハ左ノ如ク述ベタリ

「此ノ事ヲ蘭印ニ伝ヘルノハムツカシイ、瑞西ニ頼メバ瑞西トシテハ倫敦ノ和蘭政府ニ言ハザルヲ得ズ、又在倫敦ノ和蘭政府ハ英米ノ意見ヲ聞カザルヲ得ズ

蘭印其ノモノニ話スノモ変ダ、従ツテ之ハ出来ルカ出来ヌカハ疑問ダ

依ツテ案文中決定的ノ部分ヲ「勉ム」又ハ「試ム」等ニ改メラレタイ、十中一位シカ出来ヌト思フガ出来レバ結構ダ　此ノ点ヲ含マレタイ

斯ク申スモ責任回避ヤ努力ヲセヌト言フノデハナイ、最善ヲ尽シテヤル」

戦争ノ推移ニ伴フ対蘭印戦争指導要領

昭和一六、一二、一三
連絡会議決定

情勢ノ進展ヲ考慮シ左記ニ準拠シ成ルヘク武力ヲ行使スルコト

ナク既定計画ニ基ク進駐ノ目的ヲ達成スル如ク努ム

左　記

一、蘭印政庁ニ対シ概ネ左記条件ヲ以テ適宜本年末ヲ目途トシテ交渉ヲ行フニ努ム

1、蘭印ハ帝国ニ対シ一切ノ敵対行為ヲ放棄シ帝国軍隊ノ蘭印要域ニ対スル進駐ニ伴フ紛争防止並諸施設及資源破壊防止ノ措置ヲ実行ス

2、帝国ハ蘭印ノ現存行政機構ヲ尊重シ且一切ノ住民ノ生命財産ヲ厳ニ保護ス

二、作戦ハ交渉ノ推移ニ拘ラス既定計画ニ拠リ之ヲ遂行ス

但シ交渉成立セハ武力ヲ行使スルコトナク進駐スルモノトス

三、本交渉間和蘭ト戦争状態ニ入レル旨ノ声明ヲ行ハス

四、本交渉ニ際シテハ将来ニ於ケル蘭印ノ帰属其他ノ取扱ニ就テハ触レサルモノトス

十二月二十四日 自午前十時三十分 至正午

第七十七回連絡会議

一、対重慶工作ニ関スル件ニ就キ審議決定ス

原案ニ就キ武藤局長説明ス

之ニ関シ左記ノ如ク意見アリ

早クヤルコトハ却ツテ敵側ヨリ見透カサレル虞レアリ

諜報路線ヲ設置シ情報ヲ諜知スル程度ニ止ム

又国民政府ヲ利用スル場合ニ全面和平ニ就テ急ク様ナコトヲスレバ日本ノ指導ノモトニ急イデ彼ニ働キ掛ケルモノト判断セラレ帝国ノ足下ヲ見ラルルコトトナル

之ハ避クヘキデ此点明カニスルヲ要ス

又全般ヲ通ジテノ意見ハ今急イデ重慶ニ工作ヲスルハ適当デナイ武力的圧迫ガ進メバ先方カラ手ヲ伸ベテ来ルソレマデ此方ガ急グト却ツテ足下ヲ見ラレル

従ツテ本案ハ諜報ヲ今迄ヨリモ強クヤリ必要ナ時ニハ之レヲ利用スル主旨ナルヲ要ス

二、蘭印ニ対スル外交処置ニ関シ参謀総長ヨリ外務大臣ニ次ノコトヲ告知セリ

蘭印ノ作戦行動ヲ来月上旬又ハソレヨリモ早ク始メルカラコノコトヲ頭ニ入レテヤラレタイ

三、屈伏条件ニ関シ総理ヨリ左ノ発言アリ

屈伏条件ハ今迄通リデハイカヌ、蔣ハ絶対ニ出テ来ルコトハ相成ラヌ屈伏シテ南京政府ニ入ラザルベカラズ

帝国ト南京政府間ニ締結セル基本条約ノ条件ノモトニ屈伏シテ来ルモノナルヲ要ス

他ノ者ハ右ニ関シ黙シテ語ラズ

外相ハ今カラ定メナクテモ先ニナツテ定メレバヨイデハ

ナイカト述べタリ

情勢ノ推移ニ伴フ対重慶屈伏工作ニ関スル件

昭和一六、一二、二四
連絡会議決定

昭和十六年十一月十三日連絡会議決定ノ対米英蘭蔣戦争終末促進ニ関スル腹案ニ基キ情勢ノ推移特ニ作戦ノ成果ヲ活用シ好機ヲ捕捉シテ重慶政権ノ屈伏ヲ策ス

一、先ツ対重慶諜報路線ヲ設定ス

本工作ハ大本営陸軍部之ニ任シ関係各機関之ニ協力ス

右工作ハ重慶側ノ動向ヲ諜知スルニ止メ屈伏条件等ニハ一切触レサルモノトス

之カ為新ニ獲得セル支那側要人及其他外国人ヲ利用スル等ノ措置ヲ講スルモノトス

二、帝国ノ獲得セル戦果ト彼ノ致命部ニ対スル強圧トニ依ル重慶側ノ動揺ニ乗シ適時諜報工作ヨリ屈伏工作ニ転移ス

其ノ時機方法等ハ大本営政府連絡会議ニ於テ決定ス

註

1、本工作ノ実施ニ当リテハ国民政府ヲ活用スルト共ニ前記一、二ヲ国民政府ニ十分徹底セシメ所謂全面平和ノ急速ナル成功ニ焦慮スルカ如キ措置ニ出テサラシムル様留意スルモノトス

2、木工作ニ当リテハ我方ノ足許ヲ見透サレサル様特ニ細心ナル考慮ヲ払フモノトス

杉山《すぎやま》メ《め》モ《も》(上《じょう》)

[普及版]

●

2005年7月29日　第1刷

編者…………参謀本部《さんぼうほんぶ》

装幀者…………田口良明

本文印刷…………株式会社平河工業社

装幀印刷…………株式会社明光社印刷所

製本…………小高製本工業株式会社

発行者…………成瀬雅人

発行所…………株式会社原書房

〒160-0022 東京都新宿区新宿1-25-13

電話・代表03(3354)0685

http://www.harashobo.co.jp

振替・00150-6-151594

ISBN4-562-03947-7

南方諸那(含布哇)兵力一覧圖

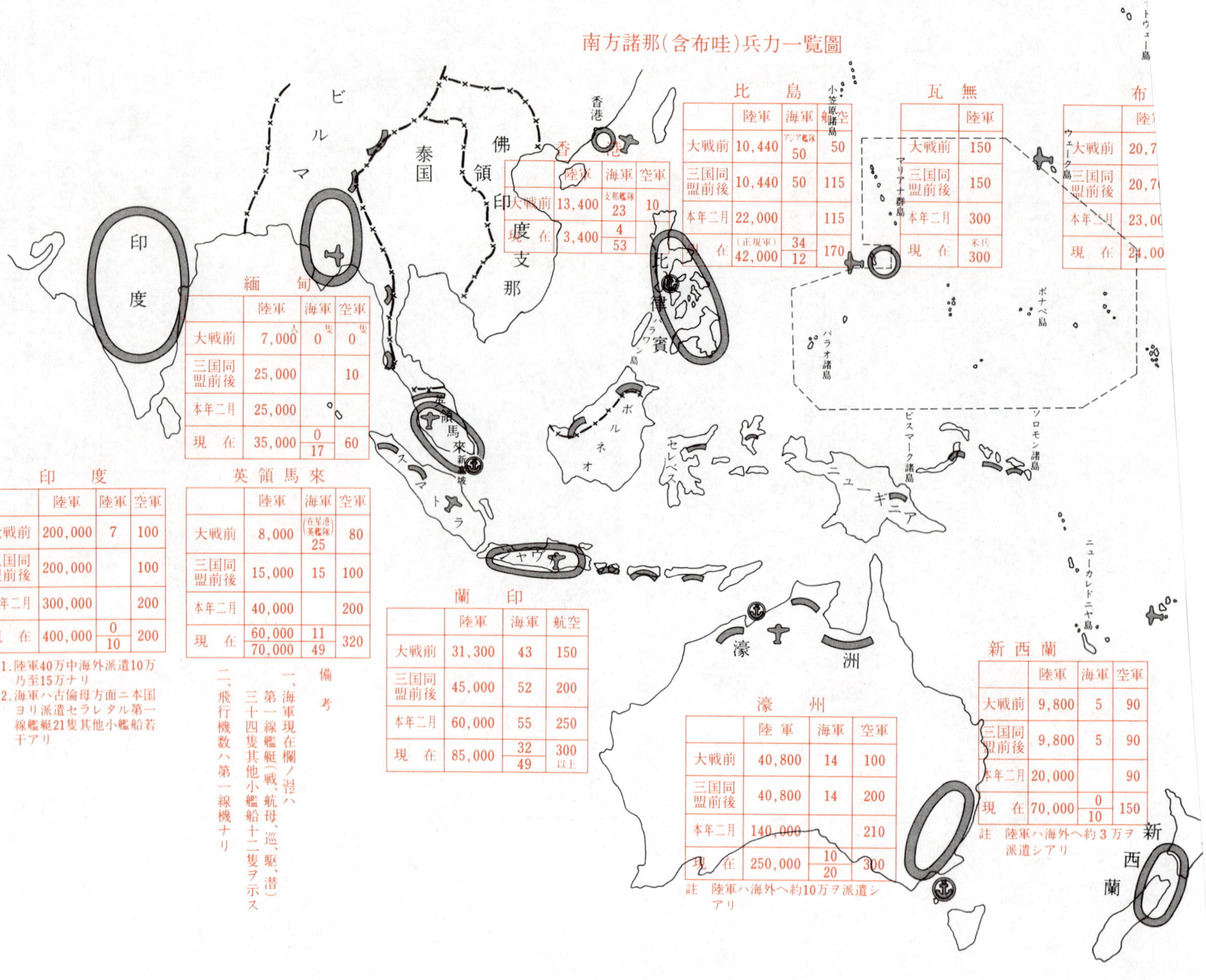

香港

	陸軍	海軍	空軍
大戦前	13,400	支那艦隊 23	10
現在	3,400	4 / 53	

比島

	陸軍	海軍	航空
大戦前	10,440	アジア艦隊 50	50
三国同盟前後	10,440	50	115
本年二月	22,000		115
現在	(正規軍) 42,000	34 / 12	170

瓦無

	陸軍
大戦前	150
三国同盟前後	150
本年二月	300
現在	米兵 300

布

	陸…
大戦前	20,7…
三国同盟前後	20,7…
本年二月	23,00…
現在	24,00…

緬甸

	陸軍	海軍	空軍
大戦前	7,000人	0隻	0隻
三国同盟前後	25,000		10
本年二月	25,000		
現在	35,000	0 / 17	60

印度

	陸軍	陸軍	空軍
大戦前	200,000	7	100
三国同盟前後	200,000		100
本年二月	300,000		200
現在	400,000	0 / 10	200

註 1.陸軍40万中海外派遣10万乃至15万ナリ
2.海軍ハ古倫母方面ニ本国ヨリ派遣セラレタル第一線艦艇21隻其他小艦船若干アリ

英領馬來

	陸軍	海軍	空軍
大戦前	8,000	(在星港英艦隊) 25	80
三国同盟前後	15,000	15	100
本年二月	40,000		200
現在	60,000 / 70,000	11 / 49	320

備考

一、海軍現在欄ノ34/12ハ第一線艦艇(戦、航母、巡、駆、潜)三十四隻其他小艦船十二隻ヲ示ス

二、飛行機数ハ第一線機ナリ

蘭印

	陸軍	海軍	航空
大戦前	31,300	43	150
三国同盟前後	45,000	52	200
本年二月	60,000	55	250
現在	85,000	32 / 49	300以上

濠州

	陸軍	海軍	空軍
大戦前	40,800	14	100
三国同盟前後	40,800	14	200
本年二月	140,000		210
現在	250,000	10 / 20	300

註 陸軍ハ海外へ約10万ヲ派遣シアリ

新西蘭

	陸軍	海軍	空軍
大戦前	9,800	5	90
三国同盟前後	9,800	5	90
本年二月	20,000		90
現在	70,000	0 / 10	150

註 陸軍ハ海外へ約3万ヲ派遣シアリ